2009
中国饲料工业年鉴

全国饲料工作办公室　中国饲料工业协会 编

中国商业出版社

《中国饲料工业年鉴》(2009)
编辑委员会

2008 年 10 月 20～22 日，在北京中国国际展览中心新馆隆重召开 2008 中国国际集约化畜牧展览会。农业部副部长高鸿宾（左 6），农业部原副部长、中国奶业协会理事长刘成果（左 7），农业部原副部长、中国饲料工业协会常务副会长张延喜（左 5），国家首席兽医师于康震（左 8），农业部畜牧业司司长王智才（左 4），农业部国际合作司司长王鹰（左 9），农业部兽医局局长李金祥（左 3），全国畜牧总站站长、中国饲料工业协会秘书长谷继承(左 10),全国畜牧总站副站长、中国饲料工业协会副秘书长郑友民(左 2)等领导及 VNU 欧洲展览集团代表出席了开幕式。

2008年1月10日，农业部部长孙政才（左4）等领导视察全国畜牧总站、中国饲料工业协会。

2008 年 5 月 18 日，由中国畜牧业协会、中国饲料工业协会和全国畜牧总站联合举办的“2008 中国畜牧业暨饲料工业展览会”在西安举行。

2008 年 5 月 19 日，中国饲料工业协会组织召开了协会工作座谈会。中国饲料工业协会会长白美清（主席台左4），全国畜牧总站站长、中国饲料工业协会秘书长谷继承（主席台左 5）等领导同志出席了此次会议。

2008年5月18日，在中国畜牧业暨饲料工业展览会上中国饲料工业协会会长白美清（前左2），全国畜牧总站站长、中国饲料工业协会秘书长谷继承（前左3），全国畜牧总站副站长、中国饲料工业协会副秘书长沙玉圣（前左1）等领导参观饲料企业展台。

2008 年 5 月 19 日，全国饲料工作办公室在西安召开了饲料形势分析会。全国畜牧总站站长、中国饲料工业协会秘书长谷继承（主席台左 3），农业部畜牧业司副司长王宗礼（主席台左 4）等领导同志出席。

2008 年 6 月 1 日，中国饲料工业协会在北京举行了饲料级磷酸盐形势分析座谈会。中国饲料工业协会会长白美清（主席台左 2），全国畜牧总站副站长、中国饲料工业协会副秘书长沙玉圣（主席台左 1），农业部畜牧业司饲料处处长王晓红（主席台左 3）等领导同志出席。

2008年1月，在由世界品牌实验室、《世界企业家》杂志、《首席执行官》杂志联合主办的2007世界企业家年会上，江苏正昌集团荣获国内饲料机械行业“中国品牌年度大奖NO.1”，上海正昌国际机械工程有限公司董事长郝昀（左2）接受奖牌。

2008年2月28日，2008年全国饲料及畜产品质量安全工作会议在郑州召开。农业部畜牧业司副司长王宗礼（主席台左4），农业部畜牧业司饲料处处长王晓红（主席台左2），国家饲料质量监督检验中心（北京）主任苏晓鸥（主席台左1）等领导出席。

2008年3月，2008年第一季度饲料形势分析会在湖南长沙举行。农业部畜牧业司饲料处处长王晓红（左4）和部分省饲料办公室主任及企业代表出席会议。

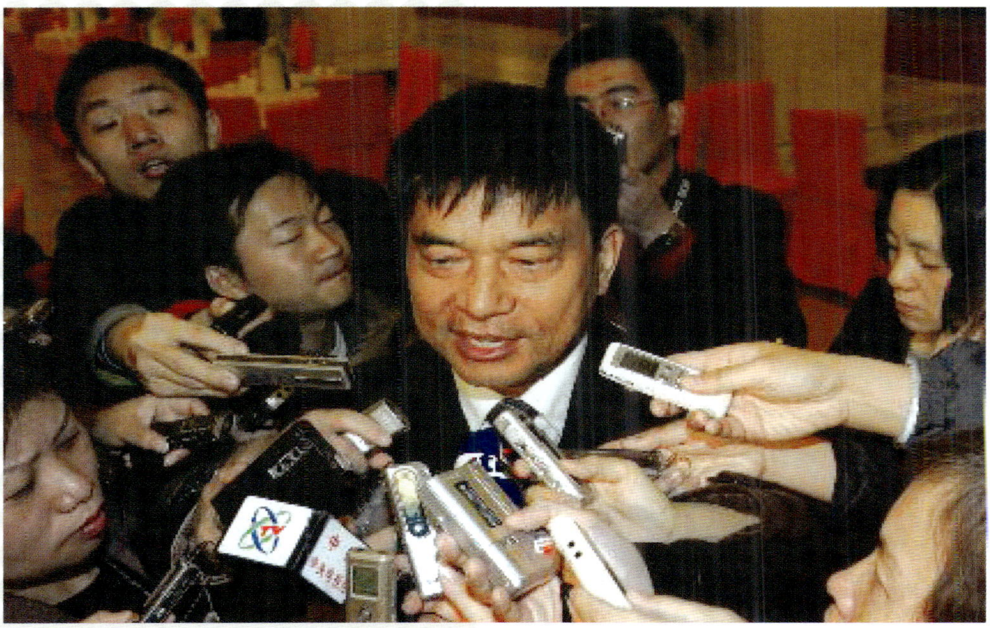

2008年3月两会期间，新希望集团董事长刘永好提出6项发展农业提案。

2008 年 3 月 15 日，山东六和集团与梁山县政府就成立六和梁山担保公司及冷藏项目签署协议。图为山东六和集团总裁陶煦（前左 1 ）和梁山县副县长宁瑞峰（前左 2 ）等出席签约仪式。

2008 年 4 月 7 日，由山东六和集团承办的中国饲料行业宣传发展联谊会企业分会第一次会长办公会在青岛召开，中国饲料工业协会副会长、中国饲料行业宣传发展联谊会会长王随元（左 5 ），中国饲料行业宣传发展联谊会企业分会执行会长、全国畜牧总站、中国饲料工业协会信息中心主任单钟(左 6)以及饲料行业大型企业代表、行业权威媒体负责人出席了这次会议。

2008年5月16日，巴西饲料工业访华团参观全国畜牧总站、中国饲料工业协会信息中心，了解网站建设情况。

2008年5月18日，中国饲料工业协会与巴西饲料工业协会在西安签署了《中国饲料工业协会与巴西饲料工业协会合作谅解备忘录》。图为中国饲料工业协会的会长白美清（前左1)和巴西饲料工业协会会长马里奥库特（前左2）在签字仪式上亲切握手。

2008 年 5 月 18 日，中国饲料工业协会会长白美清（左 6），农业部原副部长、中国奶业协会理事长刘成果（左 5），中国饲料工业协会常务副会长张延喜（左 4），农业部畜牧业司副司长王宗礼（左 3），全国畜牧总站站长、中国饲料工业协会秘书长谷继承（左 7），全国畜牧总站副站长、中国饲料工业协会副秘书长沙玉圣（左 1），中国饲料工业协会副会长季之华（左 2）等领导同志在“2008 中国畜牧业暨饲料工业展览会”全国畜牧总站、中国饲料工业协会展台前留影。

2008 年 5 月，全国政协委员、原国家首席兽医师贾幼陵（左 4）奔赴抗震救灾第一线，到德阳市地震灾区调查死亡畜禽无害化处理和环境消毒工作。

2008年5月12日，一场特大灾难霎那间降临。危难见真情，饲料行业反应迅速，全力奉献，表现出崇高的民族情怀。5月18日，在西安举行的“2008中国畜牧业暨饲料工业展览会”开幕式上，中国畜牧业协会、中国饲料工业协会、中华慈善总会联合举办了“中国畜牧、饲料行业抗震救灾募捐仪式”，各界人士和企业代表当场募捐救灾资金近700万元。

2008 年 5 月 18 日，国际饲料工业联合会秘书长罗杰·吉尔伯特先生（中）在“2008 年中国畜牧业暨饲料工业展览会”开幕式上向地震灾区捐款。

2008 年 5 月 18 日，新希望集团董事长刘永好（左 1）在彭州小鱼洞抗震救灾现场。

2008年5月18日，帝斯曼（中国）有限公司营养产品部向四川地震灾区捐款150万元。

2008年5月21日，全国政协常委、通威集团董事局主席刘汉元（中）出席四川省统战部组织的抗震救灾活动并现场捐款。

2008年5月29日，农业部畜牧业司司长王智才（前左2）一行到四川龙蟒集团指导灾后重建工作。

2008年6月12日，四川龙蟒集团有限责任公司董事长李家权（前左2)向四川省人大副主任甘道明（前左1）等领导同志汇报集团灾后重建工作。

2008 年 6 月 20 日，全国无公害畜产品认证座谈会在青海省西宁市举行。全国畜牧总站站长、中国饲料工业协会秘书长谷继承（主席台左 4），全国畜牧总站副站长、中国饲料工业协会副秘书长、农业部农产品质量安全中心畜牧业产品认证分中心主任沙玉圣（主席台左 5）等领导及全国各省级无公害畜产品认证工作机构负责人出席这次会议。

2008 年 6 月 27 日，江苏省饲料工业协会在南京召开第六次会员代表大会。

2008年7月3日，2008年全国饲料工业统计培训班在银川举行。农业部畜牧业司副司长王宗礼（左3），全国畜牧总站副站长、中国饲料工业协会副秘书长叶长江（左4），宁夏回族自治区农牧厅首席兽医执行官晁向阳（左2），农业部畜牧业司饲料处副处长马莹（左5）、调研员景梅芳（左1）等领导和各省、自治区、直辖市饲料工作统计人员出席。

2008年7月14日，全国饲料工业标准化技术委员会年会在大连召开。农业部畜牧业司副司长王宗礼（左6），全国畜牧总站站长、中国饲料工业协会秘书长谷继承（左5），全国畜牧总站副站长、中国饲料工业协会副秘书长、全国饲料工业标准化技术委员会主任委员沙玉圣（左7），农业部畜牧业司饲料处处长、全国饲料工业标准化技术委员会副主任委员王晓红（左2），农业部畜牧业司饲料处调研员景梅芳（左8），国家饲料质量监督检验中心（北京）主任、全国饲料工业标准化技术委员会副主任委员苏晓鸥（左9）等领导以及全国饲料工业标准化技术委员会委员、部分标准起草专家出席年会。

2008年7月15日，中国饲料工业协会会长白美清（左2），全国畜牧总站站长、中国饲料工业协会秘书长谷继承（左4），中国饲料工业协会副会长季之华（左3）等领导同志在“2008中小饲料企业发展论坛”期间考察大连雪龙产业集团有限公司。

2008年7月15日，全国畜牧总站、中国饲料工业协会在大连举办了2008中小饲料企业发展论坛。

2008年7月28日，铁骑力士集团在四川省绵阳市两弹城会议培训中心召开“2008年第六届一次员工代表大会”。

2008年8月，湖北省在武汉市举办了全省饲料执法大检查工作部署暨执法培训班。

2008年8月9日，新希望集团董事长刘永好（左3）参加北京CBD国际论坛并与原外经贸部副部长龙永图（左2）亲切交流。

2008年9月，江苏牧羊集团倾情启动“金牌服务万里行”活动，为客户解决实际生产所需，提供前瞻性服务，至今已走访全国11个省份，行程近3万公里。

2008年9月24日，中国饲料工业协会在北京召开饲料企业质量安全工作座谈会。农业部畜牧业司副司长王宗礼（主席台左5），全国畜牧总站站长、中国饲料工业协会秘书长谷继承（主席台左4）等领导同志及24家大型企业的负责人出席了座谈会。

2008年10月15日，美国大豆协会—国际项目饲料技术主任程宗佳博士（前左1）在成都凤凰饲料厂生产车间为参加第四届中国饲料工业南北交流活动的团员讲解如何使用Wenger膨化机制作浮性水产饲料及宠物饲料。

2008年10月16日，在北京农业展览馆举办的第六届中国国际农产品交易会上，农业部副部长危朝安（左2）、北京市副市长牛有成（左1）参观北京大北农科技集团股份有限公司展台。

2008年10月23日，禾丰牧业集团与荷兰合作银行在荷兰大使馆就4.3亿元无抵押、无担保的信用贷款举行了签约仪式，禾丰牧业集团董事长金卫东（前左2）、荷兰合作银行亚太区总裁卡德霍夫(前左3)、荷兰德赫斯公司董事长考·德赫斯（前左1）共同签署贷款协议。

2008年10月31日，全国大型饲料添加剂企业座谈会在北京召开。中国饲料工业协会会长白美清（左4），副秘书长沙玉圣（左3）等领导和行业部分企业代表出席座谈会。

2008年11月5日，河北省饲料工作办公室在石家庄召开全省饲料质量安全专项整治行动会议。

2008 年 11 月 13 日，中国饲料工业协会在北京召开大型饲料企业座谈会。

2008 年 11 月 13 日，美国大豆协会邀请美国北方谷物研究所金·科克博士（左 3），原美国大豆协会新加坡办事处技术主任罗伯特·斯威克博士（左 1），美国奥本大学副教授威廉·齐尔博士（左 2）及美国大豆协会—国际项目饲料技术助理许毅（左 4）与广州澳洋饲料公司技术人员探讨如何提高混合机混合效率等问题。

2008年11月17日，四川省委副书记李崇禧（前左1）在四川省畜牧食品局局长杨昌明（前左2）等领导陪同下，专程到四川省畜科饲料有限公司的研发生产基地调研并指导工作。

2008年11月19日，全国畜牧总站、中国饲料工业协会召开学习实践科学发展观活动第一阶段总结暨第二阶段动员大会，农业部党组成员、副部长高鸿宾（左4），农业部第七指导检查组组长刘平(左3)，农业部人事劳动司副司长潘学峰（左6），农业部畜牧业司副司长陈伟生（左2），全国畜牧总站党委书记、副站长、中国饲料工业协会副秘书长何新天（左5），全国畜牧总站副站长、中国饲料工业协会副秘书长郑友民（左1）以及总站、协会全体员工出席动员大会。

2008年11月24日，美国大豆协会—国际项目新加坡办事处张玉麟博士（左2）在昆明正阳饲料厂与技术人员探讨豆粕质量问题。

2008年11月27日，在广西桂林召开2008年全国饲料行业形势分析会。农业部畜牧业司副司长王宗礼（主席台左3），广西壮族自治区水产畜牧兽医局副局长王强（主席台左4）等领导及各省、自治区、直辖市、计划单列市饲料工作（工业）办公室负责同志及部分企业代表参加了这次会议。

2008 年 11 月，安徽省饲料工作办公室在合肥市召开了全省饲料质量安全管理会议。

2008 年 12 月 3 日，中国农业大学动物科技学院教授李德发（前排左 2）主持的“猪健康养殖营养调控技术研究与示范推广”项目获国家科技进步二等奖。

2008 年 12 月 1 日，农业部副部长高鸿宾（前左 3）一行在天津市畜牧兽医局等领导陪同下，考察天津正大饲料科技有限公司。

2008 年 12 月 5 日，由广东溢多利生物科技股份有限公司投资 1.3 亿元在内蒙古呼和浩特兴建的酶制剂发酵基地一期工程竣工并进入试产，图为发酵基地全景。

2008 年 12 月 13 日，由中国饲料工业协会、全国畜牧总站和广东省饲料行业协会主办的第十届全国饲料添加剂大会暨 2008 年广东省饲料行业年会在广州隆重召开。

全国饲料工作办公室、全国畜牧总站/中国饲料工业协会

单位		电话	传真	地址	E-mail
全国饲料工作办公室	饲料处	（010）59192872 59193213 59192882 59193306	（010）59192848	北京市朝阳区农展馆南里11号（100026）	xmjsch@agri.gov.cn
	综合处	（010）59193390 59193361	（010）59192869		
全国畜牧总站/中国饲料工业协会	办公室	（010）59194778 59194608 59194609 59194647 59194719	（010）59192869	北京市朝阳区麦子店街20号楼（100026）	
	人事处（党委办公室）	（010）59194589 59194597	（010）59194611		
	财务处	（010）59194792 59194583	（010）59194611		
	项目与资产管理处	（010）59194581 59194620 59195113	（010）59194611		
	行业统计分析处	（010）59194621 59194643 59194791	（010）59194611		
	国际合作处	（010）59194754 59194753	（010）59194611		
	质量标准与认证处	（010）59194779 59194646 59191485 59194645 59191489	（010）59194779		

<table>
<tr><td rowspan="9">全国畜牧总站/中国饲料工业协会</td><td>牧业发展处</td><td>（010）59194610
59194622</td><td>（010）59194611</td><td rowspan="6">北京市朝阳区麦子店街20号楼（100026）</td><td></td></tr>
<tr><td>草业处</td><td>（010）59194616
59194688</td><td>（010）59194611</td><td></td></tr>
<tr><td>饲料行业指导处</td><td>（010）59194582
59194591
59194594</td><td>（010）59194611</td><td></td></tr>
<tr><td>奶业与畜产品加工处</td><td>（010）59194419
59194420
59194421</td><td>（010）59194611</td><td></td></tr>
<tr><td>协会工作处</td><td>（010）59194789
59194592
65911643
65922377
59194586</td><td>（010）59194611</td><td></td></tr>
<tr><td>全国饲料评审处</td><td>（010）59194650</td><td>（010）59194650</td><td></td></tr>
<tr><td>信息中心</td><td>（010）62145459
62145462
62136510</td><td>（010）62172155</td><td>北京市海淀区中关村南大街12号101信箱（100081）</td><td>slgj@chinafeed.org.cn</td></tr>
<tr><td>农业部全国草产品质量监督检验测试中心</td><td>（010）59194590
59194595
59194597</td><td>（010）59194611</td><td>北京市朝阳区麦子店街20号楼（100026）</td><td></td></tr>
<tr><td>农业部种畜品质监督检验测试中心</td><td>（010）62817223</td><td>（010）62894803</td><td>北京市海淀区圆明园西路2号畜牧研究所院里（100094）</td><td></td></tr>
</table>

质量监督与检测机构

单 位	负责人	电 话	传 真	地 址	网 址	E-mail
国家饲料质量监督检验中心（北京）	苏晓鸥	（010）82106581	（010）82106307	北京市海淀区中关村南大街12号（100081）		feedgujun-hua@sina.com
农业部饲料质量监督检验测试中心（呼和浩特）	杨红东	（0471）4910305	（0471）4911217	内蒙古呼和浩特市赛罕区昭乌达南路（010020）		hmhx100@163.com
农业部饲料质量监督检验测试中心（沈阳）	刘全	（024）24145538	（024）24145538	沈阳市沈河区小南街281号（110016）		24145743@163.com
农业部饲料质量监督检验测试中心（南京）	姜加华	（025）86263559	（025）86263656	南京市草场门大街124号江苏农业检测大楼（210036）		lovekoco@126.com
农业部饲料质量监督检验测试中心（南昌）	余祥建	（0791）8102073	（0791）8107671	南昌市南京东路181-1号（330029）		jxsyjcs@163.com

农业部饲料质量监督检验测试中心（济南）	李祥明	（0531）87198033	（0531）87198033	济南市槐树街68号（250022）		lisdjs@163.com
农业部饲料质量监督检验测试中心（广州）	吴秋豪	（020）84412017	（020）34291326	广州市万寿路113号（510230）	www.gdivdc.com	siliao@gdivdc.com
农业部饲料质量监督检验测试中心（南宁）	李军	（0771）3944507		南宁市友爱北路51号		meidongxie@sina.com
农业部饲料质量监督检验测试中心（成都）	柏凡	（028）85583643 85598229	（028）85548413	成都市武侯祠大街3号（610041）		liyun_1111@163.com
农业部饲料质量监督检验测试中心（昆明）	张应国	（0871）3648224	（0871）3648221	昆明市华山东路43号（650021）		yusfeed@yahoo.com.cn
农业部饲料质量监督检验测试中心（西安）	田西学	（029）86254586	（029）86254586	西安市龙首村未央路28号（710016）		siliaosuo@sina.com

1980~2008 年全国饲料总产量增长图（万吨）

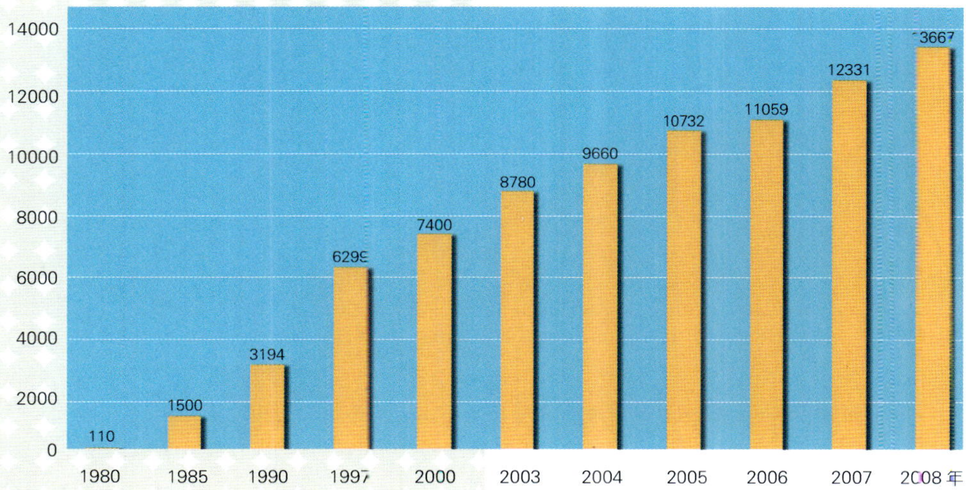

2008 年全国工业饲料总产量达 1.37 亿吨，占世界总产量近五分之一以上，连续 18 年居世界第二位，已进入世界饲料工业大国行列。

1980~2008 年中国人均粮食、肉类、饲料占有量增长曲线图（公斤 / 人）

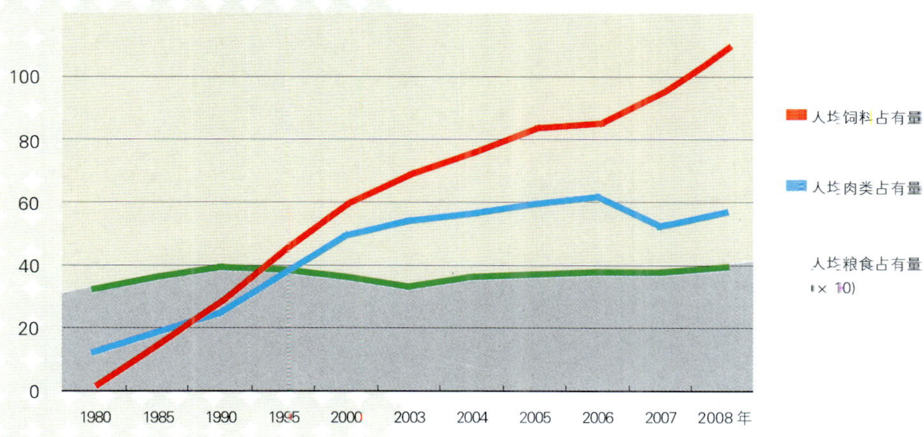

2008 年，中国粮食产量连续 5 年提高，人均粮食占有量近 400kg，随着工业饲料产量的增长，饲料人均占有量再创新高，达 103kg。肉类总产量有了一定幅度的增加，大大节省了粮食消耗，体现了饲料工业的巨大贡献。

我国配合饲料总体合格率曲线图(%)

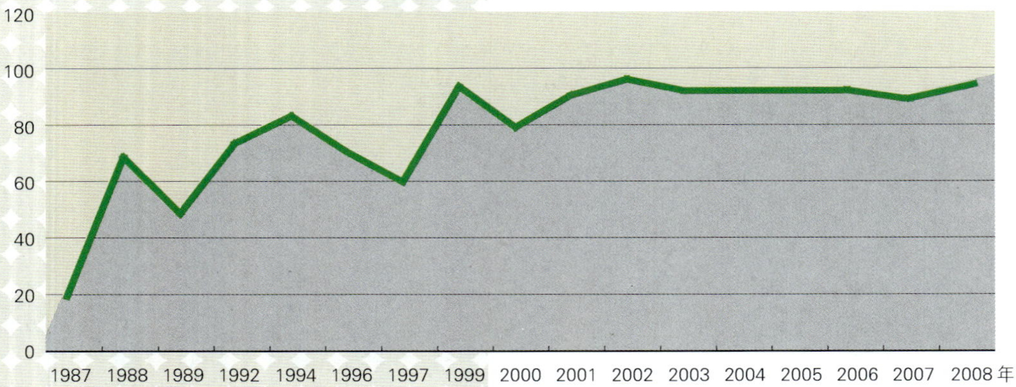

回顾饲料工业的发展，饲料质量不断提高。1987年第一次全国统检，饲料样品合格率仅为20%。2003年以来，全国配合饲料总体合格率均在90%以上；目前全国配合饲料合格率为92.73%。

2008年配合饲料结构图

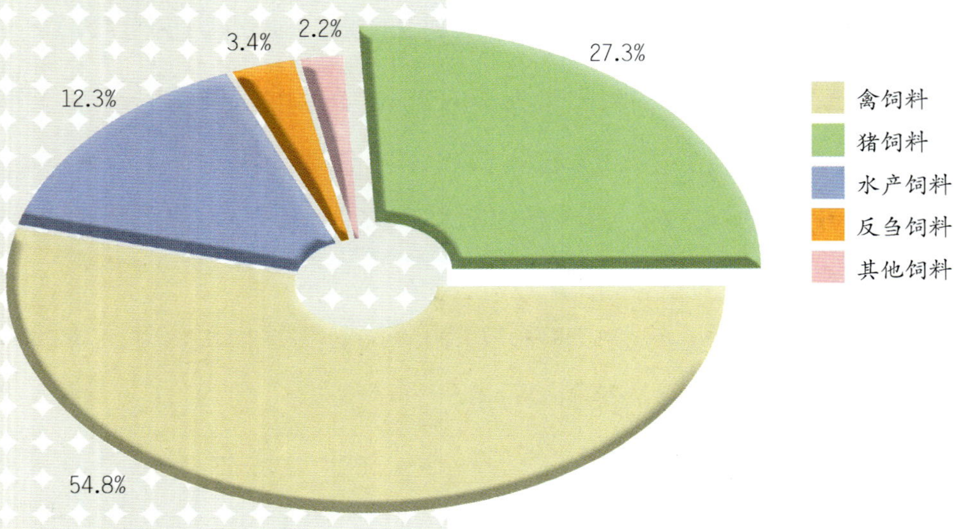

随着饲料工业的发展，饲料结构不断调整，整体更加符合社会需要，从而保持了持续健康发展的好势头。

前　言

2008年是饲料行业克服困难、取得重大成绩的一年。饲料行业经受了南方冰雪和四川地震等自然灾害的考验，克服了饲料原料价格大幅波动和生产成本上涨的困难，积极应对、妥善处置畜产品和饲料质量安全突发事件，各级畜牧饲料主管部门以保证畜产品和饲料质量安全为目标，统筹发展和安全两大核心工作，促进了饲料行业又快又好地发展。

2008年，全国工业饲料产量连续4年突破亿吨大关，达到1.37亿t，同比增长10.83%，连续18年位居世界第二。其中，配合饲料产量为10 590万t，同比增长13.64%；浓缩饲料产量为2 531万t，同比增长1.58%；添加剂预混合饲料产量为546万t，同比增长4.79%。全国饲料工业总产值为4 257.9亿元，同比增长8.51%。其中工业饲料总产值3 812.9亿元，同比增长14.32%，饲料添加剂总产值286.6亿元，动物源性饲料总产值69.6亿元，饲料机械设备总产值88.8亿元。

《中国饲料工业年鉴(2009)》(以下简称《年鉴》)比较详实地记录了2008年我国饲料工业及其相关行业的发展情况。

《年鉴》全文主要包括6个部分，即综合篇、专题篇、地方篇、企业篇、统计资料和大事记。在正文之前以图文并茂的形式介绍了领导视察、行业发展、企业采风、政务联络等。综合篇主要包括2008年发布的政策法规、领导讲话和饲料行业组织机构；专题篇主要包括2008年饲料加工工业概况、主要饲料产品及原料工业概况、饲料添加剂工业概况、饲料机械制造工业概况、秸秆养畜、饲料工业许可证管理、饲料安全管理、饲料质量监督与检测、科技与推广、饲料工业职业技能鉴定、饲料工业标准化、饲料行业质量认证、国际交流与合作、饲料工业信息体系；地方篇包括了除香港、澳门、台湾、西藏和新疆以外的全国其他省(市、区)饲料工业概况；企业篇包括重点企业经验介绍和企业简介；统计资料包括全国饲料工业统计资料。大事记主要包括全国饲料工作办公室、中国饲料工业协会以及各地饲料工作办公室、饲料工业协会在2008年的主要工作与取得的成绩。

《年鉴》图片部分从不同侧面反映了行业的发展。本《年鉴》文字内容丰富、覆盖面广、史实性强，是饲料行业行政事业单位、检测机构、科研机构等单位所必备的工具书。《年鉴》的专题篇和地方篇撰稿人主要是行业相关专家学者和各饲料行业主管部门。

《年鉴》反映的各省(区、市)和有关企业等文字材料及图片部分，只要涉及到排序，都按全国省份的行政区划顺序排列；全国饲料工作办公室、中国饲料工业协会和各省(区、市)提供的大事记，除上述相应的排序外，都按时间排序。

《中国饲料工业年鉴》编辑部

2010年2月25日

目　录

地方篇

企 业 篇

统计资料

大事记

综 合 篇

2008年我国饲料工业发展概况

2008年是饲料行业克服重重困难、取得较大成绩的一年。饲料行业经受了南方冰雪和四川地震等自然灾害的考验，克服了饲料原料价格大幅波动和生产成本上涨的困难，积极应对、妥善处理畜产品和饲料质量安全突发事件，各级畜牧饲料主管部门以保证畜产品和饲料质量安全为目标，统筹发展和安全两大核心工作，促进了饲料行业又快又好发展。

一、产值、产量持续稳定增长

根据各省（自治区、直辖市）统计的数据来看，2008年，全国饲料工业总产值为4 258亿元，同比增长8.51%。其中工业饲料总产值3 812.9亿元，饲料添加剂总产值286.6亿元，动物源性饲料总产值69.61亿元，饲料机械设备总产值88.84亿元。

工业饲料产量连续4年突破亿吨大关，达到1.37亿t，同比增长10.83%。配合饲料产量为10 590万t，同比增长13.64%；浓缩饲料产量为2 531万t，同比增长1.58%；添加剂预混合饲料产量为546万t，同比增长4.79%。

二、产品结构进一步优化

2008年，我国配合饲料比重进一步提高，配合饲料、浓缩饲料和添加剂预混合饲料占饲料总产量的比重分别为77.49%、18.52%和3.99%。与2007年相比，配合饲料产量比重提高了1.9个百分点，浓缩饲料比重略微下降，添加剂预混合饲料保持稳定。

配合饲料中，猪配合饲料总产量2 893万t，同比增长19.97%；蛋禽配合饲料1 993万t，同比增长9.51%；肉禽配合饲料3 814万t，同比增长16.63%；水产配合饲料1 299万t，同比增长0.96%；反刍配合饲料359万t，同比增长2.53%；其他配合饲料232万t，同比增长28.69%。

浓缩饲料中，猪浓缩饲料总产量1 374万t，同比增长4.71%；蛋禽浓缩饲料565万t，同比下降5.14%；肉禽浓缩饲料342万t，同比增长1.62%；水产浓缩饲料16万t，同比增长8.75%；反刍动物浓缩饲料191万t，同比下降1.17%；其他浓缩饲料43万t，同比增长9.40%。

添加剂预混合饲料中，猪添加剂预混合饲料总产量310万t，同比增长11.78%；蛋禽添加剂预混合饲料108万t，同比增长5.15%；肉禽添加剂预混合饲料56万t，同比增长2.20%；水产添加剂预混合饲料24万t，同比下降3.55%；反刍动物添加剂预混合饲料21万t，同比下降17.57%；其他添加剂预混合饲料28万t，同比下降24.26%。

三、猪饲料恢复性增长，水产饲料和反刍饲料平稳

2008 年，猪饲料、蛋禽饲料、肉禽饲料、水产饲料、反刍动物饲料和其他饲料产量分别达到 4 577 万 t、2 666 万 t、4 212 万 t、1 339 万 t、571 万 t 和 303 万 t，同比增长了 14.40%、5.86%、15.04%、0.96%、0.39%和 18.11%。2008 年，受一系列促进生猪发展政策的影响，生猪存栏量显著增加并带动猪饲料呈现恢复性增长，猪饲料所占比重由 2007 年的 32.44%上升到 2008 年的 33.49%，上升 1 个百分点。禽类饲料产量稳定增长，涨势较 2007 年有所放缓，禽饲料所占比重为 50.32%。水产饲料和反刍动物饲料分别受水产品出口受阻和三聚氰胺事件影响，基本维持 2007 年的水平。

四、东部、中部区域保持强劲涨势

2008 年，东部 10 省总产量为 6 270 万 t，占全国总产量的 45.88%；中部 6 省总产量为 3 063 万 t，占全国总产量的 22.41%；西部 11 省(不含西藏)总产量为 2 480 万 t，占全国总产量的 18.15%；东北 3 省总产量为 1 854 万 t，占全国总产量的 13.56%。和 2007 年相比，东部 10 省增长 12.46%，中部 6 省增长 11.28%，西部 11 省(不含西藏)增长 8.35%，东北 3 省增长 8.14%。从区域发展速度看，占我国饲料工业比重较大的经济带东部 10 省和中部 6 省保持着强劲发展势头，西部 11 省(不含西藏)和东北 3 省保持平稳态势，产量增幅略低于东部和中部。

从各省产量看，排在前 5 名的省份依次是:广东(1 646 万 t) 、山东(1 589 万 t) 、河南(939 万 t) 、辽宁(897 万 t) 、河北(843 万 t)。

从各地区产量的增减情况看，与 2007 年相比，增长量超过 100 万 t 的省份分别是：广东(242 万 t)、山东(217 万 t)、湖南(101 万 t)；增长量超过 50 万 t 的省份是：广西壮族自治区(98 万 t)、辽宁(95 万 t)、河南(87 万)、江苏(68 万 t)、福建(56 万 t)。产量出现下降的有 3 个地区，分别是新疆维吾尔自治区(下降 6 万 t)、重庆市(下降 4 万 t)和天津市(下降 3 万 t)。

五、主要原料供应稳定，基本满足市场需求

玉米。根据国家粮油信息中心预测，2008 年全国玉米产量为 1.56 亿 t，较 2007 年的 1.52 亿 t 增长 370 万 t，增幅 8.7%。据海关统计，2008 年国内进口玉米 4.91 万 t，同比增长 39.71%；出口玉米 25.23 万 t，同比下降 94.86%。

大豆。根据国家粮油信息中心预测，2008 年国内大豆产量为 1 650 万 t，较 2007 年 1 273 万 t 增长 377 万 t，增幅 29.66%。据海关统计，2008 年国内进口大豆总量为 3 743.56 万 t，同比增长 21.46%，再创历史新高；出口大豆 48.44 万 t，同比增长 2.06%。

鱼粉。2008 年国产鱼粉产量为 41.31 万 t，同比下降 15.91% 。据海关统计，2008 年共进口鱼粉 134.87 万 t，同比增长 39.56%。年度鱼粉总供给量约 193 万 t，年度消费量约 160 万 t。

蛋氨酸。2008 年我国累计进口蛋氨酸 9.07 万 t，同比增加 0.91%，创下了又一历史新高。

赖氨酸。2008 年国内赖氨酸产量为 58.48 万 t(含 65%赖氨酸)，同比增长 16.59%。2008 年我国累计出口赖氨酸 9.21 万 t，同比下降 36.63%；进口赖氨酸 2.34 万 t，同比增加 30.98%。

此外，苏氨酸产量为 3.54 万 t，色氨酸产量 0.02 万 t。

磷酸氢钙(含磷酸二氢钙)。我国磷酸氢钙主产省四川因遭受特大地震灾害影响，导致磷酸氢钙产量大幅下降，降幅达 35%。在行业管理部门的正确引导和企业的共同努力下，我国第二大磷酸氢钙主产省云南的产量大幅增加，同比增长 90.9%，新增产量近 46 万 t，从而使 2008 年磷酸氢钙总产量保持稳定，达 246 万 t，同比仅下降 0.63%。

氯化胆碱。氯化胆碱产量 40 万 t，同比增长 8.99%。

六、企业数量大幅减少，行业进一步规范

2008 年全国饲料企业按经济类型统计总数为 13 612 家(比 2007 年减少 1 764 家，同比下降 11.47%。企业数量连续 3 年出现下降，这是历来企业数量减少最多的一年)，其中，国有企业 242 家，集体企业 194 家、私营企业 6 957 家、联营企业 391 家、股份制企业 5 092 家、港澳台企业 153 家、外商企业 282 家、其他企业 301 家。和 2007 年相比，除股份制企业和外商企业分别增加 147 家和 45 家以外，其他经济类型的企业数量均有下降，国有企业减少 98 家，集体企业减少 118 家，私营企业减少 1 457 家，联营企业减少 88 家，港澳台企业减少 15 家，其他类型企业减少 180 家。

七、专业技术人才增加，从业人数略有下降

2008 年饲料企业年末职工人数为 52.49 万人，同比下降 2.11%。大专以上技术人员 16.76 万人，占职工总人数的比例上升到 31.92%，其中，博士 1 401 人、硕士 4 734 人、大学本科 56 908 人、大学专科 104 513 人；技术工种 55 991 人，占职工总人数的 10.67%。技术工种从业人员和其他从业人员数量下降。

八、饲料机械设备呈现大型化发展趋势

2008 年共生产饲料加工机械设备 37 413 台套，同比增长 26.94%。其中成套机组 2 395 台套，同比增长 0.80%；单机 35 018 台，同比增加 29.23%。在成套机组中，时产 10t 以上设备 520 台套，同比增加 149 台套；时产 5~10t 的设备 596 台套，同比减少 66 台套；时产 1~5t 的设备 1 279 台套，同比减少 64 台套。在单机设备中，粉碎机 11 886 台，比 2007 年减少 105 台；混合机 8 673 台，比 2007 年增加 2 603 台；制粒机 6 198 台，比 2007 年增加 4 211 台；其他类型设备 8 261 台，比 2007 年增加 1 212 台。随着饲料生产企业大型化、规模化进程加快，饲料机械设备的生产制造也随之向大型化和高技术设备方面发展。2008 年成套设备大型化趋势明显，时产 10t 以上的设备增幅达 40%，而时产 10t 以下的小型设备产量下降，单机制粒机产量增加比较多。

（王晓红　单　钟）

政 策 法 规

中华人民共和国农业部公告
第 1126 号

为加强饲料添加剂的管理，保证养殖产品质量安全，促进饲料工业持续健康发展，根据《饲料和饲料添加剂管理条例》的有关规定，现公布《饲料添加剂品种目录(2008)》(以下简称《目录(2008)》)，并就有关事宜公告如下：

一、《目录(2008)》由《附录一》和《附录二》两部分组成。凡生产、经营和使用的营养性饲料添加剂及一般饲料添加剂均应属于《目录(2008)》中规定的品种，饲料添加剂的生产企业应办理生产许可证和产品批准文号。《附录二》是保护期内的新饲料和新饲料添加剂品种，仅允许所列申请单位或其授权的单位生产。禁止《目录(2008)》外的物质作为饲料添加剂使用。凡生产《目录(2008)》外的饲料添加剂，应按照《新饲料和新饲料添加剂管理办法》的有关规定，申请并获得新产品证书后方可生产和使用。

二、生产源于转基因动植物、微生物的饲料添加剂，以及含有转基因产品成分的饲料添加剂，应按照《农业转基因生物安全管理条例》的有关规定进行安全评价，获得农业转基因生物安全证书后，再按照《新饲料和新饲料添加剂管理办法》的有关规定进行评审。

三、《目录(2008)》是在《饲料添加剂品种目录(2006)》的基础上进行的修订，增加了实际生产中需要且公认安全的部分饲料添加剂品种，明确了酶制剂和微生物的适用范围。

四、将保护期满的 9 个新产品正式纳入《附录一》中，包括烟酸铬、半胱胺盐酸盐、保加利亚乳杆菌、吡啶甲酸铬、半乳甘露寡糖、低聚木糖、低聚壳聚糖、α-环丙氨酸、稀土(铈和镧)壳糖胺螯合盐。

五、2006 年 5 月 31 日农业部发布的《饲料添加剂品种目录(2006)》(农业部公告第 658 号)即日起废止。

二○○八年十二月十一日

附件：

饲料添加剂品种目录(2008)

附录一

类 别	通用名称	适用范围
氨基酸	L-赖氨酸、L-赖氨酸盐酸盐、L-赖氨酸硫酸盐及其发酵副产物（产自谷氨酸棒杆菌，L-赖氨酸含量不低于 51%）、DL-蛋氨酸、L-苏氨酸、L-色氨酸、L-精氨酸、甘氨酸、L-酪氨酸、L-丙氨酸、天(门)冬氨酸、L-亮氨酸、异亮氨酸、L-脯氨酸、苯丙氨酸、丝氨酸、L-半胱氨酸、L-组氨酸、缬氨酸、胱氨酸、牛磺酸	养殖动物
	蛋氨酸羟基类似物、蛋氨酸羟基类似物钙盐	猪、鸡和牛
	N-羟甲基蛋氨酸钙	反刍动物
维生素	维生素 A、维生素 A 乙酸酯、维生素 A 棕榈酸酯、β-胡萝卜素、盐酸硫胺(维生素 B_1)、硝酸硫胺(维生素 B_1)、核黄素(维生素 B_2)、盐酸吡哆醇(维生素 B_6)、氰钴胺(维生素 B_{12})、L-抗坏血酸(维生素 C)、L-抗坏血酸钙、L-抗坏血酸钠、L-抗坏血酸-2-磷酸酯、L-抗坏血酸-6-棕榈酸酯、维生素 D_2、维生素 D_3、α-生育酚(维生素 E)、α-生育酚乙酸酯、亚硫酸氢钠甲萘醌(维生素 K_3)、二甲基嘧啶醇亚硫酸甲萘醌、亚硫酸氢烟酰胺甲萘醌、烟酸、烟酰胺、D-泛醇、D-泛酸钙、DL-泛酸钙、叶酸、D-生物素、氯化胆碱、肌醇、L-肉碱、L-肉碱盐酸盐	养殖动物

类 别	通用名称	适用范围
矿物元素及其络(螯)合物[1]	氯化钠、硫酸钠、磷酸二氢钠、磷酸氢二钠、磷酸二氢钾、磷酸氢二钾、轻质碳酸钙、氯化钙、磷酸氢钙、磷酸二氢钙、磷酸三钙、乳酸钙、硫酸镁、氧化镁、氯化镁、柠檬酸亚铁、富马酸亚铁、乳酸亚铁、硫酸亚铁、氯化亚铁、氯化铁、碳酸亚铁、氯化铜、硫酸铜、氧化锌、氯化锌、碳酸锌、硫酸锌、乙酸锌、氯化锰、氧化锰、硫酸锰、碳酸锰、磷酸氢锰、碘化钾、碘化钠、碘酸钾、碘酸钙、氯化钴、乙酸钴、硫酸钴、亚硒酸钠、钼酸钠、蛋氨酸铜络(螯)合物、蛋氨酸铁络(螯)合物、蛋氨酸锰络(螯)合物、蛋氨酸锌络(螯)合物、赖氨酸铜络(螯)合物、赖氨酸锌络(螯)合物、甘氨酸铜络(螯)合物、甘氨酸铁络(螯)合物、酵母铜*、酵母铁*、酵母锰*、酵母硒*、蛋白铜*、蛋白铁*、蛋白锌*	养殖动物
	烟酸铬、酵母铬*、蛋氨酸铬*、吡啶甲酸铬	生长肥育猪
	丙酸铬*	猪
	丙酸锌*	猪、牛和家禽
	硫酸钾、三氧化二铁、碳酸钴、氧化铜	反刍动物
	稀土(铈和镧)壳糖胺螯合盐	畜禽、鱼和虾
酶制剂[2]	淀粉酶(产自黑曲霉、解淀粉芽孢杆菌、地衣芽孢杆菌、枯草芽孢杆菌、长柄木霉*、米曲霉*)	青贮玉米、玉米、玉米蛋白粉、豆粕、小麦、次粉、大麦、高粱、燕麦、豌豆、木薯、小米、大米
	支链淀粉酶(产自酸解支链淀粉芽孢杆菌)	
	α-半乳糖苷酶(产自黑曲霉)	豆粕
	纤维素酶(产自长柄木霉)	玉米、大麦、小麦、麦麸、黑麦、高粱
	β-葡聚糖酶(产自黑曲霉、枯草芽孢杆菌、长柄木霉、绳状青霉*)	小麦、大麦、菜籽粕、小麦副产物、去壳燕麦、黑麦、黑小麦、高粱
	葡萄糖氧化酶(产自特异青霉)	葡萄糖
	脂肪酶(产自黑曲霉)	动物或植物源性油脂或脂肪
	麦芽糖酶(产自枯草芽孢杆菌)	麦芽糖
	甘露聚糖酶(产自迟缓芽孢杆菌)	玉米、豆粕、椰子粕
	果胶酶(产自黑曲霉)	玉米、小麦
	植酸酶(产自黑曲霉、米曲霉)	玉米、豆粕、葵花籽粕、玉米糁渣、木薯、植物副产物
	蛋白酶(产自黑曲霉、米曲霉、枯草芽孢杆菌、长柄木霉*)	植物和动物蛋白
	木聚糖酶(产自米曲霉、孤独腐质霉、长柄木霉、枯草芽孢杆菌、绳状青霉*)	玉米、大麦、黑麦、小麦、高粱、黑小麦、燕麦
微生物	地衣芽孢杆菌*、枯草芽孢杆菌、两歧双歧杆菌*、粪肠球菌、屎肠球菌、乳酸肠球菌、嗜酸乳杆菌、干酪乳杆菌、乳酸乳杆菌*、植物乳杆菌、乳酸片球菌、戊糖片球菌*、产朊假丝酵母、酿酒酵母、沼泽红假单胞菌	养殖动物

类 别	通用名称	适用范围
	保加利亚乳杆菌	猪、鸡和青贮饲料
非蛋白氮	尿素、碳酸氢铵、硫酸铵、液氨、磷酸二氢铵、磷酸氢二铵、缩二脲、异丁叉二脲、磷酸脲	反刍动物
抗氧化剂	乙氧基喹啉、丁基羟基茴香醚(BHA)、二丁基羟基甲苯(BHT)、没食子酸丙酯	养殖动物
防腐剂、防霉剂和酸度调节剂	甲酸、甲酸铵、甲酸钙、乙酸、双乙酸钠、丙酸、丙酸铵、丙酸钠、丙酸钙、丁酸、丁酸钠、乳酸、苯甲酸、苯甲酸钠、山梨酸、山梨酸钠、山梨酸钾、富马酸、柠檬酸、柠檬酸钾、柠檬酸钠、柠檬酸钙、酒石酸、苹果酸、磷酸、氢氧化钠、碳酸氢钠、氯化钾、碳酸钠	养殖动物
着色剂	β-胡萝卜素、辣椒红、β-阿朴-8'-胡萝卜素醛、β-阿朴-8'-胡萝卜素酸乙酯、β,β-胡萝卜素-4,4-二酮(斑蝥黄)、叶黄素、天然叶黄素(源自万寿菊)	家禽
	虾青素	水产动物
调味剂和香料	糖精钠、谷氨酸钠、5'-肌苷酸二钠、5'-鸟苷酸二钠、食品用香料[3]	养殖动物
粘结剂、抗结块剂和稳定剂	α-淀粉、三氧化二铝、可食脂肪酸钙盐、可食用脂肪酸单/双甘油酯、硅酸钙、硅铝酸钠、硫酸钙、硬脂酸钙、甘油脂肪酸酯、聚丙烯酸树脂Ⅱ、山梨醇酐单硬脂酸酯、聚氧乙烯20山梨醇酐单油酸酯、丙二醇、二氧化硅、卵磷脂、海藻酸钠、海藻酸钾、海藻酸铵、琼脂、瓜尔胶、阿拉伯树胶、黄原胶、甘露糖醇、木质素磺酸盐、羧甲基纤维素钠、聚丙烯酸钠*、山梨醇酐脂肪酸酯、蔗糖脂肪酸酯、焦磷酸二钠、单硬脂酸甘油酯	养殖动物
	丙三醇	猪、鸡和鱼
	硬脂酸 *	猪、牛和家禽
多糖和寡糖	低聚木糖(木寡糖)	蛋鸡和水产养殖动物
	低聚壳聚糖	猪、鸡和水产养殖动物
	半乳甘露寡糖	猪、肉鸡、兔和水产养殖动物
	果寡糖、甘露寡糖	养殖动物
其他	甜菜碱、甜菜碱盐酸盐、大蒜素、山梨糖醇、大豆磷脂、天然类固醇萨洒皂角苷(源自丝兰)、二十二碳六烯酸(DHA)、啤酒酵母培养物 *、啤酒酵母提取物 *、啤酒酵母细胞壁 *	养殖动物
	糖萜素(源自山茶籽饼)、牛至香酚 *	猪和家禽
	乙酰氧肟酸	反刍动物
	半胱胺盐酸盐(仅限于包被颗粒,包被主体材料为环状糊精,半胱胺盐酸盐含量27%)	畜禽
	α-环丙氨酸	鸡

注:

* 为已获得进口登记证的饲料添加剂,进口或在中国境内生产带"*"的饲料添加剂时,农业部需要对其安全性、有效性和稳定性进行技术评审。

1 所列物质包括无水和结晶水形态;

2 酶制剂的适用范围为典型底物,仅作为推荐,并不包括所有可用底物;

3 食品用香料见《食品添加剂使用卫生标准》(GB2760-2007)中食品用香料名单。

Approved Feed Additives(2008)

Appendix I

Class	Common name of feed additive	Usage
Amino Acids	L–Lysine, L–Lysine Monohydrochloride, L–Lysine Sulfate and its by–products from fermentation (Source: *Corynebacterium glutamicum*, L–lysine: min. 51 %), DL–Methionine, L–Threonine, L–Tryptophan, L–Arginine, Glycine, L–Tyrosine, L–Alanine, Aspartic Acid, L–Leucine, Isoleucine, L–Proline, Phenylalanine, Serine, L–Cysteine, L–Histidine, Valine, Cystine, Taurine	All species or categories of animals
	Methionine Hydroxy Analogue, Methionine Hydroxy Analogue Calcium	Pig, chicken and cattle
	N–Hydroxymethyl Methionine Calcium	Ruminant
Vitamins	Vitamin A, Vitamin A Acetate, Retinol Palmitate, beta–Carotene, Thiamin Hydrochloride (Vitamin B_1), Thiamin Mononitrate (Vitamin B_1), Riboflavin (Vitamin B_2), Pyridoxine Hydrochloride (Vitamin B_6), Cyanocobalamin (Vitamin B_{12}), L–Ascorbic Acid (Vitamin C), Calcium L–Ascorbate, Sodium L–Ascorbate, L–Ascorbyl –2–Polyphosphate, 6–Palmityl–L–Ascorbic Acid, Vitamin D_2, Vitamin D_3, alpha–Tocopherol (Vitamin E), alpha–Toc–opherol Acetate, Menadione Sodium Bisulfite (Vitamin K_3), Menadione Dimethylpyrimidinol Bisulfite, Menadione Nicoti–namide Bisulfite, Nicotinic Acid, Niacinamide, D–Pantothenyl Alcohol, D–Calcium Pantothenate, DL–Calcium Pantothenate, Folic Acid, D–Biotin, Choline Chloride, Inositol, L–Carnitine, L–Carnitine Hydrochloride	All species or categories of animals
Minerals and Their Complexes (Chelates) [1]	Sodium Chloride, Sodium Sulfate, Monosodium Phosphate, Disodium Phosphate, Monopotassium Phosphate, Dipotassium Phosphate, Calcium Carbonate, Calcium Chloride, Dicalcium Phosphate, Monocalcium Phosphate, Tricalcium Phosphate, Calcium Lactate, Magnesium Sulfate, Magnesium Oxide, Magnesium Chloride, Ferrous Citrate, Ferrous Fumarate, Ferrous Lactate, Ferrous Sulfate, Ferrous Chloride, Ferric Chloride, Ferrous Carbonate, Copper Chloride, Copper Sulfate, Zinc Oxide, Zinc Chloride, Zinc Carbonate, Zinc Sulfate, Zinc Acetate, Manganese Chloride, Manganese Oxide, Manganese Sulfate, Manganese Carbonate, Manganese Phosphate (Dibasic), Potassium Iodide, Sodium Iodide, Potassium Iodate, Calcium Iodate, Cobalt Chloride, Cobalt Acetate, Cobalt Sulfate, Sodium Selenite, Sodium Molybdate, Copper Methionine Complex (Chelate), Ferric Methionine Complex (Chelate), Manganese Methionine Complex (Chelate), Zinc Methionine Complex (Chelate), Copper Lysine Complex (Chelate), Zinc Lysine Complex (Chelate), Copper Glycine Complex (Chelate), Ferrous Glycine Complex (Chelate), Copper Yeast Complex*, Ferrous Yeast Complex*, Manganese Yeast Complex*, Selenium Yeast Complex*, Copper Proteinate*, Iron Proteinate*, Zinc Proteinate*	All species or categories of animals

Class	Common name of feed additive	Usage
	Chromium Nicotinate, Chromium Yeast Complex*, Chromium Methionine Chelate*, Chromium Tripicolinate	Growing-finishing pig
	Chromium Propionate*	Swine
	Zinc Propionate *	Swine, cattle and poultry
	Potassium Sulfate, Iron Oxide, Cobalt Carbonate, Copper Oxide	Ruminant
	Lathanum/Cerium Chintosan Chelates	Poultry, livestock, fish and shrimp
Enzymes[2]	Amylase (Source: Aspergillus niger, *Bacillus amyloliquefaciens*, *Bacillus licheniformis*, *Bacillus subtilis*, *Trichoderma longi-brachiatum**, *Aspergillus oryzae**)	Corn silage, corn, corn gluten feed, soybean meal, wheat, wheat middlings, barley, grain sorghum, oat, pea, tapioca, millet, rice
	Pullulanase (Source: *Bacillus acidopullulyticus*)	
	α-Galactosidase (Source: *Aspergillus niger*)	Soybean meal
	Cellulase (Source: *Trichoderma longibrachiatum*)	Corn, barley, wheat, wheat bran, rye, grain sorghum
	beta-Glucanase (Source: *Aspergillus niger*, *Bacillus subtilis*, *Trichoderma longibrachiatum*, *Penicillium funiculosum**)	Wheat, barley, canola meal, wheat bypro-duct, oat groats, rye, triticale, grain sorghum
	Glucose Oxidase (Source: *Penicillium notatum*)	Glucose
	Lipase (Source: *Aspergillus niger*)	Plant and ani-mal sources of fats and oils
	Maltase (Source: *Bacillus subtilis*)	maltose
	Mannanase (Source: *Bacillus lentus*)	Corn, soybean meal, guar meal
	Pectinase (Source: *Aspergillus niger*)	Corn, wheat
	Phytase (Source: *Aspergillus niger*, *Aspergillus oryzae*)	Corn, soybean meal, sun-flower meal, hominy, tapioca, plant byproducts
	Protease (Source: *Aspergillus niger*, *Aspergillus oryzae*, *Bacillus subtilis*, *Trichoderma longibrachiatum**)	Plant and ani-mal proteins
	Xylanase (Source: *Aspergillus oryzae*, *Humicola insolens*, *Trichoderma longibrachiatum*, *Bacillus subtilis*, *Penicillium funiculosum**)	Corn, barley, rye, wheat, grain sorghum, triticale, oats
Live Microorganisms	*Bacillus licheniformis**, *Bacillus subtilis*, *Bifidobacterium bifidum**, *Enterococcus faecalis*, *Enterococcus faecium*, *Enterococcus lactis*, *Lactobacillus acidophilus*, *Lactobacillus casei*, *Lactobacillus lactis**, *Lactobacillus plantarum*, *Pediococcus acidilactici*, *Pediococcus pentosaceus**, *Candida utilis*, *Saccharomyces cerevisiae*, *Rhodopseudomonas palustris*	All species or categories of animals
	Lactobacillus bulgaricus	Pig, poultry and silage

Class	Common name of feed additive	Usage
Non -protein Nitrogen	Urea, Ammonium Bicarbonate, Ammonium Sulfate, Liquid Ammonia, Mono Ammonium Phosphate, Diammonium Phos - phate, Biuret, Isobutylidene Diurea, Urea Phosphate	Ruminant
Antioxidants	Ethoxyquin, Butylated Hydroxyanisole (BHA), Butylated Hy- droxy-toluene (BHT), Propyl Gallate	All species or categories of animals
Preservatives and Acidity Regulators	Formic Acid, Ammonium Formate, Calcium Formate, Acetic Acid, Sodium Diacetate, Propionic Acid, Ammonium Propionate, Sodium Propionate, Calcium Propionate, Butyric Acid, So - dium Butyrate, Lactic Acid, Benzoic Acid, Sodium Benzoate, Sorbic Acid, Sodium Sorbate, Potassium Sorbate, Fumaric Acid, Citric Acid, Potassium Citrate, Sodium Citrate, Calcium Citrate, Tartaric Acid, Malic Acid, Phosphoric Acid, Sodium Hydroxide, Sodium Bicarbonate, Potassium Chloride, Sodium Carbonate	All species or categories of animals
Coloring Agents	beta-Carotene, Capsanthin, beta-Apo-8'-Carotenal, beta - Apo- 8'-Carotenoic Acid Ethyl Ester, beta, beta- Carotene - 4,4- Diketone (Canthaxanthin), Xanthophyll, Natural Xanthophyll (Marigold Extract)	Poultry
	Astaxanthin	Aquaculture animals
Seasonings and Flavoring Agents	Sodium Saccharin, Sodium Glutamate, Disodium 5'- Inosinate, Disodium 5'-Guanylate, Approved Food Flavoring Agents3	All species or categories of animals
Binders, Anticaking Agents and Stabilizers	alpha- Starch, Aluminum Oxide, Calcium Salt of Edible Fatty Acid, Mono- /di-glycerides of Edible Fatty Acids, Calcium Silicate, Sodium Silico Aluminate, Calcium Sulfate, Calcium Stearate, Glycerine Fatty Acid Ester, Polyacrylic Resin II, Sorbitan Monostearate, Polyoxyethylene (20) Sorbitan Mono - oleate, Propylene Glycol, Silicon Dioxide, Lecithin, Sodium Alginate, Potassium Alginate, Ammonium Alginate, A-gar-agar, Guar gum, Acacia, Xanthan Gum, Mannitol, Lignin Sulfonate, Sodium Carboxymethylcellulose, Sodium Polyacrylate*, Sor- bitol Esters of Fatty Acid, Sucrose Esters of Fatty Acid, Sodium Acid Pyrophosphate, Glyceryl Monosterate	All species or categories of animals
	Glycerine	Pig, chicken and fish
	Stearic Acid*	Swine, cattle and poultry
Polysacchari - des and Olig-osaccharides	Xylo-oligosaccharides	Laying hens and aquaculture animals
	Low-molecular-weight Chitosan	Pig and chicken and aquacult- ure animals
	Galactomanno-oligosaccharides	Pig, broiler, rabbit and aquaculture animals
	Fructo-oligosacharides, Manno-oligosaccharides	All species or categories of animals

Class	Common name of feed additive	Usage
Others	Betaine, Betaine Hydrochloride, Garlicin (Allimin), Sorbitol, Soybean Lecithin, YUCCA (Yucca Schidigera Extract), Doco-sahexaenoic Acid (DHA), Yeast Culture*, Yeast Extract*, Yeast Cell Wall *	All species or categories of animals
	Saccharicterpenin (Seed Cake of Camellia L.), Oregano Carvacrol (Origanum aetheroleum) *	Pig and poultry
	Acetohydroxamic Acid	Ruminant
	Cysteamine Hydrochloride (coated granules with cyclodextrin, Cysteamine Hydrochloride: 27%)	Livestock and poultry
	1-Aminocyclopropane-1-Carboxylic Acid	Chicken

Notes:

* Feed additive with the asterisk '*' has obtained importation license. It can not be manufactured in or exported to China until its safety, effectiveness and stability have been evaluated by Ministry of Agriculture.

1 All substances listed may be in anhydrous or hydrated form.

2 The usage of enzymes provides the typical substrates for guidance only and does not cover all substrates applicable.

3 Approved food flavoring agents are in accordance with the list of food flavoring agents in Hygienic Standards for Uses of Food Additives (GB2760-2007).

附录二

保护期内的新饲料和新饲料添加剂品种目录

序号	产品名称	申请单位	适用范围	批准时间
1	苜草素(有效成分为苜蓿多糖、苜蓿黄酮、苜蓿皂甙)	中国农业科学院畜牧研究所	仔猪、育肥猪、肉鸡	2003年12月
2	碱式氯化铜	长沙兴嘉生物工程有限公司	猪	2003年12月
3	碱式氯化铜	深圳绿环化工实业有限公司	仔猪、肉仔鸡	2004年04月
4	饲用凝结芽孢杆菌TQ33添加剂	天津新星兽药厂	肉用仔鸡、生长育肥猪	2004年05月
5	杜仲叶提取物(有效成分为绿原酸、杜仲多糖、杜仲黄酮)	张家界恒兴生物科技有限公司	生长育肥猪、鱼、虾	2004年06月
6	保得(r)微生态制剂(侧孢芽孢杆菌)	广东东莞宏远生物工程有限公司	肉鸡、肉鸭、猪、虾	2004年06月
7	L-赖氨酸硫酸盐(产自乳糖发酵短杆菌)	长春大成生化工程开发有限公司	生长育肥猪	2004年06月
8	益绿素(有效成分为淫羊藿苷)	新疆天康畜牧生物技术有限公司	鸡、猪、绵羊、奶牛	2004年09月
9	壳寡糖	北京英惠尔生物技术有限公司	仔猪、肉鸡、肉鸭、虹鳟鱼	2004年11月
10	共轭亚油酸饲料添加剂	青岛澳海生物有限公司	仔猪、蛋鸡	2005年01月
11	二甲酸钾	北京挑战农业科技有限公司	猪	2005年03月
12	β-1,3-D-葡聚糖(源自酿酒酵母)	广东智威畜牧水产有限公司	水产动物	2005年05月
13	4,7-二羟基异黄酮(大豆黄酮)	中牧实业股份有限公司	猪、产蛋家禽	2005年06月

序号	产品名称	申请单位	适用范围	批准时间
14	乳酸锌(α-羟基丙酸锌)	四川省畜科饲料有限公司	生长育肥猪、家禽	2005年06月
15	蒲公英、陈皮、山楂、甘草复合提取物(有效成分为黄酮)	河南省金鑫饲料工业有限公司	猪、鸡	2005年06月
16	液体L-赖氨酸 (L-赖氨酸含量不低于50%)	四川川化味之素有限公司	猪	2005年10月
17	壳寡糖 (寡聚β-(1-4)-2-氨基-2-脱氧-D-葡萄糖)	北京格莱克生物工程技术有限公司	猪、鸡	2005年05月
18	碱式氯化锌	长沙兴嘉生物工程有限公司	仔猪	2006年05月
19	N,O-羧甲基壳聚糖	北京紫冠碧螺喜科技发展公司	猪、鸡	2006年05月
20	地顶孢霉培养物	合肥迈可罗生物工程有限公司	猪、鸡	2006年07月
21	碱式氯化铜(α-晶型)	深圳东江华瑞科技有限公司	生长育肥猪	2007年02月
22	甘氨酸锌	浙江建德市维丰饲料有限公司	猪	2007年08月
23	紫苏籽提取物粉剂 (有效成分为α-亚油酸、亚麻酸、黄酮)	重庆市优胜科技发展有限公司	猪、肉鸡、鱼	2007年08月
24	植物甾醇(源于大豆油/菜籽油,有效成分为β-谷甾醇、菜油甾醇、豆甾醇)	江苏春之谷生物制品有限公司	家禽、生长育肥猪	2008年01月

农业部关于印发《全国饲料评审委员会章程(修订)》的通知

农牧发〔2008〕1号

有关单位、各位委员:《全国饲料评审委员会章程(修订)》经第二届全国饲料评审委员会第一次全体会议讨论通过。现印发给你们,请遵照执行。

附件:

全国饲料评审委员会章程

(2007年11月13日修订)

第一章 总 则

第一条 为加强对新饲料和新饲料添加剂、进口饲料和进口饲料添加剂的评审管理,根据《饲料和饲料添加剂管理条例》的规定,设立全国饲料评审委员会。

第二条 全国饲料评审委员会(以下简称"评委会")是在农业部领导下,对新饲料和新饲料添加剂、外国企业首次申请登记的饲料和饲料添加剂进行评审,以及对已批准使用、登记的饲料和饲料添加剂进行再评价的技术评审组织。

第三条 评委会的宗旨是科学、公正、公平地评价饲料和饲料添加剂,确保饲料和饲料添加剂产品的安全、有效、质量可控和不污染环境,实现饲料资源的合理利用,保护生态环境,维护养殖动物的安全生产和人类健康,促进饲料业和养殖业的持续健康发展。

第二章 组 织

第四条 评委会由养殖、饲料加工、动物营养、毒理、药理、代谢、卫生、化工合成、生物技术、质量标准和环境保护等学科的科研、生产、检验、安全性评价、监督管理等方面的专家组成。

第五条 评委会委员由农业部聘任。设主任委员一人,常务副主任委员一人,副主任委员三至五人,委员若干人。每届任期五年。主任委员由农业部畜牧业司(全国饲料工作办公室)主管司长担任,常务副主任委员由全国畜牧总站、中国饲料工业协会主管站长、秘书长担任。

第六条 评委会下设动物营养和代谢、饲料加工、毒理、药理和卫生、化学化工、生物技术、质量标准和检测技术、法律法规等7个专业组。

第七条 评委会办公室(以下简称"评审办")为评委会常设办事机构,设在全国畜牧总站、中国饲料工业协会。评审办配备专职工作人员。评审办主任由农业部畜牧业司(全国饲料工作办公室)饲料处主管处长兼任,副主任由全国畜牧总站、中国饲料工业协会饲料评审处处长担任。

第八条 应聘的评委会委员,应在所从事专业领域具有较高学术造诣,了解本专业国内外现状和发展趋势,熟悉饲料和相关行业的法律、法规,坚持原则,科学公正,廉洁守法,身体健康。

第九条 评委会委员应认真履行职责,对不能胜任饲料评审工作或不能遵守本《章程》规定的委员,农业部有权予以解聘。

第三章 职 责

第十条 根据《新饲料和新饲料添加剂管理办法》及有关规定,对新饲料和新饲料添加剂的安全性、有效性、质量可控性及对环境的影响等进行技术评审,向农业部提出评审意见。

第十一条 根据《进口饲料和饲料添加剂登记管理办法》及有关规定,对外国企业首次申请登记的饲料和饲料添加剂的安全性、有效性、质量可控性及对环境的影响等进行技术评审,向农业部提出评审意见。

第十二条 根据《饲料和饲料添加剂管理条例》及有关规定,对已批准使用、登记的饲料和饲料添加剂进行质量安全跟踪检查和再评价,向农业部提出建议。

第十三条 宣传贯彻饲料行业法律、法规和国家产业政策,追踪国内外饲料行业科技发展动态和法律法规制定情况,提出我国新饲料和新饲料添加剂研制、开发、使用的方向和相关政策建议,以及进口饲料和进口饲料添加剂的政策建议,参与相关法律法规的起草,及时向农业部提出《饲料添加剂品种目录》的修订建议。

第十四条 承担农业部畜牧业司(全国饲料工作办公室)委托或交办的其他有关事宜。

第十五条 评审办的主要职责:承担评委会的日常工作,拟定评审工作规范和年度工作计划;组织筹备评审等有关会议;起草有关文件、会议纪要和年度工作总结;组织起草技术标准;负责技术档案保管、信息的沟通与联络,以及与评审相关的技术咨询与培训。

第四章 评 审

第十六条 评委会全体会议由主任委员或委托常务副主任委员主持召开,原则上每年召开一次。必要时可临时召开。

评委会全体会议讨论审议:评委会章程;年度工作计划、工作总结和政策建议;新饲料、新饲料添加剂以及进口饲料和进口饲料添加剂的技术评价标准;评审工作规范以及其他相关工作事宜。

第十七条 产品评审一般采取会议形式,必要时也可进行函审或现场审查。

第十八条 产品评审会议由一名副主任委员主持召开,原则上每两月召开一次,必要时可临时召开。召开产品评审会,每个相关专业组至少应有一名委员参加。每次评审会参加人数不得少于九人。

第十九条 根据工作需要,由评审办提名,经评委会主任委员或常务副主任委员批准,可邀请一至两名非委员会专家作为特邀专家参加产品评审会议。特邀专家对其参加评审的产品有表决权。

第二十条 评委会委员应按时出席会议,对被评审饲料和饲料添加剂的安全性、有效性、质量可控性及对环境的影响做出科学评价,并及时提出书面评审意见。函审意见要在规定期限内提交。

第二十一条 产品评审会议应形成评审意见和会议纪要,由主持会议的副主任委员审核签字。

评审办应在行政许可要求的时限内将评审意见、会议纪要等相关材料报农业部畜牧业司(全国饲料工作办公室)。

第二十二条 评委会委员对评审的技术资料负有保密义务,不得摘录、引用和外传;不得将被评审的技术用于自己的研发工作;不得在每次评审会议前公开本人参加会议的身份或者透露其他参加评审会议的专家名单及评审品种、会议日程等;不得对外公开评审中的讨论情况及评审意见。

第二十三条 评委会委员若系被评审产品的研制者、研制参与者、研制项目所在单位的负责人或与被评审产品的申报单位、个人有任何其他利害关系,该委员在评审中应回避。

第二十四条 评委会委员不得接受申报单位提供的与申报事项有关的馈赠和宴请。

第二十五条 评委会委员在工作中应注重收集、掌握国内外饲料产品的有关信息,不断提高自身素质,保证饲料和饲料添加剂评审质量。

第五章 附 则

第二十六条 评委会活动经费从饲料审批费中支出,专款专用。评审办工作经费纳入农业部畜牧业司(全国饲料工作办公室)年度事业费预算。

第二十七条 本章程经第二届全国饲料评审委员会全体会议讨论通过,报农业部批准后实施。

第二十八条 本章程由农业部畜牧业司(全国饲料工作办公室)负责解释。

农业部办公厅

二〇〇八年一月八日印发

农业部关于加强饲料和畜产品质量安全监管工作的通知

农牧发〔2008〕4号

各省、自治区、直辖市畜牧(农牧、农业)厅(委、局、办)、饲料工作(工业)办公室、饲料和畜产品质检机构,新疆生产建设兵团畜牧局:

为深入贯彻落实科学发展观,切实保障饲料和畜产品质量安全,促进养殖业持续健康发展,保障人民身体健康，按照《畜牧法》和《饲料和饲料添加剂管理条例》及规范性文件的有关规定，现将2008年饲料和畜产品质量安全监管工作的有关事宜通知如下：

一、指导思想

以饲料和畜产品质量安全监管和促进饲料行业发展为主线，以执法能力建设和管理队伍建设为突破口，加强行业管理体系的凝聚力和战斗力；强化违法违规案件的查处和协调配合，切实加强饲料和畜产品质量安全监管工作；加强对基层管理部门的培训和指导，提高工作质量和效率，促进饲料和畜牧业又好又快发展。

二、工作重点

1. 严格行政许可，把好饲料和饲料添加剂的生产准入关。要在继续搞好饲料添加剂和添加剂预混合饲料生产许可证、产品批准文号和动物性饲料产品安全卫生合格证的基础上，严格执行《饲料生产企业审查办法》的规定，将各类饲料产品纳入管理范围。要充分发挥专家的作用，遵循公开、公正、公平的原则，加强从事行政许可人员培训，依法开展饲料和饲料添加剂行政许可工作，从源头上把好饲料和畜产品质量安全关。2008年我部将组织省级饲料管理部门和专家对100家生产许可证获证企业进行监督检查。

2. 开展质量安全监测，为监管工作提供有力的技术支撑。继续实施全国饲料质量安全监测计划、饲料及畜产品中违禁添加物专项监测计划和反刍动物饲料中牛羊源性成分例行监测。各省（区、市）根据本地情况制定并实施饲料和畜产品质量安全监督检查计划。各级饲料和畜产品质检机构要按照科学、公正、廉洁、高效的原则，全面完成各项检测任务，及时向所在地畜牧饲料管理部门通报检测结果，协助对违法违规企业的查处。同时，质检机构要不断提高检测技能，摸索检测方法，整合有效资源，不断提高质检能力和水平。

3. 加强日常监管，规范饲料、畜牧企业生产、经营、使用行为。以产品标签、企业标准、养殖档案、使用记录等为重点，加强饲料和养殖企业（户）日常监管，充分调动基层畜牧饲料管理部门工作的主动性和积极性，将监管责任落实到基层，做到有计划、有记录。通过日常监管，及时发现饲料和畜产品质量安全方面存在的问题，消除质量安全隐患。

4. 强化违法违规企业查处，推动畜牧饲料执法队伍建设。严格行政执法，是解决饲料和畜产品质量安全问题的关键环节，是维护法律法规严肃性、公正性的重要工作。要以案件查处工作为重点，落实属地管理责任，做好涉及质量安全重大案件督查督办和跨省协查工作，追根溯源，严厉打击。对举报、投诉等信访工作中发现的问题，要坚持以人为本，深入调查，依法处理，切实维护消费者的合法权利。要积极推动畜牧饲料执法队伍建设，提高执法人员素质，强化依法行政意识，创造必要条件，为加强饲料和畜产品质量安全监管提供组织保障。

5. 加强培训指导，强化企业质量安全第一责任人意识。根据《畜牧法》、《饲料和饲料添加剂管理条例》和《国务院关于加强食品等产品安全监督管理的特别规定》的有关规定，饲料和饲料添加剂生产企业、畜牧养殖企业是保证产品质量安全的第一责任人。饲料生产企业要按照产品质量标准组织生产，并实行生产记录和留样观察制度；养殖企业生产过程中使用的原料、辅料、饲料、兽药等应符合法律、行政法规的规定和国家强制性标准，并建立养殖档案，加施畜禽标识。畜牧饲料管理部门要加强对畜牧饲料生产企业的培训和指导，积极倡导HACCP管理和标准化生产，推进健康养殖行动的实施。

三、工作要求

1. 高度重视，认真实施。饲料和畜产品质量安全监管工作是畜牧饲料行业贯彻十七大精神、落实科学发展观的重要举措，是各级畜牧饲料管理部门的重要职责，是促进养殖业持续健康发展、维护人民身体健康的重要措施，各级畜牧饲料主管部门要深刻认识饲料和畜产品质量安全监管工作的重要意义，高度重视，精心组织，认真开展各项工作。

2. 落实责任，创造条件。基层畜牧饲料管理部门是饲料和畜产品监督管理的重要基础。落实属地管理责任，强化日常监管，查处违规违法企业，保证质量安全主要靠基层，要积极推进监管下移。要加强对基层畜牧饲料管理人员的指导和培训，提高其业务素质，为基层管理部门开展工作创造必要的条件。

3. 建立机制，以查促管。要认真执行瘦肉精等违禁药物中毒事件应急预案和违禁药物追溯制度，及时查处在饲料和养殖环节使用违禁药物的行为，与有关部门配合查清违禁药物和非法添加物的来源。同时，逐步建立饲料和畜产品质量安全预警机制和执法联动机制，对饲料和畜产品质量安全的潜在隐患提前发出预警，对监管过程中发现的严重问题要及时通报，加强沟通合作，联合查处，通过源头追溯和案件查处提高监管力度，防患于未然。

4. 加强协调，积极推动。饲料和畜产品质量安全监管涉及多种产品、多个环节、多个部门，要在明确法律法规授权和强化自身职能的基础上，加强与相关部门的协调配合，在标准制定、行政许可、案件查处等方面力争有新的突破。要积极参与健康养殖业推进行动、“保质量、保安全、助奥运——农产品质量安全保障行动”等行动计划，将饲料和畜产品质量安全监管工作作为推进现代养殖发展的重要保障措施。

二〇〇八年二月二十一日

农业部关于进一步加强饲料质量安全监管工作的通知

农牧发〔2008〕15 号

各省、自治区、直辖市及计划单列市农业(农牧)、畜牧厅(委、局、办),新疆生产建设兵团农业局:

饲料质量安全专项整治行动开展以来,各级农业和畜牧饲料管理部门坚决贯彻落实党中央国务院重大部署,行动迅速,措施有力,取缔、查封了一批违法企业,处理了一批违法分子,饲料质量明显提高,专项整治阶段性成效显著。为深入贯彻落实全国奶站整顿和饲料整治视频会议精神,巩固扩大专项整治成果,保障饲料和养殖产品质量安全,促进行业持续健康发展,我部决定进一步加强饲料质量安全监管工作。现将有关事项通知如下:

一、统一认识,严格执行现行标准

2007 年 6 月 1 日农业部印发了《关于严厉打击非法生产经营和使用"蛋白精"违法行为的通知》,明确三聚氰胺是非法添加物,禁止在任何饲料生产中使用。各地要认清三聚氰胺对饲料业和养殖业造成危害的严重性,以最坚决的态度、最扎实的作风、最严厉的纪律、最有力的措施和最严格的标准全面加强饲料质量安全监管的各项工作。要按照《饲料中三聚氰胺的测定》(NY/T1372-2007)标准判定检测样品,严格执行饲料中三聚氰胺含量不得超过 2mg/kg 标准,依据农业部《关于严厉查处饲料中人为添加三聚氰胺违法行为的通知》要求对不合格饲料违法企业和相关责任人进行严厉查处。

二、强化措施,推进饲料质量安全全程监管

各地要认真总结前一阶段整治工作,查找薄弱环节,加大工作力度,继续强化饲料质量安全监管。要加强生产环节监控,加大对饲料生产企业的检查频次,对其产品和使用的蛋白质原料进行抽样排查;要重点加强饲料原料监控,凡列入行政许可范围的饲料原料,生产企业必须取得相应许可证号并附具标签,严禁饲料企业使用无证企业生产的饲料原料,未取得证号的饲料原料生产企业,要在 2008 年 11 月 30 日前向当地省级饲料管理部门备案,并于 12 月 31 日前取得相应许可证号;要加强饲料经营环节的管理,对饲料经营店(户)进行全覆盖拉网式排查,不符合经营条件的坚决取缔,发现"三无"饲料产品依法立即查处;要强化养殖环节自配饲料监管,对养殖场(户)进行全面走访检查,严格监控自配饲料和外购蛋白质原料质量安全。要建立饲料生产、经营和使用监管环环相扣、紧密相联的饲料质量安全监管体系,真正实现饲料质量安全可控。

三、追根溯源,严厉打击生产、销售问题饲料的违法行为

各级畜牧饲料管理部门要将打击三聚氰胺源头作为整治工作的重中之重,决不姑息迁就。要加大查处力度,发现线索、追查到底,摸清问题饲料产生的原因和销售渠道出现问题的每一个环节,向饲料原料,特别是蛋白质饲料原料及上游(如酿造工业副产品)追根溯源;坚决打掉生产黑窝点,铲除销售黑网络,有效切断三聚氰胺流入饲料行业的途径。要加强与公安、质检、工商等部门的沟通和协作,联合查处大案要案;省级饲料管理部门要及时通报跨省案件调查情况,主动提供准确、翔实信息,为相关省溯源工作提供支持,形成多部门、跨地区联手打击三聚氰胺问题饲料的合力。对跨省销售人为添加三聚氰胺饲料原料的案件要做到件件有落实,件件有结果,件件有反馈。各级畜牧饲料主要负责人要高度重视案件查处工作,亲自参加重大案件调查处理。我部将督办重大案件查处工作,对畏难推诿、态度不认真、查处不力的部门和责任人将给予通报批评。

四、落实责任,确保整治成果巩固提高

食品质量安全是城乡居民最关心、最直接、最现实的利益问题,关系到人们的身体健康;关系到政府威信、国家形象。饲料质量安全直接影响养殖产品的质量安全;保证饲料质量安全即是保障食品质量安全,意义重大、责任重大。各级农业和畜牧兽医管理部门要在地方党委和政府的统一领导下,落实属地管理责任,承担起保障饲料质量安全的重要职责。要建立政府负总责、各部门各负其责的责任制度并逐级落实,将职责任务分解到具体部门、单位和责任人。要建立实行责任追究制和问责制,对于职责不清、措施不到位、落实工作不及时的部门和个人,要追究领导责任,对相关责任人要严肃处理。

五、强化宣传,创造饲料质量安全良好舆论氛围

各级畜牧饲料管理部门要高度重视宣传工作,加强正面宣传,主动向新闻媒体通报专项整治最新进展,展示整治工作成效。要对重大案件进行曝光,公布案件处理结果,震慑违法企业和犯罪分子。要组织专家科学、客观分析三聚氰胺造成的危害和影响,消除消费者心理恐慌,增强消费信心。要规范信息发布渠道,加强信息管理。要充分发挥行业协会作用,组织企业通过多种渠道宣传饲料行业发展成绩,介绍企业保证饲料质量安全采取的措施,为饲料行业持续健康发展创造良好的舆论环境。

六、加大投入,建立保证饲料质量安全长效机制

保证饲料质量安全是党和国家赋予农业和畜牧兽医主管部门的神圣使命,是一项长期而艰巨的任务,在任何时候、任何情况下都不能有丝毫松懈。各级畜牧饲料管理部门要将饲料质量安全监管纳入日常工作，统筹考虑人财物投入，构筑监管有力、反应迅速、高效科学的饲料质量安全监管长效机制。要深入研究饲料质量安全管理问题，建立完善饲料管理法律法规体系；逐步加大饲料质量安全监测工作投入，加强饲料质量安全监管队伍建设，全面提高监管能力和水平。要强化基础研究，整合检测机构、科研院所和企业技术资源，广泛开展饲料质量安全风险评估、检测标准制定等工作，建立饲料质量安全预警机制和执法联动机制，增强提高应对突发事件的技术储备和技术支撑能力。

请各省（区、市）畜牧饲料管理部门于2008年12月31日前将饲料质量安全监管情况报农业部畜牧业司。

二〇〇八年十一月十二日

农业部办公厅关于2008年下半年全国饲料质量安全监测结果的通报

农办牧〔2008〕80号

各省、自治区、直辖市畜牧（农牧、农业）厅（局、委、办）、饲料工作（工业）办公室、饲料质检机构，新疆生产建设兵团畜牧兽医局：

为进一步加强饲料及畜产品质量安全监督管理，规范饲料生产、经营和使用行为，保障养殖产品质量安全，根据农业部《关于开展2008年饲料及畜产品质量安全监测计划的通知》（农牧发〔2008〕3号）要求，2008年下半年我部对全国30个省（区、市）饲料生产、经营和使用环节进行了监督抽检。现将结果通报如下：

一、检测结果

共抽查30个省（区、市）4 788个饲料生产、经营企业和养殖场户的饲料样品6 831批次。其中在2 253个饲料生产和经营企业抽检商品饲料3 661批次，合格3 280批次，产品合格率为89.59%，比2008年上半年提高1.82个百分点。

1. 主要商品饲料检测结果。抽检配合饲料1 510批次，合格率为94.70%；抽检浓缩饲料899批次，合格率为88.54%；抽检添加剂预混合饲料630批次，合格率为86.19%，其中复合预混合饲料合格率为88.95%，微量元素预混合饲料合格率为63.79%，维生素预混合饲料合格率为81.58%。

2. 饲料添加剂和动物源性饲料检测结果。抽检国产饲料添加剂141批次，合格率为88.65%；抽检进口饲料添加剂62批次，合格率为87.10%。抽检动物源性饲料310批次，合格率为76.77%。

3. 饲料卫生指标检测结果。在2 800批次饲料产品中监测重金属铅，超标率为0.86%；在1 533批次饲料产品和饲料原料中监测重金属镉，超标率为1.04%；在2 620批次饲料产品和饲料原料中监测沙门氏菌，超标率0.19%；在2 164批次配合饲料和浓缩饲料中监测黄曲霉毒素B_1，超标率为0.46%。

4. 宠物饲料专项检查结果。共抽查北京、上海、天津、重庆4个直辖市24家宠物饲料经销单位的进口宠物饲料样品109批次，产品合格率为85.20%；检查宠物饲料产品标签44批次，合格率为86.36%。

5. 饲料中违禁添加物专项监测结果。抽检2 535个饲料生产、经营企业和养殖场户饲料样品3 170批次，检出违禁添加物26批次。其中，在270批次蛋白质饲料中检出三聚氰胺5批次，检出率1.85%；在1 168批次禽饲料和水产饲料中检出喹乙醇19批次，检出率1.63%；在820批次仔猪饲料和水产饲料中检出呋喃唑酮2批次，检出率0.24%。盐酸克伦特罗、莱克多巴胺、地西泮、氯霉素、苏丹红等违禁药物和违法添加物的检出率均为零。

6. 饲料标签检查结果。抽查饲料标签3 786批次，合格3 197批次，标签合格率为84.44%。其中，检查配合饲料和浓缩饲料标签2 404批次，合格率为94.43%；添加剂预混合饲料标签629批次，合格率为90.14%；国产饲料添加剂标签139批次，合格率为89.93%；进口饲料添加剂标签62批次，合格率为91.94%；检查动物源性饲料标签508批次，合格率为27.56%。

7. 各省（区、市）检测结果。北京、山西、辽宁、吉林、上海、福建、广东、宁夏等8省的商品饲料合格率高于95%；有14个省（市、区）的合格率低于90%，其中内蒙古、黑龙江、河南、贵州、云南、甘肃等6省（市、区）的合格率低于80%。

二、存在问题

1. 进口饲料添加剂产品质量下降。与2008年上半年相比，进口饲料添加剂合格率下降9.53个百分点。在不合格的8批次进口饲料添加剂产品中，有3批次产品主含量指标不合格，5批次产品灰分指标不合格。

2. 添加剂预混合饲料造假问题较为突出。抽检的58批次微量元素预混合饲料中有17批次铜指标含量不合格，其中12批次铜的含量为0。抽检的38批次维生素预混合饲料中有4批次VA指标不合格，其中2批次含量为0。

3. 禽饲料和水产饲料中违规使用喹乙醇问题依然存在。在1 168批次禽饲料和水产饲料中检出19批次样品含有喹乙醇，检出率为1.63%，虽然有所下降,但仍高于其他违禁药物检出率,超范围使用喹乙醇的问题仍然比较严重。

4. 动物源性饲料标签问题突出。动物源性饲料产品标签合格率远低于其他饲料产品标签合格率,无标签现象较为严重。在检查的 508 个标签中,合格率仅为 27.56%,比 2008 年上半年下降 0.93 个百分点,比 2007 年下降 20.65 个百分点。

三、处理意见

1. 各级畜牧饲料管理部门要落实饲料质量安全属地管理责任,严格按照“五不放过”的原则,严肃查处不合格企业和养殖场户。要建立饲料企业质量安全监管档案,对历年来的监督抽检情况进行跟踪记录,对多次抽检不合格企业实施重点监控、驻厂监管;对多次发现质量安全问题的,依法注销、吊销该企业的生产许可。

2. 各饲料检测机构要全面总结饲料质量安全监测工作,做好检测数据的汇总和分析整理,及时向主管部门汇报本省(区、市)监测情况;做好检测结果异议处置,积极配合支持畜牧饲料主管部门对违法违规行为的查处工作;重视能力建设,组织有关人员进行检测技术、饲料法规培训,全面提升监测人员综合素质。

3. 各地要在全面总结 2008 年饲料质量安全监管各项工作的基础上,按照农业部《关于进一步加强饲料质量安全监管工作的通知》(农牧发〔2008〕15 号)要求,继续保持饲料质量安全监管的高压态势,巩固扩大专项整治成果,下一阶段要重点加大对蛋白质饲料生产企业监督检查力度,切实完成对饲料原料生产企业的备案和行政许可等各项重点工作。

请相关省(区、市)畜牧饲料管理部门按照通报要求依法做好对不合格企业和养殖场户的查处工作,认真总结查处情况,并于 2009 年 1 月 20 日前以正式文件将查处情况上报农业部畜牧业司(全国饲料工作办公室)。

农业部办公厅

二〇〇八年十二月三十日印发

农业部办公厅关于印发《饲料添加剂稳定性试验指南(试行)》的通知

(农办牧[2008]82 号)

各省、自治区、直辖市畜牧(农牧、农业)厅(局、委、办)、饲料工作(工业)办公室,各相关单位:

为规范饲料添加剂稳定性评价试验,确保试验结果的科学性和有效性,根据《饲料和饲料添加剂管理条例》、《新饲料和新饲料添加剂管理办法》和《进口饲料和饲料添加剂登记管理办法》的有关规定,我部组织全国饲料评审委员会编制了《饲料添加剂稳定性试验指南(试行)》,现予发布。申报新饲料添加剂时应按照指南进行产品的稳定性试验,并提供相关报告。

二〇〇八年十二月三十日

饲料添加剂稳定性试验指南(试行)

饲料添加剂的稳定性是指饲料添加剂保持其物理、化学、生物学和微生物学性质的能力。稳定性试验的目的是考察饲料添加剂的性质在温度、湿度、光照等条件的影响下随时间变化的规律,为饲料添加剂的生产、包装、贮存、运输条件和有效期的确定提供科学依据,以确保上市饲料添加剂安全有效。

稳定性试验是饲料添加剂质量控制研究的主要内容之一,与饲料添加剂质量研究和质量标准的建立紧密相关。稳定性试验具有阶段性特点,贯穿饲料添加剂研究与开发的全过程,上市后还应继续进行稳定性研究。

本指南为一般性原则,具体的试验设计和评价应具体问题具体分析。

一、产品分类

为了便于理解和叙述饲料添加剂的稳定性试验,将饲料添加剂分为饲料添加剂Ⅰ类产品和饲料添加剂Ⅱ类产品。

饲料添加剂(Ⅰ类)产品包括:

1.利用微生物发酵、化学和物理方法直接生产的饲料添加剂产品。

2. 在原料生产工艺中同时得到两种或两种以上混合成分的产品,如维生素 A/D_3。

3. 在单一微生物发酵工艺中同时产生两种或两种以上的酶,经加工生产的稳定的复合酶制剂。

4. 在单一培养工艺中可共同生长的两种或两种以上微生物菌种,经加工生产的稳定的复合微生物制剂。

饲料添加剂(Ⅱ类)产品包括:

1.通过改变饲料添加剂(Ⅰ类)产品浓度而生成的饲料添加剂产品。

2.将饲料级氨基酸、酶制剂、微生物添加剂、抗氧化剂、防腐剂、电解质平衡剂、着色剂、调味剂或香料等同一类多品种饲料添加剂混合配制的饲料添加剂产品。

3.通过对饲料添加剂(Ⅰ类)产品进行精制、脱水、包被等工艺处理而生成的饲料添加剂产品。

二、稳定性试验设计的要点

稳定性试验的设计应根据不同的试验目的，结合饲料添加剂的理化性质、产品类别和具体的工艺条件等进行。

(一)样品的准备

1.样品的批次和规模

一般地，影响因素试验(配合饲料制粒试验除外)采用一批样品进行，配合饲料制粒试验、加速试验和长期试验采用三批样品进行。

供稳定性试验的样品应从以一定规模生产的批量产品中抽取，以能够代表规模生产条件下的产品质量。饲料添加剂Ⅰ类产品的生产工艺路线、方法、步骤应与生产规模一致；饲料添加剂Ⅱ类产品的配方、制备工艺也应与生产规模一致。

稳定性试验中，饲料添加剂的批量应达到中试规模的要求。特殊品种、特殊类型所需数量，视具体情况而定。

2.包装及处置条件

稳定性试验要求在一定的温度、湿度、光照条件下进行，处置条件的设置应充分考虑到饲料添加剂在贮存、运输及使用过程中可能遇到的环境因素。

饲料添加剂Ⅰ类产品应在影响因素试验结果基础上选择合适的包装。加速试验和长期试验中的包装应与拟上市包装一致。如果拟上市产品包装过大，不方便试验，也可采用模拟小包装，所用材料和封装条件应与大包装一致。

稳定性试验中应对各项试验条件要求的环境参数进行控制和监测。

3.样品的采集

样品的采集可参照GB/T 14699.1《饲料 采样》的规定进行。对于影响因素试验，采集的样品量应满足完成一次所有考察项目的检验需要。对于加速试验和长期试验，每个批次采集的份数应满足完成各个考察时间点检验的需要，每份样品量同影响因素试验。

(二)考察时间点

由于稳定性试验目的是考察饲料添加剂质量随时间变化的规律，因此试验中一般需要设置多个时间点考察样品的质量变化。

考察时间点应基于对饲料添加剂性质的认识、稳定性趋势评价的要求而设置。如长期试验中，总体考察时间应涵盖所预期的有效期，中间取样点的设置要考虑饲料添加剂的稳定性特点和类型特点。对某些环境因素敏感的饲料添加剂，应适当增加考察时间点。

(三)考察项目

稳定性试验的考察项目应选择在饲料添加剂保存期间易于变化、并可能影响饲料添加剂质量、安全性和有效性的项目，以便客观、全面地反映饲料添加剂的稳定性。根据饲料添加剂特点和质量控制的要求，尽量选取能灵敏反映饲料添加剂稳定性的指标。

饲料添加剂根据物理性状大体可分为固体和液体两类。乳状饲料添加剂可参照液体饲料添加剂的考察项目进行考察。一般地，考察项目可分为物理、化学、生物学和微生物学等几个方面。具体考察项目设置可以参考表1。

表1 建议饲料添加剂稳定性试验考察的项目

类别	建议考察项目
固体产品	性状、色泽、外观、主成份含量、水分以及根据所含组分或成分特性和要求设置的考察项目。
液体产品	性状、色泽、外观、含量、pH值、澄清度、混悬度以及根据所含组分或成分特性和要求设置的考察项目。

稳定性研究中如样品发生了显著变化，则应改变条件再进行试验。一般来说，饲料添加剂Ⅰ类产品的“显著变化”应包括：

1.性状，如颜色、熔点、溶解度、比旋度超出标准规定，晶型、水分等超出标准规定。

2.主成份含量测定值超出标准规定，或者不能达到生物学或者微生物学的效价指标。

3.结晶水发生变化。

4.有害微生物或生物毒素等指标超出标准规定。

5.pH值超出标准规定。

一般来说，饲料添加剂Ⅱ类产品的“显著变化”应包括：

1.含量测定发生5%的变化(特殊情况应加以说明)；或者不能达到生物学或者微生物学的效价指标。

2. 性状、物理性质以及特殊类别的功能性试验(如颜色、相分离、再混悬能力、结块、硬度等)超出标准规定。

3.有害微生物或生物毒素等指标超出标准规定。

4.pH值超出标准规定。

(四)分析方法

评价指标所采用的分析方法应经过充分的验证，能满足试验的要求，具有一定的专属性、准确性、重现性、灵敏度和精密度。

三、稳定性试验方法和要求

根据研究目的不同，稳定性试验方法分为影响因素试验、加速试验、长期试验和上市后的稳定性考察。

饲料添加剂Ⅰ类产品需要进行影响因素试验、加速试验和长期试验；饲料添加剂Ⅱ类产品需要进行加速试验和长期试验，必要时，应进行部分影响因素试验。在进行饲料添加剂Ⅱ类产品稳定性试验之前，应先查阅饲料添加剂Ⅱ类产品所涉及的各组成成分稳定性的有关资料，尤其是温度、湿度、光照等对饲料添加剂Ⅱ类产品各组成成分稳定性的影响，在此基础上再进行试验。如果饲料添加剂Ⅱ类产品所涉及的各组成成分没有稳定性资料，应进行影响因素试验。一般情况下，加速试验应达到6个月以上，长期试验应达到18个月以上。

在饲料添加剂通过审批获准上市后，还应进行上市后的稳定性考察。

（一）影响因素试验

影响因素试验是在剧烈条件下进行的，目的是了解影响稳定性的因素及其影响程度，为饲料添加剂产品的工艺筛选、包装材料和容器的选择、贮存条件的确定以及是否适合于配合饲料湿热调质、制粒等热加工提供依据；同时为加速试验和长期试验应采用的温度和湿度等条件提供依据，还可为分析方法的选择提供依据。

影响因素试验一般包括高温、高湿、光照试验和配合饲料制粒试验。一般将供试品置于适宜的容器中（如称量瓶或培养皿），摊成≤5mm厚的薄层，结构疏松的供试品摊成≤10mm厚的薄层进行试验。如试验结果不明确，应加试两个批次的样品。

1.高温试验

供试品置于密封洁净容器中，在60℃条件下放置10d，于第0天、第5天和第10天取样，检测有关指标。如供试品发生显著变化，则在40℃下同法进行试验。如60℃无显著变化，则不必进行40℃试验。

2.高湿试验

供试品置恒湿密闭容器中，于25℃、RH(90±5)%条件下放置10d，于第0天、第5天和第10天取样检测。检测项目应包括吸湿增重项。若吸湿增重5%以上，则应在25℃、RH(75±5)%下同法进行试验；若吸湿增重5%以下，且其他考察项目符合要求，则不再进行此项试验。

液体饲料添加剂可不进行此项试验。

恒湿条件可采用恒温恒湿箱或通过在密闭容器下部放置饱和盐溶液来实现。根据不同的湿度要求，选择NaCl饱和溶液[15.5~60℃，RH(75±1)%]或KNO_3饱和溶液(25℃，RH90%)。

3.光照试验

供试品置于光照箱或其他适宜的光照容器内，于照度(4500±500)Lx条件下放置10d，于第0天、第5天和第10天取样检测。对于光敏感而要求避光保存的饲料添加剂，可不进行此项试验。

以上为影响因素稳定性研究的一般要求。根据饲料添加剂的性质必要时可以设计其他试验，如考察pH值、氧、低温等因素对饲料添加剂稳定性的影响。

4.配合饲料制粒试验

将供试品于混合机上按比例加入粉状配合饲料中混合均匀，在饲料制粒机中调质、制粒，调质器内试验饲料的出机温度应达到(85±5)℃，调质后水分含量在16%~17%，经制粒机挤压、切割制成颗粒，于冷却器下取样，测定供试样品中试验添加剂的检测指标。同时应记录所用压模孔径和模孔的长径比、出压模颗粒饲料的温度等。

（二）加速试验

加速试验是在超常条件下进行的，目的是通过加快市售包装中饲料添加剂的化学或物理性质变化速度来考察其稳定性，对饲料添加剂在运输、保存过程中可能会遇到的短暂超常条件下的稳定性进行模拟考察，并初步预测样品在规定的贮存条件下的长期稳定性。

加速试验一般取拟上市包装的三批样品进行，建议在比长期试验放置温度至少高15℃的条件下进行。一般可选择(40±2)℃、RH(75±5)%条件下进行6个月试验。在试验期间第0、1、2、3、6个月末取样检测考察指标。如在6个月内供试品经检测不符合质量标准要求或发生显著变化，则应在中间条件(30±2)℃、RH(65±5)%同法进行6个月试验。

在对采用不可透过性包装的含有水性介质的饲料添加剂，如液体或乳状饲料添加剂等的稳定性试验中可不要求相对湿度。对采用半通透性的容器包装的饲料添加剂，如塑料软袋装、塑料瓶装的液体饲料添加剂，加速试验应在(40±2)℃、RH(20±5)%的条件下进行。

对温度敏感的饲料添加剂（需在冰箱中4~8℃冷藏保存）的加速试验可在(25±2)℃、RH(60±5)%条件下同法进行。需要冷冻保存的饲料添加剂可不进行加速试验。

（三）长期试验

长期试验是在上市饲料添加剂规定的贮存条件下进行，目的是考察其在运输、贮存、使用过程中的稳定性，能直接地反映饲料添加剂稳定性特征，是确定有效期和贮存条件的最终依据。

取三批样品在(25±2)℃、RH(60±10)%条件进行试验，取样时间点在第一年一般为每3个月末一次，第二年每6个月末一次，以后每年末一次。

对温度敏感的饲料添加剂，其长期试验可在(6±2)℃条件下进行试验；对采用半通透性的容器包装的饲料添加剂，长期试验应在(25±2)℃、RH(40±10)%的条件下进行，取样时间同上。

（四）饲料添加剂上市后的稳定性考察

饲料添加剂在审批阶段进行的稳定性试验，一般并不是实际生产产品的稳定性，具有一定的局限性。在饲料添加剂获准生产上市后，应采用实际规模生产的饲料添加剂继续进行长期试验。根据继续进行的稳定性试验的结果，对包装、贮存条件和有效期进行进一步的确认。

饲料添加剂在获得上市批准后，可能会因各种原因而申请对制备工艺、配方组成、规格、包装材料等进行变更，一般应进行相应的稳定性试验，以考察变更后饲料添加剂的稳定性趋势，并与变更前的稳定性试验资料进行对比，以评价变更的合理性。

四、稳定性试验的结果

通过对影响因素试验、加速试验、长期试验获得的饲料添加剂稳定性信息进行系统的分析，确定饲料添加剂的贮存条件、包装材料/容器和有效期。

(一)贮存条件的确定

应综合影响因素试验、加速试验和长期试验的结果，同时结合饲料添加剂在流通过程中可能遇到的情况进行综合分析。选定的贮存条件应采用规范术语描述。

(二)包装材料/容器的确定

一般先根据影响因素试验结果，初步确定包装材料和容器，结合加速试验和长期试验的稳定性研究的结果，进一步验证采用的包装材料和容器的合理性。

(三)有效期的确定

饲料添加剂的有效期应综合加速试验和长期试验的结果，进行适当的统计分析得到，最终有效期的确定一般以长期试验的结果来确定。

由于试验数据的分散性，一般应按95%可信限进行统计分析，得出合理的有效期。如三批统计分析结果差别较小，则取其平均值为有效期；如差别较大，则取其最短的为有效期。若数据表明测定结果变化很小，提示饲料添加剂是很稳定的，则可以不做统计分析。

五、名词解释

有效期：在规定的贮存条件下放置，能保证饲料添加剂质量符合注册质量标准要求的期限。

批次：指按相同的生产工艺在一次生产过程中生产的一定数量的饲料添加剂，其产品质量具有均一性。

上市包装：上市销售饲料添加剂的内包装和其他层次包装的总称。

六、参考文献

[1] ICH. Guidance for Industry Q1A(R2) Stability Testing of New Drug Substances and Products[Z]. 2003.

[2] Food and Drug Administration, USA. Guidance for Industry Stability Testing of New Veterinary Drug Substances and Medicinal Products (Revision) VICH GL3(R) [Z]. 2007.

[3] Food and Drug Administration, USA. Guidance for Industry Stablity Testing for medicted Premixe VICH GL8[Z]. 2000.

[4] ICH. Q1C Stability Testing for New Dosage Forms. 1996.

[5] ICH. Q1B Photostability Testing of New Drug Substances and Products. 1997.

[6] 中华人民共和国农业部. 兽药稳定性试验指导原则[Z].中国兽药药典.2005 .

[7] 中华人民共和国卫生部. 原料药与药物制剂稳定性试验指导原则[Z].中国药典.2005.

[8] 国家食品药品监督管理局. 中药、天然药物稳定性研究技术指导原则.[Z].GPH5-1.2006.

[9] 国家食品药品监督管理局. 化学药物稳定性研究技术指导原则[H].GPH6-1.2005.

[10] Daniel LIU. 药物稳定性实验方案设计研究的国际化规范 [J]. 中国药科大学学报.2005.36(3)：284-288.

[11] 陈振生，王庆喜. ICH 最新动向. 中国医药导刊. 2007. vol9(1)：78.

[12] 中华人民共和国国务院. 国务院令第 327 号饲料添加剂管理条例[Z]. 2001.

[13] 中华人民共和国农业部. 饲料行政许可申报材料要求 [Z]. 中华人民共和国农业部公告第 611 号. 2006

七、附录

(一)国际气候带

稳定性长期试验所采用的一般条件是根据国际气候带制定的。将全球分为Ⅰ、Ⅱ、Ⅲ、Ⅳ四个国际气候带，温带主要有英国、北欧、加拿大、俄罗斯；亚热带有美国、日本、西欧(葡萄牙-希腊)；干热带有伊朗、伊拉克、苏丹；湿热带有巴西、加纳、印度尼西亚、尼加拉瓜、菲律宾。

具体条件见下表2：

表2 不同气候带的温湿度

气候带	计算数据			推算数据	
	温度①	MKT②	湿度	温度	湿度
Ⅰ温带	20.0	20.0	42	21	45
Ⅱ地中海气候，亚热带	21.6	22.0	52	25	60
Ⅲ 干热带	26.4	27.9	35	30	25
Ⅳ 湿热带	26.7	27.4	76	30	70

①记录温度；②平均热力学温度。

在这四种气候带中，对于饲料添加剂的质量保证而言，条件最苛刻的是第四种气候带，即高温又高湿的环境。中国总体来说属于亚热带，推荐长期试验采用温度湿度条件为：(25±2)℃，(60±10)%RH。

(二)稳定性试验报告的一般内容

一般地，稳定性试验部分的申报资料应包括以下内容：

1.供试饲料添加剂的品名、规格、剂型、批号、生产者、原料来源、生产日期和试验开始时间。并应明确给出稳定性考察中各个批次饲料添加剂的批产量。

2.各稳定性试验的条件，如温度、光照强度、相对湿度、容器等。应明确包装/密封系统的性状，如包材类型、形状和颜色等。

3. 稳定性试验中各质量检测方法和指标的限度要求。

4. 在稳定性试验起始和试验中间的各个取样点获得的实际分析数据，一般应以表格的方式提交，并附相应的图示；利用仪器给出的图谱进行含量测定的还应附测试图谱。

5.检测的结果应如实申报数据，不宜采用“符合要求”等表述。检测结果应用含有效成分标示量的百分数表述，并给出其与开始时间的检测结果的百分比。如果在某个时间点进行了多次检测，应提供所有的检测结果及其相对标准偏差(RSD)。

6.应对试验结果进行分析并得出初步的结论。

领导讲话

在全国奶站整顿和饲料整治总结会上的讲话

高鸿宾
农业部副部长

（2008 年 11 月 5 日）

同志们：

这次会议的主要任务是，深入贯彻落实党中央国务院关于应对“三鹿牌婴幼儿奶粉”事件一系列重大决策部署，总结前一阶段奶站整顿和饲料整治工作，部署下一阶段重点工作，巩固深化专项整治成果，加快构建生鲜乳和饲料质量安全保障长效机制，全面提高生鲜乳和饲料质量安全水平。下面，我讲 3 点意见：

一、奶站整顿和饲料整治取得明显阶段性成效

2008 年 9 月 21 日以来，按照党中央国务院的统一部署，农业部会同工业和信息化部、公安部、卫生部、国家工商总局和国家质检总局等部门，在全国开展了奶站清理整顿和饲料专项整治工作。地方各级有关部门在当地党委政府领导下，以最坚决的态度、最扎实的作风、最严厉的纪律、最有力的措施和最严格的标准全面开展奶站整顿和饲料整治行动，着力保护奶农利益，各项工作都取得显著成效。

1. 奶站清理整顿完成了 3 项任务。2008 年 9 月 12 日以来，农业部多次召开部常务会议和专题会议，在第一时间成立应急响应工作组，连续 9 次发出紧急通知，安排部署各项应对工作。根据《国务院办公厅关于进一步做好婴幼儿奶粉事件处置工作的通知》要求和国务院领导指示精神，农业部立即会同有关部门，成立全国奶牛饲养和奶站清理整顿领导小组，迅速制定奶站专项整治行动方案，全面部署全国奶站专项整治行动。

各级农业和畜牧兽医主管部门在有关部门的支持配合下，围绕摸清底数、查处违法行为、加强生鲜奶质量抽查、实施驻站监督、强化奶站市场主体责任和建立健全管理制度等 6 个重点环节，全面投入奶站专项整顿行动之中，逐一排查、不留死角、规范秩序、建章立制，严厉打击和坚决杜绝违法行为。农业部先后 3 次派出由部领导带队的 22 个督导组，深入奶牛养殖小区、挤奶站、饲料企业检查指导奶站整顿和饲料整治工作，督导落实各项整治措施。

截至 2008 年 10 月 31 日，全国农业和畜牧兽医系统累计派出 49.1 万人次参加奶站清理整顿行动，其中各省(区、市)派出 1.8 万人次，各市(地)县派出 47.3 万人次。各地共派出奶站质量安全监督员 3.45 万人次，实行“一对一”监管，建立责任制，定人、定站、定时跟踪，确保奶站生鲜乳不发生三聚氰胺污染。从清理整顿结果看，全国现有各种类型奶站 20 393 个，其中乳制品加工企业自建奶站 2 036 个，占总数的 10.0%；规模养殖场自建奶站 2 395 个，占 11.7%；养殖小区建设奶站 2 758 个，占 13.5%；个体私营投资建设的奶站 7 850 个，占 38.5%；流动收奶点 4 991 个，占 24.5%；其他类型 363 个，占 1.8%。

目前，奶站整治行动确定的 3 项任务已经完成。一是生鲜乳质量明显提升，各种掺杂使假的违法行为得到有效遏制。据对北京、河北、内蒙古、黑龙江、山东、河南等 6 个奶业主产地区生鲜牛乳的质量检测结果显示，所抽检的 660 批样品三聚氰胺含量全部符合卫生部等 5 部门公告规定的临时管理限量标准。所检样品总体质量安全状况良好；二是奶站登记工作顺利完成，所有奶站已经 100%纳入监管范围；三是规范行为，建章立制。按照国务院颁布《乳品质量安全监督管理条例》(以下简称《条例》)，农业部随即印发了贯彻落实《条例》的通知，制定了《生鲜乳生产收购管理办法》、《生鲜乳生产技术规范(试行)》等配套规章和规范性文件。会同国家工商管理总局制定了《生鲜乳购销合同示范文本》；会同国家发展改革委等部门制定《全国奶业发展规划》。各地迅速贯彻落实《条例》的各项制度要求，相继制定了《畜禽养殖场和养殖小区规模标准及其备案程序》、《奶站设立审核标准》和《奶站设立审核表》等规章制度。

2. 奶农利益得到有效保护。农业部会同财政部及时发出《关于切实做好重点地区特别困难奶农临时救助工作的通知》，对内蒙古、河北、辽宁、山西、山东、河南 6 省(区)发放奶农临时救助补贴资金 3 亿元。印发《关于稳定原料奶生产销售相关工作的紧急通知》、《关于确保奶农利益稳定奶业生产的紧急通知》和《关于采取切实措施保护奶农合法利益的紧急通知》，指导地方采取针对性措施，保护奶农利益。同时，协调有关部门研究扶持奶牛标准化规模养殖、奶站标准化改造、奶牛良种场建设和生鲜乳质量监测及监测体系建设等政策措施，推动中央奶业扶持政策的出台。北京、天津、河北、山西、内蒙古等 14 个省(区、市)相继出台奶业扶持和奶农救助政策，据不完全统计，各级地方

财政已投入近8亿元，帮助奶农和乳制品加工企业渡过难关。

据农业部统计，2008年11月2日，13个奶业主产省倒奶617.7t，比高峰期9月22日16 177t下降96.2%，当日倒奶量占牛奶产量的比例从最高时的23.6%降到1.1%。其中，天津、黑龙江、上海、河南、陕西、宁夏和新疆已连续多天没有出现倒奶现象。目前，奶农倒奶现象持续减少，倒奶趋势已得到有效遏制，奶农情绪趋于稳定。

3. 饲料专项整治完成各项任务。农业部印发《关于进一步加强饲料质量安全监管工作的通知》和《饲料质量安全专项整治工作实施方案》，明确整治范围、整治目标和工作思路，部署开展饲料质量安全专项整治工作。各地有关部门积极响应，成立了由政府分管领导担任组长的奶站清理整顿和饲料专项整治领导小组，细化具体工作方案，精心组织，扎实推进。按照确保实现蛋白质原料生产企业现场检查率、饲料生产企业产品抽检率、生产使用自配料的规模化奶牛养殖场（户）检查率、饲料和饲料添加剂企业持证生产率“四个100%”的要求，组织全国30个省对各类饲料产品进行大范围三聚氰胺专项监测。发出《关于采取果断措施加强蛋白饲料生产企业监控的通知》，督促河北、河南、山东等12个蛋白质饲料产销重点省，对无证生产蛋白质饲料的企业进行严厉查处；开通24h举报电话，对举报的案件做到件件查证核实，对112起跨省饲料案件实行挂牌督办查处，派出6个检查组进行飞行检查。截至目前，全国累计出动饲料专项整治和执法人员36.93万人次，检查饲料企业、养殖场（户）25.04万个，取缔非法生产蛋白质饲料的黑窝点238个，立案调查违法企业和养殖场（户）278个，查获没收、封存和销毁不合格产品3 682.19t，向公安机关移交违法案件27起。

目前，饲料专项整治确定的“四个100%”的预定目标已基本实现。整治期间，共对2.27万批次饲料样品进行了三聚氰胺检测，合格率为97.61%，比2007年下半年提高7.91个百分点。不合格的产品全部封存、销毁和无害化处理，并对相关企业进行了依法查处，有力保障了饲料和畜产品质量安全。

同志们，为期一个多月的奶站清理整顿和饲料专项整治工作在各地各部门的共同努力下，已经取得显著成效。奶站管理逐步规范，生鲜乳和饲料质量安全水平进一步提高，奶农倒奶明显减少，奶业生产正在向正常状态恢复。

在此，我谨代表农业部、代表奶站专项整治领导小组，向奋斗在专项整治工作各条战线的同志们表示衷心的感谢和诚挚的问候！

二、加强奶站监管和确保饲料安全的任务十分艰巨

目前，奶站整顿和饲料整治各项工作已经取得阶段性成果，为下一步深入开展生鲜乳和饲料质量安全监管打下了良好的工作基础。但是，也要清醒地认识到生鲜乳和饲料质量安全监管工作的艰巨性、长期性和复杂性。我们一定要认真总结各地好的做法、好的经验，进一步明确工作重点，把奶站和饲料质量安全监管的各项工作制度化、常态化、规范化，努力巩固来之不易的工作成果。

1. 奶农倒奶的现象依然存在。按照《条例》规定，生鲜乳收购站只能由取得工商登记的乳制品生产企业、奶畜养殖场、奶农专业生产合作社开办。从清理整顿的结果来看，乳制品生产企业、奶畜养殖场、奶农专业生产合作社开办的奶站仅占23.5%，日收奶量占当日收奶总量的31.2%；其余超过3/4的兴办主体是个体私营投资和养殖小区，相当一部分还是流动收奶点，这些奶站经营主体成分复杂、数量较多，硬件设施达标难度很大。目前奶站布局还不尽合理，规范奶站工作又十分紧迫，各地在依法取缔不符合条件奶站时，有可能再次影响生鲜乳收购，导致少数地区新一轮倒奶。虽然当前奶农倒奶现象明显下降，但并没有完全消除，各地乳品加工企业产品库存还在增加，乳制品滞销的压力逐步向生鲜奶收购和生产环节传递，奶农倒奶情况可能出现反弹。

国务院办公厅即将转发《奶业整顿和振兴规划纲要》，各地要按照要求，针对当前奶业发展面临的困难和问题，加快实施奶牛养殖紧急救助，努力做到少倒奶，坚决不杀牛。要继续深入贯彻落实《国务院关于促进奶业持续健康发展的意见》，坚持已有政策措施，加大力度落实奶牛良种补贴、标准化规模养殖补贴、良种繁育体系建设、奶站建设扶持等各项强农惠农政策，积极争取地方配套政策和资金，巩固奶业发展的基础，千方百计保护奶农利益。

2. 奶站监管任务依然十分繁重。生鲜乳收购和运输监管是《条例》赋予各级农业和畜牧兽医部门新的职责和使命。目前奶站监管开始进入常态，奶站和规模养殖场“一对一”应急监管方式即将发生转变，对奶畜养殖和生鲜乳收购、运输环节生鲜乳质量安全监管工作的要求更高，工作压力进一步加大。现有工作机制和监管体系与承接奶站监管任务的要求相比仍有很大差距，主要表现在：(1)监管力量不强。各级畜牧兽医主管部门，特别是基层的畜牧兽医队伍和技术力量一直比较薄弱。当前，保障畜产品有效供给和加强动物疫病防控的任务已十分繁重，增加生鲜乳收购与运输的监管职能对各级畜牧兽医主管部门监管队伍和人员素质提出了新的更高的要求。(2)检测手段落后。开展日常检测是加强生鲜乳质量监管的重要手段。但大部分地区基层畜牧兽医部门生鲜乳质量检测机构不健全、检测设备缺乏、检测能力不足、缺少经费来源，难以适应生鲜乳质量监管的需要。(3)质量标准体系不完善。三聚氰胺是当前生鲜乳质量监测的重点，但与生鲜乳质量安全相关的其他监测指标还很多，标准缺乏、不科学的问题比较突出，相关的检测标准和方法需要进一步修订完善。

今后，加强奶站监管的重点是严格准入条件、规范许可证发放、抽样监测生鲜乳质量和不定期驻场监管，坚决防范和打击人为添加有害化学物质危害生鲜乳质量安全的行为。省级农业和畜牧兽医主管部门要按照《条例》的要求，抓紧制定和发布奶站建设布局规划。要采取灵活多样的政策措施，积极鼓励推动乳品加工企业收购、兼并和托管奶站；鼓励奶牛养殖小区向奶农专业生产合作社发展，支持奶牛养殖专业生产合作组织和规模场租赁或改扩建奶站，保证生鲜乳的正常收购。要按照《农业部办公厅关于印发乳品质量安全监督管理条例有关证书格式的通知》要求，做好生鲜乳收购许可证、生鲜乳运输证明等相关证书的印制、发放和管理工作，规范生鲜乳运输管理。建立巡查制度，加强对生鲜乳收购站日常营运状况和生鲜乳运输的管理，做好生鲜乳质量安全监测工作。逐步建立第三方生鲜乳质量检测制度，实行优质优价收购。各地农业和畜牧兽医主管部门要指导和监督饲养者遵守生产规程，奶畜养殖场户按照要《畜牧法》和《条例》规定，建立健全规范的奶畜养殖档案和投入品使用记录台账，防止盲目使用抗生素和兽药，杜绝非法添加违禁物和有害化学物质的现象。

3. 饲料监管难度依然很大。最近，社会上除了对三聚氰胺污染奶粉高度关注外，对鸡蛋等畜产品的质量安全也十分关注，出现了许多不实言论。一些媒体相继转载报道大连、湖北、山西个别厂家鸡蛋检出三聚氰胺。个别媒体对此片面报道，加之手机短信传播不实信息，影响了蛋鸡消费，蛋价下跌、销量下降，一些种鸡生产企业订单减少，个别地方甚至开始出现杀鸡现象，蛋鸡养殖业受到冲击。

经对有关厂家鸡蛋质量复检和溯源检查，只是极个别企业的个别批次鸡蛋检出三聚氰胺，并不是全行业的普遍问题。香港食品安全中心于 2008 年 10 月 25~31 日发布 6 次三聚氰胺检测结果，一共涉及 76 批次产自中国内地的鲜鸡蛋，有 3 个抽检样本含量微量超标，其他鸡蛋产品均合格。杭州市某记者送检的 27 个批次鸡蛋中发现一例三聚氰胺含量超标。我国是世界上第一鸡蛋生产大国，2007 年禽蛋产量 2 529 万 t，其中鸡蛋总量约 3 700 亿枚，检出的 3 例三聚氰胺含量超标鸡蛋在如此巨大的生产总量中完全不能代表总体质量水平，我国鸡蛋产品质量总体是安全放心的。

专家分析，鸡蛋中检出三聚氰胺的原因可能是蛋鸡饲料受到三聚氰胺污染，或者是鸡蛋在储存、运输过程中使用塑料包装物造成微量三聚氰胺迁移污染。饲料受三聚氰胺污染主要有 3 个途径：一是自然迁移。一些土壤、肥料或饲料包装物中的三聚氰胺微量迁移到饲料原料中；二是酒糟等饲料原料中本身含有三聚氰胺；三是人为在饲料中恶意添加。初步查明，大连韩伟集团饲料受三聚氰胺污染的主要原因是微量自然迁移和酒糟等原料中本身含有三聚氰胺。

饲料是影响包括生鲜乳在内的畜产品质量安全的重要投入品。对于饲料中三聚氰胺污染问题，农业部历来高度重视。2007 年 4 月美国发生宠物食品三聚氰胺事件后，农业部及时发出了《关于严厉打击非法生产经营和使用“蛋白精”违法行为的通知》，明令严格禁止在饲料中添加三聚氰胺，一切在饲料中人为添加三聚氰胺的行为都是违法犯罪，要坚决打击。同时，立即制定发布了《饲料中三聚氰胺的测定标准》，开展了饲料中三聚氰胺专项监测，严厉打击在饲料中非法添加和使用三聚氰胺的行为。人为添加三聚氰胺是所有遵纪守法饲料企业和饲料监管部门的“公敌”，绝不是什么“行业潜规则”。

2007 年，我国饲料总产量达 1.23 亿 t，饲料加工企业 1.5 万家，饲料经营企业超过 2 万个，饲料产品涉及生猪、家禽、反刍动物、水产和特种养殖动物，使用饲料的养殖场(户)数以亿计，监管种类繁多，监管群体庞大。加之目前越来越多的畜禽养殖场户开始使用自配料，饲料监管对象更加复杂。而且，一些不法分子制假造假的原料来源多样，手段新巧，个别饲料企业和养殖场(户)违法添加禁用药物和有害化学物质的现象依然存在。针对这种情况，2008 年 11 月 1 日，农业部再次对全国饲料整治工作进行了部署，各级农业和畜牧兽医部门要严格新饲料和新饲料添加剂审批，严格企业生产许可证和批准文号发放，强化蛋白质饲料生产企业监控，规范饲料市场秩序，加强自配料抽查，全面开展饲料监测，严肃查处“三无”产品和违禁添加物，切断非法饲料产品流入养殖环节的途径。加快违法违规案件的查处进度，加强与相关部门的协调配合，追根溯源，彻底查清三聚氰胺的来源，铲除三聚氰胺的营销网络和黑窝点，严厉打击饲料中人为添加三聚氰胺的违法行为。

各级农业和畜牧兽医主管部门一定要对当前奶站监管和饲料安全形势有一个全方位的清醒认识，进一步增强责任感和紧迫感，继续发扬连续作战、攻坚克难的精神，全力以赴做好今后一个时期生鲜乳和饲料质量安全监管各项工作。

三、狠抓责任和措施落实，进一步加大工作力度

加强生鲜乳和饲料质量安全监管，事关人民群众生命安全，事关畜牧业持续健康发展和畜产品有效供给。巩固奶站整顿和饲料整治行动成果,保障生鲜乳和饲料质量安全,既是一项当前重要而紧迫的工作,又是一项长期艰巨的重大任务。各级农业和畜牧兽医主管部门要本着对人民高度负责的精神,明确责任,加强配合,加大工作力度,狠抓关键环节监督管理,保障生鲜乳和饲料质量安全。

1. 要加强组织领导和责任落实。各级农业和畜牧兽医主管部门要高度重视生鲜乳和饲料质量安全监管工作,主要负责人要亲自抓质量工作,确保领导到位、指挥靠前、保障有力、抓出成效。为加强奶站监督管理,保障生鲜乳的质量安全,农业部已经成立奶业管理办公室。各地要结合实际,建立相应的工作机构,安排工作人员,落实工作经费。《条例》规定县级以上地方人民政府对本行政区域内的乳品质量安全监督管理负总责,县级以上人民政府畜牧兽医主管部门负责奶畜饲养以及生鲜乳生产环节、收购环节的监督管理。各地要抓紧将监管工作和责任细化分解,落实到具体部门、具体环节和具体人员。对不履行生鲜乳和饲料质量安全监管职责的单位和个人要坚决追究责任;对出现重大质量安全事故的,要按照有关规定坚决处理责任人。

2. 要全面开展饲料质量安全排查。要继续保持高压态势,深入开展饲料质量安全整治工作,严厉打击违法违规饲料企业,保护遵纪守法企业的健康发展。要按照 2007 年 6 月 14 日农业部公布的以饲料中三聚氰胺含量 2mg/kg 这一最严格的标准来判定饲料中三聚氰胺含量是否合格。要继续扩大检测范围,增加监测频率,加大查处力度,实实在在做到“四个100%”。不能头痛医头,脚痛医脚。要追根溯源,对饲料尤其是蛋白质饲料原料中的三聚氰胺一查到底,往上游逐级追查,任何环节都不放过。各省区要对本地区饲料生产、加工、销售的违法行为进行严肃查处,跨省案件要及时上报农业部,由农业部协调跨省区追查,将违法饲料企业作为反面典型通报曝光,从重打击,绝不手软。

3. 要加强奶牛疫病防控工作。目前正是秋冬季重大动物疫病防控的关键时期,要巩固秋季动物防疫工作成果,重点加强奶牛口蹄疫、结核和布鲁氏菌病的防控力度。强化奶牛养殖场(小区)防疫管理,对规模养殖场(户)和养殖小区实行封闭管理,健全免疫、消毒、无害化处理等防疫制度。抓好检疫监督,严禁调运、倒卖染疫奶牛,加强奶牛调运的检疫监管。强化疫情监测和报告,加强定时定点持续监测,特别是奶牛养殖集中地区,要加大监测数量和频次,一旦发现疫情,要严格按规定及时上报。

4. 要构建生鲜乳和饲料质量安全监管的长效机制。要加快标准基础研究进程,抓紧制定或修订生鲜乳和饲料产品质量安全标准和检测方法,尽快完善质量标准体系。要充分利用信息化手段,大力推进产地编码、养殖档案等制度建设,加强建立生鲜乳和饲料质量追溯体系。要加强部、省、市、县 4 级生鲜乳和饲料等产品质量安全检验检测体系建设,尽快健全检测和执法队伍。加快标准的推广和监督实施,将生产技术标准和规程纳入畜牧兽医技术推广业务考核的范围。建立和完善生鲜乳和饲料风险预警和快速反应机制,妥善处理产品质量安全突发事件,努力把影响控制在最小范围,把损失降低到最低程度。

5. 要强化协作配合。生鲜乳生产涉及环节较多、饲料原料来源复杂,各级农业和畜牧兽医主管部门要在当地政府领导下,密切与卫生、工商、质检、工业和信息化、公安等部门的配合,形成强有力的沟通协调机制,及时、果断、有效、有序地解决好生鲜乳和饲料质量安全监管中出现的各种问题。要搞好联合执法、跨区行动,认真查处跨区域、跨部门的大案要案。要协调各有关部门按照有关法律法规的规定,强化奶站开办主体营业执照的审核管理和违法经营奶站的查处,对构成犯罪的,坚决追究刑事责任;督促指导有关企业做好生鲜乳质量检验和监督抽检,确保质量安全。

6. 要加强舆论和信息工作。建立统一、科学、权威、高效的生鲜乳和饲料质量安全信息发布制度,按照法律的授权,卫生部门发布包括乳制品在内的食品质量安全监管信息,农业部发布生鲜乳质量安全监管信息。要正面引导舆论,充分发挥报刊、广播、电视、网络等新闻媒体作用,坚决制止各种不实炒作,及时、主动、准确发布相关信息,澄清事实,增信释疑,让广大人民群众了解真实情况。各地要依法及时曝光各类在生鲜乳和饲料中掺杂使假违法行为,积极引导质量合格乳制品的消费,增强消费者信心。

最后,我要强调一下监测结果管理问题。近期,各地对饲料和畜产品特别是鸡蛋开展了一系列检测。目前我国还没有法定的鸡蛋中三聚氰胺限量标准,因此,一定要依法严格管理检测结果,未经授权,各省不得对外公布鸡蛋三聚氰胺检测结果。针对一些地方超市、商店出现向鸡蛋厂商索要三聚氰胺检测合格报告的做法,要积极协调有关部门予以纠正,防止对鸡蛋产销造成负面影响。

同志们,加强生鲜乳和饲料质量安全监管,切实维护奶农利益,稳定奶业持续健康发展,任务繁重、责任重大。让我们以党的十七届三中全会精神为指导,深入贯彻落实科学发展观,牢固树立科学发展、安全发展的理念,统一认识,明确责任,扎实工作,狠抓落实,为促进奶业的持续健康发展做出新的更大的贡献。

新时期我国饲料工业的结构调整与战略布局的几个问题

——在2008中小饲料企业发展论坛上的讲话

白美清
中国饲料工业协会会长

(2008年7月15日)

这次中小饲料企业发展论坛,是中国饲料工业协会成立以来举办的第一次。行业内有影响的企业代表会聚一堂,研讨中小企业在新时期加快发展的问题,很有必要。全国饲料行业规模以上企业15 300个,其中绝大多数是中小企业,而且以民营企业为主。我国改革开放30年来,饲料工业由小到大发展成为产量稳居世界第二的饲料大国,就是一部由中小企业成长为大型企业的发展史。中小企业具有机制灵活、产品多样、繁荣市场、提供就业等多方面的作用,是饲料工业体系的重要组成部分。在经济发展很不平衡的我国,其地位是不可取代的。研讨中小型饲料企业发展的问题,离不开国民经济的全局,离不开饲料工业发展的大趋势。只有认识了当前饲料的新形势、新阶段、新特点,才能把握全局,顺应时代潮流,掌握饲料发展的主动权,不断开拓前进。

改革开放30年来,我国饲料工业立足于国内市场,扎根于农村沃土,坚定走市场经济之路,贯彻"大家办"的方针,形成以民营为主、多元化经营的新格局,充分调动了各方面的积极性,因而保持了持续发展、经久不衰的好势头。到2007年底,饲料总产值达3 335亿元,总产量达1.23亿t,职工53.6万人,成为国民经济的一个重要组成部分。现在,由20世纪80年代的起步成长阶段、20世纪90年代至21世纪初的高速增长阶段而进入以整合提升为主要内容的新阶段。这一阶段面临的现实是:

1. 内需旺盛,市场广大。由于国民经济的发展,全面建设小康社会的成就,人民生活的提高,特别是城镇人口的增加和中产阶层的崛起,因其具有较高的消费水平,使国内对畜牧产品的需求始终保持旺盛的势头,开辟了世界上最为广大的,其他国家所未有的广阔市场,这是饲料行业发展的强大动力和取之不竭的源泉。

2. 市场环境变化,赢利空间缩小,经营风险加大。由于国际市场高油价、高粮价、高通胀的带动和多种因素的影响,饲料企业出现了"三高"的现象,即饲料成本的高价位期、动物疫病的高发期和饲料安全、质量、环保的高标准化期,而且这三者交织在一起,压力加大,构成饲料经营的高风险期。过去那种低成本、高利润的时代已经结束。这些因素的影响,不是一朝一夕的,而是趋于常态化、长期化。特别是国际经济上的不安全、不稳定的因素增多,将加大对我国饲料行业的压力和冲击。

3. 竞争将更加激烈,优胜劣汰加剧。加入世贸以后,我国与世界经济和国际市场接轨,国际跨国公司将大举进入,国内各种经济成分之间的竞争与同国际跨国公司之间的竞争将趋于白热化、全面化。竞争的深度、广度、烈度大大超过以前,企业的兼并、重组大为加快,落后企业纷纷淘汰关门。这场竞争是经济实力的竞争、科技支撑力的竞争和人才的竞争。

我国的饲料企业一般来讲,成本的传导能力差,抗风险能力弱,因而在新阶段出现效益明显下降,尤其中小企业困难很大,一批企业出现亏损倒闭现象。这不仅在饲料行业,在其他行业也发生类似现象。据央行统计,2008年第2季度小型企业盈利指数为-0.2%,近年来首次进入了不景气区。目前这种现象正在饲料行业中延续,行业中新一轮的整合、新一轮的"洗牌"将不可避免。

进入整合提升阶段后,我们的任务就是要不断壮大我国饲料企业的经济实力和核心竞争力,在我国从饲料大国向饲料强国的历史性转变中迈出决定性的步伐。为此,就需要认真总结经验教训,端正经营思想,全面落实科学发展观,突出抓优化产业结构,调整战略布局,转变发展方式。要着重从量的扩张到质的提升为主转变,从外延式发展到内涵式发展为主转变,由粗放经营向科学发展转变,从而保持发展的协调性、全面性和可持续性。30年来,饲料业已经形成了一个很大的摊子,我们要通过整合资源、提升水平,把各种资源优化组合起来,形成新的生产力,取得最佳的效益。这是要求更高、任务更重、竞争更激烈的阶段,也是发展的一个新机遇期。从战略上,我们必须作出新的对策,否则就会失去主动权,甚至被淘汰。

在整合提升阶段,要实现"5个转变":

第一,要调整产品战略,实现从生产初级产品向生态饲料产品转变。也就是由资源消耗型向科技创新型、资源节约型、环境友好型等方面转变,在质量安全、生态建设方面取得新突破。我在这里用了"生态饲料"这个概念,就是要使饲料产品能适应国家提出的生态建设的要求,能适应国际标准的要求。这方面差距还是不小的,如添加剂使用不当、有害物质残留等问题均未解决。只有立足当前、着眼长远,以生态饲料的建设为目标,高标准、严要求,才能赢得主动。

第二,要调整产业结构,向产业化、一体化经营转变。现在不少骨干企业都在优化生产要素配置,开发新产品,实施新的经营战略,向上下游延伸产业链,向安全、优势、高效、低耗、环保、生态等协调全面发展方向前进。这几年饲料企业从单一生产饲料产品向养殖、加工、市场经营、全程服务等方面延伸，贸、工、农、产、加、销相结合得越来越多，经验也越来越丰富，这方面应总结推广。

第三，要实施创新铸名牌的战略，向自主创新、名牌工程转变。应从引进、消化、吸收到创新发展，同时要向自主创新转变，使企业拥有自己的知识产权，特有配方，并把创新成果尽快产业化、市场化，形成独具特色的“中国名牌”、“世界名牌”。有了大名牌，才有大市场、大企业。这是企业发展壮大的正确道路，在这方面一定要下功夫。

第四，要调整地区发展战略，向中西部地区转移。东部沿海地区的饲料业由于成本增高、环保要求提高等因素的影响，目前正展开新一轮的产业结构调整。调整中，沿海地区特别是大中城市中的畜牧饲料业应保持科技含量高的精深产品，并注意保留对付应急需要的必要的产品。

有的城市提出要禁止养猪，事实上把这个行业都转移出去，这是行不通的。在“西进北上”中，即向中西部转移中，在向东北地区转移中，一不要立足于甩包袱，二不要复制老厂。要从全国一盘棋的大局出发，从支持带动中西部地区出发，通过产业调整，带动中西地区饲料业的水平的提升和产业的发展。

第五，调整进出口战略，向走出国门、开拓国际市场转变。我们有30年的基础，有条件的企业都可以“走出去”。从我国国情和世界饲料发展趋势看，应将产品输出，逐步改变为资本输出、技术输出、管理输出。中国面临资源不足的问题，要考虑今后少出口资源性产品，而在资本、技术、管理输出等方面下功夫。特别是我国产品和技术，具有先进实用的特点，适合发展中国家的情况。这方面潜力是很大的，现在新希望、六和、通威、恒兴、温氏等集团都迈出了新的步伐。

整合提升阶段，包含着丰富的内涵。一些地区已经出现产能过剩现象，因此要着重在整合上做文章，在提升上迈向新水平，使各种资源、各种要素实现优先组合，取得良好效益。

在整合提升中，要形成以大型骨干企业为龙头，中小企业为支柱的分工协作、布局合理、运作高效、服务方便的企业群体，使整个饲料行业形成产业大军、集群产业带。这里要强调，中国的特点是经济的不平衡性，全国各地差异非常大，我国饲料企业是在小农经济基础上发展起来的，因此，中小企业在中国具有特殊的地位与作用。中国不可能采用美国模式，几百家大企业就垄断了全国的饲料业、畜牧业。在我国，中小企业是不可缺少的生力军，大有发展前途。而且中小企业也不是一成不变的，每天都处在动态发展中。我国的知名大企业都是从小到大发展起来的，今日的小企业，如果发展战略正确、经营得当，就可能成为明日的大企业。所以中小企业富有活力，前程远大，大有可为。

当前中小企业发展中面临着不少障碍和难题，比如“四缺”(缺技术、缺资金、缺管理、缺人才)，最重要的是缺人才，我认为，应当用改革的新思维，新模式、新办法来解决这些难题。比如资金问题，新希望、六和集团就在四川资阳，在山东潍坊、滨州与当地一起创办了担保公司，帮助小企业、帮助养殖大户解决贷款担保问题，很有成效。这些又与走联合之路结合起来，更加具有生气，应很好推广这些经验。

当前中国畜牧业及饲料工业运行形势

——在2008中小饲料企业发展论坛上的讲话

王智才
农业部畜牧业司司长
全国饲料工作办公室主任
(2008年7月15日)

尊敬的白美清会长，同志们：

今天，我们在美丽的海滨城市大连举办2008中小饲料企业发展论坛，首先，我谨代表农业部畜牧业司(全国饲料工作办公室)，对论坛的成功召开表示热烈的祝贺！向长期奋斗在生产第一线的畜牧饲料工作者以及长期关心支持我国畜牧业和饲料工业发展的各界朋友表示衷心的感谢！改革开放30年以来，饲料企业茁壮成长，成为我国饲料工业持续健康发展的重要力量。近两年来，畜牧业生产的波动、饲料原料价格的上涨、宏观环境的变化、市场竞争的加剧，使饲料企业特别是广大中小型饲料企业生存和发展面临前所未有的挑战。全国畜牧总站、中国饲料工业协会在深入调查研究的基础上，及时举办这次论坛，深入分析中小型饲料企业发展面临的一些深层次的问题，共同商讨新形势下促进中小企业发展的思路和对策，很及时，也很有意义。值此机会，我讲5个方面的问题，供大家参考。

一、关于当前畜牧业生产形势

2008年以来，各级畜牧兽医部门认真贯彻落实党中央、国务院的决策部署，克服种种困难，迎难而上，奋发努力，各项工作取得积极进展。全国畜牧业生产形势总体向好，生产加快恢复，质量稳步提高，价格和市场供应平稳，效益整体较好。预计上半年全国肉类总产量为 3 515 万 t，同比增长 3.2%；奶类产量为 1 915 万 t，同比增长 11.5%；禽蛋产量 1 340 万 t，同比增长 6.4%。

1. 生猪生产明显恢复，养殖效益保持较高水平。一是生猪存栏增加。6 月底生猪存栏同比增长 10.6%，出栏同比增长 4.8%。能繁母猪存栏同比增幅超过 20%，占生猪总存栏比重的 10.8%。这里需要引起注意的是，母猪存栏增幅过大、数量较多，要适当予以控制，防止明年生猪数量过多，引发价格下滑；二是规模养殖发展迅速，散户饲养稳定增长。6 月规模养殖户生猪存栏同比增长 16.9%，出栏同比增长 17.6%。散户饲养量相对稳定，存栏同比增长 5.3%，出栏同比下降 4.5%；三是仔猪数量明显增加，价格偏高。断奶至 2 月龄仔猪存栏同比增加 20.2%，但仍不能满足大量补栏的需要，6 月仔猪价格 34.55 元/kg，同比增长 101.2%；四是生猪产品价格逐步回落。2008 年 2 月以来，猪肉平均价格已经连续 21 周小幅下降，仔猪和活猪价格连续 12 周下降。7 月第 1 周的仔猪、活猪和猪肉价格比 2008 年以来最高价格分别下降 12.28%、11.4%和 9.7%；五是养猪效益较高。养猪收益看好，但比较效益回落。目前，出栏 1 头生猪平均盈利在 200 元左右，但每头猪的利润与年初的 450 元相比，下降了 250 元。饲养一头母猪年盈利 6 000 元左右，处于较高水平。

四川汶川特大地震灾害对全国生猪生产和供应暂时影响不大。地震重灾区大多不是生猪主产县，因灾死亡生猪共 370 多万头，仅占 2007 年末全国生猪存栏量的 0.85%。目前，四川、甘肃、陕西和重庆 4 省(市)生猪产品价格稳中有降，当地市场供应稳定。此外，年初遭受低温雨雪冰冻灾害的南方部分省区，生猪生产已全面恢复。

随着能繁母猪补贴、生猪调出大县和标准化规模养殖等扶持政策的落实，生猪生产恢复发展的势头仍然很旺。从母猪的生产周期看，能繁母猪补栏的持续增加，4 季度仔猪供应偏紧的状况将会得到缓解。由于饲料、人工、水电等费用大幅上涨，目前每头育肥猪成本已经达到 1 400 元左右，今后一段时期内生猪产品价格仍将维持较高水平。

综合分析，预计上半年全国生猪存栏 4.71 亿头，同比增长 9.4%，其中能繁母猪存栏 5 175 万头，同比增长 22.5%，占生猪存栏的 11%；生猪出栏 2.88 亿头，同比增长 2.1%。

2. 家禽生产继续保持增长。一是蛋鸡养殖效益好转。受 2007 年蛋鸡存栏数量增加的影响，2007 年 10 月以来，全国鸡蛋价格开始持续小幅下滑，养殖户出现亏损。2008 年 4 月鸡蛋价格有所回升，养殖效益有所好转。据农业部监测，以鸡蛋价格和饲料价格的比值 2.86 为盈亏平衡点，6 月辽宁、山东、河北等 8 个主产省份平均蛋价为 6.90 元/kg，配合料价格 2.34 元/kg，比价为 2.95:1，略有盈利，7 月第 1 周全国集贸市场平均蛋价为 7.82 元/kg，同比增长 3.04%，各地养殖户补栏基本稳定；二是蛋种鸡和商品雏鸡供求稳定。2008 年上半年，全国 17 家重点种禽企业父母代种鸡和商品代蛋雏鸡产销平稳，每周销售量分别为 50 万套和 500 万套左右，种鸡和雏鸡销售价格稳中有升；三是活鸡和西装鸡价格较高。7 月第 1 周活鸡和西装鸡价格分别为 14.01 元/kg 和 14.43 元/kg，同比分别上涨 3.06%和 7.09%。2008 年以来，活鸡价格已有 23 周保持在 14 元/kg 以上，均处于较高价位，出栏肉鸡每只可获利 1.7 元以上，养殖效益看好。预计上半年家禽存栏 50 亿只，同比增长 2%；家禽出栏 53 亿只，同比增长 8.2%；禽肉产量 785 万 t，同比增长 8.2%。

3. 肉牛和肉羊生产有所下滑，养殖户增养积极性不高。据农业部 4 月对 240 个行政村共 60 325 农户的数据监测，养牛户有 6 957 户，比上月下降了 2.1%；存栏肉牛 39 224 头，比上月下降了 7.8%。2008 年以来，牛肉价格持续上涨，架子牛养殖效益较高。7 月第 1 周全国牛肉平均价格为 31.81 元/kg，同比增长 44.5%。但母牛饲养效益仍偏低，养殖户增养积极性不高。农民饲养一头母牛在不计人工、饲草成本的前提下，需一年时间才能繁殖出售犊牛，毛收入仅约 1 000 元。基础母牛存栏下降将会影响肉牛产业发展后劲，是当前肉牛养殖面临的最突出问题。预计 2008 年上半年肉羊出栏 1.3 亿只，同比下降 0.2%；肉牛出栏 2 150 万头，同比下降 1.3%；牛羊肉产量 500 万 t，同比下降 0.1%。

4. 奶牛养殖稳定增长，养殖效益下滑逐步得到缓解。在国家有关奶业扶持政策和市场调节的双重作用下，从 2007 年 9 月开始，全国原料奶收购价格逐月上涨，逐步缓解了前一阶段奶牛养殖保本甚至亏损的局面，奶业继续保持稳定发展的势头。进入 5 月下旬以来，北方奶业主产区原料奶收购价格出现不同程度下降。7 月第 1 周优势产区原料奶收购价格为 2.69 元/kg，比 3 月初最高价格下降 9.7%。价格的回落对奶业生产构成了一定的不利影响。但总体来看，原料奶价格下降属于季节性调整，目前大部分产区奶农交售价格还处在合理范围之内。预计 2008 年上半年全国牛奶产量 1 860 万 t，同比增长 12.1%；奶牛存栏 1 435 万头，同比增长 8.3%。

二、关于当前饲料生产形势

2008 年上半年，在养殖业加快恢复发展形势的带动下，全国饲料工业产量快速增长，产品结构进一步优化，继续保持良好发展势头。预计上半年全国饲料总产量 5 900 万 t，同比增长 11.2%。其中，配合饲料 4 540 万 t,同比增长 13.3%;浓缩饲料 1 120 万 t,同比增长 4.5%;添加剂预混合饲料 240 万 t,同比增长 5.9%。

1. 配合饲料增长迅速,产品结构进一步优化。随着养殖业由一家一户散养方式向标准化规模饲养方式转变,农户越来越多地使用商品化配合饲料和浓缩饲料。2008 年上半年猪饲料总产量 1 940 万 t,同比增长 12.7%;蛋禽饲料 1 150 万 t,同比增长 6.5%;肉禽饲料 1 900 万 t,同比增长 20.5%。年初,受南方雨雪灾害影响,部分地区禽类存栏量减少,禽饲料生产第一季度出现下滑。此后,禽产品价格在生猪价格持续高位运行拉动下出现上涨, 禽产品生产快速恢复,带动禽料生产出现较大幅度增长。

2. 原料价格居高不下,企业利润持续下滑。受全球能源、粮食价格上涨影响,饲料原料和多种饲料添加剂价格均出现不同程度上涨。2008 年 1~6 月,玉米、豆粕、蛋氨酸等主要饲料原料同比平均涨幅为 43%,而同期猪、肉禽、蛋禽等配合饲料产品同比平均涨幅为 25%。饲料生产企业处于原料价格持续上涨和稳价保市场的困境中,利润空间越来越小。

3. 企业规模优势更加明显,小企业生产经营陷入困境。根据中国饲料工业协会信息中心跟踪企业数据显示,1~5 月, 月产量在 10 万 t 以上的规模企业平均增幅达到 49%; 月产量 2~10 万 t 的企业平均增幅 27%;月产量 0.5~1 万 t 的企业平均增幅 13.4%;月产量在 5 000t 以下的企业平均增幅 10.5%。进入 6 月,随着市场供求的影响和饲料生产企业审查办法的严格实施,有 1/3 左右月产量几百吨的企业处于停产状态,而行业内一些优势企业继续呈强势扩张的态势。

下半年,随着我国降低豆粕进口关税政策作用的显现和市场自发的理性调整,预计豆粕价格将在 8 月后期开始回落;四川地区灾后生产恢复和相关替代产品的使用也将促使磷酸氢钙等矿物质饲料添加剂价格出现回归;其他饲料原料价格虽将继续保持高位运行,但继续上涨的空间不大。随着供应春节、元旦"两节"生猪补栏和禽类存栏的恢复性增长,进入 8 月饲料需求将出现较快的增长,在原料价格相对稳定的基础上,饲料行业将会继续保持较好的发展势头。

三、关于畜牧业扶持政策及落实情况

近年来, 畜牧业发展迎来了前所未有的发展机遇。党中央国务院高度注重畜牧业的发展,多次对畜牧业发展作出重要指示,近 5 年的中央 1 号文件均对加快现代畜牧业发展提出明确要求,国务院先后出台了《关于促进畜牧业持续健康发展的意见》、《关于促进奶业持续健康发展的意见》和《关于促进生猪生产发展稳定市场供应的意见》, 明确了一系列扶持畜牧业发展的政策措施,增加了投资力度,初步构建了现代畜牧业发展的政策框架体系,为畜牧业持续健康发展提供了强有力的保障。

从生猪生产扶持政策看,一是建立了能繁母猪补贴制度。2007 年, 中央财政和地方财政分别拿出 11.06 亿元和 12.59 亿元,按每头 50 元的标准对饲养能繁母猪的养殖场户给予补贴,累计核查补贴能繁母猪 4 656.5 万头。2008 年每头能繁母猪补贴标准增加至 100 元,补贴政策将于近期正式启动实施;二是启动了能繁母猪政策性保险。为降低生猪养殖风险,国家财政对中西部地区能繁母猪保险保费给予差别补助,中央补贴 11.5 亿元,地方补贴 11.38 亿元。截至 2008 年 5 月底, 全国参保能繁母猪超过 4 100 万头,覆盖率达 80%左右。年初冰冻雨雪灾害中,有 10 多万头死亡母猪得到理赔;三是实施生猪调出大县奖励政策。2007 年中央财政下拨 15 亿元,对全国 253 个生猪调出大县进行奖励。2008 年奖励资金计划增加至 21 亿元, 其中 15 亿资金已按 2007 年明确的调出大县数量和标准下达各地。这 253 个生猪调出大县出栏数量占全国总量的 30%以上,支持生猪调出大县发展加快了全国生猪生产的恢复与发展,保障了城乡居民猪肉消费;四是启动生猪良种补贴政策。2007 年中央财政安排 1.8 亿元,对全国 200 个县(农场)900 万头能繁母猪实施生猪人工授精良种补贴, 截至 2008 年 5 月底各项目县已基本完成项目实施任务。2008 年补贴资金增加至 3.6 亿元, 项目实施方案已经下发,近期补贴资金也将下达各地, 随着项目的进一步实施,生猪人工授精网点逐步完善,有力地推动了生猪品种改良的进程;五是发展生猪标准化规模养殖。2007 年中央投入 25 亿元支持 10 791 个生猪标准化规模养殖场(小区)建设,今年再安排 25 亿元支持生猪标准化规模养殖场(小区)建设,前期项目申报评审工作全部结束,近期将下达投资计划;六是完善良种繁育体系建设。2007 年中央投入 3 亿元,支持生猪原种场扩繁场和资源场建设。2008 年继续安排 3 亿元资金,近期将下达项目投资计划。

从奶业发展扶持政策看,一是实施优质后备母牛补贴政策。2007 年中央投入 4.302 亿元, 对 2005 至 2006 年实施国家荷斯坦奶牛良种补贴的荷斯坦改良后备母牛进行一次性补贴 500 元,目前补贴政策基本全部落实到场户; 二是加大奶牛良种补贴项目的实施。2007 年中央财政投入 1 亿元,对全国 22 个省份以及黑龙江垦区、新疆生产建设兵团的 181 个奶牛重点县的奶牛养殖农户使用优质冻精改良奶牛进行补贴,改良奶牛 346.7 万头。2008 年奶牛良种补贴资金增加至 2.4 亿元, 补贴品种覆盖全部荷斯坦奶牛,同时兼顾奶水牛、褐牛、乳用西门塔尔牛等其他奶牛品种。奶牛项目补贴政策的实施,加快了我国奶牛品种改良的步伐,奶牛单产水平明显提高;三是推进奶牛标准化规模养殖。2008 年中央投入 2 亿元在 8 个奶业主产省启动标准化规模养殖项目试点项目。发改委项目批复已会签农业部，近期下达；四是实施奶牛养殖保险政策。2008年中央启动了奶牛政策性保险，中西部地区中央财政负担30%，地方财政负担30%，养殖户负担40%。截至目前，各地参保奶牛达17余万头。

从蛋鸡生产扶持政策看，一是对祖代蛋种鸡实施补贴。2008年中央投入3 800万元对全国38万套祖代蛋种鸡每套一次性补贴100元，目前，补贴资金已经兑现到养殖场；二是启动蛋鸡标准化规模养殖项目。2008年国家对存栏1万只以上的规模化蛋鸡养殖场（户）给予适当补贴，以改善养殖条件和环境，提高养殖水平。当前农业部正会同有关部门抓紧完善项目实施方案，近期将付之实施；三是支持蛋鸡新品种配套系选育。2008年起，国家将加大对蛋鸡育种的投入，支持企业和科研院校积极开展蛋鸡新品种培育工作，提升我国种鸡自主育种能力，增强蛋鸡生产可持续发展的种源基础。

从政府和市场的关系来看，3个基本规律是不能违背的，那就是价值规律、供求规律和市场的竞争规律。总的来看，中央扶持畜牧业发展的力度不断加大，为畜牧业发展创造了良好的政策环境。我们要牢牢抓住当前畜牧业发展的战略机遇，加强基础设施等薄弱环节建设，夯实畜牧业发展的基础，切实增强畜牧业的综合生产能力。

四、关于畜牧业和饲料工业发展面临的挑战

当前我国畜牧业发展的内外部环境发生了巨大的变化。我们在看到有利条件的同时，更应深刻认识畜牧业和饲料工业发展面临的挑战。

1. 饲养成本上升过快。受国际油价和粮食价格大幅上涨，以及2008年以来低温雨雪冰冻、地震和洪涝灾害的影响，玉米和豆粕等饲料原料价格涨幅较大，水、电、建筑和运输等成本上升较快，畜禽养殖成本大幅提高。据农业部监测，6月全国玉米平均价格为1.78元/kg，同比上涨9.0%；豆粕4.31元/kg，同比上涨61.6%；育肥猪配合饲料2.65元/kg，同比上涨27.9%。按照一头生猪消耗300kg饲料计算，饲料涨价带动饲养总成本同比上升约15%。一头单产5t的奶牛年饲养成本增加1 800元左右。另外，购买仔猪等费用也大幅上涨，6月一头20kg重仔猪价格比2007年同期高出约350元。劳动力每日工资从2007年初的30元增加到现在的50元，涨幅超过60%。

2. 动物疫病威胁仍然严重。近年来，重大动物疫病隐患仍然是困扰畜牧业发展的重要制约因素，重大动物疫病防控任务依然艰巨，农民对疫情风险的担心仍未消除，养殖信心因此受到一定影响。目前动物疫病防控体系还不够健全，基层乡镇防疫站基础条件差、经费不足的状况没有得到有效改善，防疫员队伍不够稳定。

3. 养殖业整体风险加大。随着饲养成本逐步加大，畜禽养殖业高投入、高风险的特点更加明显。除疫病影响外，自然灾害和市场风险也不容忽视。目前，除能繁母猪和奶牛外，其他主要畜禽生产保险体系仍未建立，广大养殖户仍然是市场风险的主要承担者。另外，国家对生猪等主要畜禽产品生产的调控措施仍未出台，价格大起大落导致产业波动的风险仍未能得到有效控制。

4. 中小饲料企业举步维艰。饲料工业上连种植业，下连养殖业，是养殖业发展的重要物质基础。相对于养殖业来讲，饲料工业的压力和风险更大，特别是中小饲料企业，将面临以下几个方面的压力。

（1）消化饲料原料价格大幅上涨的能力弱。受仓储和资金的制约，中小饲料企业普遍缺乏原料储备能力，在饲料原料价格涨幅高于饲料产品涨幅的情况下，如果持续时间较长，中小企业面临的压力将远远高于大型饲料企业。

（2）融资压力大。与其他行业的中小型企业一样，饲料中小企业在发展过程中仍然面临资金紧缺的压力，凭借自身积累在行业竞争日益加剧的今天难以满足发展的需求，金融贷款受种种条件的限制，在现有的条件下也很难能所突破。

（3）管理挑战多。中小企业发展到一定规模，由于许多企业不能根据企业的发展改变原有的管理模式和管理机构，企业在经营过程中就会在内部滋生问题，原有的管理模式和管理人员往往会成为制约企业进一步发展的因素。我国中小企业的管理困境其实是多方面的，包括管理人员、管理制度、管理理念、管理模式、管理文化等，要保持企业的持续快速发展，中小企业就必须根据自身的变化不断进行管理变革，但实际上大多数企业难以有所突破。

（4）竞争力不强。中小企业发展过程中首先面临的就是产品的竞争，中小企业生产的产品一般比较单一，同质化现象比较严重，质量安全水平与大企业也有一定差距，社会竞争优势不明显；其次是人才竞争，中小企业由于自身条件的限制，往往很难留住所需人才，导致在产品创新方面大大滞后大型企业；第三是信息竞争，大多数中小企业因实力不足或重视程度不够，在信息化建设方面远远落后于大型企业，掌握的信息往往局限于一定的范围，且所需的信息往往也不能及时获得。

五、关于促进饲料中小企业健康发展的几点考虑

改革开放30年来，党和国家高度重视中小企业发展，制定出台了一系列方针政策，支持和引导中小企业发展。中小企业兴起，为社会主义市场经济创造了一个多元竞争、充满活力的市场环境，促进了市场配置资源基础性作用的发挥。一是中小企业对经济增长的贡献越来越大。2007年,我国中小企业总数达4 200多万家,占全国企业总数的99.8%,经工商注册的中小企业总数为460万户,中小企业创造的产品和服务价值相当于国内生产总值的60%左右,上缴税收约为国家税收总额的53%,生产的商品占社会销售额的58.9%。在40个工业行业中,中小企业在27个行业中的比例超过50%,在相当一部分行业超过70%;二是中小企业成为扩大就业的主渠道。中小企业提供了75%以上的城镇就业岗位,农民工相当一部分在中小企业就业;三是中小企业是技术创新的生力军。我国66%的发明专利,82%以上的新产品开发都是中小企业完成的;四是中小企业发展推动了经济结构调整和优化。不少中小企业已经从早期的初级加工、建筑、运输、传统商贸等领域,向基础设施、机电制造、高新技术等领域拓展,越来越多的地区中小企业形成了产业集群。中小企业已经成为推动国民经济和社会发展以及构建和谐社会的重要力量。

关于推进中小饲料企业健康发展问题,这次会议上,有关行业领导、专家、企业家还将进言献策。大型饲料企业集团都是从中小饲料企业发展起来的,认真研究大型饲料企业集团的成长轨迹,对于中小饲料企业当前解困、着眼长远发展有重要启示。这里,我简单谈谈自己的一些看法。

1. 要与农牧业科研机构紧密结合,发挥后发科技优势。我国饲料企业技术研发工作起步较晚,总体水平不高,中小饲料企业受资金、人才因素制约,科技水平更低,突出表现为研发投入少、产品低档次和同质化、市场竞争力弱。要改变这一现状,中小饲料企业必须将科技创新和推广应用放在优先位置,着力提升产品科技含量。要建立学习型企业,形成全员不断学习科学文化的企业氛围,增强企业发展的源动力。要加强与农牧业科研单位的合作,依托具有创新优势的现有中央和地方科研力量和科技资源,以饲料产品为单元,创新一个或若干个优势产品,尽快扭转"跟风走"的被动局面。要借鉴饲料企业集团研发和推广应用饲料科技的运行模式,开展技术创新活动,依靠发挥后发科技优势,追赶和超越大企业。

2. 要与现代畜牧业发展紧密结合,发挥适应性强的优势。当前我国现代畜牧业正在加快发展,畜牧业规模化程度不断提高,产业化加速推进,区域化进程加快发展,畜牧业生产效率明显改善。饲料工业是现代畜牧业的重要支撑,作为饲料生产主体的中小企业,必须紧跟现代畜牧业加快发展的节奏和步伐,针对畜牧业结构优化饲料生产结构,适应现代畜牧业营销模式而改进服务方式。近年来,标准化规模养殖和特色养殖发展很快,中小企业要抓住机遇,充分发挥自己贴近市场、贴近农民的优势,发挥"船小好调头"的灵活性,紧跟市场需求变化,生产适销对路产品,提供优质服务,抢占市场先机,提高生产效益。

3. 要与当地资源紧密结合,发挥布局广泛的优势。我国幅员辽阔,生物多样性强,适合多种粮食、经济和饲料作物生长,地方饲料资源丰富。这一资源分布决定了中小饲料企业不一定都生产玉米、豆粕型配合饲料,要善于研究当地饲料资源的营养成分,按照科学配方理论,生产最低成本的配合饲料。中小企业大多是本地企业,最熟悉和了解本地情况,具有生产地域性独特饲料的资源优势。要充分发挥产品供应半径短、产销直挂的优势,按照添加剂预混合饲料、浓缩饲料和配合饲料的供应特点,创造性地生产带有本区域特色的高效、低成本饲料产品,形成特色优势品牌,提升企业综合竞争力。

4. 要与农业产业化经营紧密结合,发挥中轴产业的优势。农业产业化经营是引导农民发展现代农业的重要力量,也是涉农企业发展的方向。在这方面大型饲料企业已经探索出很多具有借鉴意义的发展模式和成功经验。国家对促进农业产业化发展出台了一系列扶持政策和措施,不仅支持大企业发展产业化,而且鼓励中小企业、农民合作组织等市场主体参与农业产业化经营。中小饲料企业要增强社会责任,加快与农民结成更加紧密地利益共同体,让农民真正成为自己产品的可靠用户,更多地分享产业化经营成果。中小饲料企业要将眼光放得更远一些,视野更开阔一些,引入现代企业制度和先进的管理理论,在做精做强企业的同时,进一步充分发挥自身上联种植业、下联养殖的纽带作用,在产业链上做文章,做产业链的组织者,面向两种资源和两个市场,将养殖户组织起来,走专业化分工、贸工农一体、产供销紧密衔接的产业化发展道路。

5. 要与大企业发展战略紧密结合,发挥终端网络的优势。近年来大型饲料企业发展战略出现了一些新的调整和变化,大企业在扩张过程中更多地采取并购、合资、合作等灵活的方式,单纯依靠新建的扩张模式逐渐减少。这种变化表明,大企业和中小企业的竞争已经达到了争取要素、资源和市场更高层次的竞争。中小企业要想在这种更高层次的竞争中求得发展,一方面要认真研究饲料工业大企业发展战略,既要充分分析大企业的优势和特点,又要分析自身的长处和特色;既要认清并购是进入饲料更高平台的一条捷径,又要认清中小饲料企业仍然是主体的客观现实,坚持以我为主,继续发挥网络终端、直接面对消费者的优势,在比较优势中不断发展自己。另一方面要充分利用饲料信息网络和中国饲料工业协会对外合作与交流的共性平台,与大型企业同时占有生产信息和技术发展趋势,在与大企业竞合、联合、合作中处于平等地位,在竞争中实现共赢。饲料工业协会要进一步发挥服务功能,积极开展信用担保、技术支持、市场开拓、国际合作、人员培训和管理咨询服务,全面提升中小饲料企业发展能力。

同志们,2008年是我们国家发展历史上一个具有特殊意义的年份,年初南方部分省区遭受了低温冰冻雨雪灾害,5月12日四川汶川发生特大地震,北京奥运会再过20多天就要隆重举行,12月我们将迎来改革开放30年。在这种特殊时期,我们肩负光荣的使命、重大的责任、艰巨的任务,保持畜牧业和饲料工业持续稳定发展,保障畜产品市场供应,促进农民增收,意义更加重大。我们相信,经过大家的共同努力,中小饲料企业一定能够克服困难,迎来更大的发展,为建设现代畜牧业和饲料工业发展做出更大的贡献。

在2008年饲料及畜产品质量安全工作会议上的讲话

王宗礼

农业部畜牧业司副司长

(2008年2月28日)

2008年饲料及畜产品质量安全工作会议开幕了。这次会议的主题是,以党的十七大精神为指导,深入贯彻落实科学发展观,深刻分析当前饲料业发展及饲料和畜产品质量安全形势,总结2007年工作,部署2008年饲料及畜产品安全监管工作,促进饲料工业又好又快发展。

一、2007年饲料工业发展呈现良好态势

2007年饲料工业生产形势良好。总体来看,可概括为:市场需求增加,总量保持增长;产品结构变化,浓缩饲料萎缩;猪饲料持续下降,禽饲料明显增长;经营成本上升,企业利润下滑;大型企业扩张,中小企业艰难;养殖格局转变,饲料产业链条延伸。具体来看,根据行业统计结果预测,2007年全国饲料工业总产值3 111亿元,同比增长7.0%;饲料工业总产量达1.18亿t,同比增长7.0%。其中,配合饲料产量为9 000万t,同比增长10.9%;浓缩饲料产量为2 330万t,同比下降5.1%;添加剂预混合饲料产量为510万t,同比增长4.9%。2007年饲料产品结构发生了明显变化:配合饲料在饲料总产量的比重为76%,同比提高了近3个百分点;浓缩饲料在饲料总产量中所占比重为19.7%,同比下降了近4个百分点;添加剂预混合饲料所在饲料总产量中所占比重为4.3%,与同期持平。分饲料品种来看:猪饲料产量为3 780万t,同比下降5.9%;蛋禽饲料产量为2 330万t,同比增长8.1%;肉禽饲料产量为3 500万t,同比增长20.8%;水产饲料产量为1 400万t,同比增长12.8%;反刍饲料产量为500万t,同比增长8.1%;其他饲料产量为280万t,同比增长16.3%。猪饲料受2007年生猪存栏总体下降的影响同比下降,其他品种饲料均稳步增长,肉禽饲料和特种养殖动物饲料增幅较大。

2007年饲料质量安全状况保持稳定。饲料产品合格率88.97%,同比下降0.41个百分点,其中配合饲料的合格率为88.21%,浓缩饲料的合格率为90.61%,添加剂预混合饲料的合格率为96.04%,动物源性饲料的合格率为73.45%。饲料标签合格率为88.16%,同比上升2.13个百分点。饲料中瘦肉精等违禁药物检出率0.75%,同比下降0.64个百分点,其中猪配合饲料检出率为0.11%,同比下降0.12个百分点;禽配合饲料检出率为1.25%,同比下降1.36个百分点;水产配合饲料检出率为2.96%,同比下降1.30个百分点。组织在河北、浙江、江西、河南、湖北、湖南等6省15县(市)的988个养殖场(户)进行拉网式瘦肉精和莱克多巴胺检测,总体检出率为0.42%,同比下降0.89个百分点。组织对全国24个省(区、市)3 672个生产、经营反刍动物饲料和动物源性饲料企业和2 434个牛羊养殖场(户)的8 974批次饲料样品进行了牛羊源性成分例行监测。

2007年各级饲料部门认真贯彻落实党中央、国务院的决策部署,全面落实各项政策措施,不断加大工作力度,有力地促进了饲料业和畜牧业的稳定健康发展。一是强化饲料和养殖环节安全监管。组织开展了饲料质量安全例行监测、饲料中牛羊源成分监测和瘦肉精等违禁药品专项整治监测工作,依法查处违规企业和养殖场户,净化饲料市场,保障畜产品安全;二是严打“蛋白精”等违禁添加物。积极应对美国、南非宠物饲料中毒事件。认真贯彻落实《农业部关于严厉打击非法生产经营和使用“蛋白精”违法行为的通知》要求,组织“蛋白精”专项整治行动,依法查处生产经营和使用“蛋白精”的违法行为;三是组织开展畜产品质量安全整治行动。按照全国农产品质量安全专项整治行动部署,组织开展了畜产品质量安全整治行动,突出重点地区、重点环节开展瘦肉精拉网检测。加大宣传工作力度,广泛开展培训教育。据统计,全年出动执法人员251 755人次,抽样检测饲料及猪尿样品41 071批次,查处不合格企业140家,立案2 226起,结案2 063起,没收不合格饲料产品2 526t,涉案金额1 301万元。

回顾过去的一年,我们也要看到当前饲料行业发展面临的一些问题:一是饲料产品总体质量水平还不高,合格率总体在下降;二是饲料安全隐患依然严重,非法使用瘦肉精等违禁药物和三聚氰胺等非法添加物的现象依然存在；三是各级饲料管理部门手段不强、素质不高、经费不足的问题凸显，行业监管亟待加强；四是饲料行业信息不足，调研工作尚需深入。这些问题说明饲料业发展和饲料管理工作面临新问题和新矛盾。因此，我们要全面科学分析当前饲料业形势，统一认识，明确目标，全面推进饲料工作，保障畜牧业持续稳定健康发展。

二、以科学发展观为指导促进饲料工业又好又快发展

党的十七大明确提出科学发展观重大战略思想，对深入贯彻落实科学发展观提出了明确要求。饲料工业作为国民经济的重要支柱产业之一，当前正处于一个重要时期，内部条件和外部环境已发生了深刻变化，进一步加快发展受到许多因素的制约。我们必须科学分析当前饲料业面临的新问题新挑战，深刻把握我国饲料工业发展面临的新机遇，自觉走科学发展道路，实现饲料工业又好又快发展。

1. 坚持发展是第一要务，充分认识饲料工业在建设中国特色农业现代化中的重要意义。党的十七大提出要走中国特色的农业现代化道路。农业现代化包括现代种植业、现代养殖业、现代加工流通业等。从世界各国现代农业发展规律看，在种植业发展到一定阶段之后，大力发展产业关联度更高、比较效益更大的畜牧业，是许多发达国家现代农业发展的成功之路。畜牧业在农业总产值中比重的大小已成为衡量现代农业发展程度的重要标志。发达国家畜牧业产值占农业总产值比重一般在50%以上，有的高达80%，而我国畜牧业产值仅占农业总产值的34%，还有较大的发展空间。饲料是畜牧业发展的重要物质基础，占养殖成本的70%左右。饲料业对于提升我国畜牧业规模化、集约化水平，促进转变畜牧业生产方式，推动现代畜牧业发展提供了重要的物质保证。当前我国畜牧业正处于从分散养殖向集约化养殖转变的关键时期，对饲料工业发展的依存度不断增强。可以说，中国特色的农业现代化道路离不开现代畜牧业，现代畜牧业离不开饲料工业的强力支撑。我们要站在发展中国特色社会主义和全面建设小康社会的高度，充分认识饲料工业在发展中国特色农业现代化进程中的重要作用，坚持科学发展观，把饲料工业的全面可持续发展作为第一要务，提高饲料工业的发展速度和质量，保障现代畜牧业发展和粮食安全。

2. 坚持以人为本，切实加强饲料及畜产品质量安全监管工作。科学发展观的核心是以人为本，就是要把民生问题放在首位。“民以食为天”，食品安全是关系到百姓切身利益和社会安定的大事。从近年来发生的瘦肉精事件、红心鸭蛋事件，以及水产品孔雀石绿事件可以看出，饲料是养殖产品安全的源头。虽然近几年饲料产品质量安全状况总体保持良好，但饲料安全形势依然严峻，如使用瘦肉精等违禁药物的现象屡禁不绝，苏丹红、蛋白精等非法添加物等突发事件时有发生，违规使用药物的情况依然存在，对养殖产品质量和人民身体健康造成潜在威胁。各级饲料管理部门对饲料安全的形势要有清醒的认识，进一步提高责任感和使命感。在发展目标上要从追求数量向追求质量方向转变，确保饲料和动物性食品安全。要严格饲料企业市场准入，淘汰低质企业，提升饲料企业整体水平；加强市场监督，针对与人和动物健康有关的安全卫生指标开展深入监督检查，维护和净化饲料和畜产品市场。当前我国抗击低温雨雪冰冻灾害取得重大阶段性胜利，由应急抢险抗灾转入全面恢复重建阶段，畜牧业灾后重建工作任务艰巨，各级饲料管理部门要积极采取措施，在保障饲料有效供给的同时，加强饲料安全监管，保证畜牧业灾后顺利恢复生产。2008年，将迎来我国改革开放30周年庆典，举世瞩目的第29届奥运会将在我国举办，饲料及畜产品质量安全监管工作任务十分艰巨。我们要明确目标，理清思路，抓住重点，落实措施，切实加强饲料和畜产品质量安全监管工作。

3. 坚持统筹兼顾，为饲料工业发展创造良好环境。统筹兼顾是科学发展观的根本方法。饲料工作中坚持统筹兼顾，就是要统筹饲料工业发展整体和局部、长远和当前的利益；要处理好政府和市场的关系，既要积极发挥政府作用，适当运用行政手段，又要尊重和遵循市场规律，增强饲料业发展的活力和效率；要充分调动一切积极因素，处理好饲料与兽药、养殖、质检等各环节的关系，处理好行政管理、检验检测和技术研究等各部门的关系。饲料工业发展要坚定地按照“十一五”规划提出的“大原料、大安全、大企业、大市场”4大战略，推进我国饲料业从数量速度型向质量效益型转变，从粗放经营向集约经营转变，从资源消耗型向资源节约型转变，从依靠粮食向综合利用各类农副产品转变，最终实现由饲料生产大国向饲料生产强国转变。饲料工作要坚持促进发展与保障安全并重，即发挥政府的监管作用，又要着力建立公平有序的饲料市场竞争环境，寓管理于服务之中；要充分发挥市场调节的作用，培育和扶持社团化饲料行业协会，加强政府、协会和企业的联系，倡导行业自律；要强化行业正面宣传，为饲料业发展创造良好的发展环境。

三、着力加强饲料工作能力建设

2008年饲料工作任务繁重而艰巨。要完成这些任务，必须用科学发展观统领各项工作，认真贯彻落实党的十七大精神和中央农村工作会议精神，采取综合措施，全面提高饲料工作的能力和水平。这里我讲几点意见。

1. 加强法制建设,提高依法行政能力。依法行政是加强执政能力建设的重要方面,是提高执政能力的重要保证。要加强饲料法制建设,进一步完善饲料法律法规体系,提高饲料法制化管理水平;要加大普法宣传力度,饲料行业的干部职工要认真学习饲料相关法律法规,提高法律意识和素质,积极开展形式多样的普法宣传活动,增强广大干部和农牧民群众知法守法的自觉性;要强化执法手段,提高执法队伍素质,坚持依法办事,严厉打击制售假冒伪劣饲料和饲料添加剂的违法行为,不断提高依法行政能力。

2. 开展饲料行业调查研究,提高科学决策能力。准确判断饲料业发展形势,把握规律,是做好饲料工作的前提和基础。要针对饲料工作中存在的突出问题,开展深入细致的调查研究,提出解决问题的政策措施和具体建议。认真分析我国饲料业发展所处的历史阶段和面临的形势,适应国际经济贸易一体化的需要,借鉴国内外先进经验,加强饲料工作深层次问题的研究,制定出更加直接、更加有力、惠及面更广的政策措施,提高饲料工作的科学决策能力。

3. 完善应急机制,提高应对突发事件的能力。妥善处理饲料及畜产品安全突发事件,是坚持以人为本,落实科学发展观的集中体现。饲料安全问题不仅直接影响畜牧业健康发展,而且影响改革稳定发展的大局。各级饲料部门要以高度的政治责任感,把突发事件应对工作摆到重要位置,列入重要议程。要加强制度建设,完善应急预案,建立健全突发事件应急机制。要层层落实安全责任制,加强监督检查,狠抓各项防范和整改措施的落实,堵塞漏洞,坚决消除重大安全隐患,全面提高应对饲料领域各类突发事件和风险的能力,确保突发事件得到及时、果断、有效处置。

4. 强化队伍建设,提高饲料工作水平。各级饲料部门要强化队伍建设,努力造就一支政治坚定、业务精通、作风过硬的饲料管理队伍。要认真履行职责,牢固树立正确的政绩观,求真务实,脚踏实地地做好饲料工作。努力转变工作作风,深入实际,开展调查研究,了解新情况,解决新问题。要加强制度建设,按照"规范行为,强化责任,提高效率"的要求,建立健全内部各项管理制度,规范工作程序。要组织开展形式多样的培训活动,不断提高饲料队伍素质和工作水平。

同志们,党的十七大为饲料业发展指明了方向,我们一定要高举中国特色社会主义伟大旗帜,牢固树立科学发展观,认真贯彻落实中央农村工作会议和全国农业工作会议精神,坚定信心,开拓进取,求真务实,扎实工作,努力开创饲料工作新局面。

创新思路 求真务实 努力实现统计工作再上新台阶

——在2008年全国饲料信息统计培训班上的讲话

王宗礼
农业部畜牧业司副司长

(2008年7月3日)

同志们:

全国饲料信息统计培训班今天开幕了。首先我代表农业部畜牧业司(全国饲料工作办公室)对大家的到来表示热烈欢迎。本期培训班的主要任务是深入贯彻落实科学发展观,通报饲料信息统计工作新情况、总结新特点、研讨新思路、部署今后工作任务。下面我讲3个方面的意见。

一、当前饲料行业总体情况

2007年以来,我国饲料行业经受了禽流感、猪高致病性蓝耳病等重大动物疫情冲击;经历了2008年南方低温冰冻雨雪灾害、四川汶川地震等自然灾害的严峻考验;克服了原料、运输、劳动力成本持续上升等不利因素,在全行业的共同努力下,继续保持了良好的发展势头。

据统计,2007年全国饲料工业总产值4 009亿元,约占畜牧业总产值的28%、农业总产值的10%。其中饲料加工业总产值3 335亿元,同比增长14.70%。工业饲料产量1.23亿t,连续3年突破亿吨大关,占世界总产量1/5。预计2008年上半年全国饲料总产量5 900万t,同比增长11.2%。其中配合饲料4 540万t,同比增长13.3%,浓缩饲料1 120万t,同比增长4.5%,添加剂预混合饲料240万t,同比增长5.9%。

饲料工业发展呈现以下特点:一是配合饲料增长迅速,产品结构进一步优化。随着养殖业内部结构性调整速度加快,自配料越来越多地被商品化饲料替代,特别去年以来受玉米、豆粕等原料价格上涨的影响,一部分浓缩饲料用户也改用配合饲料,需求量迅速提高使得上半年全国配合饲料产量出现同比13.3%大幅度增长,其在商品饲料产品中的比重也同比上升了1个百分点。

二是原料价格居高不下,企业利润持续下滑。受全球能源、粮食价格上涨影响,饲料原料和多种饲料添加剂价格均出现不同程度上涨。2008年1~5月,玉米、豆粕、蛋氨酸等各主要饲料原料同比平均涨幅为39%,而同期猪、肉禽、蛋禽等配合饲料产品同比平均涨幅为24%。饲料生产企业消化了15个百分点的成本上涨压力,利润普遍下滑。

三是大企业规模化的优势更加明显。随着原料、能源价格的上涨和国家从紧财政政策的实施，大企业在资金、规模化生产方面的优势更加明显。调查显示，1~5 月，月产量在 10 万 t 以上的规模企业平均产量增幅达到 49%；月产 2~10 万 t 的企业为 27%；而月产量在 5 000t 以下的企业为 10.5%。6 月，近 1/3 月产量 1 000t 以下的企业已经停产。饲料行业呈现大企业、大品牌领跑，小企业出局的格局。

二、饲料信息统计工作成效显著

随着 2002 年《全国饲料工业统计报表制度》的实施，饲料信息统计工作进入了制度化、规范化的新时期。2005 年、2007 年两次报表制度的修订，2007 年中国饲料工业统计信息系统正式运行更加提高了饲料信息统计工作的整体水平。在座的各位同志和全国饲料统计工作者一起从零开始，不怕困难，任劳任怨，以完善统计制度、提高统计数据质量为中心，不断创新统计方法，推进系统建设，做了大量卓有成效的工作。

1. 完善信息统计系统，实现数据报送网络化。2007 年以来，各级饲料管理部门以中国饲料工业统计信息系统为平台，不断加大培训力度，推动企业利用信息系统上报统计数据。目前在中国饲料工业统计信息系统注册的饲料企业已达 9 400 多家，占全国饲料企业总数 60%。在农业部重点跟踪的 269 家饲料企业中，247 个企业实现了网络上报，占 91.8%。网络报送的统计方法更加高效、准确、快捷，是饲料统计工作的一次重大升级，大大促进了统计信息处理的现代化，提高了统计工作效率。

2. 加强数据分析，统计工作质量显著提高。当前饲料行业面临着越来越复杂的内外部环境，影响发展的因素增多，变化加快，这对饲料统计工作提出了新的更高的要求。在大家的共同努力下，近两年各省统计数据的准确率稳步上升，统计报表的按时上报率逐年提高，《全国饲料工业统计资料》内容更加丰富，编印质量显著提高。各地在工作中不断拓展统计工作内容，深入发掘隐藏在数据后的行业发展规律，多方收集整理与行业密切相关的各种信息，实现数据和信息收集丰富化、多元化，统计和形势分析一体化，为管理部门科学决策提供了有力的保证。

3. 结合各地实际，统计工作地位日益提高。目前，全国大部分省能够结合本地饲料企业实际采取各种积极措施推进信息统计工作。广东省层层分解任务把信息统计工作深入到地市一级；河南、陕西以培训和交流等方式加大统计员培训力度；江苏省制定地市级和重点跟踪企业报表上报考核表；湖北、湖南、山东、安徽从制度着手明确统计人员和职责；四川、黑龙江、江苏、辽宁、上海等地还在农业部重点跟踪企业的基础上确立了一批省级重点跟踪企业。饲料信息统计工作得到了各级饲料管理部门的高度重视，已经成为行业管理的重要组成部分。

但是，在取得成绩的同时，我们也注意到当前统计工作中仍存在不少的问题。突出表现在：一是部分统计工作人员对行业发展情况和形势变化关心不够，只管数据上报，忽视形势分析工作，综合业务能力有待提高；二是个别省对统计工作不重视，迟报、虚报的现象还时有发生，工作态度不认真，企业上报的数据经常会出现单位名称不统一、填报月份混乱、报表信息填报不完整等问题；三是对新增重点跟踪企业的落实情况有待加强，2007 年 5 月新增 72 家重点跟踪企业中，目前仍有两个省至今没有上报也没有说明原因。此外，还有些统计人员对企业上报数据疏于管理，致使企业有迟报、拒报现象，影响整体数据的汇总和后续分析工作。大家要认真对待这些问题，分析原因，尽快整改，保障全国饲料信息统计工作的顺利开展。

三、提高认识、切实做好饲料信息统计监测工作

针对饲料工业信息统计存在的突出问题，大家要在工作中不断开拓进取，真正做到“开阔眼界、放宽胸怀，创新思路、提高效能，超前谋划、把握主动，强化协调、形成合力”这是大局的要求，是时代发展的要求。要充分认识到饲料信息统计工作既是制定完善饲料行业发展政策的需要，也是开展政策效果评价的需要；既是研究饲料生产发展形势、谋划区域布局、调整生产结构的需要，也是行业生产分析预警的需要。饲料统计工作要努力做到既为行业管理部门进行宏观调控、出台相关政策措施提供决策依据，又要及时发出市场信息，帮助企业化解市场风险。

信息统计工作实践告诉我们，只有依靠翔实的数据、细致的分析，才能真正反映饲料行业的发展现状，客观反映我国饲料行业经济运行基本情况，从而正确判断发展形势，提供决策依据，促进行业发展。这就要求我们必须端正工作态度，创新工作理念，提高工作水平，不怕辛苦，扎扎实实地深入下去，认认真真地做好饲料信息统计各项工作。

1. 加强对信息统计工作的监督和指导。各地要加大对县(市)一级饲料管理部门统计人员和企业数据上报人员的培训，采取有效措施全面推进基层报表网上申报，争取再用一年到两年时间将企业网上申报率提高到 95%以上。要加强对企业特别是农业部重点跟踪企业的数据上报监督检查工作，把是否按时、按要求上报统计数据作为评价企业的重要标准之一。

2. 强化统计数据质量管理。统计数据的准确性是统计工作的根本，也是检验统计质量的基本标准，是统计工作的第一要务。要树立“诚信统计”理念，不放过每一个可疑数据，把好各类报表质量关。要将数据审核工作作为各级饲料管理部门统计员的重要工作内容之一，落实数据上报负责制。要对各类报表数据做全面的对比、检查，加大数据核查力度和月度连续跟踪监测力度，特别要加强对基层月报生产信息和市场信息和基层年报中企业信息的核查。

3. 高度重视信息数据分析整理。要加快对基层统计人员进行系统、全面的业务知识更新培训，提高基层统计人员的综合业务素质，特别是文字分析能力。要积极为统计人员创造调研机会，创造接触企业、市场和养殖户的机会，搞好饲料信息统计实地调查，认真完成饲料行业生产形势分析。要关注原料市场，结合本地实际多方收集整理饲料原料价格信息和生产动态，加强饲料原料预警分析工作。

下面，我强调一下统计工作必须做到"三性"，即数据的完整性、数据的准确性和上报的准时性。希望大家要树立求真务实的作风，深入基层调研，真正做到及时、准确和完整。另外就统计经费问题再强调一下，当前饲料行业的发展对信息统计工作提出了新的更高的要求，这就要求我们必须紧跟行业发展步伐，不能仅仅满足于统计数据的上报，还要不断进行工作内容上的拓展，2008 年我们向各省下拨了统计经费和信息收集整理专项经费，就是希望大家能够在保证统计工作的基础上，更多的开展调查研究工作，收集方方面面的信息，加强行业形势分析和原料预警工作，建立各省饲料企业基础信息数据库，不断健全完善信息统计工作制度，丰富信息统计工作内涵，充分地发挥统计工作对行业发展的支撑作用。

同志们，饲料信息统计工作是一项基础性工作，它既是行业发展历程的总结，也是规划未来的科学依据，不可或缺。希望大家紧密围绕建设饲料工业强国的总目标，继续解放思想、开拓进取、求真务实，努力实现统计工作再上新台阶，为我国饲料工业的发展做出新的更大的贡献。本次培训得到了宁夏自治区农牧厅的大力支持，中国饲料工业协会信息中心和自治区饲料工作办公室为培训班的召开作了大量认真细致的工作。让我们对他们的辛勤工作表示衷心的感谢！最后，希望大家能够珍惜这次宝贵的交流学习机会，学有所获，满载而归！

总结经验 抓住机遇 将秸秆养畜工作推向新阶段

——在全国秸秆养畜现场会上的讲话

王宗礼
农业部畜牧业司副司长

(2008 年 9 月 19 日)

同志们：

这次全国秸秆养畜现场会的主要任务是，以科学发展观为指导，深入贯彻落实《国务院办公厅关于加快推进农作物秸秆综合利用的意见》(国办发〔2008〕105 号，以下简称《意见》)，参观学习黑龙江省秸秆养畜的经验和做法，总结全国秸秆养畜工作成绩，部署当前和今后一个时期的工作。上午我们一起参观了黑龙江省双城市的养殖、秸秆饲料加工企业和秸秆青贮现场，感觉黑龙江省的秸秆养畜工作做得很实，政策落实到位，代表性很强，深受启发。下面，我就贯彻落实国办《意见》和今后的工作谈几点意见。

一、回顾历程，我们要肯定秸秆养畜工作取得的巨大成绩

我国秸秆养畜已经有 2 000 多年的历史，但真正将秸秆养畜作为畜牧业的一个重要组成部分、作为一项战略性系统工程来抓，始自 1992 年国务院决定在全国农业区重点省份实施秸秆养畜示范项目。秸秆养畜项目实施以来，在党中央、国务院和各级政府的高度重视下，在农业综合开发管理机构的大力支持下，各地畜牧主管部门把发展秸秆畜牧业作为一项重点工作，结出了丰硕成果。17 年间中央财政累计投入秸秆养畜项目建设资金 8.65 亿元，建设国家级秸秆养畜示范县项目 604 个，围绕国家牛羊肉和牛奶优势产业带形成了中原、东北、华北秸秆养畜示范带，秸秆青贮、氨化和微贮等实用技术得到广泛应用，秸秆处理利用率稳步提升，走出了一条中国特色的发展现代畜牧业的新道路，取得了巨大的经济、社会和生态效益。

1. 推动了草食动物养殖业的发展。1992 年，全国经过青贮、氨化处理用做饲料的秸秆为 2 300 万 t，仅占全国秸秆总量的 3.2%。到了 2007 年，全国青贮、氨化秸秆饲料已达到 1.13 亿 t，占全国秸秆总量的 16.4%，加上未经处理直接使用的 1.1 亿 t 秸秆，秸秆饲用总量达到 2.23 亿 t。同期，我国牛肉、羊肉和牛奶产量也分别由 1992 年的 180 万 t、125 万 t 和 503 万 t 迅速上升到 2007 年的 613 万 t、383 万 t 和 3 633 万 t。秸秆资源为促进我国畜牧业发展提供了基础物质保障。

2. 丰富了城乡居民的菜篮子。1992 年秸秆养畜工作开始时，全国城乡居民人均肉类消费量为 29kg，其中牛羊肉占 8.9%；奶产品人均占有量仅有 4.8kg。2007 年，全国城乡居民人均肉类消费量上升到 52kg，其中牛羊肉所占的比例上升到 14.5%；人均奶制品占有量达到了 27.5kg，已经接近世界平均水平的 1/4。由于秸秆养畜的成本相对较低，牛羊肉价格基本保持稳定，消费者以远低于国外的价格吃上了营养价值较高的牛羊肉，极大地改善了我国城乡居民的膳食结构，丰富了城乡居民的菜篮子。

3. 减少了畜牧养殖的粮食消耗。随着人们生活水平的提高，对肉蛋奶的需求量日益增加，饲料用粮需求逐年快速增加。据估算，2007 年我国饲料量消耗量约为 1.67 亿 t，已占当年我国粮食总产量的 33.4%。秸秆养畜利用农作物秸秆饲喂牲畜，可以部分替代饲料用粮，据测算 2007 年全国青贮秸秆 1.8 亿 t(鲜重)，氨化秸秆 5 300 万 t，仅此两项即可折算饲料用粮近 5 000 万 t，秸秆的饲料化利用为保障我国粮食供应、保持粮食价格相对稳定做出了巨大的贡献。

4. 促进了农民增收。目前，东北、华北、中原等草食动物主产区，每出栏一头肉牛、一只肉羊农户可获纯利约 800 元和 200 元，每产一公斤奶农户可获纯利 0.5 元以上，以 2007 年出栏量和奶类产量计算，仅此 3 项产生的直接效益就达到 1 041.9 亿元。如考虑到种植户出售秸秆、秸秆收贮加工和畜产品后续加工等给农民带来的现金收入、大量就业机会和工资性收入，秸秆养畜对促进农民增收和推动农村经济发展的作用则更为显著。

5. 明显减轻了我国的生态环境压力。焚烧秸秆在我国农村是一种普遍现象，这不仅污染环境，而且浪费资源。秸秆养畜项目的实施，不仅为草食牲畜的养殖提供了保障，而且为秸秆找到了出路，有效减少了秸秆焚烧现象，减轻了城乡的环境压力。此外，秸秆养畜还有效降低了草食动物养殖对饲草的依赖，为我国近几年在牧区大规模的实施退牧还草、禁牧休牧、划区轮牧等草原建设保护争取了宝贵时间。

6. 有效实现了种养的良性循环。据测算，农区牛羊粪肥年产出量在 10 亿 t 左右，相当于 1 400 万 t 化肥的肥效。大力发展秸秆养畜，过腹还田，为种植业提供了大量的有机肥，从而降低了种植业的成本，有效改善了土壤结构和肥力，为粮食增产打下了坚实基础。粮食的增产又为秸秆养畜提供了更多地饲料秸秆资源，种养的有机结合促进了农业生产的良性循环。

二、统一思想，不断深化对秸秆养畜工作重要性的认识

当前，农业和农村正经历着深刻变化，农业资源环境和市场约束增强，保障粮食安全、保持农产品供求平衡、农民持续增收的难度加大。在这一背景下，国务院办公厅出台《意见》，对秸秆养畜工作提出了新的更高的要求，为秸秆养畜的中长期发展指明了方向。各级畜牧部门一定要着眼当前，立足长远，统一思想，从全局和战略高度充分认识新时期推动秸秆养畜工作的重大意义。

1. 大力发展秸秆养畜是推动种养殖业有机结合、发展农业循环经济的关键环节。种植业为畜牧业提供生产资料，畜牧业为种植业提供优质有机肥，只有二者良性互动，相辅相成，农业才能实现可持续发展。改革开放以来，种植业的化肥用量迅速增长，化肥用量与粮食产量的比例已从 1985 年 1:21 提高到目前的 1:10 左右，化肥利用效率只有发达国家的一半左右，不仅粮食生产成本持续增加，而且导致耕地质量恶化。当前，我国耕地的有机质含量不及欧洲的一半，中东部地区多数产粮大县土壤有效钾含量与 20 世纪 80 年代相比下降了 10%~30%。长此下去，必将危及种植业的可持续发展。破解这个困境，关键在于促进种养结合，发展循环农业。在农区发展秸秆养畜，不仅通过生产肉奶等优质食品使秸秆转化增值，而且牛羊粪便可用于生产沼气等清洁能源、养殖蚯蚓，各环节产生的废料作为有机肥料，培肥地力。通过发展秸秆养畜，为秸秆找到多次增值的途径，又解决了耕地质量下降的问题，这是发展农业循环经济的一篇大文章。

2. 大力发展秸秆养畜是保障动物性食品供给、降低粮食安全压力的必然选择。我国粮食生产经历了 20 世纪 80 年代的快速增长之后，由于耕地减少、技术制约等因素的影响，总产量增长有限，多年来人均粮食占有量一直在 380kg 左右徘徊。近年来，随着畜产品产量和消费量逐年稳步增长，口粮消费减少，饲料用粮消耗量上升。目前仅饲用玉米的消耗量已经接近我国粮食总量的 20%，饲料用粮问题已经成为考虑我国粮食安全问题时的重要因素之一。目前，我国年产商品反刍动物配合饲料 500 万 t，仅占配合饲料的 5%，却生产了占肉类总产量 15%以上的牛羊肉和超过 3 000 万 t 的牛奶，正是由于大力推广以秸秆为基础饲料、少量补饲精饲料的低成本养牛模式的重要贡献。未来一段时间，我国畜产品的需求仍将保持刚性增长，对粮食供应的压力仍将持续增加。面对这种情况，大力发展秸秆养畜对于保障食品供给平衡，最大限度地降低粮食安全压力具有十分重要的现实意义。

3. 大力发展秸秆养畜是治理秸秆焚烧、落实环境保护基本国策的长效手段。近年来，我国部分地区的农民为抢农时播种，随意焚烧秸秆现象屡禁不止，严重污染大气环境，威胁交通运输安全，影响城乡居民生活，引起了党中央国务院的高度关注。出现这种现象的根源在于，随着农村能源结构的改善和农业机械化的快速发展，农民对秸秆作为燃料的需求在下降，家家户户养牛的传统种养结合模式在减少，而秸秆产业化收储利用体系尚未大面积形成，导致秸秆出现了地区性、季节性、结构性过剩。我们在山东调研时曾了解到，济南曾经是秸秆焚烧的重灾区，为解决这个问题，济南市围绕济南国际机场及境内多条高速公路，发展了 0.67 万 hm^2 青贮玉米作为饲料基地，鼓励农民秸秆养畜，现在秸秆在当地已成为抢手商品，焚烧秸秆的现象已经基本杜绝。这个成功经验告诉我们，解决秸秆禁烧必须遵循“疏堵结合，以疏为主”的原则，只要统筹规划、合理布局，大力发展秸秆养畜，为农作物秸秆找到长期稳定的出路，就能根治秸秆焚烧污染环境的问题。

4. 大力发展秸秆养畜是促进农民增收、加快建设社会主义新农村的现实途径。扎实推进社会主义新农村建设，是全面落实科学发展观、构建社会主义和谐社会的必然要求，是党的"十七大"确立的社会主义现代化建设的重大任务。社会主义新农村建设的核心目标是实现生产发展、生活富足和生态文明，首要任务是发展现代农业、繁荣农村经济，关键在于增加农民收入。现代农业的基本特征之一就是充分利用各类资源，充分挖掘资源增效潜力。山东省枣庄市的农户种植全株青贮玉米，与种普通玉米相比不仅省工省时，而且每公顷可以增收 4 500 元以上；奶牛饲喂青贮玉米后，平均产奶提高 15%以上，每头产奶牛增收在 1 000 元以上。黑龙江省双城市通过大力发展青贮、黄贮，农民的秸秆实现了变废为宝，奶牛养殖户用秸秆替代羊草每吨节省费用近 500 元，整个双城市依靠发展奶业实现了强市目标。这些例子说明，在农区大力发展秸秆养畜，是促进农民增收的现实途径，是社会主义新农村建设的有机组成部分。目前我国用于养畜的秸秆数量为 2.23 亿 t，与 7 亿 t 的存量相比，资源空间还很大。未来很长一段时期内，牛羊肉和牛奶生产还将保持适度快速增长，秸秆养畜在农民增收、农业增效的贡献潜力仍然十分巨大。

三、把握机遇，积极开创秸秆养畜工作新局面

实践证明，秸秆养畜符合我国国情，我们要把秸秆养畜作为农业推进秸秆综合利用的首选途径，作为一项重点工作常抓不懈，积极开创秸秆养畜工作新局面。通过秸秆养畜示范项目连续 17 年的实施带动，各地在基础设施、技术储备、发展模式等方面都有了一定的积累。但是，我们也要清醒地认识到，秸秆养畜的大发展还存在着秸秆处理设施设备不足、利用形式单一、产业化水平低、新技术手段少等诸多制约因素。国务院刚刚出台的《意见》中明确提出，"要把推进秸秆综合利用与农业增效和农民增收结合起来"，"加大政策扶持力度"，"大力推进种(养)植业综合利用秸秆"。我们要抓住机遇，以《意见》精神为指导，紧紧围绕《意见》提出的主要目标，重点做好以下工作：

1. 科学指导，制定秸秆养畜中长期发展规划。制定规划是保证各项工作顺利开展的前提，所谓预则立，不预则废。各地畜牧主管部门要根据《意见》要求，抓紧制定秸秆养畜中长期发展规划。在规划制定的过程中，要深入开展调查研究，摸清秸秆资源现状，提出切合实际的发展目标；要从全局和战略高度出发，做好秸秆养畜规划与畜牧业发展规划、秸秆综合利用整体规划的衔接；要立足区域特点，明确发展重点，增强规划的可操作性，每个省都要确定秸秆养畜发展重点县和重点地区，在政策、资金等方面予以倾斜照顾。

2. 争取政策，加大秸秆养畜扶持力度。《意见》提出了很多关于秸秆综合利用的好政策，大家要认真学习研究，将这些政策转化成具体措施。要尽快向各级政府和财政、发改委等部门汇报会议情况，尽快制定贯彻落实国办《意见》的实施意见。要统筹考虑争取新政策与执行老政策的关系，将新、老政策集成组装，形成扶持秸秆饲料资源开发利用的政策体系。要争取对秸秆饲料资源开发利用关键环节的政策，对秸秆青贮、特别是全株青贮的制作及使用进行补贴，对秸秆处理设施设备的建设和购置进行补贴，制定秸秆饲料工业化生产企业扶持措施。

3. 强化科技，提升秸秆养畜技术支撑能力。科技进步是推动秸秆养畜工作的原动力，是提高综合效益的重要途径。要积极培育秸秆饲料资源利用科技创新主体，建立国家和省级秸秆养畜技术研发中心，鼓励企业和科研机构联合开展新产品、新工艺和新技术研发。要加大秸秆养畜技术投入，争取在秸秆处理及贮存技术、秸秆营养价值评定及高效利用技术、秸秆饲料工业化生产技术等方面取得新突破。要加大对秸秆养畜科技推广的投入，以推广秸秆青贮和玉米全株青贮为重点，在条件好的地区同步推广配套饲喂技术，提高秸秆养畜的科技水平和利用效率。

4. 培育主体，推进秸秆养畜产业化发展。产业化是我国农业生产的发展方向和动力，也是有效解决种、养规模小与秸秆饲料规模化生产矛盾的重要途径。要积极培育多种秸秆饲料资源开发利用主体，一是鼓励种、养企业参与秸秆饲料收储及加工，将秸秆饲料利用纳入产业链统筹考虑；二是鼓励农民经济合作组织开展秸秆饲料加工服务，扶持农民组建专业秸秆饲料服务队；三是出台政策鼓励饲料企业进入秸秆饲料生产领域，支持秸秆饲料商品化生产；四是鼓励大型养殖企业与农户之间的订单生产模式，促进种植、养殖业的专业化分工。

5. 强化舆论，大力宣传秸秆养畜工作成绩和经验。舆论宣传是统一思想，提高认识，展示成果，树立典型，推进工作的重要手段。要通过新闻媒体、举办现场会等多种形式，大力宣传秸秆养畜取得的成绩、经验和措施。广泛深入地宣传各种秸秆养畜典型模式，从发展农村经济促进农民增收的角度，突出宣传典型模式取得的经济效益。组织专家从发展农牧结合循环经济的角度，介绍秸秆养畜的巨大社会和环境效益。创造全社会关注秸秆养畜工作的良好舆论氛围。

秸秆养畜示范项目是我们推进各项工作的重要手段，其突出的示范带动作用无论在过去、现在还是将来始终是推进秸秆养畜发展的强大动力。近年来，在农业综合开发办公室的大力支持下，项目建设资金逐年增加，特别是 2008 年，秸秆养畜项目资金由过去的 70%有偿转为全部无偿，这既是国家惠农政策力度加大的具体表现，也是对秸秆养畜工作的肯定，更是对项目管理部门的支持和鼓励。目前秸秆养畜项目管理中还存在着不少问题，一是部分地方对项目重要性认识不足，缺少明确的工作思路和具体措施，项目管理工作不认真，水平不高；二是项目配套资金落实情况还不理想，个别地方不配套、配套不到位现象仍然存在；三是项目日常监管工作力度弱，重立项、轻管理；四是项目管理仍不规范，突出表现为项目申报材料差，网上申报材料数据错误多，项目档案不健全等。针对这些问题，各地要认真开展自查，采取切实措施进行整改，农业部畜牧业司也将继续加大对项目的监督检查力度，对于发现问题的项目和管理不到位的地区，将采取限期整改、暂停该地区项目申报的处理措施。下面，我就做好下一步秸秆养畜项目管理工作谈几点要求。

一是科学选择立项，突出发展重点。各地要将秸秆养畜项目作为重要内容纳入秸秆养畜工作规划。要遵循自然规律，选择秸秆资源丰富、养殖基础条件好的地区按照续建优先的原则，建设形成连片集中的秸秆养畜项目示范带。要按照国家秸秆禁烧工作的总体布局，在机场、高速公路沿线优先安排秸秆养畜示范项目。

二是加强组织领导，提高管理能力。要建立一支懂技术、经验丰富的管理队伍，加强跨区、跨省交流学习，开阔项目管理人员眼界；要采取召开现场会、开展培训等多种形式，不断提高项目管理人员综合管理能力。在培训中，要重点加强项目申报管理培训，提高管理人员把握项目可研报告和初步设计的能力，切实做好项目省内初评工作。

三是规范项目管理，强化日常监管。项目日常监管一直是我们工作力度较弱的环节，针对这个问题，各地要建立在建项目监督抽查制度，加强项目建设过程管理，对于在检查中发现擅自更改建设内容、建设地点等问题的，要立即采取处理措施，督促改正。在巡察项目时要严格财务管理，重点审核资金是否专户管理、专账核算，专款专用。要重视项目总结验收，引入中介机构进行项目审计，按时完成项目竣工验收工作。

四是树立服务意识，落实配套资金。各级项目管理人员要保持与项目建设单位的联系，加强对项目建设的指导。要将管理与服务相结合，主动协助项目建设单位解决实际困难，特别是对于当前项目资金配套落实不到位的问题，要积极协调市、县一级按照计划确保配套资金的落实。项目主管部门要大力宣传项目建设成效，积极争取政府的支持，出台政策进一步加大对秸秆养畜工作投入。

五是强化示范带动，推进产业化运营。近年来我国集约化、规模化养殖发展迅速。各地在项目甄选中要结合本地养殖业发展实际，优先支持规模化养殖企业和养殖户承担项目建设，在项目中加大对秸秆收贮机械和秸秆饲料生产设备的购置金额，提高秸秆处理效率和经济效益，更好地发挥项目的带动示范作用。要结合畜产品后续加工能力，选择种、养、加工能力配置合理的地区优先承担项目建设，完善产业链条，利用项目推进秸秆养畜的产业化发展运行。

同志们，秸秆养畜工作正面临着重大的发展机遇。我们要以科学发展观为指导，进一步增强责任感和使命感，坚定信心、求真务实、开拓进取、扎实工作，为建立资源节约、环境友好的秸秆畜牧业，推进我国秸秆综合利用，实现国办《意见》总目标做出新的、更大的贡献！

在2008年全国饲料行业形势分析会上的讲话

王宗礼
农业部畜牧业司副司长
(2008年11月27日)

同志们，本次会议的主要任务是总结2008年饲料工作，分析行业发展形势，研究饲料质量安全问题，明确发展思路和任务，部署2009年重点工作。参加会议的有来自各省、自治区、直辖市、计划单列市畜牧饲料主管部门的领导和部分饲料企业的代表。首先，我代表农业部畜牧业司(全国饲料工作办公室)对大家的到来表示热烈的欢迎，对大家一年来的辛勤工作和对全国饲料工作办公室的大力支持表示衷心的感谢。下面我讲4点意见。

一、总结成绩，回顾2008年饲料行业重点工作和行业发展形势

2008年是饲料行业克服重重困难、取得巨大成绩的一年。我们经受了南方冰雪灾害和四川地震等自然灾害的考验，克服了国内外大宗饲料原料价格波动和生产成本上涨的困难，积极应对、妥善处置畜产品和饲料质量安全突发事件，各级畜牧饲料主管部门以保证饲料供给和畜产品质量安全为目标，统筹发展和安全两大核心工作，精心谋划，全面推进饲料行业管理各项工作：

1. 加强饲料质量安全监管。2008年是北京奥运年，饲料质量安全监管工作任务艰巨、责任重大。为确保饲料、畜产品质量安全和奥运食品安全，各级畜牧饲料主管部门在认真组织实施全国饲料产品质量安全监测计划、防范疯牛病饲料例行监测计划和饲料及畜产品中违禁添加物专项监测计划的基础上，开展了保障奥运饲料和畜产品安全行动，全国饲料管理、质检部门对饲料生产、经营和使用环节进行了全面细致地监督检查，有力地保证了奥运期间养殖产品的质量安全。

2. 积极应对突发质量安全事件。"三鹿婴幼儿奶粉"事件发生后，农业部于9月21日印发《关于进一步加强饲料质量安全监管工作的通知》，组织开展全国范围的饲料质量安全整治行动。并随后印发《关于严厉查处饲料中人为添加三聚氰胺违法行为的通知》、《关于进一步加强饲料质量安全监管工作的通知》等文件，部署、指导整治工作。整治期间全国累计出动饲料专项整治和执法人员36.93万人次，检查饲料企业、养殖场（户）25.04万个，取缔非法生产饲料的黑窝点238个，立案调查违法企业和养殖场（户）278个，查获没收、封存和销毁不合格产品3 682.2t。

3. 严格行政许可。一是加强制度建设，规范行政许可程序。先后组织制定《农业部饲料添加剂和添加剂预混合饲料生产许可证专家审核委员会内部管理工作制度》等3项制度；制定发布《单一饲料品种目录》等规范性文件；二是依法严格行政审批。全年共审核生产许可证12批，核发生产许可证867个，注销不合格企业46个，吊销许可证1个；审核进口饲料和饲料添加剂申请565个（次），发（换）进口饲料登记证161个；受理新饲料和新饲料添加剂产品申请18个，核发新饲料产品证书1个；三是强化企业监督管理。组织专家组开展生产许可获证企业大检查，检查企业127家；四是全面推进省级饲料行政许可工作。《饲料生产企业审查合格证》核发工作基本完成，覆盖所有饲料生产体系的行政许可管理体系已经基本形成。

4. 推进行业科技基础研究。积极争取相关部门支持，启动饲料成分表和畜禽营养需要量等重大课题研究。组织国家饲料质量监督检验中心等单位制定饲料中兴奋剂类药物检测方法标准23项，有效缓解了我国饲料质量安全监管工作中有关标准研究滞后的问题。针对四川地震灾害造成的磷酸氢钙阶段性短缺问题，组织相关单位制定《饲用植酸酶使用指南》，指导饲料生产企业科学使用植酸酶，减少磷酸氢钙使用，降低饲料成本。

5. 强化行业指导。一是为应对原料价格上涨和快速波动对行业发展产生的不利影响，策划并启动实施了饲料原料预警、饲料快报制度，完成了对国内外豆粕供求状况、饲料级蛋氨酸市场变化的专题研究；二是继续加强饲料工业统计和形势分析工作，组织召开全国饲料统计员培训班和饲料行业形势分析会，修订《全国饲料工业统计报表制度》（2009），完善全国饲料统计重点跟踪饲料企业月度数据统计工作；三是强化企业信息收集整理，启动建立全国饲料企业基本信息数据库，编制饲料企业基本信息采集软件。

6. 推进饲料资源开发利用。组织完成2008年秸秆养畜项目初步设计评审和2009年项目申报工作；积极协调有关部门加大秸秆养畜项目支持力度，推动2009年秸秆养畜项目实行财政资金全部无偿；参与促进秸秆综合利用调研，提出秸秆利用应优先保证畜牧业发展需要的意见和具体扶持政策措施；研究秸秆养畜工作思路，制定《秸秆养畜项目可行性研究报告规范格式》；组织召开全国秸秆养畜工作会议，深入贯彻国务院关于加快秸秆综合利用文件精神，部署秸秆养畜重点工作。

这些工作的顺利完成是党中央、国务院高度重视饲料工作的结果，是有关部门和社会各界关心支持的结果，也是饲料战线的同志们开拓进取的结果。每一点成绩、每一次进步中无不凝结了大家的共同努力和付出。在此，我代表畜牧业司对大家表示衷心的感谢和热烈的祝贺。

一年来，各级畜牧饲料管理部门认真学习科学发展观和十七大精神，贯彻落实党中央、国务院各项部署，紧密围绕保障饲料供给和饲料安全两大中心任务，积极争取、认真落实各项支农、惠农、强农政策，畜牧业生产形势明显好转，饲料行业取得新的发展。据预测，2008年我国饲料总产量有望再上千万吨级台阶，商品饲料总产量达到1.31亿t，同比增长6.2%。其中，配合饲料产量9 950万t，同比增长6.8%；浓缩饲料2 600万t，同比增长4.4%；添加剂预混合饲料540万t，同比增长3.7%。总体看，养殖业和饲料生产主要呈现以下几方面特点：

生猪养殖迅速恢复，猪饲料大幅增长。为保证畜产品供给，2007年国家连续出台养殖补贴、保险等多项有力政策扶持生猪生产。2008年政策激励效果逐步显现，生猪、能繁母猪存栏量持续稳定增长，生猪市场供应充足，价格逐步回落。迅速恢复的生猪养殖有力地拉动了饲料需求，预计猪饲料产量将达到4 400万t，同比增长10.0%。一举扭转2007年猪饲料产量下滑的趋势。

家禽养殖生产平稳，禽饲料小幅攀升。鸡蛋价格全年先抑后扬，虽然2008年10月受鸡蛋中检出三聚氰胺事件影响出现波动，但恢复较快，未对鸡蛋消费造成长期影响；肉鸡价格虽有下滑，但养殖效益相对稳定。总体看，全年家禽养殖业较为平稳，没有出现大起大落，肉禽、蛋禽存栏量充足，市场需求平稳。预计蛋禽饲料产量2 600万t，同比增长3.2%；肉禽饲料产量3 900万t，同比增长6.5%。

水产养殖业形势严峻，水产饲料产量下滑。2008年是水产养殖较为困难的一年。年初南方广东、浙江等省遭遇冰冻雨雪灾害，造成鱼虾等大量水产品死亡；加之部分进口国对我国出口产品采取更加严格的检测标准，鳗鱼、对虾等水产品出口受阻，水产养殖量有所减少，水产饲料需求不旺、产量下滑。预计水产饲料产量1 320万t，同比下降0.5%。

反刍动物养殖较为平稳，反刍动物饲料产量持续提高。消费市场牛羊肉需求旺盛,牛肉价格持续攀升、羊肉价格虽有波动但总体保持上涨趋势,反刍动物养殖效益稳中有升。9月受“三鹿牌婴幼儿奶粉”事件影响,部分地区出现倒奶现象,但10月已基本得到控制,生产正在逐渐恢复,预计对全年生产影响不大。在此环境下,反刍动物饲料消费较为平稳,预计产量600万t,同比增长5.6%。

商品饲料结构进一步调整,产业集中度明显提高。在产量提升的同时,饲料产品结构进一步调整,配合饲料比重继续上升,浓缩饲料比重略有下降,添加剂预混合饲料保持稳定。在小型饲料企业数量减少的同时大型饲料企业加速发展。据统计,2008年上半年百万吨级大型饲料企业平均产量同比增长幅度达到23.7%,2008年我国年产百万吨的饲料企业将增加到13家,产量约占全国总产量的1/3。

二、认清形势,增强做好饲料工作的责任感和紧迫感

2008年是世界经济发展的多事之秋,随着美国次贷危机逐步演变为一场全球性的经济危机,由此引发的经济下滑、期货股票市场的频繁大幅波动等一系列连锁反应使我们深刻地认识到经济发展中的风险在加大、变数在增多。饲料业是连接种植业、养殖业的中轴产业,与国内外粮食市场密切相关、与金融期货市场密切相关、与食品安全密切相关,容易受到外部环境的冲击和影响;加之我国饲料工业起步较晚,资金不足、管理水平不高、抗风险能力弱的问题普遍存在。因此,饲料行业如何在复杂多变的经济环境下保持健康可持续的发展,已经成为我们必须高度重视、认真研究解决的紧迫问题。针对这样的发展现实,必须高度重视可能影响饲料行业发展的各种问题提早化解、规避各种风险,只有这样,才能真正维护好、发展好我国饲料工业的根本利益。当前,影响饲料行业的两方面问题最为突出,一是原料问题,二是发展问题,必须引起重点关注。

原料问题。原料是饲料行业的基础,是饲料企业竞争力的核心和关键。当前我国饲料原料问题集中体现在3个方面:首先是供给。我国是世界第一大饲料消费国、第二大商品饲料生产国,但蛋白质原料长期短缺,一直依赖大量进口,蛋白质饲料供应不足已经成为当前制约饲料和养殖业发展的最大瓶颈问题;第二是价格。当前国际原料价格一体化趋势明显,国外资本利用资金、区位优势,拥有玉米、豆粕、鱼粉等大宗饲料原料定价权,原料价格长期受制于人,增大了我国饲料企业生产的成本和经营风险;第三是质量。近3年的饲料质量安全监测数据显示,我国饲料原料特别是蛋白质饲料原料质量安全水平呈下降趋势,原料霉变、蛋白质原料掺假等问题已经成为影响饲料和养殖产品质量安全的重要原因之一。

饲料质量安全问题。从2006年底的苏丹红鸭蛋到2007年的美国宠物饲料事件、再到2008年的三聚氰胺事件,近年来饲料和养殖产品质量安全事件呈现点状频发态势。从这些事件发生原因上看,是个别违法企业和个人为谋取不正当利益非法在饲料原料生产和使用环节添加违禁化学物质。从影响上看,局部地区个别事件的发生往往导致消费恐慌,给饲料生产和养殖业造成巨大损失,甚至影响政府公信力,给国家形象带来负面影响。从事件责任上看,既有违法分子的直接责任,也有行政部门疏于监督、监管缺位的责任。

面对这些问题,各级畜牧饲料管理部门必须站在全局性、战略性的高度审视饲料工业对促进养殖业和国民经济健康发展的重要作用,充分认识饲料行业对于保障养殖产品供给、保证养殖产品质量安全和人民身体健康、保护生态环境、维护国家经济安全等方面不可替代的重要作用。

1. 保障饲料供给是促进养殖业发展、保证食品安全的客观要求。饲料是养殖业的基础投入品,改革开放30多年来,我国粮食产量年递增率仅为1.7%,而肉类产量年递增率达8.5%、蛋类产量年递增率达10.2%、养殖水产品产量年递增率达则高达13.5%,饲料工业贡献巨大。随着社会的发展和人民生活水平的提高,动物性产品需求仍将继续上升,在资源约束日益增强的条件下,只有建立稳定的饲料生产供应系统才能有力支撑养殖业持续发展,保证消费者对我国食品供应数量和多样性的要求。

2. 保障饲料质量安全是动物性食品安全的重要前提。饲料是动物性食品安全的源头,饲料中的有害物质可能会通过在动物产品中残留对人体造成危害。如果饲料不安全或存在安全隐患,农牧民生产的养殖产品就无法顺利销售,相关养殖行业生产就会遭受重大损失,甚至可能将几年的积累消耗殆尽,造成养殖业停滞、农民收入减少,影响农村经济发展。

3. 科学使用饲料是保护环境安全、促进可持续发展的重要手段。经济的快速发展正在造成环境的迅速恶化。近年来,养殖业污染问题日益突出,部分配方不科学的饲料饲喂动物后,其中的抗生素、重金属可能通过动物排泄物进入土壤和水体,污染自然环境。因此,必须高度重视饲料与环境的关系,在保证环境安全的基础上利用科学配方最大限度地发挥饲料产品效能,建立环境友好、可持续发展的养殖生产模式。

4. 促进饲料产业发展是维护国家基础产业安全的重要手段。饲料行业是国民经济中特殊的涉农工业,它依托种植业、促进养殖业,是连接两大农业基础产业的关键环节。当前,外国资本有大举进入我国种植、养殖业的趋势,同时也正在采取各种手段扩大其饲料市场份额,对此必须认真研究、引起高度重视。要充分认识到一旦外资利用其资本能优势控制我国饲料工业，将可能采取各种手段控制我国农业生产，甚至可能对粮食安全和国家稳定造成不利影响。

三、明确思路，做好今后一段时期重点工作

下一阶段饲料工作的思路和主要任务是：以保证饲料质量安全、保障养殖业持续健康发展为总目标，全行业继续深入贯彻落实十七大精神和科学发展观要求，着力加强饲料法制建设、强化饲料质量安全监管，加强行业发展研究，提高饲料基础科技支撑能力，加快推进我国由饲料大国向饲料强国转变，全面促进饲料行业持续稳定健康发展。各级畜牧饲料主管部门要统筹考虑近期工作和长远规划，一方面要立足当前，继续加大工作力度，巩固饲料质量整治成果，进一步清理整顿饲料市场秩序，解决影响饲料行业发展的质量安全问题；另一方面要着眼长远，统筹考虑发展和安全两个核心工作，建立促进行业发展、保障饲料质量安全的长效机制。

1. 健全完善饲料管理法规体系。科学的法律法规体系是饲料行业发展的基础保证。近期农业部将组织启动《饲料和饲料添加剂管理条例》及其配套规章的修订工作。各级畜牧饲料管理部门要以此次条例修订为契机，认真总结管理经验，深入研究行业管理问题，提出加强行业管理、促进行业发展的意见和建议，积极参与条例修订各项工作。

2. 加强饲料行政许可监督管理。饲料行政许可是饲料行业管理的重要内容，也是饲料质量安全的第一道关口。随着行政许可管理权限下移，地方执行饲料行政审批的任务在增加、责任在增大。各地要切实加强行政许可工作，进一步规范行政许可程序，严格审批，提高效率，切实组织好行政许可审核工作。要进一步加强对各类获证企业的监督检查，建立日常巡视制度，发现问题，立即解决，消除潜在质量安全风险隐患。

3. 认真执行饲料质量安全监测计划。例行监测是保证饲料质量安全的重要抓手。各级饲料管理部门要按照农业部总体部署，认真执行全国饲料质量安全例行监测、饲料中违禁添加物专项监测和反刍动物饲料中牛羊源性成分例行监测计划，要积极争取相关部门的支持，结合本地实际，组织制定实施本地饲料质量安全监测计划，有针对性地解决本辖区饲料质量安全问题。

4. 提高饲料执法能力水平。饲料执法水平是饲料管理水平的重要标志，是依法治饲的核心。为提升饲料行业管理核心能力，农业部将于2009年开展饲料执法年活动。各级畜牧饲料管理部门要高度重视饲料执法工作，开展多种形式、内容丰富的执法培训工作，要重点组织市县两级饲料管理人员认真学习饲料法规、执法程序，全面提升管理一线人员依法治饲水平。

5. 继续落实饲料质量安全责任。一是落实企业责任，明确企业是饲料质量安全第一责任人，具有控制原料质量、保证产品质量安全的义务，对于生产不合格产品的企业，在监督检查中要依法严肃查处；二是落实属地管理责任，各地对辖区内饲料质量安全负总责，对于跨区、跨省饲料质量安全事件，相关地区有责任及时通报有关信息并积极做好处置工作。农业部2009年将重点加强饲料质量安全事件处置工作的监督检查，对于查处措施不力、态度不认真的管理部门和个人，将通报上级主管部门给予严肃批评。

6. 进一步强化饲料统计分析工作。饲料统计工作是饲料行业管理的基础，底数不清、情况不明，就无法准确判断行业形势，就无法保证各项决策的科学性。各级畜牧饲料主管部门要继续加强对信息统计工作的监督和指导，加大对县（市）一级饲料管理部门统计人员和企业数据上报人员的培训，采取有效措施推进基层报表网上申报。要重视统计数据质量，落实数据上报负责制，各级畜牧饲料主管部门负责人要亲自核实各类统计报表数据，确保数据真实可信。要加强对统计数据的整理分析，指派专人负责形势分析工作，并为他们创造接触企业、市场和养殖户的机会。农业部畜牧业司将于2009年对各地统计工作情况进行监督检查，对于统计数据不实、工作措施不到位，态度不认真的单位和负责人将给予通报批评。

最后，我就打击人为在饲料中添加三聚氰胺违法行为再讲几点要求。饲料质量安全专项整治行动开展以来，各级畜牧饲料管理部门依法打击了一批违法分子、查处了一批问题企业，饲料市场秩序明显好转，整治工作取得了阶段性成效。但同时我们也要看到，饲料质量安全仍存在不少风险隐患，发生突发质量安全事件的可能依然存在。面对严峻的饲料质量安全形势，各级畜牧饲料管理部门要继续强化落实监管责任，进一步增强对饲料质量安全监管工作的敏感性和责任感，按照农业部《关于进一步加强饲料质量安全监管工作的通知》（农牧发〔2008〕15号）要求，依法严厉打击危害饲料质量安全和饲料市场秩序的各种违法行为。要统一认识，依据农业部《关于严厉查处饲料中人为添加三聚氰胺违法行为的通知》要求依法打击违规行为；要强化措施，全面推进饲料生产、经营和使用的全程监管；要追根溯源，严厉打击生产、销售问题饲料的源头，从根本上解决饲料原料质量安全问题；要强化宣传，重点查处、曝光重大案件，公布案件处理结果；要加大投入，统筹考虑人财物投入，构筑监管有力、反应迅速、高效科学的饲料质量安全监管长效机制。

同志们，2009年将是饲料行业发展的重要一年。做好饲料工作事关现代农业和现代畜牧业发展，事关新农村建设和构建和谐社会的大局。我们要牢固树立和全面落实科学发展观，以饱满的工作热情开拓创新，真抓实干，努力促进饲料业和畜牧业持续健康协调发展，为我国社会主义新农村建设做出新的更大的贡献。

树立科学发展观 加快建设现代畜牧业

——全国畜牧总站、中国饲料工业协会关于深入学习实践科学发展观活动上的讲话

谷继承
全国畜牧总站站长
中国饲料工业协会秘书长
(2008 年 10 月 27 日)

同志们：

按照部党组的统一部署，全国畜牧总站学习实践科学发展观活动以解放思想，深化改革，促进畜牧业健康发展为主线，以建立健全现代畜牧业技术支撑体系为实践载体，紧密联系行业实际，坚持突出实践特色，取得了初步成效。按照学习实践活动的总体安排，今天由我与大家交流学习体会。在这里，我从 3 个方面与大家讨论交流建设现代畜牧业问题。

一、准确把握建设现代畜牧业的根本要求

要准确把握现代畜牧业的内涵和根本要求，首先要深刻理解科学发展观的精神实质。对科学发展观的精神实质认识越深刻、把握越准确，建设现代畜牧业的自觉性才能越坚定，思路才能更清晰，才会少走弯路，实现畜牧业又好又快发展。科学发展观的第一要义是发展，发展是硬道理，发展是第一要务，这是我们必须始终坚持的重要战略思想；其次是要用新的发展思路实现更好更快的发展；第三是要统筹兼顾、全面协调发展，这也是科学发展观的根本要求。

科学发展观是马克思主义中国化的最新理论成果，是同马克思列宁主义、毛泽东思想、邓小平理论和“三个代表”重要思想既一脉相承又与时俱进的科学理论，也是我国畜牧业发展的重要指导方针，是建设现代畜牧业必须坚持和贯彻的重大战略思想。

2007 年中央 1 号文件概括了现代农业的特点，即“用现代科学技术改造农业，用现代产业体系提升农业，用现代经营形式推进农业，用现代发展理念引领农业，用培养新型农民发展农业，提高农业水利化、机械化和信息化水平，提高土地产出率、资源利用率和农业劳动生产率，提高农业素质、效益和竞争力。建设现代农业的过程，就是改造传统农业、不断发展农村生产力的过程，就是转变农业增长方式、促进农业又好又快发展的过程”。

结合我国畜牧业的发展历程、形势任务，我认为现代畜牧业的内涵是：以科学发展观为统领，以科学化、标准化、产业化和市场化为总体思路，以改造传统畜牧业和转变畜牧业增长方式为重要抓手，以现代科技和物质装备为基本支撑，以建立现代产业组织制度和完善管理办法为主要手段，以提高生产效益和实现可持续发展为前进动力，以提高畜产品数量、质量和竞争力为发展目标，不断提高畜牧业的劳动生产率和资源利用率，充分满足广大人民群众对畜产品不断提高的需求。

当前，我国畜牧业已进入一个新的发展阶段，正由传统畜牧业向现代畜牧业转变，深刻理解建设现代畜牧业的重要性和紧迫性，对于我们用科学发展观武装头脑、指导实践、推动工作，具有十分重要的意义。

1. 建设现代畜牧业是建设现代农业的需要。畜牧业作为农业的重要组成部分，其发展水平的高低以及在农业产值中比重的大小，已成为衡量现代农业发展程度的重要标志。改革开放以来，我国畜牧业产值占农业总产值的比重大幅度提高，从 1978 年的 14%提高到目前的 34%，增长了 20 个百分点。但与发达国家相比，还存在着不小差距。要实现十七届三中全会上提出的现代农业建设取得显著进展、农业综合生产能力明显提高、国家粮食安全和主要农产品供给得到有效保障的目标，畜牧业就必须有更好更快的发展速度。因此，应不失时机地推进现代畜牧业建设，不断提高畜牧业在现代农业中的比重。

2. 建设现代畜牧业是保障畜产品有效供给的需要。粮猪安天下。保障畜产品有效供给是保障食物安全重要组成部分，也是改善营养结构和提高国民素质的重要措施，随着经济和社会快速发展，人们的食物结构正在发生着显著变化。人口的增长、人民生活水平的提高、农民进城务工、城市化进程的加快，也对畜产品的消费提出了更高的要求。确保畜产品有效供给始终是现代畜牧业发展的首要任务，始终是我们畜牧部门的首要职责。我国人均猪牛羊肉占有量为 48.9kg，人均奶占有量仅为 26kg，与发达国家相比差距还很大。只有加快建设现代畜牧业，大幅度提高产业整体素质和效益，不断提升畜牧业综合生产能力，实现畜牧业可持续发展，才能确保国内畜产品有效供给。

3. 建设现代畜牧业是确保畜产品质量安全的需要。产品质量安全事关人民群众身体健康和生命安全，畜产品质量安全问题主要是由微生物污染、化学物质残留及重金属残留等因素引起的，涉及畜产品的

生产、加工和流通各个环节。在坚持以人为本、建设和谐社会的今天,党和国家比以往任何时候更加重视食品安全,人民群众对畜产品安全的要求也越来越高,社会各界也高度关注食品安全。提高畜产品质量是现代畜牧业发展的核心内容,“安全第一”是确保畜牧业可持续发展的基础。必须100%做到安全,99%都不行,一旦某个环节出现问题,会对整个行业及其相关行业产生强烈冲击,“瘦肉精”事件、苏丹红事件、三聚氰胺事件,每一件事都对畜牧业生产产生了重大负面影响。只有建设和发展现代畜牧业,提高畜牧业生产的产业化程度、标准化水平和规范化管理,才能从根本上杜绝畜产品质量安全事件的发生。

4. 建设现代畜牧业是提高畜产品市场竞争力的需要。畜禽生产的规模化、集约化和标准化是现代化畜牧业的重要特征,建设现代畜牧业可以在生产过程中实现畜禽良种化、日粮最优化、养殖规范化、管理制度化;建设现代畜牧业,通过改善生产环节硬件设施和软件环境,规范兽药和饲料添加剂等投入品的使用,可以提高畜禽的生产水平和质量安全水平;建设现代畜牧业,可以提高资源利用效率,降低畜牧业生产成本,增加畜牧业的比较效益和综合效益,从而增强畜牧业的综合竞争能力。我国是畜产品生产大国、消费大国,猪肉占世界的47%,禽蛋占42%,但畜产品出口占的比例很低,只占总量的1%左右。这就要求我们要建设现代畜牧业,就必须在世界范围内更好地利用“两种资源、两个市场”,实施“走出去”战略,通过建立优势产区,以畜牧企业为龙头、以培植世界知名品牌为突破口,大力发展外向型畜牧业,不断提高我国畜产品的国际市场竞争力。

5. 建设现代畜牧业是增加农民收入的需要。党的十七届三中全会提出了到2020年,农民人均纯收入比2008年翻一番,消费水平大幅提升,绝对贫困现象基本消除的目标,在当前农民收入增长机制还没有完全建立起来的情况下,农民增收的任务十分艰巨。目前农民的现金收入中来自畜牧业的部分约占30%,一些畜牧业主产省超过了50%,我国从事畜牧业生产的劳动力达1亿多人,与我国畜牧业生产密切相关的饲料工业、畜产品加工、兽药等产业的产值超过了8 000亿元,畜牧业已成为农民增收的主要渠道,成为繁荣经济的重要途径。加速建设现代畜牧业,不仅可以加快畜牧业生产方式转变、提高生产效率、推动科技成果转化,而且可以带动相关产业的发展,并吸纳大量农村劳动力就业,从而有效地增加农牧民收入。

6. 建设现代畜牧业是建设社会主义新农村的需要。建设现代畜牧业,有利于促进粮食转化,实现粮食产业增效,提高粮食生产综合效益,从而保护和调动农民的种粮积极性,形成种植业和畜牧业的良性循环。建设现代畜牧业,需要培养有文化、懂技术、会经营的新型农民,同时通过培训新型农民,也可以增强畜牧业持续发展能力,加快新农村建设步伐。建设现代畜牧业,有利于延伸畜牧业的生产链条,推动一二三产业协调发展,大大提高农业整体资源的配置效率,拓宽农民在农村内部的就业渠道。建设现代畜牧业,有利于推行现代畜禽养殖方式,不断改善农村的生产生活环境,加快建立村容整洁的社会主义新农村。

7. 建设现代畜牧业是建设环境友好型社会的需要。建设现代畜牧业,就要摒弃畜牧业传统粗放的生产方式,注重资源和要素的合理配置,发展健康养殖、清洁养殖,推广生态畜牧业,有效地减轻畜牧业生产造成的污染,建立起资源节约型、环境友好型的发展模式,实现畜牧业与生态环境的和谐发展。建设现代畜牧业,有利于改变草地畜牧业简单粗放的放牧方式,将人工种草、草地改良、合理放牧、舍饲圈养、改良品种、适时出栏、发展加工、树立品牌等先进理念和发展模式纳入日常的经营管理过程中,从而实现草原保护建设与合理利用的有机统一,保护草原生态环境,维护国家生态安全。

二、正确处理好建设现代畜牧业的几大关系

经过30年的改革开放与发展,我国畜牧业取得了辉煌成绩,畜牧业综合生产能力不断提高,畜牧业已成为我国农村经济的重要支柱产业,同时也是农民增收的亮点。按照科学发展观的要求审视,我国畜牧业发展还面临不少突出矛盾和问题:畜牧业综合生产能力不强,经营规模小,生产方式比较落后;投入不足,基础设施薄弱;重大动物疫病频发,抗击自然风险和市场风险能力弱;畜牧业发展受资源等外部环境约束增强。近几年内,先后发生的生猪生产剧烈波动及“三鹿”婴儿奶粉受三聚氰胺污染事件,集中反映了畜牧业生产和畜产品质量安全方面存在的严重隐患。面对新的形势和挑战,我们要坚持用科学发展观统领畜牧业发展工作,准确认识和把握现代畜牧业的发展规律,不断提高运用科学发展观指导建设畜牧业实践的本领,进一步增强发展现代畜牧业的使命感责任感,着力解决影响畜牧业又好又快发展的突出问题,要着重处理好以下几个方面的关系:

1. 现代畜牧业和现代农业的关系。畜牧业作为农业的重要组成部分,其发展程度、在农业中的比重对农业现代化进程有举足轻重的影响。从国内外的发展经验看,畜牧业产值占农业产值的比重是农业现代化的重要标志。世界一些农业生产大国畜牧业产值占农业产值的比重已达到50%,甚至更高。我国畜牧业产值占农业总产值的比重约占34%,自改革开放以来,每年增加约0.7个百分点。如果按照十七届三中全会确定的到2020年基本实现农业现代化的目标,并统筹考虑我国畜牧业在农业农村经济发展和农民收入增加方面具有的重要作用，到2020年我国畜牧业产值占农业产值的比重应达到50%以上，每年增加约1.25个百分点。因此，应不失时机地推进现代畜牧业建设，不断提高畜牧业在农业中的比重。

2. 畜牧业发展与资源、环境的关系。(1)粮食制约。从粮食需求和畜产品需求的关系看，目前我国饲料用粮约占粮食总产量的38%，据专家估计到2010年、2020年和2030年，这一比重将分别达到40%、45%和50%，如果粮食产量增加幅度不大，用于畜牧业生产的饲料用粮也不会增加很多；二是饲草饲料供应制约。我国草原退化严重，耕地种草有限，同时随着加快生态环境保护建设工作，落实草原禁牧、休牧，围栏封育等措施，能够用于畜牧业生产的饲草饲料资源比较紧张；三是畜牧业用地制约。改变传统畜牧业生产方式、发展现代畜牧业，就是要改变过去农民利用房前屋后，千家万户的小规模饲养方式，实现畜牧业的规模化、标准化、科学化饲养，因此畜牧业用地问题将变得日益突出；四是环境质量要求。随着生态环境和人居环境整治力度的加大，对畜禽粪污处理的要求会更高。这就要求我们要在建立节粮型畜牧业结构上下功夫，提高资源利用效率。我国肉类结构中，猪肉比重仍然偏高，与我国的资源状况不相适应。发展节粮型畜牧业是世界多数国家的普遍做法，如美国作为世界粮食生产第一大国，土地资源丰富，但依然坚持走节粮型畜牧业的路子。面对我国的资源制约，我们必须下大力气进行畜牧业结构调整，逐步缓解对粮食生产的依赖。

(2) 切实做好饲草饲料资源的开发和利用工作，加快草原保护建设步伐，加快秸秆等农副产品的应用，加快“三元”结构调整步伐，充分利用农田和农闲田生产饲草饲料，提高饲草饲料的供应能力，特别是要做好南方草山草坡开发利用工作。

(3)要加强调查研究，积极建言献策，协助和配合有关部门积极解决现代化畜牧业用地问题。

(4)大力发展健康养殖、清洁养殖和畜牧业循环经济，加强畜禽重大动物疫病防控，推广生态畜牧业，减少畜牧业生产造成的污染，改善农村生产生活环境，保障现代畜牧业健康发展。

3. 畜牧业生产与畜产品加工的关系。通过发展畜产品加工业，不仅可以加快品种开发、拓展消费范围、增加消费数量，还可以延长产品保存期、缓解初级产品销售压力，更主要的是通过加工增值，企业产生了效益，反过来稳定了与初级产品生产者的购销关系，农民受益的渠道也增多了，既可以通过养殖得到实惠，也可以通过在加工环节就业得到收益，还可以投资办厂发展加工业，延长产业链条，获取更高的产品附加值，这是建设现代畜牧业的一个重要方面，也是促进农村经济全面协调发展的重要途径。长期以来，由于受计划经济思维和产业统计办法的影响，我国没有将畜产品生产与畜产品加工有机地结合起来，出现了加工业滞后的现象。发达国家畜产品加工品产值均大于初级产品产值，有的国家高出几倍，而我国目前加工品产值还占不到初级产品产值的50%，加工业对畜牧业的带动作用明显不足。因此，要大力发展畜牧业生产的同时，高度重视畜产品加工业发展，使之成为拉动整个畜牧产业发展的“火车头”。

4. 数量增长与质量安全的关系。总的看，基本解决了畜产品供应的数量问题，质量状况也有了很大改善，但畜产品的质量安全仍然存在着较大的隐患。畜产品因兽药残留和其他有毒有害物质超标造成的餐桌污染和引发的中毒事件时有发生，不仅给畜牧业生产造成了重大损失，而且部分事件还危及人民群众的身体健康和生命安全。我国畜产品出口受阻事件屡屡出现，技术性贸易措施已成为我国畜产品出口面临的最大非关税壁垒。党中央、国务院高度重视，广大人民群众和社会各界高度关注，迫切要求我们解决好畜产品质量安全问题。通过建设现代畜牧业，大力推行规模化、标准化、科学化的健康养殖方式，切实转变畜牧业发展方式，在保证畜产品有效供给的同时，更加注重畜产品质量安全，实现又好又快发展。

5. 规模养殖与分散饲养的关系。在传统的饲养模式下，畜禽养殖过于分散，农户防疫条件差，容易引发动物疫病。而且人畜共居的落后养殖方式不仅容易出现畜禽发病率高、养殖效益低下等问题，也为人畜共患病的发生埋下了隐患。发展标准化规模养殖有利于合理配置各生产要素，发挥资源的最大效益；有利于与国内、国际两个市场的对接，增强抗击风险的能力；有利于新技术的推广和应用，提高劳动生产率和资源利用率，增加规模效益；同时对环境保护也有积极作用，是推进现代畜牧业发展的重要途径。但目前，由于自然条件等各方面的限制，在今后相当长的一段时间规模养殖与分散饲养仍将并存。因此，要大力推进标准化规模养殖，逐步形成以规模养殖为主体、分散养殖为补充的现代畜牧业产业格局。

三、建设现代畜牧业要重点抓好的几个环节

建设现代畜牧业是一个复杂的系统工程，涉及到多个产业、多个领域、多个环节。就我国国情和现阶段发展状况，我认为要重点抓好以下几个环节。

1. 抓发展方式转变。转变畜牧业发展方式是建设现代畜牧业的必然要求，是维护公共卫生安全的有力保障，是提高畜产品竞争力的关键措施，是维护国家生态安全的迫切需要，是增加农牧民收入的有效途径。推进发展方式转变是当前和今后一段时期我国畜牧业发展的一项战略任务。当前我们要重点做好以下几方面工作：一抓标准化，要加快畜牧、饲料、草原标准制修订工作，建立起符合我国畜牧业发展需要，并与国际标准接轨的畜禽生产标准体系；二抓规模化，要积极推进标准化规模养殖场(户、小区)建设,发展规模养殖、健康养殖;三抓良种化,要加强畜禽、牧草良种繁育体系建设,认真做好畜禽牧草种质资源保存利用工作,不断提高畜牧业生产的良种化水平;四抓产业化,要通过发展产业化经营,将初级产品生产、加工、销售有机地联系起来,各环节利益统一起来,形成良性循环和持续发展。

2. 抓产业结构调整。调整畜牧业产业结构,是正确处理畜产品数量和质量,节粮型畜牧业和耗粮型畜牧业,国内市场和国际市场,畜牧业产前、产中、产后等各方面关系的要求;是实现生产要素整合,优化资源配置,提高畜产品竞争力,满足市场供需的要求;是发展现代畜牧业的重要内容。要坚持稳定生猪养殖,大力发展家禽和草食性畜养殖,不断提高禽肉和牛羊肉占肉类总量的比重;要尽快改变畜产品加工业滞后的局面,力争在较短的时间里,将加工业产值增加到与畜牧业产值同等水平;要以市场为导向,提高优质畜产品的比例,加快适销对路、满足不同层次需求的畜产品的生产和供应。调整畜牧业产业结构,关键是要以加快畜牧业产业化经营水平为着力点，为此,我们要积极参与研究、制定和落实有利于畜牧业结构调整和畜牧业产业化经营的体制机制和政策措施,促进畜牧业结构调整和产业化经营水平提高。

3. 抓技术推广。首先要抓体系建设,其重点是基层畜牧兽医推广体系,这是建设现代畜牧业的重要组织保障。我们要按照《国务院关于深化改革加强基层农业技术推广体系建设的意见》的要求,立足于增强为现代畜牧业服务的能力,下大力气推动基层畜牧兽医推广体系的机制创新,积极做好调查研究,及时发现和研究问题,及时总结、推广好的服务模式和经验。这方面,何书记还要与大家一起重点交流,我在这里就不展开谈了;第二要抓成果转化。“六五”末期,我国畜牧业生产中的科技进步贡献率为34%,现在我国畜牧业生产中的科技进步贡献率为45%左右，经过20多年的努力，增长了11个百分点，平均每年增长约0.5个百分点。我国畜牧业科技进步贡献率远低于世界发达国家70%的水平,对我们这样一个资源相对短缺的国家,科技水平低下势必造成资源和资金更多的浪费。如果到2020年我国畜牧业科技贡献率要达到55%~60%,平均每年就要增长1个百分点,是过去20年增长率的两倍,压力很大。我们要紧紧围绕加快畜牧业发展的关键领域、关键环节、关键技术,充分发挥好畜牧技术推广体系的主渠道作用,积极探索各级成果转化的新模式、新方法,大力提高畜牧业科技成果转化与推广应用的水平。

4. 抓政策落实。一是要积极争取国家出台更多的扶持畜牧业发展的政策措施,逐步形成有利于促进现代畜牧业发展的政策体系;二是抓政策落实,2007年以来,党中央、国务院高度重视畜牧业发展,集中出台了扶持生猪、蛋鸡、奶业发展的一系列政策措施,加上前期实施的畜禽良种工程和草原生态建设项目,畜牧业发展政策环境有了很大改善。我们要抓好各项政策的贯彻落实,加强政策执行中的调研、检查和督导,确保政策执行不走样,农民群众得实惠。同时,注重政策反馈,加强政策储备和完善。

5. 抓统计分析与预警。统计分析与预警工作是畜牧业最重要的基础工作,是做好畜牧业各项工作的前提和条件。由于历史的原因,畜牧业统计监测工作基础差、工作实效性差、数字可用性不强,难以真实反映生产变化情况。数字不清、情况不明,行业管理无从谈起,就更不用说科学发展了。我们要把健全和完善畜牧、饲料生产和市场监测体系作为重点工作来抓,不折不扣地将统计监测的各项措施落到实处。首先要建立健全统计监测规章制度，明确统计内容和工作流程,切实做到用制度管人、用制度管事、用制度规范工作、以制度建设促工作发展。其次要加强统计监测队伍建设,选择熟悉业务、责任心强的人充实到统计队伍中来,努力打造一支业务精良、作风过硬、能打胜仗的统计队伍。

6. 抓自身建设。全国畜牧总站、中国饲料工业协会作为国家级畜牧、草原、饲料、奶业技术支撑单位,肩负着促进现代畜牧业发展的重任。与科学发展观的要求相对照,总站、协会在思想作风、业务能力、干部队伍建设等方面还有一些与科学发展观不相适应的地方,需要我们自觉把学习实践科学发展观活动作为转变思想观念、改进工作作风、提高工作能力的重要契机,主动查找、努力解决与科学发展观不符合、不适应的种种问题,不断加强自身建设,提高服务现代畜牧业发展的能力和水平。总站、协会加强自身建设要按照孙部长“开阔眼界、放宽胸怀,创新思路、提高效能,超前谋划、把握主动,强化协调、形成合力”的要求,全面地而不是片面地去做,要突出工作重点,在建立长效机制上下功夫。一要加强领导班子建设和党委的建设。党委和领导班子是一个单位领导力量的核心,贯彻落实科学发展观、加强自身建设,必须要首先加强领导班子建设和党的建设。总站党委和领导班子要按照部党组的要求,强化以身作则、身先士卒的意识,坚持从自身做起,不断提高自己的政治修养、思想境界、道德情操、领导能力和工作水平,以实际行动影响和带动广大干部职工全身心地投入到干事创业上来,落实好领导班子任期目标的各项任务;二要加强干部队伍建设。总站、协会是技术支撑单位,需要有一大批专业过硬、业务精通的技术人才和管理人才。要通过制定人才队伍建设规划,逐步健全、完善吸引人才、培养人才的政策措施,建立激励机制,充分调动大家工作的积极性和创造力,培养和造就一支高素质的人才队伍;三要加强能力建设。能力建设是人才培养的核心内容,是提高总站、协会工作水平的关键。加强能力建设重要的是提高干部职工用科学发展观武装头脑并指导实践的能力,提高认清形势和吃透政策的能力,提高超前思维和把握主动的能力,提高摸清基础数据和掌握基本情况的能力,提高应急工作的能力,不断增强综合素质和能力。要鼓励大家通过自学、在职教育等形式提升能力素质,要采取多种措施培养和提高总站职工的综合素质;四要加强制度建设。制度建设是根本,要用制度管人、管事、管钱、管物,减少工作的随意性和不规范性,要用制度加强对权力的制约。要建立健全总站、协会的制度建设体系,下大力气抓好制度的贯彻执行,实行制度面前人人平等,形成人人维护制度、自觉遵守制度的良好氛围;五要加强文化建设。构建和谐集体重要的是构建单位文化。总站领导班子提出的树正气、长志气、鼓士气、聚人气的"四气"建设是总站思想文化建设的重要方面。要采取更有效的方法和措施,将"四气"建设融入到和谐文明单位创建工作当中,融入到单位文化创建工作当中。领导干部要作倡导"四气"的表率,要通过加强作风建设,结合干部任用等工作把"四气"的要求体现在具体工作中,不断改进我们的思想作风、学风、工作作风、领导作风、生活作风,逐步形成总站的文化特色。

同志们,在全党全国深入学习实践科学发展观、推进农村改革发展、加快现代农业建设的关键时期,我们一定要按照党中央国务院的要求和农业部党组的部署,牢固树立大局意识、责任意识、忧患意识和历史使命感,以宽广的视野、科学的态度、务实的作风,扎扎实实开展好总站的科学发展观学习实践活动,为加快建设现代畜牧业做出新的、更大的贡献。

在动物保健论坛峰会上的讲话

谷继承
全国畜牧总站站长
中国饲料工业协会秘书长
(2008年11月23日)

各位领导,各位嘉宾:

今天我们大家欢聚在金河集团,欢聚在美丽的内蒙古大草原共同举办"动物保健论坛峰会",我谨代表全国畜牧总站、中国饲料工业协会对会议的成功举办表示热烈的祝贺!

2008年是我们改革开放30周年之际,经过30年的飞跃发展,我国饲料工业取得了举世瞩目的成就,成为农业农村经济的支柱产业和国民经济的重要基础产业。2007年饲料产品总量为1.23亿t,饲料工业总产值3 335亿元,连续17年位居世界第二,生产企业达1.5万多家,逐步形成了以大企业为龙头、中小企业共同发展的产业格局,为促进养殖业持续健康发展,推进农业产业化经营,增加农民收入,提高粮食利用效率,丰富城乡居民的菜篮子做出了重要贡献。

饲料添加剂工业是我国饲料产业体系的重要组成部分,是饲料工业的核心。30年来,在我国饲料工业取得重大成就的同时,我国饲料添加剂工业更是得到了长足发展。产量快速增长、品种丰富齐全、质量稳步提升,不仅能满足国内生产的需求,而且许多产品进入国际市场,国际竞争力不断增强。尤为可喜的是,30年的改革与实践,培养和造就了一批优秀的饲料添加剂企业,金河集团就是其中的杰出代表。经过20年的发展,金河集团已成为国内最大的饲用金霉素生产企业,年产金霉素4万t左右,70%以上出口美国、加拿大等国家,是全国30强饲料企业,公司董事长王东晓是中国饲料工业协会副会长,全国30位优秀创业企业家之一,为我国饲料添加剂工业的健康发展做出了重要贡献。

新形势下,我们面临着建设现代畜牧业、现代饲料工业和构建和谐社会的重大历史任务。新的形势、新的任务,使我国饲料和饲料添加剂工业面临着许多发展机遇,同时又面临着许多严峻考验。就机遇而言,主要有以下几个方面:一是无论是我国畜牧业还是饲料工业都已经形成了一个大产业,是国民经济的重要产业,这是我们加快发展的产业基础;二是当前国家高度重视畜牧业生产的发展,出台了《畜牧法》和一系列前所未有扶持畜牧业生产的政策措施,这是我们加快发展的政策法律基础;三是城乡一体化进程的加快,人们对畜产品持续旺盛的消费需求是我们加快发展的需求基础。就挑战而言,主要体现在以下几个方面,一是当前国际政治经济形势错综复杂,特别是当前的金融海啸对饲料企业特别是出口型企业构成了很大的压力;二是饲料原料价格的大起大落,对饲料企业的稳定生产构成了很大的压力;三是人们消费畜产品的高标化要求,对当前饲料和饲料添加剂企业现实生产能力构成了很大的压力。如何进一步抓住机遇、迎接挑战、取得更大的成功,我想对饲料企业而言,最主要和最核心的就是两点:一是安全问题,这是企业生存和发展的生命。三鹿奶粉事件的教训十分深刻,安全出了问题就会在瞬间毁掉一个企业,甚至毁掉整个行业。为此,我们必须牢固树立"安全第一、优质取胜"的观念,严格遵守国家法律法规,严格按照标准组织生产,严格生产过程控制,严把原料进厂关和产品出厂关,通过各个环节的严格管理,确保饲料和饲料添加剂产品安全,让人民群众放心;二是创新问题，这是企业生存和发展的动力和源泉。客观上讲，科技创新仍然是目前我们整个饲料行业的薄弱环节，核心技术和发明专利数量少、档次低，关键技术工艺存在较大的对外技术依赖，核心竞争能力不强等等。我们必须加快建立以企业为主体、市场为导向、产学研相结合的技术创新体系，引导和支持创新要素向企业聚集，帮助和引导企业大力开发新产品、新技术，特别要加强生物技术、信息技术、新材料技术、新能源技术等在饲料和饲料添加剂领域的应用，促进产业优化升级，不断提高饲料产品质量安全水平，不断提升饲料产品国际国内竞争力。衷心希望金河集团以此次峰会为契机，进一步转变发展观念、拓展发展思路、提升发展能力，不断做强做大做优，争取早日成为国际国内一流水平的饲料添加剂优势企业，为促进我国饲料和饲料添加剂工业的健康发展做出新的更大的贡献。

最后祝动物保健论坛峰会圆满成功！

在第十届全国饲料添加剂大会上的讲话

于康震

国家首席兽医师

（2008 年 12 月 13 日）

各位领导、各位嘉宾、同志们：

今天，我们在广州举办第十届全国饲料添加剂大会，同期还将举办 2008 年广东省饲料行业年会。首先，我谨代表农业部对两个会议的召开表示热烈的祝贺！当前，全国各地正在深入开展学习实践科学发展观活动，本届大会对于帮助大家按照科学发展观的要求，进一步转变发展观念，明确发展目标，理清发展思路，破解发展难题，全面推进我国饲料添加剂工业再上一个新的台阶，具有重要意义。下面我讲 3 点意见，供大家参考。

一、30 年来我国畜牧业和饲料工业改革发展的主要成就

改革开放 30 周年，我国畜牧业和饲料工业均取得了举世瞩目的成就，特别是饲料工业更是发生了历史性变化，从无到有、从小到大、从弱到强，短短的 30 年时间走过了发达国家近百年的历程，逐步形成了包括饲料加工工业、饲料原料工业、饲料添加剂工业和饲料机械工业在内的结构比较完整、功能比较齐全的产业体系。

1. 畜牧业生产规模不断扩大、综合生产能力稳步提高。一是畜产品产量持续上升。1978~2007 年，我国肉、蛋、奶产量年递增率分别为 10.8%、15.2%和 19.0%。2007 年全国肉产量达到 6 865.7 万 t、禽蛋产量 2 513.4 万 t，分别占世界产量的 24.7%和 37.7%，居世界第 1 位；奶类产量 3 633.4 万 t，占世界产量的 5.4%，居世界第 3 位；二是畜产品人均占有量迅速增加。1978 年全国人均肉、蛋、奶占有量分别只有 8.9kg、2.4kg 和 1kg，到 2007 年人均占有量已分别达到 52kg、19kg 和 27.5kg，分别是 1978 年的 5.8 倍、7.9 倍和 27.5 倍，我国人均肉蛋奶的消费已经达到中等发达国家的水平；三是畜禽存出栏快速增长。2007 年底，我国生猪存栏 43 989.5 万头、牛存栏 10 594.8 万头、羊存栏 28 564.7 万头，分别是 1978 年的 1.5 倍、1.5 倍和 1.7 倍。2007 年，生猪出栏 56 508.3 万头、牛出栏 4 359.5 万头、羊出栏 25 570.7 万头，分别比 1978 年增长了 2.5 倍、17.1 倍和 8.8 倍；2007 年家禽出栏 957 867 万只，比 1986 增长了 5 倍；四是畜产品结构趋于合理。肉蛋奶产品结构中，肉类比重从 1978 年的 72.1%下降到 2007 年的 52.8%，而奶类比重从 8.2%提高到 2007 年的 27.9%，禽蛋比重呈现先增后降的趋势，由 1978 年的 19.7%上升到 1996 年的 27.0%，目前稳定在 20%左右。在肉类结构中，从牛、羊、禽肉的比重上看，猪肉比重下降。1978 年猪、牛、羊肉的比重分别是 94.3%、2.2%和 3.6%，到 2007 年猪、牛、羊和禽肉的比重分别为 64.3%、8.9%、5.6%和 23.0%，肉类品种呈现多样化发展趋势；五是畜牧业产值不断提高。1978~2007 年全国畜牧业产值由 209.3 亿元增加到 16 125.2 亿元，占农业总产值的比重由 15%上升到 33%。畜牧业已成为我国农业和农村经济的支柱产业。六是畜产品进出口贸易量显著增加。据海关统计，2007 年我国畜产品贸易总额达到 105 亿美元，比 1978 年增长了近 5 倍。出口产品包括生猪、家禽、肠衣、羽绒、乳品、牛产品、动物毛和蜂产品等多门类产品；进口畜产品也由改革开放之初的种用畜禽和绵羊毛等发展到目前几乎包括所有产品，其中动物毛、动物生皮、家禽产品、乳品、生猪产品和动物生毛皮 6 类产品占到进口额的 90%左右。

此外，经过 30 年的改革发展，我国水产养殖业也快速增长，成为大农业中发展最快的产业之一。2007 年，全国水产品总量达 4 747 万 t，是 1978 年的 10 倍，自 1989 年起连续 18 年位居世界首位，全国渔业总产值达 4 458 亿元，是 1978 年的 200 倍，水产品人均占有量 36kg，水产蛋白消费占动物蛋白质消费的 1/3。

2. 畜牧业规模化、产业化、区域化进程逐步加快。一是规模化程度不断提高，规模优势逐步显现。改革开放之初，我国畜禽养殖以农户饲养为主，到 2007 年末，我国生猪、肉牛、肉羊、奶牛、肉鸡和蛋鸡规模化程度分别达到了 48.4%、34.6%、41.3%、58.9%、80.1%和 72%。二是产业化加速推进，利益联结机制日趋完善。

2007年,全国畜牧业产业化组织达7万多个,约占全国农业产业化组织的50%以上。在各类产业化组织与农户的利益联结方式中,合同方式占57.7%。在合同关系中,定单关系占44.1%,订单合同履约率达86.5%。三是区域化进程加快,区域比较优势开始得到发挥。目前,已基本形成以长江流域、中原和东北为中心的生猪产业带;以中原和东北为主的肉牛产业带;以中原、西北牧区、西南地区以及内蒙古东部及河北北部为主的肉羊产业带;以东部省份为主的禽肉产业带;以山东、河北、河南等中原省份为主的禽蛋产业带;以东北、华北及京、津、沪等城市主产区为主的奶业产业带。畜产品集中化程度进一步提高。

3. 畜禽良种繁育取得突破,有力地支持了畜牧业快速发展。一是引进和培育了一批优良畜禽良种。引进了大白猪、荷斯坦牛、罗曼蛋鸡、艾维茵肉鸡等,培育出了湘北白猪、苏太猪、中国荷斯坦牛、中国西门塔尔牛、中国曼利奶羊、南疆黄羊、北京白鸡、江村黄鸡等几十个畜禽新品种(配套系),如以清远麻鸡等优良地方品种为基本素材培育出的黄羽肉鸡新品种(配套系),既保持了地方黄鸡的良好肉质和独特风味,又提高了生产能力,创造了巨大的经济效益;二是建立了畜禽良种繁育体系。目前,全国共有1万多家种畜禽场,初步形成了以种畜禽原种场为核心、繁育场相配套、畜禽品种资源保护与开发相结合,能够满足不同生产方式和生产规模需求的畜禽良种繁育体系;三是畜禽遗传资源保护也得到加强,一批濒临灭绝的畜禽品种得到及时有效地抢救。

4. 畜禽疫病防控成效显著。一是消灭了牛肺疫,控制马传贫、马鼻疽。我国政府于1996年正式宣布消灭牛肺疫,这是继1956年我国消灭牛瘟后,消灭的第二个动物传染病;二是重大动物疫病得到有效控制。目前,禽流感、口蹄疫也实现稳定控制状态,鸡新城疫、猪瘟防控均取得实效,发病率和死亡率明显下降,高致病性猪蓝耳病疫情也得到有效遏制。

5. 饲料产业快速发展,企业不断成长壮大。一是饲料产量快速增长。1980~2007年,饲料产品产量由110万t增加到12 331万t,27年增长112倍,年递增率为19.1%。1990~2007年17年间,饲料加工业产值由1 119亿元增长到3 335亿元。饲料结构随着养殖业结构调整而不断优化。2007年,在全国配合饲料中,肉禽饲料比重最大,达到了34%;反刍饲料比重最小,为4%;猪饲料、蛋禽饲料和水产饲料分别占26%、20%和14%;其他饲料2%。饲料产品结构与养殖业的结合度更加紧密;二是饲料添加剂工业取得长足发展。饲料添加剂工业是饲料工业发展水平的一个重要标志。20世纪80年代,国产饲料添加剂品种少、产量低、质量较差,饲料添加剂基本上依靠进口。进入新世纪以来,饲料添加剂工业有了长足的发展。品种大幅度增加、产量快速增长,彻底改变了信赖进口的局面,许多产品还进入国际市场。氯化胆碱、维生素A、维生素E、维生素C等饲料添加剂已占国际市场30%~50%。以赖氨酸为例,1999年产量为9 327t,2006年达到50.2万t,7年增长53.8倍,并从2001年开始出口,2005年第一次实现出口量(6.5万t)大于进口量(5.4万t)。目前,国产赖氨酸市场占有率达到94%;三是饲料机械工业技术和设备达到国际先进水平。我国饲料机械在20世纪50年代只有零星生产,作为一个专业化的机械制造业则是在改革开放后逐步发展起来的。特别是近年来,取得突破性进展,生产几十个系列200多种产品,不仅可以满足国内饲料生产的需要,而且远销国际市场。包括成套设备在内的饲料机械产品出口到东南亚、新西兰、俄罗斯和非洲等国家和地区;四是饲料资源开发利用成效显著。各种饲料原料资源开发利用率不断提高,产量稳定增长,除蛋白质原料外,大部分产品基本上可以满足饲料工业的需要。2007年,全国豆粕、菜籽粕、棉籽粕、鱼粉和肉骨粉的产量分别达到2 740万t、773万t、510万t、49万t和42万t。1992年以来,国家开始投入专项资金实施秸秆养畜项目,经过十多年的努力,我国秸秆利用规模和利用效率大为提高。据不完全统计汇总,2007年我国青贮秸秆1.8亿t(鲜重,折风干秸秆6 000万t),氨化和微贮5 000万t,养殖户通过简单切碎压块等处理后直接饲喂的约1.1亿t,每年用于反刍动物养殖的秸秆总量约为2.2亿t。非常规饲料的开发利用节约了大量粮食,推动了节粮型畜牧业的发展;五是企业群体迅速扩大,做强做大优势明显。1990年,全国饲料加工企业14 010个,其中年产5t以上的企业551个,不到4%;2007年全国饲料加工企业15 376个,其中年产5t以上的企业4 415个,占22%。特别是进入新世纪以来,企业集团化和兼并联合趋势加快。2007年,年产10万t以上的饲料企业157家,全国排名前10位的饲料企业集团的饲料产量3 377万t,占全国总产量的27%。

6. 畜牧业和饲料工业科技水平显著提升。一是取得了一大批科研成果。不完全统计,30年来,全国畜牧饲料行业获得国家级奖项近300项;二是成果转化步伐加快。生猪出栏时间由1978年的300d左右缩短增加到180d左右,肉鸡生长周期由65d缩短到42d,蛋鸡产蛋量由100多枚增加到260枚以上,奶牛单产由不到3 000kg提高到4 500kg,猪、牛、羊出栏率由62%、4.7%和23%提高到137.6%、40.2%和89.4%,肉鸡配合饲料转化率由2.5:1提高到1.8:1,猪配合饲料转化率由4:1提高到3:1,蛋鸡配合饲料转化率由3:1提高到2.4:1,水产配合饲料转化率由2.5:1提高到2:1。

7. 饲料产品质量安全水平不断提高。饲料质量安全是保障养殖产品安全和食品安全的第一道关口。农业部和各级政府采取多种有效措施，不断加强对饲料产品质量安全监管，饲料产品质量稳步提高，质量安全状况明显改善。1999年《饲料和饲料添加剂管理条例》(以下简称《条例》)颁布实施后，农业部随即启动了饲料质量安全监测计划，严格市场准入制度，不断完善饲料质量标准体系，加强饲料和饲料添加剂质量安全监管，严厉打击不法生产行为，取得了明显成效。1987年，第一次全国抽查饲料产品质量总体合格率仅为20%，2008年达到88.6%。2001年以来，全国配合饲料质量合格率一直保持在90%以上，高品质的饲料产品已成为主流。饲料和养殖环节违禁药物检出率逐年下降，从2001年的3.83%下降到2008年的0.64%，其中饲料中瘦肉精检出率已连续4年为零。饲料中非法添加违禁药物的现象得到有效遏制。

二、当前畜牧业和饲料工业生产形势及面临的困难的挑战

1. 关于当前畜牧业生产形势。2008年是我国畜牧业发展极不平凡的一年，先后蒙受了南方低温雨雪冰冻灾害和5·12汶川大地震等重特大自然灾害的严重损失，历经"三鹿"奶粉事件的严峻考验，遭遇到生猪、牛奶等大宗畜产品价格持续下跌和养殖成本不断攀升的双重挤压。在农业部党组的坚强领导下，各级畜牧兽医饲料部门连续奋战、攻坚克难，畜牧业生产克服种种不利因素影响，总体仍保持了较好发展态势。预计全年肉蛋奶产量分别为7 275万t、2 630万t和3 940万t，可望比2007年分别增长6.0%、4.0%和8.5%。

(1)生猪生产持续快速发展。一是生猪存出栏持续增长。经对20个生猪主产省1 800个规模场和1 800个散养户的跟踪监测，11月生猪存栏同比增长5.4%，环比上升0.2%；出栏同比增长3.8%，环比增长0.9%。据国家统计局数据，3季度末全国生猪存栏4.56亿头，增长6.6%；前3季度出栏4.24亿头，增长5.8%；猪肉产量3 196.1万t，增长5.7%。二是生产方式转变加快。在中央生猪标准化规模养殖政策和市场养殖效益的双重拉动下，生猪规模养殖加快发展。福建省年出栏50头以上的养殖场户出栏生猪占全省出栏总量的77%，浙江省达73.5%；山东等省示范推广自然养猪法，生态效益、经济效益初步显现；已建标准化猪舍4 149栋。2008年全国年出栏50头以上的生猪规模养殖比重将突破50%。三是价格下降但全年平均仍有盈利。虽然活猪价格从4月逐步下跌，10月降至12.5元/kg，同比下降5.4%，部分养殖场户已出现亏损，但从2008年整体情况看，养猪收益仍然较好。1~10月生猪平均收购价为15.37元/kg，比2007年同期增长36.6%，购买仔猪育肥的养殖户出栏一头100kg肥猪总收入1 537元，平均支出约1 350元，盈利187元左右，全年平均仍处于盈利水平。

预计2008年末生猪存栏为4.72亿头，同比增长7.5%，其中母猪存栏约4 800万头，增长13.3%；全年生猪出栏6.0亿头，增长6.0%。

(2)家禽生产稳定增加。2008年以来，各地养殖户补栏基本稳定，家禽生产平稳增长。据农业部对23家重点种禽企业的监测，全年父母代种鸡和商品代蛋雏鸡产销较为平稳。从蛋鸡生产看，2008年第2季度以来，鸡蛋价格开始止跌回升，养殖积极性逐步恢复，生产继续保持平稳增长，市场供应充足。10月，全国鸡蛋价格小幅回落，鸡蛋批发价格为6.88元/kg，同比上涨0.4%，环比下降7.2%，蛋粮比价为3.98:1，仍高于3.8:1的盈亏平衡点，蛋鸡生产整体仍保持平稳发展态势。受供港鸡蛋个别批次中检出三聚氰胺的影响，11月初曾出现生产和消费双下滑的态势，但随着应对措施的及时跟进和舆论宣传的正面引导，消费者信心逐步恢复，鸡蛋价格开始回升，蛋鸡养殖逐渐恢复正常。据国家统计局统计，前3季度全国禽蛋产量1 710.7万t，同比增长4.9%。从肉鸡生产看，2008年1~10月，活鸡价格平均价格为14.20元/kg，处于历史较高价位，养殖效益较好，产销两旺。预计全年家禽出栏100亿只，同比增长4.5%；禽肉产量1490万t，增长5%。

(3)奶牛生产全年仍呈增势。2008年前3季度，全国奶牛生产继续保持快速发展。农户生鲜乳价格维持在合理水平，养殖效益回升，农户养殖积极性提高。据农业部监测数据，2008年3季度末奶牛存栏1 320万头，同比增长约10%，牛奶产量2 746.1万t，增长11.0%。生鲜乳价格相对平稳，1~9月，内蒙古、河北等10个奶牛优势产区生鲜乳销售平均价格为2.83元/kg，同比增长44.4%。10月，优势产区生鲜乳平均价格为2.69元/kg，比2007年同期的2.33元/kg增长15.5%，但比9月初的2.76元/kg下降0.3%。按当前生鲜乳收购价格测算，饲养一头单产5t的奶牛可盈利1 500~2 000元。"三鹿"奶粉事件的发生给第4季度的奶业生产造成严重冲击，但不会根本改变奶业全年增长的总体形势。预计全年奶牛存栏1 340万头，同比增长10%；牛奶产量3 830万t，增长8.7%。

2. 关于当前饲料工业生产形势。2008年，我国饲料工业继续呈稳定发展态势。据预测，2008年我国饲料总产量达到1.31亿t，同比增长6.2%。其中，配合饲料产量9 950万t，同比增长6.8%；浓缩饲料2 600万t，同比增长4.4%；添加剂预混合饲料540万t，同比增长3.7%。总体看，我国饲料生产主要呈现以下几方面特点：

(1) 猪饲料大幅增长。为保证畜产品供给，2007年国家连续出台养殖补贴、保险等多项有利政策扶持生猪生产。迅速恢复的生猪养殖有力拉动了饲料需求，预计猪饲料产量将达到 4 400 万 t，同比增长 10.0%，一举扭转 2007 年猪饲料产量下滑的趋势。

(2)禽饲料小幅攀升。鸡蛋价格全年先抑后扬，虽然 10 月受鸡蛋中检出三聚氰胺事件影响出现波动，但恢复较快，未对鸡蛋消费造成长期影响；价格虽有下滑，但养殖效益相对稳定。预计蛋禽饲料产量 2 600 万 t，同比增长 3.2%；肉禽饲料产量 3 900 万 t，同比增长 6.5%。

(3)水产饲料产量下滑。2008 年是水产养殖较为困难的一年。年初南方广东、浙江等省遭遇冰冻雨雪灾害，造成鱼虾等大量水产品死亡；加之部分进口国对我国出口产品采取更加严格的检测标准，鳗鱼、对虾等水产品出口受阻，水产养殖量有所减少，水产饲料需求不旺、产量下滑。预计水产饲料产量 1 320 万t，同比下降 0.5%。

(4)反刍动物饲料产量持续提高。消费市场牛羊肉需求旺盛，牛肉价格持续攀升、羊肉价格虽有波动但总体上保持上涨趋势，反刍动物养殖效益稳中有升。9 月受"三鹿"奶粉事件影响，部分地区出现倒奶现象，但 10 月已基本得到控制，生产正在逐渐恢复，预计对全年生产影响不大。在此环境下，反刍动物饲料需求消费较为平稳，预计产量 600 万 t，同比增长 5.6%。

(5)产业集中度明显提高。在产量提升的同时，饲料产品结构进一步调整，配合饲料比重继续上升，浓缩饲料比重略有下降，添加剂预混和饲料保持稳定。在小型饲料企业数量减少的同时大型饲料企业加速发展。据统计，2008 年上半年百万吨级大型饲料企业平均产量增长幅度达到 23.7%，2008 年我国年产百万吨的饲料企业将增加到 13 家，产量约占全国总产量的 1/3。

3. 关于当前的困难和挑战。当前，畜牧业和饲料工业面临的挑战主要体现在两个方面：一是产品质量安全问题，二是发展问题。

现阶段，我国畜产品和饲料质量安全形势虽然处于历史上的最好的时期，但相对于畜产品和饲料质量安全和食品安全的要求、以及国际竞争力的需要，问题还比较突出。2008 年"三鹿"奶粉事件的发生，对抓好畜产品和饲料质量安全起到了很好的警示作用。"三鹿"奶粉事件是一起重大的食品安全事件，给婴幼儿的生命健康造成损害，给社会稳定和国家形象带来负面影响，更使我国奶业发展陷入严重的困难和危机。消费者信心严重受挫，乳制品消费市场一度陷入低迷；生产企业产品大量积压，流动资金紧张，陷于停产、半停产状态；奶牛主产区普遍出现倒奶现象，个别地区出现宰杀奶牛现象，广大奶农生产积极性受到沉重打击；民族品牌信誉受损，一些国家(地区)禁止进口我国乳制品。

从 9 月 21 日~12 月 2 日，全国 13 个奶牛主产省累计倒奶 138 574.1t，占累计产奶量的 3.3%，造成直接经济损失达 3.74 亿元。其中，9 月 22 日最高倒奶量达 16 176.5t，占日产奶量的 23.6%。在开展奶站专项整顿行动中，全国农业和畜牧兽医系统累计派出 49.1 万人次参加奶站专项整顿行动，其中各省(区、市)派出 1.8 万人次；各市(地)县派出 47.3 万人次。全国共派出奶站监管员 3.45 万人次，开展奶站检查 22.2 万人次。

自 2007 年 4 月中国出口到美国的食品级谷物蛋白质粉导致宠物事件发生以来，农业部高度重视饲料原料和饲料产品中三聚氰胺的查处工作。一年多来，先后开展了检测标准制定、饲料原料和产品监测、安全评价试验、违法违规案件查处等工作。"三鹿"奶粉事件发生后，按照国务院的总体部署，农业部开展了以饲料原料和饲料中三聚氰胺查处为重点的饲料质量安全整治行动。整治期间，全国累计出动饲料专项整治和执法人员 36.93 万人次，检查饲料企业、养殖场(户)25.04 万个，取缔非法生产饲料的黑窝点 238 个，立案调查违法企业和养殖场(户)278 个，移交公安机关 27 家，查获没收、封存和销毁不合格产品 3 682.2t。共对 2.27 万批次饲料样品进行了三聚氰胺检测，合格率为 97.61%，比今年上半年提高 3.51 个百分点。对不合格的产品全部进行封存、销毁和无害化处理，对相关企业进行依法查处，有力保障了饲料和畜产品质量安全。

经过前一阶段的饲料质量安全专项整治行动，全国饲料市场秩序明显好转，整治阶段性成效显著。但同时我们也要清醒地认识到，当前饲料质量安全仍存在着一些风险隐患，饲料质量安全监管工作仍有薄弱环节。一是饲料原料质量安全隐患较为严重。我国饲料原料来源广泛复杂，影响原料质量安全因素众多，玉米中霉菌毒素、重金属超标、蛋白质原料中掺杂使假等问题都给饲料质量安全从源头上带来了不少隐患。二是向饲料中添加违禁添加物的行为仍然存在。从近年来发生的瘦肉精、红心蛋、宠物饲料等突发事件可以看出，个别饲料生产企业和养殖户为牟取私利，在饲料中添加违禁药物和有害化学物质的违法行为仍有存在，严重影响饲料质量安全、威胁养殖生产。三是监管对象多、监管措施落实难。我国有 1.5 万家饲料生产企业和数万家饲料经营店，企业数量众多，水平参差不齐，监管难度大。一些饲料企业对原料和产品质量把关不严、饲料管理机构不健全、日常监管不到位，已经成为制约我国饲料质量安全水平提升的一大难题。

为深入贯彻落实饲料整治的各项要求，巩固扩大专项整治成果，保障饲料和养殖产品安全，促进行业持续健康发展，2008 年 11 月 12 日，农业部印发了

《关于进一步加强饲料质量安全监管工作的通知》(以下简称《通知》),对饲料质量安全整治工作做了再动员、再部署。《通知》要求各级农业部门要以最坚决的态度、最扎实的作风、最严厉的纪律、最有力的措施和最严格的标准全面加强饲料质量安全监管的各项工作。严格按照饲料中三聚氰胺含量不得超过2mg/kg标准,对不合格饲料、违法企业和相关责任人进行严厉查处;要强化对蛋白质饲料原料的监管措施,建立饲料生产、经营和使用监管环环相扣、紧密相联的饲料质量安全监管体系;要与有关部门相互配合,严厉打击生产、销售问题饲料的违法行为;要求各级农业和畜牧兽医管理部门要在地方党委和政府领导下,落实属地管理责任,承担起保障饲料质量安全的重要职责。《通知》同时要求各地畜牧饲料管理部门加强宣传、争取投入,为保障饲料质量安全长效机制的建设创造良好的环境。各地畜牧饲料管理部门和饲料企业要按照加强专项整治的要求,高度重视、精心组织、狠抓落实、务求实效。

4. 再从畜牧业和饲料工业生产发展看,当前也同样面临着许多新情况、新问题和新挑战。

(1) 生猪生产面临养殖效益大幅下滑的压力。2008年2月以来,全国猪肉市场价格持续下跌。截至11月第4周,猪肉价格已连续下降42周,比2008年以来的最高价格下降27.2%。从4月以来,仔猪价格连续33周下降,降幅为50.2%;活猪价格上周小幅回升之前连续32周下降,以上周价格与2008年最高价比较,降幅为30.5%。由于生猪收购价持续下跌,养殖效益已经临近盈亏平衡点。据对6 000户生猪定点监测户的效益核算,10月平均出栏头重107.4kg, 出栏一头肥猪平均获利仅23元,比2008年1月减少543元。由于多数散养户高价购进仔猪育肥,出栏时又遇到肥猪价格低谷,造成严重亏损。

预计春节消费高峰过后,生猪生产将进入较关键的转折期。从生产看,农业部监测10月能繁母猪占生猪存栏的比重达到11.3%,高于9%左右的正常水平,断奶前仔猪同比增长21.8%。综合能繁母猪产能过剩和断奶前仔猪增加较多的情况,2009年1、2季度能繁母猪产能将集中释放,肥猪供应量将明显增加。预计2009年2、3月春节过后,生猪出栏仍将继续增加。从消费看, 近期在经济增长速度放缓的大背景下,虽猪肉价格缓慢下降,但消费仍然不旺,尤其是主销区消费动力不足。2008年上半年,城镇居民猪肉购买量为9.29kg,比2008年同期下降0.79kg。据农业部对集贸市场价格监测,10月,广东和浙江省的猪肉价格为20.83元/kg和21.46元/kg,而湖南、四川分别为21.46元/kg和22.47元/kg, 生猪主产区价格高于主销区价格。春节过后消费进入季节性低谷,价格将会出现较大回落,养殖效益将进一步下滑,亏损面将继续扩大。

(2)奶牛生产形势不容乐观。随着清理整顿的深入,奶站监管和奶业生产恢复发展仍面临着诸多不确定因素和较大困难。按照《条例》规定,生鲜乳收购站只能由取得工商登记的乳制品生产企业、奶畜养殖场、奶农专业生产合作社开办。从清理整顿的结果来看, 超过3/4的主体是个体私营投资和养殖小区,相当一部分还是流动收奶点,这些奶站经营主体成分复杂、数量较多,硬件设施达标难度很大。目前奶站布局不尽合理,规范奶站工作十分紧迫。

(3)原料问题成为当前制约饲料和养殖业发展的重要瓶颈。原料是饲料生产的源头和基础,也是饲料企业竞争力的核心和关键。我国是世界第一大饲料消费国,第二大商品饲料生产国,但蛋白质原料长期短缺,一直依赖大量进口,近年来,我国每年进口大豆3 000万t以上,进口鱼粉100万t以上,蛋白质饲料供应不足已经成为当前制约饲料和养殖业发展的最大瓶颈。当前国际市场饲料原料价格一体化趋势明显,国外资本利用资金、区位和信息优势拥有玉米、豆粕、鱼粉等大宗饲料原料定价权,使我国饲料原料长期受制于人, 导致了近几年饲料原料价格的大起大落, 增大了我国饲料生产企业的生产成本和经营风险。另外,从近3年饲料质量安全监测数据看,我国饲料特别是蛋白质饲料原料质量安全水平呈下降趋势,原料霉变、蛋白质原料掺假等问题已成为影响饲料和养殖产品质量安全的重要因素之一。

与此同时, 尽管当前重大动物疫病基本稳定,但重大动物疫情防控形势依然严峻, 防控任务非常艰巨;加之由于畜牧业生产水平整体不高,规模养殖比重相对偏低,生产方式落后;全球金融危机的发生对国内畜牧业生产、畜产品消费和畜产品出口市场形成严峻挑战。

三、近期畜牧业和饲料工业工作重点

刚刚闭幕的中央经济工作会议明确把保持经济平稳较快增长作为2009年经济工作的首要任务,把“保增长、扩内需、调结构”更好地结合起来,推进发展方式转变和结构调整。2009年,实现畜牧业持续平稳发展的目标,任务更加艰巨。我们要切实把产业发展作为第一要务,把质量安全作为第一责任,把完善体制机制、依法办事和提高工作执行力作为第一目标,把加强基础工作、增强消费信心、实现畜牧业增产增收作为头等大事,积极应对国内外环境的变化,全面落实各项扶持畜牧业发展的政策措施, 以生态养殖、健康养殖和农牧结合为着力点,大力推进标准化规模养殖,认真贯彻落实《乳品质量安全监督管理条例》,强化饲料生产、经营和使用各环节的监督检查,全面推进畜牧业持续平稳健康发展。

1. 千方百计稳定生猪价格和生产。进一步落实中央稳定生猪生产发展的各项政策措施,推动《防止生猪价格过度下跌调控预案》出台，适时发布预警信息，引导养殖场户调整生产结构，进一步稳定生猪生产。制定并组织实施全国生猪品种改良计划，加快推广生猪人工授精技术，切实提高生猪生产水平。强化生猪良种繁育体系建设，提高制种供种能力，稳定母猪生产能力，继续落实好能繁母猪补贴政策，防止生猪生产出现大的波动。

2. 下大力气促进奶业振兴。加强督导，全面贯彻《乳品质量安全监督管理条例》和《奶业整顿和振兴规划纲要》；继续实施好奶牛良种补贴；大力推广生鲜乳生产技术规程（试行），推进奶牛标准化规模养殖；依法规范奶站经营管理，严格实施生鲜乳运输环节监管，实施生鲜乳质量检测计划，推行生鲜乳收购第3方检测制度。

3. 努力稳定蛋鸡和牛羊生产。继续落实蛋鸡标准化规模养殖以奖代补扶持政策和祖代蛋鸡饲养补贴政策。完善并推动《稳定蛋鸡生产发展的调控预案》的出台，继续实施采取有效措施遏制肉牛生产中基础母牛存栏下降趋势，加强肉牛肉羊良种繁育体系建设，加大畜禽遗传资源保护利用的支持力度。

4. 继续强化饲料质量安全监管。重点加强对养殖企业自配饲料以及蛋白质饲料生产的监管，加大违法违规行为查处。开展"饲料执法年"活动，规范各项行政许可，严格追溯制度。开展饲料中各种潜在影响因素危害分析和饲料质量安全风险评估；启动《条例》修订工作；加强饲料质量安全检测体系和预警体系建设；大力发展饲料添加剂工业，不断提高饲料科技创新能力；增强饲料原料供应能力，加大秸秆饲料资源开发利用力度；稳定和完善税收等优惠政策；强化行为自律机制，鼓励和支持饲料企业做强做大。

5. 加快推进畜牧业生产方式转变。以国家生猪、奶牛标准化规模养殖项目为切入点，积极争取地方投资，积极推进标准化规模养殖，改善养殖场和养殖小区基础设施条件，规范饲养管理，提高生猪生产水平和生产效益，增强抗市场风险能力。积极探索各种类型的生态养殖模式，不断积累经验，因地制宜加以推广。发挥科研院所和推广机构的专业优势，深入养殖场户开展技术指导和服务，重点推广畜禽养殖节本增效科学饲养技术，增加养殖收益。

6. 继续加强畜牧业生产监测和预警。进一步建立健全畜牧业生产的统计、监测制度，完善畜牧业基础数据平台建设；加强对生鲜乳生产和收购的监测；加强对主产区畜产品生产和价格的监测与趋势分析，及时提出应对措施。研究探索生猪景气指数体系和奶牛、肉牛等经济技术指标体系。加强信息发布和预警。

本次大会是饲料添加剂领域的盛会。饲料添加剂是饲料安全的核心，也是饲料工业科技进步的集中体现。希望广大饲料添加剂企业牢固树立"科学发展、安全第一、优质取胜"的经营理念。把饲料安全作为企业的生命，在确保饲料安全的前提下，狠抓科技创新，狠抓企业自律，不断提高我国饲料添加剂生产的规模化、专业化和国际化水平。

同志们，保持畜牧业和饲料工业持续健康发展，确保饲料和畜产品安全，事关整个农业农村经济的稳定发展，事关畜产品的有效供给，事关农民增收和人民生活水平的提高，责任重大，任务艰巨。让我们在科学发展观的指导下，解放思想，开拓创新，抓住机遇，加快发展，为建设现代畜牧业和现代饲料工业做出更大贡献。

饲料行业组织机构

全国各省、自治区、直辖市、计划单列市饲料工业(工作)办公室组织机构一览表

单位	主任	副主任	编制	级别	成立时间	性质	经费来源	隶属关系	隶属关系变更及时间	办公地址	联系人	电话 传真	邮编
北京市畜牧管理处（畜牧管理办公室）	梅克义	王大山	8	处级	2000.06	行政		北京市农业局	2000.06	北京市西城裕民中路6号	王继彤	010-82031928 010-62044607(F)	100029
天津市饲料工业办公室（农业综合处）	傅惠文	孙 宪	2	处级	1989.03	行政	财 政	天津市农村工作委员会	1989.03	天津市河西区黑牛城道177号市农委703室	孙 宪	022-88290636 022-88290609(F)	300061
河北省饲料工作办公室	李建国	赵吉祥	6	处级	1990.07	具有行政职能事业单位	财政拨款	河北省畜牧兽医局	2005.10	河北省石家庄市翟营大街385号	郭丽鲜	0311-85885036 0311-85885036(F)	050031
山西省饲料工业办公室	李 广	吕世秀	与畜牧局合署办公	处级	1991.05	行政	无	山西省畜牧兽医局	1995.06与省农业厅畜牧兽医局合属	山西省太原市迎泽大街312号	张艳梅	0351-4129732 0351-4129732(F)	030001
内蒙古自治区饲料工作办公室（草原饲料处）	牧 远（兼）	宗玉德（兼）		正处	2000.05	行政		内蒙古自治区农牧业厅	2000.5.10由区经委划归区畜牧业厅草原处	内蒙古呼和浩特市兴安南路216号	宗玉德	0471-6652037 0471-6652041(F)	010010
辽宁省饲料工作办公室	周晨阳	徐国荣	6	处级	1983.06	行政	财政拨款	辽宁省动物卫生监督管理局	1990年前在省经委，1990年后在农村工作办，2004年5月在省动物卫生监督管理局	辽宁省沈阳市和平区太原北街2号	孟雅环	024-23448298 024-23448222(F)	110001

单位	主任	副主任	编制	级别	成立时间	性质	经费来源	隶属关系	隶属关系变更及时间	办公地址	联系人	电话 传真	邮编
吉林省饲料工作办公室（草原饲料处）	胡业平	王 英	5	处级	2000.09	行政	财政拨款	吉林省牧业管理局	2000.09	吉林省长春市人民大街1486号	王 英	0431-88906664 0431-82713664(F)	130051
黑龙江饲料工业办公室	朱良坤		4	处级	1986.03	行政	省财政	黑龙江省畜牧兽医局	2000.06 由省农委到省畜牧局	黑龙江省哈尔滨市动力区文府街4-1号	王向红	0451-82636147 0451-82650907(F)	150040
上海市饲料工作办公室（上海市畜牧办公室）	张苏华	陶振华	2	处级	1986	行政	财政拨款	上海市农村工作委员会	2001.01 从市商到市农委	上海市大沽路100号3006室	章伟建	021-23113098 021-63580987(F)	200003
江苏省饲料工作办公室（畜牧处）	宋晓春	严建刚	8	处级	2000.10	事业	全额拨款	江苏省畜牧兽医局	2000.10 月由省农业厅到省农林厅	江苏省南京市龙江小区月光广场8号农林大厦	严建刚	025-86263915 025-86222651(F)	210036
浙江省饲料工作办公室	张火法	周仲儿	8	处级	2000.09	事业	省财政	浙江省畜牧兽医局	2000.09 归属省农业厅,2004.03 归省畜牧局	浙江省杭州市凤起东路29号	周仲儿	0571-86757965 0571-86041245(F)	310020
安徽省饲料工作办公室	董卫星	沈华理	1	处级	1996	行政	政府拨款	安徽省农业委员会	1995 年前属省粮食局,1996 年后属省农业厅	安徽省合肥市美菱大道农业大厦421号	杨 林	0551-2616494 0551-2624629(F)	230001
福建省饲料工作办公室	兰坪亮	黄宏源 陈贵英	3	处级	1996.06	行政	财 政	福建省农业厅	2000.12 月底属省农业厅	福建省福州市鼓屏路183号省农业厅内	陈贵英	0591-87837993 0591-87832712(F)	350003
江西省饲料工业办公室	王光明	娄佑武	10	正处	1986	全额事业	财政拨款	江西省农业厅	2002.02 由省计委划归到省农业厅主管	江西省南昌市北京西路省府大院农业厅	黄 潮	0791-6217341 0791-6211476(F)	330046
山东省饲料工作办公室（饲料处）	杜明宏	刘玉珍		处级	2000.04	行政	财政拨款	山东省畜牧兽医局	2000.04	山东省济南市槐树街68号	王 文	0531-87198095 0531-87198095(F)	250022
河南省饲料工业办公室	李水彦	张 雄	4	处级	1995.10	行政	财政拨款	河南省畜牧局	1993 年从省计委转畜牧局	河南省郑州市经三路91号	李灵平	0371-65778885 0371-65778981(F)	450008
湖北省饲料工作办公室	田国敏		3	处级	1985.05	行政	财政拨款	湖北省农业厅	1995.12 从省经委到省农业厅	湖北省武汉市武昌区武珞路519号	黄倩蓉	027-87870641 027-87870641(F)	430070

单位	主任	副主任	编制	级别	成立时间	性质	经费来源	隶属关系	隶属关系变更及时间	办公地址	联系人	电话 传真	邮编
湖南省饲料工业办公室	黄才高	赵 明 杨建武 欧阳龙	9	正处	1985.10	行政性事业单位	全额拨款	湖南省畜牧水产局	2003年从省计委变更到省农业厅	长沙市韶山北路112号	赵 明	0731-4423340 0731-4423340(F)	410011
广东省畜牧兽医办公室（畜牧处）	罗道栩	蔡玉珍	2	处级	2000	行政	财政拨款	省农业厅	2000.08从贸易委员会到省农业厅	广州市先烈东路135号省农业厅	于秋楠	020-37288900 020-37288284(F)	510500
海南省饲料工作办公室	王杏蕃调研员（主持工作）		2	处级	1992	行政	财政拨款	海南省农业厅		海口市海府路原省委大院第二办公楼311室	黎金莲	0898-65303519 0898-65362930(F)	570204
广西壮族自治区饲料工业办公室	梁纪豪	宁向军		正厅级	2000.04	行政	财政拨款	广西壮族自治区水产畜牧局	2000.08	广西南宁市七星路135号	吴晓丹	0771-2800023 0771-2800023(F)	530022
重庆市饲料工业办公室	吕祖德	程必元	7	处级	1986.08	行政	财政拨款	重庆市农业局	1997年由市农委划归市农业局	重庆市北部新区黄山大道中段186号	程必元	023-89133142 023-89133141(F)	401121
四川省饲料工业办公室	张履平	周朝华	4	副厅级	1987.02	行政	财政拨款	四川省畜牧食品局	1995年变更到省畜牧食品局	四川省成都市武侯祠大街3号	李宗明	028-85545641 028-85580420(F)	610041
贵州省饲料工作办公室	向安霞	李 建	4	正处	1991	行政	全额拨款	贵州省农业厅（副厅级）	1996年从省经贸委变更到省畜牧局	贵州省贵阳市延安中路62号	廖云华	0851-5286424 0851-5289155(F)	550001
云南省饲料工作办公室	徐祖林		与畜牧局合署办公	处级	2000.11	行政	财政拨款	云南省农业厅	2000年11月(云南省饲料办原名为云南省食品饲料工业办公室,成立于1980年9月)	云南省昆明市万华路169号	王文惠	0871-5749524 0871-5749524(F)	650024
陕西省饲料工业办公室	赵烨文	王清喜 杨 帆 罗新安	16	处级	1986	事业	全额拨款	陕西省畜牧兽医局		陕西省西安市习武园27号	陈亦兵	029-87321764 029-87321764(F)	710003

单位	主任	副主任	编制	级别	成立时间	性质	经费来源	隶属关系	隶属关系变更及时间	办公地址	联系人	电话 传真	邮编
甘肃省饲料工业办公室	倪鸿韬	周生明	6	正处	1996.06	事业单位行政职能	财政拨款	甘肃省兽医局	1989年前归省计委，1989年后改挂省畜牧厅	兰州市秦安路1号	王秋娟	0931-8823911 0931-8816211(F)	730030
青海省饲料工作办公室	白凤奎		2	处级	1987.05	行政	财政拨款	青海省农牧厅	1995.05由省经贸委挂靠省畜牧厅，2003.05挂靠在省农牧厅	西宁市交通巷4号	唐国盛	0971-6136031 0971-6136031(F)	810008
宁夏回族自治区饲料工业办公室	王　华	姚伯平	5	处级	1986.11	事业	行政拨款	宁夏回族自治区农牧厅畜牧兽医局	2000年由区畜牧局划归区农牧厅	宁夏银川市解放西街228号	姚伯平	0951-5065241 0951-5065951(F)	750001
新疆维吾尔自治区饲料工业领导小组办公室	熊　斌	艾克拜尔	5	处级	1989	行政	财政拨款	新疆维吾尔自治区区畜牧厅	1992年晚改为新疆区饲料工业领导小组办公室	乌鲁木齐市新华南路408号	刘君健	0991-8567730 0991-8567730(F)	830004
青岛市饲料工业办公室	苏建宪		5	正处	1990.02	事业	财政拨款	青岛市畜牧兽医局	2001.5.11主管部门由经委变更市畜牧服务中心后归市农委	青岛市南区东海中路2号环海大厦20楼E区	孙韶嵘	0532-82867176 0532-82867176(F)	266071
大连市饲料工作办公室	袁玉国	张　蓉	5	处级	2001.12	行政	财政拨款	大连市动物卫生监督管理局	2001.12前属市计委	大连市西岗区新开路87号金福大厦西门	张　蓉	0411-83689265 0411-83689265(F)	116011
沈阳市饲料工业办公室	王明英		8	处级	1993	事业	财政拨款	市农村经济委员会		辽宁省沈阳市沈河区九纬路46号	周立靖	024-62530698 024-62530698(F)	110014
深圳市饲料管理办公室	黄昭瑜		4	处级	2001.11	行政	财政全额	深圳市农林渔业局畜牧处	2001.11	深圳市福中三路市民中心西区一楼1088室	廖敬扬	0755-82001967 0755-82001951(F)	518035
厦门市饲料工业领导小组办公室	陈集生		3	正处	1999	行政	市财政局	厦门市农业局	2003年初归市农业局畜牧兽医处	厦门市长青路劳动大厦11楼1102房	李文生	0592-5351631 0592-5351632(F)	361012

（李大鹏）

全国各省、自治区、直辖市、计划单列市饲料工业协会组织机构一览表

省别	会长	秘书长	副秘书长	成立时间	换届时间	隶属关系	办公地址	邮编	联系人	电话	传真	E-mail
北京市	谢仲权	潘 明	程宏典	1986.02	2008.04	市农委	北京市宣武区广安门南街48号京都紫禁城饭店三层2325房	100054	黄建华 王治平	010-63542944 010-63519154 010-63542607	010-63542944	bjslxm_010@163.com
天津市	王文杰	郭 宏	穆淑琴	1991.12	2006.11	市农委	天津市西青区外环西线38公里(天津市畜牧兽医研究所内)	300112	王 超	022-27795574	022-27796397	timesfeed@126.com
河北省	李建国	白亮亮	杨 冬 侯玉漂	1997.06	2004.12	省工经联	河北省石家庄翟营大街385号	050031	侯玉漂 何淑平	0311-85888039 0311-85888209	0311-85888039	siliaokeji@vip.sina.com
山西省	董希德(副厅长)	吕世秀	张艳梅	1997.04	2005.12	省农业厅	山西省太原市迎泽大街312号	030001	张艳梅	0351-4129732	0351-4129732	shanxislb@sohu.com
内蒙古自治区	纪大才	杨红东	张连义	2002	2008.01	自治区农牧业厅	内蒙呼和浩特市赛罕区昭乌达南路	010020	张连义	0471-4690869	0471-4911217	zhangliangyi321@163.com
辽宁省	刘志民	张建勋	张宝才	1986.05	2006.12	省动物卫生监督管理局	辽宁省沈阳市沈河区小南街281号	110016	张宝才	024-24145743 024-24810160	024-24145743	24145743@163.com zbc@cnho.com
吉林省	王秀林	胡业平	柳思厚	1991.01	2001.10	省牧业管理局	吉林省长春市人民大街1486号	130051	柳思厚	0431-88910154	0431-82713664	baohepeng@163.com
黑龙江省	赵 羽	刁新平	周顺来	1986.09	2006.11	省畜牧兽医局	黑龙江省哈尔滨市南岗区宣化街412号恒润嘉园A栋503室	150009	孙丽焕	0451-87525892 13091433082	0451-87525519	nefi@vip.163.com
上海市	赵子琴	凤懋熙	–	1984.11	2007.07	市农委	上海市常德路1265号712室	200060	姚依敏 杨海华	021-62770093 021-62981301	021-62980344	sfta@sfta.org.cn
江苏省	王春喜	宋晓春	严建刚	1985	2008.06	省农林厅	江苏省南京市龙江小区月光广场8号农林大厦914	210036	严建刚 华 棣	025 86263915 025-86263914	025-86222651	yanjg99@163.com
浙江省	沈利明	赵国源	何世山	1999.11	2002.06	省农业厅	浙江省杭州市御云路111号	310021	唐国燕 王炳阳	0571-86496189 0572-86490906	0571-86497709	ahp2005@126.com

省别	会长	秘书长	副秘书长	成立时间	换届时间	隶属关系	办公地址	邮编	联系人	电话	传真	E-mail
安徽省	董卫星	季学枫		1999.09	2005.12	省农业委员会	安徽省合肥市徽州大道197号农业大厦9层901室	230001	傅胡翠 吴皖榕	0551-3225548 0551-2614993 0551-2618130	0551-2618130	siliaoxiehui8888@126.com
福建省	曾丽莉	胡　春	陈贵英	1994.12	2008.04	农业厅	福建省福州市鼓屏路183号省农业厅内	350003	陈　兵	0591-87859740 0591-87848820	0591-87859740	fjfeed@163.com
江西省	张忠平	兰永清	–	1983.03	2002.08	省农业厅	江西省南昌市省府大院农业厅18楼	330046	王光明	0791-6218465 0791-6217341	0791-6211476	nytxmj@jiangxi.gov.cn
山东省	石　军	–	李相树	1985.12	1996.02	省经贸委	山东省济南市文化西路41号3层	250011	李相树 王　蕾	0531-87300156 0531-86014104	0531-86014104	sdfia888@163.com
河南省	杨文明	李水彦	张　雄	1996.10	2006.10	畜牧局	河南省郑州市经三路91号	450008	朱晓惠	0371-65778880 0371-65778881 0371-65778885	0371-65778981	zysl8880@126.com llp1024@163.com
湖北省	谢科生	彭安强	黄倩蓉	1985.10	2003.03	省农业厅	湖北省武汉市武珞路519号	430070	周少军	027-87876982 027-87870641	027-87870641	hb-wh-hqr@263.net
湖南省	黄才高	陈旭高		1985.10	2005.12	省农业厅	湖南省长沙市韶山北路112号5楼	410011	尹华平 陈旭高	0731-82569227 0731-82238075	0731-84445743	hunansl@hunanfeed.com
广东省	罗道栩	林海丹	周　洪	1991.03	2007.06	省农业厅	广东省广州市先烈东路135号	510500	周　洪 黄丽梅	020-37289311 020-37288723	020-37288723	gdfeed@vip.163.com
海南省	周耀权	王杏蕃	–	1998.06	–	省农业厅	海南省海口市海府路52号金海棠商务酒店1202房	570203	黎金莲	0898-65316798 0898-65316298	0898-65316298	
广西壮族自治区	罗广烈	陈家伊	卢玉发	1986.06	2006	水产畜牧兽医局	广西南宁市七星路135-1号	530022	卢丽枝	0771-2800023	0771-2800023	llz8891@163.com
四川省	冯元蔚	张履平	周朝华	1987.09	2007.12	省畜牧食品局	四川省成都市武候祠大街3号	610041	李宗明 吴　岚	028-85545641	028-85580420	wulan0804@yahoo.com.cn
重庆市	刘作华	骆　意	童晓莉 林保忠 郑　群	1986.08	2006.07	重庆市畜牧科学院	重庆市荣昌县重庆畜牧科学院	402460	郑　群	023-68625302	023-68611351	cpfeed@163.com zq7920@163.com
贵州省	赵熙贵	罗次毕	廖云华	1991	2003.10	省农业厅	贵州省贵阳市延安中路62号	550001	赵丽芬 赵熙贵	0851-5286490 0851-5286424	0851-52864249	slb0850@163.com

省别	会长	秘书长	副秘书长	成立时间	换届时间	隶属关系	办 公 地 址	邮编	联系人	电 话	传 真	E-mail
云南省	徐祖林	王文惠	成绍先	1987.01	2007.12	省农业厅	云南省昆明市穿金路156号齐宝酒店8楼805-806室	650225	陶 冶	0871-5616557 0871-5749524	0871-5616557	ty521@126.com
陕西省	王焕有	赵辉文	-	1989.11	2008	省农业厅	陕西省西安市习武园27号	710003	陈亦兵	029-87323063	029-87321764	cyb307@126.com
甘肃省	张月安	张华炽	-	1991.12	未换届	省兽医局	甘肃省兰州市城关区秦安路1号	730030	王秋娟	0931-8823911-2221	0931-8816211	wangqiu.juan8102@163.com gansuslb@sohu.com
青海省	阿旺尖措	白凤奎	武秀云 刘书杰 唐国盛 韩增祥	1987.10	2003.11	省农牧厅	青海省西宁市交通巷4号	810008	唐国胜 石玉生	0971-6136031 0971-5511361	0971-6136031	tangguosheng0366@tom.com
宁夏回族自治区		王 华	姚伯平	1986.12	1994.06	农牧厅	宁夏银川市解放西街228号	750001	高新雯 郑 辉	0951-5065241	0951-5065951	siliaoban@163.nx.cn
新疆维吾尔自治区	吐尔逊·吾守尔	聂 新	熊 斌	1992.10	未换届	新疆畜牧厅	新疆乌鲁木齐市新华南路408号	830001	刘君健 王炜国	0991-8567730	0991-8567730	xjslbljj@163.com
大连市	刘忠权	宫淑清		2004.11	-	市农委	大连市西岗区新起屯133号	116013	方琳琳	0411-84501637	0411-84501637	dlfia@163.com
青岛市	张成堂	苏建宪	刘学清	1990.11	2005.12		青岛市南区东海中路2号环海大厦20楼E区	266071	苏建宪 孙韶荣	0532-82867176 0532-82861233	0532-82888803	qingdaofeed@163169.net
厦门市	蔡万惠	高翠红	-	2000.12	2005.12	市农业局	厦门市开元区槟榔西里148号B座6楼	361004	高翠红 马雄英	0592-5062631 0592-3992048	0592-5062631	gch3@sina.com.cn
深圳市	李 职	金铁城	董塞新	1994.12	2006.03	市民间组织管理局	深圳市上步中路1039号信托工贸大厦北座502室	518006	金铁城 董塞新	0755-83252125	0755-83252125	szxm0105@163.com

（余 欣）

专 题 篇

饲料加工工业概况

2008年是饲料行业克服困难、取得重大成绩的一年。饲料行业经受了南方冰雪和四川地震等自然灾害的考验,克服了饲料原料价格大幅波动和生产成本上涨的困难,积极应对、妥善处置畜产品和饲料质量安全突发事件,各级畜牧饲料主管部门以保证畜产品和饲料质量安全为目标,统筹发展和安全两大核心工作,促进了饲料行业又快又好发展。

一、2008年全国饲料工业再上新台阶

1. 饲料总产量增长达到近年新高,增幅超过两位数。根据各省(自治区、直辖市)统计的数据显示,2008年,全国工业饲料产量连续4年突破亿吨大关,达到1.37亿t,同比增长10.83%。其中,配合饲料产量为10 590万t,同比增长13.64%;浓缩饲料产量为2 531万t,同比增长1.58%;添加剂预混合饲料产量为546万t,同比增长4.79%。全国饲料工业总产值为4 258亿元,同比增长8.51%。其中饲料产品总产值3 812.9亿元,饲料添加剂总产值286.57亿元,动物源性饲料总产值69.61亿元,饲料机械设备总产值88.34亿元。

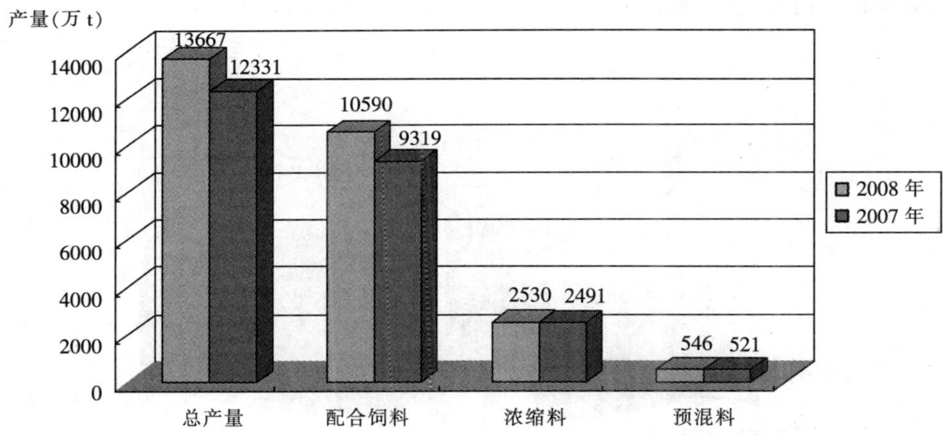

图1　2007年和2008年饲料产量对比

2. 产品结构进一步优化。2008年,我国配合饲料比重进一步提高,配合饲料、浓缩饲料和添加剂预混合饲料占饲料总产量的比重分别为77.49%、18.52%和3.99%。与2007年相比,配合饲料产量比重高了1.9个百分点,浓缩饲料比重略微下降,添加剂预混合饲料保持稳定。

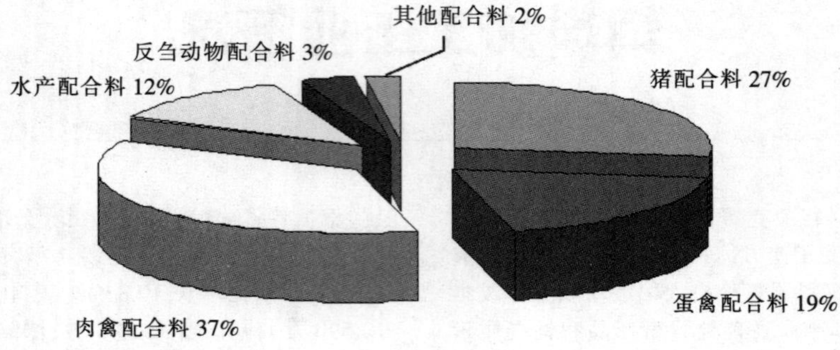

图 2　2008 年全国配合饲料结构比较

配合饲料中，猪配合饲料总产量 2 893 万 t，同比增长 19.97%；蛋禽配合饲料 1 993 万 t，同比增长 9.51%；肉禽配合饲料 3 814 万 t，同比增长 16.63%；水产配合饲料 1 299 万 t，同比增长 0.96%；反刍动物配合饲料 359 万 t，同比增长 2.53%；其他配合饲料 232 万 t，同比增长 28.69%。

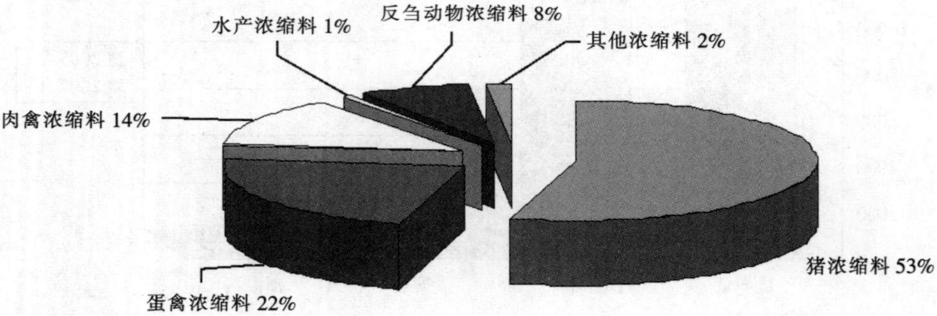

图 3　2008 年全国浓缩饲料结构比较

浓缩饲料中，猪浓缩饲料总产量 1 374 万 t，同比增长 4.71%；蛋禽浓缩饲料 565 万 t，同比下降 5.14%；肉禽浓缩饲料 342 万 t，同比增长 1.62%；水产浓缩饲料 16 万 t，同比增长 8.75%；反刍动物浓缩饲料 191 万 t，同比下降 1.17%；其他浓缩饲料 43 万 t，同比增长 9.40%。

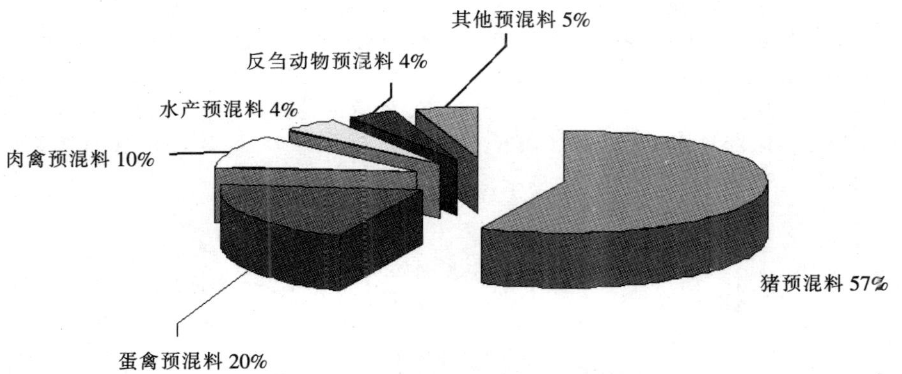

图 4 2008 年全国预混合饲料结构比较

添加剂预混合饲料中，猪添加剂预混合饲料总产量 310 万 t，同比增长 11.78%；蛋禽预混合饲料 108 万 t，同比增长 5.15%；肉禽添加剂预混合饲料 56 万t，同比增长 2.20%；水产添加剂预混合饲料 24 万 t，同比下降 3.55%；反刍动物添加剂预混合饲料 21 万 t，同比下降 17.57%；其他添加剂预混合饲料 28 万 t，同比下降 24.26%。

3. 猪饲料恢复性增长，水产饲料和反刍动物饲料产量平稳。2008 年，猪饲料、蛋禽饲料、肉禽饲料、水产饲料、反刍动物饲料和其他饲料产量分别达到 4 577 万 t、2 666 万 t、4 212 万 t、1 339 万 t、571 万 t 和 303 万 t，同比增长了 14.40%、5.86%、15.04%、0.96%、0.39%和 18.11%。猪饲料所占比重由 2007 年的 32.44%上升到 2008 年的 33.49%，上升 1 个百分点。

4. 东部、中部区域保持强劲涨势。2008 年，东部 10 省饲料总产量 6 270 万 t，占全国饲料总产量的半壁江山，达到 45.88%；中部 6 省饲料总产量 3 063 万t，占全国饲料总产量的 1/5 强，达到 22.41%；西部 11 省（不含西藏）饲料总产量 2 480 万 t，占全国总产量不到 1/5，仅达 18.15%。东北 3 省总产量 1 854 万 t，占全国总产量的 13.56%；2008 年，东部 10 省饲料产量同比增长 12.46%，中部 6 省饲料产量同比增长 11.28%，西部 11 省（不含西藏）饲料产量同比增长 8.35%，东北 3 省饲料产量同比增长 8.14%。从区域发展速度看，占我国饲料工业比重较大的经济带东部 10 省和中部 6 省仍然保持着强劲发展势头，西部 11 省（不含西藏）和东北 3 省保持平稳态势，产量增幅略低于东部和中部地区。

从各省产量看，排在前 5 名的省份和上年相比没有变化，还是：广东（1 646 万 t）、山东（1 589 万 t）、河南（939 万 t）、辽宁（897 万 t）、河北（843 万 t）。增长量超过 100 万 t 的省份分别是：广东（242 万 t）、山东（217 万 t）、湖南（101 万 t）；增长量超过 50 万 t 有：广西（98 万 t）、辽宁（95 万 t）、河南（87 万 t）、江苏（68 万t）、福建（56 万 t）。产量出现下降的有 3 个地区，分别是新疆（下降 6 万 t）、重庆市（下降 4 万 t）和天津市（下降 3 万 t）。

5. 主要原料供应稳定，基本满足市场需求

玉米。根据国家粮油信息中心预测，2008 年全国玉米产量为 1.56 亿 t，较 2007 年的 1.52 亿 t 增长 370 万 t，增幅 8.7%。据海关统计，2008 年国内进口玉米 4.91 万 t，同比增长 39.71%。出口玉米 25.23 万 t，出口量同比下降 94.86%。

大豆。根据国家粮油信息中心预测，2008 年国内大豆产量为 1 650 万 t，较 2007 年 1 273 万 t 增长 377 万 t，增幅 29.62%。据海关统计，2008 年国内进口大豆总量为 3 743.56 万 t，同比增长 21.46%，再创历史新高。出口大豆 48.44 万 t，同比增长 2.06%。

鱼粉。2008 年国产鱼粉产量为 41.31 万 t，同比下降 15.91%。据海关统计，2008 年共进口鱼粉 134.87 万 t，同比增长 39.56%。年度鱼粉总供给量约 193 万t，年度消费量约 160 万 t。

蛋氨酸。2008 年我国累计进口蛋氨酸 9.07 万 t，同比增加 0.91%，创下了又一历史新高。

赖氨酸。2008 年国内赖氨酸产量为 58.48 万 t（含 65%赖氨酸），同比增长 16.59%。2008 年我国累计出口赖氨酸 9.21 万 t，同比下降 36.63%，进口赖氨酸 2.34 万 t，同比增长 30.98%。

此外，苏氨酸产量为 3.54 万 t，色氨酸产量 0.02 万 t。

磷酸氢钙（含磷酸二氢钙）。我国磷酸氢钙主产省

四川因遭受特大地震灾害影响，导致磷酸氢钙产量大幅下降，降幅达 35%。在行业管理部门的正确引导和企业的共同努力下，我国第二大磷酸氢钙主产省云南的产量大幅增加，同比增长 90.9 %，新增产量近 46 万 t，从而使 2008 年磷酸氢钙总产量保持稳定，达 246 万 t，同比仅下降 0.63%。

氯化胆碱。氯化胆碱产量 40 万 t，同比增长 8.99%。

6. 企业数量大幅减少，行业进一步规范。2008 年全国饲料企业按经济类型统计总数为 13 612 家，比 2007 年减少 1 764 家，同比下降 11.47%。企业数量连续 3 年出现下降，这是有史以来企业数量减少最多的一年。其中，国有企业减少 98 家，集体企业减少 118 家，私营企业减少 1 457 家，联营企业减少 88 家，港澳台企业减少 15 家，其他类型企业减少 180 家。

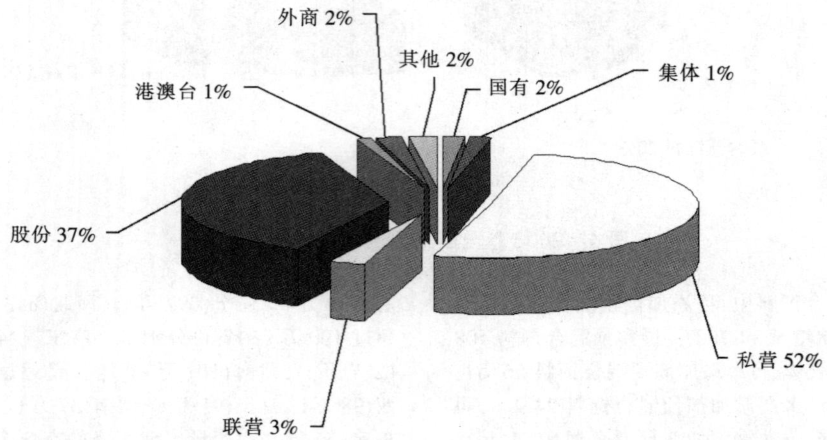

图 5　2008 年全国饲料加工企业结构比较

7. 专业技术人才增加，从业人数略有下降。2008 年饲料企业年末职工人数为 52.49 万人，同比下降 2.11%。大专以上技术人员 16.76 万人，占职工总人数上升到 31.92%，其中，博士 1 401 人，硕士 4 734 人，大学本科 56 908 人，大学专科 104 513 人；技术工种 55 991 人，占职工总人数的 10.67%。技术工种从业人员和其他从业人员数量下降。

8. 饲料机械设备呈现大型化发展趋势。2008 年共生产饲料加工机械设备 37 413 台套，同比增长 26.94%。其中成套机组 2 395 套，同比增长 0.80%；单机 35 018 台，同比增加 29.23%。在成套机组中，时产 10 吨以上设备 520 套，同比增加 149 套，增幅达 40%；时产 5~10t 的设备 596 套，同比减少 66 套；时产 1~5t 的设备 1 279 套，同比减少 64 套。在单机设备中，粉碎机 11 886 台，比 2007 年减少 105 台；混合机 8 673 台，同比增加 2 603 台；制粒机 6 198 台，比 2007 年增加 4 211 台；其他类型设备 8 261 台，比 2007 年增加 1 212 台。随着饲料生产企业大型化、规模化进程加快，饲料机械设备的生产制造，也随之向大型化和高技术设备方面发展。

表 1　2008 年全国饲料加工企业生产综合情况

地 区	工业总产值(万元)	营业收入(万元)	产品总产量(t)	配合饲料产量(t)	浓缩饲料产量(t)	添加剂预混合饲料产量(t)
全国总计	42 579 308	41 284 072	136 666 067	105 902 003	25 305 271	5 458 792
北 京	2 379 907	2 564 955	2 974 056	1 716 858	414 779	842 419
天 津	450 200	412 100	1 936 157	1 345 622	426 440	164 095
河 北	2 334 651	2 232 393	8 431 764	6 726 704	1 588 903	116 156
山 西	487 506	457 336	2 303 763	1 334 110	921 000	48 653
内蒙古	682 186	487 175	2 061 196	1 190 664	833 176	37 357
辽 宁	1 985 914	1 907 403	8 972 037	5 447 838	3 423 835	100 364
吉 林	987 000	987 000	3 563 181	1 952 237	1 525 246	85 698
黑龙江	1 550 000	1 468 700	6 000 000	2 950 000	2 800 000	250 000
上 海	651 410	630 976	1 414 801	1 077 033	138 255	199 513

地 区	工业总产值(万元)	营业收入(万元)	产品总产量(t)	配合饲料产量(t)	浓缩饲料产量(t)	添加剂预混合饲料产量(t)
江 苏	2 426 262	2 373 600	6 211 684	5 635 887	306 039	269 759
浙 江	1 979 556	1 876 850	4 382 954	4 154 264	50 434	178 255
安 徽	443 298	438 977	2 506 164	2 254 887	207 489	43 788
福 建	1 282 779	1 159 023	3 558 417	3 260 132	84 983	213 302
江 西	1 250 000	1 150 000	4 000 266	2 772 166	847 000	381 100
山 东	5 141 419	5 058 477	15 889 147	14 299 225	1 151 870	438 052
河 南	2 141 918	2 140 401	9 392 406	5 566 728	3 561 407	264 271
湖 北	1 410 690	1 316 890	4 541 871	3 828 415	584 416	129 040
湖 南	2 351 296	2 332 644	7 884 169	6 288 571	1 111 268	484 329
广 东	4 718 306	4 670 145	16 456 364	15 785 000	278 170	393 194
海 南	394 047	378 333	1 448 638	1 375 713	16 425	56 500
广 西	1 463 123	1 425 624	4 928 975	4 543 219	304 406	81 350
重 庆	524 981	454 730	1 610 008	1 254 808	304 161	51 039
四 川	2 506 653	2 469 484	6 521 885	5 194 726	971 045	356 114
贵 州	165 068	154 904	492 679	262 468	228 831	1 380
云 南	1 032 625	936 811	2 812 993	2 050 091	729 932	32 970
陕 西	1 085 680	1 081 076	3 109 430	1 204 816	1 739 537	165 077
甘 肃	296 645	270 645	1 178 059	636 923	535 522	5 614
青 海	16 404	12 915	125 264	112 786		12 479
宁 夏	156 395	155 887	650 047	537 982	78 392	33 673
新 疆	283 390	278 617	1 307 693	1 142 132	142 311	23 250

二、2008 年我国饲料行业发展特点及形势综合分析

综合分析当前饲料业发展形势特点，饲料行业快速发展的主要原因有以下几个方面：

1. 生猪养殖迅速恢复，猪饲料大幅增长。为保证畜产品供给，2007 年国家连续出台养殖补贴、保险等多项有力政策扶持生猪生产。政策激励效果在 2008 年逐步显现，生猪、能繁母猪存栏量保持稳定增长，生猪市场供应充足，价格逐步回落。迅速恢复的生猪养殖有力地拉动了饲料需求，2008 年猪饲料产量达到 4 577 万 t，同比增长 14.40%。一举扭转 2007 年猪饲料产量下滑的趋势。

2. 家禽养殖生产平稳，禽饲料小幅攀升。鸡蛋价格全年先抑后扬，虽然 2008 年 10 月受鸡蛋中检出三聚氰胺事件影响出现波动，但恢复较快，未对鸡蛋消费造成长期影响；肉鸡价格虽有下滑，但养殖效益相对稳定。总体看，全年家禽养殖较为平稳，没有出现大起大落，肉禽、蛋禽存栏量充足，市场需求平稳。蛋禽饲料产量 2 666 万 t，同比增长 5.86%；肉禽饲料产量 4 212 万 t，同比增长 15.04%。

3. 水产养殖受多重因素影响，水产饲料需求不旺。2008 年是水产养殖较为困难的一年。2008 年初南方广东、浙江等省遭遇冰冻雨雪灾害，造成鱼虾等水产品大量死亡；加之部分进口国对我国出口产品采取更加严格的检测标准，鳗鱼、对虾等水产品出口受阻，水产养殖量有所减少，水产饲料需求不旺。2008 年水产饲料产量 1 339 万 t，同比仅增长 0.96%。

4. 反刍动物养殖较为平稳，反刍动物饲料产量持续提高。消费市场牛羊肉需求旺盛，牛肉价格持续攀升，羊肉价格虽有波动但总体保持上涨趋势，反刍动物养殖效益稳中有升。2008 年 9 月以后，受“三鹿”奶粉事件的冲击，对反刍动物饲料的影响比较大。2008 年反刍动物饲料产量 571 万 t，同比增长 0.39%。

5. 规模企业增加，产业集中度明显提高。在小型饲料企业数量减少的同时大型饲料企业加速发展。据统计，2008 年，饲料企业的单产规模也在不断增加。年产 10 万 t 以上的企业数明显增加，全国共有 187 家，而 2007 年只有 157 家，同比增长了 30 家(表 2)。

2008 年我国年产百万吨的饲料企业达到 16 家，产量达 4 564 万 t，占全国总产量的 33.4%，平均增长幅度为 19.4%。其中，同比增幅最高的集团企业分别为：新希望(六和)31%、江西双胞胎 74%、温氏、禾丰、海大集团 26%。

6. 行业整合加快，退出市场的企业数量急剧增加。2008 年饲料企业经历了冰雪、地震等自然灾害的影响，同时又面临着席卷全球的金融危机、原料暴涨、

表 2　2003~2008 年产 10 万 t 以上的单个企业情况表

年 份	数 量(家)
2003 年	67
2004 年	80
2005 年	157
2006 年	140
2007 年	157
2008 年	187

畜产品安全事件的冲击。此外,2007 年 5 月 1 日开始全面实行的《饲料生产企业审查办法》,使行业准入条件得到大大提升,一批技术装备落后、缺乏竞争力的企业逐渐退出饲料行业。2008 年,全国企业数量减少最多,达 1 764 家。共有 19 个省份的企业绝对数量都在不同程度缩减(表 3)。

7. 原料市场突显国际联动性，企业利润有增有减。原料行情已与国际接轨,国际联动性非常明显,只受国内供需影响的时代已成为过去。2008 年原材料市场受国际宏观环境的影响经历了大幅暴涨和后期的逆势下滑走势。2008 年 1~7 月,受全球能源、粮食价格上涨影响,饲料原料和多种饲料添加剂价格均出现不同程度上涨。玉米、豆粕、蛋氨酸等主要饲料原料同比平均涨幅为 48%,从 2008 年 7 月下旬开始,受世界金融危机的影响，以豆粕为主的原料价格持续下滑,饲料产品随之下调。但和 2007 年比仍处在高位,2008 年 1~9 月主要饲料原料同比平均涨幅达 40%,猪、肉禽、蛋禽等配合饲料产品同比平均涨幅为 28%。饲料生产企业消化了 12 个百分点的成本上涨压力,直到 2008 年 10 月以后配合饲料、浓缩饲料企业利润开始普遍较 2008 年初有所好转。此外，人力资源成本、油价以及生产运营成本等的高涨使饲料企业的经营利润出现两极分化,大型企业利润略好,小型企业收益较差,加快了市场整合调整步伐。

表 3　2008 年与 2007 年全国部分省份饲料企业数量对比表

省份	2008 年	2007 年	数量变化(家)	同比变化(%)
全国总计	**13 612**	**15 376**	**–1 764**	**–11.5**
河 北	1 246	1 502	–256	–17
山 东	1 310	1 566	–256	–16.3
山 西	414	631	–217	–34.4
北 京	363	557	–194	–34.8
四 川	790	968	–178	–18.4
甘 肃	125	283	–158	–55.8
辽 宁	973	1 106	–133	–12
吉 林	475	586	–111	–18.9
黑龙江	769	876	–107	–12.2
云 南	273	359	–86	–24
新 疆	195	267	–72	–27
河 南	745	796	–51	–6.4
陕 西	445	486	–41	–8.4
浙 江	557	592	–35	–5.9
重 庆	252	278	–26	–9.4
天 津	251	272	–21	–7.7
青 海	49	68	–19	–27.9
湖 北	322	331	–9	–2.7
宁 夏	178	182	–4	–2.2

8. 畜产品安全事件直接冲击饲料行业。2008 年 9 月“三鹿”奶粉事件对奶业及饲料行业产生了很大的负面影响,又于 2008 年 10 月曝出鸡蛋中检出三聚氰胺事件,引起社会的广泛关注,对行业带来了很大的负面影响,而且这种影响还在加剧。截至目前,已公布 4 起鸡蛋三聚氰胺事件,被国内各大媒体炒作得沸沸扬扬,各地鸡蛋普遍积压,鸡蛋和毛鸡价格再度下跌,已经直接冲击到蛋鸡饲料生产企业。如果这种态势得不到控制,对蛋鸡业进而肉鸡业都会造成非常大的冲击。

(单 钟　陆泳霖)

主要饲料产品概述

【猪饲料】

一、2008年我国生猪生产情况

1. 生猪生产快速恢复，接近均衡水平。据国家统计局资料，2008年生猪出栏60 960万头，同比增长7.9%；猪肉产量4 615万t，同比增长7.6%，占肉类总产量的63.49%；年末存栏46 264万头，同比增长5.2%。

2. 能繁母猪存栏2008年上半年恢复均衡水平，年末存栏比重超过稳定水平。在国家扶持政策出台长达两年多的高价位市场的拉动下，母猪存栏量逐步恢复。据农业部统计，2008年6月，能繁母猪存栏同比增幅超过20%，占生猪总存栏比重的10.8%；2008年12月份能繁母猪存栏4 859万头，占生猪总存栏比重的10.50%，超过了7%~8%的稳定发展水平。

3. 生猪及产品价格快速回落。据农业部资料，2008年仔猪、生猪、猪肉全年平均价格分别为29.99元/kg、14.87元/kg和23.48元/kg，分别增长了67.6%、29.3%和28.3%，均价再创历史新高。从全年价格走势上看，全国生猪价格2008年4月份创下历史罕见新高，之后开始呈快速下跌势头，12月份才略有反弹；仔猪价格则在4月创新高后快速下降，8个月降幅达28.4%；猪肉平均价格同样创历史新高，2月达26.08元/kg之后开始下滑，其走势与生猪价格趋同，但下降幅度较缓。

4. 养猪收益看好，但比较效益快速下滑。据农业部资料，2008年4月全国平均猪粮比高为9.64，达到历史最高峰，高于均衡水平4.1个点，自繁自养头均盈利水平近800元(每高出均衡水平0.1个点，自繁自养头均盈利增加20~25元)，部分地区甚至接近1 000元/头。然而，4月后随着猪价的快速下跌，养猪盈利开始快速下滑，2008年7~9月盈利从超高盈利区转入高盈利区运行，10月跌进正常盈利区，部分养殖户由于前期仔猪成本过高，而出现了200元以上的深度亏损，5~10月的下跌速度与2007年同期的上涨速度形成对照。2008年与2007年相比，全年猪粮比、猪料比的变化成反向态势，值得关注(见图1)。

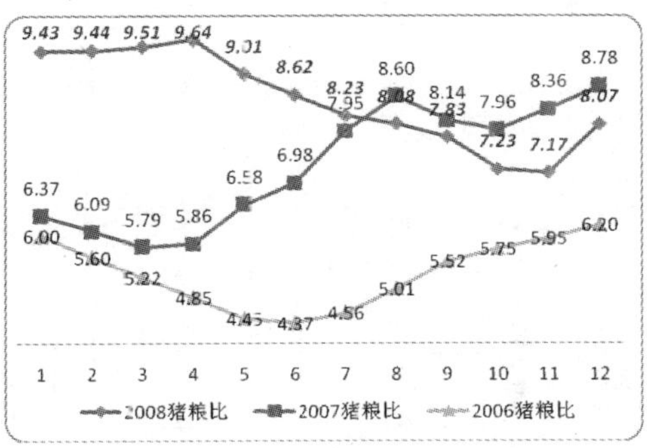

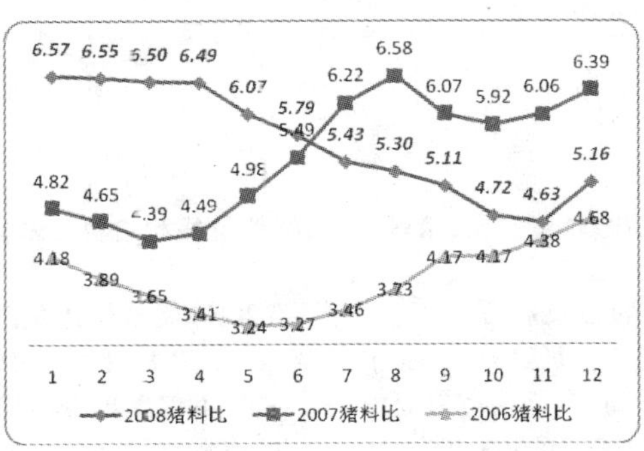

图1 2006~2008年猪粮比和猪料比走势图

二、2008 年我国猪饲料生产情况

1. 2008 年全国饲料总产量持续稳定增长，猪饲料产量恢复增长。据全国饲料工业统计报表汇总结果，2008 年全国饲料工业总产值 4 258 亿元，同比增长 8.51%。总产量达 1.37 亿 t，同比增长 10.83%；全国配合饲料产量为 10 590 万 t，同比增长 13.64%；浓缩饲料产量为 2 531 万 t，同比增长 1.58%；添加剂预混合饲料 546 万 t，同比增长 4.79%。

2008 年，随着猪蓝耳病发病率的下降，豆粕价格从历史高位逐渐回归理性，粮食丰收创纪录使得饲料成本下降，政府对母猪生产的持续补贴以及生猪存栏量增加的带动，猪饲料产量呈现恢复性增长，扭转了 2007 年猪饲料产量下滑的趋势。据统计，2008 年猪饲料全国总产量 4 577 万 t，同比增长了 14.40%，所占比重由 2007 年的 32%上升至 34%，产量及增长速度创历史新高。其中，猪配合饲料总产量 2 893 万 t，同比增长 19.97%，占全国配合饲料比重为 27.30%；猪浓缩饲料产量 1 374 万 t，同比增长 4.71%，占全国浓缩饲料比重为 54.30%；猪添加剂预混合饲料产量 310 万 t，同比增长 11.78%，占全国添加剂预混合饲料比重为 56.80%。具体情况见表 1。

表 1　2003~2008 年我国猪饲料生产情况

年份	总产量（万 t）	占饲料总产量比重（%）	猪配合饲料（万 t）	占猪饲料比重（%）	猪浓缩饲料（万 t）	占猪饲料比重（%）	猪添加剂预混合饲料（万 t）	占猪饲料比重（%）
2003	3 415	39.20	2 130	62.37	1 124	32.91	161	4.71
2004	3 793	39.27	2 333	61.51	1 239	32.67	221	5.83
2005	4 250	39.60	2 561	60.26	1 434	33.74	254	5.98
2006	4 015	36.31	2 397	59.70	1 354	33.72	264	6.58
2007	4 001	32.47	2 411	60.26	1 312	32.79	278	6.95
2008	4 577	33.49	2 893	63.21	1 374	30.02	310	6.77

2. 猪饲料价格保持高价运行态势，处于盈利状态。受全球金融危机的影响，饲料大宗原料及添加剂采购价格大幅度降低，但饲料加工企业产品价格下调速度缓慢，企业利润出现较高增长。据中国畜牧业协会统计，2008 年猪饲料平均价格 2.62 元/kg，同比增长 22.50%。猪粮比为 8.52，猪料比为 5.69，均超出盈亏标准，说明 2008 年猪饲料处于盈利状态。

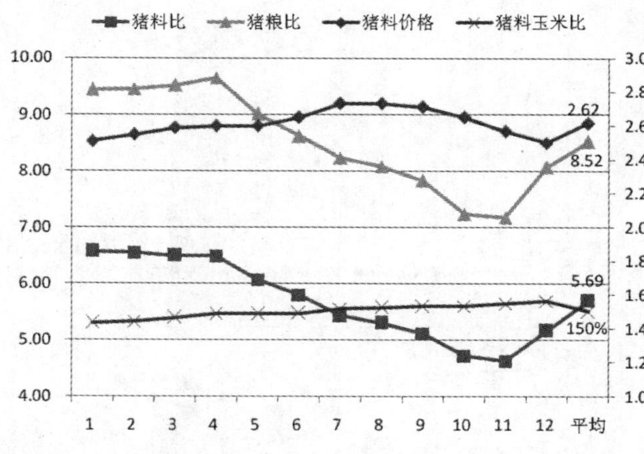

图 2　2008 年猪料比、猪粮比、猪饲料价格和猪料玉米比走势图

三、2008 年猪饲料主要发展特点及态势

1. 养猪业高速发展拉动饲料工业加速发展。在中央扶持畜牧业发展政策的强力推动下，全国畜牧业发展势头强劲。我国 2008 年生猪出栏 60 960 万头，同比增长 7.90%，年末存栏 46 264 万头，同比增长 5.20%；能繁母猪存栏 4 859 万头，占生猪总存栏比重的 10.50%，超过了 7%~8%的稳定发展水平。畜牧业发展不仅满足市场需求，而且为饲料生产提供了广阔的市场空间，促进了饲料产业的快速发展。

2. 饲料安全是畜牧产业和食品安全的重要奠基

石。饲料原料特别是蛋白质原料的生物安全已引起业界的高度警觉，同源性蛋白质饲料如血浆蛋白粉、血球蛋白粉及肠膜蛋白粉等被很多规模化养猪场拒绝甚至禁用。三聚氰胺事件成为2008年畜牧业的关键词，饲料安全问题是我国乃至世界各国普遍关注的一个社会问题，消费者一再要求吃上放心肉、喝上放心奶，而畜牧养殖企业也要求饲料生产企业为其提供高效安全的饲料产品。因此要时刻提高饲料安全意识，要充分认识到饲料安全是畜牧产业和食品安全中最重要、最基础的奠基石。确保饲料安全，是关系我国人民健康、农村经济结构战略调整和畜牧业可持续发展的头等大事。只有安全的饲料，才能生产出安全的畜产品，只有安全的畜产品，才能控制好人类食品安全的源头，这是确保畜牧业健康发展和提高人类生命质量的双赢战略。

3. 金融危机波及饲料行业。受世界金融危机的影响，饲料行业也面临更严峻的挑战。一方面体现在外部环境，由于金融危机，西欧等发达国家将采取绿色壁垒限制发展中国家农产品的出口，从而带来养殖业规模减少，对饲料的需求量也将减少；另一方面体现在内部环境，在金融危机的影响下，国内综合消费指数明显下降，国家在金融危机中将调整金融信贷政策，加强风险防范，缩小信贷规模，对饲料行业贷款会有所控制，一些大中型企业将会出现新一轮的资金偏紧，制约饲料行业的发展。

4. 大豆国际市场垄断形势严重影响我国饲料业和养猪业经济安全。2001年中国对外开放大豆市场，外资企业不断涌入，跨国巨头开始染指中国大豆业。2004年，在遭遇国际投资基金的疯狂打压后，国内中小型大豆加工企业和榨油企业不堪承受负荷，纷纷宣布破产，被外资低价兼并。2008年，中国全年进口3 744万t大豆，进口依存度突破70%。国内90多家主要榨油企业中，64家已变成外资独资或合资，控制了中国85%的实际加工总量，大豆定价权基本被剥夺，大豆国际市场垄断将国内养猪业创造的财富进行洗劫，严重影响我国经济安全。

（唐湘方　张宏福）

【家禽饲料】

一、2008年家禽养殖概况

养殖作为农民致富门槛较低的项目之一，越来越受到农户的青睐，形成养殖量的持续性增加。2008年是养殖行业极不平凡的一年，受到养殖总量、饲养成本、突发事件（如自然灾害、禽流感、“苏丹红”、三聚氰胺等事件）和经济环境（如经济危机、粮食危机）等的影响。2008年上半年家禽市场价格虽有所下滑，但饲养总量仍较大；下半年又遭遇了粮食危机、“三聚氰胺”事件及金融危机的重创，极大地影响了消费者信心和国内养殖行情，出现全行业供大于求的局面。

我国的蛋鸡业经20多年的发展，已形成了年产值上千亿元的大产业。尽管2008年是禽蛋行业多灾多难的一年，禽蛋产量仍比2007年增加了4.30%，达到了2 638万t。蛋鸡养殖经过2007年的繁荣，2008年鸡蛋价格在年初有了一个小高峰，经历了4月的波谷后，蛋价逐步上升，至9月中旬达到高点，而后急逗下滑。总体上说，2008年全国鸡蛋供大于求、蛋鸡养殖效益下降。

2008年肉鸡养殖总体较好。我国肉类总产量7 269万t，同比增长5.90%；其中禽肉产量1 668万t。2007~2008年因经济发展快速、城市务二人员增多、快餐业快速扩张、农村消费增加，造成了市场需求增加，再加上猪价高涨等因素的影响，使得肉禽养殖业快速扩张。2008年下半年因金融危机和三聚氰胺、禽流感、淘汰蛋鸡出栏增加等因素的影响，造成肉鸡价格下跌。出口方面，2007~2008年出口日本和欧盟形势乐观，但随着经济危机的暴发，市场需求明显下降；自2008年第3季度开始，因粮食危机饲料原料上涨，造成生产成本上升，使得肉鸡市场价格失去竞争力，对肉鸡产品出口影响较大，故以外贸为主的龙头养殖企业遭受重创，而转向国内市场，增加了内销压力，导致肉禽养殖规模缩减。白条鸡价格在年初大幅上升，之后缓慢波动，下半年伊始则逐步下滑。

二、家禽饲料生产概况

我国工业饲料产量已经连续4年突破亿吨大关，2008年达到1.37亿t（表1），禽饲料产量稳定增长，涨势较2007年有所放缓，禽饲料的增加量均低于所有饲料总量的增加，所占比例虽有所降低，但仍保持50%以上。禽配合饲料的增长幅度较大，而浓缩饲料和添加剂预混合饲料增加较少。

表1　2008年度家禽饲料产量情况（注：括号内为同比增长百分比）　（单位：万t）

项目	配合饲料	浓缩饲料	添加剂预混合饲料	合计
全国饲料总产量	10 590(13.64%)	2 531(1.58%)	546(4.79%)	13 700(10.33%)
禽饲料	5 807(4.82%)	907(−2.68%)	164(4.79%)	6 878(3.75%)
蛋禽饲料	1 993(9.51%)	565(−5.14%)	108(5.15%)	2 666(5.88%)
肉禽饲料	3 814(16.63%)	342(1.62%)	56(2.20%)	4 212(15.07%)

在所有饲料中,禽饲料所占比例始终在50%左右(图1),产量随着饲料总产量的增加而增加。2008年因蛋禽饲料增幅较小、肉禽饲料有降低的趋势,而猪饲料和其他饲料增加较多,使得禽饲料占饲料总量的比例有所降低,但仍维持在50%以上。蛋禽养殖中真正的散养不用饲料的较少,浓缩饲料按30%添加计算、添加剂预混合饲料按3%的计算,折合蛋禽配合饲料总产量为1 993+565×100/30+108×100/3=7 476万t,禽蛋的总产量为2 638万t,我国2008年蛋禽的全期饲料蛋比可计算为:7 476/2 638=2.834。若考虑到蛋禽育雏期才使用的肉仔鸡颗粒饲料,则该数据还会高。

1998~2005年期间,肉鸡饲料持续增加,蛋禽饲料的比例有降低的趋势。这是因为肉禽饲料的工业普及率较高,一般采用颗粒饲料,使得其配合饲料的生产门槛较高,产量较为集中;再者禽蛋价格持续走低,蛋禽饲养以农户为主,自己有玉米及下脚料,使得蛋禽预混合饲料和浓缩饲料的销量增加(图2)。但2005年以来,因玉米价格不稳定、蛋白质原料价格高企、技术的进步和企业的合并,使得配合饲料产量快速增长,浓缩饲料和添加剂预混合饲料降低明显,2008年蛋禽浓缩饲料甚至出现了负增长,肉禽浓缩饲料也仅增长1.62%。

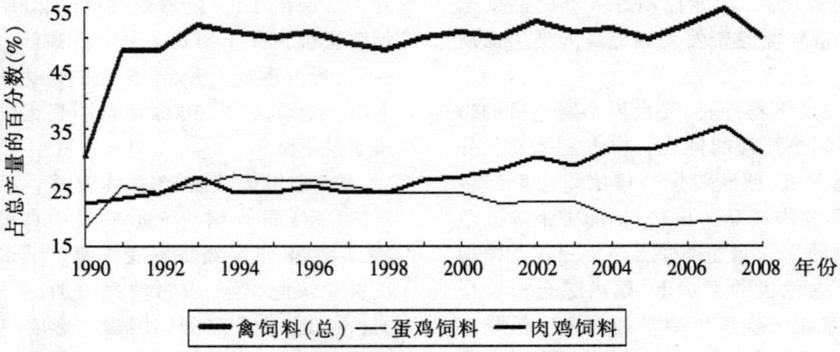

图1 不同年份禽饲料在配合饲料中所占的比例

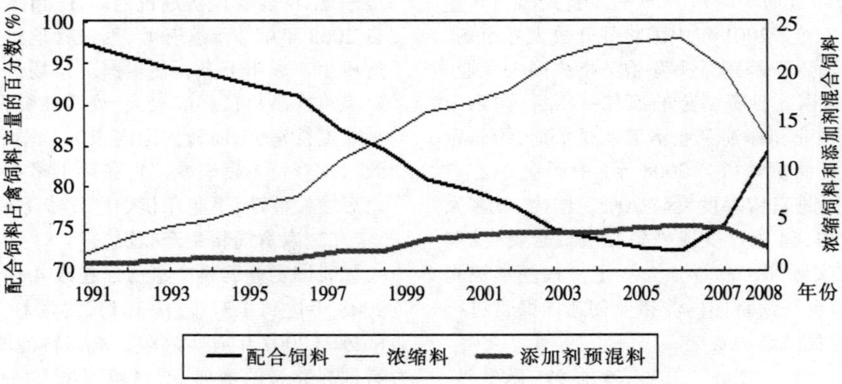

图2 历年配合饲料、浓缩饲料、添加剂预混合饲料占当年禽饲料总产量的百分数

2008年上半年玉米、豆粕、蛋氨酸等各主要饲料原料价格同比平均涨幅为43%,而同期猪、肉禽、蛋禽等配合饲料产品同比平均涨幅为25%,这也影响了饲料产量。

三、应对措施

1. 采用健康养殖措施,推广适度规模化。目前农村一家一户分散饲养量较大,饲养技术、管理方式等较为落后,因资金和技术限制,对动物健康养殖关注不够,染病仅靠抗生素,不仅不利于维持家禽健康,同时还会因药物残留在畜产品内而危害消费者健康。再者小规模生产也难以保证产品质量,更不能创品牌,这与都市农业有些不符。

2. 重视动物产品安全,提升产品品质。以建立高效的畜牧业、种业、深加工、生产高附加值产品(优质鸡蛋)为发展方向。应鼓励蛋鸡养殖企业面向市场,树立优质产品的品牌战略,通过选择高产鸡蛋品种、合理配制饲料和科学饲养管理，辅之以科学的、逐步完善的管理方案，生产安全、营养、健康的禽产品。

3. 建立生产效益预警体系，保护养殖户收益。综合监测主要畜禽产品肉、蛋、奶的生产成本数据，有效反映和监督各项生产费用的发生和产品的形成过程，在此基础上分析不同时期主要畜禽生产成本的构成、发展变化及其影响因素，分析生态环境成本、资源类如水、能源等消耗对生产影响，为畜牧业发展宏观决策的科学性、及时性和有效性提供依据。

（武书庚　齐广海）

【水产饲料】

一、生产量与行业特点

中国是目前全球唯一水产养殖产量超过捕捞量的国家，2008 年中国水产品总产量约 4 900 万 t，其中养殖产量约超过 60%，水产养殖的快速发展很大程度上得益于水产饲料的规模化发展。

2008 年中国水产饲料总产量 1 339 万 t，同比增长 0.39%，其中配合饲料达 1 299 万 t，同比增长 0.96%；水产浓缩饲料 16 万 t，同比增长 8.75%；水产添加剂预混合饲料 24 万 t，同比下降 3.55%；

在中国的饲料企业中，由于许多企业都是生产复合型产品，畜禽、水产饲料往往同时生产，因此要统计生产水产饲料企业的准确数量尚有难度，估算大概有 3 000 家左右，占饲料企业总数约 30%。但水产饲料规模化生产达到 10 万 t 以上的企业不到 30 家，充分展现出行业集中度低、经营分散的现状。

二、品种（鱼虾品种和加工料型）

从品种结构上看，海水鱼养殖使用饲料的比例十分有限，饲料总量不足 50 万 t。尽管虾饲料的普及率非常高，但 2008 年由于受极端气候条件的影响，虾饲料总产量同比下降 30%以上，为 60~70 万 t，这直接导致 2008 年底虾价暴涨，养殖投入积极性升高。

传统淡水养殖品种中的草鱼、鲤鱼、鲫鱼和鳊鱼使用饲料的比例最大，草鱼饲料和鲤鱼饲料总量分别达到 460 万 t 和 230 万 t。叉尾鮰鱼和泥鳅分别由于受出口美国和韩国的限制，产量急剧下滑约 80%。

东南沿海的广东、福建、海南、浙江等省养殖水平普遍提高，膨化饲料所占的比重开始逐步增加，海水鱼和高档淡水鱼中的许多品种已全部实现了膨化饲料养殖(海鲈、金鲳、黄鳝、乌鳢、蛙、黄颡、白鱼)，淡水品种中的草鱼、罗非开始大量投喂膨化饲料，由于受气候和经济发展不平衡等因素的影响，膨化水产饲料在全国普及还要经过一个较长的发展过程(表 1)。

表 1　不同养殖水产品种饲料使用量估计

		颗粒饲料(万 t)	膨化饲料(万 t)	粉料(万 t)
海水品种	海鲈		10	
	金鲳		2	
	蓝子鱼		2	
	其他		10	
高档淡水品种	蛙		8	
	塘虱(胡子鲶)		3	
	鲟鱼		3	
	乌鳢		4	
	黄颡		1.5	
	白鱼		2	
	黄鳝		2	
普通淡水鱼	草鱼	450	10	
	青鱼	20	2	
	鳊鱼	60		
	鲤鱼	220	8	
	鲫鱼	180	2	
	罗非	125	40	
	其他			
虾	南美白对虾	70		
	斑节对虾	30		
	罗氏虾	15		
甲鱼				18
鳗鱼				16

三、区域特点

从水产饲料区域分布来看，水产饲料的分布受水资源影响非常明显，广东省、江苏省、湖北省连续多年来保持水产饲料前三甲的地位，2008 年水产饲料总产量分别约为 280 万 t、150 万 t、100 万 t，占到全国水产饲料总量的 30%以上。

从市场开发程度看，全国水产饲料开发的空间仍较大。东南沿海的广东省、福建省、海南省、江苏省、浙江省、上海市等省（市），海水鱼饲料开发空间巨大，目前的饲料普及率不到 30%，冰鲜野杂鱼仍是主要饲料源。北方的山东省、河北省、天津市、辽宁省等沿海省市水产饲料普及率较低，无论淡水、海水饲料的开发空间都还很大。内陆省份都是淡水养殖为主，草鱼、鲤鱼、鲫鱼、鳊鱼的养殖占 70%以上，淡水养虾、淡水养罗非等项目近年开始在湖北省、湖南省、新疆维吾尔自治区等省（自治区）推广，2008 年两湖地区养殖南美白对虾面积超过 333.3hm^2。

四、技术特点与障碍

2008 年各类水产饲料相关的专题技术研讨会在中国召开了 30 多场，其中第 8 届世界华人鱼虾营养研讨会在北京召开，是偏重学术理论的经典会议；以“海因特夏季鱼虾营养技术研讨会”为代表的系列研讨会在广州、厦门等多个城市巡回举办，对企业技术实力的提升起到了直接的拉动作用。但相比畜禽饲料而言，水产饲料的发展仍显不足。目前的研究大多还停留在基本营养需求数据库的积累阶段，还有很多的空白。

五、水产饲料安全

2008 年底暴发的三聚氰胺事件也波及到水产饲料行业，对行业秩序的规范、行业技术实力的提升客观上起到了积极地促进作用。

（杨　勇）

【反刍动物饲料】

一、反刍动物饲料生产情况

近年来，随着我国经济的发展、对粮食安全的重视和农业结构战略性调整步伐的加快，我国畜牧业结构调控力度明显加大，牛羊肉产品生产特别是奶业的发展成为畜牧业结构调整的亮点。发展反刍动物养殖业特别是以奶牛为主的奶业已成为促进农民增收、增强人民体质的重要途径，国家从政策、资金等多方面给予了重点支持，使反刍动物养殖业呈现高速发展的趋势。

反刍动物生产的快速发展和饲料业结构的优化调整，双向拉动了反刍动物饲料的发展。但目前我国反刍动物的养殖规模化、集约化程度不高，对工业饲料的依赖程度较弱，使反刍动物饲料在整个饲料工业中所占的比重还很小。2008 年反刍动物饲料总产量为 570.52 万 t，同比增长 0.39%，其中反刍动物配合饲料产量 359.10 万 t，同比增长 2.53%；反刍动物浓缩饲料产量 190.86 万 t，同比下降 1.17%；反刍动物添加剂预混合饲料产量 20.56 万 t，同比下降 17.57%。

二、反刍动物饲料生产特点

1. 优势产区产量大。反刍动物饲料的分布与牛羊养殖优势产区和养殖水平密切联系。反刍动物饲料产量与反刍动物养殖数量特别是集约化程度较高的奶牛养殖数量密切相关。今后随着肉牛、肉羊和奶牛养殖进一步向优势区域集中，反刍动物饲料的产区也将进一步向优势产区集中。

2. 质量稳步提高。“十五”国家奶业科技重大专项的成功和“十一五”国家奶业科技重大专项的启动，推进了全国各有关科研院所、大学与乳品加工及饲料生产企业的合作。以奶牛营养工程技术与其他养殖技术系统集成为核心的奶牛养殖技术，正在生产实践中得到广泛应用，有力地提高了奶牛等反刍动物调控型饲料的科技含量和质量安全。

3. 品种以奶牛饲料为主。近年来我国的反刍动物生产增长迅速，乳业尤为突出。

三、反刍动物饲料发展过程中存在的问题

1. 技术体系不完善。我国反刍动物营养与饲料的研究与开发近几年来进步很快，但还不能满足反刍动物饲料生产发展的需要。目前我国使用的反刍动物饲养标准不全，仍然使用传统的可消化粗蛋白质体系。反刍动物饲料的标准体系建设才刚起步，还不完善。产品标准只有奶牛精料补充料，原料标准也仅有瘤胃微生物脲酶抑制剂等为数不多的几个，标准是生产的依据，其体系的不完善会影响饲料生产的可持续发展。

2. 饲养管理技术水平低。目前，我国绝大部分地区反刍动物的养殖仍然是低水平粗放饲养，集约化、规模化生产水平低，对反刍动物饲料的需求量小，工业饲料的优势难以发挥，制约我国反刍动物饲料工业的发展。

3. 部分饲料生产企业与养殖户处境艰难。一方面随着原料价格上涨，市场步入过度竞争状态，许多企业重视市场占有率，忽视利润率，有些甚至无法保证产品质量安全，因此市场风险越来越大；另一方面随着饲料价格上涨，养殖户饲养成本大幅提高，虽然肉、奶价格相应提升，但是养殖户收益不大，处境艰难。2008 年三聚氰胺事件使我国乳业受到重挫，奶牛饲料产销量明显下降，部分饲料生产企业和奶牛养殖户处境更为艰难。随着乳业恢复和发展，这一状况正在逐步改善。

4. 饲料质量安全问题成为重中之重。虽然我国的饲料安全工作不断加强，饲料产品的质量水平不断提高，但是从目前来看，我国的饲料安全问题还远没有解决。饲料产品在生产、流通和使用中仍存在着严重的安全隐患,各种人为因素以及非人为因素仍然对饲料安全构成严重威胁,一些饲料生产经营企业仍然存在原料把关不严、经营环节管理不规范、企业自检能力不足等问题。

四、反刍动物饲料的发展前景

随着中国居民饮食结构的改变,对牛羊肉、乳的消费进一步增长,加之奶牛养殖业生产集约化的水平不断提高,牛羊养殖业对饲料工业的需求越来越迫切,反刍动物饲料的研究与生产必将持续向前发展。

1. 未来几年营养调控型精料补充料将成为饲料业发展的一个亮点。(1)规模化生产和产业化经营将促进反刍动物精料补充料进一步推广使用。当前我国牛羊生产仍以家庭饲养为主,小规模生产与大市场、专业化生产以及社会化服务等矛盾已经出现。与之相比,产业化龙头企业的优势十分明显,与之合作的农民不仅可以获得养殖效益,而且还可以参与后续环节的利益分配;加之我国实施科教兴国和可持续发展两大战略,环保政策、退耕还林还草政策又相继出台,划区轮牧、舍饲圈养和异地育肥等生产方式已成为主流,牛、羊生产的集约化程度将不断提高,客观上要求牛、羊商品饲料必须有一个大发展。

(2)发展精料补充料是提高我国牛羊生产水平的重要措施。我国人口每年约增加 1 300 万人,而耕地却正在迅速减少。耕地与人口的矛盾日益尖锐,大力发展以牛、羊为主的反刍动物生产,符合我国基本国情。与猪饲料生产相比,我国牛、羊生产水平较低,而工业化的饲料产品是现代营养科技和工艺技术的载体,对畜牧业增长贡献率最大。发展精料补充料、充分发挥反刍动物日粮内精、粗饲料的正组合效应,对于提高反刍动物生产水平将起到决定性的作用。

(3)发展精料补充料是饲料工业内部结构优化调整的重要内容。1998 年以来,全国猪、鸡饲料市场价格下滑,一些饲料厂家开始进行饲料结构的调整,生产部分乳牛商品饲料。据统计,2003~2008 年,奶牛存栏数大幅度增长,单产水平有一定幅度的提高。此外,随着农业产业化结构战略性调整的不断深化,各级农业部门把畜牧业特别是奶业作为产业结构调整的重要方向,这也是促进奶牛饲料生产继续增长的基础。

(4)新型反刍动物添加剂的研发,推动了反刍动物饲料的商品化。全国开展反刍动物营养和饲料科学研究的大学和科研机构至少在 10 所以上。研究方向包括:牛羊营养需要和饲料营养价值评定、营养调控理论和技术、新型饲料产品研制和开发、放牧家畜营养检测和科学补饲技术、提高秸秆饲料利用率等,加快了反刍动物饲料更新换代和推广的步伐。

2. 奶牛饲料仍是重点。随着中国奶制品进口关税降低,市场竞争进一步加剧,饲料占奶牛养殖成本的70%以上,因此,优化乳牛产乳效率,正确处理乳牛乳产量和乳品质的相互关系,根据我国国情发展,利用营养调控技术发展特色乳产业,强化奶牛饲料抗生素与激素监测技术和推广先进适用饲养技术具有重要的现实意义。

3. 关注反刍动物饲料质量安全。反刍动物饲料质量安全意义重大,我们不仅要关注已经出现的问题,而且要关注可能存在的安全隐患;不仅要有健全的产品质量和行业标准体系,而且要有完善的法律法规体系;不仅要加大对违法违规行为的打击力度,而且要建立高效的监督管理体系;不仅要着眼于饲料业本身,而且要着眼于养殖业等相关行业;不仅要依靠饲料行业主管部门,而且要依靠各地、各相关部门以及全社会的广泛参与。

(卢德勋　孙海洲　石　岩)

【特种动物饲料】

2008 年我国特种动物养殖业受到国际金融危机蔓延以及产品价格下跌、产品大量积压和饲料成本上涨的多重影响,致使广大养殖者的经济效益大幅度降低(有的产品售价甚至跌到饲料成本的边缘),产业规模压缩,继而冲击特种动物饲料产业。

一、特种动物养殖概况及发展特点

1. 茸鹿。我国的茸鹿主要包括梅花鹿、马鹿、水鹿、坡鹿、白唇鹿、白臀鹿、驼鹿和驯鹿等鹿种,其中,进行较大规模商品化生产鹿茸的鹿种是梅花鹿和马鹿。目前,梅花鹿的主要产区在吉林、辽宁、黑龙江 3 省,其次是河北、北京、天津、山西、山东、内蒙古、安徽、广东、海南、广西等省(市);马鹿的主要产区在新疆、内蒙古和辽宁等省(自治区)。2008 年度我国梅花鹿鹿茸、马鹿鹿茸及其鹿副产品销售价格同比降低 20%左右,梅花鹿仔鹿和马鹿仔鹿的销售市场和价格继续走低,而饲料成本同比增长 30%左右,致使茸鹿总体养殖效益低迷,各养殖场(户)均继续加大对劣质鹿的淘汰力度和提高种群质量,尤其是吉林省的梅花鹿养殖大县区(东丰县和长春双阳区)因经营亏损而出现大量宰杀现象。据吉林省工商联的调查数据,2008 年吉林省东丰县和长春双阳区的梅花鹿基础存栏量同比下降 25%之多。初步估计,2008 年因产品销售市场低迷和饲料成本上涨因素的影响,全国的茸鹿存栏数同比下降约 10%,缩减到 60 万只左右。我国茸鹿养殖业的格局现为公司、基地和个体户并存,大型的公司和基地其技术力量较强、饲养管理较规范、产品开发能力强、具有科学化示范作用,可带动本地区养殖个体户发家致富;但从养殖数量来看,我国的茸鹿产业仍以个体养殖户为主体,其茸鹿饲养量占养殖总量的 90%以上。

2. 毛皮兽。目前,我国饲养的毛皮兽主要包括水貂、蓝狐、银狐和貉子等，其主要产区在山东、河北、北京、天津、辽宁、黑龙江、吉林、内蒙古、江苏、河南、甘肃、山西、宁夏、新疆等省(市、自治区)。前几年毛皮市场行情看好，毛皮兽养殖效益可观，从而刺激国内养殖数量急速扩张。2008年各类皮张裘皮加工需求稳定而养殖数量剧增，导致产业链失调，由供需平衡急剧转向供大于求，产品出现大量积压，再加上毛皮生皮交易价格下跌和饲料成本上涨的双重影响，造成毛皮动物养殖产业急剧下滑、毛皮交易市场低迷的局面。据有关信息资料和主要毛皮交易市场的调查，2008年与2006年的高峰期相比，其水貂皮、蓝狐皮、银狐皮和貉皮的平均生皮交易价格分别下跌8%、44%、20%和60%左右。2008年我国的貂、狐、貉3种主要毛皮兽年初基础种兽存栏数缩减到600万只左右，年末共生产商品毛皮约3 170万张，毛皮生产量同比减少35%，其中，貉皮生产量减少的比例最高，其次是蓝狐皮、银狐皮和水貂皮。2008年毛皮兽养殖业的特点是加大提高种群品质力度、调整产品结构和科学降低饲养成本。养殖场(户)一是向良种化方面调整；二是生产市场销售对路的产品。如短毛黑貂、彩貂、彩狐的留种量增加，蓝狐母狐与银狐公狐交配，生产银蓝杂交狐；内蒙古金河、山东日照等芬兰原种蓝狐纯繁场和潍坊大虞改良提高蓝狐等场(户)，则利用气候优势和品牌优势，精选种群，养精蓄锐，蓄势待发；辽宁金州加紧建设处于国际先进的标准化“大连名威貂业有限公司”；山东蓬莱的水貂养殖充分利用饲料优势和良种优势稳定发展，以期增强走出低谷的竞争优势。毛皮动物养殖处于低迷期的产业结构，仍以庭院式个体养殖为主，以规范化、科学化和产业化程度较高的养殖龙头企业或公司为辅。中国农业科学院特产研究所经调查统计，庭院式、场区式和统一规划小区式的饲养比例分别占49%、39%和12%。

3. 珍禽。据有关资料的初步估算，2008年度我国的乌骨鸡、雉鸡、野鸭、番鸭、鹌鹑、肉鸽、鹧鸪、珍珠鸡、火鸡、鸵鸟、孔雀和大雁等12种珍禽的基础种群存栏数和上市商品珍禽与2007年度基本持平（分别为600多万只和1.70亿只左右)。2008年国内珍禽产品的市场售价随着饲料价格的上涨而上扬，养殖业的效益与2007年度相当。珍禽养殖业的特点，一是养殖区域非常广泛，遍及全国各省区；二是养殖规模较小，多为个体农户饲养，大型龙头养殖企业较少；三是受市场供求关系的影响，其价格波动较大。珍禽今后的发展趋势应该走“公司+农户”的模式，以开辟稳定的消费市场来促进其养殖业的有序发展，以科学规范的技术提高其养殖业的生产水平，以产品质量和食用安全求生存，以产品深加工带动其养殖业的发展。

二、特种动物饲料生产情况及开发趋势

2008年我国的特种动物饲料加工企业随着其养殖业的市场低迷、种群压缩和饲料原料价格上涨而面临着新的挑战和压力。如何开辟新的饲料资源、加强经营管理、优化饲料配方、降低饲料成本和为养殖户让利，是摆在饲料加工厂家面前刻不容缓的新课题。2008年茸鹿的添加剂预混合饲料和浓缩饲料利用量同比下降15%左右；毛皮动物的添加剂预混合饲料、浓缩饲料和全价配合饲料的利用比例提高到饲料总消耗的40%左右，而自行调配鲜饲料的比例下降到60%左右；珍禽的添加剂预混合饲料、浓缩饲料和全价配合饲料利用比例与2007年基本持平。目前，我国特种动物养殖中存在的主要问题仍是缺乏系统的营养需要标准和科学的饲料配方，导致其生产性能不能充分发挥和饲料转化效率较低。其开发建议如下：第一，各级主管部门或业务部门应加强科研经费的投入，使特种动物的营养标准化和高效化。我国的特种动物养殖业起步较晚，属于新兴的产业，其营养与饲料方面研究的广度和深度远远落后于家畜和家禽，应尽快设立相应的研究课题和组织研究力量开展工作，最终摆脱特种动物经验法饲养的局面。首先应研究其营养素需要量和饲粮中适宜营养素水平，在此基础上，再进行优化饲料配方的筛选、饲料原料的开发、专用饲料添加剂的研制、饲料剂型和加工工艺等方面的研究工作；第二，特种动物养殖业必须走绿色环保之路，其绿色安全饲料的开发势在必行。在配制特种动物饲粮时，首先要求合理搭配日粮营养和提高饲料的转化效率，最大限度地降低营养物质的排泄，避免造成对环境的污染；其次必须推广应用绿色饲料添加剂，减少或消除特种动物产品中的药物残留；再者要求饲料原料无污染和加工过程中的质量安全保证；并应采取切实可行的技术措施，有效地控制特种动物养殖场(尤其是肉食性毛皮动物养殖场)的臭气排放。目前在畜禽上的研究表明，饲粮中添加β-葡聚糖酶、蛋白酶、植酸酶等可提高饲料转化率和氮、磷利用率，从而降低氮和磷的排放；饲用微生物制剂、活性多肽、寡聚糖、茶多酚、松针粉、大蒜素和中草药饲料添加剂等产品，可有望替代抗生素。在特种动物养殖中，也应吸取畜禽上的教训，不能只注意眼前的利益而出现铜、锌和磷等营养素过量而造成对环境的污染；第三，加强特种动物饲料的研制和市场开发力度。针对特种动物养殖规模小和养殖地分散的特点，应重点开发和推广其浓缩饲料、添加剂预混合饲料，适度开发全价配合饲料，充分利用当地的饲料资源和降低饲料的运输成本；第四，特种动物养殖业及其饲料加工业的发展，应鼓励“公式+农户”和“龙头企业+基地”的经营发展模式。这一方面有利于其科技成果的尽快推广应用；另一方面也有利于产品的统一加工和销售，继而打造出规格化的特种动物品牌产品。

（王　峰　何艳丽）

饲料原料工业概况

2008年，我国饲料原料生产保持稳定增长态势，主要原料供应稳定，基本满足市场需求，主要饲料原料价格大起大落对饲料企业生产影响较大。2008年，我国玉米产量达到16 550万t，同比增长8.7%；豆粕产量达3 248万t，同比增长16.5%；鱼粉产量为41.3万t，同比下降15.9%；赖氨酸产量为58.5万t（含65%赖氨酸），同比增长16.6%；氯化胆碱产量40万t，同比增长9%；磷酸氢钙(含磷酸二氢钙)产量246万t，同比仅下降0.6%。

【玉米生产、贸易与市场情况】

据国家粮油信息中心的估测，2008年中国玉米播种面积为2 880万 hm^2，较2007年的2 948万 hm^2 减少68万 hm^2，减幅2.3%，主要原因是大豆种植效益高于玉米，农户将部分玉米耕地转种大豆；玉米产量达到16 550万t，较2007年的15 230万t增长8.7%。2008年气候条件较为有利，东北地区玉米单产在经历了2007年的严重干旱后呈现恢复性提高，2008年是连续第5年增长并再创历史新高。

2008年，我国玉米出口数量明显下降，进口数量有所增加。根据海关总署数据显示，全年出口玉米25.2万t，同比下降95%，进口玉米4.9万t，同比增加40%。主要出口中国台湾13.8万t、朝鲜9.7万t。

2008年，国内养殖业，尤其是生猪养殖处于恢复之中，存栏开始增长，全年总体养殖利润较好，这在一定程度上刺激了饲料的消费，玉米消费总体稳定，全年玉米总消费量约为1.46亿t。

全年国内玉米价格也较往年明显上涨，全国玉米平均批发价在1 693元/t，同比上涨7%。全年玉米价格呈现从高位回落走势。2008年12月底，黑龙江哈尔滨地区玉米收购价格为1 270元/t，较年初下跌2.3%；广东蛇口平仓价1 570元/t，较年初回落12.3%。

2008年影响国内玉米市场主要因素。

1. 出口量降为近10年最低。为了防止国家高粮价对国内市场的影响，我国对玉米出口进行了一系列调控，一是2007年12月20日起，国家取消小麦、稻谷、玉米等原粮及其制粉的13%出口退税；二是2008年1~11月增收玉米5%出口关税、玉米制粉10%出口关税；三是从2008年1月1日开始对玉米粉实行临时性的出口配额许可证管理，并对玉米继续实施关税配额管理。在这些政策的调控下，2008年我国玉米出口量仅有25.2万t，为近10年最低水平。

2. 工业玉米消费增幅减缓。由于国家对玉米生产乙醇控制，只允许部分燃料乙醇生产企业继续生产，其他的燃料乙醇一律改成非粮食，玉米深加工行业盲目发展势头得到了政府有效地控制。另外，2007年9月国家发改委还发布了《关于促进玉米深加工业健康发展的指导意见》，决定将玉米深加工规模控制在玉米需求总量的26%。这些政策使得玉米深加工行业发展增速回落，玉米工业需求增量明显降低。同时，2008年受金融危机冲击，整个深加工行业一度开工率不足50%，极大地削弱了玉米的工业需求。在政策和市场双重制约下，2008年玉米工业消费较2007年略有增加，但增速已明显减缓。

3. 养殖业对饲用玉米需求拉动有限。生猪市场在经历了2007年疯狂上涨后，随着存栏的逐渐恢复，价格在2008年5月开始“跳水”，暴跌行情持续至10月底。另外，三聚氰胺事件在第4季度对国内养殖业的打击较大，禽肉及鸡蛋价格的出现连续下跌行情，养殖户加速淘汰低产蛋鸡，加上个别地区疫情时有发生，家禽养殖业进入低迷期。养殖业低迷对饲料玉米消费没有形成有力支撑。

4. 小麦替代玉米数量增加。2008年由于小麦价格低于玉米价格，饲料企业在使用小麦替代玉米的现象明显增加，据国家粮油信息中心预计，饲料小麦的数量较常年增加了约500万t，小麦替代玉米增加也使饲用玉米消费减少。

5. 托市收购、定期拍卖平抑了市场价格。国家为了加大调控力度，抑制粮食价格的上涨势头。国家在2007年12月开始在国内销区和养殖大省抛售中央储备玉米，2008年7月底前抛售了计划中的200万t玉米；7月22日又开始抛售临时储备玉米，到10月14日结束共计成交139万t。国家正是通过出台一系列的产业调控措施，加大了调控力度，有效平抑了价格波动，保持粮食价格的稳定性。

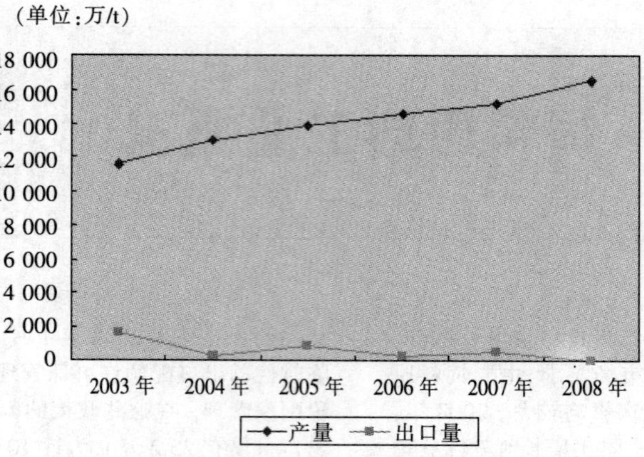

图 1　2003~2008 年玉米产量与出口量对比

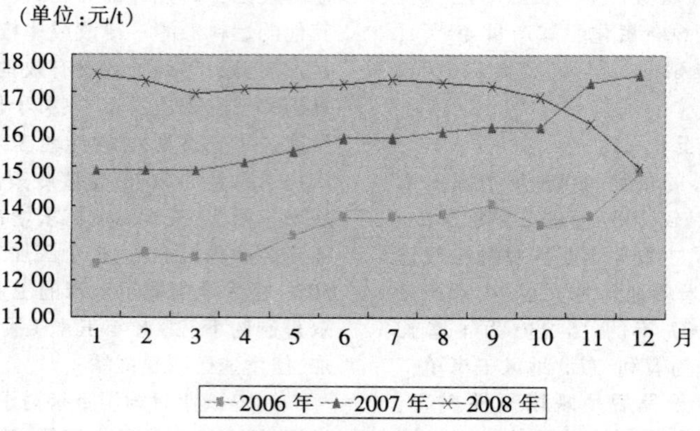

图 2　2006~2008 年国内玉米月度均价走势

【大豆和豆粕生产、消费、贸易与市场情况】

据国家粮油信息中心预计,2008 年我国大豆播种面积为 955 万 hm^2,较 2007 年增长 9.1%。大豆产量为 1 550 万 t,较 2007 年增长 21.8%。这是我国大豆产量在连续 3 年下降后,首次出现增加,但较 2004 年创下的历史最高水平 1 740 万 t 仍低 190 万 t。

2008 年我国大豆进口量达到 3 743.6 万 t,较 2007 年的 3 082.1 万 t 增加 661.5 万 t,增幅达到 21.5%,创下历史最高纪录。随着我国人民生活水平不断提高,国内饲料养殖业对豆粕需求强劲,导致国内大豆压榨量逐年提高,这是大豆进口量不断增加的主要原因。2008 年我国出口大豆 48.4 万 t,比 2007 年增长 6.3%。

2008 年我国生产豆粕约 3 000 万 t,进口豆粕量为 22 万 t(主要是从印度进口),全年豆粕供应量为 3 022 万 t,其中饲料消费量约 2 850 万 t。全年出口豆粕 53.5 万 t,同比下降 37%,其中出口到日本 30 万 t,韩国 7 万 t,越南 4.6 万 t。

2008 年大豆价格变化较大。年初,价格延续 2007 年的上涨行情,3 月初黑龙江地区大豆收购价格高达 5 800 元/t。7 月下半月,受我国大豆产量增加已成定局和美国次贷危机加剧等因素影响,黑龙江大豆收购价格一度跌破 4 000 元/t。8 月下旬~9 月中旬一度反弹至 4 500 元/t,但到 10 月新豆上市后,新产大豆收购价格跌至 3 200~3 300 元/t, 局部地区跌破 3 000 元/t,创下年内新低。国家随后开始两次收购中央储备大豆,最终使价格回升至 3 400~3 500 元/t,并延续到 12 月底。

豆粕价格变化受大豆价格影响较大。1~7 月初,豆粕价格整体处于上升阶段, 从 1 月初的 3 700 元/t 涨至 7 月初的 4 800 元/t。7~12 月,受全球经济形势下滑、CBOT 大豆期价暴跌、国产新豆上市、国内养殖形势低迷,三聚氰胺事件等不利因素影响,使得豆粕市场压力重重,价格整体回落,由 7 月的 4 800 元/t 一直跌至年底 3 200 元/t。

2008 年大豆、豆粕市场的主要影响因素。

1. 全球经济形势逆转,对大豆、豆粕市场造成深远影响。2008 年全球经济形势发生了较大变化,由年初的防止通胀到年终的防止经济大幅下滑,短短一年之内,世界各国的财政和货币政策都发生了 180 度的大转弯。由于投资者对全球经济前景的看淡,2008 年上半年保持着牛市的各种商品，在下半年大幅度下跌。国际原油期货从年初 85 美元/桶,快速上涨至 7 月的 148 美元/桶,但随后急转直下,一直跌至 35 美元/桶。农产品期货价格亦未能逃脱暴涨、暴跌的命运,并传导到大豆、豆粕市场。

2. 全球大豆由供需趋紧转为供应预期增加。2008 年上半年,有关机构预计 2007/2008 年度全球大豆产不足需,推动了国际大豆价格上涨。不久,全球大豆产量预期转而增加,7 月开始国际大豆市场价格高位回落。这个因素也传导到国内大豆和豆粕市场。

3. 2008 年上半年豆粕消费需求增长，但随后出现萎缩。由于国内生猪养殖业快速恢复,2008 年上半年国内养殖业对于豆粕的消费量在增长。但从 10 月下旬开始,三聚氰胺事件极大地冲击了乳品及鸡蛋市场,再加上全球金融危机影响,畜牧饲料产业链的各个环节,从原料、成品、养殖、畜产品加工、经销商等都在压缩存量,最终造成饲料产销量不断缩减,对豆粕等原料需求下降。

4. 进口大豆数量创纪录，其成本影响国内粕市。由于 2007 年中国大豆大幅减产，而国内需求继续保持旺盛,直接导致进口大豆数量增加,进口大豆价格对国内大豆乃至豆粕市场形成明显影响。2008 年上半年国际大豆期货市场整体呈牛市行情,而下半年则表现为熊市,且波动幅度巨大。2008 年豆粕价格走势明显受到进口大豆价格的影响。

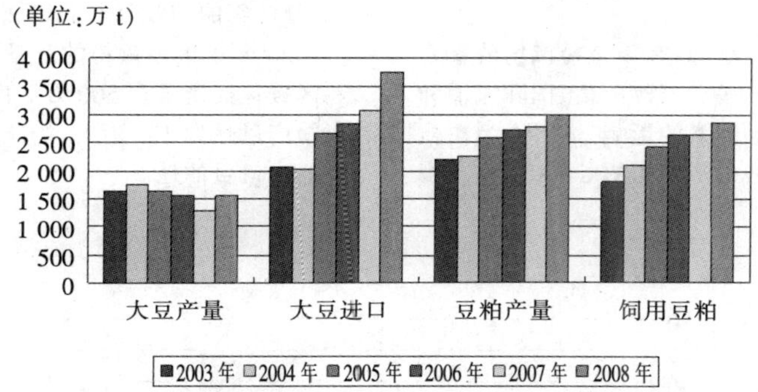

图 1 2003~2008 年中国大豆产量和进口量、豆粕产量和饲料消费量

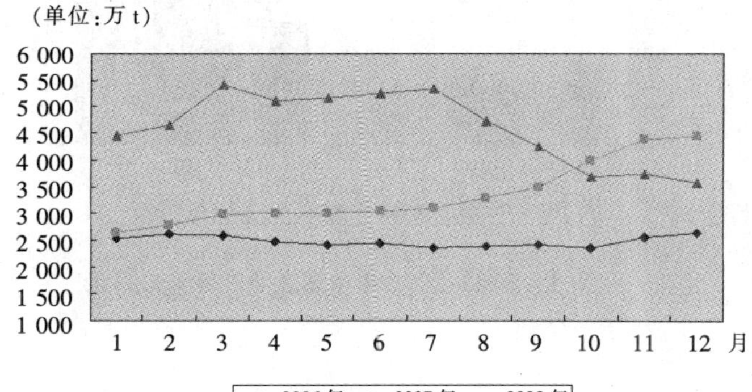

图 2 2006~2008 年国产大豆月度均价走势

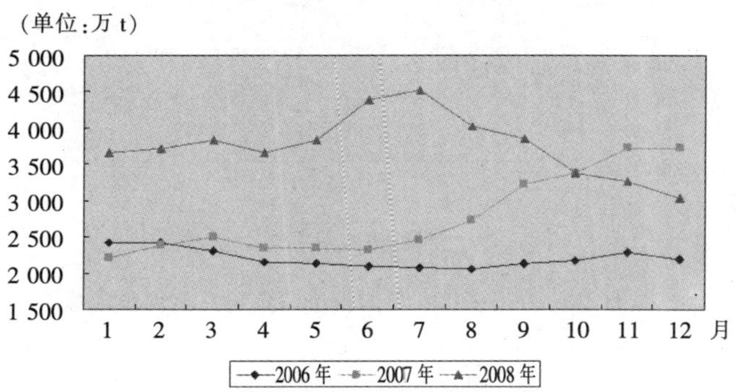

图 3 2006~2008 年国内豆粕月度均价走势

【鱼粉生产、贸易与市场情况】

2008 年，我国生产鱼粉 41.3 万 t，同比下降 15.8%；2008 年中国进口鱼粉数量为 134.9 万 t，同比增长 40%，其中从秘鲁进口 87.6 万 t，同比增长 70%，从智利进口 23.9 万 t，同比增长 28%，从美国进口 7.7 万 t，同比增长 7%。秘鲁和智利鱼粉仍是市场主流，约占全部进口量的 84%，其他国家鱼粉进口量在减少。全年通过大船进口鱼粉数量为 15.4 万 t；集装箱运输量为 119 万 t，比重分别占到 11%和 89%，集装箱进口仍是 2008 年主要进口方式。2008 年出口鱼粉 2 110 t，同比下降 78%。

2008 年年底国内港口鱼粉库存量为 13.5 万 t，基本与 2007 年同期持平，处于近年相对正常的库存水平。

淡季不淡、旺季不旺是 2008 年鱼粉市场的重要特点。2008 年上半年由于美元持续贬值、国际原油和大宗商品大幅上涨价格等因素的影响，饲料类蛋白质原料价格普涨，鱼粉价格也从年初的 6 800 元/t 一度上涨到 7 月初的 8 100 元/t。而后，受美国金融危机冲击，全球股市下挫，国际大宗商品价格大幅下跌，全球农产品牛市正逐步衰退，8 月国内鱼粉行情开始全面走弱，到年底价格已经跌到 6 300 元/t 左右，远低于年初的价格。下半年，鱼粉价格长期大幅脱离成本，造成鱼粉贸易商大幅亏损。

2008 年秘鲁鱼粉价格变化直接影响着国内鱼粉价格。年初 65%普通级 FAQ 鱼粉 FOB 价格 830~840 美元/t，到 7 月时已涨至 1 060 美元/t，而后受各种不利因素影响大幅走低，年末价格低至 810~820 美元/t。

全球鱼粉产量呈现逐年缓慢下降的趋势。主要原因是鱼粉主产国秘鲁、智利等对于渔业资源实施配额制度限制。2008 年全球鱼粉产量仅为 495 万 t，略低于 2007 年的 500 万 t，而较 2000 年时下降了 34%。

2008 年秘鲁鱼粉的产量基本稳定。秘鲁中北部地区鳀鱼捕捞量在 500 万 t，南部地区约 80 万 t，全年鱼粉产量达到 125 万 t。中国市场依旧是秘鲁鱼粉最大的出口目的地。

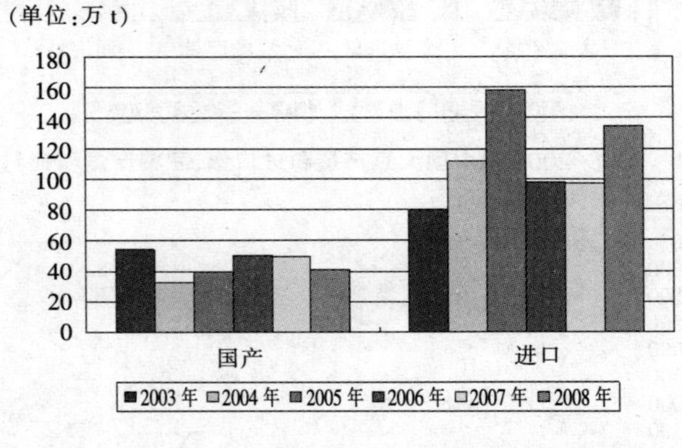

图 1　2003~2008 年中国鱼粉产量和进口量

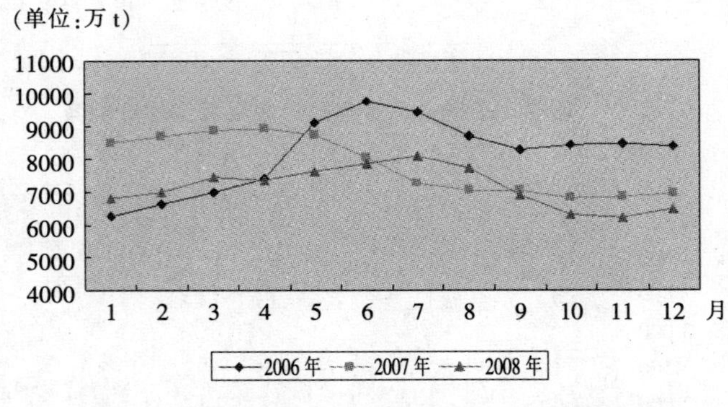

图 2　2006~2008 年国内进口鱼粉月度均价走势图

（孙志强）

饲料添加剂工业概况

营养性饲料添加剂

【饲料级氨基酸】

在饲料中添加氨基酸不仅可以提高饲料利用率，为禽业和养猪业带来巨大生产效益，而且还可以节约蛋白质资源，缓解当前世界蛋白质原料紧张的状况。饲料级氨基酸主要包括：赖氨酸、蛋氨酸、色氨酸和苏氨酸等。我国是饲料级氨基酸的消费大国，但随着近几年我国赖氨酸生产快速发展，苏氨酸产量开始扩大，色氨酸生产出现起色，我国正在成为世界上重要的饲料级氨基酸生产大国。

一、赖氨酸

2008 年国内赖氨酸市场持续着 2007 年的低位运行趋势，由于产能及产量的严重过剩，而整体出口情况又并不乐观，这使得赖氨酸市场的竞争进一步加剧。

1. 赖氨酸产能和产量保持稳定。2008 年，我国赖氨酸的主要生产企业主要有长春大成、聊城希杰、安徽丰原、宁夏伊品、山东金玉米、川化味之素、正大菱花等。2008 年我国赖氨酸的生产能力达到 70 万 t/年（包括 98.5%和 65%赖氨酸）以上，总产量为 58.5 万 t（折合成 98.5%赖氨酸超过 40 万 t），同比提高 16%。2008 年生猪养殖情况较 2007 年明显回升，这在一定程度上刺激了赖氨酸需求量增加。2008 年国内赖氨酸的需求量在 28 万 t(折合 98.5%赖氨酸)。庞大的供应压力使赖氨酸市场处于低迷之中。

2. 我国赖氨酸出口大幅减少，进口大幅增加。2008 年，我国累计出口赖氨酸 92 081t，同比减少 36.6%，出口总额为 14 125 万美元，同比也减少 3.2%，赖氨酸的出口均价在 1.53 美元/kg，较 2007 年上涨了 53%。我国出口国家有：比利时（14 119t）、荷兰（14 001t）、美国（9 958t）、德国（9 309t）、俄罗斯（4 717t）、波兰（4 277t）、加拿大（3 731t）。

2008 年，我国赖氨酸的进口总量为 23 433t，较 2007 年增长了 31%，进口价值总额为 3 592.4 万美元，同比增长了 20%，进口均价为 1.53 美元/kg，同比增长 15.9%。进口赖氨酸的主要来源国有美国（10 280t）、韩国（1 584t）、巴西（11 190t）。

3. 价格波动较大。2008 年前 4 个月国内赖氨酸价格处于弱势行情，1 月国产 98.5%赖氨酸价格在 13.7 元/kg，到 5 月初，价格已经缓跌至 12.5 元/kg，“五一”假期过后，价格出现一波较快的回升行情，7 月初价格已上涨至 14.5 元/kg；但高价位仅仅保持了半个多月，7 月下旬又出现了持续下跌，一直持续到 12 月底，跌至 10.3 元/kg。65%赖氨酸的市场价格也是不尽如人意，由年初 8.8 元/kg 的价格一直跌至年底 5.7~6.0 元/kg。

4. 2008 年国内赖氨酸的市场的几个特点

(1)赖氨酸供应量有增无减。2008 年，赖氨酸生产厂家仍在微利生产，很多厂家都在试图增大生产规模以降低自己产品的生产成本，不少厂家开足马力生产，还有的厂家投产了 65%赖氨酸，使赖氨酸产量扩大。加之全年进口量增加，出口量减少，国内赖氨酸供应压力较大。国内赖氨酸供大于求的格局没有改变，这也注定赖氨酸价格的低位运行。

(2)赖氨酸出口受阻，消费量降低。2008 年国内赖氨酸的出口情况却并不乐观。主要影响因素：一是 2007 年 8 月底，国家宣布将赖氨酸等部分产品的出口退税率下调至 5%，使得国产赖氨酸在国外的价格优势大为降低，竞争能力减弱；二是人民币的不断升值使得国产赖氨酸成本提高，出口进一步受阻；三是全球性经济危机使得各国商品消费需求下降，进而对赖氨酸贸易产生影响。

(3)厂家竞争加剧，不断竞价销售。2008 年，由于国内供大于求的格局进一步严峻，而国内需求有限，为了增加自己的市场份额，各赖氨酸生产厂家出厂报价不断下调，年初时 98.5%赖氨酸出厂报价在 13.2 元/kg，到年底时的报价一度下调至 10.0 元/kg。在市场弱势的影响下，一些贸易商也不得不跟风降价，甚至不得不亏本甩卖。

(4)价格持续低价位运行，部分厂家处于亏损状态。据统计，2007 年国内市场上国产 98.5%赖氨酸的平均市场价格为 13.4 元/kg，而 2008 年仅有 12.9 元/kg，同比下降了 4.2%。赖氨酸生产的主原料玉米价格却在增加，2007 年市场批发均价在 1 582 元/t，而 2008 年达到 1 723 元/t，同比上扬 8.9%，赖氨酸生产的原料成本提高，厂家利润缩水。尤其是2008年年底，部分厂家的出厂价格低至9.8~10.0元/kg，此价格几乎无利润空间可言。价格竞争迫使一些厂家停产。

(5)豆粕价格先涨后跌，影响赖氨酸走势。2008年上半年，国内的豆粕价由年初的3 700元/t左右涨至7月份4 800元/t的高位。而后豆粕价格出现快速下跌，10月直跌至3 100元/t，受此影响，鱼粉、乳清粉等蛋白原料的价格都出现较大跌势，由于赖氨酸与豆粕有一定的替代作用，所以豆粕的价格涨落对赖氨酸市场走势也有较大的影响。

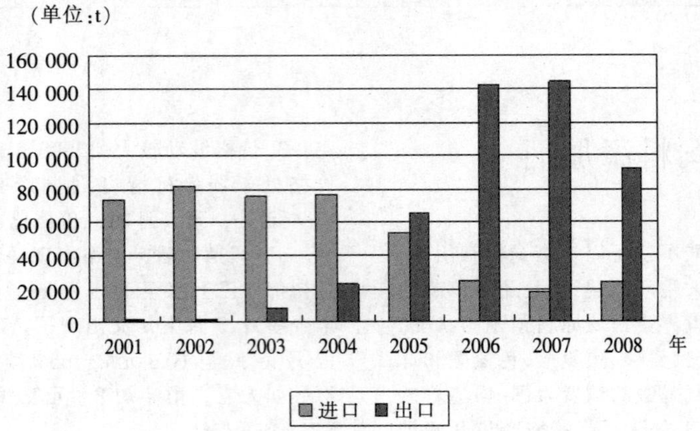

图1 2001~2008年我国赖氨酸进口和出口数量

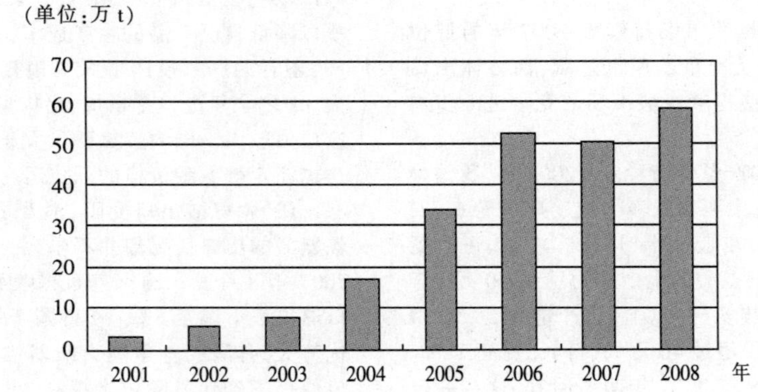

图2 2001~2008年我国赖氨酸产量增长趋势

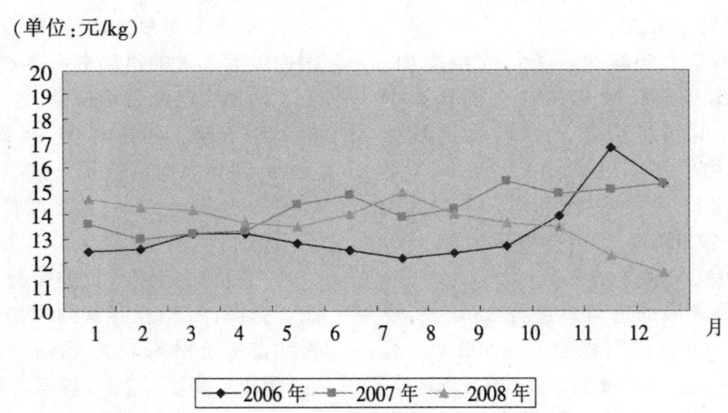

图3 2006~2008年我国进口赖氨酸月度均价走势

二、蛋氨酸

2008年我国饲料级蛋氨酸仍然依赖进口。2008年我国蛋氨酸进口总量达到90 705t，基本与2007年进口量持平。

2008年我国进口蛋氨酸的主要国家有：比利时（42 435t）、日本（28 258t）、法国（11 293t）、美国（3 960t）、德国（2 330t）和俄罗斯（2 189t），其中从比利时进口比例扩大，由2007年的38%上升到了48%，而从美国进口数量同比下降了约65%。

据海关数据显示，2008年蛋氨酸进口价格继续保持坚挺上扬之势，1月的进口均价为2.86美元/kg，而12月的进口均价大幅上涨至5.67美元/kg，价格涨了近1倍。2001~2005年，蛋氨酸进口价格基本在2.0美元/kg上下波动，2006年开始上扬，2008年的涨势更是迅猛。

2008年，国内蛋氨酸进口的主要海关有：青岛海关（22 960t）、天津海关（21 682t）、黄埔海关（11 474t）、大连海关（8 095t）、南京海关（6 740t）等，其中青岛、天津、黄埔3个海关的进口总量占进口总量的62%。

2008年，世界上蛋氨酸的生产主要掌握在德固赛、诺伟司、安迪苏、住友（曹达）几个生产巨头手中，俄罗斯的伏尔加产量有限。2008年上半年，各厂家销量和价格较为理想，且利润丰厚，所以各生产线都开足马力生产。但在下半年，全球性经济危机的影响下，厂家生产放缓，尤其是9月，飓风“古斯塔夫”在美国路易斯安娜州登陆，对当地的蛋氨酸生产造成一定影响。

2008年蛋氨酸价格分为两个阶段：1~7月为高涨期，蛋氨酸自2月底开始，其市场价格便由39元/kg上涨至51元/kg，后略作调整，5月初跌至46.6元/kg，而后开始另一轮的高涨，到7月初价格已经突破70元/kg的历史高价；8~12月为回落期，7月价格达到高位后，没过多久便快速下跌，至9月初跌至56元/kg，到年底跌至48元/kg。

1. 影响2008年上半年价格连续攀升的主要原因

(1)国际原油价格不断创下新高。国际油价年初价格为93美元/桶，5月已经突破120美元/桶，7月11日创下历史新高，达到每桶147美元，较年初上涨了58%。油价上涨对蛋氨酸价格起到了较大的支撑作用。

(2)各类饲料原料大幅飙升刺激了蛋氨酸价格涨势。国内豆粕价格由年初仅3 700元/t，上涨到7月的4 800元/t；VA1月仅165元/kg，3月份已高涨至220元/kg，VE的价格亦翻倍增长，各类原料价格尤其是蛋白质原料价格的上涨对蛋氨酸的价格也形成了有利支撑。

2. 2008年下半年价格理性回归的主要原因

(1)席卷全球的金融危机使农产品相关市场连连受挫。2008年下半年暴发的金融危机，使国际大宗商品价格都相继进入下跌通道，国内的豆粕、鱼粉、乳清粉等原料也未能幸免，蛋氨酸等市场也受到很大牵连。

(2)2008年下半年原油价格跌势如潮。在原油价格突破147美元/桶的高位后，突然急转直下，到年底甚至一度跌至33美元/桶，最后稳定在45美元/桶。油价的下跌一方面对蛋氨酸市场造成心理恐慌，另一方面也使其生产成本大为降低，厂家再提高报价。

2008年对于国内的禽类养殖业来说是很艰难的一年，禽产品市场的供过于求对禽产品的价格形成了持续的打压力，禽产品尤其是肉鸡的售价一度跌破成本价，养殖户利润微薄甚至亏损倒闭。2008年第4季度出现的三聚氰胺事件更重创国内的饲料业及养殖业。禽蛋价格低位徘徊，且销售量也大降，养殖户的养殖热情大为消退。蛋氨酸是禽饲料的主要添加剂之一，禽饲料销量的下降减少了对蛋氨酸的需求量，对其市场形成利空因素。

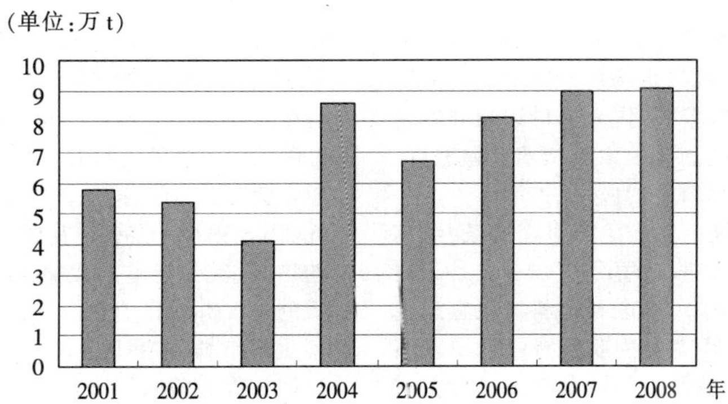

图1　2001~2008年国内蛋氨酸进口数量

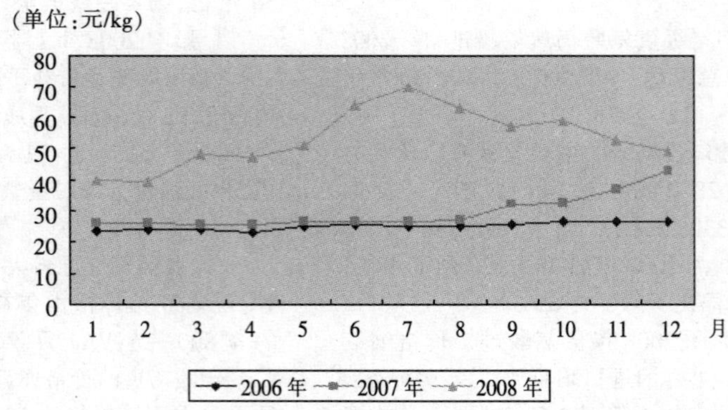

图 2 2006~2008 年国内蛋氨酸月度均价走势

三、苏氨酸

苏氨酸作为重要的饲料添加剂,在饲料方面的用量增长快速,它常添加到未成年仔猪和家禽的饲料中,是猪饲料的第二限制氨基酸和家禽饲料的第三限制氨基酸。随着人民生活水平的提高和养殖业的发展,苏氨酸正广泛用于添加仔猪饲料、种猪饲料、肉鸡饲料、对虾饲料和鳗鱼饲料中。

苏氨酸在我国起步较晚,但发展较快,国内市场需求量呈现稳步上升的趋势,出口能力也大大提高。

2008 年国内苏氨酸的产能和产量迅速扩张,主要苏氨酸生产企业主要有吉林大成集团、广东肇庆星湖生物科技股份有限公司、浙江国光生化股份有限公司、山东恩贝集团、梅花生物科技集团等。2008 年国内苏氨酸有效产能达到 6 万 t,产量超过 3.5 万 t,较 2007 年有明显增长。

2008 年国内供应量增加,苏氨酸价格保持低位平稳。全年苏氨酸价格保持在 17~21 元/kg,总体上略高于 2007 年价格。近两年来,由于苏氨酸总体价位不高,许多企业在饲料配方当中加大了苏氨酸的使用量。

四、色氨酸

国内外市场对色氨酸的需求逐年增长,我国市场对色氨酸的需求市场也逐年升温,但我国目前饲料级色氨酸生产仍处于起步阶段,市场前景广阔。目前世界色氨酸年产量约 2 100 多 t,作为饲料添加剂使用的色氨酸数量只有数百吨。我国由于长期依赖进口,较高的价格限制了它在饲料中的应用。

2008 年,国内饲料级色氨酸生产实现突破,结束了饲料级色氨酸完全依靠进口的历史,初步具备了饲料级色氨酸国产化的能力。2008 年饲料级色氨酸主要生产厂家有浙江升华拜克生物股份有限公司和浙江普洛医药科技有限公司(浙江横店集团家园化工有限公司)等,产量约为 200t。

2008 年由于国产色氨酸量较小,国内市场仍以进口产品为主,主要品牌有味之素和德固赛等。2008 年进口色氨酸价格高位回落,从年初的 320~340 元/kg 降到年底的 240~260 元/kg。

(孙志强)

【饲料级维生素】

维生素类产品广泛用于医药、食品添加剂、饲料添加剂等领域,并随着社会进步、生活水平提高而呈现出市场需求增加的趋势,饲料添加剂的消费占到了全部维生素产品的一半左右。近年来,我国环保部门逐渐加大了对企业节能减排等环保方面的要求,生产企业的产能都受到不同程度的限制,一些维生素品种价格出现不同程度的上涨。此外,全球性的能源、原材料价格上涨和国内人民币升值等因素造成生产成本大幅度增加,也在一定程度上决定了维生素类产品价格的持续走高。2007 年维生素产业的丰厚利润和国家积极鼓励政策,使 2008 年不少企业继续扩产,也吸引了一批新企业的加入。

2008 年在金融危机愈演愈烈的情况下,全球需求放缓,国际贸易环境日渐恶化,对我国出口的冲击日益增大,但维生素整体出口形势喜人,据海关统计,2008 年我国维生素类产品出口数量为 15.56 万 t,同比增长 9.8%;出口金额为 21.44 亿美元,同比增长 78.3%。我国生产的 B 族维生素品种齐全、成本低廉且生产工艺不断改良,在国际市场上占有较大优势。2008 年,金融危机对 B 族维生素出口有一定影响,其总量为 1.54 万 t,同比减少 17.5%;出口金额 3.2 亿美元,同比减少 16.8%。其中仅 VB_2 保持了全年 8.95% 的增长,其他皆呈同比缩量态势,出口量下降幅度最大的是 VB_{12}。在消费市场方面,欧美是最主要的 B 族维生素市场,占我国出口总量的 65.6%。其中主要出口国依次为美国、荷兰、德国、比利时。2008 年 B 族维生素的首要市场——美国爆发次贷危机,经济迅速衰退,市场需求降低、订单减少,B 族维生素出口受到波及，数量和价格出现不同程度下降。2008年，维生素类产品出口中，VC和VE出口金额较大，两个商品的出口金额之和就占维生素类产品出口总额的61%。

2008年是维生素市场价格的调整期。泛酸钙、叶酸、VB_2等2007年价格大幅飙升的维生素品种，在2008年走势却并不乐观，价格持续下跌，且跌幅较大；VC和VE价格整体上扬；其他大部分维生素品种呈现先涨后跌走势，如VA、VB_1、烟酰胺、生物素等，尤其是第4季度，一些品种价格跌幅超过50%。受环保成本增加的影响，一些维生素生产企业因利润大幅萎缩而陷入困境。

1. VA 。VA全球的产能基本集中在帝斯曼、巴斯夫、浙江新和成、浙江医药、厦门金达威和安迪苏手中，2008年的全球产能略有过剩。国内的生产企业主要集中在浙江新和成、浙江医药、厦门金达威、上海帝斯曼等几家公司。2008年国内VA的总产量超过1万t；出口数量达到3 145t，同比增长12.9%，出口金额为0.8亿美元，同比增长114%；主要出口国是美国和德国，对德国出口数量同比增长9.1%，金额增长123.6%；对美出口数量同比增长34.1%，金额增长165.8%。

2008年上半年，国内市场VA供应略紧，价格不断飙升，2008年年初的价格只有115元/kg，6、7月已经涨至240~250元/kg的高位，下半年市场价格逐步回落，12月底价格跌至160元/kg的水平。

2. VE 。2008年全球VE的产能约7万t，产量约6~7万t。国内的VE生产企业主要有浙江医药、浙江新和成和西南合成等，2008年总产量约为4.3万t。国外生产厂家主要是帝斯曼及巴斯夫，两家合计产量有2万多t。2008年我国VE的进口数量为5 865t，进口金额10 109万美元；出口数量为29 587t，与2007年基本持平，出口金额为56 184万美元。我国VE主要出口国有美国、荷兰、德国和泰国，其中向泰国全年的出口数量同比增长133%，向荷兰出口同比增长49%。

2008年1~8月，VE处于缓慢上涨阶段，市场售价从150元/kg涨至230元/kg，8月后价格又逐步下跌至200元/kg水平。

3. VC。VC是我国医药产品出口中传统的出口创汇产品，国内的4大生产厂家为：石家庄制药、东北制药、华药维尔康以及江山制药。近两年鲁维制药发展比较迅速，产量已在万t以上，VC生产逐步发展成为包括鲁维制药在内的“5大家族”。2008年，我国VC企业凭借技术和成本优势，总产能达到12万t，稳步占领了80%以上的国际市场份额。2008年国内的VC产量保持在10万t左右，出口量达到85 227t，较2007年增长18.7%，出口金额为7.4亿美元，同比增长116.8%。2008年我国VC的主要出口国是美国、德国、日本、荷兰和比利时，占出口总量的66%。

2008年上半年，国内VC价格延续2007年下半年来的涨势，价格从65元/kg左右逐步上涨，至第3季度涨至150元/kg，而后逐渐回落，年底至100元/kg的水平。

4. VD_3。国内的生产企业主要有浙江花园、厦门金达威、浙江新和成及台州海盛化工；国外的生产企业主要是帝斯曼、巴斯夫和安迪苏。2008年，我国VD_3粉的生产能力超过7 000t，产量约4 500t，出口量约2 600t。

2008年，国内VD_3价格变化不大，上半年价格在55元/kg，7月出现波小涨，最高价至60元/kg，年底又回落至50元/kg水平。

5. VB_1。我国VB_1原料药生产商至少有7、8家，其中产量较大的企业有东北制药总厂、浙江天新药业、湖北华中药业、天津中津药业和江苏兄弟药业这5家。东北制药总厂多年来一直是国内最大VB_1生产商和出口商，其VB_1产量在多年来占我国VB_1总产量超过80%，出口量亦居国内第一。2008年，东北制药迁址郊外，生产线扩大1倍；浙江天新药业也迅速崛起成为国内主要的VB_1生产商，产量和出口量均跃居第2；其他几大厂家也在积极实施扩产计划。2008年国内VB_1总产能达到8 000t，但受东北制药总厂搬迁产量下降和金融危机使出口需求下降两大因素的影响，国内实际产量仅有5 000t，出口量在3 692t，其中向美国的出口量占总出口量的33%。

2008年，国内VB_1市场价格走势呈“抛物线”走势，年初及年底价格均在125~130元/kg，而8月价格最高达155元/kg。

6.VB_2。又称核黄素。国内的VB_2主要生产企业有湖北广济、上海迪赛诺、宁夏启元、山东新发、山东恩贝等，国外主要生产企业有帝斯曼和巴斯夫。湖北广济的VB_2产量居于世界首位，其产出量约占国内市场的90%和全球市场的40%。2008年，湖北广济在河南省孟州市建设的年产2 500t饲料级核黄素项目投产，使得产能和产量增加。2008年国内的产能为7 000t，产量约为4 000t，出口量为2 171t，出口金额达到8 306万美元，主要出口国是美国、德国、荷兰及印度，占总出口量的56%。

2008年国内的VB_2价格延续自上年10月开始的跌势，从年初的425元/kg跌至年底120元/kg。

7. VB_6。国内约有10家企业生产VB_6，这些企业大多分布在长江三角洲地区，如：罗氏（上海）维生素有限公司、湖北咸宁第二制药厂、江苏张家港宏兴化学制药公司、上海晨富江西森泰药业有限公司等。我国VB_6大部分用于出口。2008年受全球金融危机的影响，市场需求萎缩，个别厂家停产，2008年的生产能力约8 000t，产量约为4 000t，出口量也大幅萎缩至2 860t，出口金额5 190万美元，其出口的主要国家有美国、德国、荷兰及日本等。

2008 年国内 VB_6 价格整体变化不大，全年最高价格 150 元/kg,最低价约 130 元/kg。

8. VB_{12}。世界主要生产企业有法国的赛诺菲-安万特（印度的 Wockhardt 公司于 2007 年底关闭其 VB_{12} 生产线）、我国的河北玉星生物工程有限公司、河北华容制药公司、华北制药威可达公司和宁夏多维等。2008 年我国 VB_{12} 纯品总产量 30t,占全球总产量的 86%，其中河北玉星生物产量约占国内产量的 50%。2008 年 VB_{12} 衍生物产量 1 000 多 t。自 2008 年 9 月开始，由于国际市场需求下降,VB_{12} 衍生物全年出口量仅为 517t,主要出口国是西班牙、美国和德国。

9. 泛酸钙。国外的生产企业主要有荷兰帝斯曼、德国巴斯夫及日本第一制药精细化学品公司,我国的主要生产企业有浙江杭州鑫富药业股份有限公司、山东新发药业有限公司、山东大华广济生化工程有限公司、上海徐行药厂、山东华晨生物化学有限公司等。山东华晨生物化学有限公司始建于 2007 年 10 月,采用酶拆分工艺生产 D-泛酸钙,2008 年下半年开始有产品投放市场。2008 年全球 D-泛酸钙总生产能力为 1.9 万 t,其中我国企业产能为 1.2 万 t,占全球产能的比例超过 60%。

2008 年,我国泛酸钙产量约 8 000t;出口量为 6 162t,较 2007 年下降 2.3%,出口金额为 8 724 万美元。杭州鑫富药业是出口量最大的公司,占总出口量的 70%以上,山东新发药业出口量预计占总量的 15%左右

自 2001 年以来,我国 D-泛酸钙消费量以约 10%的速度增长,2008 年的消费量约 2 400t。国外 D-泛酸钙 2008 年的消费量约 11 600t,增长率在 7%。

2008 年国内泛酸钙价格呈持续下跌的趋势,年初市场价格在 140 元/kg 的水平，而年底其价格已跌至 60 元/kg 以下,价格下跌幅度达 59%。

10. 烟酸与烟酰胺(维生素 PP)。全球的生产企业主要有瑞士龙沙、吉友联、德固赛等,国内生产企业较多,主要有广州龙沙、浙江爱迪亚、天津亨天利、杭州合应等，广州龙沙是国内最大的烟酰胺生产企业。2008 年我国烟酰胺及烟酸的产能超过 2 万 t,产量约 1 万 t,约占世界总产量的 20%。2008 年国内烟酰胺/烟酸的市场价格先涨后跌,年初价格在 78 元/kg,4、5 月随着出口的好转，其价格一度达到 150 元/kg 的高位,但后期价格又逐步回落至年初的水平。

11. 生物素(VH)。生物素中 80%用作饲料工业，20%用作食品和医药，近年市场需求增长相对较快，年增长率能达到 10%。浙江医药、浙江新和成及浙江圣达是我国生物素的主要生产厂家,其中浙江医药旗下的新昌制药厂是全球最大的生产企业,2008 年其生物素的世界占有率达到 80%以上。我国生物素出口量已占国际市场 45%。

2008 年第 1 季度,生物素的价格略有上扬,年内最高价达到 300 元/kg,但后期市场因需求不振,年底价格跌至 125 元/kg 的水平,价格下跌超过一半。

12.叶酸(VB_9)。 国内叶酸的主要生产企业有江苏常州牛塘化工厂、山东新发药业、江苏康瑞化工厂、江苏镇江高鹏药业公司等。2008 年国内的产量约 2 000t,其中有 80%用于出口。

2008 年叶酸总体呈现下跌走势，年初的价格在 300 元/kg,年底跌至 180 元/kg。

13. 氯化胆碱。我国氯化胆碱的生产企业较多,主要生产厂家有山东恩贝、奥克特、特明克、四平中信、徐州汉威、山东碧隆巨佳等,河北沧州地区也有不少中小企业在生产。2008 年我国氯化胆碱生产能力达到 50 万 t，实际产量达到 40 万 t（包括各种含量产品),同比增长 8%。

2008 年国内氯化胆碱的市场价格呈先涨后跌的走势，年初 50%含量粉剂的价格基本在 5 300~5 400 元/t,8 月升至 7 000 元/t,但年底跌至 5000 元/kg 的水平。

14. VK_3。近年我国 VK_3 生产厂家不断增多,主要有浙江兄弟、绵阳崴尼达、云南陆良、大华广济、浙江爱迪亚、鞍山制药等。2008 年国内 VK_3 的生产能力约 5000t,产量约 3 500t。

2008 年国内 VK_3(MSB96%)的价格变化不大,全年最高价格 140 元/kg,最低价 120 元/kg。

（段素云　孙志强）

【矿物质微量元素】

我国矿物质资源比较丰富,配合饲料所需的微量元素几乎都可生产。与其他类的添加剂相比,矿物质微量元素的生产工艺比较简单,尽管国内的需求在不断增加,但生产能力完全可以满足需要，而且生产水平还在不断提高,有些产品如氧化锌、硫酸铜等的结晶水已由 7 水减到 1 水。此外,有机微量元素的生产和应用也在不断增加,如乳酸钙、柠檬酸锌、氨基酸微量元素络合物等。我国矿物质微量元素主要生产企业见表 1。

表1 我国矿物质微量元素主要生产企业

产品	生产企业	生产能力(t/年)	备注
镁盐	上海宝达化工有限公司	10 000	硫酸镁
	山西南风化工集团股份有限公司	15 000	硫酸镁
	江苏省盐业公司灌东化工厂	10 000	硫酸镁
	天津长芦汉沽盐场有限责任公司	60 000	氯化镁
	辽宁盘锦兴海制药有限公司	5 000	碳酸镁
	江苏宜兴市东方精细化工厂	2 500	碳酸镁
铁盐	江苏镇江钛白粉厂	20 000	钛白副产品
	北京北化精细化学品有限责任公司		硫酸亚铁
	南京油脂化工厂	1 000	硫酸亚铁
	济南裕兴化工总厂	70 000	硫酸亚铁
	湖北省襄樊市无机化工总厂	12 000	硫酸亚铁
	安徽铜化集团宏大化工有限公司	2 000	硫酸亚铁
铜盐	北京北化精细化学品有限责任公司	100	硫酸铜
	天津市兽药二厂	5 000	硫酸铜
	上海科昌精细化学品公司	100	硫酸铜
	四川省双流县磷肥厂	200	硫酸铜
	安徽铜陵有色金属集团公司	2 500	硫酸铜
	山东烟台金河实业有限公司	1 500	硫酸铜
	大连瓦房店市化工厂	1 000	硫酸铜
锌盐	北京北化精细化学品有限责任公司	200	硫酸锌
	广西柳州锌品集团		氧化锌
	江苏扬州天龙化工有限公司	10 000	氧化锌
	山东招远市新亚化工厂	300	硫酸锌
	河北省高邑县国光化工厂	2 000	氧化锌
	江苏徐州化肥厂	3 000	硫酸锌
	广西西江化工有限责任公司	6 000	氧化锌
锰盐	北京北化精细化学品有限责任公司	1 000	硫酸锰
	长沙化工厂	80 000	硫酸锰
	云南蒙自氮肥厂	2 000	硫酸锰
	湖南省长沙县兴达化工厂	5 000	硫酸锰
	四川德阳柏隆化工厂	2 000	硫酸锰
钴盐	北京北化精细化学品有限责任公司	10	氯化钴
	上海科昌精细化学品厂		氯化钴
	上海缪城化学品厂	20	氯化钴
	江苏阜宁化工厂	60	氯化钴
	大连太平洋钴镍品厂		氯化钴
	浙江湖州第二化工厂	100	氯化钴
硒盐	北京北化精细化学品有限责任公司		
	上海金山区兴塔美兴化工厂	50	亚硒酸钠
	陕西省石油化工研究设计院	20	亚硒酸钠

产品	生产企业	生产能力(t/年)	备注
	成都龙泉微量元素厂		
碘盐	北京北化精细化学品有限责任公司		碘化钾
	浙江仙居制药厂三分厂	15	碘化钾
	重庆化学试剂总厂	5	碘化钾
	东北制药厂		
	浙江杭州电化集团叶绿素厂		
	天津制药厂		

随着矿物质添加剂在饲料生产中应用的逐步成熟，近年来国内矿物质添加剂的市场已处于平稳上升状态。根据2008饲料工业的生产情况，全国矿物质微量元素的消费量在45万t左右，其中用量较大的产品有硫酸镁、硫酸亚铁、硫酸锌和硫酸锰4类产品，分别为8万t、13万t、9.5万t和7.5万t，约占总消费量的90%。

除以上微量元素外，磷酸盐是用量最大的矿物质饲料添加剂，其中以磷酸氢钙为主。自2000年以来，由于肉骨粉的禁用，促使饲料业对磷酸氢钙需求的增加，国际市场对我国磷酸氢钙的需求量也逐年扩大。国内现有磷酸氢钙生产企业在200家左右，主要集中在四川、云南、湖南、贵州等磷矿资源比较丰富的地区，总设计能力近300万t/年，最大生产企业是四川龙蟒集团(50万t/年)。2008年由于四川地震，导致四川地区的一些磷矿无法开采，磷酸氢钙的生产装置也有不同程度地损毁，因此造成了2008年夏季磷酸氢钙供应紧张，但随着生产的快速恢复，2008年全国饲料磷酸氢钙的总产量仍达到了230万t，其中出口量为41万t。虽然近年原材料和能源价格有所上涨，但由于生产能力大于需求，因此磷酸氢钙的价格变化较小，促进了饲料生产的发展。

(韩秋燕)

【微量元素氨基酸螯合物的应用研究】

一、微量元素氨基酸螯合物在养猪生产上的应用研究

1. 在妊娠及哺乳母猪生产上的应用研究

(1)在妊娠母猪生产上的应用研究。氨基酸微量元素螯合物可以减少慢性子宫感染，降低胚胎死亡率和加快子宫组织恢复，改善母畜的繁殖性能。任艺兵等研究结果表明，在母猪日粮中添加1%复合型氨基酸微量元素螯合物对母猪的繁殖性能、经济效益等作用效果明显，初产母猪首次配种受胎率平均提高了5%，胎产平均窝产活仔数增加了3.60%，断奶仔猪成活率提高了5%，断奶至产后发情配种的间隔时间平均缩短了3~5d。

(2)在妊娠和哺乳母猪生产上的应用研究。在妊娠和哺乳母猪日粮中添加微量元素螯合物，可提高初乳中某些微量元素含量、提高窝产活仔数、提高断奶窝重。沈思军等试验选用“长大”二元杂交经产母猪，在母猪妊娠和哺乳期分别饲喂添加3种不同类型微量元素试验日粮。Ⅰ组为对照组，饲粮中添加的微量元素分别为$CuSO_4$、$FeSO_4$、$ZnSO_4$、Na_2SeO_3; Ⅱ组(氨基酸螯合物组)，饲粮添加的铁、铜、锰、锌和硒微量元素均为蛋氨酸螯合物；Ⅲ组(蛋白质螯合物组)，饲粮添加的微量元素为蛋白质螯合铁、蛋白质螯合锌、蛋白质螯合锰和酵母硒。结果显示，Ⅱ组和Ⅲ组分别较对照组初乳中锰含量高出了21.05%和5.87%，差异不显著；Ⅱ组和Ⅲ组分别较对照组初乳中铁含量提高17%和8.40%，差异不显著；对初乳中锌没有明显影响；对于常乳中各种微量元素含量也无明显影响；提高了窝产活仔数、合格仔数，减少了死仔和干尸的数量，初生窝重Ⅱ组和Ⅲ组分别比Ⅰ组高0.78 kg和0.48kg，Ⅱ组、Ⅲ组断奶窝重分别比Ⅰ组高4.12 kg和0.28kg。

2. 在断奶仔猪生产上的应用研究

(1) 甘氨酸铁仔猪生化指标及生产性能的影响。甘氨酸铁通过影响血液的生化指标来改善仔猪的生产性能。马文强等选用“杜长大”三元杂交仔猪，基础日粮中分别添加0、30、60、90、120mg/kg甘氨酸铁和120mg/kg硫酸亚铁，研究甘氨酸铁对断奶仔猪抗氧化能力及血清生化指标的影响，试验期为5周。结果表明，饲粮中添加甘氨酸铁，均不同程度地提高了血清中过氧化氢酶、黄嘌呤氧化酶、琥珀酸脱氢酶和碱性磷酸酶的酶活，降低了血尿氮、钙和磷含量。刘卫东等选用28日龄断奶仔猪进行饲养试验，在基础日粮中添加0.05%甘氨酸螯合铁，研究添加甘氨酸螯合铁对仔猪生产性能、死亡率和腹泻率的影响，并预测了其可能带来的经济效益。结果发现，在基础日粮中添加0.05%甘氨酸螯合铁后，仔猪的平均日增重为347g，比对照组提高了9.10%，差异显著。料重比为1.46，比对照组降低了6.20%。腹泻率也比对照组降低了56.30%，试验组和对照组中仔猪均未死亡。与对照组相比，每头猪平均所获毛利增加了16.20%，经济效益明显提高。由此可知，甘氨酸铁可以影响仔猪机体抗氧化能力和血清生化指标,在一定程度上改善仔猪的生产性能。

(2)比较不同铁源对仔猪铁营养状况及生产性能的影响。不同铁源对仔猪铁营养状况及生产性能的影响有差异,选择理想的铁源非常重要。陈凤芹等选用25日龄断奶大白仔猪,分别饲喂添加硫酸亚铁、富马酸亚铁或甘氨酸亚铁的日粮,使日粮中添加铁的量是150mg/kg,比较不同铁源对断奶仔猪生产性能、免疫功能及铁营养状况的影响,试验期为28d。结果表明,各组生产性能指标均无显著差异。在试验的第28天,甘氨酸亚铁组血清IgG含量明显高于无机硫酸亚铁组和富马酸亚铁组。在第14天,甘氨酸亚铁组的红细胞数略高于硫酸亚铁组,而富马酸亚铁组与硫酸亚铁组差异不显著。这表明,甘氨酸亚铁是一种给断奶仔猪补铁优于硫酸亚铁和富马酸亚铁的安全铁源。

(3)螯合锌对仔猪免疫功能的影响。有机态的锌添加剂对断奶仔猪免疫功能的影响要好于无机锌。吴玉臣等选用6kg左右的"杜长大"三元杂交猪,分别添加无机锌($ZnSO_4$)和有机锌组(氨基酸螯合锌),研究氨基酸螯合锌对断奶仔猪免疫功能的影响。结果表明,氨基酸螯合锌能显著提高断奶仔猪血清中总蛋白、白蛋白、球蛋白和免疫球蛋白IgG、IgM、IgA的含量,显著提高血清中抗体水平和淋巴细胞转化率。

二、微量元素氨基酸螯合物在家禽生产上的应用研究

1. 对肉仔鸡生化指标及生产性能的影响

(1)不同锌源对基因表达的影响。氨基酸锌对肝脏MTmRNA基因表达要优于无机锌。黎云等选用150羽肉仔鸡,随机分成3组,分别饲喂不加锌的基础日粮和添加60mg/kg硫酸锌和氨基酸锌的日粮,采用RT-PCR方法研究两种锌源对肉仔鸡肝脏金属硫蛋白(MT)mRNA基因表达的影响。结果表明,日粮添加两种锌源锌均能够提高肝脏MT mRNA的丰度,但与硫酸锌相比,日粮添加氨基酸锌显著提高了肝脏MT mRNA基因表达的影响。

(2)不同铬源吸收的比较。无机铬的吸收率较低,开发出吸收率高的铬源,是研究者所关注的问题。彭忠利等选用36只7周龄的健康、体重相近的艾维茵肉仔鸡,比较无机铬($CrCl_3$)、氨基酸铬(AACr)、小肽铬(SPCr)、烟酸铬(NiCr)和吡啶羧酸铬(PiCr)的吸收转运效果及其对锌吸收的影响。对照组饲喂基础日粮,不同铬源均按1.60mg/kg体重的剂量口饲,2h后于心脏和门静脉采血,屠宰取十二指肠样本,测定其中铬和锌含量。结果表明,SPCr组的十二指肠和门静脉血中铬含量分别比AACr组提高30.53%和30.43%,极显著高于其他各组;SPCr组的心脏全血中铬含量比AACr组提高17.24%,与十二指肠和门静脉血提高的幅度比显著降低;无机铬组血清锌含量低于对照组,而SPCr和AACr有提高血清锌含量的趋势。结果认为,铬的吸收受铬源影响较大。SPCr和AACr的吸收较其他铬源要好,与锌不形成竞争,且在一定程度上促进锌的吸收;SPCr和AACr的吸收效果更优,可能与其利用了小肽和/或氨基酸的吸收机制,以整体的形式被吸收有关。

(3)不同铁源对生产性能的影响。选择合适的铁源、有效预防缺铁症的发生,一直是动物营养领域的研究热点。钱红娟等选取1日龄罗曼蛋公鸡,在以玉米-大豆分离蛋白为主要成分的半纯合基础日粮中分别添加硫酸亚铁、蛋氨酸铁和甘氨酸铁3种铁源,使铁含量各为80mg/kg,组成对照组和两个试验组。比较不同铁源对仔鸡生长的影响,试验期为28d。28日龄时停食24h后称重屠宰,取内脏器官。结果表明,蛋氨酸铁促进仔鸡体重的增加和内脏器官的发育,在21日龄和28日龄时体重比对照组分别提高了10.57%和14.94%;甘氨酸铁与对照组相比,差异不显著,但在一定程度上可以促进仔鸡体重的增加和内脏器官的发育。

(4)不同锰源对免疫性能的影响。锰有造血功能,可刺激免疫器官的细胞生成,还可以提高某些动物体内抗体的效价和增加非特异性抵抗因子的量。但一些报道认为,不同锰源对肉仔鸡免疫性能影响不同。王艳立等选用刚出壳的AA商品代肉仔鸡,以玉米-豆粕型日粮为基础日粮,分别添加硫酸锰100mg/kg、蛋氨酸螯合锰60mg/kg和蛋氨酸螯合锰100mg/kg组成3种试验日粮,试验期为42d。结果表明,在肉仔鸡日粮中添加100mg/kg的蛋氨酸螯合锰与等剂量的硫酸锰相比,可使胸腺、脾脏和法氏囊的重量及其指数显著增加;添加60mg/kg的蛋氨酸螯合锰对免疫器官重量也有一定的促进作用,但差异并不显著。42日龄时添加蛋氨酸螯合锰100mg/kg组肉仔鸡血清中总蛋白和球蛋白均显著高于添加100mg/kg硫酸锰组。试验结果表明,蛋氨酸螯合锰与硫酸锰相比具有一定的免疫刺激或调节作用。

2. 微量元素氨基酸螯合物对种禽生产性能的影响

(1)不同锌源对种鸭生产性能的影响。锌源对产蛋种鸭的影响资料较少,有待于研究。张巍等选用产蛋高峰期蛋用种鸭山麻鸭,玉米-豆粕型基础日粮,6个不同锌源或含量的试验处理组分别为氧化锌、纳米氧化锌、碱式氯化锌、氨基酸螯合锌、50%纳米氧化锌+50%氨基酸螯合锌、50%纳米氧化锌+50%氨基酸螯合锌,锌的添加量分别为80、80、80、80、40、20mg/kg,研究了不同锌源、不同锌添加水平对蛋用种鸭营养效果的影响。结果表明,不同锌源不同锌的添加水平对山麻鸭的平均蛋重、平均产蛋率、料蛋比、受精率以及孵化率无显著影响;有机锌与无机锌联合使用时有一定的协同效应。

(2)对种鸡生产性能的影响。微量元素氨基酸螯合物在蛋种鸡日粮中应用对蛋种鸡繁殖性能有促进作用。李玉清等在蛋种鸡生产中应用微量元素氨基酸螯合物可以促进蛋种鸡生产,提高蛋种鸡的产蛋量和饲料利用效率,改善蛋壳质量,提高种蛋合格率、孵化率及健雏率,经济效益明显。

三、微量元素氨基酸螯合物在反刍动物生产上的应用研究

1. 不同锌源理化特性及过瘤胃的稳定性

畜禽胃液的 pH 一般为 0.5~2.5, 小肠液 pH 为 5.6~7.2,反刍动物瘤胃 pH 随饲粮不同为 4.6~7.0。有机络合锌源的一个重要营养学意义在于其在消化道生理 pH 条件下具有适宜的稳定性。梁建光等分析了 7 种有机锌源(蛋氨酸锌,Zn-Met;氨基酸锌 A,ZnAA-A;氨基酸锌 B,ZnAA-B;氨基酸锌 C,ZnAA-C;蛋白锌 A,ZnPro-A;蛋白锌 B,ZnPro-B;甘氨酸锌,ZnGly)产品的理化特性。结果表明,有机锌源产品的含锌量和氨基酸组成存在较大差异;所测两种有机锌源产品(ZnPro-B 和 ZnAA-B) 均具有锌络合物的结构特征;所有有机锌产品在盐酸、柠檬酸、中性柠檬酸铵缓冲液中的溶解度均在 90%以上, 在 pH 2 缓冲液中的溶解度为 53.92%~98.54%, 在水和 pH 5 缓冲液中的溶解度变化范围为 6.04%~98.54%; 未检测到有机锌源在 pH 2、0.2mol/L HCl -KCl 或 pH 5、0.1mol/L KH_2PO_4-K_2HPO_4 缓冲液及去离子水中的可溶部分有机络合锌存在;有 4 种有机锌源(Zn-Met,ZnAA-A,ZnAA-B,ZnAA-C)产品属于弱络合强度有机锌源,有 1 种有机锌源(ZnPro-B)产品属于中等络合强度有机锌源,有 2 种有机锌源(ZnPro-A,ZnGly)产品属于强络合强度有机锌源。梁建光等的另一项试验用体外瘤胃发酵法评价了不同络合强度有机锌源的瘤胃稳定性。结果表明,不同络合强度有机锌在模拟瘤胃环境下是稳定的,过瘤胃率分别在 92%以上,其中又以络合强度有机锌为最好 (99.55%), 弱络合强度有机锌(94.58%)次之,中络合强度有机锌(92.16%)相对最低。

2. 螯合铜的应用研究

(1)赖氨酸铜对血液指标及养分代谢的影响。日粮赖氨酸铜影响血液生化指标及养分代谢。孙洁荣等选用平均体重 420kg,年龄 2.5 岁中国西门塔尔阉牛,以混合精料和风干玉米秸秆为基础日粮,以赖氨酸铜为铜源,在基础日粮中分别添加赖氨酸铜,使铜含量分别为 0(对照组)、8、16、24mg/kg,研究赖氨酸铜对西门塔尔牛血液指标的影响。结果表明, 甘油三酯、血糖、总胆固醇、白蛋白和总蛋白含量显著增加。尿素氮显著下降。血清碱性磷酸酶、酸性磷酸酶、乳酸脱氢酶差异均不显著。血清谷胱甘肽过氧化酶活性显著提高,丙二醛显著下降。血清铜含量随添加铜量逐渐增加,显著高于对照组,但处理组间差异不显著。结果还显示,各处理组有机物质、粗蛋白质、粗脂肪、无氮浸出物、中性洗涤纤维、酸性洗涤纤维表观消化率显著高于对照组。综合结果表明,以赖氨酸铜为铜源时日粮铜添加量为 8~16mg/kg。

(2)不同铜源对瘤胃发酵养分降解的影响。不同铜源对瘤胃发酵养分降解率是不同的。王聪等选用 2.5 岁装有永久性瘤胃瘘管的中国西门塔尔阉牛,以风干玉米秸秆和混合精料为基础日粮,分别在基础日粮风干物质基础上添加硫酸铜、富铜酵母、赖氨酸铜、蛋氨酸铜和包被铜(铜含量为 8mg/kg 日粮),研究不同铜源对瘤胃发酵和尿嘌呤衍生物浓度的影响。结果表明,不同铜源对 pH、乙酸、丙酸、丁酸和乙酸/丙酸无显著影响,富铜酵母、赖氨酸铜、蛋氨酸铜和包被铜组总酸和氨态氮浓度显著低于硫酸铜组。不同铜源对尿酸含量无显著影响,富铜酵母、赖氨酸铜、蛋氨酸铜和包被铜组尿囊素和尿嘌呤衍生物含量显著高于硫酸铜组。根据研究结果判定,蛋氨酸铜和包被铜是牛较好的饲料铜源,富铜酵母和赖氨酸铜次之。在比较不同铜源对瘤胃营养物质降解率的影响时发现,富铜酵母组和蛋氨酸铜组玉米秸秆干物质和有机物的瘤胃有效降解率显著高于硫酸铜组,但与赖氨酸铜组和包被铜组差异不显著。硫酸铜组中性洗涤纤维和酸性洗涤纤维瘤胃有效降解率显著低于其他铜源组。赖氨酸铜组、蛋氨酸铜组和包被铜组干物质、有机物质及粗蛋白质有效降解率显著低于硫酸铜组,但与富铜酵母组差异不显著。综合比较,蛋氨酸铜和包被铜效果较好,其次为富铜酵母和赖氨酸铜,硫酸铜较差。

四、微量元素氨基酸螯合物在其他动物生产上的应用研究

1. 蛋氨酸锌对兔体内微量元素沉积的影响

锌的吸收和利用易受各种因素的影响,而蛋氨酸锌具有稳定性好、吸收率高、抗拮抗等作用。张晶等在研究蛋氨酸锌对吉戎兔体内锌、铜、铁沉积率的影响时报道,随着蛋氨酸锌添加量增加,组织中锌、铜和铁含量有增加趋势,但添加到蛋氨酸锌 80mg/kg 以后这种趋势减缓并有所下降。同时还发现,添加蛋氨酸锌增加组织中锌的含量有促进铜和铁的吸收作用。

2. 蛋氨酸锌对乳鸽生长和免疫的影响

易力等选用 1 日龄美国白羽大王鸽,分为 3 个处理,通过对乳鸽滴加不同剂量的蛋氨酸锌 0、2、10mg,研究其对生长性能和免疫功能的影响。结果表明,添加一定量的蛋氨酸锌可有效提高乳鸽的生长性能;对其免疫性能也有一定的增强作用,试验组免疫器官指数和 α-醋酸萘酯酶试验的阳性率均高于对照组,乳鸽母源抗体滴度下降减缓。

3. 微量元素氨基酸螯合物在鱼虾生产上的应用

研究

(1)不同形式铁对南美白对虾的影响。彭志东等用3种铁源(硫酸铁、柠檬酸铁、甘氨酸铁),每种铁源设4个铁水平(20、40、60、100mg/kg),饲养8周,在4周末、8周末的时候称重并采集对虾肝胰脏和肌肉,测定肝胰脏和肌肉中的铁含量。结果表明,铁源和各添加水平对生长、成活率无显著影响,铁源和铁水平对饲料系数和蛋白质效率有影响,甘氨酸铁有提高饲料效率的作用,柠檬酸铁能提高蛋白质效率;肌肉中铁含量不受铁源和铁水平的影响。肝胰脏中铁水平表现为随添加量的增加而显著升高的趋势,以甘氨酸铁组升高幅度最大,铁源间差异显著。

(2) 氨基酸螯合物对黄颡鱼生长及体组成的影响。韩庆等选用黄颡鱼,设5个处理,Ⅰ组为对照组,不添加微量元素;Ⅱ组为无机组,添加硫酸盐的微量元素,使铜、铁、锌、锰的添加量分别为4、140、20、12 mg/kg; Ⅲ组添加微量元素蛋氨酸螯合物,使铜、铁、锌、锰的添加量分别为4、140、20、12mg/kg;Ⅳ组添加微量元素蛋氨酸螯合物,使铜、铁、锌、锰的添加量分别为8、280、40、24 mg/kg; Ⅴ组添加微量元素蛋氨酸螯合物,使铜、铁、锌、锰的添加量分别为2、70、10、6mg/kg;投喂平均体重为11.80g的黄颡鱼70d。结果是,添加微量元素的各试验组的增重率、饵料系数、蛋白质效率均优于对照组。等量添加微量元素的氨基酸Ⅲ组明显优于无机微量元素组。氨基酸Ⅲ组的增重率显著高于无机组,比无机组、氨基酸Ⅳ组、氨基酸Ⅴ组分别提高了16.86%、7.60%、8.03%。饵料系数、蛋白质效率在各组间有一定的差异,但均不显著。等量添加微量元素的氨基酸Ⅲ组各组织中微量元素的残留量高于无机组,微量元素含量高的氨基酸Ⅳ组残留量最多,但其增重效果不如氨基酸Ⅲ组。微量元素在黄颡鱼组织中的积累顺序为:骨骼>肌肉。微量元素的添加对黄颡鱼肌肉的常规营养成分、氨基酸组成及风味未产生显著的影响。因此,在本试验条件下,每千克饲料添加氨基酸微量元素的适宜量为铜4mg、铁140mg、锌20mg、锰12mg。

(王 安)

非营养性饲料添加剂

【着色剂】

随着畜产品竞争的加剧,饲养者为了改变产品的外观,扩大产品的销售,越来越多地使用具有特殊功能的色素,如用于水产养殖的虾青素。目前我国批准使用的色素有β-胡萝卜素、虾青素、辣椒红、叶黄素、柠檬黄和斑蝥黄等8种产品,主要用于家禽和水产饲料以及宠物饲料。其中用量较大的品种是柠檬黄、虾青素。由于β-胡萝卜素、辣椒红等价格较高,因此难以在饲料生产中使用。

由于色素的使用基本不能改进畜产品的营养价值,而且如不能严格按国家规定添加允许使用的色素,而用一些工业染料或颜料,还会带来不良的后果,因此国家不鼓励配合饲料中大量使用色素。但由于畜产品的色泽是消费者最直接的第一感官,因此色素的使用在不断增加,特别是水产饲料、宠物饲料等。2007年色素的使用量在190t左右,主要用于水产饲料和家禽饲料及宠物饲料。

目前色素的重点生产企业有:天津市恒泽化工科技有限公司、浙江大学精细化工有限公司、杭州民生药厂添加剂分厂、四川省内江市奥特天然色素厂及广州威尔斯饲料集团有限公司等企业。此外,食用色素完全可以用于饲料生产中,除天然食用色素外,我国现合成食用色素的生产能力较大,在满足食品工业需要的同时,可以满足饲料工业的需要。我国合成食用色素技术力量较强、生产能力较大的单位是:上海染料研究所和天津染料研究所。

由于人们对合成色素的安全性存在一定的质疑,特别是“红心鸭蛋”事件的出现,对合成色素的使用产生一定的影响,因此天然色素和仿天然色素将更加受到重视,如虾青素、β-胡萝卜素和叶黄素等,此类产品的安全性比较高,而且不仅具有染色作用,还具有抗氧化作用。

2008年,全国合成食用色素的产量约3 900t,天然色素产量近2万t,其中天然色素除国内消费外,还供应国际市场。

(韩秋燕)

【黏结剂】

黏结剂也称赋型剂,是生产颗粒饲料,特别是水产饲料必不可少的加工助剂。我国的水产养殖业居全球第一位,随着养殖规模的扩大,水产饲料的生产量以高于全国饲料平均增长速度发展,2008年的产量已超过了1 338.77万t,促进了黏结剂的发展。

根据来源不同,黏结剂分天然和人工合成两大类。根据我国的规定,有海藻酸钠和α-淀粉、羧甲基纤维素钠(CMC)及聚丙烯酸钠等。

α-淀粉是目前用量较大的一种黏结剂,20世纪80年代末由于水产养殖业的需要,广东佛山溶剂厂等单位建设了小规模的生产线。随着水产养殖业的迅速发展,全国水产饲料的生产量越来越大,1994年佛山溶剂厂进行了扩建,使其α-淀粉的生产能力达到1万t/年。目前,全国现有生产单位20余家,主要有广东佛山溶剂厂、广西明阳淀粉厂,总计生产能力为40万t/年左右,2008年全国产量约26万t,主要生产企业的情况见表1。

表 1　我国 α-淀粉主要生产企业情况

企业名称	生产能力(t/年)
广东佛山市华昊淀粉有限公司	20 000
佛山市南海金沙高豪淀粉厂	10 000
福建怡昌公司	10 000
山西沅达公司	10 000
广西明阳淀粉厂	20 000
江苏省东台港淀粉饲料厂	5 000
北京权丰淀粉有限公司	5 000

海藻酸钠是一种性能优良的黏结剂，但由于受原料来源的限制，其产量低于 α-淀粉，但价格高于 α-淀粉。我国是世界上海藻酸钠的主要生产国，2008 年的出口量达 3 286t。我国现有海藻酸钠生产企业 20 余家，但生产规模均比较小，主要分布在山东、福建、浙江等沿海地带，2008 年全国海藻酸钠的总产量约 12 000t，除出口外，国内主要用于食品和医药工业，饲料生产用量非常有限。我国海藻酸钠主要生产企业的生产情况见表 2。

表 2　我国海藻酸钠主要生产企业的生产情况

企业名称	生产能力(t/年)	2008 年产量(t)
青岛黄海海藻工业公司	3 500	1 100
青岛胶南明月海藻工业有限责任公司	3 000	1 300
青岛南洋海藻工业公司	2 000	900
中国人民解放军第九七三三工厂	1 100	300
山东日照洁晶(集团)股份有限公司	3 500	1 400
山东乳山市黄海化工厂	500	200
江苏赣榆县七二化工厂	1 500	800
达柯拉海藻工业(连云港)有限公司	2 000	1 000

目前，全国 CMC 的生产厂家达 40 余家，总生产能力在 10 万 t/年以上，2008 年产量为 9.50 万 t，除用于饲料生产外，大量用于建筑和食品工业中，此外还供应国际市场。我国 CMC 主要生产企业的生产情况见表 3。

表 3　我国羧甲基纤维素素钠(CMC)主要生产企业的生产情况

企业名称	生产能力(t/年)	2008 年产量(t)
威怡化工(苏州)有限公司	5 000	3 000
丹尼斯克(中国)有限公司	5 000	3 100
赫克力士化工(江门)有限公司	10 000	6 000
江苏宜兴市通达化学有限公司	4 000	2 800
上海青东化工厂	5 400	3 100
上海赛璐璐厂	3 000	2 200
上海申光食用化学品厂	3 000	2 300
江苏张家港三惠化工有限公司	3 000	2 400
泰安市九龙化工总厂	1 000	600
重庆桥丰化工厂	6 000	3 800
四川泸州化工厂	2 300	1 800
西安惠安化学工业有限公司	2 000	1 400
山东聊城鲁西化工集团总公司	2 000	1 500

(韩秋燕)

【抗结块剂】

为防止加工和贮存过程因水分变化而造成饲料结块，影响饲料质量而使用的添加剂为抗结块剂。此外，一些添加剂或添加剂预混和饲料也将这类物质用作载体，以防止添加剂变性和结块。目前我国批准使用的抗结块剂有二氧化硅、硬酯酸钙、硅酸钠和硅酸钙等。

我国长江以南地区由于气候的原因，常年湿度较大，如不对饲料进行适当的处理，极易结块，而长江以南的广东、江苏、上海、江西、四川、湖南和湖北又是我国配合饲料和养殖业比较发达的地区，因此对抗结块剂的需求量较大。

我国现有数百家工厂可生产以上 4 种产品，可以满足饲料行业的需要，主要生产厂家见表 1。

表 1 目前我国抗结块剂主要生产企业情况

企业名称	产品	生产能力(t/年)
上海牙膏厂有限公司	二氧化硅	3 000
茂名高岭土工业有限公司	二氧化硅	150 000
江苏兰陵化工(集团)公司	二氧化硅	1 500
山东辛化硅胶有限公司	硅酸钠	120 000
廊坊永清县聚利得化工有限公司	硅酸钠	30 000
内蒙古乌海化工厂	硅酸钠	20 000
锦州化工三厂	硅酸钠	20 000
上海星火化工厂	硅酸钠	72 000
南京无机化工厂	硅酸钠	15 000
江苏德邦化学工业集团有限公司	硅酸钠	10 000

抗结块剂的使用完全是根据生产的实际情况而定,因此用量不详。

(韩秋燕)

【乳化剂和稳定剂】

乳化剂的作用是将两种或两种以上互不相溶物质制成混合均匀的单一相物质,由于许多维生素等饲料添加剂为油溶性产品,因此在配制人工乳时难以与其他饲料成分混合,此外一些以饮水方式投料的添加剂难溶于水中,因此必须通过乳化剂将其配制成可溶于水的乳液,以便动物的采食。

我国现批准使用的乳化剂有甘油脂肪酸酯、蔗糖脂肪酸酯和山梨醇酐脂肪酸酯等产品,主要用于人工乳的生产中。

我国现有多家以上 3 种产品的生产企业,其产品除用于饲料工业外,大量用于食品工业中。2008 年全国以上 3 类产品的产量在 8 万 t 左右,产品主要用于食品工业,主要生产企业的情况见表 1。

表 1 目前我国乳化剂和稳定剂主要生产企业情况

企业名称	产品
大连中兴有机化工厂	蔗糖脂肪酸酯
上海伊凡尔精细化工有限公司	蔗糖脂肪酸酯
金华市迪耳糖酯化工有限公司	蔗糖脂肪酸酯
杭州市桐庐化工公司	蔗糖脂肪酸酯
山西颐泰恒精细化学有限公司	甘油脂肪酸酯
广州市天河美嘉食品科技实业有限公司	甘油脂肪酸酯
重庆市侨丰化工厂	甘油脂肪酸酯
上海油脂二厂	甘油脂肪酸酯
丹东市科海有机化工厂	甘油脂肪酸酯
辽宁旅顺化工厂	山梨醇酐脂肪酸酯
山东寿光市助剂厂	山梨醇酐脂肪酸酯
南宁化工集团公司	山梨醇酐脂肪酸酯
温州清明化工有限公司	山梨醇酐脂肪酸酯

随着饲养水平的提高和饲养规模的扩大,饲养业对配合饲料的质量要求将不断提高,因此对于乳化剂的需要量将逐渐增大。

(韩秋燕)

【抗氧化剂】

空气中的氧是造成饲料中的脂肪、蛋白质、碳水化合物及维生素等变质腐败的诱因。氧化变质的饲料产生异味,不仅影响饲料的适口性、降低采食量,甚至引起动物拒食。即使食入后也因影响及有效成分被破坏而降低饲料的营养价值,同时也会损害动物的健康。在饲料中添加抗氧剂即可防止饲料氧化变质,因此抗氧剂又是饲料保存剂中的一个组成部分。

我国已批准使用的抗氧化剂是乙氧基喹啉(乙氧喹)、二丁基羟基甲苯(BHT)、丁基羟基茴香醚(BHA)和没食子酸丙酯(PG)4 个品种。由于价格的原因,主要使用的是乙氧喹,它不仅用于配合饲料,还较大量地用于鱼粉中。我国乙氧喹主要用作饲料抗氧化剂,少量用作水果保鲜及其他,BHT 则主要用作食品抗氧化剂,饲料中应用量不大。乙氧基喹啉主要生产企业见表 1,BHT 主要生产企业见表 2。

表 1 目前我国乙氧基喹啉主要生产企业情况

企业名称	生产能力(t/年)
上海市长征第二化工厂	1 000
上海福达精细化工有限公司	3 000
广州天科科技有限公司	2 000
江苏中丹化工集团	2 000
南通利田化工有限公司	
南通丰田助剂厂	
山东鲁西兽药股份有限公司	
珠海和丰精细化工有限公司	

表 2 目前我国二丁基羟基甲苯(BHT)主要生产企业情况

企业名称	生产能力(t/年)
上海化原精细化工有限公司(原向阳化工厂)	1 700
辽宁滨河化有限公司(原滨河化工厂)	2 000
上海益民食品四厂	

1991 年以来，我国共批准进口抗氧剂饲料添加剂 10 余种，主要是乙氧喹及 BHT 和其他成分，如 BHA 和 PG 等的复配物。近年来，由于饲料的卫生受到关注，因此抗氧剂的普及率在不断提高。2008 年估计用量为 8 000t 左右，其中乙氧喹的使用量占 90% 以上，由于 BHT 的价格较高，因此用量非常有限，通常是与其他产品配合使用。

复合型抗氧化剂的各组分可发挥协同作用，增强抗氧效果，目前国内市场上已有多种复合型抗氧剂，如加入异 VC、TBHQ 及柠檬酸等组分，如北京桑普生物化工公司研制的“抑氧”，广州天科科技有限公司研制的“天科素”抗氧灵等均为复合型产品，其使用效果明显优于单一型产品。

（韩秋燕）

【防腐剂】

饲料中含有丰富的蛋白质、淀粉、维生素等营养成分，在高湿高温的条件下，容易因微生物的繁殖而发生腐败霉变。霉变的饲料不仅影响适口性、降低采食量，还会影响饲料的营养价值，而且霉菌分泌的毒素还会引起畜禽拒食、呕吐、腹泄、生长停滞甚至死亡。因此，在雨季和夏季生产和贮存配合饲料都需加入防腐防霉剂。

我国已正式批准使用的防腐剂 5 类 13 个品种，即丙酸类包括丙酸、丙酸钠和丙酸钙；甲酸类包括甲酸、甲酸钠和甲酸钙；柠檬酸类包括柠檬酸钠；乳酸类包括乳酸、乳酸钙和乳酸亚铁；富马酸。目前配合饲料主要使用丙酸类，青贮饲料则主要使用的是甲酸类。目前我国防腐剂的主要生产企业情况见表 1。

表 1　目前我国防腐剂主要生产企业情况

产品	生产单位
丙酸盐类	山东青岛宝泰精制化工有限公司
	江苏泰县食品化工厂
	杭州群力营养源厂
	连云港格兰特化工有限公司
	福建泰宁县精细化工厂
	广州化学试剂二厂
	上海新浦化工厂
甲酸钠和甲酸钙	浙江巨化集团公司
	山东淄川精细化工厂
	天津有机化工厂
	淮安防霉剂厂
	山东肥城阿斯德化工有限公司
	牡丹江鸿利化工有限责任公司
柠檬酸和柠檬酸钠	安徽丰原集团
	山东柠檬生化有限公司
	山东日照泰山洁晶生化有限公司
	帝斯曼(无锡)生化有限公司
	湖北黄石兴华生化有限公司
	宜兴协联生化有限公司
乳酸及乳酸钙	河南金丹乳酸有限公司
	湖北孝感凯风生物工程有限责任公司
	湖北广水市民族化工厂
	安徽丰原格拉特有限公司
富马酸及其酯类	苏州合成化工厂
	河南周口地区科利达精细化工厂
	江苏省吴县牡丹化工厂
	宁夏正元精细化工有限公司
	广东增城康达斯化工有限公司
	安吉县吉达精细化工厂

近几年来，使用双乙酸钠作为防腐剂有所发展，主要生产厂家是：上海市浦东区三维饲料添加剂厂、上海科昌精细化学品公司、山东周平康复福利有机化工厂、青州市利龙饲料有限公司、昌邑市友详动物保健品厂、河南新乡石油化工厂、山西三维集团股份有限公司。

1991 年以来，我国共批准进口防腐饲料添加剂数 10 种，主要是丙酸及其盐以及与其他多种成分，包括山梨酸、乙酸、苯甲酸等的复配物。

2008 年饲料工业中防腐剂用丙酸及其盐类估计为 22 000t；甲酸及其盐 4 000t，富马酸 400t，双乙酸钠约 2 000t，其他 1 800t，总计在 30 200t。随着德国巴斯夫公司与中石化在南京合资建设的丙酸生产装置的投产，我国丙酸已不再依靠进口，并有产品出口。2008 年出口了 10 456t 丙酸和 3 896t 丙酸盐及酯类产品。

复合性防腐剂的各组分可发挥协同作用，拓展抗抑菌谱，增强防腐防霉效果。近些年来，国内多家厂商已开发多种配合饲料用复合型防腐蚀剂，如深圳市永鲜精细化工有限公司的“永鲜宝”和“霉天敌”，重庆威士化工有限公司的“克霉灵”，北京桑普生物化学技术公司的“除霉净”，上海邦成饲料科技有限公司的“霉克净”等。

（韩秋燕）

【电解质平衡剂】

电解质平衡剂是近年发展起来的一类饲料添加

剂，其作用是保持动物体内的电解质平衡，促进动物的健康生长。此外，电解质平衡剂还具有一定的防腐、保鲜效果。目前饲料生产中使用的主要有柠檬酸、延胡索酸、乳酸、酒石酸、苹果酸等有机酸，以及磷酸等无机酸和复合酸，因此国外也将其归类为酸味剂。

目前国内市场销售的进口复合酸味剂有：美国安肥1000、美国健宝、西班牙肥得乐，国内生产的酸味剂有珠海溢多利公司的“溢酸肥”、浙江东立事业公司的“溢香酸”、顺德市惠牧生物技术有限公司的“得酸肥”等产品。

我国是世界上柠檬酸生产能力最大的国家，2008年生产量达到90万t，其中出口柠檬酸及酯68.70万t，生产能力完全可以满足饲料工业的需要。我国乳酸的生产近年来也取得了较大的进步，现有生产单位10余家，最大装置生产能力已达到40 000t/年，总生产能力达8万t/年左右，产品除用于国内消费外，每年还有一定数量的产品出口。2008年出口量为3.27万t，可以生产L-型乳酸。其他无机酸的生产也完全可以满足需要。

此外，碳酸氢钠、氢氧化钠和氢氧化铵也可作为电解质平衡剂，调节动物体内的pH值。我国这些产品的生产能力很大，可满足配合饲料工业需要。随着人们对饲料添加剂安全性的重视，这类产品的市场发展潜力很大。

（韩秋燕）

【药物饲料添加剂】

为确保2008年奥运会和残奥运的食品安全，农业部按照新颁布的《兽药管理条例》，采取了一系列措施，进一步加强药物饲料添加剂的管理。

一、药物饲料添加剂管理情况

为保证2008年奥运会、残奥运会食品安全，按照新条例和规章规定要求，在继续加强兽药生产、经营和使用的管理的同时，加大了兽药安全使用监督检查力度，以确保动物源食品安全，重点进行了以下几方面工作：一是加强重大动物疫病疫苗质量监管。各级兽医行政管理部门始终把高致病性禽流感、猪蓝耳病、猪瘟等重大动物疫病疫苗质量监管作为工作的重中之重，驻厂监督、飞行检查覆盖率达100%。批签发和防伪标签粘贴覆盖率达100%，并实施疫苗双盲质量会检制度；二是加大奥运食品监管和检测力度。先后制定4大类34种兴奋剂类药物的残留检测标准，完成7 488批供奥和涉奥动物性食品药物残留和11 975批兽药及其代谢产物残留监控检测任务，并对涉奥动物性食品生产企业采取调查登记、帮助和监督企业建立用药记录制度、举办快速检测技术培训、签订责任书、驻场全程监督等措施，进行兽药饲料、养殖、运输屠宰和市场4个环节的专项整治，确保奥运期间涉奥动物产品质量安全；三是首次在全行业开展“优质兽药出厂，放心兽药入户”行动，倡导“企业为产品质量第一责任人”的质量责任意识，加强了兽药生产、检验、经营、使用等环节的全过程监管，不断提高兽药行业整体水平；四是抓源头严把兽药产品质量。先后制订了蜂、蚕、宠物等用药27个相关技术指导原则，圆满完成了兽药地方标准升国家标准技术评审工作，发布了20个化药和52个中药国家标准。规范了国标评审方式，科学制订了转正评审原则，完成了72个地标试行标准1 840份资料的转正技术评审工作。全面启动了2010年版《中国兽药典》编撰工作，首次编辑了《中国兽药典》英文版，并对莱克多巴胺、环丙氨嗪等进行了风险评估；五是举办了首届中国兽药大会，全面回顾和总结了兽药行业发展30年的好做法、好经验，展示了兽药行业发展取得的重要成就，分析研究了行业发展面临的重大问题，规划了新时期兽药行业发展的蓝图；六是积极应对突发事件。在抗击低温雨雪冰冻灾害和汶川特大地震的斗争中，兽医战线广大干部职工众志成城、不畏艰难，突出抓好灾区消毒、死亡动物无害化处理、紧急免疫接种等重大动物疫病和人畜共患病防控工作，确保防控物资供应和质量，实现了“大灾之后无大疫”。在应对“三鹿”奶粉事件中，突出抓好兽药使用专项监管和动物产品质量安全工作，完成24 219批牛奶、鸡蛋、饲料中三聚氰胺的检测任务；七是公布了中药提取委托生产企业条件、相关企业名录和具体要求；八是启动了动物抗菌药物的细菌耐药性监测工作，逐步建立和完善国家动物源细菌耐药性监测数据库。

二、饲料药物添加剂研制概况

1. 硫酸头孢喹肟注射液。为头孢菌素类抗生素，用于治疗大肠杆菌引起的奶牛乳房炎，多杀性巴氏杆菌或胸膜肺炎放线杆菌引起的猪呼吸道疾病。通过抑制细胞壁的合成达到杀菌效果，具有广谱的抗菌活性，对青霉素酶与β-内酰胺稳定。体外抑菌试验表明本品可抑制常见的革兰氏阳性和阴性的细菌。该药口服不吸收。牛肌内或皮下注射头孢喹肟1mg/kg，在1.5~2h时，血药浓度（C）达到峰值，Cmax为2.96μg/mL（皮下）和2.98μg/mL（肌内），皮下$t_{1/2}$为2.5h，肌内$t_{1/2}$为2.6h。蛋白的结合率小于5%，以原型通过尿排泄。猪肌内注射两倍于牛的剂量，15~60min内，血药浓度达到峰值，Cmax为5μg/mL，$t_{1/2}$为9h。该药禁止用于对β-内酰胺类抗生素过敏的动物。原料为硫酸头孢喹肟。英特威国际有限公司申请进口注册获得批准，浙江海正药业股份有限公司、洛阳惠中兽药有限公司、江苏倍康药业有限公司、河北远征药业有限公司等申请原料和制剂注册也获得批准生产。

2. 枸橼酸、苹果酸粉（速可净）。由枸橼酸、DL苹果酸与适量六偏磷酸钠等配制而成的浅蓝色结晶性粉末,含枸橼酸($C_6H_8O_7$)、DL-苹果酸($C_4H_6O_5$)均应为标示量的90%~110%。枸橼酸、苹果酸能降低病原微生物的pH值,酸化细胞、微生物需要消耗能量来维持pH值,从而抑制微生物生长。另外,有机酸还能影响病原微生物的酶反应和物质传输过程,使病原微生物能量耗尽而死亡。用于畜禽舍、空气和饮用水等的消毒。普通设备的清洁或消毒时,足量的喷雾使设备完全湿润即可;给水管和输水管消毒时,投入稀释的速可净后放置至少30min然后清洗;动物围栏表面喷雾消毒时,按10mL/m²的比例用喷雾装置喷于围栏表面。由韩国RNL生命科学有限公司申请进口注册获得批准。

3. 泰拉霉素注射液。为泰拉霉素与硫代甘油等配制而成的无色至微黄色澄明灭菌水溶液。泰拉霉素为半合成的大环内酯类抗生素,它通过与细菌核糖体RNA选择性地结合来抑制必需蛋白质的生物合成。通过在易位过程中促进多肽-tRNA从核糖体解离而起作用。它的药物作用保持时间较长,部分原因是由于其结构中有3个氨基基团。泰拉霉素在体外可有效抑制牛溶血巴氏杆菌、多杀巴氏杆菌、睡眠嗜血杆菌和牛支原体以及猪胸膜肺炎放线杆菌、多杀巴氏杆菌和肺炎支原体。牛一次皮下注射(2.5mg/kg体重)的药物动学研究表明,该药可快速而广泛地吸收,然后大量分布和缓慢消除。血浆中的最大浓度(Cmax)约为0.5μg/mL,给药后约30min(Tmax)达最大浓度,在肺匀浆中的浓度比血浆高。药物达峰后缓慢衰减,血浆中的表观消除半衰期($t_{1/2}$)为90h。血浆蛋白结合率较低,约为40%。牛皮下注射的生物利用度约为90%。猪一次肌内注射(2.5mg/kg体重)的药动学研究表明,该药可快速而广泛地吸收,然后大量分布和缓慢消除。血浆中的最大浓度(Cmax)约为0.6μg/mL,给药后约30min(Tmax)达最大浓度。在肺匀浆中的浓度比血浆高。药物达峰后缓慢衰减,血浆中的表观消除半衰期($t_{1/2}$)为91h。血浆蛋白结合率较低,约为40%。猪肌内注射的生物利用度约为88%。用于治疗和预防对泰拉霉素敏感的溶血巴氏杆菌、多杀巴氏杆菌、睡眠嗜血杆菌和支原体引起的牛呼吸道疾病;胸膜肺炎放线杆菌、多杀巴氏杆菌和肺炎支原体引起的猪呼吸道疾病。牛皮下注射,每1kg体重2.5mg(相当于1mL/40kg体重);猪颈部肌内注射,每1kg体重2.5mg(相当于1mL/40kg体重)。休药期,牛为49d,猪为33d。由辉瑞动物保健品公司法国Amboise申请进口注册获得批准。

4. 三氯异氰脲酸、磷酸三钠粉(蚕用)。由三氯异氰脲酸、磷酸三钠独立包装组成。三氯异氰脲酸为白色结晶粉末,有氯臭;磷酸三钠为白色或微黄色结晶,无臭。三氯异氰脲酸在水中可水解为次氯酸,具强氧化性,作用于菌(毒)体蛋白,破坏其磷酸脱氢酶或与蛋白质发生氧化反应,致使细菌(病毒)死亡;磷酸三钠有助溶和协同增效作用,能稳定有效氯浓度,提高消毒效果。用于蚕室蚕具和桑叶叶面消毒,对家蚕病毒病、真菌病、细菌病、原虫病的病原体有杀灭作用。使用时,两袋加水溶解后喷雾或浸渍消毒。由中国农业科学院蚕业研究所附属蚕药厂申请注册获得批准。

5. 盐酸吡利霉素乳房注入剂(泌乳期)。系用盐酸吡利霉素配制的无色澄清无菌水溶液。盐酸吡利霉素为林可胺类抗生素,通过作用于敏感菌核糖体的50S亚基,从而干扰细菌细胞的蛋白质合成。体外及临床试验结果表明,本品对引起泌乳期奶牛乳腺炎的葡萄球菌属(如金黄色葡萄球菌)和链球菌属(如无乳链球菌、停乳链球菌、乳房链球菌)有较高的抗菌活性。用于治疗葡萄球菌、链球菌引起的奶牛泌乳期临床或亚临床乳房炎,使用时乳管注入泌乳期奶牛,每乳室50mg,1次/d,连用2d,视病情需要可适当增加给药剂量和延长用药时间。给药前,用含有适宜乳房消毒剂的温水充分洗净乳头,待完全干燥后将乳房内的奶全部挤出,再用酒精等适宜消毒剂对每个乳头擦拭灭菌后方可给药。弃奶期为72h。由浙江海正药业股份有限公司申请注册并获得批准。

6. 黄芪多糖口服液。系用黄芪经提取制成的黄色至红棕色口服液体,每1mL含黄芪多糖以葡萄糖计不得少于30mg(每100mL相当于原生药150g)。具有扶正固本功能,可调节机体免疫,辅助用于鸡传染性法氏囊病的预防和治疗。混饮每1L饮水鸡0.7~1mL,连用5~7d。长久贮存有沉淀析出,摇匀后使用不影响疗效。由北京生泰尔生物科技有限公司、爱迪森(北京)生物科技有限公司和北京普尔路威达兽药有限公司联合申请获得批准。

7. 注射用双黄连。系用金银花、黄芩、连翘等中药经提取、纯化制成的棕黄色的粉末,按干燥品计算,每1g含黄芩以黄芩苷($C_{21}H_{18}O_{11}$)计应不少于120mg。具有清热解毒、辛凉解表功能,主治外感风热或风热闭肺证,证见发热、咳嗽、气喘、痰多等。猪肌内注射,每次1.0~1.5g,2次/d,连用2~3d。临用前以适量注射用水充分溶解。不能与氨基糖甙类(庆大霉素、卡那霉素、链霉素)及大环内酯类(红霉素、白霉素)等配伍使用(易产生浑浊或沉淀)。由江西中成药业集团有限公司、江西中成中药原料有限公司联合申报并获得批准注册。

8. 羊胎盘转移因子注射液。系用怀孕100d以上的健康绵(山)羊新鲜或冷藏胎盘经低温高压超声波蛋白裂解法制备的转移因子溶液,为灰白色或微黄色乳液,呈半透明、无沉淀、无絮状物,有轻度肉腥气味。具有增强猪、禽肌体免疫力和抗病力的作用,有助于提高猪、禽生产性能。猪皮下注射,大剂量(20mL以上)时皮下分点注射,每次10mL,24~48h后再次用药，仔猪每次 1mL，24h 后重复。家禽经口给药，成鸡每次 2mL，雏鸡每次 1mL，24h 后重复。不得在牛、羊、骆驼和鹿等反刍动物中使用，使用前应恢复至室温。由内蒙古神元生物工程股份有限公司申请注册并获得批准。

9. 酪酸菌活菌制剂。系用酪酸菌 RH-2 株接种适宜培养基培养，收获培养物，加入保护剂，经真空冷冻干燥后混合辅料制成的灰黄色干燥粉剂，每克制剂含酪酸菌不少于 2.0×10^8 个。用于预防猪、鸡由大肠杆菌引起的腹泻，并能促进猪、鸡的生长。使用时与饲料混合后口服，用于预防由大肠杆菌引起的腹泻时，猪每 1 000kg 饲料添加 0.5~1kg，鸡每 1 000kg 饲料添加 1~2kg；用于促进猪、鸡生长时，每 1 000kg 饲料添加 0.5~1kg。口服时禁用 40℃以上热水溶解，也不得与抗菌类药物和抗菌药物添加剂同时服用。由江苏省微生物研究所有限责任公司和无锡大江中盛生物科技有限公司联合申报获得批准。

三、药物饲料添加剂应用前景

从产品研制情况可以看出，近年来化学药品研制已从原来用于饲料药物添加剂转为治疗用药物，变更不同规格或应用于犬、蚕等小动物制剂逐渐增多，多为仿制国内外注册产品。复方消毒药呈增多趋势。随着人们对食品安全的重视，特别是三聚氰胺事件后，农业部不断强化动物源食品安全的监管，并对环丙氨嗪、莱克多巴胺等药物进行了风险评估和安全性评价，对动物源食品用药审批更加严格，并明确允许使用的靶动物品种、停药期、配伍禁忌和禁用动物品种等。各地从天然中草药中提取有效成分防治动物疾病的热潮不断兴起，新产品不断增多，但多为预防和治疗药物，专门用于饲料添加的产品还不多。近年来开发微生态和生化制品治疗动物疾病和促进动物生产性能呈增多趋势，如转移因子和酪酸菌等将会展现其独特作用。

(段文龙 冯忠武)

新型饲料添加剂

【饲用酶制剂】

酶是活性细胞所产生的具有高度催化能力和催化特异性的生物大分子，在生物体内消化与新陈代谢过程中起着非常重要的作用。饲用酶制剂是由微生物如细菌、酵母和真菌经发酵生产的生物制品，它是集动物营养学、饲料学、动物生理生化、微生物发酵与酶工程、基因工程等诸学科于一体的应用于现代饲料工业中的一种绿色饲料添加剂，对提高饲料的转化率、拓宽饲料原料的应用范围和比例、节约饲料资源、降低饲料成本和养殖成本，改善饲养环境等起着重要的作用。随着畜牧业的不断发展，国家对饲料安全的日益重视，酶制剂作为一类高效、无毒副作用和环保的饲料添加剂在畜禽养殖业中的应用势必更加广阔。

一、饲用酶制剂的分类

酶的降解作用具有高度的选择性和专一性，不同的单酶都有其相对应的降解底物，目前用在饲料工业上的单酶制剂约有 20 多种，其中农业部饲料添加剂品种目录(2008 年)中规定了部分酶制剂的生产菌种和推荐应用底物见表 1。

表 1 农业部饲料添加剂品种目录(2008)中部分酶制剂的具体情况

酶制剂名称	规定产酶菌种	推荐应用底物
淀粉酶	产自黑曲霉、解淀粉芽孢杆菌、地衣芽孢杆菌、枯草芽孢杆菌、长柄木霉*、米曲霉*	青贮玉米、玉米、玉米蛋白粉、豆粕、小麦、次粉、大麦、高粱、燕麦、豌豆、木薯、小米、大米
支链淀粉酶	产自酸解支链淀粉芽孢杆菌	
α-半乳糖苷酶	产自黑曲霉	豆粕
纤维素酶	产自长柄木霉	玉米、大麦、小麦、麦麸、黑麦、高粱
β-葡聚糖酶	产自黑曲霉、枯草芽孢杆菌、长柄木霉、绳状青霉*	小麦、大麦、菜籽粕、小麦副产物、去壳燕麦、黑麦、黑小麦、高粱
葡萄糖氧化酶	产自特异青霉	葡萄糖
脂肪酶	产自黑曲霉	动物或植物源性油脂或脂肪
麦芽糖酶	产自枯草芽孢杆菌	麦芽糖
甘露聚糖酶	产自迟缓芽孢杆菌	玉米、豆粕、椰子粕
果胶酶	产自黑曲霉	玉米、小麦

酶制剂名称	规定产酶菌种	推荐应用底物
植酸酶	产自黑曲霉、米曲霉	玉米、豆粕、葵花籽粕、玉米糁渣、木薯、植物副产物
蛋白酶	产自黑曲霉、米曲霉、枯草芽孢杆菌、长柄木霉*	植物和动物蛋白质
木聚糖酶	产自米曲霉、孤独腐质霉、长柄木霉、枯草芽孢杆菌、绳状青霉*	玉米、大麦、黑麦、小麦、高粱、黑小麦、燕麦

注:(1)* 为已获得进口登记证的饲料添加剂,进口或在中国境内生产带"*"的饲料添加剂时,农业部需要对其安全性、有效性和稳定性进行技术评审。(2)酶制剂适用范围的典型底物,仅作为推荐,并不包括所有可用底物。

1. 根据是否在动物体内大量分泌将饲用酶制剂为外源和内源消化酶。外源消化酶包括植酸酶和非淀粉多糖酶,其中非淀粉多糖酶又包括木聚糖酶、葡聚糖酶、甘露聚糖酶、果胶酶、纤维素酶等。植酸酶用于催化植酸盐的水解反应,使饲料中的磷以无机磷的形式游离出来,提高饲料中磷和其他养分的利用率。非淀粉多糖酶通过破坏植物细胞壁,分解纤维素、半纤维素和果胶等非淀粉多糖,既把这些不可利用的多糖分解成可被消化吸收的的小分子糖类,又可以打开细胞壁保护的淀粉、蛋白质等营养物质,使其充分吸收利用,同时还可降低因可溶非淀粉多糖造成的黏稠食糜的黏度;内源消化酶包括蛋白酶、淀粉酶、糖化酶和脂肪酶等。主要作用是将淀粉和蛋白质降解成易被吸收的小分子物质。

2. 根据产品中所含酶的种类,饲用酶制剂一般可分为饲用单酶和饲用复合酶。一般来说,复合酶制剂比单一酶制剂效果更完善,但并不意味着单一酶制剂就没有使用优势。复合酶制剂生产方式有多种:现在市场上复合酶制剂多以各种单酶混合而成;还有以产多酶菌种进行发酵生产,并配以适当的其他所需单酶。后者具有更好的发展前途,是饲用酶制剂的发展方向。复合酶在使用的过程中因为各单酶之间具有互相补充、相辅相成的效果,在各种酶的共同作用下,饲料中一些抗营养因子被破坏,因而可以更好地促进动物的生长,提高动物的免疫力,增加动物的健康。

3. 根据酶作用的日粮底物不同,饲用酶制剂大致可以分为以下几类:

(1)低黏度日粮用酶制剂:适用于常规玉米、豆粕日粮,其主要酶种是消化酶及木聚糖酶、纤维素酶和果胶酶等;

(2)高黏度日粮用酶制剂:适用于大麦、小麦等麦类作物及麦麸、米糠等谷物副产物用量较多的日粮,以木聚糖酶、β-葡聚糖酶等半纤维素酶为主;

(3)高纤维日粮用酶制剂:指稻谷、糟渣、草粉等含量较高的日粮,其主要酶种是纤维素酶、果胶酶和木聚糖酶等,主要作用是消除纤维对营养物质的屏障作用。

二、饲用酶制剂的作用效果

1. 提高畜禽对饲料营养物质的利用率。动物自身可以合成各种酶,但不同动物或不同生长时期,体内各种酶的分泌能力也不同。如仔猪断奶阶段,体内淀粉酶、胃蛋白酶和胰蛋白酶含量较低。高温、寒冷、转群和疾病等应激状态时,动物分泌酶的能力较弱或者易出现消化机能紊乱,内源消化酶分泌减少。因此在日粮中添加外源性消化酶,可以补充内源酶的不足,提高饲料的利用率,改善动物的消化能力,减少应激条件下生产能力的下降,同时还可以促进内源酶的分泌。

2. 降解动物饲料中的抗营养因子。动物饲粮中含有某些抗营养因子(如植酸、α-半乳糖苷等),植物细胞壁中含有的木聚糖、纤维素、β-葡聚糖、甘露聚糖、果胶等难以消化的物质,不能被作为养分消化吸收,且干扰整个日粮其他营养的消化吸收和利用,阻碍动物内源消化酶与细胞内营养物质的作用,降低饲料中脂肪、淀粉和蛋白质营养价值。而饲用酶制剂可以有效地降解这些抗营养因子,促进日粮消化吸收,提高动物生产性能。

3. 提高动物机体健康水平和免疫功能。非淀粉多糖在动物肠道内易形成黏性很大的食糜,成为后肠道微生物增殖的基质,引发机体疾病;同时大量有机物不被消化排泄,易恶化养殖环境,并引起动物应激反应。而饲料应用酶制剂后,可有效减少肠道的发酵和畜禽后肠道有害微生物的数量,消除食糜造成的这些危害,减少仔鸡下痢、仔猪腹泻等畜禽肠道疾病。同时酶解生成小分子(10 个以下糖基)寡聚糖或寡糖类物质可竞争性结合动物肠道内外源性病原微生物,从而提高动物的健康。酶制剂在动物胃肠道应用产生的寡聚糖还可以显著激活动物巨噬细胞的活性,充当免疫刺激的辅助因子,调节机体免疫系统,提高抗体免疫应答能力,从而增加动物体液及细胞免疫能力。

4. 降低环境污染。在饲粮中添加酶制剂可以提高养分利用率,减少粪中有机物等的排泄量,从而减轻环境污染。在含黏性谷物的饲粮中添加非淀粉多糖酶,可以降低食糜和排泄物的黏度,改善禽蛋制品清洁度。尤其是植酸酶的应用,有效地提高了饲料中磷的利用率,降低饲料成本,改善畜禽生长性能,减少无机磷在饲料中的添加量,减少动物磷排放对环境的污染。

三、饲用酶制剂在饲料配方中的使用

随着饲用酶制剂的在饲料中使用率的加大,酶制剂如何在饲料中合理地应用已经变为使用者越来越关心的问题。因此,酶制剂潜在营养价值地发挥也变得越来越重要。酶制剂的潜在营养价值就是在配方制作过程中,如果维持原料的营养标准不变,根据营养改进值的大小,对酶赋予一定营养值才能反映酶制剂实际情况。

在饲料中添加酶制剂时,一种是传统的做法,在饲料原有配方中直接加入酶制剂,以提高饲料品质,改善饲喂效果。但这种方法适用于养殖行情好,客户对饲料价格不敏感时期,需要使用高档饲料来提高动物生长性能,缩短出栏时间。这种方法未能将酶制剂对饲料品质的提高以量的形式进行表达;二是降低动物的营养标准,按降低后的参数进行配方调整,从而起到降低成本的作用。这是目前在使用酶制剂时,配方师为发挥酶制剂的作用经常使用的一种方法,操作简单方便,不足之处是加酶饲料本身并未能直接降低动物实际的营养需求,将酶制剂与动物的营养需求联系在一起缺乏直接的科学理论依据,仅仅是数值发生了相对变化,更何况建立起酶制剂与不同品种和生长阶段的动物的营养标准间的精确关系非常困难;三是可将在日粮中添加的酶制剂作为一种含有能量、蛋白质、氨基酸及矿物元素的原料,参与饲料配方设计调整。此种方法优点是真正从概念上将酶制剂赋予了潜在营养价值,且在饲料配方制作时将酶制剂的潜在营养价值参与配方计算。但不足之处在于酶的潜在营养价值不是固定值,而是受配方中使用其他原料的品种和比例影响,当其他原料变化时,酶的潜在营养价值理论上也应该是变化的值,这样不断变化的值在实际配方中使用显得不方便。同时,配方时酶制剂的使用量往往要求是一个固定值,而并非是一种使用比例可变的原料,一旦饲料中酶的添加量发生变化后,即使饲料中其他原料种类和比例都已经确定,赋予酶本身的潜在营养价值也发生了改变;四是确定出饲料中加酶后对各种原料的养分利用率的提高值,将此提高值折算成该原料含有的营养,在原料成本不变的情况下,按提高了营养值的原料进行配方设计。理论上这种方法更加科学合理,能准确表达加酶后使饲料原料的养分利用率提高,并将提高的养分值以额外方式加到原料的营养成分值中,并按加酶后营养值提高这一理论逻辑原理进行配方配制,精准表达出加酶饲料的效果

四、近几年饲用酶制剂应用状况及研究进展

1. 菌种发酵效率提高。近些年来,随着生物技术的不断进步,人们通过基因工程和蛋白质工程手段已经对酶制剂的基因进行了不断地研究,培养出了很多活性强、酶活稳定、使用条件宽松的产酶菌种,使产酶菌种的发酵能力大大提高,发酵效率得到了不断提升。姚斌等对来源于 *Aspergillus niger*963 的植酸酶基因 phyA2 进行了改造,植酸酶有效分泌量比原菌株 *A.niger*963 的表达量高约 3 000 倍。单位酶活力的升高,再加上酶制剂的生产工艺和菌种的发酵水平的提高,进一步推动了饲用酶制剂在饲料中的大范围使用。

2. 市场推广品种增加,生产总容量增大。自从植酸酶在饲料中得到成功推广应用以来,饲用酶制剂的应用效果已经越来越得到饲料用户的认可,并促使了整个饲用酶制剂行业得到了良性发展,加大了各个研究机构对酶制剂进行多方面研究。并且随着对酶制剂研究的不断深入,人们对各种酶制剂作用机理和使用效果的认识也更加清楚,促使了更多酶制剂在饲料工业中的推广应用,除普遍应用的植酸酶、木聚糖酶以外,甘露聚糖酶、β-葡聚糖酶和 α-半乳糖苷酶等也得到了很好地开发应用。同时,市场用酶品种的增多和饲料用酶率的提高也推动了整个饲用酶制剂的发酵容量的增大,近两年来国内几家大型饲用酶制剂生产企业,如挑战集团等都相继扩大自己的生产规模,以适应酶制剂市场需求量的不断增加。

3. 出口加快,国际市场份额和影响力提高。20 世纪 90 年代国内饲用酶制剂市场仍以使用一些国外品牌酶制剂为主,到 21 世纪初,随着酶制剂发酵水平的不断提高、生产成本的降低,国内许多酶制剂生产企业得到了迅速发展,形成了我国的自主品牌,不但占领了国内饲用酶制剂市场的大部分份额,而且在国际市场上也得到很好地推广,出口量逐年提高,饲用酶制剂现也成为少数几个出口创汇的饲料添加剂品种之一。植酸酶的成功应用就是很好的例子,2000 年以前国内植酸酶市场还是以巴斯夫等国外酶制剂厂商为主,到 2002 年以后国内酶制剂生产企业不但占领了国内绝大部分植酸酶市场,而且使中国一跃成为世界上最大的植酸酶生产和销售国家。目前许多发达国家为防止环境的污染,尤其是限制养殖场氮、磷的排放,强制推荐在饲料中使用植酸酶等酶制剂,这也给我们国内一些品牌酶制剂产品扩大国际市场份额和影响力提供了很好的发展机会。

4. 木聚糖酶得到大力推广应用。木聚糖酶是专一降解木聚糖的酶,属于水解酶类。木聚糖酶主要由 β-1,4-D-内切木聚糖酶、β-1,4-D-外切木糖苷酶和 α-L-阿拉伯糖苷酶、α-D-氨基酸醛酸酶等脱支链酶构成。饲料中添加木聚糖酶可有效降解饲料中的木聚糖,消除饲料中的抗营养因子,降低动物肠道内食糜

黏度，提高饲料利用率，改善动物生产性能，故木聚糖酶在饲料上的应用市场前景非常广阔。近几年随着木聚糖酶在饲料中的使用率不断提高，木聚糖酶的技术研究和生产能力也得到了快速发展。

五、饲用酶制剂存在的问题

1. 理论和应用研究有待深入。酶制剂在动物中应用的研究大多停留在定性方面，即添加酶制剂对动物有无促生长作用，能否提高饲料利用率，减少氮、磷的排放，而对酶制剂的定量研究较少，尤其在酶制剂在动物生理上的影响研究甚少。目前许多酶制剂的作用机制及促生长机理还不太清楚，消化生理等方面也有待深入研究。

2. 产品稳定性和质量有待提高。目前国内还有一些酶制剂生产企业采用固体发酵的方式，而国内外大部分酶制剂生产企业均已采用了液体深层发酵方式。固体发酵生产的酶制剂的发酵参数不易控制，产品质量不稳定，发酵水平和酶蛋白的产量也较低。反之，液体发酵生产的酶制剂产品质量较为稳定，发酵水平和酶蛋白的产量也较高。此外，饲用酶制剂在饲料加工过程中耐高温的问题也是需要不断研究开发的课题。

3. 饲用酶制剂生物学评价方法有待规范。目前除植酸酶、纤维素酶和β–葡聚糖酶具有检测国标和农业部行标外，其他饲用酶制剂检测方法仍比较混乱，生产企业或者采用轻工业行标，或者自定有利于本企业生产菌种的测定方法，致使饲用酶制剂使用者很难评估酶的实际作用效果。工业酶制剂测定方法规定的检测温度和 pH 值不一定是动物体内酶发挥作用的有效温度和 pH 值，即用工业酶检测方法得到的酶活测定值不一定在畜禽消化道内具有很高的酶活性，从而不能真实地反映酶对饲料原料中底物的降解。此外很多饲用酶制剂的检测方法还很难检测酶制剂添加到饲料中以后的酶活值，酶在动物消化道主要作用部位存留率的检测也很难进行。

六、展望

随着人们生活水平的提高及环境意识的增强，饲用酶制剂以其无残留、无抗药性、不污染环境等优势将会进一步被推广应用。但目前饲用酶制剂产业仍需要加大科技投入，加强新菌种筛选、微生物发酵、基因改良、作用机理和应用试验等研究工作，研制出更适合于饲料原料和市场特点的饲用酶制剂产品，以更好的推动饲用酶制剂的生产和广泛应用；并制定出饲用酶制剂标准检测方法和规范饲用酶制剂生物学评价试验方法，提高市场的规范和饲料、养殖的一体化与规模化，使酶制剂的使用更加科学。

（徐俊宝　李富伟）

【饲料酵母】

一、饲料酵母定义及其扩展

我国轻工行业标准 QB/T 1940~1994 对饲料酵母的定义为：以碳水化合物（淀粉、糖蜜、以及味精、造纸、酒精等高浓度有机废液）为主要原料，经液态通风培养酵母菌，并从其发酵醪中分离酵母菌体（不添加其他物质），酵母菌体经干燥后制得的产品。饲料酵母的主要理化指标：优等品粗蛋白质≥45%，一等品、合格品均≥40%，酵母细胞总数优等品≥270 亿个/g、一等品≥180 亿个/g、合格品≥150 亿个/g。该标准仅适用于以菌体蛋白为主的饲料酵母，但随着动物微生态学和动物营养学的发展，酵母在饲料中的应用得到极大拓展。酵母除可用作传统的饲料蛋白质源外，部分酵母菌还可直接添加到饲料中，以活菌的形式调节动物消化道的微生态环境，改善动物的健康水平和生产性能。同时，发酵工程技术与动物营养与饲料学、免疫学的发展与有机融合，人们立足于酵母，已研发出了一系列饲用饲料酵母制剂。其中包括酵母细胞壁多糖、酵母水解物、酵母培养物、酵母有机微量元素及其他相关复合产品。因而，广义上讲，饲料酵母还包括活性酵母益生菌和多种酵母衍生物制剂，广义饲料酵母的种类见表 1。

表 1　广义饲料酵母的种类

项目		种类		备注
广义的酵母源生物饲料	传统的饲料酵母	酵母蛋白	酵母粉	为提供蛋白质而发酵生产的假丝酵母，干燥后酵母菌大多已死亡，主要提供蛋白质和 B 族维生素
		废酵母	啤酒废酵母 酒精废酵母 其他废酵母	工业副产物，其中多数酵母菌已经失去了繁殖及代谢能力
	新型的饲料酵母	液体发酵产品	活性酵母菌	动物益生菌高活性产品
			酵母细胞壁多糖	高效动物免疫增强剂
			酵母有机微量元素	如酵母硒、酵母铬、酵母锌、酵母铜和酵母铁等
			酵母水解物	富含核酸、小肽、谷胱甘肽等成分
			复合型酵母产品	以新型酵母源饲料（不包括酵母培养物）为主的复合产品
		酵母饲料产品	酵母培养物	含酵母菌（仅有部分残留活性）、培养基及酵母代谢分泌物的混合物（其中包含未知生长因子）

二、饲料酵母的发展及产量

目前,专门发酵生产的饲料酵母蛋白质产品(酵母粉)已经很少,饲料酵母多为一些工业发酵的副产物,在饲料中得到广泛应用。以啤酒酵母为例,从2000年起,我国啤酒总产量就跻身全球首位,其副产品啤酒酵母的产量也大幅上升。2008年,我国干态啤酒酵母的总产量将达7万t,啤酒酵母泥的总产量将达45万~50万t。目前,我国啤酒酵母的50%仍作为饲料使用,20%~30%用于加工酵母抽提物,1%~5%被加工成营养功能食品。

目前,新型饲料酵母在饲料行业中的应用量每年以20%~30%的速度增长。随着国家对食品安全和饲料添加剂的规范使用,饲料酵母的增长空间更加巨大。

2008年全国饲料总产量达1.37亿t,猪饲料、蛋禽饲料、肉禽饲料、水产饲料、反刍动物饲料和其他饲料产量分别达到4 577万t、2 666万t、4 212万t、1 339万t、571万t和303万t,同比增长了14.4%、5.9%、15.0%、1.0%、0.4%和18.1%。饲料酵母的需要量也相应地增长,2008年,全国饲料酵母益生菌的产量为2 000t;酵母衍生物产品4 400t(其中酵母细胞壁多糖2 500t,酵母硒900t,酵母水解物1 000t。根据各省(市、自治区)统计的数据,饲料酵母益生菌相应的市场需求,约为7 000t,酵母衍生物产品则高达2万t。

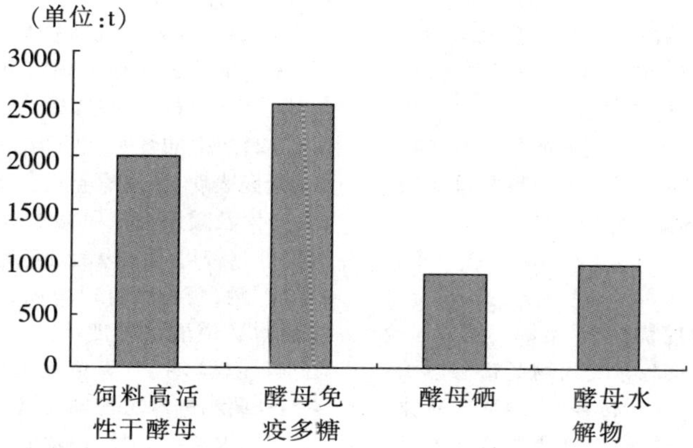

图1 2008年新型饲料酵母的产量

三、新型饲料酵母作用机理及在不同动物饲料中的应用

1. 饲料高活性干酵母作为活性益生菌应用于饲料中,而不是单纯的蛋白酵母饲料。这种酵母属于兼性厌氧菌,在动物胃肠道中能够消耗氧气,保持肠道厌氧环境,从而促进有益菌群繁殖,改善动物肠道微生态平衡,提高动物生产性能。酵母具有较宽pH值适应范围,对胃酸具有良好的耐受性,在发酵过程中还可以产酸,促进饲料消化,进一步抑制有害菌群生长。2008年全国活性干酵母的产量为2 000t,同比增长40%;其中猪饲料上应用1 100t,占全国活性干酵母总产量的55%;反刍动物饲料上应用500t,占全国活性干酵母总产量的25%;禽饲料上应用150t,占全国活性干酵母总产量的7.5%;水产饲料及特种养殖饲料上应用250t,占全国活性干酵母总产量的12.5%。

2. 酵母免疫多糖是一种天然的免疫增强剂,其中主要功效成分为β-1,3/1,6葡聚糖和甘露寡糖,具有改善动物消化道菌群平衡的作用,能够防止病源菌在肠道定植,提高动物的健康水平,对特异性免疫也具有一定辅助作用。2008年全国酵母免疫多糖的产量为2 500t,同比增长50%;其中猪饲料上应用1 700t,占全国酵母免疫多糖总产量的68%;禽饲料上应用300t,占全国酵母免疫多糖总产量的12%;水产饲料及特种养殖饲料上应用500t,占全国酵母免疫多糖总产量的20%。

3. 酵母硒属于优质的有机硒源,吸收率高,在满足动物对硒的生理需求后,还可以在动物体内储存,避免短期内再次缺硒。酵母硒产品有机硒含量可达2000mg/kg以上。2008年全国酵母硒的产量为900t,同比增长50%;其中猪饲料上应用600t,占全国酵母硒总产量的66.7%;禽饲料上应用200t,占全国酵母硒总产量的22.2%;水产饲料及特种养殖饲料上应用100t,占全国酵母硒总产量的11.1%。

4. 酵母水解物是酵母细胞的水解产物,可通过自溶(细胞内的自溶酶)或通过外加酶水解得到。酵母水解物含有大量的氨基酸、小肽、丰富的B族维生素、谷胱甘肽及核苷酸类物质,主要功效成分是核苷酸,其含有的小肽主要以二肽、三肽为主。动物处在快速生长、免疫应激等情况下,人为的补充核苷酸能满足动物体内核苷酸的需要,能缓解动物应激、促进动物肠道发育。酵母水解物中的呈味核苷酸对动物还具有诱食的功能。2008 年全国酵母水解物的产量为 1 000t，同比增长 40%；其中猪饲料上应用 400t，占全国酵母水解物总产量的 40%；禽饲料上应用 500t，占全国酵母水解物总产量的 50%；水产饲料及特种养殖饲料上应用 100t，占全国酵母水解物总产量 10%。

当前，国内外还开发出了一些复合型酵母产品，如复合酵母（以酵母水解物为主成分的产品，可用于替代血浆蛋白）、可立吸（以酵母细胞壁多糖为主要成分的霉菌毒素吸附剂）、艾可替（以酵母硒及酵母免疫多糖为主成分的免疫增强剂）及禽饮康（酵母免疫多）。

四、展望

酵母在饲料工业中应用已有近一个世纪，国际上尤其是欧美等发达国家，饲料酵母产品在畜牧水产养殖中的使用已非常普遍，例如，酵母细胞壁多糖、酵母硒等。我们要积极借鉴国外的成功经验，并以国内优秀的酵母企业为依托，联合畜牧行业的同仁们群策群力，做大做强我国的饲料酵母行业，让饲料酵母这类绿色安全的饲料产品更好地造福于人类。

（俞学峰）

【益生素和合生素应用研究现状】

饲料中长期添加抗生素会导致动物肠道菌群失衡、药物残留、耐药性及其传递和传播等负效应。近来来，随着科学研究的进步发展，作为微生态调节剂的益生素（prebiotic）、益生菌（probiotic）和合生素（synbiotic）等用来纠正微生态失衡，保持微生态平衡，提高宿主健康状态的益生菌或其代谢产物和生长促进物质受到广泛关注。下面综述益生素与合生素在 2008 年度的相关研究与应用。

一、益生素和合生素概念及种类

益生素又称为前生素、益生元，是不能被消化的食物成分，能够通过选择性刺激已定植于结肠的某一种或有限几种菌种的生长和（或）活性来改善宿主的健康。作为益生素应具备的条件：(1)不能被前段消化道消化吸收；(2) 能选择性地被肠道中现在的有益微生物发酵；(3)改变肠道菌群，使之向良性发展；(4)诱导并产生有利于宿主健康的作用。益生素包括多种物质，如含氮多糖或寡糖、辅酶、某些氨基酸、微藻（如螺旋藻、节旋藻）及天然植物提取物（如黄芪多糖、大豆黄酮、植物甾醇）等，目前饲料中研究较多的益生素主要是功能性低聚糖、中草药和糖萜素等。功能性低聚糖包括低聚果糖、乳酮糖、大豆低聚糖、龙胆糖、海藻糖、低聚木糖、低聚异麦芽酮糖、低聚乳果糖、低聚异麦芽糖、帕拉金糖、木蔗糖、棉子糖、水苏糖、低聚琼脂糖、低聚甘露糖、低聚壳聚糖、低聚果胶等。其中，研究较多的有低聚异麦芽糖、低聚果糖、低聚木糖、低聚半乳糖等。

合生素是益生素与益生菌的混合制剂，通过促进有益微生物在宿主胃肠道中的生存和定植来产生对宿主健康有益的影响。它由 Gibson(1995)首次提出，其特点是既可发挥益生菌的生理性细菌活性，又使益生素选择性地增殖有益菌，从而使益生作用更持久。

二、益生素和合生素作用机理

1. 改变菌群结构，增殖有益菌。大多数学者认为益生素能够使肠道有益菌群处于优势，改善消化道内微生物菌群，维持动物肠道健康，主要通过 3 种途径实现。

(1)作为有益菌的营养基质，促进有益菌增殖，形成微生态竞争优势。研究表明，大多数功能性寡聚糖都是肠道有益菌双歧杆菌的成长基质，菊粉和果寡糖可促进双歧杆菌和乳酸杆菌生长，异麦芽糖、低聚果糖、大豆低聚糖能促进黏液真杆菌的增殖，而有害菌却几乎不能利用这些寡糖。

(2)产生酸性物质，降低 pH 值，抑制有害菌的生长。研究表明，肠道有益菌如双歧杆菌，可以酵解葡萄糖，产生乙酸、乳酸、甲酸等短链脂肪酸（SCFA），益生素半乳寡糖可增加丙酸和乙酸产量，木寡糖也可增加乙酸产量，菊粉则可以提高乙酸和丁酸产量，有机酸更能胃肠道酸性程度增加，酸度的积累导致 pH 降低，当 pH<4 时，有害菌如大肠杆菌、葡萄球菌、梭状芽孢杆菌和链球菌等则大量失活。

(3)提高排粪量，增加病原菌排出体外的几率。益生素尤其是非消化寡糖可改变机体渗透压，导致水流量的增加。且非消化寡糖经酵解后使微生物产量至少可达到 300g/kg，酵解产生的气体、短链脂肪酸和乳酸盐还可增强消化道蠕动，它们将携带病原菌通过肠道排出体外，防止病原菌在肠道上繁殖。

2. 生物屏障，阻止病原菌在肠黏膜的定植。微生物致病的第一步是结合在消化道的肠黏膜表面，然后才能繁殖，进而导致动物生病。双歧杆菌可分泌凝集素，能够结合肠黏膜上皮细胞产生的糖蛋白，这样双歧杆菌可与肠黏膜上皮细胞牢固结合，并与其他厌氧菌一起共同占据肠黏膜表面，形成生物学屏障，阻止致病菌及条件致病菌的定植、入侵，可直接抑制外源致病菌和肠道内固有腐败细菌的生长繁殖。由于致病菌和腐败菌受到抑制，它们所产生的毒素、胺、氨、吲哚等有毒有害代谢产物则大量减少，动物疾病的发生及下痢等也随之受到控制。当肠内有一定量的益生素时，除选择定植有益菌，增加有益菌数量，形成生物屏障外，益生素如寡糖也可直接与植物凝血素结合，从而可减少细菌与肠黏膜结合的机会，甚至将已与植物凝血素结合的肠黏膜细胞的糖基部分置换出来。这样就使肠道致病菌不能结合到肠黏膜细胞上，从而降低或失去致病力。

3. 提高机体免疫力。益生素能提高机体免疫力，可能与益生素促进肠道内双歧杆菌的增殖有关。黏膜体液免疫效应所产生的分泌型IgA对外来物，特别是病原微生物等起着免疫屏障作用，阻止其通过黏膜上皮细胞吸收而进入机体。某些寡聚糖更具有直接提高药物和抗原免疫应答的能力，而增加动物体液及细胞免疫能力。寡聚糖不仅能连结到细菌上，而且也能与一定的毒素、病毒、真核细胞的表面结合。结合后，寡聚糖可作为这些外源抗原的佐剂减缓抗原的吸收，增加抗原的效价，而这种佐剂有提高机体的细胞免疫和体液免疫两方面的功能。

4. 协同作用的发挥。合生素的使用往往能发挥益生菌和益生素的联合效应。益生菌可为功能性寡糖提供消化酶，促进低聚糖消化；同时，低聚糖为有益菌提供营养素，促进有益菌定居并增殖。另外，低聚糖使肠道还原电势降低，具有调节肠道正常蠕动的作用，间接阻止病原菌在肠道中定植，从而起到有益菌的增殖因子作用。

三、益生素和合生素在畜禽生产中应用效果

大量研究结果表明，饲料中添加益生素和合生素能够提高畜禽对营养物质的吸收率和饲料的利用效率，促进畜禽生长；增强机体免疫力，提高畜禽的抗病力；改善畜禽肠道内微生物的生态平衡，减少粪便及粪便中氨气等腐败物质的产生，防止环境污染；降低畜禽血清及肉、蛋中胆固醇和中性脂肪的含量等。

1. 益生素和合生素对畜禽生产性能的影响。众多研究表明，益生素的单独添加具有提高动物对养分的吸收率和饲料利用率，促进动物生长和生产的功能。李兆勇用200g/t低聚木糖(XOS)饲喂仔猪，发现XOS较对照组显著提高仔猪饲料转化效率及仔猪十二指肠和空肠胰蛋白酶、胃蛋白酶、脂肪酶和淀粉酶的活性；显著提高仔猪对干物质(DM)和总能(GE)的表观消化率，但对粗蛋白质(CP)的表观消化率无显著影响；仔猪的腹泻指数和死淘率也显著降低。徐刚等研究发现，与对照组相比，添加3g/kg酸化剂及1g/kg寡糖的0~3周龄肉仔鸡平均日增重分别显著增加8.49%、2.66%；料肉比分别降低3.33、4.03。

合生素作为有益微生物和植物多糖有机结合的新型微生态制剂，能提高动物的生产性能，缓解断奶应激，降低腹泻率。阎英凯等用0.2%的肝血素和0.02%的XOS配伍饲喂肉兔，结果表明，与对照组相比，饲料报酬提高10%，死淘率降低77%；经济效益增加2.38元。张秀文等在仔猪日粮中添加1%延胡索酸和0.2%芽孢杆菌，混合组仔猪日增重比对照组显著提高13.88%，比延胡索酸组和芽孢杆菌组提高4.24%和4.11%；混合组料重比显著低于对照组10.33%，显著低于延胡索酸组和芽孢杆菌组5.71%和5.17%。孙鸣等用合生素与金霉素配伍饲喂断奶仔猪，结果金霉素和合生素配合组仔猪生长性能及腹泻率比对照组和金霉素组有显著改善，但配合使用组各指标与合生素组比较，除了采食量显著低于合生素组，其他指标均不显著。配伍剂量比例，协同作用效果有待进一步研究。

2. 益生素和合生素对动物肠道微生态区系及肠道组织学的影响。研究表明，益生素或合生素替代金霉素，大肠杆菌等有害菌群的数量明显降低，乳酸杆菌、双歧杆菌和链球菌等肠道有益菌群相对增加，从而间接发挥对动物的营养及促生长效应。丁轲研究发现，合生元组肉鸡回肠中双歧杆菌在15日龄显著高于对照组，而35日龄无显著显异，大肠杆菌数量在15日龄和35日龄时均显著低于对照组。孙鸣等在肉鸡日粮中添加0.05%合生素能减少肉鸡盲肠中的总需氧菌、大肠杆菌和沙门菌数量，增加乳酸杆菌数量。肠道微生物对营养物质的消化吸收具有至关重要的作用，但肠绒毛的快速生长能扩大黏膜表面积，有利于微生物的定植和对营养物质的利用。李树鹏等在雏鸡基础日粮中分别添加220mg/kg黄芪多糖、4×10cfu/g益生菌剂以及合生素(220mg/kg黄芪多糖+4×10/cfu/g益生菌剂)，结果表明，试验组回肠绒毛长度均较对照组明显增长，21日龄分别增长26.76%、53.84%和47.86%，42日龄分别增长18.17%、18.54%和20.17%，其中21日龄时合生素组和益生菌组差异显著($P<0.05$)。盲肠绒毛长度21日龄各试验组较对照组分别增加45.82%、71.43%和91.12%，均差异显著($P<0.05$)；42日龄较对照组分别增加112.21%、90.46%和50.98%，其中益生菌和黄芪多糖组差异显著，合生素组差异不显著。在仔猪上的试验也发现，与对照相比，日粮中添加0.035%益生素和0.002% XOS能显著提高仔猪十二指肠、回肠、盲肠和结肠的pH值及仔猪空肠绒毛长度，但对仔猪十二指肠和回肠绒毛长度影响不明显；日粮中添加益生素能显著缩短仔猪十二指肠和空肠隐窝深度；添加XOS有缩短仔猪回肠隐窝深度的趋势；仔猪日粮添加合生素(益生菌+XOS)能显著提高仔猪十二指肠和空肠绒腺比，对仔猪回肠绒腺比影响不显著。由此说明，益生素和合生素有利于动物肠绒毛的快速发育，有利于有益菌的定植，能更进一步增大小肠黏膜面积，与食糜接触增多，从而促进小肠消化和吸收。

3. 益生素和合生素对机体免疫功能的影响。益生素和合生素可通过促进肠道后段有益菌群(尤其是双歧杆菌)的增殖、充当免疫佐剂以及激活动物机体体液和细胞免疫等3个方面来提高动物的免疫功能。温俊报道，合生素试验组对虾的血细胞数、酚氧化酶活力及碱性磷酸酶活力均有不同程度的提高，血细胞具有吞噬、消除外来异物的作用，酚氧化酶可通过免疫制剂的刺激，促使碱性磷酸酶参与对虾细胞中的物质代谢，从而使对虾的非特异性免疫功能增强，由此说明合生素能显著提高南美白对虾的非特异性免疫力。在断奶仔猪日粮中添加延胡索酸、芽孢杆菌后，仔猪外周血T、B淋巴细胞刺激指数升高，即益生素对断奶仔猪的免疫力均有所提高，并且延胡索酸和芽孢杆菌的混合使用(合生素)对提高断奶仔猪的免疫力更优于两者单独使用。有学者研究发现，益生素寡聚糖在一定程度上能通过提高机体某些免疫球蛋白水平，提高动物的免疫功能。Savage等表明MOS能使肉鸡胆汁中IgA水平提高14.20%，也可提高火鸡肠黏膜中IgA的水平，并显著提高火鸡血液中IgG和IgI的含量。但在仔猪上却有不同发现，合生素的添加对仔猪血清中IgG、IgA、IgM、淋巴细胞均无显著影响。

4. 改善机体脂质、蛋白质、矿物质的代谢功能。研究表明，益生素能降低血液胆固醇水平，提高钙、磷、镁等矿物元素的生物学效价。李玲等试验表明，异麦芽寡糖及合生素的添加分别使42日龄肉仔鸡腹脂重比对照组降低了18.05%、23.60%，腹脂率降低了19.89%、31.49%，肝脂率降低了6.47%、9.06%；同时发现，异麦芽寡糖及合生素的添加使血清胆固醇含量较对照组均有不同程度的降低。黄晓亮等在肉鸡日粮中添加复合酶和益生素探讨其对氮、磷利用率的影响时发现，复合酶组比对照组鸡粪中氮、磷的含量分别显著降低14.92%、11.30%，氮、磷利用率显著提高15.11%、8.49%，而益生素组肉鸡氮、磷利用率虽然也有提高，但改善效果不如复合酶组。在生产实践中益生素或合生素的配伍及与其他添加剂联用效果仍需要进一步研究。

(朱秋凤　王　恬)

【益生菌研究现状】

随着生物技术的发展，益生菌(probiotic)作为饲料中抗生素的替代品应运而生，并在畜禽及水产养殖中，在预防动物疾病、促进动物生长及提高饲料转化率等方面取得了显著效果。

一、益生菌简介

1. 起源。益生菌是直接饲喂动物的活菌制剂(direct-fed microbials)，当以恰当剂量摄入时，能产生有益于宿主健康的作用。最初，Lilley和Stilboll将其定义为“由一种微生物分泌，刺激另一种微生物生长的物质”。随着研究的深入，它的定义被屡次修改。一些研究者将其定义为能刺激微生物生长的组织提取物。Parker将其定义为有助于肠道菌群平衡的微生物和物质；Fuller提出它是一种可通过改善肠道菌群平衡，对动物生产及健康有利的活微生物饲料添加剂。我国学者把概念简化为“饲用微生物添加剂”，Gatesoupe将其概念应用到水产养殖上，定义为能够进入肠道具有提高动物健康水平的一类活性微生物细胞，何明清则进一步把它具体定义为“在微生态理论指导下，采用有益的微生物，经培养、发酵、干燥等特殊工艺制成对人和动物有益的生物制剂或活菌制剂”。

2. 种类。迄今为止，开发应用的益生菌品种很多，但出于对菌种安全性考虑，美国FDA规定允许饲喂的的微生物有42种，其中30种是乳酸菌。我国农业部第1126号公告准予使用的微生物品种有16种，包括乳酸菌类、芽孢杆菌类、酵母菌类和光合细菌类。乳酸菌制剂最多，包括乳酸杆菌属、链球菌属、明串珠菌属和球菌属；芽孢杆菌类主要包括地衣杆菌、枯草芽孢杆菌、蜡样芽孢杆菌和东洋杆菌等，多为休眠状活菌制剂或与乳酸菌联用；酵母菌在动物肠道中零星存在，当前开发应用的酵母菌制剂主要有益生素酵母粉、啤酒酵母、红色酵母、假丝酵母等；光合细菌则经常被水产养殖中用作饲料添加剂或水质净化剂，我国允许作为饲料添加剂的光合细菌有沼泽红假单胞菌。

二、益生菌的作用机理

益生菌主要通过平衡肠道微生物、改善机体免疫机能及肠组织代谢来发挥其防病保健促生长作用。有关微生物途径，一些学者提出了优势种群学说、生物夺氧学说、膜菌群或屏障学说等。益生菌通过补充有益微生物，利用有益菌菌群优势竞争性抑制有害菌定植；与病原菌的配体结合，减少病原菌与肠黏膜上皮细胞受体结合的机会，达到抑制有害菌生长的目的。有关免疫机能改善途径，何明清认为益生菌能促进肠道相关淋巴组织处于高度反应的“准备状态”，出现淋巴细胞、组织细胞、巨噬细胞和浆细胞浸润，细胞吞噬功能增强，机体免疫特别是局部免疫提高，分泌型IgA的分泌增加，从而抵御感染；也有报道指出益生菌提高免疫的作用主要是由于它是一种免疫佐剂，免疫佐剂与抗原一起应用可提高特异性抗原的免疫反应。而对于肠组织代谢途径，有学者认为益生菌调节肠道微生态区系，降低肠组织尤其是肠黏膜的代谢率和能量消耗，将更多的营养素分配于生产方面，从而提高了动物生产性能。更有学者认为益生菌通过免疫-营养途径、提高消化酶活性、改善环境、增强抗应激能力及“三流运转”机制来发挥作用。

三、益生菌在养殖生产中的应用

大量研究表明，畜禽采食益生菌发酵饲料后，消化吸收能力及机体免疫功能增强、消化道疾病减少、饲料利用率提高、生产性能得到改善。

1. 反刍动物。近几年，益生菌在反刍动物上的应用逐渐增多，并在抑制疾病、提高饲料利用率及生长速度、改善产品品质和提高效益等方面取得了良好的效果。刘国仕(2008)选择乳酸菌制剂、芽孢杆菌制剂、酵母菌制剂、EM制剂等益生菌饲喂3月龄杂交育肥羔羊，结果发现，试验组显著提高了羔羊的平均日增重，同时在提高羔羊采食量和饲料转化率方面效果明显，4 种添加剂中，芽孢杆菌制剂相对最好，而 EM 制剂 80mL/d 水平相对较好，但不同的产品和浓度作用效果存在差异；添加 0.10%复合益生菌到 2 月龄小尾寒羊日粮中能够极显著提高钙、磷的表观消化率，显著提高粗蛋白质的表观消化率。张峰在 5 月龄杂交绵羊 NPN 日粮中加 0.20%的益生素，发现试验日粮能提高总增重和平均日增重，降低碱性磷酸酶值，延长血液中的尿素氮达到高峰期的时间。在奶牛精料中添加 0.20%益生菌，产奶量平均每头日增加 0.88kg，比对照组提高 4.36%；乳脂率显著提高 9.68%，这可能源于益生菌适口性好，增加了瘤胃中纤维分解菌群和厌氧菌的浓度，提高了奶牛的干物质采食量。

2. 猪。益生菌在促进生猪生长、降低发病率、提高成活率、改善饲养环境、改善饲料品质及提高经济效益方面的报道已屡见不鲜。庄新秀等添加 0.20%益生菌饲喂二元杂交猪，结果发现，试验组每头每天平均增重 798g，而对照组每天每头平均增重 715g，整个试验期，试验组每头平均增重比对照组多增加 2.24kg，每头比对照组降低饲料成本 0.82 元。李兆勇用 350g/t 益生菌饲喂仔猪，发现益生菌较对照组显著提高仔猪饲料转化效率及仔猪十二指肠和空肠胰蛋白酶、胃蛋白酶、脂肪酶和淀粉酶的活性；显著提高仔猪对 DM、CP 和 GE 的表观消化率；仔猪的腹泻指数和死淘率也显著降低。此外，添加益生菌对动物肠道 pH 及肠黏膜形态学还有较显著的影响。0.035%的添加能显著提高仔猪十二指肠、回肠、盲肠和结肠的 pH；显著提高仔猪空肠绒毛长度；显著缩短仔猪十二指肠和空肠隐窝深度；显著提高仔猪十二指肠和空肠绒腺比，对仔猪回肠绒腺比影响不显著。

3. 家禽。大量研究报道显示，添加益生菌能提高鸡的成活率，提高增重及饲料效率和产蛋性能，促进肠道中双歧杆菌的增殖，抑制大肠杆菌的生长。徐刚等研究发现，与对照组相比，添加 2g/kg 益生素组 0~3、3~6 和 0~6 周龄肉仔鸡平均日增重分别提高 7.99%、4.75%和 5.68%，采食量分别增加 5.72%、4.74%和 4.78%，料肉比分别降低 1.31%、0%和 0.48%，粗蛋白质、粗纤维、钙和磷的表观利用率均提高。添加 0.10%复合益生菌能显著提高肉仔鸡胸肌率，与对照组和抗生素组相比，分别提高了 7.54%和 5.26%；14 日龄时，益生菌组肉仔鸡鲜粪中的双歧杆菌数是对照组的 10.32 倍($P<0.01$)，对照组肉仔鸡鲜粪中的大肠杆菌数分别是益生菌组的 5.52 倍($P<0.01$)；在 35 日龄时，益生菌组肉仔鸡鲜粪中的双歧杆菌数是对照组的 9.61 倍($P<0.01$)，对照组肉仔鸡鲜粪中的大肠杆菌数是益生菌组的 6.14 倍($P<0.01$)。郑学斌等分别添加 0.01%和 0.02%益生菌到海兰蛋鸡日粮中，结果表明，与对照组相比，试验组产蛋率有所提高，料蛋比显著降低 4.74%和 2.84%，腹泻率极显著降低 62.53%和 59.54%；总胆固醇含量显著降低 28.77%和 14.61%，试验组蛋中蛋白质含量分别提高 18.94%和 22.06%，灰分含量分别提高 27.56%和 24.41%，以添加 0.01%益生菌组效果最佳。有学者报道益生菌对肉仔鸡脂类代谢，有效降低粪中氨气和硫化氢的释放量等方面也有显著影响。

4. 水产动物。目前，益生菌在水产上的应用，不仅可以促进动物生长，保持养殖水体的微生态平衡，而且可以提高以非特异性免疫为主的对虾、贝类的免疫力。胡毅等以凡纳滨对虾为研究对象，在基础饲料中分别添加地衣芽孢杆菌、枯草芽孢杆菌以及复合益生菌，结果表明，饲料中添加益生菌能使凡纳滨对虾肠道蛋白酶和淀粉酶活力升高，其中与对照组相比，复合益生菌饲喂组淀粉酶活力显著提高；肠道及粪便弧菌数显著降低，不同程度提高了凡纳滨对虾血清蛋白浓度、酚氧化酶活力、溶菌酶活力和总抗氧化力，其中添加复合益生菌能使血清蛋白浓度及溶菌酶活力较对照组显著提高；而添加益生菌对全虾的水分、蛋白质和灰分含量的影响不显著；投喂添加益生菌 1.0g/kg 和 1.5g/kg 饲料，脂肪含量高于对照组；饲料中添加益生菌可以改变凡纳滨对虾全虾中部分氨基酸的含量。殷海成研究报道苏云金芽孢杆菌对黄河鲤鱼血液免疫应答强度有明显促进作用。

四、发展方向

益生菌调节消化道微生态，无毒副作用、无残留、能有效提高动物生产性能、改善动物的健康水平，通过多种作用途径弥补抗生素不足，是潜在的抗生素替代品。近些年来，无论在理论研究还是生产应用方面都取得了长足进步。李维等阐述了复合益生菌代替单一菌种益生菌及益生菌与其他添加剂联合使用的发展方向的可能性；张永勇简述了益生素向合生元、单一制剂、肠道其他优势菌群、工程菌制剂领域、多用途制剂及高稳定性制剂方向的发展趋势，总之，益生菌有着广阔的发展前景。但在实际的应用过程中仍有许多问题，诸如：益生菌作用机理的进一步明确、安全性评价体系的建立，益生菌菌种与剂型的研究、菌种间相互作用的影响、益生菌的施用时间和剂量控制、益生菌与其他制剂间的联合使用等问题，需要业界进一步努力。

（朱秋凤　王　恬）

【寡糖】

寡糖(oligosaccharides)又称为低聚糖或寡聚糖，其应用随着对其认识和研究的深入越来越广泛。农业部《饲料添加剂品种目录(2008)》第 1126 号公告明确了几种寡糖的应用范围，低聚木糖(木寡糖)可用于蛋鸡和水产养殖动物，低聚壳聚糖可用于猪、鸡和水产养殖动物，半乳甘露寡糖可用于猪、肉鸡、兔和水产养殖动物，果寡糖、甘露寡糖可用于猪、鸡和水产养殖动物。

一、寡糖的种类与结构特点

寡糖是由 2~10 个单糖单位通过糖苷键连接而成的小聚合体，介于单体单糖和高度聚合的多糖之间，为中等分子的非淀粉多糖。由于组成寡糖的单糖分子种类、分子间结合位置及结合类型不同，其种类很多。现阶段研究的寡糖是指不能被人和其他单胃动物自身分泌的酶分解，但能对机体微生物区系、免疫功能等有影响的特殊糖类物质。主要产品种类及结构特点见表 1。

二、寡糖的动物营养研究进展

表 1 主要寡糖的种类及其结构特点

名称	单糖分子	分子间结合特点
异麦芽寡糖	葡萄糖	α-1,6 糖苷键
麦芽寡糖	葡萄糖	α-1,2 糖苷键
果寡糖	果糖	β-1,2 糖苷键+蔗糖
龙胆二糖	葡萄糖	β-1,6 糖苷键
乳寡糖	半乳糖	β-1,2 糖苷键+蔗糖
木寡糖	木糖或其他	与 D-木糖第 4 位羟基生成糖苷键
甘露寡糖	甘露糖	α-1,2 或 1,3 或 1,6 糖苷键+葡萄糖
海藻糖	葡萄糖	α-1,1 糖苷键+蔗糖
β-寡葡萄糖	葡萄糖	β-1,6 或 1,4 糖苷键
壳寡糖	乙酰氨基葡萄糖	β-1,4 糖苷键
半乳甘露糖	半乳糖甘露糖	β-1,4 糖苷键

1. 果寡糖、甘露寡糖(MOS)、异麦芽寡糖。白东英等测定果寡糖对固始鸡免疫功能的影响时发现，21 日龄时，果寡糖组的鸡只胸腺和法氏囊重量、指数均显著高于对照组；42 日龄时，果寡糖组的法氏囊重量、指数显著高于对照组。日粮中添加 7mg/kg 果寡糖对提高固始鸡法氏囊重量和指数、血清新城疫抗体效价、血清溶菌酶含量有最佳效果。

甘露寡糖对肉鸡生产性能和免疫功能均产生影响，平均日增重提高，料重比降低。添加 MOS 对血清中新城疫抗体效价影响不明显，胸腺指数、脾脏指数和法氏囊指数均提高。通过试验还发现，添加适量的 MOS 替代黄霉素是可行的，可以提高肉鸡的生产性能和免疫力。

试验表明，果寡糖与甘露寡糖能提高仔猪的日增重(差异极显著，$P<0.01$)，降低仔猪的饲料转化率。果寡糖与甘露寡糖不同配比对仔猪腹泻也有不同程度地降低。

赵静杰等研究了寡糖对断奶仔猪腹泻的影响，发现仔猪平均腹泻率，木寡糖组高于对照组 8.41%，而异麦芽寡糖组较对照组下降了 3.91%，说明不同的寡糖防治仔猪腹泻的效果不同。

2. 壳寡糖。壳寡糖也称几丁寡糖，为 β-1,4-寡聚葡萄糖胺，是以壳聚糖为原料，经生物技术降解后的衍生物，水溶性好、功能作用强、生物活性高、分子质量小、易被吸收的产品。

除了营养学作用外，壳寡糖还具有重要的生理保健功能。壳寡糖对细胞的作用首先是促进细胞增生，被证实的有皮肤、骨骼、胰岛、心肌、神经、肝脏等；另一方面对细胞有保护作用，可以延长细胞在体内的存活时间。壳寡糖的其他生理功能如下：

(1)壳寡糖使白介素-1(IL-1)增加 3.4 倍，白介素-2(IL-2)增加 2.7 倍。可激活杀伤细胞，如 NK 细胞、LAK 细胞等并产生 INF-γ、TNFα 等细胞因子，还可直接作用于 B 细胞并分泌免疫球蛋白(Ig)。因此，对免疫的两个环节——细胞免疫和体液免疫，壳寡糖都有明显改善作用；

(2)对胰岛细胞增生有明显地促进作用；

(3)壳寡糖促进试验性兔骨骨折愈合；

(4)抗衰老；

(5)壳寡糖的保护作用减少细胞的损伤；

(6)壳寡糖有直接抑制肿瘤细胞、减少其转移的作用，可以用于辅助防治肿瘤；

(7)降脂作用：壳寡糖从肠道局部和全身两个方面产生降脂作用。壳寡糖可以抑制 HMG-CoA 还原酶，因此是一种天然的 HMG-CoA 还原酶抑制剂。

曹维强研究了壳寡糖对肠道致病菌的抑制作用。与对照组相比，壳寡糖对大肠埃希氏菌和金黄色葡萄球菌的最低抑制浓度为 0.30%，对副伤寒甲沙门氏菌、宋内志贺菌的最低抑制浓度为 0.10%，随着壳寡糖质量浓度增加，抑菌作用逐渐变强。结果证明，壳寡糖对肠道致病菌具有良好地抑制作用。

3. 大豆寡糖。大豆寡糖广泛分布于植物中，尤其以豆科植物中含量居多，除大豆外，扁豆、豌豆、蚕豆、豇豆、绿豆，花生等豆类作物中均有存在。它是大豆籽粒中可溶性寡糖的总称，主要成分为蔗糖、棉籽糖和水苏糖等。

大豆寡糖粉末呈淡黄色，糖浆为淡黄色透明黏稠状液体，极易溶于水，水分活性接近于蔗糖。其稳定性较蔗糖高，在140℃的高温或pH值为3的酸性溶液中仍能保持稳定。大豆寡糖甜度较低，约为蔗糖的70%，精制除蔗糖后的大豆寡糖甜度约为蔗糖的22%。大豆寡糖摄入后不被消化吸收，能直接到达双歧杆菌生息的肠道下部，为难消化糖，其渗透压比蔗糖略高。经急性、亚急性及致癌变试验证明安全无毒性。

张学峰等认为大豆寡糖添加水平不同对瘤胃内纤维分解菌的数量产生了不同影响。灌注高水平大豆寡糖使纤维分解菌数量达到峰值的时间提前，有利于饲料在瘤胃内的能氮同步释放。大豆寡糖对瘤胃内甲烷产生菌数量达到峰值的时间延后，并且有使等毛虫数量减少的趋势。在绵羊饲料中添加大豆寡糖，提高了外周血中CD_4^+ T淋巴细胞数量，提高了CD_4^+/CD_8^+值和血清中IgG、IgA含量，这可能是因为食糜中存留的寡糖有力地保持了胃肠黏膜的完整性，使分泌性免疫球蛋白分泌增加；同时消化道内的寡糖与外源抗原的结合和与B淋巴细胞结合辅助作用，促进了B淋巴细胞的增殖。

4. 其他类寡糖。汪莉等研究了异麦芽寡糖对蛋鸡产蛋性能及蛋壳质量的影响，结果表明，蛋鸡饲料中添加0.3%异麦芽寡糖要显著提高产蛋率7.13%（$P<0.05$），降低饲料消耗10.66%（$P<0.05$）。添加寡糖对蛋壳厚度、蛋壳相对重和破软蛋率无显著影响。

徐刚等在相同饲养条件下比较了酸化剂、益生素、寡糖和酶制剂对肉仔鸡的应用效果。与对照组相比，添加酸化剂、益生素、寡糖、酶制剂在0~3周龄肉仔鸡平均日增重分别增加8.49%、7.99%、2.56%和5.72%，增重效果均显著（$P<0.05$）；料肉比分别降低3.33%、1.31%、4.03%和4.73%；粗蛋白质、粗纤维、钙和磷的表观利用率均提高；6周龄肉仔鸡大肠杆菌数量降低，而乳酸杆菌数量增加。就提高肉仔鸡平均日增重，改善微生物菌群结构方面，添加2g/kg益生素、3 g/kg酸化剂的效果优于添加1g/kg寡糖和0.75g/kg酶制剂。4种添加剂对肉仔鸡0~3周龄的使用效果优于3~6周龄。

对众多的有关寡糖的试验结果进行归纳，可以得出，寡糖的效果主要表现在以下几个方面：幼畜日增重提高3%~4%；料肉比下降0.1%~13%；钙、镁、铁及锌的吸收率有所提高；尿氮排泄量降低。在产蛋鸡饲粮中添加0.1%~0.2%的（果糖寡糖FOS），可提高雏鸡育成率、成年鸡成活率和蛋鸡产蛋性能。

三、寡糖的生产

1.我国寡糖产品生产现状。寡糖的主要品种有异麦芽寡糖、果寡糖、木寡糖、甘露寡糖、大豆寡糖、水苏糖等。但实际年产以万吨计的品种有异麦芽寡糖、果寡糖和木寡糖，年产以千吨计的品种大豆寡糖、水苏糖属于高端产品，我国生产得较少（我国寡糖主要品种生产状况见表2）。

表2 我国寡糖主要品种生产状况

品种	主要生产企业	产量/(t/年)	我国总产量
异麦芽寡糖	山东保龄宝生物技术有限公司	30 000	40 000t左右
	山东天美生物技术有限公司	2 000	
	江西精诚糖醇有限公司	2 000	
	山东鲁洲食品	3 000	
	河南莲花英糖药业	2 000	
果寡糖	江门量子高科生物工程有限公司	7 000	16 000t左右
	广西宏华奥立高生物科技有限公司	1 500	
	云南天元健康食品有限公司	3 000	
木寡糖	山东龙力生物科技有限公司	6 000	10 000t左右
大豆寡糖	临沂山松生物制品有限公司	2 000	3 000t左右

2. 寡糖生产工艺研究进展。孙玉英等通过膜分离法从*Microbacterium* sp. OU01的发酵液中分离到内切壳聚糖酶ChiN，研究酶促反应制备壳寡糖的条件，并对其酶解条件进行了优化。酶解制备壳寡糖反应条件温和、操作简便，为实现壳寡糖产业化奠定了基础。

另外的试验研究了用离子交换树脂分离提纯寡糖的工艺，以D61大孔阳离子交换树脂为主要研究对象，并且在使用前将阳离子交换树脂经过钙化改性，以提高其在分离提纯过程中的效能。工艺条件优化后，取得比较理想的结果。在树脂柱规格为

φ(9×7) 000mm、工作温度 70℃,用水做洗脱剂,控制洗脱速度在 6mL/min 的条件下.寡糖中大部分的葡萄糖成分可以被去除,经 HPLC 分析,寡糖含量由 60%提高到 90%以上。

四、寡糖的一个重要用途——功能性食品

寡糖作为功能性食品,具有增强免疫力,调节生理节律,病后恢复,预防疾病和延迟衰老等功能。同时又可以作为功能性食品基料,可广泛地添加到各种加工食品中构成功能性食品。

1. 寡糖的生理功能

(1)很难或不被人体消化吸收。寡糖所提供的能量值很低或根本没有,可在低能量食品中发挥作用,最大限度地满足了那些喜爱甜品又担心发胖者的要求,还可供糖尿病人、肥胖病人和低血糖病人食用。

(2)活化肠道内双歧杆菌并促进其生长繁殖双歧杆菌是人体肠道内的有益菌,其菌数会随年龄的增大而逐渐减少,直至完全消失。因此,肠道内双歧杆菌数的多少成了衡量人体健康与否的指标之一。随着医药科学的突飞发展,广谱和强力的抗菌素广泛应用于治疗各种疾病,使人体肠道内正常的菌群平衡受到不同程度地破坏,有目的地增加肠道中有益菌的数量显得十分重要。摄取功能性寡糖来促使肠道内双歧杆菌自然增殖显得更切实可行。

(3)不会引起牙齿龋变,有利于保持口腔卫生。龋齿是由于口腔微生物,特别是突变链球菌侵蚀而引起的,功能性寡糖因不是这些口腔微生物的合适作用底物,因此不会引起牙齿龋变。

(4)具有膳食纤维的部分生理功能,如降低血清胆固醇和预防结肠癌等。功能性寡糖与通常为高分子的膳食纤维不同,它属于小分子物质,添加到食品中基本上不会改变食品原有的组织结构及物化性质。

2. 几种运用广泛的寡糖

(1) 果寡糖又名低聚果糖或蔗果三糖族寡糖,是存在于水果、蔬菜、蜂蜜等物质中的天然活性成分。近年来随着对果寡糖研究的深入,发现其具有多种优越的生理功能和理化特性,因此在国内外的食品、保健品等行业得到广泛应用。

①益生素是一类能选择性地促进胃肠道中有益菌生长,且对有害菌生长有抑制作用的物质。果寡糖由于其本身较难被人体消化道中有关的酶所降解,且人体摄入后其体内的有益菌数量可增殖 10~100 倍。同时产生的有机酸,如醋酸、乳酸、丙酸、丁酸等使肠道内 pH 值降低,从而抑制外源性致病菌和肠道内固有真菌如沙门氏菌等的生长繁殖,减少肠内腐败物质生长和积累,因此被视为一类有效的益生素。在饮食中添加果寡糖,能够促进乳酸菌(lactic acid bacteria),被认为是一种免疫调节剂,能够直接或间接影响胃肠道及机体免疫功能的生长并增强其生物活性) 增殖,从而有效增强宿主细胞的防御机制,提高机体对各种有害菌侵入的抵抗能力。

②膳食纤维。指植物性食物中含有一些不能被人体消化酶所分解的碳水化合物,这些物质虽不能被机体吸收并参与人体的新陈代谢,但却是维持身体健康所必需的,它负责调节胃肠的消化和吸收功能。果寡糖是存在水果、蔬菜、蜂蜜等物质中的天然活性成分,不能被胃肠道中的消化酶所分解,因此被认为是一种优良的水溶性膳食纤维。且肠道中有益菌群数量的增加使其粪便的排量明显上升,每摄入 1g 果寡糖,其粪便的排量上升 1.20~2.10g。另外,果寡糖可增强肠黏膜的保护作用,从而减少胃肠道疾病的发生。

③活化因子。在含有钙、镁、铁等微量元素的保健食品中, 添加果寡糖能有效促进微量元素吸收效果,从而提高产品的功效,因此果寡糖被认为是一种微量元素的活化因子。研究发现,添加果寡糖虽然不能提高饲料的利用率,但由于其使得盲肠容量增加和盲肠壁增厚,从而使排泄物明显减少。研究还发现果寡糖在大肠内被细菌发酵所生成的乳酸,可溶解钙、镁、铁等微量元素,从而促进人体对其吸收。另外发酵所产生的短链脂肪酸能降低胃肠道的 pH, 从而有效增强人体对微量元素的摄入。

④食疗剂。果寡糖作为一种独特的低糖、低热值、难消化的功能性食品添加剂,添加于食品中,不仅可以降低食品的热值,而且可以有效地调节人体血液中血糖浓度。而对于患有Ⅱ型糖尿病的病人来说,长期服用果寡糖,不仅能控制其血糖浓度,而且能控制血浆中甘油三酯的含量。作为一种新型的食疗剂,果寡糖不仅可降低其体内胆固醇、甘油三酯、游离脂肪酸的数量,而且能较好地控制血糖,对于因血脂高而引起的高血压、动脉硬化等一系列心血管疾病也有较好地改善作用。另外,研究还发现果寡糖能加强作为人类癌治疗常用药物的细胞毒素的药用疗效。

(2)大豆寡糖。大豆籽粒中可溶性寡糖的总称,主要成分是水苏糖(stachyose)、棉籽糖(raffinose)和蔗糖(sucrose)等。这类寡糖广泛存在于各种植物中,以豆科植物的含量居多,是功能性寡糖的一种,具有调节肠道菌群平衡、降血脂、抗癌、保护肝脏和增强机体免疫功能等作用。由于它具有增强机体免疫功能、调节肠道菌群平衡,保护肠道黏膜、润肠通便等功能,因此作为一种功能性添加剂广泛运用于食品工业中,如在酸奶、冰淇淋、面包面粉、挂面、馒头等生产中广泛应用。除此以外,大豆寡糖还广泛应用在果汁饮料、巧克力、儿童食品以及点心、饼干、保健食品及奶粉中等。

由于大豆寡糖属于寡糖的一种,不仅有促进双歧杆菌增殖, 减少有毒发酵产物及有害细菌酶的产生,防止腹泻、便秘,改善血清脂质的作用,还有增强免疫力、抗肿瘤、防龋齿的作用。作为一种具有保健功能的甜味剂,大豆寡糖在食品领域的应用开发,将创造出更大的社会效益及经济效益。

(3)半乳寡糖。在乳糖分子的半乳糖一侧连接上1~4个半乳糖,属于葡萄糖和半乳糖组成的杂寡糖。味甜爽,甜度为蔗糖的20%~40%。具有较高的黏度和保湿性。其酸热稳定性和着色性较好,即使在酸性条件下也是如此。它不被人体消化酶所消化,具有良好的双歧杆菌增殖活性,多用于饴糖、烤制糕点、酱、酸味饮料、调味品、婴儿食品、酸奶等。

五、我国寡糖开发应用现状与前景

近年来,国内发酵行业有不少企业上马,具规模的企业已十几家,生产能力300t/年左右,总设计能力超过5 000t/年。目前我国一些饮料、奶制品生产厂家正在使用寡糖作为其产品的原辅料,生产出酸奶、饮料等,获得了较好的经济效益。但是对寡糖的宣传上还不够普及,绝大多数的老百姓对寡糖了解甚少。目前我国已有两个品种开始工业化生产,即异麦芽寡糖和果寡糖,其中异麦芽寡糖约占全国产量的90%,产品形式比较单一,多为糖浆。

目前,我国异麦芽寡糖市场进入快速增长期,因此,生产企业还应在产品的开发方面加大力度,积极推广,科研单位应在应用研究上下些功夫,拓展寡糖应用的市场。随着行业的不断发展,产品的技术进步,检测手段的日益更新,我国功能性寡糖标准体系的建设会日趋完善,对规范我国功能性寡糖行业的健康发展、提高产品质量、走向国际市场提供有力的保障和支持。

(陈旭东)

【饲料酸化剂替代饲用抗生素比较分析】

抗生素作为饲料添加剂应用已有半个多世纪的历史,随着人们对食品安全的关注,抗生素被逐步替代的呼声越来越高,因而饲料酸化剂等饲料添加剂的应用研究也日渐增多。大量的试验和生产实践证明,抗生素在防病治病的同时,具有促进动物生长,提高饲料转化率的功效,特别在卫生条件较差的条件下作用效果更明显。

一、抗生素作为饲料添加剂的正效应作用

1. 对动物某些疾病的治疗作用。对于控制疾病促进健康生长作用极其重要,这是抗生素的正常药理作用。

2. 对动物某些疾病的预防作用。尤其是对那些传染性疾病的预防,以保证畜禽的健康生长,如盐霉素的应用可预防球虫病的发生。

3. 促生长作用。使畜禽生长速度加快,即催肥作用,可使某些饲养动物缩短饲养周期,提前出栏。

4. 提高饲料转化率。即提高饲料的利用率,使之在相同饲料条件下达到不同的饲喂效果,或利用较少的饲料达到相同的饲喂效果,从而节省饲料提高效益。

5. 提高动物产品的产量。使产蛋动物多产蛋,产奶动物多产奶,甚至产毛动物多产毛等。

6. 提高动物产品的质量。其中主要指某些添加剂的使用可提高肉蛋奶的产品质量,包括使产仔动物提高幼仔的存活率等。

7. 改善动物饲养环境,包括使环境中各种致病菌减少,动物粪便排泄量及粪便性质的变化等。

8. 改善动物机体的机能状态,即提高动物机体的抵抗力,从而增强动物应付外界不良环境的能力,以及减少动物因各种应激反应所造成的损失。

Hays 和 Zimmermann 总结了大约1 200个饲用抗生素应用于猪效果的试验,结果表明,饲用抗生素可改善生产性能,如对7~25日龄仔猪促进生长达16.40%,对24~89日龄生长猪改善4.20%,饲料转化率分别降低6.90%和2.20%。在畜禽饲料中添加亚治疗剂量的抗生素用于提高动物的生产性能的作用是肯定的,同时对其长期作为饲料添加剂使用也存在争议。

二、抗生素的负面效应作用

1. 过敏反应和变态反应:一些抗菌药物可使部分人群发生过敏反应。过敏反应症状多种多样,当这些抗菌药物残留于肉食品中进入人体后,就使部分敏感人群致敏。

2. 三致作用:即致癌、致畸、致突变作用。当人们长期食用含三致作用药物残留的动物性食品时,这些残留物便会对人体产生有害作用,或在人体中蓄积,最终产生致癌、致畸、致突变作用,近年来人群中肿瘤发生率不断升高,人们怀疑与环境污染及动物性食品中药物残留有关。

3. 对胃肠道菌群的影响:正常机体内寄生着大量菌群,如果长期与动物性食品中低剂量的抗菌药物残留接触,就会抑制或杀灭敏感菌,耐药菌或条件性致病菌大量繁殖,微生物平衡遭到破坏。使机体易发感染性疾病,而且由于耐药而难以治疗。

4. 细菌耐药性增加:饲料中添加抗菌药物,实际上等于持续低剂量用药。动物机体长期与药物接触,造成耐药菌不断增多,耐药性也不断增强。抗菌药物残留于动物性食品中,同样使人也长期与药物接触,导致人体内耐药菌的增加。如今,不管是在动物体内,还是在人体内,细菌的耐药性已经达到了较严重的程度。

5. 给临床诊治疾病带来困难长期接触某种抗生素,可使机体体液免疫和细胞免疫功能下降,以致引发各种病变,引起疑难病症,或用药时产生不明原因的毒副作用,给临床诊治带来困难。

6. 抗菌药物失效,使医疗费用过高,社会负担加重临床致病菌耐药性的不断增加,使抗生素的药效越来越低,在动物养殖中,发生感染性疾病时,若使用几种抗菌药物均无效,不但加大了饲养成本,更由于病程延长,影响了动物的生产性能,使养殖利润下降,甚至血本无归。

7. 给新药开发带来压力:由于药物滥用,细菌产生耐药性的速度不断加快,耐药能力也不断加强。这使得抗菌药物的使用寿命也逐渐变短。然而要开发出一种新药并非易事。新抗菌药开发的速度减慢,而细菌的耐药性不断加快,这是一种危险的倾向。

8. 药物残留与生态环境:随着世界各国环保意识的增强,人们越来越关注抗生素在环境中的蓄积、转移、转化和对各种生物及人类健康的影响,并在国际上形成了一个新的研究热点。低剂量的抗生素长期排入环境中,会造成敏感菌耐药性的增加。

研究发现,滥用抗生素给人类带来越来越大的麻烦,饲料中长期添加抗生素可导致众多不良后果。随着对动物性食品需求量的增加及食品安全的重视,人们逐渐认识到饲用抗生素的种种弊端,抗生素残留也越来越成为全社会共同关注的公共卫生问题。因此,寻求饲用抗生素的替代物已成为世界各国专家研究的热点。

目前饲料酸化剂已被世界畜牧业发达国家普遍推广使用,并成为继抗生素之后的重要饲料添加剂。

三、饲用酸化剂的重要功能

1. 降低胃中 pH 值,促进胃蛋白酶等消化酶的激活,调节胃排空速度。饲料酸化剂的作用源于其酸化效应,即通过降低胃肠道中的 pH 值,保持最佳的消化环境。当胃内容物 pH 为 2.0 时,胃蛋白酶活化迅速;当 pH 值提高到 4 时,活化速度缓慢。胃蛋白酶的适宜 pH 为 2.0~3.5。当 pH 值大于 3.6 时,活性显著降低;当 pH 大于 6.0 时,胃蛋白酶失活。因此,胃内容物 pH 值影响饲料蛋白质的消化。早期断奶仔猪消化系统和免疫系统发育尚不成熟,当仔猪由母乳提供营养转变为饲料提供营养时,仔猪胃内酸度不足,很难达到成年猪胃内的酸度(pH 为 2.0~3.5)水平。因此,添加酸化剂不仅可激活胃蛋白酶源,同时还可直接刺激消化酶的分泌。

2. 保护饲料防止霉变;通过在饲料中添加酸化剂,可以防止或控制饲料中霉菌的繁殖,保持饲料的新鲜度,从而提高饲料的适口性和营养物质利用率。此外,由于镰刀属霉菌毒素采用一般的霉菌毒素吸附剂难以控制其对种畜如母猪的危害,因而常常因霉菌霉素的雌激素样作用,导致母猪发生流产、死胎率升高、仔猪下痢等;由于受到霉菌毒素的影响,疫苗和抗生素的作用效价降低,导致免疫机能受到抑制。因此饲料中的卫生状况将直接影响母猪的生产性能,通过添加酸化剂可减少霉菌霉素所引起的一系列问题,为母猪和仔猪发挥遗传潜力提供良好的条件。

3. 替代抗生素的作用。病原菌的耐药性问题已受到极为关注,其中大肠杆菌的耐药菌株大量存在,使用抗生素治疗此类大肠杆菌感染的效果并不理想,因而酸化剂作为无毒无残留的抑菌杀菌添加剂为人们所重视。研究表明:酸化剂可调控胃肠道微生物菌群平衡,特别可以减少大肠杆菌的感染。Liu 报道对具有耐药性的大肠杆菌菌株,可通过添加酸化剂达到抑菌杀菌的目的,具体见表 1。

表 1 酸化剂对耐药性大肠杆菌菌株的抑菌试验

分离的大肠杆菌株	耐受抗生素种类	酸化剂的抑菌情况
1	多粘菌素、螺旋霉素、新霉素、庆大霉素	20mm
2	多粘菌素、螺旋霉素、新霉素、庆大霉素、维吉尼亚霉素	22mm
3	多粘菌素、新霉素	25mm
4	多粘菌素、螺旋霉素、新霉素、庆大霉素、维吉尼亚霉素	28mm
5	多粘菌素、新霉素、庆大霉素	25mm
6	多粘菌素、新霉素	20mm
7	新霉素、庆大霉素	21mm
8	多粘菌素、螺旋霉素、新霉素、庆大霉素	22mm
9	多粘菌素、螺旋霉素、新霉素	28mm
10	多粘菌素螺旋霉素、新霉素	27mm

(注:mm 为抑菌圈大小的单位)

4. 提高钙的生物学利用率。添加酸化剂可降低胃肠道内容物 pH 值的同时,可与饲料中的矿物质如钙发生螯合作用,促进肠道对钙等矿物元素的吸收。钙的营养在母猪妊娠或哺乳阶段极为重要,Coupel 报道母猪饲喂酸化日粮可提高钙的利用率达 8%。在生理条件下大肠中的钙以不溶性的磷酸盐形式存在,通过酸化剂的使用提高了肠道酸度和钙的溶解性因而钙的消化率由 47%提高到 55%。钙的利用率提高有助于仔猪的生长发育,预防死胎的产生等等。

5. 调控电解质平衡。日粮电解质平衡(DEB)可以用($Na^{+}+K^{+}-Cl^{-}$)meq/100g 饲料来表示。酸化日粮导致 DEB 降低,确实有使体内变酸的趋向。但 Coupel 报道这种状况有助于预防分娩母猪无乳综合症(MMA)的发生,并预防泌尿系统的感染,同时有助于减少死胎和提高血钙的生物学利用率。当然动物调节酸碱平衡的能力是有限的,如果酸化剂的添加量过大,则可能造成酸中毒导致生产性能下降。

6. 抗应激作用。多数研究结果认为,延胡索酸柠檬酸等酸化剂对保持动物消化道内环境平衡、预防热应激等作用效果较为显著,其原因在于酸化剂在体内可被氧化成二氧化碳和碳酸氢盐,可缓冲血液碱性造成的危害,维持血液 pH 值保持在适宜范围内,从而避免或缓解热应激保持机体健康等。

7. 改善适口性。鸡饲料中添加柠檬酸可提高饲料适口性,提供能量,促进雏鸡生长,减少脂肪肝,增加血磷含量,提高日产蛋数及蛋重。猪饲料添加乳酸可促进仔猪采食,增加胃蛋白酶活性,提高对矿物质元素的吸收率,提高饲料消化率,减少腹泻等疾病发生。

8. 酸化剂对环境的保护。酸化剂一般以柠檬酸、延胡索酸、乳酸等有机酸为主,或是单种酸或是复合酸化剂,在日粮中的添加量以 1%~2%为宜,可减少肠道微生物产生氨气等有害气体,改善肠道内环境并具有抗应激、增强免疫力的作用。

四、酸化剂具有替代抗生素克服毒副作用的特点

动物饲料中酸化剂及其盐的使用越来越普遍。随着某些抗生素和生长促进剂在动物饲料中的禁止添加,人们开始了替代产品的研究。大量试验结果表明,酸化剂在维持和促进动物生产性能的效果方面,是这些禁用产品的理想替代物。酸化剂作为抗生素替代品应克服抗生素药物添加剂的所有毒副作用。

1. 天然无毒副作用、无残留、无抗药性,酸化剂主要包括有机酸和无机酸及其复合物。目前使用的无机酸化剂以磷酸居多。有机酸化剂主要有柠檬酸、延胡索酸、乳酸、丙酸、苹果酸、山梨酸、甲酸、乙酸等,这些酸制剂可直接参与体内代谢,为动物提供能量及营养物质。

2. 能促进畜禽生长,能有效而经济地提高畜禽的生产性能,提高饲料利用率和产品品质,养殖效益高;饲料酸化剂的作用源于其酸化效应,添加酸化剂不仅可激活胃蛋白酶原,同时还可直接刺激消化酶的分泌,进而改善饲料消化率,促进动物生长。

3. 能增强机体免疫功能,能防止动物的各种传染性(病毒性、细菌性)疾病和调整机体生理机能;酸化剂进入畜禽胃肠道以后通过降低 pH 值,能促进乳酸菌等有益菌的生长繁殖,同时改变有害菌群的生存环境,能抑制或直接杀害有害菌群如大肠杆菌、沙门氏菌、葡萄球菌和梭状芽孢杆菌等。研究发现在仔猪饲料中添加酸化剂后,仔猪的免疫功能增强,尤其是红细胞的免疫功能,在家禽日粮中添加有机酸可以提高家禽的免疫力和抗病能力。

4. 使用后无有害物质残留,不影响畜禽产品质量,不影响人类生存环境与健康;某些有机酸化剂如柠檬酸、延胡索酸等就是三羧酸循环的反应物或中间产物。而乳酸则通过代谢可以释放能量,均不产生有害物质,为食品安全生产提高有效手段。

5. 理化性质或生物活性性质稳定,酸化剂对氧化及温度变化稳定,可与饲料混合均匀,具有良好的热稳定性,能有效地进入胃肠道发挥作用,不影响饲料适口性;酸化剂还能刺激动物口腔味蕾细胞,使唾液分泌增加从而增加食欲,提高动物采食量,起到调味剂的作用,同时可促进矿物质和维生素的吸收利用。

6. 与其他饲料添加剂混合,不发生或很少发生配伍禁忌,畜禽对其不易产生抗药性;酸化剂可分别与酶制剂、益生菌、抗生素、寡糖、植物提取物等合理配伍表现出了良好的使用效果。

7. 提高动物抗应激能力;有机酸中柠檬酸延胡索酸等是三羧酸循环中的必需组分,可在应激状态下用于 ATP 的紧急生成而作为抗应激剂使用。

8. 改善环境等,酸化剂可减少肠道微生物代谢产物如氨气、多胺类物质(尸胺、腐胺)及挥发性脂肪酸的产生,改善消化道内环境及生态环境。

五、饲料酸化剂与饲用抗生素生产性能比较

1. 猪饲料添加抗生素与酸化剂性能比较。据 Dansk Slagterier 对猪添加酸化剂的研究结果表明,有机酸可稳定发挥替代抗生素促生长的良好效果,结果见表 2。抗生素在 5 个 7~30kg 仔猪试验中日增重改善为 10.8%,饲料转化率改善为 3.4%,而在 40 个同样体重的仔猪饲料中添加有机酸化剂试验中,仔猪日增重可改善 7.1%,饲料转化率改善为 2.8%,数据表明酸化剂可替代抗生素发挥促生长作用,而酸化剂与牛至的含酸复合物其日增重及饲料转化率的改善幅度与饲用抗生素的数据差异很小,见表 2。

表 2　7~30kg 仔猪饲用抗生素替代物试验研究(Danske Slagterier,2001)

饲料添加物	试验次数	日增重改善(%)	饲料转化率改善(%)
饲用抗生素	5	10.8	3.4
有机酸化剂	40	7.1	2.8
植物提取物	19	2.6	0.6
酶制剂	9	2.1	0.2
微生物培养物	14	1.0	0.5
寡糖	2	3.1	1.1
含酸复合物	3	9.5	3.3

2. 家禽饲料中添加抗生素与酸化剂生产性能比较。Hyden 报道在肉鸡饲料中添加酸化剂,通过对肠道微生物菌群的调控,促进有益菌双歧杆菌乳酸杆菌等增殖,达到预防疾病提高生产性能的目的。试验结果表明(见表 3),添加酸化剂的效果优于添加抗生素阿维拉霉素的效果,死亡率大幅度降低。

表 3　肉鸡饲料中添加复合酸化剂对生产性能的影响

项目	酸化剂组	阿维拉霉素组
鸡只数(羽)	5 700	5 700
上市天数(d)	56	56
死亡率(%)	1.85	4.23
出栏体重(kg)	2.390	2.415
欧洲家禽效率因子	177.49	173.17

综上所述,饲料酸化剂不仅可以降低胃肠道 pH 值,激活胃蛋白酶源,刺激消化酶的分泌,改善饲料及胃肠道内的生物安全,并具有抗生素类生长促进剂防病保健的类似功能。在关注食品安全关注人类健康的今天,酸化剂作为高效、无污染、无残留的促生长和抑制病原微生物生长繁殖的饲料添加剂,符合取代抗生素作为生长促进剂的要求,是一种很具潜力的绿色环保添加剂,在饲料养殖业的应用前景十分广阔。

(李　祥　李新慧)

饲料机械制造工业概况

【饲料机械制造工业】

2008年，饲料行业经受了南方冰雪灾害和四川地震等重特大自然灾害及"三鹿"奶粉事件的严峻考验，遭遇到生猪、牛奶等大宗畜产品价格持续下跌和养殖成本不断攀升的双重挤压，克服了饲料原料价格大幅波动和生产成本上涨的困难，总体形势良好，总量保持增长，工业饲料产量同比增长10.83%，配合饲料增长尤为迅速，同比增长13.64%，而饲料生产企业数量却大幅减少，同比下降11.47%。随着《饲料生产企业审查办法》的实施，行业发展进一步规范，饲料生产企业进行技术改造、设备更新换代的增多，向大型化、规模化方向发展加快，致使饲料加工单机产量增加，成套设备大型化趋势明显，饲料机械设备的生产制造，也随之向大型化和高技术设备方面发展。

一、饲料加工成套机组生产情况

2008年共生产饲料加工成套机组2 395套，生产总数与2007年相比基本持平，仅增加了19套，同比增长0.80%。其中，生产时产10t以上的大型饲料加工成套机组520套，与2007年相比增长迅猛，增长40.16%；中小型饲料加工成套机组生产总数与2007年相比略有下降，时产5~10t的中型机组生产596套，减少了66套，同比减少9.97%，时产5t以下的小型机组生产1 279套，减少了64套，同比减少4.77%。2008年大型成套设备增长较快，中小型成套设备发展趋缓，与饲料生产企业向大型化规模化方向发展适应，与申办饲料生产企业准入门槛提高、数量大幅减少、行业利润降低有关。近3年饲料加工成套机组生产产量见表1。

表1　近3年饲料加工成套机组产量(套)

年份	≥10t/h	5~10t/h	1~5t/h	合计
2006	427	647	2 317	3 391
2007	371	662	1 343	2 376
2008	520	596	1 279	2 395

二、饲料加工机械生产情况

2008年共生产饲料加工单机设备35 018台，产量总数与2007年相比增长幅度较大，增加了7 921台，增长率达到了29.23%。其中，粉碎机11 886台，与2007年相比略有下降，减少了105台，同比减少0.88%；混合机8 673台，与2007年相比增加了2 603台，增长较快，同比增长42.88%；制粒机6 198台，与2007年相比成倍增长，是2007年的3.12倍；其他单机8261台，与2007年相比增加了1 212台，增长17.19%。在饲料加工成套机组总产量基本持平的情况下，饲料加工机械单机有较大幅度增长，说明饲料加工企业进行技术改造、设备更新换代的力度加大，在尽可能降低投资成本的情况下提高产量和效率。同时制粒机的产量成倍增长，说明颗粒饲料的越来越得到养殖企业的认可，颗粒饲料占我国配合饲料的比重会越来越大，符合我国饲料行业安全、优质、高效的发展方向。近3年饲料加工机械单机产量见表2。

表2　近3年饲料加工机械单机产量

年份	粉碎机	混合机	制粒机	其他	合计
2006	9 698	4 385	1 649	6 307	22 039
2007	11 991	6 070	1 987	7 049	27 097
2008	11 886	8 673	6 198	8 261	35 018

三、配合饲料加工设备发展特点

我国饲料行业的发展将依赖于能实现产业一体化、具备行业整合能力的大、中规模的饲料生产龙头企业是一个不争的事实。因而，配合饲料加工机械单机设备的研发、成套设备机组的开发与应用等将围绕这个发展趋势来展开。

1. 大中型、成套化饲料加工机械机组已成为饲料生产企业更新换代的主系列。随着国家《饲料生产企业审查办法》逐步实施与完善，及《饲料和饲料添加剂管理条例(修订稿)》的启动带领下，我国饲料生产企业更加注重产品质量和安全，向规模、向先进管理技术要效益的意识越来越清晰，大中型、成套化饲料加工机械机组具有高效、节能及易于运用现代先进管理技术及达到规模化经营的优势，迅速成为大中型饲料生产企业设备更新换代的首选。

2. 配合饲料加工设备的更新换代产品及新产品层出不穷。作为我国大型饲料机械生产企业的江苏正昌集团和江苏牧羊集团在2008年又推出了一系列新产品，并通过了江苏省组织的专家鉴定，部分产品达到了国际领先水平。

江苏牧羊集团 2008 年通过省级鉴定的饲料机械产品包括 SFSPY66×80 锤片式微粉碎机、TPH260 型膨化机、MY120×2 型双螺杆膨化机、宠物食品加工成套设备等。SFSPY66×80 锤片式微粉碎机创造性地设计了使物料粗细层换位的斜坡挡料板结构和多片外凸小圆弧筛片结构，采用可调节的轴端进风技术，有效消减了物料环流层，提高了粉碎机的粉碎效率，达到国际领先水平；TPH260 型膨化机采用了分区域熟化、稳态化剪切的螺杆配置，自主研发了可调开孔面积的出料模具，实现模前实时调压，可有效提高膨化产品的品质和产量，降低能耗，延长使用寿命，居于国际先进水平；MY120×2 型双螺杆膨化机采用端面螺旋构型和螺杆优化组合技术、大导程进料螺杆、模前汇流孔板与文丘里技术、偏心切割技术、膨化腔分段自动温控技术，减少了物料回流和高纤维物料膨化时堵模情况，使挤压产品质构和颗粒长度均匀，居于国际先进水平；宠物食品加工成套设备首次在国内系统地设计了宠物食品加工成套工艺，采用二次粉碎混合工艺、分步油脂添加技术、高剪切与反旋双螺杆及双模板(模前调压与孔板)技术、高均匀性的间歇式液体喷涂设备、在线维护的自动控制系统，工艺流程合理、设备性能可靠，达到国内领先水平。

江苏正昌集团 2008 年通过省级鉴定的饲料机械产品 5 项，其中 SDXG30 畜禽/淡水鱼/虾/蟹饲料综合生产线、SPHS218 湿法膨化机、SPHS120 湿法膨化机达到国际先进水平；SFJH 210×2 回转分级筛、SDBY-5-S 水产料小包装秤，达到国内领先水平。

3. 饲料机械制造企业技术水平和制造能力不断提高。目前，饲料机械生产企业充分有效地利用了通用机械设备设计制造平台，注重饲料加工机械设备的精细化、节能化和柔性化研制与开发，注重细节、研制精品产品、不断创新；在注重自主品牌和自主创新产品研发的同时，积极参与国家有关饲料加工机械装备的重点项目，关注国家对该行业的发展战略，借助科技支持，以产学研结合为平台，提高我国饲料机械制造业的创新能力和国际竞争力；饲料机械产品的设计与制造的智能化程度有所提高。数字化设计与制造技术也已在饲料机械制造业上逐步开始应用。

4. 大型饲料加工生产线的研发与投产取得突破性进展。时产 40t 大型制粒机、分级筛等主要设备的研发成功与投产运行，标志我国在承建大型饲料成套设备生产线上具备了先进的技术水平和实力。

5. 条码技术应用于饲料生产过程控制，实现饲料产品各生产环节的可追溯性。采用先进的条码技术对饲料生产加工过程的关键环节加以控制，实现原料的批次管理并建立条形码标识。对配料、投料工序采用条码识别与防错控制，防止人为错误，自动生成饲料的生产批次，并自动记录生产数据，如配料记录、投料记录，从而实现产品生产各环节的可追溯性，最终提高饲料产品的质量安全。

6. 饲料机械产品作为一种工业品，其标准化体系建设正在完善。全国饲料机械标准化技术委员会(SAC/TC384)于 2008 年 5 月 8 日由国家标准化管理委员会批准成立。它的成立，标志着饲料加工机械制造业已成为机械制造业中的一个重要分支。

(李军国　王红英)

【牧草机械与秸秆饲料加工机械进展】

2008 年，中央 1 号文件提出要通过降低成本增收，大力发展节约型农业，促进秸秆等副产品和生活废弃物资源化利用，提高农业生产效益。农业部发布的《全国农业机械化发展第十一个五年规划(2006–2010 年)》中指出，在中部地区和粮食主产区，大力发展饲料青贮和秸秆综合利用机械化，为推进农区畜牧业发展和农业循环经济提供农业机械化服务。在“十一五”期间，农业部将大力推广 11 项农机化重点技术，其中的 3 项与牧草生产和秸秆饲料化机械加工技术有关。

我国草业科学专家、中国工程院院士任继周建议，发展以食草动物代替食粮动物的草地农业可有效解决粮食安全问题，并改变传统的农业生产方式，大幅度提高农业生产效率，是发展现代农业的一条重要渠道。

草产业是草原生态畜牧业的基础，具有生态效益和经济效益双重价值。牧草机械化作业除了能提高饲草产量和质量，对改良草地理化性状和提高饲草转化率等方面都有着明显的作用和效果。采用松土施肥补播机进行优质牧草补播改良作业，就可使天然草地牧草增产 1 倍以上。饲草适时机械收获，可比人工收获减少 15%~20%的损失。通过切碎、青贮氨化等处理，还明显地提高饲草的消化率和采食率，饲料转化率可提高 10%以上。近几年来，随着草畜矛盾的不断加大，我国加大了对牧草机械化的扶持力度。从 2004 年起将牧草收割机列入购机补贴目录，2008 年又将牧草播种机作为新增农机补贴机型，极大地激发了农牧民购买牧草生产机具的积极性。2007 年，农业部将“草原建设与牧草生产机械化技术”作为 11 项重点农机化技术之一，在重点地区加大了推广力度。到 2007 年底，我国有牧草播种机 0.65 万台、收割机 7.54 万台、草籽收获机 0.28 万台、牧草翻晒机 0.82 万台、牧草打捆机 0.72 万台、青贮饲料收获机 3.91 万台；机械播种牧草面积 53 万 hm^2，机械收割牧草 1 770 万 t，机械化青贮秸秆 6 165 万 t。以牧草种植、收获、加工利用为主的草产业方兴未艾，为草地畜牧业可持续发展提供了强有力的支撑。

2008年9月13日，青海省草产业暨机械化技术论坛会在西宁召开，有关领导和草产业专家参加了论坛会，共同探讨了青海草产业及机械化技术发展问题。青海地处长江、黄河、澜沧江的发源地，青海省96%的区域是牧区，现有天然草场面积3 647hm^2居全国第4位，占土地总面积的50.60%，其中可利用草场面积约3 160hm^2占天然草场面积的87%。青海省农牧厅厅长曹宏在草产业暨机械化技术论坛会上发言时谈到，近几年由于受自然、气候和人类不合理利用等因素的影响，目前青海省90%的草场出现了不同程度的退化，其中中度以上退化草场面积约为1 633万hm^2，占可利用草场面积的54.29%，“黑土滩”面积约350hm^2，毒草危害面积约为215万hm^2，草原平均产草量减少30%~50%，草场生态保护和畜牧业发展的矛盾越来越突出，饲草料的有效供给已经成为青海省草地畜牧业可持续发展的重要制约因素，为此，青海省近几年结合实施草原生态保护和建设项目，积极发展人工种草，使青海省人工种草保留面积达29.58万hm^2。

2008年，内蒙古畜牧业产值占第一产业产值比重预计达到45%，比2007年增长1.14%；全区优质高产高效作物比重达到61%，新增5个百分点；农畜产品加工率达到63%，比2007年增长3个百分点。在草原畜牧业稳定发展的同时，农区畜牧业迅速发展，农区牲畜存栏头数占全区牲畜存栏总头数比重由2001年的20.90%提高到70%，成为畜牧业主要增长点。全区草原建设总体规模约为486.5万hm^2，禁牧休牧草原面积约为4 820万hm^2，禁牧休牧规模为历年来最大。农牧业机械化水平进一步提高，全区农牧业综合机械化水平预计达到62.50%，同比提高2.4个百分点。

在一系列的政策引导下，农作物秸秆饲料利用机械化越来越受到重视。2008年，陕西各级农机部门重点推广秸秆机械化综合利用技术，实现整村整乡利用，板块推进，初步形成了秸秆综合利用产业链，加工秸秆青贮、微贮、黄贮和干贮秸秆饲草800多万t(折合利用面积400多万亩)，其中商品草20万t，为促进畜牧产业发展，促进生态环境改善和粮食增产、农民增收做出了贡献。宝鸡市陈仓区农业局因势利导农户带棒青贮秸秆饲草，贮存优质青饲料。正值全区夏玉米成熟之际，天气一直处于低温寡照和多雨期，造成台塬区的玉米成熟困难，区镇农业、畜牧、农机部门一方面及时组织有机户开展玉米带棒青贮加工饲草，农户每吨秸秆可收入200元，引导农户想方设法把灾害损失减小到最低程度；另一方面又使养殖户贮存了优质青饲料，缓解奶畜冬季饲草不足的问题，降低养殖成本，有力地支持了全区奶畜业持续健康发展。经过努力工作和良好的技术售后服务，推广秸秆挤丝揉搓机706台，大型铡草机7台，农户由原来单一的刀铡、机铡饲草，逐步转化为目前秸秆挤丝揉搓加工饲草，农户在自足情况下还可取得一定的加工收入，到目前为止，全区加工饲草约7.60万t。有效引导农户开发当地秸秆资源，改善生态环境，促进了畜牧业的不断发展。

新疆吐鲁番市作为全疆重要畜牧养殖基地，饲料成为该市养殖业发展的一大制约因素。2008年，新疆吐鲁番市农机局积极适应畜牧业发展的需要，把机械化秸秆综合利用当作重点工作来抓，围绕农作物秸秆和葡萄枝叶做文章，使全市机械化农作物秸秆综合利用取得突破进展。在艾丁湖乡花园村、琪库勤克村建立畜牧机械化推广的示范基地1 000亩，配套建立6个农作物秸秆饲料机械化加工厂。加大资金投入，将畜牧机械纳入农机购置补贴范围，引导农民购机、用机，发展机械化秸秆综合利用产业。2008年，新疆吐鲁番市财政拨付15万元，引进畜牧业机械22台，其中：铡草机2台、铡草粉碎机2台、RC550饲草揉搓机6台、MK5050-G型圆草捆捆扎机6台、YBS-5050型包膜机6台，使全市畜牧业机械达1 161台。充分发挥农机部门的职能作用，与生产厂联合研制新机具；派出20名技术人员深入农作物秸秆饲料机械化加工厂、农户进行机械安装和技术指导，提供技术咨询；推动农作物秸秆和葡萄、枝叶青贮工作，促进畜牧业的发展。目前，完成机械化加工农作物秸秆和葡萄枝叶饲料300t。

近几年来，山东省莱州市共投资了3 000多万元新建两家饲料生产加工出口企业，年加工颗粒饲料和生物发酵饲料3.80万t，年出口创汇达300多万美元。2008年，全市玉米青贮面积约为0.7万hm^2青贮秸秆达3.50万t，郭家店、金城等镇依靠青贮饲料发展奶牛2 000多头。

近年来，山西省怀仁县农机部门着重采取3项措施，推进牧草生产全程机械化。一是政策拉动。怀仁县农机部门充分运用国家农机购置补贴政策，突出发展畜牧业机械化技术，全县先后共利用国家机补资金50多万元，新购置牧草播种机械18台，收获机械11台，加工机械13台；二是项目带动。紧紧围绕山西省农机推广旗帜县建设，以实施畜牧养殖机械化技术项目为重点，引导农户从提高饲草和饲料加工利用转化水平上入手，重点解决畜牧养殖生产过程中机械化水平及科技含量低，饲草、饲料利用、转化率低，大量工作仍由人工完成，劳动时间长、强度大等难题，逐步提高饲草播种、收获、加工等环节机械化水平；三是多方联动。县委、县政府十分重视牧草生产机械化项目建设，专门为怀仁县农机局划拨了1 000亩的“牧草收获机械化”项目示范基地，带动产业结构调整，促进了牧草生产机械化发展。

为了满足牧草生产和农作物秸秆饲料化利用的需求，科研机构和企业开发生产了新的机械与设备。牧草生产和农作物秸秆饲料化利用机械与设备进展综述如下。

一、草场生态恢复机械

中国农业大学工学院王德成教授带领的团队研究出一项有效促进羊草生长的破土切根复壮促生技术，并开发出一系列配套的草原改良机具。2008 年 10 月 30 日，该项技术的主要成果，即由中国农业大学主持的"牧草生产与草场生态恢复机械化技术研发与示范"课题的 3 项科技成果，通过了专家鉴定委员会的鉴定。课题成果之一"草地亚表层机械化破土切根复壮促生技术及配套机具研究"仅需对土壤进行低扰动就可改变土壤理化性状，当年作业当年增产。据 2008 年河北沽源定点对比试验表明，机械化改良后的天然草地当年增产约 110%、人工草场增产近 30%，效益显著。专家组认为：该成果提出的机械化切根复壮分蘖促生自我繁育的工艺，以及草地低扰动、无翻垡、不扬沙的机械化耕作技术，初步形成了草地植被机械化切根复壮促生的技术体系，创新性显著。该成果总体达到了同类研究的国际先进水平。课题另一项成果"草地虚实耕作技术及配套机械研究"，采用振动式间隔松土技术，实现了高坚实度条件下草原土壤的虚实耕作和原地放垡，在我国草场改良和生态恢复中有广泛应用前景，被专家组认定为总体技术水平居国际先进。而"草地亚表层点线式破土切根技术及配套机械研究"这一成果首次应用机械的方法，对高坚实度板结层的人工或天然根茎型或根茎疏丛型草地进行点线式破土切根，促进牧草复壮与自我繁殖，提高草地改良速度，被专家组认定处于国内领先水平。

二、牧草和秸秆收获机械

金华市农业机械研究所王琛等设计了 9YY-550 型小型秸秆捡拾圆捆机。经捡拾器捡拾的秸秆进入卷捆室向后方输送时，靠自重回落，形成内芯，秸秆在卷压室内逐步填充。当进入秸秆较多后，开始从外向里压缩秸秆捆，直至达到规定密度(通过探测报警器指示)后进行绕绳，然后打开活动圆捆腔排出。本机采用外卷绕辊子式圆捆卷压机构。它所压出的草捆透气性好、易于青贮。经过对谷物联合收割机排出的秸秆捡拾圆捆，以及机器固定后对草料作业的试验表明：采用滑道滚筒式捡拾器结构、外卷绕辊子式卷捆结构，以及采取强化机架功能的新型秸秆捡拾圆捆机设计，能满足行走作业和固定作业两种不同打捆方式的实际需求。该机生产率为 1.25t/h。

MJSD140 型秸秆捡拾打捆机，是南京农业大学工学院、江苏省农机推广站、南通市农机推广站、南通棉花机械有限公司、如皋市农机推广站共同承担的江苏省农机 3 项工程的重点攻关项目，已于 2008 年 4 月 16 日通过了江苏省省级科技成果和小批试制(投产)鉴定，并于 2008 年 9 月 23 日取得江苏省农业机械推广许可证。该机型适用于麦秸秆、稻秸秆、油菜秸秆、苜蓿草的田间捡拾打捆。

三、青贮饲料收割机

由天津富康农业开发有限公司生产的 4JQ168 秸秆粉碎回收青贮机，为 4YW-Q 型全幅玉米收获机配套，形成联合作业，消耗动力小。该产品主要用于玉米草秆切碎回收。适应东北、华北、西北玉米生产区对玉米秸秆的切碎与回收。

四、铡草、挤丝、揉搓与粉碎机械

陕西西安秸秆产业开发中心研制的 Y36-60 多功能饲料加工机可将农作物秸秆进行切丝后揉搓，破坏其表皮结构，大大增加水分蒸发面积，使原来秸秆 3~5 个月的干燥期缩短到 1~3d，并且不破坏其纤维强度，保持了秸秆的营养成分。这种设备每小时可加工 4t 玉米秸秆。另外，该设备还可将玉米粒、豆类等颗粒状农产品加工成直径小于 5mm 的粉末状精饲料，达到综合利用的目的。

贵州大学工程学院的方雷、吕俊设计了立式无筛秸秆揉搓粉碎桶，工作时秸秆类物料从进料口切向进入机体后，受到安装在转子上端高速旋转的动刀配合定刀板所产生的剪切作用，被切成碎段，在拨料板和离心力作用下，均匀布开进入锥形筒与齿板之间的揉搓粉碎室内，在高速回转凿片的冲击作用下，使秸秆类物料受到凿片和齿板剧烈的搓擦作用而逐渐细碎并沿螺旋线下落，从排料口排出。本机采用滚刀式切割器与定刀板配合产生的剪切作用，能很好地将秸秆类切断，刀片拆卸和磨刀较方便。本机可满足广大农村对秸秆等纤维类物料揉搓粉碎的加工要求，并可以作为青状物料的打浆机和切碎机使用。

9FZ-400 型高效粉碎机、SJP-260 型干湿料搅拌机是内蒙古善堂农牧科技有限责任公司与丹东金福农机制造厂共同研发的组合机。该机一机多用，高效节能，能完成粉碎玉米(谷物)、铡草、揉搓、打浆、搅拌(干湿)等作业。粉碎加工能力 500~1 000kg/h，使用电压 220V，电机功率 2.2~3kW。搅拌部分能完成干饲料与干饲料混拌；干饲料与湿饲料混拌；湿饲料与湿饲料混拌；秸秆粉(草粉)与干饲料混拌的同时加入秸秆分解剂水溶液(装有水溶液箱)，搅拌后变成混合秸秆湿饲料。每小时加工能力 500kg 以上。搅拌均匀，干湿度可按需要调整，混拌料的比例大小可调整。

山东省聊城农机化研究所研制生产的 9ZR-50 型秸秆铡揉多用机，集铡切、揉搓与氨化于一身，克服了普通铡草机铡出的玉米秸秆有硬节、草料长短不均等缺点，可以将秸秆、草料铡碎并揉搓成丝状，提高了饲料的适口性和利用率，有利于牲畜吸收。该机主要技术参数：配套动力 3kW，切揉干料 400kg/h，切揉湿料 800kg/h，切揉长度为 20~30cm。

黑龙江省白桦耕作机厂研制生产的 9RS-40 型茎秆揉碎机，能把粗饲料如玉米秸、豆秸、牧草等加工成柔软的丝状物，直接饲喂牛、羊等家畜，适口性好，利于倒嚼消化，使秸秆里的养分被充分吸收，提高了粗饲料的利用率。该机主要技术参数：配套动力为小四轮拖拉机，也可与 10kW 电动机配套，加工后的秸秆丝长度 50~150mm，生产率 600~960kg/h。

黑龙江省畜牧机械化研究所、阿城市收割机厂和阿城市通用机电设备厂研制生产的 9RC40 型粗饲料揉碎机，属国家专利产品。该机可将玉米秸、豆秸、牧草等粗饲料揉碎成丝状，直接饲喂牛、羊等反刍牲畜，增加了饲料的适口性，牲畜采食率可达 90%以上。其配套动力为 8.8kW 四轮拖拉机或 7.5kW 电动机，生产率为 700~1 000kg/h。

五、深加工机械

河南省新乡市黄河禽林牧有限公司研制生产的 DFP-1800 型鲜草深加工设备，可将菊苣、俄罗斯饲料菜、鲁梅克斯草、串叶松香草、皇竹草、紫花苜蓿等水分含量大的鲜草加工成草粉。该设备可直接将鲜草切断、揉碎、打浆、烘干，深加工后的草粉可保存牧草原有的营养价值，具有耗能低、产量高、投资少的特点，可日产干粉 10t 以上，是发展养殖业理想的牧草深加工设备。

（杨宝玲　郭佩玉）

秸秆养畜

2008年,国务院下发了《国务院办公厅关于加快推进农作物秸秆综合利用的意见》(国办发〔2008〕105号,以下简称《意见》)。《意见》的出台,为秸秆养畜工作带来了新的、更大的机遇。当前,农业和农村正经历着深刻变化,农业资源环境和市场约束增强,保障粮食安全、保持农产品供求平衡、农民持续增收的难度加大。在这一背景下,国务院办公厅出台《意见》,对秸秆养畜工作提出了新的更高的要求,为秸秆养畜的中长期发展指明了方向。

秸秆养畜项目实施以来,在党中央、国务院和各级政府的高度重视下,在农业综合开发管理机构的大力支持下,各地畜牧主管部门把发展秸秆畜牧业作为一项重点工作,结出了丰硕成果。17年间中央财政累计投入秸秆养畜项目建设资金8.65亿元,建设国家级秸秆养畜示范县项目604个,围绕国家牛羊肉和牛奶优势产业带形成了中原、东北、华北秸秆养畜示范带,秸秆青贮、氨化和微贮等实用技术得到广泛应用,秸秆处理利用率稳步提升,走出了一条中国特色的发展现代畜牧业的新道路,取得了巨大的经济、社会和生态效益。

当前各地在基础设施、技术储备、发展模式等方面都有了一定的积累。但是,秸秆养畜的大发展还存在着秸秆处理设施设备不足、利用形式单一、产业化水平低、新技术手段少等诸多制约因素。为充分发挥秸秆资源利用潜力,促进畜牧业持续发展,农业部将在未来的工作中,从以下几方面不断加强秸秆养畜项目管理,推进秸秆养畜工作。

1. 科学选择立项,突出发展重点。遵循自然规律,选择秸秆资源丰富、养殖基础条件好的地区按照续建优先的原则,建设形成连片集中的秸秆养畜项目示范带。按照国家秸秆禁烧工作的总体部局,在机场、高速公路沿线优先安排秸秆养畜示范项目。

2. 加强组织领导,提高管理能力。建立一支懂技术、经验丰富的管理队伍,加强跨区、跨省交流学习,开阔项目管理人员眼界;采取召开现场会、开展培训等多种形式,不断提高项目管理人员综合管理能力。

3. 规范项目管理,强化日常监管。建立在建项目监督抽查制度,加强项目建设过程管理,对于在检查中发现擅自更改建设内容、地点等问题的,立即采取处理措施,督促改正。在巡察项目时要严格财务管理,重点审核资金是否专户管理、专账核算,专款专用。重视项目总结验收,引入中介机构进行项目审计,按时完成项目竣工验收工作。

4. 强化示范带动,推进产业化运营。项目甄选将结合本地养殖业发展实际,优先支持规模化养殖企业和养殖户承担项目建设,在项目中加大对秸秆收贮机械和秸秆饲料生产设备的购置金额,提高秸秆处理效率和经济效益,更好地发挥项目的带动示范作用。要结合畜产品后续加工能力,选择种、养、加工能力配置合理的地区优先承担项目建设,完善产业链条,利用项目推进秸秆养畜的产业化发展运行。

(李大鹏)

饲料添加剂和预混合饲料生产许可证管理

根据《饲料和饲料添加剂管理条例》和《饲料添加剂和添加剂预混合饲料生产许可证管理办法》的规定，经农业部批准，发布16个公告，共批准饲料添加剂生产企业148家；添加剂预混合饲料生产企业269家；饲料添加剂生产品种、变更企业名称或注册地址企业226家；期满换发饲料添加剂生产许可证企业106家；期满换发添加剂预混合饲料生产许可证企业272家；注销饲料添加剂和添加剂预混合饲料生产许可证企业41家。具体情况如下：

饲料添加剂生产获证企业

生产许可证编号	企业名称	产品名称
饲添(2008)2243	上海新杨饲料工业有限公司	微生物添加剂(Ⅰ)：枯草芽孢杆菌、粪肠球菌、嗜酸乳杆菌
饲添(2008)2308	海口乐洋生化科技有限公司	复合氨基酸(Ⅱ)：DL–蛋氨酸、L–赖氨酸盐酸盐 微生物添加剂(Ⅱ)：枯草芽孢杆菌
饲添(2008)2321	山东庆丰堂生物制药有限公司	维生素(Ⅱ)：VC、VE、VK_3
饲添(2008)2322	青州易合源科技制药有限公司	维生素(Ⅱ)：VC、VE、VK_3
饲添(2008)2335	石家庄市泰丰牧业有限公司	矿物元素(Ⅱ)：七水硫酸亚铁、七水硫酸锌
饲添(2008)2336	河北三色源生物工程有限公司	复合微生物添加剂(Ⅰ)：嗜酸乳杆菌、枯草芽孢杆菌、粪肠球菌
饲添(2008)2337	藁城市兆通工贸有限公司	矿物元素(Ⅰ)：五水硫酸铜
饲添(2008)2338	石家庄市长安昌平饲料厂	矿物元素(Ⅰ)：磷酸氢钙
饲添(2008)2341	珠海经济特区永源实业公司	酶制剂(Ⅱ)：植酸酶、木聚糖酶、β–葡聚糖酶、果胶酶、蛋白酶、纤维素酶、淀粉酶 微生物添加剂(Ⅱ)：枯草芽孢杆菌 低聚木糖(Ⅱ)
饲添(2008)2343	河北征宇制药有限公司	维生素(Ⅱ)：VB_1、VB_2、VC、VE、VK_3 微生物添加剂(Ⅰ)：枯草芽孢杆菌、嗜酸乳杆菌、产朊假丝酵母、粪肠球菌、沼泽红假单胞菌
饲添(2008)2344	石家庄市金鼎动物药业有限公司	维生素(Ⅱ)：VC 矿物元素(Ⅱ)：乳酸钙
饲添(2008)2350	重庆市优胜科技发展有限公司	紫苏籽提取物粉剂(优生素)(Ⅰ)
饲添(2008)2353	山东天惠源生物科技有限公司	维生素(Ⅱ)：VB_1、VB_2、VB_{12}、VC、VE、VK_3 微生物添加剂(Ⅱ)：枯草芽孢杆菌、产朊假丝酵母 抗氧化剂(Ⅱ)：乙氧基喹啉、二丁基羟基甲苯 防霉剂(Ⅱ)：双乙酸钠、山梨酸 酸化剂(Ⅱ)：乳酸、柠檬酸、磷酸 着色剂(Ⅱ)：辣椒红、天然叶黄素(源自万寿菊) 调味剂和香料(Ⅱ)：糖精钠、食品用香料 甜菜碱(Ⅱ) 大蒜素(Ⅱ)

生产许可证编号	企业名称	产品名称
饲添(2008)2357	广汉市生化制品有限公司	大豆黄酮(Ⅰ)
饲添(2008)2358	江西省德兴市百勤异VC钠有限公司	维生素(Ⅰ):VB_2
饲添(2008)2359	常宁市水口山隆盛冶炼化工有限责任公司	矿物元素(Ⅰ):氧化锌、七水硫酸锌、一水硫酸锌
饲添(2008)2361	沈阳市新牧康动物药品厂	维生素(Ⅱ):VA、VB_1、VB_2、VB_{12}、VC、VD_3、VE、VK_3、氯化胆碱
饲添(2008)2362	桂林精成生物科技有限公司	酶制剂(Ⅰ):甘露聚糖酶(产自迟缓芽孢杆菌)、植酸酶(产自黑曲霉)、木聚糖酶(产自米曲霉)
饲添(2008)2364	诺伟司饲料添加剂(上海)有限公司	抗氧化剂(Ⅱ):乙氧基喹啉 复合抗氧化剂(Ⅱ):乙氧基喹啉、二丁基羟基甲苯、没食子酸丙酯 复合酸化剂(Ⅱ):富马酸、柠檬酸、苯甲酸、乳酸、山梨酸、甲酸、甲酸铵、丙酸、丙酸铵、甲酸钙
饲添(2008)2365	长治市芬亚华生物工程有限公司	矿物元素及其络合物(Ⅰ):蛋氨酸铜络合物、甘氨酸铁络合物、蛋氨酸锌络合物
饲添(2008)2366	北京君德同创农牧科技有限公司	矿物元素(Ⅱ):富马酸亚铁 酸化剂(Ⅱ):柠檬酸、苹果酸、富马酸 调味剂(Ⅱ):糖精钠
饲添(2008)2367	张家口迈威饲料开发有限公司	矿物元素(Ⅰ):磷酸三钙
饲添(2008)2369	兄弟科技股份有限公司	维生素(Ⅱ):盐酸硫胺(VB_1)、硝酸硫胺(VB_1)
饲添(2008)2370	宁夏启元药业有限公司	维生素(Ⅰ)(Ⅱ):VB_2
饲添(2008)2371	江苏春之谷生物制品有限公司	维生素(Ⅰ):VE
饲添(2008)2372	广州诺德农牧科技有限公司	矿物元素(Ⅱ):富马酸亚铁 酶制剂(Ⅱ):纤维素酶、β-葡聚糖酶、果胶酶、植酸酶、木聚糖酶 微生物添加剂(Ⅱ):枯草芽孢杆菌、酿酒酵母 防腐剂(Ⅱ):丙酸钙 酸化剂(Ⅱ):乳酸、柠檬酸、苹果酸 调味剂(Ⅱ):糖精钠 稳定剂(Ⅱ):丙二醇、二氧化硅、蔗糖脂肪酸酯、聚氧乙烯20山梨醇酐单油酸酯 大豆磷脂(Ⅱ)
饲添(2008)2373	天津市思科福生物工程有限公司	丁酸钠(Ⅰ) 二甲酸钾(Ⅰ) 甜菜碱(Ⅱ)
饲添(2008)2374	湛江市麻章康农生物科技有限公司	维生素(Ⅱ):VC
饲添(2008)2375	黑龙江成福食品集团有限公司	氨基酸(Ⅰ):L-赖氨酸盐酸盐
饲添(2008)2376	石家庄市康鑫饲料添加剂有限公司	维生素(Ⅰ):肌醇
饲添(2008)2377	北京绿康牧生物科技有限公司	酶制剂(Ⅱ):淀粉酶、纤维素酶、β-葡聚糖酶、甘露聚糖酶、植酸酶、蛋白酶、木聚糖酶
饲添(2008)2378	甘肃丰蕾天然色素有限公司	着色剂(Ⅱ):天然叶黄素(源自万寿菊)
饲添(2008)2379	江西新瑞丰生化有限公司	酶制剂(Ⅰ):植酸酶(产自黑曲霉)

生产许可证编号	企业名称	产品名称
饲添(2008)2380	河南旭隆兽药有限公司	维生素(Ⅱ):VC
饲添(2008)2381	通辽梅花生物科技有限公司	氨基酸(Ⅰ):L-赖氨酸盐酸盐、L-苏氨酸
饲添(2008)2382	绵阳禾本生物工程有限公司	酶制剂(Ⅰ):植酸酶(产自黑曲霉)、木聚糖酶(产自孤独腐质霉)
饲添(2008)2383	南阳科生生物化工有限公司	维生素(Ⅰ):叶酸
饲添(2008)2384	南通鑫旺饲料添加剂厂	矿物元素(Ⅰ):氧化锌
饲添(2008)2385	山东好利来动物药业有限公司	维生素(Ⅱ):VB_1、VB_2、VB_{12}、VC、VE、VK_3
饲添(2008)2386	夏津鲁衡化工有限公司	维生素(Ⅰ):叶酸
饲添(2008)2388	青岛中仁药业有限公司	微生物添加剂(Ⅰ):枯草芽孢杆菌、嗜酸乳杆菌、干酪乳杆菌、乳酸片球菌、产朊假丝酵母、酿酒酵母、沼泽红假单胞菌
饲添(2008)2389	山东百特生物药业有限公司	维生素(Ⅱ):VB_1、VB_2、VB_{12}、VC、VE、VK_3
饲添(2008)2390	济南赛拜斯生物工程有限公司	微生物添加剂(Ⅱ):枯草芽孢杆菌、嗜酸乳杆菌、产朊假丝酵母
饲添(2008)2391	山东泽生生物科技有限公司	酶制剂(Ⅰ):纤维素酶(产自李氏木霉)、木聚糖酶(产自米曲霉)
饲添(2008)2392	广州市冠佳生物科技有限公司	维生素(Ⅱ):VB_2、VC
饲添(2008)2394	北京中农劲腾生物技术有限公司	维生素(Ⅱ):VB_{12}、VE
饲添(2008)2395	石家庄利德尔动物药业有限公司	维生素(Ⅱ):VB_{12}
饲添(2008)2396	巴彦县巨龙生物饲料开发有限公司	微生物添加剂(Ⅱ):枯草芽孢杆菌、嗜酸乳杆菌、产朊假丝酵母
饲添(2008)2397	钦州市湘大化工有限公司	矿物元素(Ⅰ):一水硫酸锰
饲添(2008)2398	安达市北方磷脂有限责任公司	大豆磷脂(Ⅰ)
饲添(2008)2399	哈尔滨美德动物营养保健品厂	维生素(Ⅱ):VB_1、VB_2、VC、VE
饲添(2008)2400	上海美乐瑞饲料原料有限公司	矿物元素(Ⅱ):硫酸亚铁、硫酸铜、硫酸锌、硫酸锰
饲添(2008)2401	上海振欣试剂厂	矿物元素(Ⅰ):五水硫酸铜、硫酸钴
饲添(2008)2402	惠州市昕昊实业有限公司	防霉剂(Ⅱ):丙酸、丙酸铵、苯甲酸、富马酸
饲添(2008)2403	重庆优宝生物技术有限公司	酶制剂(Ⅱ):纤维素酶、β-葡聚糖酶、木聚糖酶 微生物添加剂(Ⅱ):枯草芽孢杆菌 酸化剂(Ⅱ):甲酸、丙酸、丁酸、乳酸
饲添(2008)2404	海南卓越生物有限公司	复合氨基酸(Ⅱ):L-赖氨酸盐酸盐、DL-蛋氨酸、L-色氨酸 微生物添加剂(Ⅱ):枯草芽孢杆菌、乳酸乳杆菌 防霉剂(Ⅱ):双乙酸钠、丙酸 大豆磷脂(Ⅱ)
饲添(2008)2405	郑州福源动物药业有限公司	维生素(Ⅱ):L-抗坏血酸-2-磷酸酯 矿物元素及其络合物(Ⅱ):蛋氨酸铜络合物
饲添(2008)2406	广州矿威饲料有限公司	矿物元素(Ⅱ):硫酸镁、硫酸亚铁、硫酸铜、氧化锌、硫酸锌、硫酸锰、碘化钾、碘酸钾、碘酸钙、氯化钴 碱式氯化铜

生产许可证编号	企业名称	产品名称
饲添(2008)2407	开鲁县昶辉生物技术有限责任公司	着色剂(Ⅱ):天然叶黄素(源自万寿菊)
饲添(2008)2408	无锡确成硅化学有限公司	二氧化硅(Ⅰ)
饲添(2008)2409	河北天寅化工股份有限公司	维生素(Ⅰ)(Ⅱ):L-抗坏血酸-2-磷酸酯
饲添(2008)2410	辽宁金地球动物药业有限公司	维生素(Ⅱ):VB_1、VB_2、VC、VE
饲添(2008)2411	广西百色康泰饲料科技有限公司	矿物元素(Ⅱ):一水硫酸亚铁
饲添(2008)2412	南宁市金大牧工贸有限责任公司	矿物元素(Ⅱ):七水硫酸镁、一水硫酸亚铁、五水硫酸铜、氧化锌、一水硫酸锌、一水硫酸锰、碘化钾、碘酸钙、六水氯化钴、硫酸钴
饲添(2008)2413	哈尔滨绿达生动物药业有限公司	维生素(Ⅱ):VB_1、VB_2、VC、VE、VK_3 酶制剂(Ⅱ):淀粉酶 、纤维素酶、蛋白酶 微生物添加剂(Ⅱ):枯草芽孢杆菌、酿酒酵母
饲添(2008)2414	鸡西市绿源生物制品有限责任公司	酶制剂(Ⅰ):纤维素酶(产自李氏木霉) 酶制剂(Ⅱ):淀粉酶、纤维素酶、果胶酶、植酸酶、蛋白酶
饲添(2008)2415	潍坊雷曼生物科技有限公司	调味剂(Ⅱ):谷氨酸钠　大蒜素(Ⅱ)
饲添(2008)2416	哈尔滨牧兴源饲料有限公司	微生物添加剂(Ⅱ):枯草芽孢杆菌、嗜酸乳杆菌、产朊假丝酵母
饲添(2008)2417	哈尔滨正强饲料厂	非蛋白氮(Ⅰ)(Ⅱ):缩二脲
饲添(2008)2418	灵山县骄丰化肥有限公司	矿物元素(Ⅰ):磷酸氢钙
饲添(2008)2419	陕西恒鑫锌业有限公司	矿物元素(Ⅰ):七水硫酸锌、一水硫酸锌
饲添(2008)2420	陕西天维生物制品有限责任公司	维生素(Ⅰ)(Ⅱ):VE
饲添(2008)2421	西安威可特饲料技术有限公司	维生素(Ⅱ):L-抗坏血酸-2-磷酸酯 矿物元素及其络合物(Ⅱ):富马酸亚铁、蛋氨酸铜络合物
饲添(2008)2422	河北华尔生物科技有限公司	维生素(Ⅱ):VB_1、VB_2、VB_6、VB_{12}、VC、VE、VK_3
饲添(2008)2423	哈尔滨市宏晟圆饲料添加剂厂	微生物添加剂(Ⅱ):枯草芽孢杆菌、嗜酸乳杆菌、产朊假丝酵母
饲添(2008)2424	会东县恒威磷化工有限责任公司	矿物元素(Ⅰ):磷酸氢钙、磷酸二氢钙
饲添(2008)2425	漳州铨盛生化有限公司	微生物添加剂(Ⅰ):嗜酸乳杆菌
饲添(2008)2426	浙江巨化新联化工有限公司	矿物元素(Ⅰ):氯化钙
饲添(2008)2427	北京艾克赛德生物工程有限公司	复合酶制剂(Ⅱ):纤维素酶、果胶酶、木聚糖酶
饲添(2008)2428	湖北兴发化工集团股份有限公司	矿物元素(Ⅰ):磷酸三钙
饲添(2008)2429	衡阳百赛化工实业有限公司	矿物元素(Ⅰ):氧化锌、七水硫酸锌、一水硫酸锌
饲添(2008)2430	青岛渤海农业发展有限公司	大豆磷脂(Ⅰ)
饲添(2008)2431	青岛扶桑精制加工有限公司	酸化剂(Ⅱ):甲酸、乳酸、富马酸、柠檬酸
饲添(2008)2432	济南汇鑫饲料有限公司	复合酶制剂(Ⅱ):淀粉酶 、纤维素酶、β-葡聚糖酶、蛋白酶、木聚糖酶 微生物添加剂(Ⅱ):枯草芽孢杆菌、嗜酸乳杆菌、酿酒酵母　抗氧化剂(Ⅱ):乙氧基喹啉 防霉剂(Ⅱ):丙酸钙 调味剂(Ⅱ):糖精钠　大蒜素(Ⅱ)

生产许可证编号	企业名称	产品名称
饲添(2008)2433	湘潭红燕化工有限公司	矿物元素(Ⅰ):氧化锌、一水硫酸锌
饲添(2008)2434	湘潭埃索凯生化科技有限公司	矿物元素(Ⅱ):七水硫酸镁、七水硫酸亚铁、一水硫酸铜、一水硫酸锌、一水硫酸锰
饲添(2008)2435	山东华辰生物化学有限公司	维生素(Ⅰ):D-泛酸钙
饲添(2008)2436	珠海百康生物技术有限公司	酶制剂(Ⅱ):淀粉酶、纤维素酶、植酸酶、木聚糖酶
饲添(2008)2437	广州骅儿斯生物科技有限公司	维生素(Ⅱ):VC、VE、VK_3 防霉剂(Ⅱ):丙酸、丙酸钠
饲添(2008)2438	广州名农生物技术发展有限公司	矿物元素(Ⅱ):硫酸亚铁、氧化锌硫酸锌、硫酸锰、碘酸钙、硫酸钴
饲添(2008)2439	武汉兴鼎生物科技有限公司	维生素(Ⅱ):VE
饲添(2008)2440	阜宁欣盛氧化锌有限公司	矿物元素(Ⅰ):氧化锌
饲添(2008)2441	宜昌市欣龙化工新材料有限公司	矿物元素(Ⅰ):磷酸氢钙
饲添(2008)2442	新昌县古峰兽药有限公司	维生素(Ⅱ):VE
饲添(2008)2443	广西贺州永丰锰业化工有限公司	矿物元素(Ⅰ):一水硫酸亚铁、一水硫酸锰
饲添(2008)2444	广西南宁益维饲料科技有限公司	矿物元素(Ⅰ):一水硫酸镁、一水硫酸亚铁、一水硫酸铜、氧化锌 矿物元素(Ⅱ):五水硫酸铜、一水硫酸锌、一水硫酸锰、碘酸钙、硫酸钴
饲添(2008)2445	上海纳施达生物工程有限公司	微生物添加剂(Ⅱ):枯草芽孢杆菌 调味剂(Ⅱ):糖精钠、5'-肌苷酸二钠、5'-鸟苷酸二钠
饲添(2008)2446	海南多哈兽药有限公司	甜菜碱盐酸盐(Ⅱ)
饲添(2008)2447	广州裕立宝生物技术有限公司	酶制剂(Ⅱ):木聚糖酶
饲添(2008)2448	广州汉坤生物科技有限公司	维生素(Ⅱ):L-抗坏血酸-2-磷酸酯
饲添(2008)2449	河北圣雪大成制药有限责任公司	维生素(Ⅰ):VB_2
饲添(2008)2450	北京中农华威制药有限公司	维生素(Ⅱ):VE
饲添(2008)2451	博白县宏宇化工有限公司	矿物元素(Ⅰ):一水硫酸亚铁、一水硫酸锰
饲添(2008)2452	上海欧耐施生物技术有限公司	复合酶制剂(Ⅱ):淀粉酶、纤维素酶、β-葡聚糖酶、果胶酶、蛋白酶、木聚糖酶 酶制剂(Ⅱ):植酸酶
饲添(2008)2467	广州市佳州动物保健品有限公司	复合氨基酸(Ⅱ):L-赖氨酸盐酸盐、DL-蛋氨酸、L-苏氨酸 酶制剂(Ⅱ):木聚糖酶 抗氧化剂(Ⅱ):乙氧基喹啉
饲添(2008)2468	广东海富药业有限公司	维生素(Ⅱ):VC 微生物添加剂(Ⅱ):枯草芽孢杆菌
饲添(2008)2469	广州市信农饲料科技有限公司	维生素(Ⅱ):L-抗坏血酸-2-磷酸酯、L-肉碱盐酸盐 矿物元素及其络合物(Ⅱ):富马酸亚铁、蛋氨酸锌络合物 柠檬酸(Ⅱ)、碳酸氢钠(Ⅱ)、氯化钾(Ⅱ) 调味剂(Ⅱ):糖精钠 甜菜碱盐酸盐(Ⅱ) 大蒜素(Ⅱ)

生产许可证编号	企业名称	产品名称
饲添(2008)2470	南通市常海食品添加剂有限公司	维生素(Ⅰ):叶酸
饲添(2008)2471	浙江兰博生物科技有限公司	维生素(Ⅰ):烟酰胺
饲添(2008)2472	哈尔滨福莱德动物保健品有限公司	维生素(Ⅱ):VB_1、VB_2、VC、VE 复合微生物添加剂(Ⅱ):枯草芽孢杆菌、嗜酸乳杆菌、产朊假丝酵母
饲添(2008)2473	焦作市豫光皮革化工有限责任公司	维生素(Ⅰ):VK_3
饲添(2008)2474	江西森泰药业有限公司	维生素(Ⅰ):VB_6
饲添(2008)2475	天津澳科龙磷脂工业有限责任公司	大豆磷脂(Ⅱ)
饲添(2008)2476	天津中瑞药业有限公司	维生素(Ⅰ):L-抗坏血酸-2-磷酸酯、烟酸、烟酰胺、叶酸 维生素(Ⅱ):VE
饲添(2008)2477	山东晟阳生物工程有限公司	维生素(Ⅱ):VB_1、VB_2、VC
饲添(2008)2478	滨州同创畜牧发展有限公司	大豆磷脂(Ⅱ)
饲添(2008)2479	青岛龙力生物技术有限公司	微生物添加剂(Ⅰ):枯草芽孢杆菌、嗜酸乳杆菌、酿酒酵母
饲添(2008)2480	大连奥肽动物营养有限公司	维生素(Ⅱ):VA、VB_1、VB_2、VB_{12}、VC、VD_3、VE、VK_3、烟酸
饲添(2008)2481	哈尔滨市丰渌饲料有限公司	维生素(Ⅱ):VB_1、VB_2、VC、VE、VK_3 微生物添加剂(Ⅱ):枯草芽孢杆菌、酿酒酵母
饲添(2008)2482	楚雄源泰矿业有限公司姚安分厂	矿物元素(Ⅰ):七水硫酸锌、一水硫酸锌 矿物元素(Ⅱ):氧化锌
饲添(2008)2483	北京中农润丰生物科技有限公司	微生物添加剂(Ⅰ):枯草芽孢杆菌
饲添(2008)2484	江苏越红化工有限公司	维生素(Ⅰ)(Ⅱ):VE
饲添(2008)2485	无锡恒诚硅业有限公司	二氧化硅(Ⅰ)
饲添(2008)2486	大丰迪赛诺制药有限公司	维生素(Ⅰ)(Ⅱ):D-生物素
饲添(2008)2487	成都施普诺生物技术有限公司	矿物元素及其络(螯)合物(Ⅰ):蛋氨酸铜络(螯)合物、蛋氨酸铁络(螯)合物、蛋氨酸锌络(螯)合物
饲添(2008)2488	海南维生药业有限公司	微生物添加剂(Ⅱ):枯草芽孢杆菌
饲添(2008)2489	汉中天然谷生物科技有限公司	维生素(Ⅰ)(Ⅱ):VE
饲添(2008)2490	新疆特殊环境微生物工程技术研究中心(有限公司)	微生物添加剂(Ⅰ):枯草芽孢杆菌、植物乳杆菌、产朊假丝酵母
饲添(2008)2491	浙江巨成化工有限公司	甜菜碱(Ⅰ)
饲添(2008)2492	台州市万福制药有限公司	维生素(Ⅰ):肌醇
饲添(2008)2493	新实力食品科技(南京)有限公司	抗结块剂(Ⅱ):甘油脂肪酸酯
饲添(2008)2494	路凯(湖南)科技有限公司	氨基酸(Ⅱ):DL-蛋氨酸　维生素(Ⅱ):VA、VD_3 复合酶制剂(Ⅱ):淀粉酶、纤维素酶、蛋白酶、木聚糖酶　微生物添加剂(Ⅱ):枯草芽孢杆菌、粪肠球菌、嗜酸乳杆菌、酿酒酵母、沼泽红假单胞菌 抗氧化剂(Ⅱ):乙氧基喹啉　防霉剂(Ⅱ):丙酸钠、丙酸钙　复合酸化剂(Ⅱ):乙酸、乳酸、磷酸 着色剂(Ⅱ):β-胡萝卜素、天然叶黄素(源自万寿菊) 调味剂和香料(Ⅱ):糖精钠、谷氨酸钠、食品用香料 甘露寡糖(Ⅱ)　甜菜碱(Ⅱ)　大蒜素(Ⅱ)

生产许可证编号	企业名称	产品名称
饲添(2008)2495	河南三宝药业股份有限公司	氨基酸(Ⅰ):L-色氨酸
饲添(2008)2496	翁福(集团)有限责任公司	矿物元素(Ⅰ):磷酸氢钙、磷酸二氢钙 非蛋白氮(Ⅰ):磷酸脲
饲添(2008)2497	广州市汇海农牧科技有限公司天河分公司	复合酶制剂(Ⅱ):甘露聚糖酶、植酸酶、木聚糖酶
饲添(2008)2498	贵州亚世亚化工有限公司	矿物元素:磷酸三钙(Ⅰ)
饲添(2008)2499	哈尔滨华农曙光饲料有限公司	微生物添加剂(Ⅱ):枯草芽孢杆菌、嗜酸乳杆菌、产朊假丝酵母
饲添(2008)2500	章丘市青山饲料添加剂加工厂	矿物元素(Ⅱ):硫酸亚铁
饲添(2008)2501	山东隆信饲料有限公司	矿物元素(Ⅱ):硫酸镁、硫酸亚铁、硫酸铜、硫酸锰、碘酸钙
饲添(2008)2502	济南普瑞生物药业有限公司	维生素(Ⅱ): VB_1、VB_2、VC、VE 大蒜素(Ⅱ)
饲添(2008)2503	厦门美尔吉生物科技有限公司	酶制剂(Ⅱ):木聚糖酶 合酶制剂(Ⅱ):淀粉酶、β-葡聚糖酶、蛋白酶、木聚糖酶 抗氧化剂(Ⅱ):乙氧基喹啉 酸度调节剂(Ⅱ):乳酸、柠檬酸、磷酸 大豆磷脂(Ⅱ)
饲添(2008)2504	河南大华生物技术有限公司	微生物添加剂(Ⅱ):枯草芽孢杆菌、嗜酸乳杆菌、酿酒酵母
饲添(2008)2505	郑州市牧龙饲料有限公司	微生物添加剂(Ⅰ):植物乳杆菌
饲添(2008)2506	山东省明发同茂饲料有限公司	微生物添加剂(Ⅰ):枯草芽孢杆菌、嗜酸乳杆菌、产朊假丝酵母
饲添(2008)2507	山东思诺拜特生物科技有限公司	酶制剂(Ⅰ):纤维素酶(产自长柄木霉)、β-葡聚糖酶(产自枯草芽孢杆菌)、甘露聚糖酶(产自迟缓芽孢杆菌)、植酸酶(产自黑曲霉)、木聚糖酶(产自米曲霉) 复合酶制剂(Ⅱ):淀粉酶、纤维素酶、β-葡聚糖酶、甘露聚糖酶、果胶酶、蛋白酶、木聚糖酶
饲添(2008)2508	西安海光药业有限责任公司	微生物添加剂(Ⅰ):枯草芽孢杆菌、产朊假丝酵母、沼泽红假单胞菌
饲添(2008)2509	麦仑(厦门)生物科技有限公司	调味剂和香料(Ⅱ): 糖精钠、食品用香料 酸度调节剂(Ⅱ): 乳酸、富马酸、柠檬酸、磷酸
饲添(2008)2510	上海艾英莱饲料科技有限公司	矿物元素(Ⅱ):硫酸镁、硫酸亚铁、硫酸铜、硫酸锌、硫酸锰、碘化钾、碘酸钙、氯化钴

添加剂预混合饲料生产许可证名单

生产许可证编号	企业名称
饲预(2008)5042	广东金海润生物科技有限公司
饲预(2008)5146	安徽省萧县正丰牧业有限公司
饲预(2008)5148	六安百世强饲料科技有限公司
饲预(2008)5188	合肥旺牧生物科技有限公司
饲预(2008)5189	安徽正正饲料科技有限公司
饲预(2008)5228	武威新天地农业科技有限公司
饲预(2008)5241	青州易合源科技制药有限公司
饲预(2008)5244	山东正航动物药业有限公司
饲预(2008)5258	广东广牧动物保健品有限公司
饲预(2008)5261	石家庄市泰丰牧业有限公司
饲预(2008)5264	辽宁同合动物药业有限公司
饲预(2008)5265	宝蓝(郑州)动物营养有限公司
饲预(2008)5266	广西南宁旺大生物科技有限公司
饲预(2008)5271	农标普瑞纳(新疆)饲料有限公司
饲预(2008)5272	石家庄市金鼎动物药业有限公司
饲预(2008)5273	石家庄市奥福斯生物科技有限公司
饲预(2008)5275	成都朗迪生物技术有限公司
饲预(2008)5277	巴林右旗德盛牧业有限责任公司
饲预(2008)5281	广州白云山宝神动物保健品有限公司
饲预(2008)5282	浙江科峰生物技术有限公司
饲预(2008)5284	农标普瑞纳(长沙)饲料有限公司
饲预(2008)5285	赤峰市畜研所鸡猪技术服务部
饲预(2008)5289	济宁市东方生物工程有限公司
饲预(2008)5290	成都丰达饲料有限公司
饲预(2008)5291	盐城桑普生化技术有限公司
饲预(2008)5292	兰州联邦饲料有限公司
饲预(2008)5293	江西知本源牧业有限公司
饲预(2008)5294	南昌领农生物科技有限公司
饲预(2008)5295	长春吉瑞达饲料有限公司
饲预(2008)5296	沈阳市新牧康动物药品厂
饲预(2008)5297	安佑(河南)科技饲料有限公司
饲预(2008)5298	郑州英汇饲料有限公司
饲预(2008)5300	北京禾嘉牧业有限公司
饲预(2008)5301	北京博农利生物科技有限公司
饲预(2008)5302	福州雄锐生物科技有限公司
饲预(2008)5303	湖南康大生物药品有限责任公司
饲预(2008)5304	河北邦维动物药业有限公司

生产许可证编号	企业名称
饲预(2008)5305	鹿泉市德昌饲料有限公司
饲预(2008)5306	北京中大农饲料科技有限公司
饲预(2008)5307	天津市思科福生物工程有限公司
饲预(2008)5308	盐城六和饲料有限公司
饲预(2008)5310	河南商都药业有限公司
饲预(2008)5311	郑州安格瑞得生物技术有限公司
饲预(2008)5312	洛阳普莱柯生物工程有限公司
饲预(2008)5313	河南旭隆兽药有限公司
饲预(2008)5314	河南绿佳饲料有限公司
饲预(2008)5315	哈尔滨华泰牧业有限公司
饲预(2008)5316	哈尔滨市民生饲料厂
饲预(2008)5317	哈尔滨正泰牧业有限责任公司
饲预(2008)5318	武汉回盛生物科技有限公司
饲预(2008)5319	巴东县双敏畜牧发展有限责任公司
饲预(2008)5320	湖北齐岳山农业发展有限公司
饲预(2008)5321	江西宝宝仔饲料有限公司
饲预(2008)5322	南昌安佑饲料科技有限公司
饲预(2008)5323	湘潭瀚亨生物科技有限公司
饲预(2008)5324	北京加商威圣微生物科技有限公司
饲预(2008)5325	北京富仕特农业发展有限公司
饲预(2008)5326	辽阳意达饲料有限公司
饲预(2008)5327	乐农氏(沈阳)动物营养有限公司
饲预(2008)5328	咸丰县恒发牧业开发有限责任公司
饲预(2008)5329	康地饲料(中国)有限公司成都分公司
饲预(2008)5330	河南农大奇瑞药业有限公司
饲预(2008)5331	成都特驱农牧科技有限公司
饲预(2008)5332	云南劲鳌生物科技有限公司
饲预(2008)5333	福州闽盛饲料有限公司
饲预(2008)5334	济南赛拜斯生物工程有限公司
饲预(2008)5335	化学工业(全国)饲料添加剂工程技术中心山东科技公司
饲预(2008)5336	山东好利来动物药业有限公司
饲预(2008)5337	丹东欣乐药业有限公司
饲预(2008)5338	锦州景良动物药业有限公司
饲预(2008)5340	山东百特生物药业有限公司
饲预(2008)5341	韶关市可利鲜生物科技有限公司
饲预(2008)5342	广州市冠佳生物科技有限公司
饲预(2008)5343	广州海因特生物技术有限公司
饲预(2008)5344	佛山市南海禅泰动物药业有限公司
饲预(2008)5345	深圳市华泰动物药业有限公司

生产许可证编号	企业名称
饲预(2008)5346	江门市金远洋生物科技有限公司
饲预(2008)5347	北京和美华饲料科技有限公司
饲预(2008)5348	北京市顺杰饲料厂
饲预(2008)5349	北京中农劲腾生物技术有限公司
饲预(2008)5350	石家庄利德尔动物药业有限公司
饲预(2008)5351	哈尔滨市道里区昌大饲料厂
饲预(2008)5352	哈尔滨众利饲料有限公司
饲预(2008)5353	哈尔滨美德动物营养保健品厂
饲预(2008)5354	巴彦县巨龙生物饲料开发有限公司
饲预(2008)5355	哈尔滨市华人牧业饲料加工厂
饲预(2008)5356	广西容县鸿威生物科技饲料厂
饲预(2008)5357	郑州祥润生物科技有限公司
饲预(2008)5358	新乡好运农牧股份有限公司
饲预(2008)5359	杭州润琪饲料科技有限公司
饲预(2008)5360	宁波市鄞州康盛饲料有限公司
饲预(2008)5361	上海百立生物科技有限公司
饲预(2008)5362	广州矿威饲料有限公司
饲预(2008)5363	广州市佳州动物保健品有限公司
饲预(2008)5364	沈阳市康普利德生物科技有限公司
饲预(2008)5365	北京农大铁骑力士牧业科技有限公司涿州基地
饲预(2008)5366	江西鑫维药业有限公司
饲预(2008)5367	河南澳普森生物技术有限公司
饲预(2008)5368	郑州福源动物药业有限公司
饲预(2008)5369	广州威克特生物科技有限公司
饲预(2008)5370	石家庄桥东维多利饲料厂
饲预(2008)5371	甘洛县光霞饲料有限责任公司
饲预(2008)5372	苏州夏林饲料有限公司
饲预(2008)5373	武汉汇森科技有限公司
饲预(2008)5374	沈阳市华联牧业有限公司
饲预(2008)5375	北京复利贯华生物科技有限公司
饲预(2008)5376	北京安格斯生物科技有限公司
饲预(2008)5377	南宁大北农饲料科技有限责任公司
饲预(2008)5378	吉林新方圆牧业科技有限公司
饲预(2008)5379	东莞市金牧威饲料有限公司
饲预(2008)5380	广州市畜牧科学研究所动物保健药实验厂
饲预(2008)5381	崇州市旺达饲料有限公司
饲预(2008)5382	哈尔滨好百年牧业发展有限公司
饲预(2008)5383	沈阳英威牧业有限公司
饲预(2008)5384	山东宜生生物科技有限公司

生产许可证编号	企业名称
饲预(2008)5385	潍坊雷曼生物科技有限公司
饲预(2008)5386	青岛市明珠制药有限公司
饲预(2008)5387	青岛龙兴饲料有限公司
饲预(2008)5388	烟台大韩饲料有限公司
饲预(2008)5389	北京金富泰生物科技有限公司
饲预(2008)5390	麦卡能(北京)农牧科技有限公司
饲预(2008)5391	北京亚禾营养高新技术有限责任公司
饲预(2008)5392	深圳东江华瑞科技有限公司
饲预(2008)5393	哈尔滨牧兴源饲料有限公司
饲预(2008)5394	南宁荣港生物科技有限公司
饲预(2008)5395	南宁市大盈生物饲料有限公司
饲预(2008)5396	山西晋星牧业有限公司
饲预(2008)5397	漳州旺大饲料有限公司
饲预(2008)5398	西安威可特饲料技术有限公司
饲预(2008)5399	西安栋普天然生物科技有限公司
饲预(2008)5400	重庆市畜旺饲料有限公司
饲预(2008)5401	哈尔滨市宏晟圆饲料添加剂厂
饲预(2008)5402	江西有为生物科技有限公司
饲预(2008)5403	四川恒通动物制药有限公司
饲预(2008)5404	浙江大北农农牧科技有限公司
饲预(2008)5405	杭州德科动物保健品有限公司
饲预(2008)5406	北京普尔路威达兽药有限公司
饲预(2008)5407	北京市星火元科技有限公司
饲预(2008)5408	济南兴鲁饲料有限公司
饲预(2008)5409	青岛扶桑精制加工有限公司
饲预(2008)5410	河南青青饲料有限公司
饲预(2008)5411	郑州市泛亚农大饲料有限公司
饲预(2008)5412	广州市迦璟生物科技有限公司
饲预(2008)5413	珠海百康生物技术有限公司
饲预(2008)5414	广州骅儿斯生物科技有限公司
饲预(2008)5415	广州名农生物技术发展有限公司
饲预(2008)5416	武汉兴鼎生物科技有限公司
饲预(2008)5417	广西南宁加中生物科技有限公司
饲预(2008)5418	张掖市奥林贝尔生物科技有限公司
饲预(2008)5419	长沙长农生物科技有限公司
饲预(2008)5420	武汉北农大农牧科技有限公司
饲预(2008)5421	西平华康穗丰科技饲料有限公司
饲预(2008)5422	宜宾县大老师饲料厂
饲预(2008)5423	上海三智生物科技有限公司

生产许可证编号	企业名称
饲预(2008)5424	内蒙古草原天邦饲料有限公司
饲预(2008)5425	莆田日升昌盛饲料有限公司
饲预(2008)5426	湖北金禾饲料有限公司
饲预(2008)5427	上海华易动物保健品有限公司
饲预(2008)5339	亳州市福天生物科技有限责任公司
饲预(2008)5428	上海欧耐施生物技术有限公司
饲预(2008)5429	河南博士动物药业有限公司
饲预(2008)5430	陕西景和生物科技有限公司
饲预(2008)5431	咸阳高科牧业有限公司
饲预(2008)5432	哈尔滨绿达生动物药业有限公司
饲预(2008)5433	深圳市金吉昌饲料有限公司惠阳分公司
饲预(2008)5434	广州泰维饲料有限公司
饲预(2008)5435	广州南方动物保健药厂
饲预(2008)5436	广州汉坤生物科技有限公司
饲预(2008)5437	佛山市顺德区兄弟德力饲料实业有限公司
饲预(2008)5438	汉中市信牧饲料厂
饲预(2008)5439	石家庄市中农冀丰生物科技有限公司
饲预(2008)5440	湖南博伦生物科技有限公司
饲预(2008)5441	西宁丰源农牧科技有限公司
饲预(2008)5442	北京中农华威制药有限公司
饲预(2008)5443	长沙金方堂生物科技有限公司
饲预(2008)5444	河南九鼎农牧发展有限公司
饲预(2008)5445	沈阳市大信百奥饲料有限责任公司
饲预(2008)5446	南宁市科大饲料厂
饲预(2008)5447	武汉华扬动物药业有限责任公司
饲预(2008)5448	福州三盈饲料有限公司
饲预(2008)5449	潍坊中科嘉亿生物饲料科技有限公司
饲预(2008)5450	济南奥润牧业有限公司
饲预(2008)5451	泰安威思特生物工程有限公司
饲预(2008)5452	济南和美华饲料有限公司莱阳分公司
饲预(2008)5453	潍坊天维饲料添加剂有限公司
饲预(2008)5454	山东曲阜明博生物科技有限公司
饲预(2008)5455	郓城县龙源饲料厂
饲预(2008)5456	郓城富通饲料科技有限公司
饲预(2008)5457	山东海能生物工程有限公司
饲预(2008)5458	青岛格跃玛动物营养品有限公司
饲预(2008)5459	青岛金海力水产科技有限公司
饲预(2008)5460	河南中亚神鹏动物药业有限公司

生产许可证编号	企业名称
饲预(2008)5461	江西东成生物科技有限公司
饲预(2008)5462	南昌和大牧业有限公司
饲预(2008)5463	南昌健特饲料科技有限公司
饲预(2008)5464	惠州市亿恒饲料有限公司
饲预(2008)5465	艾地盟动物保健及营养(大连)有限公司天津分公司
饲预(2008)5466	安徽省普强生物科技有限公司
饲预(2008)5467	富平县兴牧动物保健品厂
饲预(2008)5468	湘潭蒙生饲料科技有限公司
饲预(2008)5469	路凯(湖南)科技有限公司
饲预(2008)5470	长沙市龙润食品添加剂有限公司
饲预(2008)5471	上海征泰饲料有限公司
饲预(2008)5472	绵阳市巨川饲料有限公司
饲预(2008)5473	昆明云世华纪金农商贸有限公司
饲预(2008)5474	昆明云牧饲料有限公司
饲预(2008)5475	昆明泰农饲料科技有限公司
饲预(2008)5476	北京北大明德化学制药有限公司
饲预(2008)5477	哈尔滨康成饲料有限公司
饲预(2008)5478	海南育奇药业有限公司
饲预(2008)5479	帝斯曼维生素(湖南)有限公司
饲预(2008)5480	海南禾杰饲料科技有限公司
饲预(2008)5481	长沙赛大汇科饲料有限公司
饲预(2008)5482	佛山市瑞澳生物科技有限公司
饲预(2008)5483	广州市信农饲料科技有限公司
饲预(2008)5484	湖州超农饲料有限公司
饲预(2008)5485	哈尔滨福莱德动物保健品有限公司
饲预(2008)5486	郑州成农生物饲料有限公司
饲预(2008)5487	西安海光药业有限责任公司
饲预(2008)5488	南昌东盛畜牧生物发展有限公司
饲预(2008)5489	宿州市笑果饲料科技有限责任公司
饲预(2008)5490	河南鼎盛生物医药有限公司
饲预(2008)5491	山东晟阳生物工程有限公司
饲预(2008)5492	哈尔滨市丰渌饲料有限公司
饲预(2008)5493	河南大华生物技术有限公司
饲预(2008)5494	南通市亚飞饲料有限公司
饲预(2008)5495	北京华旭饲料制造中心
饲预(2008)5496	重庆飞天畜牧技术开发有限公司
饲预(2008)5497	江苏康维生物有限公司
饲预(2008)5498	东台市午戚饲料厂
饲预(2008)5499	诸暨市兴百亿生物科技有限公司

生产许可证编号	企业名称
饲预(2008)5500	沈阳市同富饲料厂
饲预(2008)5501	厦门美尔吉生物科技有限公司
饲预(2008)5502	石家庄牧得发饲料有限公司
饲预(2008)5503	河北京阳饲料有限公司
饲预(2008)5504	河北益民牧业有限公司
饲预(2008)5505	云南北农大农牧科技有限公司
饲预(2008)5506	河南维玛动物药业有限公司
饲预(2008)5507	河南泛美饲料科技有限公司
饲预(2008)5508	昆明金山饲料有限公司
饲预(2008)5509	河南省淇县永达食业有限公司
饲预(2008)5510	辽宁金地球动物药业有限公司
饲预(2008)5511	田阳县金荣猪饲料预混料厂
饲预(2008)5512	成都施普诺生物技术有限公司
饲预(2008)5513	河南康地饲料有限公司
饲预(2008)5514	湖南牧哥生物基因科技有限公司
饲预(2008)5515	昆明美名饲料有限公司
饲预(2008)5516	郑州联邦康地饲料有限公司
饲预(2008)5517	郑州益源动物药业有限公司
饲预(2008)5518	南昌泰强实业有限公司
饲预(2008)5519	正大水产(珠海)有限公司海南分公司
饲预(2008)5520	黑龙江省旺达饲料有限公司
饲预(2008)5521	西安天森森巴宠物医药发展有限公司
饲预(2008)5522	信宜市创健生物科技有限公司
饲预(2008)5523	广州市汇海农牧科技有限公司天河分公司
饲预(2008)5524	哈尔滨普凡饲料有限公司
饲预(2008)5525	哈尔滨华农曙光饲料有限公司
饲预(2008)5526	山东隆信饲料有限公司
饲预(2008)5527	济南普瑞生物药业有限公司
饲预(2008)5528	潍坊盛康动物保健品有限公司
饲预(2008)5529	潍坊市海丰饲料有限公司
饲预(2008)5530	诸城市强盛饲料厂
饲预(2008)5531	福建省莆田市华都饲料有限公司
饲预(2008)5532	利辛县心连心饲料有限责任公司
饲预(2008)5533	南昌福氏生物技术有限公司
饲预(2008)5534	江西省创欣动物药业有限公司
饲预(2008)5535	郑州华佳生物科技有限公司
饲预(2008)5536	郑州宏启莱饲料添加剂有限公司
饲预(2008)5537	长沙绿地生物科技有限公司

换发饲料添加剂和添加剂预混合饲料生产许可证名单

生产许可证编号	企业名称	变更内容
饲添(2003)1471	南风化工集团股份有限公司	增加产品:矿物元素(Ⅰ):硫酸钠
饲添(2004)1625	诸城市群利得饲料厂	企业名称变更:原名称为诸城市群利得生态饲料添加剂厂
饲添(2004)1767 饲预(2004)3991	雅来动物保健品(烟台)有限公司	企业名称变更:原名称为烟台金海生物科技有限公司
饲添(2004)1770	济宁牧鑫饲料有限公司	企业名称变更:原名称为济宁同益生物工程有限公司
饲预(2004)3676	北京天地春生生物科技有限公司	企业名称变更:原名称为北京绿澳佳牧科技有限公司 企业注册地址变更为:北京市海淀区圆明园西路2号院平房
饲预(2004)3686	现代新农业(集团)股份有限公司	企业名称变更:原名称为西安太和生物科技有限公司 企业注册地址变更为:陕西省西安经济技术开发区经发大厦F-11
饲预(2004)3700	湖北同星农业有限公司	企业名称变更:原名称为随州市正发畜牧有限公司 企业注册地址变更为:湖北省随州市经济技术开发区十里铺村
饲预(2004)3817	湖北健丰牧业有限公司	企业名称变更:原名称为黄石健丰牧业有限公司
饲预(2004)3952	汉中巴山神草生物开发有限公司	企业注册地址变更为:陕西省汉中市城固县城北路段
饲预(2005)0018	北京劲能生物科技股份公司	企业名称变更:原名称为北京新世纪劲能生物科技有限公司
饲预(2005)0020	北京德宝群兴科技有限公司	企业名称变更:原名称为北京德宝群兴科贸有限公司
饲预(2005)0028	北京九州大地生物技术集团股份有限公司	企业名称变更:原名称为北京九州大地生物技术有限公司
饲添(2005)0057	上海迪赛诺维生素有限公司	增加产品:维生素(Ⅰ):烟酸、烟酰胺、叶酸
饲添(2005)0072	杭州艾努饲料科技有限公司	企业名称变更:原名称为浙江振兴畜业科技服务中心 企业注册地址变更为:浙江省杭州市萧山区进化镇华家垫村
饲预(2005)0087	海口金长城饲料有限公司	企业名称变更:原名称为海口科利民饲料技术有限公司 企业注册地址变更为:海南省海口市海榆中线30号
饲添(2005)0092	宜兴特明科饲料添加剂有限公司	企业名称变更:原名称为宜兴阿克苏诺贝尔化学有限公司
饲添(2005)0103	江苏利田科技有限公司	企业名称变更:原名称为南通市丰田助剂厂有限公司
饲预(2005)0207	上海延华饲料有限公司	企业名称变更:原名称为上海申德饲料有限公司 企业企业注册地址变更为:上海市嘉定区南翔镇嘉美路1399号1幢1层
饲添(2005)0230	厦门牡丹饲料科技发展有限公司	增加产品:防霉剂(Ⅱ):丙酸、丙酸钙
饲添(2005)0243 饲预(2005)0788	鞍山市千山区兴达大地矿物质预混料厂	企业名称变更:原名称为鞍山市千山区兴达矿物质预处理厂
饲添(2005)0265	辽宁省锦州北山饲料添加药品厂	增加产品:复合酶制剂(Ⅱ):纤维素酶、β-葡聚糖酶、植酸酶 甜菜碱(Ⅱ)、大蒜素(Ⅱ)
饲添(2005)0278	长沙兴嘉生物工程股份有限公司	企业名称变更:原名称为长沙兴嘉生物工程有限公司

生产许可证编号	企业名称	变更内容
饲预(2005)0284	佳木斯新中旭饲料有限公司	企业名称变更:原名称为黑龙江农垦硕亚饲料有限公司 企业注册地址变更为:黑龙江省佳木斯市东风区长胜路南段
饲添(2005)0292	耒阳市鑫隆预混合饲料有限公司	增加产品:矿物元素(Ⅱ):一水硫酸锌
饲添(2005)0329	拜耳(四川)动物保健有限公司	增加产品: 维生素(Ⅱ):VA 乙酸酯、VB_1(硝酸硫胺)、VB_2、VB_6、VC、L-抗坏血酸-2-磷酸酯、VD_3、VE、VK_3、D-泛酸钙、叶酸、D-生物素 酶制剂(Ⅱ):植酸酶 复合酶制剂(Ⅱ):淀粉酶、纤维素酶、β-葡聚糖酶、甘露聚糖酶、蛋白酶、木聚糖酶 复合微生物添加剂(Ⅱ):枯草芽孢杆菌、嗜酸乳杆菌
饲预(2005)0337	浙江一星实业股份有限公司	企业名称变更:原名称为浙江一星饲料集团有限责任公司
饲添(2005)0361	四川川恒化工股份有限公司	企业名称变更:原名称为四川川恒化工(集团)有限责任公司
饲预(2005)0384	无锡大江中盛生物科技有限公司	企业名称变更:原名称为无锡市大江中盛饲料有限公司
饲添(2005)0387	四川众博化工有限公司	企业名称变更:原名称为四川华清化工有限公司
饲添(2005)0396	成都法宝饲料有限责任公司	增加产品:抗氧化剂(Ⅱ):乙氧基喹啉、二丁基羟基甲苯(BHT) 防霉剂(Ⅱ):丙酸、丙酸钙 酸化剂(Ⅱ):乙酸、乳酸、柠檬酸、磷酸
饲预(2005)0402	徐州科星科技发展有限公司	企业名称变更:原名称为徐州科星饲料厂
饲添(2005)0425	建德市维丰饲料有限公司	增加产品:矿物元素及其络合物(Ⅰ):一水硫酸亚铁 甘氨酸锌(富锌宝)(Ⅰ)
饲添(2005)0451	济南宏天科技发展有限公司	增加产品:着色剂(Ⅱ):辣椒红、天然叶黄素(源自万寿菊) 甜菜碱(Ⅱ)
饲预(2005)0452	南通中牧生物科技有限公司	企业名称变更:原名称为南通大中动物保健品有限公司 注册地址变更为:江苏省南通崇川路 1 号
饲添(2005)0478	宝鸡市星星协力生物有限公司	企业注册地址变更为:陕西省宝鸡市创业路 3 号(一禾大厦 409 室)
饲添(2005)0482	西安天星生物药业股份有限公司	增加产品:微生物添加剂(Ⅰ)(Ⅱ):嗜酸乳杆菌、粪肠球菌、沼泽红假单胞菌
饲添(2005)0502 饲预(2005)1490	黑龙江省赤牛饲料添加剂有限公司	企业名称变更:原名称为黑龙江省鸡西饲料添加剂厂
饲预(2005)0552	盐城星海饲料有限公司	企业名称变更:原名称为东台市星海饲料有限公司
饲添(2005)0609	新津县红星饲料添加剂厂	增加产品:矿物元素(Ⅱ):硫酸铜
饲添(2005)0710 饲预(2005)4230	杭州瑞邦生物科技有限公司	企业名称变更:原名称为浙江巨邦高新技术有限公司
饲添(2005)0712	广州智特奇生物科技有限公司	增项产品:维生素(Ⅱ):VA 乙酸酯、VD_3
饲预(2005)0717	福建丰泽农牧饲料有限公司	企业注册地址变更为: 福建省福州市晋安区连江北路 10 号 1 单元
饲添(2005)0718	广州市江丰实业股份有限公司	增加产品:矿物元素(Ⅰ):富马酸亚铁

生产许可证编号	企业名称	变更内容
饲预(2005)0830	湖南广安生物技术股份有限公司	企业名称变更:原名称为湖南广安生物技术有限公司
饲预(2005)0831	湖南华大饲料有限公司	企业注册地址变更为:湖南省长沙市芙蓉区远大一路348号东方银座720房
饲预(2005)0836	长沙新起点生物科技有限公司	企业名称变更:原名称为湖南光大牧业科技有限公司 企业注册地址和生产地址变更为:湖南省长沙县榔梨镇长榔路8号
饲预(2005)0852	长沙深远饲料有限公司	企业名称变更:原名称为湖南省银星饲料厂
饲预(2005)0862	湖南农泰饲料有限公司湘潭分公司	企业名称变更:原名称为湘潭市北农大饲料有限公司 企业注册地址变更为:湖南省湘潭县粮食局云湖桥粮库内
饲添(2005)0872	珠海经济特区金泰能生物工程有限公司	企业名称变更:原名称为珠海经济特区溢多利生物工程有限公司
饲预(2005)0902	天津市世昌科技发展有限公司	企业注册地址变更为:天津市宁河县潘庄工业园区 企业生产地址变更为:天津市宁河县潘庄工业园区
饲预(2005)0905	天津牧光联合饲料实业有限公司	企业名称变更:原名称为天津市牧光生物技术有限公司
饲添(2005)0909 饲预(2005)1944	杭州科达生物技术有限公司	企业名称变更:原名称为浙江大学科达生物技术有限公司
饲预(2005)1029	北京市饲料科学技术研究所	企业注册地址变更为:北京市顺义区南法信镇南法信村村委会东100米
饲预(2005)1030	北京桑普科澳饲料有限责任公司	企业注册地址变更为:北京市丰台区星火路1号18层(园区)
饲预(2005)1093	德阳市安捷发饲料有限责任公司	企业名称变更:原名称为德阳市德玉饲料酵母厂
饲预(2005)1107	四川金太阳畜牧饲料集团有限公司	企业名称变更:原名称为四川金太阳畜牧饲料有限公司
饲预(2005)1241	岳阳市富源科技发展有限公司	企业名称变更:原名称为岳阳市屈原富源饲料厂 企业注册地址变更为:湖南省岳阳市屈原管理区正虹路 企业生产地址变更为:湖南省岳阳市屈原管理区正虹路
饲预(2005)1267	武汉金土地饲料有限公司	企业注册地址变更为:湖北省武汉市洪山区珞狮南路519号明泽丽湾2-1703
饲预(2005)1327	兖州大成食品有限公司	企业名称变更:原名称为兖州嘉隆食品有限公司
饲预(2005)1373	陕西华秦农牧科技有限公司	企业名称变更:原名称为陕西省饲料厂
饲预(2005)1479	项城市莲花饲料有限公司	企业名称变更:原名称为河南莲花金水饲料有限公司
饲预(2005)1590	金华大方生物科技有限公司	企业名称变更:原名称为金华大方科技饲料厂
饲预(2005)1611	北京广安孚德生物科技有限公司	企业注册地址变更为：北京市海淀区紫竹院南路17号524室
饲添(2005)1617	博纳森(天津)药业有限公司	企业名称变更:原名称为天津市林海兽药有限公司
饲添(2005)1741	杭州惠嘉丰牧生物科技有限公司	增加产品:维生素(Ⅱ):VE 着色剂(Ⅱ):斑蝥黄 微生物添加剂(Ⅰ):枯草芽孢杆菌
饲预(2005)1750	河南海润饲料有限公司	企业名称变更:原名称为河南海润实业总公司饲料分公司
饲预(2005)1755	淇县兴业工贸有限公司	企业名称变更:原名称为淇县兴业大用工贸有限公司
饲添(2005)1756 饲预(2006)4724	北京中科景明生物技术有限公司	企业注册地址变更为:北京市海淀区东北旺村南北京市东北旺农场1号办公楼510室

生产许可证编号	企业名称	变更内容
饲添(2005)1786	溧阳市社渚建业饲料添加剂厂	企业名称变更:原名称为溧阳市社渚磷肥厂
饲添(2005)1794 饲预(2005)0450	中粮东海粮油工业(张家港)有限公司	企业名称变更:原名称为东海粮油工业(张家港)有限公司
饲添(2005)1808 饲预(2005)1379	咸阳西北农林科技大学试验站饲料厂	企业名称变更:原名称为陕西省畜牧兽医研究所饲料添加剂厂
饲添(2005)1817	什邡市川龙饲料有限公司	增加产品:矿物元素(Ⅰ):磷酸二氢钾
饲添(2005)1827 饲预(2005)4119	广东海大集团股份有限公司广州海因特生物技术分公司	企业名称变更:原名称为广东海大集团有限公司广州海因特生物技术分公司
饲添(2005)1836 饲预(2005)4153	广东腾骏动物药业股份有限公司	企业名称变更:原名称为广东腾骏动物药业有限公司 企业注册地址变更为:广东省中山市火炬开发区国家健康科技产业基地欧亚路8号
饲添(2005)1857	江苏正大生物科技有限公司	企业名称变更:原名称为江苏太泓生物科技有限公司 企业生产地址和注册地址变更为:江苏省无锡市新区梅村工业集中区群兴路51号
饲添(2005)1861	深圳市绿微康生物工程有限公司	增加产品:酶制剂(Ⅰ):脂肪酶(产自黑曲霉)
饲添(2005)1863	珠海市国茂生物科技有限公司	增加产品:维生素(Ⅱ):VC 复合酶制剂(Ⅱ):淀粉酶、β-葡聚糖酶、蛋白酶、纤维素酶 微生物添加剂(Ⅰ):枯草芽孢杆菌、干酪乳杆菌
饲添(2005)1876	山东圣地宝药业有限公司	企业名称变更:原名称为济宁圣地宝饲料有限公司 企业注册地址变更为:山东省济宁市陵城镇驻地
饲添(2005)1881	沧州市圣源生物科技有限公司	增加产品:酶制剂(Ⅰ):果胶酶(产自黑曲霉) 企业名称变更:原名称为河北万圣环保科技集团有限公司
饲添(2005)1890	南京苏科农业开发有限公司	增加产品:大豆磷脂(Ⅱ)
饲添(2005)1925	浏阳乐佰有机营养有限公司	增加产品:矿物元素及其络合物(Ⅰ):富马酸亚铁、七水硫酸亚铁、一水硫酸亚铁、蛋氨酸铜络合物
饲添(2005)1950	蚌埠泓珠生物技术有限公司	企业名称变更:原名称为蚌埠花园生物科技有限公司 企业注册地址变更为:安徽省蚌埠市宋滩村东王庄
饲预(2005)1961	浙江科盛饲料股份有限公司	企业名称变更:原名称为浙江科盛饲料有限公司
饲预(2005)1999	安徽祥发饲料科技有限公司	企业名称变更:原名称为安徽恒大集团公司科技饲料厂
饲预(2005)2034	山东龙盛农牧集团有限公司	企业名称变更:原名称为山东龙盛农牧发展有限公司
饲预(2005)2170	中山市健邦饲料科技有限公司	企业名称变更:原名称为中山市纤宝动物保健品技术开发有限公司 企业注册地址变更为:广东省中山市南头镇升辉北路86号
饲预(2005)2180	佛山市顺德区顺康动物营养饲料有限公司	企业名称变更:原名称为佛山市顺德区伦教顺康动物营养饲料有限公司
饲预(2005)2196	深圳市金新农饲料股份有限公司	企业名称变更:原名称为深圳市金新农饲料有限公司
饲预(2005)2222	广州和美华饲料有限公司	企业名称变更:原名称为广州市维康达科技有限公司
饲预(2005)4042	长沙广业饲料科技有限公司	企业注册地址变更为:湖南省长沙市芙蓉区三湘中路928号(天心丽城)1005房

生产许可证编号	企业名称	变更内容
饲预(2005)4087	中粮黄海粮油工业(山东)有限公司	企业名称变更:原名称为黄海粮油工业(山东)有限公司
饲预(2005)4129	北京华牧伟业科技有限公司	企业注册地址变更为:北京市海淀区上地十街辉煌国际中心1号院5号楼0715室
饲预(2005)4130	北京挑战牧业科技股份有限公司	企业名称变更:原名称为北京挑战牧业科技有限公司
饲预(2005)4162	长沙英泰饲料有限公司	企业名称变更:原名称为长沙有为饲料有限公司
饲预(2005)4191	黑龙江省宝泉岭农垦鸿牧饲料有限公司	企业名称变更:原名称为黑龙江省北大荒肉业饲料有限公司
饲预(2005)4480	湖南九鼎科技(集团)岳阳新生代有限公司	企业名称变更:原名称为岳阳新生代科技有限公司
饲预(2005)4482	广州同美饲料有限公司	企业注册地址变更为:广东省广州市白云区石井唐阁蚬岗岭工业区18号
饲添(2006)0006	济南得呈科技有限公司	企业名称变更:原名称为济南得呈化工科技有限公司
饲添(2006)0213	河北宝利药业有限公司	增加产品:维生素(Ⅱ):D-泛酸钙
饲预(2006)0263	齐齐哈尔新中旭饲料有限公司	企业名称变更:原名称为:齐齐哈尔市牧源饲料有限公司 企业注册地址变更为:黑龙江省齐齐哈尔市龙沙区
饲预(2006)0430	徐州金大生物科技有限公司	企业名称变更:原名称为徐州金牌药业有限公司 企业注册地址变更为:江苏省沛县沛城镇更新路西侧
饲添(2006)0446	济南仁泰动物保健品有限公司	增加产品:氨基酸(Ⅱ):N-羟甲基蛋氨酸钙 甜菜碱(Ⅱ)　大蒜素(Ⅱ)
饲预(2006)0620	邯郸市容德生物饲料有限公司	企业名称变更:原名称为河北(邱县)高科牧业发展有限公司
饲添(2006)0883 饲预(2006)4630	杭州康力生物科技有限公司	企业名称变更:原名称为杭州康力饲料添加剂厂
饲添(2006)0893	云南云天化国际化工股份有限公司	企业名称变更:原名称为昆明人和化工有限公司 企业注册地址变更为:云南省昆明市滇池路1417号
饲添(2006)0907	杭州康德权饲料有限公司	增加产品:氨基酸(Ⅱ):L-赖氨酸盐酸盐、DL-蛋氨酸 稳定剂(Ⅱ):山梨醇酐脂肪酸酯、蔗糖脂肪酸酯、单硬脂酸甘油酯
饲添(2006)0907	杭州康德权饲料有限公司	增加产品:维生素(Ⅱ):氯化胆碱　酶制剂(Ⅱ):植酸酶
饲添(2006)0950	四川隆达畜牧科技有限公司	增加产品:矿物元素及其络(螯)合物(Ⅰ):蛋氨酸铁络(螯)合物、甘氨酸铁络(螯)合物
饲预(2006)1147	遂宁市中通实业集团饲料科技有限公司	企业名称变更:原名称为四川省遂宁市中通饲料有限公司 企业注册地址变更为:四川省遂宁市开发区向山村八社
饲添(2006)1271	黑龙江省汇丰动物保健品有限公司	增加产品:维生素(Ⅱ):氯化胆碱 矿物元素及其络合物(Ⅱ):硫酸亚铁、硫酸铜、硫酸锌、硫酸锰、蛋氨酸铜络合物、蛋氨酸铁络合物、蛋氨酸锌络合物 酶制剂(Ⅱ):淀粉酶、纤维素酶、植酸酶、蛋白酶 微生物添加剂(Ⅱ):枯草芽孢杆菌、嗜酸乳杆菌、产朊假丝酵母　大蒜素(Ⅱ)　糖萜素(Ⅱ)

生产许可证编号	企业名称	变更内容
饲添(2006)1758	长沙兴加生物技术有限公司	增加产品:矿物元素(Ⅱ):硫酸亚铁、硫酸锌、硫酸锰
饲添(2006)1973	沧州临港新星饲料添加剂有限公司	增加产品:酸化剂(Ⅱ):甲酸
饲添(2006)1973	河北碧隆饲料添加剂有限公司	增加产品:维生素(Ⅰ):氯化胆碱 企业名称变更:原名称为沧州临港新星饲料添加剂有限公司
饲预(2006)1986	山东艾格菲农牧发展有限公司	企业名称变更:原名称为山东宝来利来生物工程股份有限公司
饲添(2006)1986	沈阳禾丰生物技术有限公司	增加产品:微生物添加剂(Ⅰ):枯草芽孢杆菌、植物乳杆菌、乳酸片球菌、酿酒酵母、沼泽红假单胞菌 酸度调节剂(Ⅱ):磷酸、乳酸、柠檬酸 防霉剂(Ⅱ):丙酸、丙酸铵
饲添(2006)2015	长沙普菲克生物科技有限公司	增加产品:大豆磷脂(Ⅱ)
饲添(2006)2017	国邦医药化工集团有限公司	企业名称变更:原名称为新昌国邦化学工业有限公司
饲添(2006)2020	广州金水动物保健品有限公司	增加产品:维生素(Ⅱ):VC、L-肉碱盐酸盐 寡糖(Ⅱ):甘露寡糖　甜菜碱(Ⅱ)
饲添(2006)2033	埃富恩饲料科技(上海)有限公司	增加产品:寡糖(Ⅱ):甘露寡糖
饲添(2006)2034	肇东市日成酶制剂有限公司	增加产品:酶制剂(Ⅰ):淀粉酶(产自黑曲霉)、β-葡聚糖酶(产自长柄木霉)、甘露聚糖酶(产自迟缓芽孢杆菌)、果胶酶(产自黑曲霉)、蛋白酶(产自枯草芽孢杆菌)、木聚糖酶(产自米曲霉) 复合酶制剂(Ⅱ):甘露聚糖酶、果胶酶、蛋白酶
饲添(2006)2036	河北大山动物药业有限公司	企业名称变更:原名称为石家庄飞龙动物药业有限公司
饲添(2006)2058 饲预(2006)4683	广州九益生物技术有限公司	企业注册地址变更为:广东省广州市花都区花东镇花都大道 27 号 4 号楼 21 号铺
饲添(2006)2073	山东康地恩生物科技有限公司	增加产品:酶制剂(Ⅰ):甘露聚糖酶(产自迟缓芽孢杆菌)
饲添(2006)2086	浙江科盛饲料股份有限公司	企业名称变更:原名称为浙江科盛饲料有限公司 企业注册地址和生产地址变更为:浙江省绍兴县福全镇福全路 2 号
饲预(2006)2109	西安赛北斗生物工程技术有限公司	企业注册地址变更为:陕西省西安市未央区龙首村草滩路 8 号 1 幢 10306 室
饲预(2006)2399	广州市柏涵琦饲料有限公司	企业名称变更:原名称为广州市番禺区安华饲料厂
饲预(2006)2499	上海千里生物科技有限公司	企业生产地址变更为: 上海市嘉定区马陆镇嘉新公路 1855 号
饲预(2006)2650	江苏天成科技集团有限公司	企业名称变更:原名称为南通天成饲料有限公司
饲预(2006)4505	辽宁唐人神曙光农牧集团大农友饲料有限公司	企业名称变更:原名称为铁岭市大农友饲料有限责任公司
饲预(2006)4506	辽宁波尔莱特农牧实业有限公司	企业注册地址和生产地址变更为:辽宁省沈北新区虎石台经济开发区虎石台南大街 75-1 号
饲预(2006)4508	沈阳禾丰生物技术有限公司	企业注册地址和生产地址变更为:辽宁省沈阳市沈北新区辉山经济开发区辉山大街 155 号

生产许可证编号	企业名称	变更内容
饲预(2006)4539	天津市静海县盛盛饲料添加剂厂	企业名称变更:原名称为天津市静海县金盛饲料添加剂厂
饲预(2006)4564	南京仕必得科技有限公司	企业名称变更:原名称为南京哈耶科技有限公司 企业注册地址变更为:江苏省南京市江宁开发区将军大道中惠国际大厦301室
饲预(2006)4605	深州保吉安康科技有限公司	企业生产地址和注册地址变更为:河北省深州市城市新区
饲预(2006)4759	铁岭朗克生化添加剂有限公司	企业名称变更:原名称为铁岭宏泰生化添加剂有限公司
饲预(2006)4789	厦门北大泰普动物保健有限公司	企业名称变更:原名称为厦门北大泰普科技有限公司
饲预(2006)4797	黄骅市舜天富民饲料有限公司	企业名称变更:原名称为河北国富凯迪生物技术有限公司
饲预(2007)0234	上海亚广生物科技有限公司	企业名称变更:原名称为上海广安森威牧业发展有限公司 企业注册地址变更为:上海市青浦区朱家角镇沪青平公路6335号7幢917
饲添(2007)0429 饲预(2008)1250	武汉新华扬生物股份有限公司	企业名称变更:原名称为武汉新华扬生物有限责任公司
饲添(2007)0536	潍坊祥维斯化学品有限公司	增项产品:矿物元素及其络(螯)合物(Ⅰ):蛋氨酸铁络(螯)合物、蛋氨酸锰络(螯)合物、甘氨酸铜络(螯)合物、吡啶甲酸铬 甜菜碱(Ⅱ)、甜菜碱盐酸盐(Ⅰ)
饲添(2007)0734 饲预(2007)4350	广州东荣天然色素有限公司	企业名称变更:原名称为番禺东荣天然色素有限公司
饲预(2007)0896	天津市绿色时代生物技术有限公司	企业注册地址变更为: 天津市西青区外环线子牙河桥南38公里(天津市畜牧兽医研究所内)
饲添(2007)0987	新乐亨通锌业有限公司	企业名称变更:原名称为河北省新乐市光明化工厂
饲添(2007)0992	温州海螺挑战生物工程有限公司	增加产品:酶制剂(Ⅰ):木聚糖酶(产自米曲霉)
饲添(2007)1025	杭州唐天科技有限公司	企业名称变更:原名称为浙江大学生物活性物质研究中心 企业注册地址变更为:浙江省杭州市西湖区西溪路525号B楼805室
饲添(2007)1032	衡阳市珠晖区京成天宝饲料厂	增加产品:矿物元素(Ⅱ):碘化钾、碘酸钙、氯化钴、亚硒酸钠 企业名称变更:原名称为衡阳市仕成饲料有限责任公司
饲添(2007)1036	建明工业(珠海)有限公司	增加产品:矿物元素(Ⅱ):丙酸铬、丙酸锌
饲添(2007)1063 饲预(2005)0041	北京大北农科技集团股份有限公司	企业名称变更:原名称为北京大北农科技集团有限责任公司
饲添(2007)1066 饲预(2007)2747	沧州市恒昌饲料有限公司	企业名称变更:原名称为沧州市亚东饲料有限公司
饲添(2007)1122	华南农业大学饲料添加剂厂	增加产品:维生素(Ⅱ):L-抗坏血酸-2-磷酸酯、L-肉碱盐酸盐、氯化胆碱 抗氧化剂(Ⅱ):乙氧基喹啉、二丁基羟基甲苯(BHT) 防霉剂和酸化剂(Ⅱ):甲酸钙、双乙酸钠、丙酸钙、柠檬酸 调味剂(Ⅱ):糖精钠、食品用香料 甜菜碱盐酸盐(Ⅱ) 大蒜素(Ⅱ)

生产许可证编号	企业名称	变更内容
饲添(2007)1135 饲预(2005)2270	广东省前沿动物保健有限公司	企业名称变更:原名称为广东省农科集团前沿动物保健有限公司
饲添(2007)1166	浙江湖州笑果生物科技有限公司	企业名称变更:原名称为长兴蓝鑫生物技术有限公司
饲添(2007)1181	新发药业有限公司	企业名称变更:原名称为山东新发药业有限公司
饲添(2007)1181	新发药业有限公司	增加产品:维生素(Ⅰ):VB_1、VB_2
饲添(2007)1375	广东绿生源饲料科技有限公司	增加产品:酸化剂(Ⅱ):甲酸、甲酸钙、乙酸、丙酸、丙酸铵、丁酸钠、氯化钾
饲添(2007)2193	广州市兴农生物科技有限公司	企业名称变更:原名称为广州市番禺农科生物制品厂
饲添(2007)2202 饲预(2007)5012	潍坊百德药业有限公司	企业名称变更:原名称为潍坊金辉药业有限公司 企业注册地址变更为:山东省潍坊外商投资开发区玉清街与西环路交叉口向西500米
饲添(2007)2211	济南品佳科技发展有限公司	增加产品:抗氧化剂(Ⅱ):乙氧基喹啉、丁基羟基茴香醚(BHA)、二丁基羟基甲苯(BHT)
饲添(2007)2214	泰兴市丰润生物化工厂	增加产品:抗氧化剂(Ⅱ):乙氧基喹啉
饲添(2007)2214	泰州市丰润生物科技有限公司	企业名称变更:原名称为泰兴市丰润生物化工厂
饲添(2007)2216	广东金海润生物科技有限公司	增加产品:黏结剂(Ⅱ):海藻酸钠 寡糖(Ⅱ):甘露寡糖 甜菜碱(Ⅱ) 大蒜素(Ⅱ)
饲添(2007)2236	淄博绿丰饲料厂	企业名称变更:原名称为淄博市临淄蓓蕾饲料厂
饲添(2007)2247	北京旭农国际营养饲料有限公司	增加产品:维生素(Ⅰ):烟酸
饲添(2007)2248	天津必佳药业集团有限公司	企业名称变更:原名称为天津市必佳动物科技药业有限公司
饲添(2007)2253	云南省陆良和平科技有限公司	企业名称变更:原名称为云南省陆良和平化工有限公司
饲添(2007)2256	攀枝花市鼎隆工贸有限责任公司	增加产品:矿物元素(Ⅰ):磷酸氢钙
饲添(2007)2258	泰安生力源生物工程有限公司	企业名称变更:原名称为泰安倍力生物工程有限公司 企业注册地址变更为:山东省泰安市高新区北天门大街
饲添(2007)2261	诸城市浩天药业有限公司	增加产品:矿物元素(Ⅰ):磷酸三钙
饲添(2007)2274	黑龙江省嘉宝生物技术开发有限公司	增加产品:着色剂(Ⅰ):辣椒红 企业生产地址和注册地址名称变更为:黑龙江省哈尔滨市松北区龙兴路2298号
饲添(2007)2285	广东瑞生科技有限公司	增加产品:调味剂(Ⅱ):糖精钠、谷氨酸钠
饲添(2007)2296	江西天新药业有限公司	增加产品:维生素(Ⅰ):VB_6
饲添(2007)2296	江西天新药业有限公司	增加产品:维生素(Ⅰ):VB_1(盐酸硫胺)
饲添(2007)2303	新昌和宝生物科技有限公司	企业名称变更:原名称为新昌国邦生物科技有限公司
饲预(2007)2307	黑龙江中农榜样农牧科技有限公司	企业名称变更:原名称为哈尔滨市道外区发展饲料厂 企业注册地址变更为:黑龙江省哈尔滨市道外区民主乡
饲添(2007)2307	湘潭县响水饲料原料厂	增加产品:矿物元素(Ⅱ):磷酸氢钙、硫酸亚铁、硫酸锌
饲添(2007)2333	广州市白云区康顺饲料添加剂厂	增加产品:酶制剂(Ⅱ):纤维素酶、β-葡聚糖酶、蛋白酶、木聚糖酶
饲添(2007)2347	株洲金程实业有限公司	增加产品:矿物元素(Ⅰ):七水硫酸锌

生产许可证编号	企业名称	变更内容
饲预(2007)2414	南充贝特西生物科技饲料有限公司	企业名称变更:原名称为四川西充金豆饲料有限责任公司 企业注册地址变更为:四川省西充县晋城镇工业园区
饲预(2007)2563	衡阳市富矿饲料添加剂有限公司	企业名称变更:原名称为衡阳市珠晖供销社富矿添加剂厂
饲预(2007)2593	浙江金华北农大农牧科技有限公司	企业名称变更:原名称为金华市民升科技饲料开发有限公司
饲预(2007)2853	上海澳全饲料有限公司	企业生产地址变更为:上海市松江区李塔汇塔中路103号
饲预(2007)3100	哈尔滨鸿璐饲料有限公司	企业名称变更:原名称为黑龙江畜牧兽医职业学院三龙饲料厂 企业注册地址变更为:黑龙江省畜牧兽医职业学院实验农场(双城)
饲预(2007)3262	福建森宝食品集团股份有限公司	企业名称变更:原名称为福建森宝食品集团有限公司
饲预(2007)4193	哈尔滨普洛米实业有限公司	企业名称变更:原名称为哈尔滨普洛米饲料有限公司
饲预(2007)5043	广东粤海饲料集团有限公司	企业名称变更:原名称为湛江粤海饲料有限公司
饲预(2007)5076	廊坊市伯新农牧科技有限公司	企业名称变更:原名称为廊坊市伯新饲料有限公司
饲预(2007)5090	济南坤源天晟生物技术有限公司	企业名称变更:原名称为济南海诺生物技术有限公司
饲预(2007)5091	徐州三农生物科技有限公司	企业名称变更:原名称为徐州三农饲料科技有限公司
饲预(2007)5103	北京中农兴科生物技术开发有限公司	企业注册地址变更为:北京市大兴区西红门镇大白楼村金安路甲52号
饲预(2007)5116	天津康泰明珠饲料科技有限公司	企业注册地址变更为:天津市宁河县潘庄镇王主村 企业生产地址变更为:天津市宁河县潘庄镇王庄村
饲预(2007)5180	新疆骄龙饲料有限责任公司	企业名称变更:原名称为库尔勒威龙饲料加工厂
饲预(2007)5205	上海美乐瑞饲料原料有限公司	企业名称变更:原名称为上海延华饲料有限公司 注册地址变更为:上海市嘉定区南翔镇嘉美路1399号1幢201室
饲添(2008)0075 饲预(2008)0321	杭州汇能生物技术有限公司	企业生产地址名称变更为:浙江省海宁市长安镇春潮路3号
饲预(2008)0216	上海百世腾饲料有限公司	企业注册地址变更为:上海市奉贤区青村镇泰青路4188号
饲预(2008)0911	天津惠农牧佳饲料科技有限公司	企业名称变更:原名称为天津惠农饲料科技有限公司
饲添(2008)1146 饲预(2008)3689	上海华扩达生化科技有限公司	企业注册地址变更为:上海市张江高科技园区居旦路108号二期通用厂房丁单元
饲添(2008)1390	广东碧德生物科技有限公司	企业名称变更:原名称为广州碧德生物科技有限公司
饲添(2008)1458	浙江圣达药业有限公司	增加产品:维生素(Ⅰ):叶酸
饲添(2008)1491	衡阳市坤泰饲添有限责任公司	企业名称变更:原名称为衡阳市坤泰化工实业公司
饲添(2008)2359	衡阳市隆盛冶炼化工有限责任公司	企业名称变更:原名称为常宁市水口山隆盛冶炼化工有限责任公司
饲添(2008)2364	诺伟司饲料添加剂(上海)有限公司	增加产品:复合酶制剂(Ⅱ):淀粉酶、纤维素酶、β-葡聚糖酶、甘露聚糖酶、植酸酶、蛋白酶、木聚糖酶 酶制剂(Ⅱ):植酸酶
饲添(2008)2371	江苏春之谷生物制品有限公司	增加产品:植物甾醇(源于大豆油/菜籽油)(甾醇兴康)(Ⅰ)

生产许可证编号	企业名称	变更内容
饲添(2008)2375	黑龙江成福食品集团有限公司	增加产品:氨基酸(Ⅰ):L-赖氨酸硫酸盐及其发酵副产物(产自谷氨酸棒杆菌,L-赖氨酸含量不低于51%)
饲添(2008)2391	山东泽生生物科技有限公司	增加产品:复合酶制剂(Ⅱ):淀粉酶、纤维素酶、葡萄糖氧化酶、甘露聚糖酶、果胶酶、蛋白酶、木聚糖酶
饲添(2008)2392 饲预(2008)5342	广州冠佳生物科技有限公司	企业名称变更:原名称为广州市冠佳生物科技有限公司
饲添(2008)2407	开鲁县昶辉生物技术有限责任公司	增加产品:着色剂(Ⅰ)(Ⅱ):虾青素
饲添(2008)2409	河北天寅生物技术股份有限公司	企业名称变更:原名称为河北天寅化工股份有限公司
饲添(2008)2409	河北天寅生物技术股份有限公司	增加产品:维生素(Ⅱ):VC
饲添(2008)2418	灵山县骄丰化工有限公司	企业名称变更:原名称为灵山县骄丰化肥有限公司
饲添(2008)2421 饲预(2008)5398	西安威可特饲料技术有限公司	企业注册地址变更为:陕西省西安市未央区未央宫稠酒路20号102室
饲添(2008)2434	湘潭埃索凯生化科技有限公司	增加产品:矿物元素(Ⅱ):一水硫酸亚铁
饲添(2008)2442	新昌县古峰药业有限公司	企业名称变更:原名称为新昌县古峰兽药有限公司 企业注册地址变更为:浙江省新昌县七星街道七星一路52号
饲添(2008)2496	瓮福(集团)有限责任公司	企业名称变更:原名称为翁福(集团)有限责任公司
饲预(2008)2832	眉山国风生物科技有限公司	企业名称变更:原名称为眉山市东坡区国风饲料厂 企业注册地址变更为:四川省眉山市东坡区一环路
饲预(2008)2921	广州绿安康饲料科技有限公司	企业注册地址变更为:广东省从化市鳌头镇棋杆横坑村地段
饲预(2008)3136	永城六和启正饲料有限公司	企业名称变更:原名称为河南启正饲料有限公司
饲预(2008)3215	天津市康嘉正源饲料有限公司	企业名称变更:原名称为天津市宝迪正源饲料有限公司
饲预(2008)3340	湖北团风中慧畜牧科技有限公司	企业名称变更:原名称为湖北团风中惠畜牧科技有限公司
饲预(2008)5122	上海蓝普生物科技有限公司	企业注册地址变更为:上海市金山区廊下镇廊华公路95弄40号
饲预(2008)5306	北京谦尊生物科技有限公司	企业名称变更:原名称为北京中大农饲料科技有限公司
饲预(2008)5327	沈阳乐农氏动物营养有限公司	企业名称变更:原名称为乐农氏(沈阳)动物营养有限公司
饲预(2008)5395	南宁市大盈生物饲料有限公司	企业注册地址和生产地址变更为:广西壮族自治区南宁市德化路1号
饲预(2008)5430	陕西景和生物科技有限公司	企业注册地址变更为:陕西省西安市未央区经济技术开发区凤城八路6号
饲预(2008)5441	西宁丰源农牧科技有限公司	企业注册地址和生产地址变更为:青海省西宁市城东区八一中路1号
饲预(2008)5486	郑州成农生物饲料有限公司	企业注册地址变更为:河南省郑州市二七区马寨工业苑区工业路6号

期满换发饲料添加剂生产许可证名单

生产许可证编号	企业名称	产品名称
饲添(2008)0075	杭州汇能生物技术有限公司	复合酸化剂(Ⅱ):乳酸、磷酸 矿物元素(Ⅱ):碘化钾、氯化钴
饲添(2008)0132	泰兴瑞泰化工有限公司	抗氧化剂(Ⅰ)(Ⅱ):乙氧基喹啉 复合抗氧化剂(Ⅱ):乙氧基喹啉、丁基羟基茴香醚、二丁基羟基甲苯
饲添(2008)0179	石家庄市富维工贸中心	维生素(Ⅱ):VB_{12}
饲添(2008)0284	株洲市石峰区大围山饲料添加剂厂	矿物元素(Ⅱ):一水硫酸亚铁、五水硫酸铜、一水硫酸锌、一水硫酸锰
饲添(2008)0687	张家港市金源生物化工有限公司	复合酶制剂(Ⅰ):淀粉酶产自黑曲霉、β-葡聚糖酶产自黑曲霉、果胶酶产自黑曲霉、蛋白酶产自黑曲霉、纤维素酶产自长柄木霉、木聚糖酶产自长柄木霉
饲添(2008)0725	广州理想实业有限公司	抗氧化剂(Ⅱ):乙氧基喹啉 防腐剂(Ⅱ):丙酸　酸化剂(Ⅱ):磷酸 调味剂和香料(Ⅱ):糖精钠、5'-肌苷酸二钠、食品用香料 大蒜素(Ⅱ)
饲添(2008)0766	四川省简阳市双鹏化工厂	矿物元素(Ⅰ):亚硒酸钠、碘化钾、碘酸钙
饲添(2008)0888	广州立达尔生物科技有限公司	维生素(Ⅱ):L-肉碱盐酸盐 矿物元素(Ⅱ):富马酸亚铁、一水硫酸亚铁、氧化锰 复合酶制剂(Ⅱ):淀粉酶、纤维素酶、β-葡聚糖酶、蛋白酶 抗氧化剂(Ⅱ):乙氧基喹啉、二丁基羟基甲苯(BHT) 酸化剂(Ⅱ):丁酸钠、乳酸　防霉剂(Ⅱ):丙酸钙 着色剂(Ⅱ):β-胡萝卜素、辣椒红、斑蝥黄、天然叶黄素(源自万寿菊)、虾青素　调味剂(Ⅱ):糖精钠
饲添(2008)0918	天津开发区黎明实业公司	维生素(Ⅱ):VA、VB_1、VB_2、VC、VD_3、VE、VK_3
饲添(2008)0925	湖北正佳微生物工程股份有限公司	微生物添加剂(Ⅰ):枯草芽孢杆菌、产朊假丝酵母
饲添(2008)0968	璧山县威光饲料厂	矿物元素(Ⅰ):五水硫酸铜
饲添(2008)0973	北京益农饲料中心	复合酶制剂(Ⅱ):木聚糖酶、蛋白酶、纤维素酶、β-葡聚糖酶
饲添(2008)0981	安徽正正饲料科技有限公司	微生物添加剂(Ⅰ):酿酒酵母 复合酶制剂(Ⅱ):植酸酶、纤维素酶、木聚糖酶、β-葡聚糖酶　酸化剂(Ⅱ):乳酸、富马酸、柠檬酸 调味剂(Ⅱ):糖精钠　食品用香料(Ⅱ)
饲添(2008)0990	海南海大实验兽药厂	微生物添加剂(Ⅰ):沼泽红假单胞菌
饲添(2008)1022	沈阳天鹏动物保健品厂	维生素(Ⅱ):VA、VB_1、VB_2、VD_3、VE
饲添(2008)1057	哈尔滨市德邦饲料有限公司	矿物元素及其络合物(Ⅰ):蛋氨酸铜络合物、甘氨酸铁络合物、蛋氨酸铁络合物、蛋氨酸锌络合物
饲添(2008)1068	沧州欣德威兽药有限公司	维生素(Ⅰ):氯化胆碱 微生物添加剂(Ⅰ):枯草芽孢杆菌、粪肠球菌、嗜酸乳杆菌、产朊假丝酵母

生产许可证编号	企业名称	产品名称
饲添(2008)1070	沧州市环球药业有限公司	维生素(Ⅰ)(Ⅱ):氯化胆碱
饲添(2008)1079	石家庄凯特生物科技开发有限公司	复合微生物添加剂(Ⅱ):枯草芽孢杆菌、酿酒酵母、嗜酸乳杆菌 复合酶制剂(Ⅱ):纤维素酶、木聚糖酶、果胶酶、β-葡聚糖酶 矿物元素及其络合物(Ⅱ):蛋氨酸锌络合物
饲添(2008)1097	建德市中大饲料有限公司	防霉剂(Ⅱ):双乙酸钠、丙酸 酸化剂(Ⅱ):乳酸、柠檬酸、磷酸 矿物元素及其络合物(Ⅱ):甘氨酸铁络合物、烟酸铬
饲添(2008)1112	北京农大利生物技术中心	矿物元素及其络合物(Ⅰ):蛋氨酸铁络合物、蛋氨酸铜络合物、蛋氨酸锌络合物 复合酶制剂(Ⅱ):纤维素酶、木聚糖酶 粘结剂(Ⅱ):α-淀粉
饲添(2008)1129	哈尔滨康龙兽药有限责任公司	维生素(Ⅱ):VB_1、VB_2、VC、VD_3、VE 矿物元素(Ⅱ):乳酸钙 寡糖(Ⅱ):果寡糖　大蒜素(Ⅱ)
饲添(2008)1146	上海华扩达生化科技有限公司	半胱胺盐酸盐(Ⅰ)(Ⅱ)
饲添(2008)1168	镇江高鹏药业有限公司	维生素(Ⅰ):叶酸
饲添(2008)1179	潍坊康泰牧业有限公司	矿物元素(Ⅰ):七水硫酸镁、一水硫酸亚铁、五水硫酸铜、一水硫酸锌、一水硫酸锰、碘化钾、六水氯化钴
饲添(2008)1210	佛山市华昊华丰淀粉有限公司	粘结剂(Ⅱ):α-淀粉
饲添(2008)1228	海南正强生化技术开发有限公司	微生物添加剂(Ⅱ):枯草芽孢杆菌、乳酸片球菌、酿酒酵母 粘结剂(Ⅱ):聚丙烯酸树脂Ⅱ
饲添(2008)1232	石家庄市新清华饲料有限公司	矿物元素(Ⅰ):磷酸氢钙、磷酸二氢钙
饲添(2008)1256	惠州市惠山水生生物制品有限公司	微生物添加剂(Ⅰ):枯草芽孢杆菌、沼泽红假单胞菌
饲添(2008)1257	河南新谊医药集团精细化工有限公司	维生素(Ⅰ):烟酸
饲添(2008)1258	泸州正泰生物工程有限公司	复合酶制剂(Ⅱ):纤维素酶、β-葡聚糖酶、蛋白酶、木聚糖酶、果胶酶　食品用香料(Ⅱ)
饲添(2008)1285	青岛绿海洋生物技术有限公司	微生物添加剂(Ⅰ):枯草芽孢杆菌、嗜酸乳杆菌、植物乳杆菌、乳酸片球菌、产朊假丝酵母
饲添(2008)1301	广州市科虎生物技术研究开发中心	维生素(Ⅱ):L-抗坏血酸-2-磷酸酯、L-肉碱盐酸盐 矿物元素及其络合物(Ⅰ):富马酸亚铁、蛋氨酸锌络合物 调味剂(Ⅱ):糖精钠　甜菜碱盐酸盐(Ⅱ)　大蒜素(Ⅰ)
饲添(2008)1302	广州市富泉生物科技有限公司	矿物元素(Ⅱ):富马酸亚铁 微生物添加剂(Ⅱ):酿酒酵母 着色剂(Ⅱ):天然叶黄素(源自万寿菊) 调味剂(Ⅱ):糖精钠
饲添(2008)1307	北海群林生物工程有限公司	微生物添加剂(Ⅰ):枯草芽孢杆菌、嗜酸乳杆菌、植物乳杆菌、沼泽红假单胞菌
饲添(2008)1318	天津市盛金牧饲料添加剂厂	维生素(Ⅱ):VB_1、VB_2、VC、VE、VK_3

生产许可证编号	企业名称	产品名称
饲添(2008)1328	北京顺康伟达生物技术开发中心	矿物元素(Ⅱ):七水硫酸镁、一水硫酸亚铁、七水硫酸亚铁、五水硫酸铜、一水硫酸锌、七水硫酸锌、一水硫酸锰、碘化钾、六水氯化钴、亚硒酸钠
饲添(2008)1332	天津市鑫隆饲料添加剂有限公司	维生素(Ⅰ)(Ⅱ):氯化胆碱 矿物元素(Ⅰ):七水硫酸镁、七水硫酸亚铁、一水硫酸亚铁、五水硫酸铜、七水硫酸锌、一水硫酸锌、一水硫酸锰、六水氯化钴 甜菜碱盐酸盐(Ⅰ)
饲添(2008)1335	杭州德邦生物科技有限公司	矿物元素(Ⅱ):富马酸亚铁、吡啶甲酸铬 复合酸化剂(Ⅱ):乳酸、柠檬酸、磷酸 抗氧化剂(Ⅱ):乙氧基喹啉 防霉剂(Ⅱ):丙酸 调味剂(Ⅱ):糖精钠 寡糖(Ⅱ):甘露寡糖 大蒜素(Ⅱ)
饲添(2008)1339	武汉金禾科技发展有限公司	微生物添加剂(Ⅰ):枯草芽孢杆菌、产朊假丝酵母
饲添(2008)1343	广州维特生化有限公司	调味剂和香料(Ⅱ):糖精钠、谷氨酸钠、食品用香料
饲添(2008)1345	贵阳白云宏峰磷酸盐厂	矿物元素(Ⅰ):磷酸氢钙、磷酸二氢钙
饲添(2008)1346	宁夏康益乐生化科技有限公司	矿物元素(Ⅱ):乳酸钙
饲添(2008)1349	北京百林康源生物技术有限责任公司	复合酶制剂(Ⅱ):纤维素酶、木聚糖酶、β-葡聚糖酶、蛋白酶 微生物添加剂(Ⅱ):嗜酸乳杆菌、粪肠球菌
饲添(2008)1352	辽宁汇博科贸有限责任公司三色农业发展中心	微生物添加剂(Ⅰ)(Ⅱ):枯草芽孢杆菌、植物乳杆菌 酶制剂(Ⅱ):纤维素酶
饲添(2008)1353	辽宁泛兴饲料工业新技术研究开发有限公司	矿物元素(Ⅱ):碘化钾、氯化钴、亚硒酸钠 复合酶制剂(Ⅱ):纤维素酶、木聚糖酶
饲添(2008)1355	南通科创香精香料有限公司	调味剂和香料(Ⅱ):糖精钠、食品用香料
饲添(2008)1358	自贡市中皓化工有限公司	二氧化硅(Ⅰ)
饲添(2008)1360	山东六和农牧科技园有限公司	酶制剂(Ⅰ):植酸酶(产自米曲霉) 复合酶制剂(Ⅰ):淀粉酶产自黑曲霉、纤维素酶产自长柄木霉、β-葡聚糖酶产自黑曲霉、甘露聚糖酶产自迟缓芽孢杆菌、果胶酶产自黑曲霉、蛋白酶产自黑曲霉、木聚糖酶产自米曲霉 微生物添加剂(Ⅰ):枯草芽孢杆菌、粪肠球菌、嗜酸乳杆菌、植物乳杆菌、酿酒酵母 抗氧化剂(Ⅱ):乙氧基喹啉 防霉剂(Ⅱ):丙酸 酸化剂(Ⅱ):乳酸 大蒜素(Ⅱ)
饲添(2008)1362	临沭县兴农矿物饲料有限公司	矿物元素(Ⅰ):磷酸氢钙
饲添(2008)1366	济宁市瑞德生物科技有限公司	维生素(Ⅱ):氯化胆碱
饲添(2008)1368	滨州华东兽药有限公司	维生素(Ⅱ):VB_1、VB_2、VC、氯化胆碱
饲添(2008)1369	山东亿安生物工程有限公司	微生物添加剂(Ⅰ):嗜酸乳杆菌、产朊假丝酵母、沼泽红假单胞菌
饲添(2008)1370	济南大吉饲料有限公司	微生物添加剂(Ⅰ):枯草芽孢杆菌、嗜酸乳杆菌、产朊假丝酵母
饲添(2008)1372	济南奥润牧业有限公司	矿物元素及其络合物(Ⅱ):一水硫酸亚铁、甘氨酸铁络合物 抗氧化剂(Ⅱ):乙氧基喹啉 大蒜素(Ⅱ)、半胱胺盐酸盐(Ⅱ)
饲添(2008)1373	武穴市龙翔药业有限公司	维生素(Ⅱ):VB_2

生产许可证编号	企业名称	产品名称
饲添(2008)1374	广州市松力生物科技有限公司	调味剂和香料(Ⅱ):糖精钠、食品用香料
饲添(2008)1378	西安乐民反刍动物研究所	非蛋白氮(Ⅰ):磷酸脲
饲添(2008)1380	天津牧欢饲料胆碱厂	维生素(Ⅱ):VA、VB_1、VB_2、VC、VD_3、VE、氯化胆碱
饲添(2008)1390	广州碧德生物科技有限公司	微生物添加剂(Ⅰ):枯草芽孢杆菌 调味剂(Ⅱ):5'-肌苷酸二钠、5'-鸟苷酸二钠 寡糖(Ⅰ):果寡糖、甘露寡糖
饲添(2008)1394	贵州川恒化工有限责任公司	矿物元素(Ⅰ):磷酸氢钙、磷酸二氢钙
饲添(2008)1397	江苏江山制药有限公司	维生素(Ⅰ)(Ⅱ):VC 维生素(Ⅰ):L-抗坏血酸钙、L-抗坏血酸-2-磷酸酯
饲添(2008)1404	绵阳市洪盛化工有限公司	矿物元素(Ⅰ):磷酸氢钙
饲添(2008)1405	四川绵竹市盘龙矿物质有限责任公司	矿物元素(Ⅰ):磷酸氢钙、磷酸二氢钙
饲添(2008)1407	陕西秦乐饲料科技有限责任公司	维生素(Ⅱ):L-抗坏血酸-2-磷酸酯 复合酸化剂(Ⅱ):乳酸、富马酸、柠檬酸、磷酸 大蒜素(Ⅱ)
饲添(2008)1411	宜兴市南方生物科技有限公司	复合酶制剂(Ⅰ):淀粉酶(产自黑曲霉)、蛋白酶(产自黑曲霉)
饲添(2008)1425	佛山市南海区维德生物技术有限公司	酶制剂(Ⅱ):纤维素酶、β-葡聚糖酶、木聚糖酶 抗氧化剂(Ⅱ):乙氧基喹啉、二丁基羟基甲苯(BHT) 防霉剂(Ⅱ):丙酸 着色剂(Ⅱ):斑蝥黄、天然叶黄素(源自万寿菊) 调味剂(Ⅱ):糖精钠、谷氨酸钠 抗结块剂和稳定剂(Ⅱ):三氧化二铝、二氧化硅
饲添(2008)1426	江门西粤天然色素有限公司	着色剂(Ⅱ):天然叶黄素(源自万寿菊)
饲添(2008)1435	天津天安药业股份有限公司	氨基酸(Ⅰ):L-苏氨酸
饲添(2008)1436	河北荣发生物科技有限公司	维生素(Ⅱ):氯化胆碱 微生物添加剂(Ⅰ):枯草芽孢杆菌、嗜酸乳杆菌、酿酒酵母
饲添(2008)1441	张家港市宏新化学制药有限公司	维生素(Ⅰ):VB_6
饲添(2008)1444	淄博开发区四宝山威望微量元素厂	矿物元素(Ⅰ):硫酸亚铁、硫酸铜、硫酸锌、硫酸锰
饲添(2008)1454	云南立隆化工有限公司	矿物元素(Ⅰ):磷酸氢钙、磷酸二氢钙
饲添(2008)1456	新奥(厦门)农牧发展有限公司	微生物添加剂(Ⅰ):干酪乳杆菌　丁酸钠(Ⅰ)
饲添(2008)1458	浙江圣达药业有限公司	维生素(Ⅰ)(Ⅱ):D-生物素
饲添(2008)1459	浙江天新药业有限公司	维生素(Ⅰ):VB_6
饲添(2008)1460	德清县家乐舒塑化有限责任公司	粘结剂(Ⅰ):α-淀粉
饲添(2008)1471	南风化工集团股份有限公司	矿物元素(Ⅰ):硫酸钠、硫酸镁
饲添(2008)1475	杭州海尔希畜牧科技有限公司	维生素(Ⅰ)(Ⅱ):氯化胆碱　甜菜碱盐酸盐(Ⅰ)
饲添(2008)1479	卜蜂(北海)水产饲料有限公司	微生物添加剂(Ⅰ):沼泽红假单胞菌 微生物添加剂(Ⅰ)(Ⅱ):枯草芽孢杆菌
饲添(2008)1485	无锡华诺威动物保健品有限公司	酸化剂(Ⅱ):柠檬酸、酒石酸、磷酸
饲添(2008)1491	衡阳市坤泰化工实业公司	矿物元素(Ⅰ):氧化锌、七水硫酸锌、一水硫酸锌、一水硫酸锰

生产许可证编号	企业名称	产品名称
饲添(2008)1499	沧州市牧田饲料有限公司	维生素(Ⅱ):氯化胆碱
饲添(2008)1501	宜兴市江山生物科技有限公司	维生素(Ⅰ):L-抗坏血酸-2-磷酸酯 维生素(Ⅱ):VC、L-抗坏血酸钙
饲添(2008)1512	福建福大百特科技发展有限公司	酶制剂(Ⅰ)(Ⅱ):淀粉酶产自黑曲霉、纤维素酶产自长柄木霉、β-葡聚糖酶产自黑曲霉、脂肪酶产自黑曲霉、甘露聚糖酶产自迟缓芽孢杆菌、植酸酶产自黑曲霉、蛋白酶产自黑曲霉、木聚糖酶产自米曲霉
饲添(2008)1517	潍坊国桥化工有限公司	维生素(Ⅰ)(Ⅱ):氯化胆碱 酶制剂(Ⅱ):植酸酶 甜菜碱(Ⅰ)(Ⅱ)、甜菜碱盐酸盐(Ⅰ)
饲添(2008)1520	山东兴鲁饲料技术研究所	抗氧化剂(Ⅱ):乙氧基喹啉 酸化剂(Ⅱ):柠檬酸　　大蒜素(Ⅱ)
饲添(2008)1525	常宁市松柏冶炼化工有限公司	矿物元素(Ⅰ):七水硫酸锌、一水硫酸锌
饲添(2008)1526	衡阳市科思化工实业有限公司	矿物元素(Ⅰ):七水硫酸锌、一水硫酸锌、一水硫酸锰
饲添(2008)1533	绵阳市神龙饲料有限公司	矿物元素(Ⅰ):磷酸氢钙、磷酸二氢钙
饲添(2008)1541	江苏康维生物有限公司	低聚木糖(Ⅰ)
饲添(2008)1544	福建怡昌生化科技股份有限公司	粘结剂(Ⅰ):α-淀粉
饲添(2008)1552	乐山市金口河通宇化工有限公司	矿物元素(Ⅰ):磷酸氢钙
饲添(2008)1553	成都朴瑞威饲料科技有限公司	调味剂和香料(Ⅱ):糖精钠、食品用香料
饲添(2008)1561	北京菲迪饲料科技有限责任公司	氨基酸(Ⅱ): L-赖氨酸盐酸盐、DL-蛋氨酸 维生素(Ⅱ):氯化胆碱
饲添(2008)1579	株洲唐人神油脂有限公司	双乙酸钠(Ⅰ) 复合防霉剂(Ⅱ):乙酸、双乙酸钠、富马酸
饲添(2009)1581	邵阳市新兴矿物化工厂	矿物元素(Ⅰ):硫酸锰
饲添(2008)1587	新疆天康畜牧生物技术股份有限公司生物添加剂分公司	酶制剂(Ⅰ)(Ⅱ):β-葡聚糖酶(产自黑曲霉)、果胶酶(产自黑曲霉)、蛋白酶(产自黑曲霉)、木聚糖酶(产自枯草芽孢杆菌) 微生物添加剂(Ⅰ)(Ⅱ):枯草芽孢杆菌、嗜酸乳杆菌、植物乳杆菌、酿酒酵母
饲添(2008)1600	上海三智生物科技有限公司	微生物添加剂(Ⅱ):嗜酸乳杆菌、植物乳杆菌、酿酒酵母
饲添(2008)1627	潍坊加加牧业科技有限公司	防霉剂(Ⅱ):丙酸钠、丙酸钙、苯甲酸 调味剂(Ⅱ):糖精钠、食品用香料 甜菜碱(Ⅱ)、大蒜素(Ⅱ)
饲添(2008)1703	淄博格润恩精细化工有限公司	氨基酸(Ⅰ):蛋氨酸羟基类似物钙盐
饲添(2008)1751	福州富成味精食品有限公司	氨基酸(Ⅰ):L-苏氨酸
饲添(2008)1773	南宁市钙能禽畜生物营养制品厂	矿物元素(Ⅱ):乳酸钙
饲添(2008)2047	英杰(长沙)生物科技有限公司	复合酶制剂(Ⅱ):(β-葡聚糖酶、果胶酶、木聚糖酶) 微生物添加剂(Ⅱ):屎肠球菌、嗜酸乳杆菌、干酪乳杆菌
饲添(2008)2052	广州市白云区吉力饲料加工厂	矿物元素(Ⅱ):一水硫酸锰、五水硫酸铜、一水硫酸锌
饲添(2008)2290	佛山市顺德区博大生物科技有限公司	维生素 (Ⅱ):L-抗坏血酸-2-磷酸酯、L-肉碱盐酸盐 调味剂(Ⅱ):糖精钠

期满换发添加剂预混合饲料生产许可证名单

生产许可证编号	企业名称
饲预(2008)0008	北京鹤来科技有限公司
饲预(2008)0054	北京菲迪饲料科技有限责任公司
饲预(2008)0074	北京永红饲料科技有限责任公司
饲预(2008)0216	上海百世腾饲料有限公司
饲预(2008)0321	杭州汇能生物技术有限公司
饲预(2008)0365	南京北星牧业有限公司
饲预(2008)0379	无锡市普欣饲料有限责任公司
饲预(2008)0487	南通世纪饲料有限公司
饲预(2008)0492	中牧实业股份有限公司南通华罗预混饲料厂
饲预(2008)0571	扬州创日动物营养有限公司
饲预(2008)0911	天津惠农饲料科技有限公司
饲预(2008)0966	赣州澳德动物营养有限公司
饲预(2008)1032	北京嘉丰世纪饲料有限公司
饲预(2008)1109	四川陆银饲料有限公司
饲预(2008)1250	武汉新华扬生物有限责任公司
饲预(2008)1487	大庆天天健食品有限公司稷丰牧业分公司
饲预(2008)1491	鸡西市裕众饲料研究所
饲预(2008)1496	哈尔滨市正和牧业有限公司
饲预(2008)1520	哈尔滨德旺饲料有限责任公司
饲预(2008)1563	山东莱阳春雪食品有限公司饲料厂
饲预(2008)1599	上海天和饲料有限公司
饲预(2008)1702	潍坊昌大饲料有限公司
饲预(2008)1726	山东华牧天元动物保健品有限公司
饲预(2008)2098	北京友谊恒远科技有限公司
饲预(2008)2107	张家港市金源生物化工有限公司
饲预(2008)2162	农丰年(汕尾)动物营养科技有限公司
饲预(2008)2218	广州理想实业有限公司
饲预(2008)2220	广州市维康佳饲料有限公司
饲预(2008)2283	广东金品动物营养有限公司
饲预(2008)2333	伊犁新伊环科技开发有限责任公司
饲预(2008)2356	山东牧翔生物科技有限公司
饲预(2008)2378	昆明司得饲料有限公司
饲预(2008)2389	黄冈市春晴生物工程有限责任公司
饲预(2008)2477	昌吉市鼎兴牧业有限公司
饲预(2008)2491	苍南华大动物保健品有限公司
饲预(2008)2493	天津开发区黎明实业公司
饲预(2008)2526	广州市罗氏企业有限公司
饲预(2008)2614	海南裕泰科技饲料有限公司

生产许可证编号	企业名称
饲预(2008)2630	成都枫澜科技有限公司
饲预(2008)2677	伊宁向新禽业有限责任公司
饲预(2008)2679	潍坊三农牧业有限公司
饲预(2008)2687	诸城市天丰牧业有限公司
饲预(2008)2689	潍坊富源农牧开发有限公司
饲预(2008)2694	诸城市益升牧业发展有限公司
饲预(2008)2700	山东六环饲料有限公司
饲预(2008)2732	重庆军华动物营养研究有限公司
饲预(2008)2768	天津市新概念生物技术有限公司
饲预(2008)2769	天津傲绿神农科技有限公司
饲预(2008)2773	涿州市牧旺饲料有限公司
饲预(2008)2777	涿州市昊友饲料厂
饲预(2008)2804	上海振农饲料有限公司
饲预(2008)2808	南通市腾飞生物工程有限公司
饲预(2008)2814	淮北极速时代动物营养有限公司
饲预(2008)2823	金华市天福饲料有限公司
饲预(2008)2824	江西天佳实业有限公司
饲预(2008)2825	江西宏通实业有限公司
饲预(2008)2826	兰州奉特动物科技有限公司
饲预(2008)2832	眉山市东坡区国凤饲料厂
饲预(2008)2841	哈尔滨康龙兽药有限责任公司
饲预(2008)2852	昌吉市疆搏饲料有限责任公司
饲预(2008)2859	天津市津都饲料添加剂厂
饲预(2008)2862	天津市万格尔生物工程有限公司
饲预(2008)2869	陕西省兴平市满堂红饲料有限责任公司
饲预(2008)2870	通辽岳泰科技实业股份有限公司
饲预(2008)2872	灯塔市丰源饲料厂
饲预(2008)2873	昆明五华神农兽药有限公司
饲预(2008)2874	通辽市正地饲料有限责任公司
饲预(2008)2878	汨罗市乐泰饲料厂
饲预(2008)2885	齐齐哈尔市禾田饲料厂
饲预(2008)2893	昆明众利饲料有限公司
饲预(2008)2902	潍坊美亚饲料有限公司
饲预(2008)2904	诸城中盛饲料有限责任公司
饲预(2008)2913	潍坊康泰牧业有限公司
饲预(2008)2914	临沂江泉饲料有限公司
饲预(2008)2915	青州市发达饲料有限公司
饲预(2008)2921	广州绿安康饲料科技有限公司
饲预(2008)2930	遂宁市全顺饲料有限公司

生产许可证编号	企业名称
饲预(2008)2938	武汉泛华生物技术有限公司
饲预(2008)2941	南昌市恩农实业发展有限公司
饲预(2008)2943	南昌市中泽饲料添加剂厂
饲预(2008)2945	武汉圣达生物科技开发有限公司
饲预(2008)2947	哈尔滨三力饲料添加剂厂
饲预(2008)2950	上海宏风饲料有限公司合肥分公司
饲预(2008)2951	广西神龙王畜牧饲料有限公司
饲预(2008)2962	宁夏永昌动物营养保健科学研究所
饲预(2008)2972	北京正宏饲料有限公司
饲预(2008)2974	北京百事荣达科技发展有限责任公司
饲预(2008)2998	哈尔滨天博饲料厂
饲预(2008)3002	温州康利兽药饲料有限公司
饲预(2008)3003	萧县鑫鼎饲料有限责任公司
饲预(2008)3006	安徽正大畜禽新技术有限公司
饲预(2008)3010	合肥康民生物科技有限公司
饲预(2008)3011	合肥市爱博生物技术有限公司
饲预(2008)3012	安徽华亿农牧科技发展有限公司
饲预(2008)3017	新泰市中兴民饲料厂
饲预(2008)3050	四川冠龙生物科技有限公司
饲预(2008)3053	昆明法思特饲料有限公司
饲预(2008)3055	石家庄世纪新威饲料有限公司
饲预(2008)3063	肇庆多可得生物科技有限公司
饲预(2008)3071	云南东方红农牧科技发展有限公司
饲预(2008)3076	北京绿海之舟饲料科技有限公司
饲预(2008)3078	北京康牧源饲料厂
饲预(2008)3079	天津市盛金牧饲料添加剂厂
饲预(2008)3081	天津市顶佳饲料科技开发有限公司
饲预(2008)3084	保定天拓动物药业有限公司
饲预(2008)3089	辽阳市白塔区国庆饲料加工厂
饲预(2008)3099	哈尔滨市香坊区瑞昌饲料加工厂
饲预(2008)3106	上海心意饲料有限公司
饲预(2008)3107	上海浦东申奥牧业饲料厂
饲预(2008)3116	诸城市健丰园饲料有限公司
饲预(2008)3118	潍坊市森诺尔饲料有限公司
饲预(2008)3120	诸城市瑞得尔农牧发展有限责任公司
饲预(2008)3122	郓城县 DMT 赛佳饲料有限公司
饲预(2008)3126	海阳市仁和科技有限公司
饲预(2008)3131	济南贝尔牧业科技有限公司
饲预(2008)3135	郑州迈科饲料有限公司

生产许可证编号	企业名称
饲预(2008)3136	河南启正饲料有限公司
饲预(2008)3137	河南六和饲料有限公司
饲预(2008)3138	河南省瑞特利生物技术有限公司
饲预(2008)3143	湖北伟望农牧科技发展有限公司
饲预(2008)3145	广州市富泉生物科技有限公司
饲预(2008)3146	广州市盛安动物营养饲料有限公司
饲预(2008)3148	东莞市合益饲料有限公司
饲预(2008)3149	江门市江海区华宝饲料厂
饲预(2008)3150	金钱(珠海)有限公司
饲预(2008)3157	广西防城港市大洋饲料开发有限责任公司
饲预(2008)3164	四川省眉山市川旺饲料有限公司
饲预(2008)3173	新疆西农动物药品有限责任公司
饲预(2008)3178	重庆市优胜科技发展有限公司
饲预(2008)3180	河北征宇制药有限公司
饲预(2008)3184	萧县恒丰饲料有限公司
饲预(2008)3185	安徽省清源饲料科技有限公司
饲预(2008)3196	益阳中晶畜牧种业开发中心
饲预(2008)3201	绵竹市兴宏饲料厂
饲预(2008)3202	四川威斯特饲料发展有限公司
饲预(2008)3203	成都华西希望农业科学技术研究所有限公司
饲预(2008)3205	深圳康达尔高陵饲料有限公司
饲预(2008)3208	北京澳瑞思生物营养技术有限公司
饲预(2008)3209	北京神州圣业科技有限公司
饲预(2008)3211	北京安农科技有限公司
饲预(2008)3212	北京康奇饲料有限公司
饲预(2008)3215	天津市宝迪正源饲料有限公司
饲预(2008)3220	上海都市奶牛饲料有限公司
饲预(2008)3231	岳阳市屈原管理区江大饲料厂
饲预(2008)3236	广西建邦农业股份有限公司
饲预(2008)3240	宝鸡市星星协力生物有限公司
饲预(2008)3246	北京康拓饲料公司
饲预(2008)3249	保定方田牧业有限公司
饲预(2008)3255	南通久盼饲料有限公司
饲预(2008)3263	江西中诚饲料有限责任公司
饲预(2008)3264	四川营山县通旺饲料科技有限公司
饲预(2008)3266	北京联合盛邦生物技术有限公司
饲预(2008)3269	广州市松力生物科技有限公司
饲预(2008)3271	武汉农大生物科技有限公司
饲预(2008)3274	西安乐民反刍动物研究所

生产许可证编号	企业名称
饲预(2008)3279	临沂九牛饲料有限公司
饲预(2008)3286	潍坊兰花饲料有限公司
饲预(2008)3287	潍坊恒源生物工程有限公司
饲预(2008)3288	山东六和农牧科技园有限公司
饲预(2008)3289	潍坊天一牧业有限公司
饲预(2008)3290	济宁市任城区千禧饲料厂
饲预(2008)3291	山东正邦畜禽有限公司
饲预(2008)3295	济南大吉饲料有限公司
饲预(2008)3296	山西太原神龙应用技术有限公司
饲预(2008)3297	天津牧欢饲料胆碱厂
饲预(2008)3299	大连九伟畜牧业有限公司
饲预(2008)3300	杭州诚信生物科技有限公司
饲预(2008)3305	昆明金红塔饲料有限公司
饲预(2008)3306	北京中农榜样生物科技有限公司
饲预(2008)3309	北京雨清大地生物技术研究中心
饲预(2008)3313	上海新邦生物科技有限公司
饲预(2008)3315	扬州天健动物药业有限公司
饲预(2008)3317	杭州万事利生物科技股份有限公司
饲预(2008)3318	安徽天牧生物科技有限公司
饲预(2008)3322	龙岩市锐泰畜牧饲料有限公司
饲预(2008)3323	龙岩市百特饲料科技有限公司
饲预(2008)3326	湖南百宜饲料科技有限公司
饲预(2008)3327	湖南金海鸿饲料科技有限公司
饲预(2008)3328	广州市绿泰饲料科技有限公司
饲预(2008)3329	四会市澳华饲料有限公司
饲预(2008)3330	广州市诚一水产科技有限公司
饲预(2008)3331	广西南宁康佳龙饲料有限公司
饲预(2008)3333	广西容县兴民饲料有限公司
饲预(2008)3334	广西贵港市格林饲料有限公司
饲预(2008)3335	石家庄江山饲料有限公司
饲预(2008)3338	南昌泰格牧业科技有限公司
饲预(2008)3340	湖北团风中惠畜牧科技有限公司
饲预(2008)3344	长沙正野饲料有限公司
饲预(2008)3345	湖南伟达生物科技有限公司
饲预(2008)3346	韶山市如意兽药有限责任公司
饲预(2008)3353	西乡金西牧业科技有限责任公司
饲预(2008)3357	北京正虹生物科技有限公司
饲预(2008)3358	北京邦世生物技术有限公司
饲预(2008)3363	龙岩市养宝饲料有限公司

生产许可证编号	企业名称
饲预(2008)3366	广州市鑫侨贸易有限公司
饲预(2008)3367	深圳市希科安实业有限公司
饲预(2008)3370	广东加大实业有限公司
饲预(2008)3372	佛山市南海区维德生物技术有限公司
饲预(2008)3377	昆明三正生物科技有限公司
饲预(2008)3385	哈尔滨市新春饲料添加剂厂
饲预(2008)3387	上海蓝勋生物技术有限公司
饲预(2008)3388	上海禾丰饲料有限公司
饲预(2008)3389	上海派斯德生化有限公司
饲预(2008)3393	浙江新三和动物保健品有限公司
饲预(2008)3397	山东华尔康生物技术有限公司
饲预(2008)3398	山东天聚安普瑞农牧发展有限公司
饲预(2008)3400	上海新杨饲料工业有限公司六分厂
饲预(2008)3404	河南三星牧业科技有限公司
饲预(2008)3406	长沙广兴生物科技有限公司
饲预(2008)3407	湖南新五丰股份有限公司生物科技分公司
饲预(2008)3408	湖南状元生物科技有限公司
饲预(2008)3409	长沙市天蓬饲料有限公司
饲预(2008)3411	六和饲料股份有限公司北京分公司
饲预(2008)3412	北京资源亚太动物药品有限公司
饲预(2008)3424	杭州海斯高饲料科技有限公司
饲预(2008)3430	南昌迪亚特畜牧发展有限公司
饲预(2008)3442	重庆市卢山饲料有限公司
饲预(2008)3452	无锡华诺威动物保健品有限公司
饲预(2008)3454	长沙创益饲料有限公司
饲预(2008)3456	浏阳市永泰饲料有限公司
饲预(2008)3457	湘潭市雨湖区美虹饲料厂
饲预(2008)3462	广州迈高化学有限公司
饲预(2008)3465	金银卡(广州)生物科技有限公司
饲预(2008)3466	广州立达尔生物科技有限公司
饲预(2008)3467	沧州市牧田饲料有限公司
饲预(2008)3472	上海先农动物保健品有限公司
饲预(2008)3482	江苏六和饲料有限公司
饲预(2008)3483	宿迁市康地饲料有限公司
饲预(2008)3487	诸城市华凤牧业有限公司
饲预(2008)3495	山东兴鲁饲料技术研究所
饲预(2008)3503	东台市新生饲料厂
饲预(2008)3516	江西宏昌饲料有限公司
饲预(2008)3518	南昌亚博实业有限公司

生产许可证编号	企业名称
饲预(2008)3520	郑州市金水区黄河大北农饲料厂
饲预(2008)3524	长沙市雨花区特新佳饲料厂
饲预(2008)3532	杨凌旺德福生物技术有限公司
饲预(2008)3537	安徽省步强饲料有限公司
饲预(2008)3538	安徽省天蓬饲料科技有限公司
饲预(2008)3540	宿州市灵友动物保健品厂
饲预(2008)3553	东台市兴旺饲料厂
饲预(2008)3564	山东德福食品有限公司
饲预(2008)3565	山东圣地宝药业有限公司
饲预(2008)3577	成都朴瑞威饲料科技有限公司
饲预(2008)3598	福建省春景农牧有限公司
饲预(2008)3602	新乡市柏杨牧业有限公司
饲预(2008)3608	长沙金河饲料有限公司
饲预(2008)3618	天津润拓动物药业有限公司
饲预(2008)3629	长沙巨丰饲料科技开发有限公司
饲预(2008)3634	东莞贸晖生物科技有限公司
饲预(2008)3682	天津瑞孚饲料有限公司
饲预(2008)3689	上海华扩达生化科技有限公司
饲预(2008)3698	郑州黎元生物技术研究所
饲预(2008)3701	长沙大华人生物新技术有限公司
饲预(2008)3717	眉县洪福饲料厂
饲预(2008)3851	山川生物科技(苏州)有限公司
饲预(2008)3907	江西润生生物饲料有限公司
饲预(2008)3913	北京合美饲料有限公司
饲预(2008)4120	广东碧德生物科技有限公司
饲预(2008)4122	信宜市金方子生物科技有限公司
饲预(2008)4143	河南标准饲料科技有限公司
饲预(2008)4180	潍坊天普阳光饲料科技有限公司
饲预(2008)4225	成都东方明珠饲料有限公司
饲预(2008)4387	佛山市顺德区博大生物科技有限公司
饲预(2008)4469	哈尔滨光威牧业有限公司
饲预(2008)4573	杨凌瑞祺生物科技有限公司
饲预(2008)4599	北京邦士富生物科技有限公司
饲预(2008)4637	英杰(长沙)生物科技有限公司
饲预(2008)4669	重庆正佳饲料有限公司
饲预(2008)4772	金钱饲料(中国)有限公司
饲预(2008)4908	武汉华扬科技发展有限公司

注销饲料添加剂和添加剂预混合饲料生产许可证名单

生产许可证号	企业名称	注销原因	所在省市
饲添(2001)0971	哈密市明胶厂	产品属于动物源性饲料	新疆维吾尔自治区
饲添(2001)0976	澧县金象硫酸铜厂	停产1年以上	湖南省
饲添(2001)1031	澧县粮食局宏兴饲料实业公司	停产1年以上	湖南省
饲添(2001)1039	新疆托克逊县生力建材厂	不具备基本生产条件	新疆维吾尔自治区
饲添(2001)1040	托克逊县库米什镇勇昌建材厂	不具备基本生产条件	新疆维吾尔自治区
饲添(2002)1103	米泉市军慧工贸有限责任公司	不具备基本生产条件	新疆维吾尔自治区
饲添(2002)1140	博乐市个体三台大理岩矿	不具备基本生产条件	新疆维吾尔自治区
饲添(2002)1142	喀什化工责任有限公司	不具备基本生产条件	新疆维吾尔自治区
饲添(2002)1143	喀什地区聚鑫石粉厂	不具备基本生产条件	新疆维吾尔自治区
饲预(2002)3171	乌鲁木齐海环生物技术有限公司	企业因改制已不存在	新疆维吾尔自治区
饲添(2003)1141 饲预(2002)2851	乌鲁木齐天康药业有限责任公司	转产	新疆维吾尔自治区
饲添(2003)1409	茶陵县清水饲料添加剂厂	停产1年以上	湖南省
饲添(2003)1417	托克逊县库米什镇建材厂	不具备基本生产条件	新疆维吾尔自治区
饲添(2003)1418	乌鲁木齐新市区顺达建材厂	不具备基本生产条件	新疆维吾尔自治区
饲添(2003)1419	霍城县果子沟泰宇矿业有限责任公司	不具备基本生产条件	新疆维吾尔自治区
饲添(2003)1420	乌鲁木齐军星建材有限公司	不具备基本生产条件	新疆维吾尔自治区
饲添(2003)1489	湖南省湘阴县湘江化工厂	停产1年以上	湖南省
饲添(2003)1551	怀化裕源化工厂	停产1年以上	湖南省
饲添(2003)1586	托克逊县库米什顺达大理岩矿	不具备基本生产条件	新疆维吾尔自治区
饲预(2003)3392	南通华凯牧业有限公司	停产1年以上,未报备案材料	江苏省
饲预(2003)3525	邵阳市晶鑫科技饲料研究中心	停产1年以上	湖南省
饲添(2004)1648	湖南浏阳兴牧防霉保鲜剂厂	停产1年以上	湖南省
饲添(2004)1650	新疆优雅生物科技有限公司	企业因改制已不存在	新疆维吾尔自治区

生产许可证号	企业名称	注销原因	所在省市
饲添(2004)1689	邵阳市双清区泰祥锰业化工厂	停产1年以上	湖南省
饲预(2004)3702	福州九州经贸有限公司 津市分公司	停产1年以上	湖南省
饲预(2004)3903	溧阳正和渔牧科技有限公司	停产1年	江苏省
饲预(2005)0255	哈尔滨美龙饲料有限公司	停产1年以上	黑龙江省
饲预(2005)0359	江苏天牧动物科技有限公司	不具备基本生产条件	江苏省
饲添(2005)04217	新疆农科院新沪预混合饲料厂	不具备基本生产条件	新疆维吾尔自治区
饲预(2005)0454	南通神农特种饲料有限公司	停产1年以上,未报备案材料	江苏省
饲添(2005)0457	泉州大泉赖氨酸有限公司	已不具备基本生产条件	福建省
饲添(2005)0563	江阴市长泾同和化工有限公司	已停产,并上缴生产许可证	江苏省
饲预(2005)0842	北京大北农饲料科技有限责任公司长沙分公司	停产1年以上	湖南省
饲预(2005)0864	株洲穗屏饲料有限公司	停产1年以上	湖南省
饲预(2005)1839	哈尔滨乾元牧业科技开发有限公司	生产企业迁址未通知主管部门	黑龙江省
饲添(2005)1842	新疆阿克苏地区温宿县博孜墩石粉厂	不具备基本生产条件	新疆维吾尔自治区
饲添(2005)1948	北京普仁生态技术有限公司	企业已转产	北京市
饲预(2005)3095	哈尔滨东荣饲料有限责任公司	生产企业迁址未通知主管部门	黑龙江省
饲预(2005)4043	双峰县天合生物科技饲料厂	停产1年以上	湖南省
饲预(2005)4065	武汉金禾科技发展有限公司	合并	湖北省
饲预(2005)4208	长沙新农绿业饲料有限公司	停产1年以上	湖南省
饲预(2005)4393	启东市民主家旺饲料厂	停产1年以上,未报备案材料	江苏省
饲添(2006)0427	南京林通生物工程有限公司	不具备基本生产条件	江苏省
饲添(2006)2068	大诚生化科技(武汉)有限公司	停产1年以上	湖北省
饲预(2006)4661	江阴太湖正大饲料有限公司徐州江淮分公司	连续两年没有上报备案材料	江苏省
饲预(2006)4765	中谷集团农牧科技有限公司黑龙江分公司	停产1年以上	黑龙江省
饲添(2007)2225	武汉华扬生化科技有限公司	停产,已申请工商注销	湖北省

(李大鹏)

进口饲料、饲料添加剂管理

根据《进口饲料和饲料添加剂登记管理办法》有关规定，批准帝斯曼营养产品法国有限公司等107家公司生产的152种饲料和饲料添加剂产品在我国登记或续展登记，并发给进口登记证；批准印度尼西亚PT FKS MULTI AGRO TBK公司等6家公司生产的29种产品变更申请公司和生产厂家名称，并换发进口登记证。所登记产品的监督检验按中华人民共和国国家标准或农业部发布的质量标准执行。2008年进口登记情况见下表。

进口饲料和饲料添加剂产品登记证目录

商品名称	产品类别	生产厂家	登记证号	有效期限
罗维素® D_3-500 ROVIMIX® D_3-500	饲料级维生素 Vitamin Feed Grade	帝斯曼营养产品法国有限公司 DSM Nutritional Products France SAS, France	(2008)外饲准字001号	2008.01-2013.01
好特美X250微颗粒剂 Hostazym ® X250 MicroGranulate	饲料级酶制剂 Enzyme Feed Grade	保加利亚标伟特股份有限公司 Biovet Joint Stock Company, Bulgaria	(2008)外饲准字002号	2008.01-2013.01
粉状美斯特™ Metasmart Dry	饲料添加剂 Feed Additive	安迪苏法国公司 Adisseo France S.A.S., France	(2008)外饲准字003号	2008.01-2013.01
皇家理想体态猫干粮FIT32 Royal Canin FHN FIT 32 Cat Dry Food	配合饲料 Compound Feed	巴西ROYAL CANIN工商业有限公司 Royal Canin do Brasil Indústria e Comércio Limitada, Brasil	(2008)外饲准字004号	2008.01-2013.01
皇家幼猫，怀孕哺乳猫猫干粮K34 Royal Canin FHN Kitten 34 Dry Food	配合饲料 Compound Feed	巴西ROYAL CANIN工商业有限公司 Royal Canin do Brasil Indústria e Comércio Limitada, Brasil	(2008)外饲准字005号	2008.01-2013.01
皇家泌尿道狗干粮LP18 Royal Canin Urinary S/O LP18 Canine	配合饲料 Compound Feed	巴西ROYAL CANIN工商业有限公司 Royal Canin do Brasil Indústria e Comércio Limitada, Brasil	(2008)外饲准字006号	2008.01-2013.01
皇家消化道狗干粮GI30 Royal Canin Intest - inal GI30 Canine Dog Dry Food	配合饲料 Compound Feed	巴西ROYAL CANIN工商业有限公司 Royal Canin do Brasil Indústria e Comércio Limitada, Brasil	(2008)外饲准字007号	2008.01-2013.01
皇家小型犬幼犬狗干粮 Royal Canin SHN Mini Junior Dog Dry Food	配合饲料 Compound Feed	巴西ROYAL CANIN工商业有限公司 Royal Canin do Brasil Indústria e Comércio Limitada, Brasil	(2008)外饲准字008号	2008.01-2013.01

商品名称	产品类别	生产厂家	登记证号	有效期限
皇家幼犬狗干粮 Royal Canin CLUB A3 Special Club A3 Dog Dry Food	配合饲料 Compound Feed	巴西 ROYAL CANIN 工商业有限公司 Royal Canin do Brasil Indústria e Comércio Limitada, Brasil	(2008)外饲准字 009 号	2008.01-2013.01
皇家大型犬成犬狗干粮 Royal Canin SHN Maxi Adult 26 Dog Dry Food	配合饲料 Compound Feed	巴西 ROYAL CANIN 工商业有限公司 Royal Canin do Brasil Indústria e Comércio Limitada, Brasil	(2008)外饲准字 010 号	2008.01-2013.01
净霉灵 Klinofeed	饲料添加剂 Feed Additive	瑞士优博特公司 Unipoint Ltd., Swizerland	(2008)外饲准字 011 号	2008.01-2013.01
红鱼粉 Red Fishmeal	蛋白质饲料 Protein Feed	印度尼西亚 PT FKS MULTI AGRO TBK 公司 PT FKS MULTI AGRO TBK, Indonesia	(2008)外饲准字 012 号	2008.01-2013.01
饲料级 98.5% L-赖氨酸盐酸盐 L-Lysine Monohydrochloride 98.5% Feed Grade	饲料级氨基酸 Amino Acid Feed Grade	味之素(泰国)有限公司 Ajinomoto Co., (Thailand) Ltd.	(2008)外饲准字 013 号	2008.02-2013.02
好力高 5%液体 Orego-Stim 5% Liquid	饲料添加剂 Feed Additive	英国美力盾动物健康有限公司 Meriden Animal Health Ltd. UK	(2008)外饲准字 014 号	2008.02-2013.02
右旋泛酸钙 D-Calcium Pantothenate	饲料级维生素 Vitamin Feed Grade	日本第一精密化学株式会社本社工厂 Daiichi Fine Chemical Co., Ltd., Japan	(2008)外饲准字 015 号	2008.02-2013.02
美迪施 Medistress	添加剂预混合饲料 Additive Premix	印度尼西亚美迪安有限公司 PT. Medion, Indonesia	(2008)外饲准字 016 号	2008.02-2013.02
新普乐 Nupro	饲料添加剂 Feed Additive	巴西奥特奇公司 Alltech do Brazil Agro Industrial Ltda.	(2008)外饲准字 017 号	2008.02-2013.02
易可食 ECOSYL	饲料添加剂 Feed Additive	英国 Ecosyl 产品有限公司 Ecosyl Products Ltd., UK	(2008)外饲准字 018 号	2008.02-2013.02
爱胺补 Arcavit Amino	添加剂预混合饲料 Additive Premix	意大利阿卡公司 Prodotti Arca S.r.l, Italy	(2008)外饲准字 019 号	2008.02-2013.02
爱固壮 Arcavit WP	添加剂预混合饲料 Additive Premix	意大利阿卡公司 Prodotti Arca S.r.l, Italy	(2008)外饲准字 020 号	2008.02-2013.02
爱金维 Arcavit L Forte	添加剂预混合饲料 Additive Premix	意大利阿卡公司 Prodotti Arca S.r.l, Italy	(2008)外饲准字 021 号	2008.02-2013.02
维仁牌草虾(虾苗前期用) Genchem Brand Artificial Plankton for Prawn in Early Larval Stages	配合饲料 Compound Feed	维仁化学兴业股份有限公司 Genchem Bioechnology Co., Ltd.	(2008)外饲准字 022 号	2008.02-2013.02

商品名称	产品类别	生产厂家	登记证号	有效期限
八卦牌博尚高级虾片(斑节虾虾苗前期用) Ba Gua Pai Shrimp Flakes	配合饲料 Compound Feed	维仁化学兴业股份有限公司 Genchem Bioechnology Co., Ltd.	(2008)外饲准字 023 号	2008.02–2013.02
多福蛋白粉 DPS® 50RD	蛋白质饲料 Protein Feed	美国新多福公司 Nutra Flo Protein Products, USA	(2008)外饲准字 024 号	2008.02–2013.02
饲料级牛油 Bovine Tallow Feed Grade	能量饲料 Energy Feed	澳大利亚肉类加工私人有限公司 Australian Meat Holdings Pty Limited	(2008)外饲准字 025 号	2008.02–2013.02
丸九鱼饵(粉鲫) Marukyu Fishing Bait (#1245 Wataguru)	配合饲料 Compound Feed	日本丸九株式会社 Marukyu Co., Ltd., Japan	(2008)外饲准字 026 号	2008.02–2013.02
丸九鱼饵(鲤金 MIX) Marukyu Fishing Bait (#7010 Koikin MIX)	配合饲料 Compound Feed	日本丸九株式会社 Marukyu Co., Ltd., Japan	(2008)外饲准字 027 号	2008.02–2013.02
丸九鱼饵(鲤藻 MIX) Marukyu Fishing Bait (#7011 Koimo MIX)	配合饲料 Compound Feed	日本丸九株式会社 Marukyu Co., Ltd., Japan	(2008)外饲准字 028 号	2008.02–2013.02
希尔斯科学营养配餐–成猫标准颗粒干粮 Hill's® Science Diet® Adult Original Cat Dry Food	配合饲料 Compound Feed	美国希尔斯宠物营养食品有限公司(印第安纳州工厂) Hill's Pet Nutrition, Inc., Indiana Plant, USA	(2008)外饲准字 029 号	2008.02–2013.02
希尔斯科学营养配餐–成猫标准颗粒干粮 Hill's® Science Diet® Adult Original Cat Dry Food	配合饲料 Compound Feed	美国希尔斯宠物营养食品有限公司(肯塔基州工厂) Hill's Pet Nutrition, Inc., Kentucky Plant, USA	(2008)外饲准字 030 号	2008.02–2013.02
希尔斯科学营养配餐–幼犬小颗粒干粮 Hill's® Science Diet® Puppy Small Bites Dry Food	配合饲料 Compound Feed	美国希尔斯宠物营养食品有限公司(肯塔基州工厂) Hill's Pet Nutrition, Inc., Kentucky Plant, USA	(2008)外饲准字 031 号	2008.02–2013.02
希尔斯科学营养配餐–幼犬小颗粒干粮 Hill's® Science Diet® Puppy Small Bites Dry Food	配合饲料 Compound Feed	美国希尔斯宠物营养食品有限公司(加利福尼亚州工厂) Hill's Pet Nutrition, Inc., California Plant, USA	(2008)外饲准字 032 号	2008.02–2013.02
希尔斯科学营养配餐–幼犬标准颗粒干粮 Hill's® Science Diet® Puppy Original Dry Food	配合饲料 Compound Feed	美国希尔斯宠物营养食品有限公司(印第安纳州工厂) Hill's Pet Nutrition, Inc., Indiana Plant, USA	(2008)外饲准字 033 号	2008.02–2013.02

商品名称	产品类别	生产厂家	登记证号	有效期限
希尔斯科学营养配餐-成犬标准颗粒干粮 Hill's ® Science Diet ® Adult Original Dog Dry Food	配合饲料 Compound Feed	美国希尔斯宠物营养食品有限公司(印第安纳州工厂) Hill's Pet Nutrition, Inc., Indiana Plant, USA	(2008)外饲准字 034 号	2008.02-2013.02
希尔斯处方食疗配餐-犬用 i/d Hill'sTM Prescription DietTM i/dTM Canine	配合饲料 Compound Feed	美国希尔斯宠物营养食品有限公司(堪萨斯州工厂) Hill's Pet Nutrition, Inc., Kansas Plant, USA	(2008)外饲准字 035 号	2008.02-2013.02
爱恩富成犬狗干粮(鸡粉及米饭配方) ANF ® Adult Dog Dry Food (Chicken Meal & Rice Formula)	配合饲料 Compound Feed	美国德克萨斯农产品公司 Texas Farm Products Company, USA	(2008)外饲准字 036 号	2008.02-2013.02
爱恩富优势 27 狗干粮 ANF ® Advantage 27 Dog Dry Food	配合饲料 Compound Feed	美国德克萨斯农产品公司 Texas Farm Products Company, USA	(2008)外饲准字 037 号	2008.02-2013.02
爱恩富优势幼犬狗干粮 ANF ® Advantage Puppy Dry Food	配合饲料 Compound Feed	美国德克萨斯农产品公司 Texas Farm Products Company, USA	(2008)外饲准字 038 号	2008.02-2013.02
爱恩富幼犬 28 狗干粮 ANF ® Puppy 28 Dog Dry Food	配合饲料 Compound Feed	美国德克萨斯农产品公司 Texas Farm Products Company, USA	(2008)外饲准字 039 号	2008.02-2013.02
爱恩富幼犬狗干粮 ANF ® Puppy Dry Food	配合饲料 Compound Feed	美国德克萨斯农产品公司 Texas Farm Products Company, USA	(2008)外饲准字 040 号	2008.02-2013.02
爱恩富幼猫粮 ANF ® TamiAmiTM Kitten Dry Food	配合饲料 Compound Feed	美国德克萨斯农产品公司 Texas Farm Products Company, USA	(2008)外饲准字 041 号	2008.02-2013.02
爱恩富成猫粮 ANF ® TamiAmiTM Adult Cat Dry Food	配合饲料 Compound Feed	美国德克萨斯农产品公司 Texas Farm Products Company, USA	(2008)外饲准字 042 号	2008.02-2013.02
英派酶® 008 Zympex ® 008	饲料酶制剂 Feed Enzyme	比利时英派克斯有限公司 Impextraco N. V., Belgium	(2008)外饲准字 043 号	2008.02-2013.02
露他维® A 500plus Lutavit ® A 500 plus	饲料级维生素 Vitamin Feed Grade	德国巴斯夫公司 BASF Aktiengesellschaft, Germany	(2008)外饲准字 044 号	2008.02-2013.02
得乃美 DYNAMATE ®	矿物质饲料添加剂 Mineral Feed Supplement	美国 Mosaic Potash Carlsbad 公司 Mosaic Potash Carlsbad Inc., USA	(2008)外饲准字 045 号	2008.02-2013.02
纽埃特立霉克 MOLD-NIL Liquid	饲料防霉剂 Feed Mould Inhibitor	比利时英伟-纽埃特国际营养公司 NUTRI-AD International NV, Belgium	(2008)外饲准字 046 号	2008.02-2013.02

商品名称	产品类别	生产厂家	登记证号	有效期限
希尔斯科学营养配餐–成猫去毛球用干粮 Hill's ® Science Diet ® Hairball Control Adult Cat Dry Food	配合饲料 Compound Feed	美国希尔斯宠物营养食品有限公司(印第安纳州工厂) Hill's Pet Nutrition, Inc., Indiana Plant, USA	(2008)外饲准字 047 号	2008.02–2013.02
希尔斯科学营养配餐–幼猫标准颗粒干粮 Hill's ® Science Diet ® Kitten Original Cat Dry Food	配合饲料 Compound Feed	美国希尔斯宠物营养食品有限公司(印第安纳州工厂) Hill's Pet Nutrition, Inc., Indiana Plant, USA	(2008)外饲准字 048 号	2008.02–2013.02
希尔斯科学营养配餐–成犬小颗粒干粮 Hill's ® Science Diet ® Adult Dog Small Bites Dry Food	配合饲料 Compound Feed	美国希尔斯宠物营养食品有限公司(印第安纳州工厂) Hill's Pet Nutrition, Inc., Indiana Plant, USA	(2008)外饲准字 049 号	2008.02–2013.02
希尔斯处方食疗配餐–犬用 r/d 干粮 Hill'sTM Prescription DietTM r/dTM Canine Dry Dog Food	配合饲料 Compound Feed	美国希尔斯宠物营养食品有限公司(印第安纳州工厂) Hill's Pet Nutrition, Inc., Indiana Plant, USA	(2008)外饲准字 050 号	2008.02–2013.02
希尔斯处方食疗配餐–犬用 c/d 干粮 Hill's Prescription Diet c/d Canine Dry Dog Food	配合饲料 Compound Feed	美国希尔斯宠物营养食品有限公司(印第安纳州工厂) Hill's Pet Nutrition, Inc., Indiana Plant, USA	(2008)外饲准字 051 号	2008.02–2013.02
饲料级 L–色氨酸 L –Tryptophan Feed Grade	饲料级氨基酸 Amino Acid Feed Grade	斯洛伐克斐尔玛斯公司 Fermas, spol. s.r.o., Slovakia	(2008)外饲准字 052 号	2008.03–2013.03
澳洲王子成犬干粮 Aussie Champion Dry Dog Food (Adult Formula)	配合饲料 Compound Feed	澳大利亚塔卡饲料有限公司 Takari Seeds Pty. Ltd., Australia	(2008)外饲准字 053 号	2008.03–2013.03
澳洲王子幼犬干粮 Aussie Champion Dry Dog Food (Puppy Formula)	配合饲料 Compound Feed	澳大利亚塔卡饲料有限公司 Takari Seeds Pty. Ltd., Australia	(2008)外饲准字 054 号	2008.03–2013.03
纽埃特酸合剂 ULTRACID Lac Dry	饲料酸化剂 Feed Acidifier	比利时英伟–纽埃特国际营养公司 NUTRI–AD International NV, Belgium	(2008)外饲准字 055 号	2008.03–2013.03
八虾牌草虾虾片(虾苗饲料) Eight Shrimp Brand Shrimp Flake for Tiger Prawn Larva	配合饲料 Compound Feed	绿奇国际企业有限公司 Richen International Enterprise Co., Ltd.	(2008)外饲准字 056 号	2008.03–2013.03

商品名称	产品类别	生产厂家	登记证号	有效期限
德耳塔 Delta Fids	添加剂预混合饲料 Additive Premix	俄罗斯 BioPro-Plus 科研生产股份公司 BioPro-Plus Research-and-Production Enterprise, Ltd., Russian Federation	(2008)外饲准字 057 号	2008.04-2013.04
福磷生® XP 10000 TPT Phyzyme ® XP 10000 TPT	饲料级酶制剂 Enzyme Feed Grade	阿根廷杰能科国际有限公司 Genencor International Argentina S.R.L.	(2008)外饲准字 058 号	2008.04-2013.04
益宁易 Celmanax-NC	饲料添加剂 Feed Additives	美国凡立得工业股份有限公司 Varied Industries Corporation, USA	(2008)外饲准字 059 号	2008.04-2013.04
KOFASIL®玉米青贮剂 Mais KOFASIL® Liquid	饲料添加剂 Feed Additives	德国 ADDCON 爱德康生产有限公司 ADDCON Produktionsgesellschaft m.b.H., Germany	(2008)外饲准字 060 号	2008.04-2013.04
纽埃特霉净剂 Toxy-Nil® Dry	饲料防霉剂 Feed Mould Inhibitor	比利时英伟-纽埃特国际营养公司 NUTRI-AD International NV, Belgium	(2008)外饲准字 061 号	2008.04-2013.04
特威宝 PT 浓缩物 Allzyme PT Concentrate	饲料级酶制剂 Enzyme Feed Grade	美国奥特奇公司 Alltech Inc., USA	(2008)外饲准字 062 号	2008.05-2013.05
罗酶宝优越型复合酶 APRovabio® Excel AP	饲料级酶制剂 Enzyme Feed Grade	法国 INNOV'IA 工业公司 INNOV'IA Industrie, France	(2008)外饲准字 063 号	2008.05-2013.05
秘鲁红鱼粉(一级) Peru Red Fishmeal(Ⅰ)	蛋白质饲料 Protein Feed	秘鲁太平洋冷冻公司 E.I.R.L 水产品残余粉加工厂 Pacific Freezing Company E.I.R.L., Planta De Elaboración De Harina de Residuos De Productos Hidrobiológicos, Peru	(2008)外饲准字 064 号	2008.05-2013.05
红鱼粉(二级) Red Fishmeal(Ⅱ)	蛋白质饲料 Protein Feed	马来西亚泰佳海产冷冻(马)有限公司 Thai Chia Marine Food (M)Sdn. Bhd., Malaysia	(2008)外饲准字 065 号	2008.05-2013.05
红鱼粉(三级) Red Fishmeal(Ⅲ)	蛋白质饲料 Protein Feed	马来西亚亚洲鱼粉厂有限公司 Syarikat Kilang Serbok Ikan(Asia)Sdn. Bhd., Malaysia	(2008)外饲准字 066 号	2008.05-2013.05
白鱼粉(特级) White Fishmeal (Superfine)	蛋白质饲料 Protein Feed	美国 Kodiak 鱼粉公司 Kodiak Fishmeal Company, USA	(2008)外饲准字 067 号	2008.05-2013.05
Sewon 牌饲料级 99% L-赖氨酸盐酸盐 Sewon L-Lysine HCl 99% Feed Grade	饲料级氨基酸 Amino Acid Feed Additive	韩国 Paik Kwang 产业株式会社 Paik Kwang Industrial Co., Ltd., Korea	(2008)外饲准字 068 号	2008.05-2013.05
速牧美®-P Sumimet®-P	饲料级氨基酸 Amino Acid Feed Additive	日本住友化学株式会社 Sumitomo Chemical Co., Ltd., Japan	(2008)外饲准字 069 号	2008.05-2013.05

商品名称	产品类别	生产厂家	登记证号	有效期限
百事利 6990 LNB Specilac Code 6990	蛋白质饲料 Protein Feed	荷兰 LNB 国际饲料有限公司 LNB International Feed B.V., The Netherlands	(2008)外饲准字 070 号	2008.05–2013.05
喜利康 Isilac	精料补充料 Concentrate Supplement	荷兰纽维德公司 Nutrifeed, The Netherlands	(2008)外饲准字 071 号	2008.05–2013.05
普利康 Prelac	蛋白质饲料 Protein Feed	荷兰纽维德公司 Nutrifeed, The Netherlands	(2008)外饲准字 072 号	2008.05–2013.05
罗维素 B6 ROVIMIX® B6	饲料级维生素 Vitamin Feed Grade	德国帝斯曼营养产品有限公司 DSM Nutritional Products GmbH, Germany	(2008)外饲准字 073 号	2008.05–2013.05
好特美 X100 微颗粒剂 Hostazym X 100 Microgranulate	饲料级酶制剂 Enzyme Feed Grade	保加利亚标伟特股份有限公司 Biovet Joint Stock Company, Bulgaria	(2008)外饲准字 074 号	2008.05–2013.05
保得益 Protecure	微生物饲料添加剂 Microbial Biotic Feed Additive	奥地利力多生发酵培养基有限责任两合公司 Lactosan Starterkulturen Ges.m.b.H. & Co. KG, Austria	(2008)外饲准字 075 号	2008.05–2013.05
赛乳 Serolat 20	蛋白质饲料 Protein Feed	荷兰纽维德公司 Nutrifeed, The Netherlands	(2008)外饲准字 076 号	2008.05–2013.05
普利乳 Nutrimac 35	蛋白质饲料 Protein Feed	荷兰纽维德公司 Nutrifeed, The Netherlands	(2008)外饲准字 077 号	2008.05–2013.05
优乳 Serolat HL	能量饲料 Energy Feed	荷兰纽维德公司 Nutrifeed, The Netherlands	(2008)外饲准字 078 号	2008.05–2013.05
百事美猪用脂肪粉 Bergafat HTL 306 (Monogastric)	能量饲料 Energy Feed	马来西亚 Premier Oil Industries Sdn Bhd 公司 Premier Oil Industries Sdn. Bhd., Malaysia	(2008)外饲准字 079 号	2008.05–2013.05
百事美乳牛用脂肪粉 Bergafat T 300 (Ruminant)	能量饲料 Energy Feed	马来西亚 Premier Oil Industries Sdn Bhd 公司 Premier Oil Industries Sdn. Bhd., Malaysia	(2008)外饲准字 080 号	2008.05–2013.05
鱼油 Fish Oil	能量饲料 Energy Feed	智利 CIA. Pesquera Camanchaca 公司 CIA. Pesquera Camanchaca S.A., Chile	(2008)外饲准字 081 号	2008.05–2013.05
爱特蒙 ActiveMOS	饲料添加剂 Feed Additive	巴西库塔糖业公司 Acucareira Quata, S.A., Brazil	(2008)外饲准字 082 号	2008.06–2013.06
猪黄金 Ig–Guard(Swine)	饲料添加剂 Feed Additive	韩国 AD 生物技术株式会社 AD Biotech Co., Ltd., Korea	(2008)外饲准字 083 号	2008.06–2013.06
丸九鱼饵(四季) Marukyu Fishing Bait #1234 Guruten Shiki	配合饲料 Compound Feed	日本丸九株式会社 Marukyu Co., Ltd., Japan	(2008)外饲准字 084 号	2008.06–2013.06
丸九鱼饵(黄鲫) Marukyu Fishing Bait #1233 IMO Guruten	配合饲料 Compound Feed	日本丸九株式会社 Marukyu Co., Ltd., Japan	(2008)外饲准字 085 号	2008.06–2013.06

商品名称	产品类别	生产厂家	登记证号	有效期限
丸九鱼饵(3# 鲫) Marukyu Fishing Bait #1826 Guruten 3	配合饲料 Compound Feed	日本丸九株式会社 Marukyu Co.,Ltd.,Japan	(2008)外饲准字 086 号	2008.06-2013.06
丸九鱼饵(5# 鲫) Marukyu Fishing Bait #1235 Guruten 5	配合饲料 Compound Feed	日本丸九株式会社 Marukyu Co.,Ltd.,Japan	(2008)外饲准字 087 号	2008.06-2013.06
丸九鱼饵(α 21) Marukyu Fishing Bait #1241 Guruten α 21	配合饲料 Compound Feed	日本丸九株式会社 Marukyu Co.,Ltd.,Japan	(2008)外饲准字 088 号	2008.06-2013.06
丸九鱼饵(大新鲫) Marukyu Fishing Bait #1243 Shinbera Guruten Soko	配合饲料 Compound Feed	日本丸九株式会社 Marukyu Co.,Ltd.,Japan	(2008)外饲准字 089 号	2008.06-2013.06
保安生 93010 Porzyme 93010	饲料级酶制剂 Enzyme Feed Grade	芬兰饲料国际有限公司 Finnfeeds Oy,Finland	(2008)外饲准字 090 号	2008.06-2013.06
倍加生 5602 Pescazyme 5602	饲料级酶制剂 Enzyme Feed Grade	芬兰饲料国际有限公司 Finnfeeds Oy,Finland	(2008)外饲准字 091 号	2008.06-2013.06
血浆蛋白粉 AP920TM	蛋白质饲料 Protein Feed	加拿大 APC 营养公司 APC Nutrition Ltd.,Canada	(2008)外饲准字 092 号	2008.06-2013.06
低蛋白质乳清粉 Deproteinized Whey Powder	能量饲料 Energy Feed	美国 SAPUTO 公司 Saputo Cheese & Protein,LLC,USA	(2008)外饲准字 093 号	2008.06-2013.06
力多菌 Biolact	微生物饲料添加剂 Microbial Biotic Feed Additive	日本新水株式会社 Sinsui Inc. Japan	(2008)外饲准字 094 号	2008.07-2013.07
耐尔菲 Nasfeed	饲料添加剂 Feed Additive	日本新水株式会社 Sinsui Inc. Japan	(2008)外饲准字 095 号	2008.07-2013.07
美明 Multi-Min	矿物质饲料添加剂 Mineral Feed Supplement	美国赛尼公司 Cerne Sales Company,USA	(2008)外饲准字 096 号	2008.07-2013.07
百泰 RRumenBiotic	能量饲料 Energy Feed	美国国际原料公司 International Ingredient Corporation,USA	(2008)外饲准字 097 号	2008.07-2013.07
宝利肥 Thepax	饲料添加剂 Feed Additive	意大利拓大公司 DOX-AL Italia S.P.A	(2008)外饲准字 098 号	2008.07-2013.07
利可 40 DK Sarsaponin 40	饲料添加剂 Feed Additive	美国 Desert King 国际有限公司 Desert King International Inc.,USA	(2008)外饲准字 099 号	2008.07-2013.07
DAN 液体木聚糖酶 Danisco Animal Nutrition Liquid Xylanase	饲料级酶制剂 Enzyme Feed Grade	芬兰饲料国际有限公司 Finnfeeds Oy,Finland	(2008)外饲准字 100 号	2008.07-2013.07

商品名称	产品类别	生产厂家	登记证号	有效期限
DAN 液体蛋白酶 Danisco Animal Nutrition Liquid Subtilisin	饲料级酶制剂 Enzyme Feed Grade	芬兰饲料国际有限公司 Finnfeeds Oy, Finland	(2008)外饲准字 101 号	2008.07–2013.07
DAN 液体 α–淀粉酶 Danisco Animal Nutrition Liquid Alpha–Amylase	饲料级酶制剂 Enzyme Feed Grade	芬兰饲料国际有限公司 Finnfeeds Oy, Finland	(2008)外饲准字 102 号	2008.07–2013.07
爱维生 1505 Avizyme 1505	饲料级酶制剂 Enzyme Feed Grade	芬兰饲料国际有限公司 Finnfeeds Oy, Finland	(2008)外饲准字 103 号	2008.07–2013.07
罗维素生物素 HPROVIMIX ® Biotin HP	饲料级维生素 Vitamin Feed Grade	帝斯曼营养产品法国有限公司 DSM Nutritional Products France SAS	(2008)外饲准字 104 号	2008.08–2013.08
特威宝 FD(浓缩物) Allzyme FD Concentrate	饲料级酶制剂 Enzyme Feed Grade	美国奥特奇公司 Alltech Inc., USA	(2008)外饲准字 105 号	2008.08–2013.08
奥奇素 Bio–Mos	饲料添加剂 Feed Additive	巴西奥特奇公司 Alltech do Brazil Agro Industrial Ltda.	(2008)外饲准字 106 号	2008.08–2013.08
仔猪开口金 Ig–Top	饲料添加剂 Feed Additive	韩国 AD 生物技术株式会社 AD Biotech Co., Ltd., Korea	(2008)外饲准字 107 号	2008.08–2013.08
麦可食超浓缩型 A –Max Yeast Culture XTRA	饲料添加剂 Feed Additive	美国凡立得工业股份有限公司 Varied Industries Corporation, USA	(2008)外饲准字 108 号	2008.08–2013.08
先进基础饲料 9877 Advance Basemix 9877	添加剂预混合饲料 Additive Premix	先进饲料有限公司 Advance Feed Co., Ltd.	(2008)外饲准字 109 号	2008.08–2013.08
安芬克 42 MBH Prima 42	蛋白质饲料 Protein Feed	美国奔马有限公司 MBH Prima Supplies Inc., USA	(2008)外饲准字 110 号	2008.08–2013.08
直火烘干红鱼粉（二级） Flamedried Red Fishmeal(Ⅱ)	蛋白质饲料 Protein Feed	纳米比亚联合渔业捕捞有限公司 United Fishing Enterprises (Pty)Ltd., Namibia	(2008)外饲准字 111 号	2008.08–2013.08
鱼油 Fish Oil	能量饲料 Energy Feed	纳米比亚联合渔业捕捞有限公司 United Fishing Enterprises (Pty)Ltd., Namibia	(2008)外饲准字 112 号	2008.08–2013.08
饲料级邦嘉乳清粉 Bongard Dried Whey Solubles Feed Grade	能量饲料 Energy Feed	美国邦嘉乳品公司 Bongards Creameries, USA	(2008)外饲准字 113 号	2008.08–2013.08
中蛋白质乳清粉 Premium Deproteinized Whey	能量饲料 Energy Feed	美国杰罗姆奶酪公司 Jerome Cheese Co., USA	(2008)外饲准字 114 号	2008.08–2013.08

商品名称	产品类别	生产厂家	登记证号	有效期限
饲料级烟酰胺 Nicotinamide Feed Grade	饲料级维生素 Vitamin Feed Grade	美国凡特鲁斯农业及营养特种产品有限责任公司 Vertellus Agriculture & Nutrition Specialties LLC, USA	(2008)外饲准字115号	2008.08-2013.08
馥蒂香 ST232 P2 Cristalfeed ® Intech ST 232 P2	饲料调味剂 Feed Flavor Enhancement	法国馥蒂公司 Phode S.A., France	(2008)外饲准字116号	2008.09-2013.09
低蛋白质乳清粉 Dried Whey Solubles	能量饲料 Energy Feed	美国蓝多湖公司西区 Land O'lakes, Inc-Western Region, U.S.A.	(2008)外饲准字117号	2008.09-2013.09
红鱼粉(特级) Red Fishmeal (Superfine)	蛋白质饲料 Protein Feed	智利苟尔贝斯卡股份有限公司伊基克南部工厂 Corpesca S.A., Iquique South Plant, Chile	(2008)外饲准字118号	2008.09-2013.09
白鱼粉(特级) White Fishmeal (Superfine)	蛋白质饲料 Protein Feed	智利 Lota 蛋白质有限公司 Lota Protein S.A., Chile	(2008)外饲准字119号	2008.09-2013.09
红鱼粉(一级) Red Fishmeal(Ⅰ)	蛋白质饲料 Protein Feed	智利三文渔油公司 Salmonoil S.A., Chile	(2008)外饲准字120号	2008.09-2013.09
雅士勇 Ascorequil	添加剂预混合饲料 Additive Premix	意大利亚士可化工大药厂 Ascor Chimici S.R.L., Italy	(2008)外饲准字121号	2008.09-2013.09
饲料级烟酰胺 Nicotinamide Feed Grade	饲料级维生素 Vitamin Feed Grade	比利时 Vertellus Specialties 公司 Vertellus Specialties Belgium N.V.	(2008)外饲准字122号	2008.10-2013.10
鱼用维生素 Vitamin Premix for Fish Feeds	添加剂预混合饲料 Additive Premix	谊晟实业股份有限公司 Ye Cherng Industrial Products Co., Ltd.	(2008)外饲准字123号	2008.10-2013.10
虾用矿物精 Mineral Premix for Shrimp Feeds	添加剂预混合饲料 Additive Premix	谊晟实业股份有限公司 Ye Cherng Industrial Products Co., Ltd.	(2008)外饲准字124号	2008.10-2013.10
生物-绿色-A Bio-Green-A	微生物饲料添加剂 Microbial Biotic Feed Additive	韩国绿色全球株式会社 Green Global in Korea Co., Ltd.	(2008)外饲准字125号	2008.10-2013.10
吞拿鱼粉(一级) Tuna Fishmeal(Ⅰ)	蛋白质饲料 Protein Feed	大众海产总汇(肯尼亚)有限公司 Wanainchi Marine Products (Kenya) Limited	(2008)外饲准字126号	2008.10-2013.10
红鱼粉(一级) Red Fishmeal(Ⅰ)	蛋白质饲料 Protein Feed	厄瓜多尔 POLAR 渔业公司 Empresa Pesquera Polar S.A., Ecuador	(2008)外饲准字127号	2008.10-2013.10
双马鱼粉(二级) Fishmeal(Ⅱ)	蛋白质饲料 Protein Feed	越南禾瑞康水产物料加工有限公司 Honoroad Vietnam Aquatic Feed Ingredient Processing Co., Ltd., Vietnam	(2008)外饲准字128号	2008.10-2013.10

商品名称	产品类别	生产厂家	登记证号	有效期限
Las Perlas 牌红鱼粉(三级) Las Perlas Brand Red Fishmeal(Ⅲ)	蛋白质饲料 Protein Feed	巴拿马 Promarina 公司 Promarina,S.A.,Panama	(2008)外饲准字 129 号	2008.10–2013.10
牛肉骨粉 Beef Meat and Bone Meal	蛋白质饲料 Protein Feed	乌拉圭 Cardama 公司 Cardama S.A.,Uruguay	(2008)外饲准字 130 号	2008.10–2013.10
希尔思宠物食品–处方食疗配餐 k/d 狗干粮 Hill'sTM Prescription DietTM Canine k/d Dry Food	配合饲料 Compound Feed	美国希尔思宠物营养食品有限公司(印第安纳州工厂) Hill's Pet Nutrition,Inc.,Indiana Plant,USA	(2008)外饲准字 131 号	2008.10–2013.10
希尔思宠物食品–处方食疗配餐 k/d 猫干粮 Hill'sTM Prescription DietTM Feline k/d Dry Food	配合饲料 Compound Feed	美国希尔思宠物营养食品有限公司(印第安纳州工厂) Hill's Pet Nutrition,Inc.,Indiana Plant,USA	(2008)外饲准字 132 号	2008.10–2013.10
希尔思宠物食品–处方食疗配餐 c/d Multicare 猫干粮 Hill'sTM Prescription DietTM c/d Multicare Feline Dry Food	配合饲料 Compound Feed	美国希尔思宠物营养食品有限公司(印第安纳州工厂) Hill's Pet Nutrition,Inc.,Indiana Plant,USA	(2008)外饲准字 133 号	2008.10–2013.10
优福康 BIOWELL	微生物饲料添加剂 Microbial Biotic Feed Additive	韩国韩动株式会社 Handong Co.,Ltd.,Korea	(2008)外饲准字 134 号	2008.12–2013.12
优福素 Kimchi Stoc–P	微生物饲料添加剂 Microbial Biotic Feed Additive	韩国 ELT 药业公司 ELT Pharma Corporation,Korea	(2008)外饲准字 135 号	2008.12–2013.12
抗毒 007 Mia–Bond	饲料添加剂 Feed Additive	德国麦尔威股份有限公司 Miavit GmbH,Germany	(2008)外饲准字 136 号	2008.12–2013.12
维生素 A 醋酸酯 210 万单位/克 Vitamin A Acetate 2.1 Mio IU/G Feed	饲料级维生素 Vitamin Feed Grade	德国巴斯夫欧洲公司 BASF SE,Germany	(2008)外饲准字 137 号	2008.12–2013.12
补固康 IDROMAX	添加剂预混合饲料 Additive Premix	意大利 Farmer S.p.A 公司 Farmer S.p.A.,Italy	(2008)外饲准字 138 号	2008.12–2013.12
必驱霉 Bg–Max	饲料添加剂 Feed Additive	美国凡立得工业股份有限公司 Varied Industries Corporation,USA	(2008)外饲准字 139 号	2008.12–2013.12

商品名称	产品类别	生产厂家	登记证号	有效期限
喷雾干燥猪血球蛋白 AP301 Spray Dried Animal Blood Cells Pork only	蛋白质饲料 Protein Feed	加拿大 APC 营养公司 APC Nutrition Ltd., Canada	(2008)外饲准字 140 号	2008.12–2013.12
猪血浆蛋白粉 AP820 Porcine Animal Plasma	蛋白质饲料 Protein Feed	美国蛋白质公司 APC, Inc., USA	(2008)外饲准字 141 号	2008.12–2013.12
猪血浆蛋白粉 AP920 Porcine Animal Plasma	蛋白质饲料 Protein Feed	美国蛋白质公司 APC, Inc., USA	(2008)外饲准字 142 号	2008.12–2013.12
肠膜蛋白 42 Dried Porcine Solubles (42)	蛋白质饲料 Protein Feed	美国新多福饲料公司 Nutra–Flo Company, USA	(2008)外饲准字 143 号	2008.12–2013.12
普罗蛋白 GroStim	蛋白质饲料 Protein Feed	达邦蛋白股份有限公司 DaBomb Protein Corp.	(2008)外饲准字 144 号	2008.12–2013.12
秘鲁红鱼粉(一级) Peruvian Red Fishmeal (Ⅰ)	蛋白质饲料 Protein Feed	秘鲁 Pesca Peru Pisco Norte 公司 Pesca Peru Pisco Norte S. A. C., Peru	(2008)外饲准字 145 号	2008.12–2013.12
哥斯达黎加红鱼粉(二级) Costa Rican Red Fishmeal(Ⅱ)	蛋白质饲料 Protein Feed	哥斯达黎加博纳索特公司 Bona Sort Costa Rica Company S.A.	(2008)外饲准字 146 号	2008.12–2013.12
希尔思科学食品–幼犬大型犬狗干粮 Hill's Science Diet Puppy Large Breed Dog Dry Food	配合饲料 Compound Feed	美国希尔思宠物营养食品有限公司(印第安纳州工厂) Hill's Pet Nutrition, Inc., Indiana Plant, USA	(2008)外饲准字 147 号	2008.12–2013.12
希尔思科学食品–幼犬标准颗粒 Hill's Science Diet Puppy Original Dog Dry Food	配合饲料 Compound Feed	美国希尔思宠物营养食品有限公司(加利福尼亚州工厂) Hill's Pet Nutrition, Inc., California Plant, USA	(2008)外饲准字 148 号	2008.12–2013.12
倍多喜 Bactocell	微生物饲料添加剂 Microbial Biotic Feed Additive	法国拉曼公司 Lallemand S.A.S., France	(2008)外饲准字 149 号	2008.12–2013.12
拉曼硒 Alkosel	矿物质饲料添加剂 Mineral Feed Supplement	加拿大拉曼公司 Lallemand Inc., Canada	(2008)外饲准字 150 号	2008.12–2013.12
赛乐硒 Sel–Plex 2000	矿物质饲料添加剂 Mineral Feed Supplement	巴西奥特奇公司 Alltech do Brazil Agro Industrial Ltda.	(2008)外饲准字 151 号	2008.12–2013.12

商品名称	产品类别	生产厂家	登记证号	有效期限
活佳素(固体) HUO JIA SU(Powder)	微生物饲料添加剂 Microbial Biotic Feed Additive	泰国龙亿生化股份有限公司 Long Year Biochem Co., Ltd., Thailand	(2008)外饲准字 152 号	2008.12–2013.12
奥优金 Ⅱ Optigen Ⅱ	非蛋白氮饲料添加剂 Non-Protein Nitrogen Feed Supplement	美国奥特奇公司 Alltech Inc., USA	(2008)外饲准字 153 号	2008.12–2013.12
阿梅诺 Aminovitamin Super	添加剂预混合饲料 Additive Premix	意大利亚士可化工大药厂 Ascor Chimici S.R.L., Italy	(2008)外饲准字 154 号	2008.09–2013.09
麦可食酵母培养浓缩物 A -Max Yeast Culture Concentrate	饲料添加剂 Feed Additive	美国凡立得工业股份有限公司 Varied Industries Corporation, USA	(2008)外饲准字 155 号	2008.12–2013.12
赛可新 Selko®-pH	饲料酸化剂 Feed Acidifier	荷兰赛尔可公司 Selko B.V., The Netherlands	(2008)外饲准字 156 号	2008.12–2013.12
赛乳 50 Serolat 50	能量饲料 Energy Feed	荷兰纽维德公司 Nutrifeed, The Netherlands	(2008)外饲准字 157 号	2008.12–2013.12
乳泌宝 Advance RuMin8	能量饲料 Energy Feed	美国牛奶产品营养公司(MSC)艾德利工厂 Milk Specialties Company(MSC), Adell Plant, USA	(2008)外饲准字 158 号	2008.12–2013.12
红鱼粉(三级) Red Fishmeal(Ⅲ)	蛋白质饲料 Protein Feed	巴基斯坦凯帕国际销售公司 Kanpa International Sales, Pakinstan	(2008)外饲准字 159 号	2008.12–2013.12
利可维达混合鱼粉 Nutri-Blend Nicovita	蛋白质饲料 Protein Feed	秘鲁 Alicorp 公司 Alicorp S.A.A., Peru	(2008)外饲准字 160 号	2008.12–2013.12
利可维达成虾饲料 35% Nicovita Grow Out Shrimp Feed	配合饲料 Compound Feed	秘鲁 Alicorp 公司 Alicorp S.A.A., Peru	(2008)外饲准字 161 号	2008.12–2013.12
利可维达成虾饲料 40% Nicovita 40% Grow Out Shrimp Feed	配合饲料 Compound Feed	秘鲁 Alicorp 公司 Alicorp S.A.A., Peru	(2008)外饲准字 162 号	2008.12–2013.12
希尔思宠物食品–成犬标准颗粒 Hill's Science Diet Adult Original Dog Dry Food	配合饲料 Compound Feed	美国希尔思宠物营养食品有限公司(加利福尼亚州工厂) Hill's Pet Nutrition, Inc., California Plant, USA	(2008)外饲准字 163 号	2008.12–2013.12
希尔思宠物食品–处方食疗配餐 c/d 猫干粮(鸡肉) Hill's Prescription Diet c/d Multicare with Chicken Feline Dry Food	配合饲料 Compound Feed	美国希尔思宠物营养食品有限公司(印第安纳州工厂) Hill's Pet Nutrition, Inc., Indiana Plant, USA	(2008)外饲准字 164 号	2008.12–2013.12

附件 2：

表 2 换发进口饲料和饲料添加剂产品登记证目录

登记证号	商品名称	产品类别	变更内容	原名称	变更名称
(2003)外饲准字 181 号	饲料级鱼油 Fish Oil Feed Grade	能量饲料 Energy Feed	申请者和生产厂家名称	印度尼西亚 PT Fishindo Kusuma Sejahtera 公司 PT Fishindo Kusuma Sejahtera, Indonesia	印度尼西亚 PT FKS MULTI AGRO TBK 公司 PT FKS MULTI AGRO TBK, Indonesia
(2003)外饲准字 202 号	饲料级烟酰胺 Nicotinamide Feed Grade	饲料级维生素 Vitamin Feed Grade	申请者和生产厂家名称	美国 Reilly 工业有限公司 Reilly Industries, Inc., USA	美国凡特鲁斯农业及营养特种产品有限责任公司 Vertellus Agriculture &Nutrition Specialties LLC, USA
(2007)外饲准字 056 号	必生博士 Bio-Boss	微生物饲料添加剂 Microbial Biotic Feed Additive	中文商品名称	百宝饲	必生博士
(2007)外饲准字 078 号	宝路®成狗粮 400 克罐头(牛肉) Pedigree ® Adult Dog Food Can 400g(Beef)	配合饲料 Compound Feed	生产厂家名称	澳大利亚每食富澳大利亚新西兰公司 Masterfoods Australia New Zealand, Australia	玛氏宠物护理澳大利亚公司 Mars Petcare Australia
			申请者名称	澳大利亚爱芬食品有限公司 Effem Foods Pty Ltd, Australia	玛氏澳大利亚有限公司 Mars Australia Pty Ltd., Australia
(2007)外饲准字 079 号	宝路®成狗粮 400 克罐头(鸡肉) Pedigree ® Adult Dog Food Can 400g (Chicken)	配合饲料 Compound Feed	生产厂家名称	澳大利亚每食富澳大利亚新西兰公司 Masterfoods Australia New Zealand, Australia	玛氏宠物护理澳大利亚公司 Mars Petcare Australia
			申请者名称	澳大利亚爱芬食品有限公司 Effem Foods Pty Ltd, Australia	玛氏澳大利亚有限公司 Mars Australia Pty Ltd., Australia
(2007)外饲准字 080 号	西莎®成狗粮 100 克罐头(鸡肉) Cesar ® Adult Dog Food Can 100g(Chicken)	配合饲料 Compound Feed	生产厂家名称	澳大利亚每食富澳大利亚新西兰公司 Masterfoods Australia New Zealand, Australia	玛氏宠物护理澳大利亚公司 Mars Petcare Australia
			申请者名称	澳大利亚爱芬食品有限公司 Effem Foods Pty Ltd, Australia	玛氏澳大利亚有限公司 Mars Australia Pty Ltd., Australia

登记证号	商品名称	产品类别	变更内容	原名称	变更名称
(2007)外饲准字 081 号	西莎®成狗粮100克罐头(牛肉和蔬菜)Cesar ® Adult Dog Food Can 100g(Beef and Vegetables)	配合饲料 Compound Feed	生产厂家名称	澳大利亚每食富澳大利亚新西兰公司 Masterfoods Australia New Zealand, Australia	玛氏宠物护理澳大利亚公司 Mars Petcare Australia
			申请者名称	澳大利亚爱芬食品有限公司 Effem Foods Pty Ltd, Australia	玛氏澳大利亚有限公司 Mars Australia Pty Ltd., Australia
(2007)外饲准字 082 号	西莎®成狗粮100克罐头(牛肉和肝)Cesar ® Adult Dog Food Can 100g(Beef and Liver)	配合饲料 Compound Feed	生产厂家名称	澳大利亚每食富澳大利亚新西兰公司 Masterfoods Australia New Zealand, Australia	玛氏宠物护理澳大利亚公司 Mars Petcare Australia
			申请者名称	澳大利亚爱芬食品有限公司 Effem Foods Pty Ltd, Australia	玛氏澳大利亚有限公司 Mars Australia Pty Ltd., Australia
(2007)外饲准字 083 号	西莎®成狗粮100克罐头(羊肉)Cesar ® Adult Dog Food Can 100g(Lamb)	配合饲料 Compound Feed	生产厂家名称	澳大利亚每食富澳大利亚新西兰公司 Masterfoods Australia New Zealand, Australia	玛氏宠物护理澳大利亚公司 Mars Petcare Australia
			申请者名称	澳大利亚爱芬食品有限公司 Effem Foods Pty Ltd, Australia	玛氏澳大利亚有限公司 Mars Australia Pty Ltd., Australia
(2007)外饲准字 084 号	西莎®成狗粮100克罐头(鸡肉加起士)Cesar ® Adult Dog Food Can 100g (Chicken & Cheese)	配合饲料 Compound Feed	生产厂家名称	澳大利亚每食富澳大利亚新西兰公司 Masterfoods Australia New Zealand, Australia	玛氏宠物护理澳大利亚公司 Mars Petcare Australia
			申请者名称	澳大利亚爱芬食品有限公司 Effem Foods Pty Ltd, Australia	玛氏澳大利亚有限公司 Mars Australia Pty Ltd., Australia
(2007)外饲准字 085 号	西莎®成狗粮100克罐头(牛肉)Cesar ® Adult Dog Food Can 100g(Beef)	配合饲料 Compound Feed	生产厂家名称	澳大利亚每食富澳大利亚新西兰公司 Masterfoods Australia New Zealand, Australia	玛氏宠物护理澳大利亚公司 Mars Petcare Australia
			申请者名称	澳大利亚爱芬食品有限公司 Effem Foods Pty Ltd, Australia	玛氏澳大利亚有限公司 Mars Australia Pty Ltd., Australia

登记证号	商品名称	产品类别	变更内容	原名称	变更名称
(2007)外饲准字 086 号	西莎®成狗粮 100 克罐头(鸡肉和蔬菜) Cesar ® Adult Dog Food Can 100g (Chicken & Vegetables)	配合饲料 Compound Feed	生产厂家名称	澳大利亚每食富澳大利亚新西兰公司 Masterfoods Australia New Zealand, Australia	玛氏宠物护理澳大利亚公司 Mars Petcare Australia
			申请者名称	澳大利亚爱芬食品有限公司 Effem Foods Pty Ltd, Australia	玛氏澳大利亚有限公司 Mars Australia Pty Ltd., Australia
(2008)外饲准字 044 号	露他维® A 500 plus Lutavit ® A 500 plu	饲料级维生素 Vitamin Feed Grade	申请者和生产厂家名称	德国巴斯夫公司 BASF Aktiengesellschaf, Germany	德国巴斯夫欧洲公司 BASF SE, Germany
(2007)外饲准字 001 号	露保美® NC Lupro -Mix ® NC	饲料酸化剂 Feed Acidifier	申请者和生产厂家名称	德国巴斯夫公司 BASF Aktiengesellschaf, Germany	德国巴斯夫欧洲公司 BASF SE, Germany
(2007)外饲准字 052 号	酶他富® 5000 Natuphos ® 5000	饲料级酶制剂 Feed Enzyme	申请者和生产厂家名称	德国巴斯夫公司 BASF Aktiengesellschaf, Germany	德国巴斯夫欧洲公司 BASF SE, Germany
(2007)外饲准字 190 号	露他维® A 500S Lutavit ® A 500S	饲料级维生素 Vitamin Feed Grade	申请者和生产厂家名称	德国巴斯夫公司 BASF Aktiengesellschaf, Germany	德国巴斯夫欧洲公司 BASF SE, Germany
(2007)外饲准字 191 号	露他维® E 50S Lutavit ® E 50S	饲料级维生素 Vitamin Feed Grade	申请者和生产厂家名称	德国巴斯夫公司 BASF Aktiengesellschaf, Germany	德国巴斯夫欧洲公司 BASF SE, Germany
(2006)外饲准字 013 号	酶他富 10000L Natuphos ® 10000L	饲料酶制剂 Feed Enzyme	申请者和生产厂家名称	德国巴斯夫公司 BASF Aktiengesellschaf, Germany	德国巴斯夫欧洲公司 BASF SE, Germany
(2006)外饲准字 025 号	植酸酶 SD 粉 Phytase SD Pulver	饲料酶制剂 Feed Enzyme	申请者和生产厂家名称	德国巴斯夫公司 BASF Aktiengesellschaf, Germany	德国巴斯夫欧洲公司 BASF SE, Germany
(2006)外饲准字 079 号	露他维 A 1000 plus Lutavit ® A 1000 plus	维生素类饲料添加剂 Vitamin Feed Additive	申请者和生产厂家名称	德国巴斯夫公司 BASF Aktiengesellschaf, Germany	德国巴斯夫欧洲公司 BASF SE, Germany

登记证号	商品名称	产品类别	变更内容	原名称	变更名称
(2006)外饲准字 145 号	露佳定 10 Lucarotin® 10% Feed	饲料添加剂 Feed Additive	申请者和生产厂家名称	德国巴斯夫公司 BASF Aktiengesellschaf, Germany	德国巴斯夫欧洲公司 BASF SE, Germany
(2006)外饲准字 160 号	露保康® Lupro-Grain®	饲料防霉剂 Feed Mould Inhibitor	申请者和生产厂家名称	德国巴斯夫公司 BASF Aktiengesellschaf, Germany	德国巴斯夫欧洲公司 BASF SE, Germany
(2005)外饲准字 040 号	露他维 A/D_3 500/100 Plus Lutavit® A/D_3 500/100 Plus	饲料级维生素 Vitamin Feed Grade	申请者和生产厂家名称	德国巴斯夫公司 BASF Aktiengesellschaf, Germany	德国巴斯夫欧洲公司 BASF SE, Germany
(2005)外饲准字 041 号	露保细盐 Luprosil® Salt	饲料防霉剂 Mould Inhibitor	申请者和生产厂家名称	德国巴斯夫公司 BASF Aktiengesellschaf, Germany	德国巴斯夫欧洲公司 BASF SE, Germany
(2005)外饲准字 112 号	维生素 A 醋酸酯油剂 Vitamin A Acetate Oily	维生素类饲料添加剂 Vitamin Feed Additive	申请者和生产厂家名称	德国巴斯夫公司 BASF Aktiengesellschaf, Germany	德国巴斯夫欧洲公司 BASF SE, Germany
(2005)外饲准字 113 号	露康定粉红 Lucantin Pink	维生素类饲料添加剂 Vitamin Feed Additive	申请者和生产厂家名称	德国巴斯夫公司 BASF Aktiengesellschaf, Germany	德国巴斯夫欧洲公司 BASF SE, Germany
(2005)外饲准字 186 号	酶他® 10000G Natuphos® 10000G	饲料酶制剂 Feed Enzyme	申请者和生产厂家名称	德国巴斯夫公司 BASF Aktiengesellschaf, Germany	德国巴斯夫欧洲公司 BASF SE, Germany
(2004)外饲准字 162 号	维生素 E 醋酸酯油剂 Vitamin E Acetate Oily	维生素类饲料添加剂 Vitamin Feed Additive	申请者和生产厂家名称	德国巴斯夫公司 BASF Aktiengesellschaf, Germany	德国巴斯夫欧洲公司 BASF SE, Germany
(2006)外饲准字 167 号	秘鲁红鱼粉(一级) Peruvian Red Fishmeal(Ⅰ)	蛋白质饲料 Protein Feed	申请者和生产厂家名称	秘鲁亚历山大公司 Alexandra S.A.C., Peru	秘鲁 CFG Investment S.A.C.公司 CFG Investment S.A.C., Peru

饲料质量监督与检验

为加强饲料产品质量安全监督管理,保障养殖产品质量安全,根据《农业部关于开展 2008 年饲料及畜产品质量安全监测工作的通知》(农办牧〔2008〕3 号)的年度计划,国家饲料质检中心等 33 个部、省级饲料质检机构对全国 30 个省(区、市)的饲料生产、经营和使用环节的饲料产品质量、瘦肉精等违禁药物、反刍动物饲料中牛羊源性成分等进行了年度监督抽查和监测,对国产和进口饲料添加剂标签、生产许可证和批准文号进行了检查。为应对"三鹿"奶粉事件,有关饲料质检机构开展了对饲料、蛋白质饲料、奶粉和液态奶中三聚氰胺专项检测。

为确保奥运会和残奥会期间饲料和畜产品安全,根据农业部畜牧业司(全国饲料工作办公室)统一部署,国家饲料质检中心组织 13 家检验机构完成了饲料、动物尿液和动物组织中 7 类 46 种兴奋剂检测方法制定和检测技术能力比对。随后立即对北京等 14 个供应奥运会和残奥会食品有关的省(区、市)100 多家饲料添加剂和添加剂预混合饲料生产企业、畜禽养殖基地进行了集中监督检查。对北京、上海、秦皇岛、沈阳、青岛等涉奥赛区多次开展畜产品质量安全监测,通过检测,没有发现使用兴奋剂等违禁药品的情况,为确保奥运会和残奥会成功举办发挥了重要作用。

一、监测结果总体情况

1. 饲料产品质量安全检测结果

全国饲料质检机构对全国 30 个省(区、市)4 687 家饲料生产、经营企业的饲料产品进行了抽检,抽查检测 7 748 批次,合格 6 867 批次,总合格率 88.63%。与 2007 年相比(88.97%)下降 0.34 个百分点,其中配合饲料合格率为 92.73%,浓缩饲料合格率为 88.08%,复合预混合饲料合格率为 88.62%,微量元素预混合饲料合格率为 60.61%,维生素预混合饲料合格率为 73.61%,国产饲料添加剂合格率为 89.94%,进口饲料添加剂合格率为 92.72%,动物源性饲料合格率为 76.70%,进口宠物饲料合格率为 89.32%。不同饲料产品合格率见图 1。

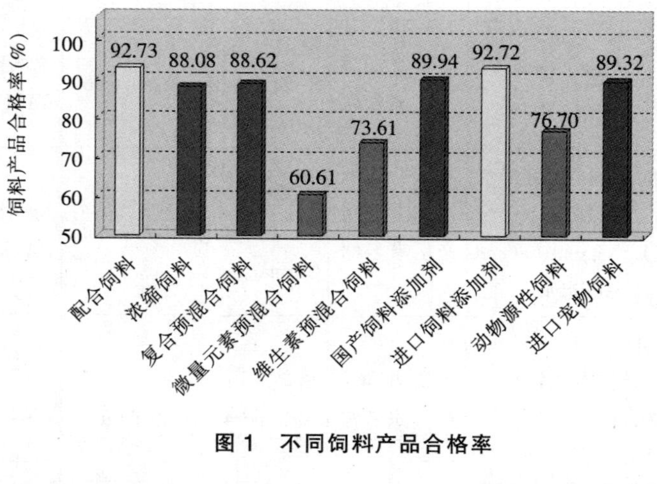

图 1 不同饲料产品合格率

2. 瘦肉精等违禁药物专项整治监测

(1)饲料中瘦肉精等违禁药物专项检测结果。对全国 30 个省(区、市)4 910 家饲料生产、经营企业和养殖场(户)的饲料产品进行了抽检,共抽检 6 636 批次,检出违禁添加物 61 批次,检出率为 0.92%。其中检测瘦肉精等违禁药物 6 082 批次,检出违禁药物 39 批次,检出率为 0.64%,与 2007 年(0.75%)相比下降 0.11 个百分点;抽检猪配合饲料 3 210 批次,检出 2 批次,检出率为 0.06%,与 2007 年(0.11%)相比下降 0.05 个百分点;抽检禽配合饲料 2 059 批次,检出 27 批次,检出率为 1.31%,与 2007 年(1.25%)相比上升 0.06 个百分点;抽检水产配合饲料 813 批次,检出 10 批次,检出率为 1.23%,与 2007 年(2.96%)相比下降 1.73 个百分点;抽检蛋白质饲料中三聚氰胺 554 批

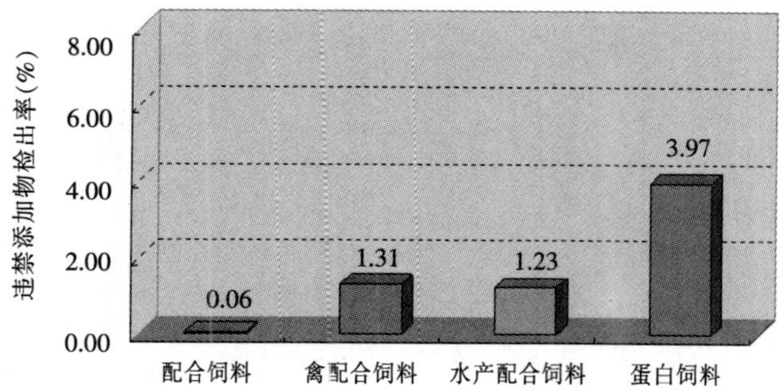

图 2 饲料中违禁添加物检出率

次，检出 22 批次，检出率为 3.97%。饲料中违禁添加物检出率见图 2。

（2）重点省份瘦肉精等违禁药物专项检测结果。对河北、河南、江西 3 省 7 县 45 乡镇 111 村的 206 个养殖场（户）进行监测，抽检猪尿样品 1 807 批次，未检出盐酸克仑特罗等 β 类兴奋剂违禁药物。

3. 反刍动物饲料中牛羊源性成分例行检测结果

对全国 24 个省（区、市）3 840 家生产、经营反刍动物饲料和动物源性饲料企业和牛羊养殖场（户）进行抽检，抽检饲料样品 9 608 批次，检出含有牛羊源性成分的样品 90 批次，检出率为 0.94%，比 2007 年（1.40%）下降 0.46 个百分点。其中牛羊商品饲料 4 169 批次，检出率为 0.84%；牛羊养殖场（户）自配饲料 4 808 批次，检出率为 1.08%；国产动物源性饲料 372 批次，检出率为 0.81%；进口动物源性饲料 259 批次，检出率为 0%。检出牛源性成分 85 批次，检出率为 0.88%；检出羊源性成分 17 批次，检出率为 0.18%；同时检出牛源性和羊源性成分 12 批次。牛源性成分的检出率比羊源性成分的检出率高出 0.70 个百分点。不同饲料产品中牛羊源性成分的检出率见图 3。

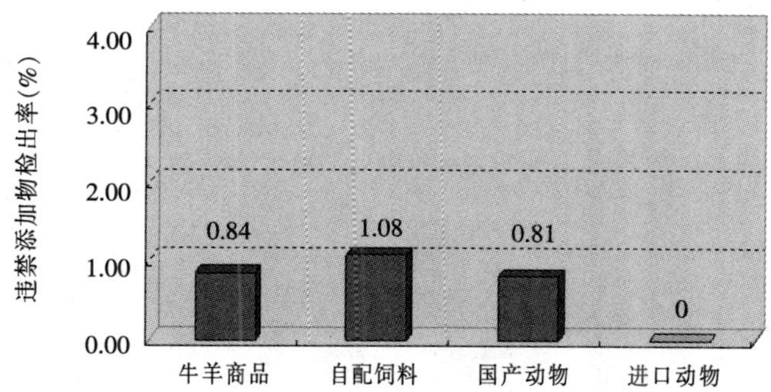

图 3 不同饲料产品中牛羊源性成分的检出率

4. 饲料标签检查结果

全年共抽查饲料产品标签 8 073 批次，合格 6 713 批次，标签合格率为 83.15%。比 2007 年（88.16%）下降 5.01 个百分点。其中检查配合饲料和浓缩饲料标签 4 952 批次，合格率为 94.22%；检查添加剂预混合饲料标签 1 341 批次，合格率为 88.96%；检查饲料添加剂标签 354 批次，合格率为 88.14%；检查进口饲料添加剂标签 151 批次，合格率为 82.78%；检查进口宠物饲料标签 100 批次，合格率为 87.00%，检查动物源性饲料标签 1 175 批次，合格率为 28.09%。不同饲料产品的标签合格率见图 4。

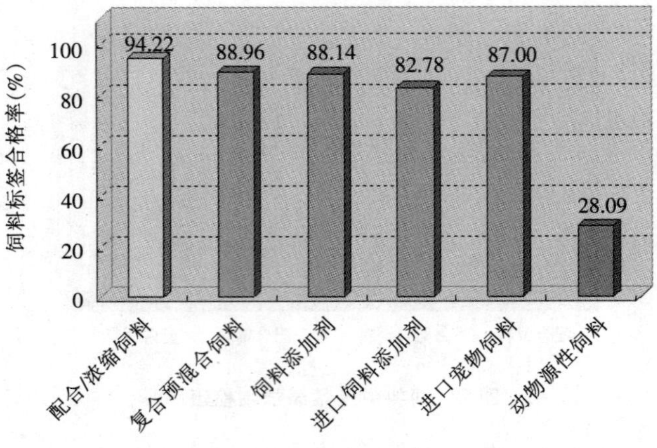

图 4　不同饲料产品的标签合格率

二、监测结果分析

1. 饲料产品质量安全监测结果分析

1.1 不同饲料产品质量状况比较

(1)配合饲料和浓缩饲料。共检测 4 965 批次配合饲料和浓缩饲料产品,不合格产品 442 批次,不合格率为 8.90%。不合格产品中有 322 批次饲料粗蛋白质项目不合格,占不合格配合饲料和浓缩饲料产品的 72.85%,与 2007 年(54.55%)相比上升 18.30 个百分点。主要原因:一是由于鱼粉、豆粕等蛋白质原料价格持续涨价,饲料销售价格又不能同步提价,企业为降低成本而调整饲料配方;二是部分小规模企业对产品质量监控不严,产品质量管理不健全,质量控制手段低下,检测技术不过关;三是部分企业在饲料标签上故意标注虚高的蛋白质含量以迎合市场需要。

从配合饲料和浓缩饲料的卫生指标检测结果看,主要是镉和铅超标。配合饲料和浓缩料的铅、黄曲霉毒素 B_1、沙门氏菌、镉的不合格率见图 5。

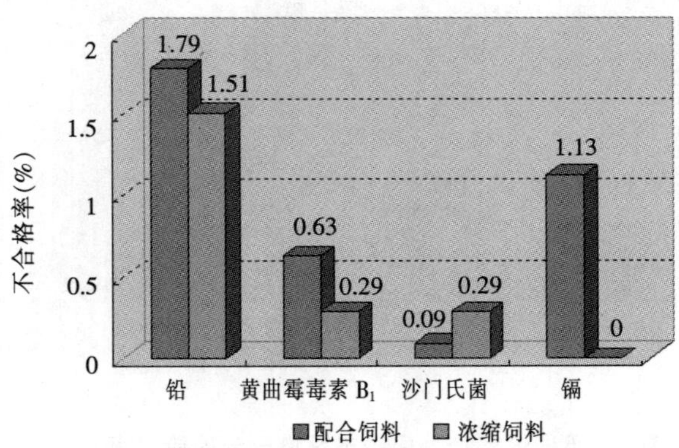

图 5　配合饲料和浓缩饲料主要卫生指标不合格率

(2)动物源性饲料。共抽查 606 家生产、经营企业的动物源性饲料产品 721 批次,合格 553 批次,合格率为 76.70%。在 168 批次不合格的动物源性饲料产品中有 145 批次是鱼粉。

从鱼粉的质量指标检测结果看,砂分超标是主要问题,不合格率为 9.67%。其次是粗蛋白质含量较低,不合格率为 7.66%。造成鱼粉砂分超标的主要原因:一是鱼粉生产工艺落后、设备简陋、陈旧;二是没有严格执行《动物源性饲料产品安全卫生管理办法》;三是企业品质管理和检测技术不到位;四是不排除人为掺杂使假。

(3)添加剂预混合饲料。共抽检添加剂预混合饲料 1 347 批次,合格 1 145 批次,合格率为 85.00%。其中复合预混合饲料合格率为 88.62%,微量元素预混合饲料合格率为 60.61%,维生素预混合饲料合格率为 73.61%。经营环节的微量元素预混合饲料和维生素预混合饲料合格率为 25.00%和 41.38%。抽检微量元素预混合饲料 132 批次中有 43 批次铜项目不合格,其中 31 批次铜含量几乎为 0。维生素预混合饲料主要是主含量不合格,抽检的 72 批次中有 16 批次

VA 不合格，其中 5 批次含量几乎为 0；14 批次 VD_3 不合格，5 批次含量几乎为 0。

(4)国产饲料添加剂。共抽检饲料添加剂 358 批次，合格 322 批次，合格率 89.94%。其中矿物质添加剂合格率为 94.67%，维生素添加剂合格率为 81.94%，氨基酸添加剂合格率为 100%。饲料添加剂主要是主含量指标不合格，主含量不达标 26 批次，占不合格样品(47 批次)的 55.32%。饲料添加剂主含量不达标主要是故意造假所致。

抽检维生素添加剂 144 批次，其中氯化胆碱 130 批次，合格 105 批次，氯化胆碱合格率 80.77%。氯化胆碱主含量为 0 或接近 0(含量 5%以下)的 8 批次，占氯化胆碱不合格品的 32.00%。这 8 批次不合格氯化胆碱 5 批次来自使用环节(饲料生产企业)、3 批次来自经营环节。

(5) 进口饲料添加剂。2008 年共抽查 10 个省份 65 家企业使用的进口饲料添加剂产品 151 批次，合格 140 批次，合格率为 92.72%，比 2007 年(95.03%)下降 2.31 个百分点。其中抽查氨基酸类产品 99 批次，合格率为 100%；维生素类产品 37 批次，合格率为 83.78%；其他添加剂产品 15 批次，合格 10 批次，合格率为 66.67%。其他添加剂产品合格率低的主要产品是酸化剂、抗氧化剂、有机微量矿物质等，维生素类产品重金属不达标。

(6) 进口宠物饲料。共抽查北京、上海、天津、重庆 4 个直辖市 59 家宠物饲料经销单位的进口宠物饲料产品 206 批次，其中狗干粮 90 批次、狗罐头 34 批次、猫干粮 58 批次和猫罐头 24 批次。检测产品的营养指标和卫生指标，产品合格 184 批次，合格率为 89.32%，比 2007 年(91.04%)下降 1.72 个百分点；检查 100 个产品标签，标签合格 87 批次，合格率 87%，比 2007 年(88.56%)下降 1.56 个百分点。

2. 瘦肉精等违禁药物专项整治监测结果分析

(1)饲料中瘦肉精等违禁药物

①猪配合饲料。抽检猪配合饲料 3 210 批次，检出违禁药物 2 批次，均为呋喃唑酮，违禁药物检出率为 0.06%。猪配合饲料中违禁药物检出率呈逐年降低趋势。

②蛋禽育成期及肉禽配合饲料。抽检蛋禽育成期及肉禽配合饲料 1349 批次，检出喹乙醇 27 次，检出率为 2.00%。比照 2006 年、2007 年检测结果，蛋禽育成期及肉禽配合饲料中超范围使用喹乙醇的现象有所下降。

③蛋禽产蛋期配合饲料。抽查蛋禽产蛋期配合饲料 710 批次，苏丹红检出率为 0。

④水产配合饲料。水产配合饲料中未检出呋喃唑酮和氯霉素。抽检 637 批次草鱼、鲤鱼等水产配合饲料，检出喹乙醇 18 批次，检出率为 2.83%。与 2007 年(3.31%)相比下降 0.48 个百分点。水产饲料中违规使用喹乙醇的现象有所减少。

⑤蛋白质饲料。抽查蛋白质饲料 554 批次，检出三聚氰胺 22 批次，检出率为 3.97%。

(2)饲料中不同违禁添加物

按照违禁药物和药物检测项目分类，检测盐酸克伦特罗 1 620 批次，检出率为 0；检测莱克多巴胺 1 620 批次，检出率为 0；检测苏丹红 707 批次，检出率为 0；检测呋喃唑酮 1 766 批次，检出 2 批次，检出率为 0.11%，比 2007 年(0%)上升 0.11 个百分点；检测地西泮 1 590 批次，检出率为 0%，比 2007 年(0.12%)下降 0.12 个百分点；检测喹乙醇 1 989 批次，检出 37 批次，样品不合格率 1.86%，比 2007 年(2.61%)下降 0.75 个百分点；检测氯霉素 813 批次，检出率为 0；检测三聚氰胺 554 批次，检出 22 批次，检出率 3.97%，比 2007 年(7.38%)下降 3.41 个百分点。由此可见，饲料中违规使用苏丹红、氯霉素已得到基本抑制，禽配合饲料和水产配合饲料中添加喹乙醇的问题仍然比较突出，猪饲料中违规使用呋喃唑酮的问题没有根除。饲料中不同违禁添加物检出率见图 6。

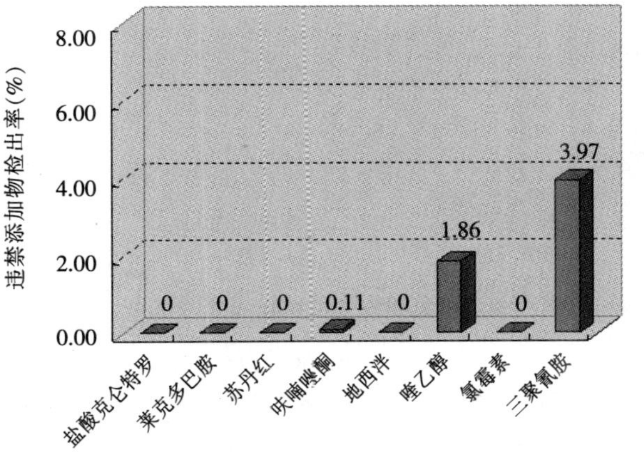

图 6　饲料及猪尿中不同违禁药物检出率

(3)重点省份生猪养殖场瘦肉精等违禁药物进行拉网式检测

经对河北、河南、江西3省7县45个乡镇111个村206家生猪养殖场(户)进行拉网监测，抽检猪尿样品1 807批次，未检出盐酸克伦特罗、莱克多巴胺、沙丁胺醇和特布他林等违禁药物。

3. 反刍动物饲料中牛羊源性成分例行监测结果分析

(1)不同饲料产品中牛羊源性成分检测

①牛羊商品饲料。共抽检牛羊商品饲料4 169批次，检出牛羊源性成分35批次，检出率为0.84%，比2007年(1.62%)下降0.78个百分点。在牛羊商品饲料门类中，添加剂预混合饲料504批次，检出3批次，检出率为0.60%；浓缩饲料1 324批次，检出11批次，检出率为0.83%；精料补充料和全混合日粮饲料2 341批次，检出21批次，检出率为0.90%(精料补充料1 840批次，检出18批次，检出率为0.98%；全混合日粮501批次，检出3批次，检出率为0.60%)，见表1。2007年添加剂预混合饲料、浓缩饲料、精料补充料和全混合日粮饲料的牛羊源性成分检出率分别为0.55%、1.97%、1.67%、1.24%；2006年分别为0.55%、1.21%、0.96%、1.86%。环比结果可以看出，除添加剂预混合饲料的检出率与前两年基本持平外，其他种类饲料的检出率逐年下降。

表1　不同牛羊商品饲料中牛羊源性成分监测结果

饲料品种	样品数	检出数	检出率(%)
添加剂预混合饲料	504	3	0.60
浓缩饲料	1 324	11	0.83
精料补充饲料	1 840	18	0.98
全混合日粮	501	3	0.60

②牛羊养殖场(户)自配饲料。共抽检牛羊养殖场(户)自配饲料4 808批次，检出牛羊源性成分52批次，检出率为1.08%，比2007年(1.14%)下降0.06个百分点。自配饲料中牛羊源性成分的检出率比牛羊商品饲料的检出率(0.84%)高0.24个百分点。

③动物源性饲料。共抽检动物源性饲料631批次，检出牛羊源性成分3批次，检出率为0.48%，比2007年(1.79%)下降1.31个百分点。其中进口动物源性饲料检测259批次，检出0批次，检出率为0，比2007年(1.21%)下降1.21个百分点；国产动物源性饲料372批次，检出3批次，检出率为0.81%，比2007年(2.01%)下降1.20个百分点。国产动物源性饲料的检出率高出进口动物源性饲料的检出率0.81个百分点。

(2)在动物源性饲料中，抽检进口鱼粉256批次，检出牛羊源性成分0批次，检出率为0，比2007年(1.22%)下降1.22个百分点。抽检国产鱼粉328批次，检出牛羊源性成分1批次，检出率为0.30%，比2007年(1.86%)下降1.83个百分点。国产鱼粉的检出率高出进口鱼粉0.30个百分点(图7)。不同饲料产品中牛羊源性成分检出率见图8。

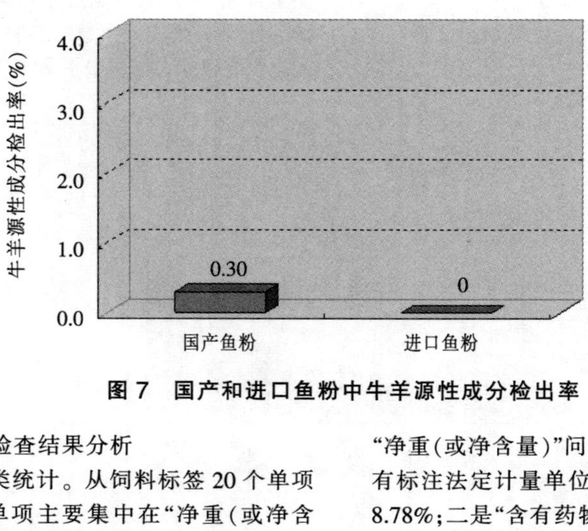

图7　国产和进口鱼粉中牛羊源性成分检出率

4. 饲料标签专项检查结果分析

饲料标签单项分类统计。从饲料标签20个单项检查结果看，不合格单项主要集中在“净重(或净含量)、含有药物饲料添加剂、原料组成3个单项”。一是“净重(或净含量)”问题最为突出，有366批次标签没有标注法定计量单位，占不合格总数(4 170批次)的8.78%；二是“含有药物饲料添加剂”单项，有306批次不合格，占不合格总数的7.34%；三是有289批次标

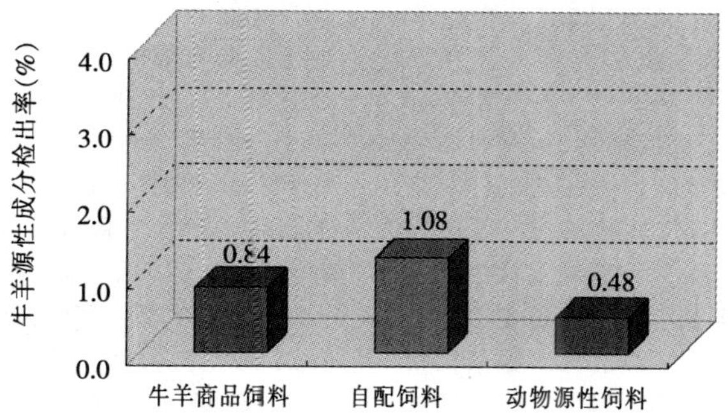

图 8 不同饲料产品中牛羊源性成分检出率

签没有标明主要原料名称等，占不合格总数的6.93%。另有“产品成分分析保证值、生产日期”等不合格项。

三、存在的问题

1. 粗蛋白质等质量指标不合格

受近年来饲料原料价格持续上涨和动物疫病等诸多因素影响，饲料产品合格率始终难以突破90%的瓶颈。其中，粗蛋白质等质量指标不合格仍然是制约饲料产品合格率提高的主要因素。2008年度监测结果显示，质量指标的合格率整体上有所提高，但仍明显低于卫生指标的合格率。

2. 维生素添加剂及微量元素、维生素预混合饲料存在造假问题

维生素添加剂、微量元素预混合饲料和维生素预混合饲料的合格率分别为81.94%、60.61%和73.61%。抽检维生素添加剂144批次，其中氯化胆碱130批次，氯化胆碱合格率80.77%，同比下降3.44个百分点，氯化胆碱主含量几乎为0的8批次，占氯化胆碱不合格品的32.00%。抽检的132批次微量元素预混合饲料中有43批次铜不合格，其中31批次铜的含量几乎为0。抽检的72批次维生素预混合饲料中有16批次VA不合格，其中5批次含量为0；有14批次VD_3不合格，有5批次含量为0。

3. 动物性饲料合格率在低水平上徘徊，标签问题突出

动物性饲料合格率一直徘徊在70%~80%的低水平。2006年动物性饲料合格率为75.68%，2007年为73.45%，2008年为76.70%。一个时期以来，经营环节抽取的动物性饲料问题迟迟不能得到解决，该环节抽取的动物性饲料主要是鱼粉。鱼粉主要源于进口，进口鱼粉批量散装进口，到港分装后流入市场。由于进口商没有加贴标签，产品在市场上经过经销商多次倒买后，很难查到进货渠道，一旦出现质量问题，溯源困难，责任难以查清，给假冒伪劣产品者有了可乘之机，也给监督检验和管理带来困难。动物性饲料标签问题更为突出，2006年标签合格率仅为33.64%，2007年为48.21%，2008年为28.09%。

4. 禽配合饲料中违规使用喹乙醇、呋喃唑酮现象仍然存在

2008年抽检蛋禽育成期及肉禽配合饲料1 349批次，检出喹乙醇27批次，检出率2.00%，2005年、2007年检出率分别为2.54%、2.21%。由此可见，尽管喹乙醇检出率逐年下降，但其检出率远远高于其他违禁药物，超范围使用喹乙醇现象依然突出。2006年呋喃唑酮的检出率为0.26%，2007年没有检出，2008年再次检出呋喃唑酮，检出率为0.11%。违规使用呋喃唑酮问题应引起足够的重视。

四、对策措施和建议

1. 突出重点，深入开展饲料质量安全监测。饲料质量安全监测是饲料监督管理和行政执法工作的基础。几年来，农业部组织的“三项行动计划”对于提高我国饲料产品的质量安全水平起到了很大推动作用。但由于饲料行业整体水平不高，受生产条件、管理水平、人员素质、市场因素等多方面的影响，饲料产品合格率不尽如人意，一些质量问题有待解决。要针对2008年存在产品质量问题，进一步加强监督抽查，适时对饲料中一些出现的质量安全问题或潜在的不安全因素开展预警监测，及时发现问题，开展调研和督导工作，为行业管理提供指导依据。

2. 依法行政，加大对问题企业的处罚和通报力度。按照《饲料和饲料添加剂管理条例》(以下简称《条例》)的规定，对不合格产品的企业实施处罚，责令其查清不合格原因，限期整改，使监督检查真正落到实处。改变部分地区“重检查轻处理”的状况。结合“2009饲料执法年”活动契机，对添加违禁药物、卫生指标超标、粗蛋白质和主含量等重要质量指标严重不达标的产品及企业进行公开通报，依照《条例》有关条款进行处罚。充分发挥社会舆论监督作用，形成政府监管、企业自律、社会监督的饲料产品质量安全保障体系。

3. 以经营环节为切入点，开展打击制假售假专项

行动。近年来，维生素、微量元素等原料价格急剧上涨。本年度监测结果表明，主含量为0或几乎为0的样品占不合格维生素添加剂及微量元素、维生素预混合饲料总数的50%以上，说明存在严重故意造假行为。部分生产企业和经销商为谋取暴利，从事非法生产和制假活动，严重扰乱市场秩序。因此建议针对维生素添加剂及微量元素、维生素预混合饲料，开展打击制假售假专项整治行动。针对氯化胆碱主含量严重不足的问题，开展包括氯化胆碱产地在内的专项整治行动，对不合格产品和企业进行跟踪监测。根据饲料质量安全状况的变化，适时开展对甜菜碱、植酸酶等产品的专项整治行动。

4. 以动物性饲料标签为突破口，开展饲料标签专项整治并建立标签审核制度。加强《饲料标签》标准的宣贯力度，让饲料生产企业、经营企业和使用者了解饲料标签的重要性，提高规范饲料标签的意识，自觉执行饲料标签标准。配合《动物源性饲料管理办法》的宣传及培训工作，以整顿问题严重的动物性饲料标签为突破口，继而规范其他饲料产品标签。结合配合饲料和浓缩饲料合格证审查、动物性饲料卫生合格证、添加剂预混合饲料和饲料添加剂生产许可证和批准文号的审核，由饲料管理部门会同质检机构统一编制标签样式，建立饲料标签审核制度。

5. 加强对进口饲料添加剂饲料标签的管理。近几年对进口添加剂标签检查结果表明，一些进口饲料添加剂标签标注内容不符合规定，该现象没有引起进口企业及其代理机构的足够重视，主要表现在使用过期登记许可证、未标注主要原料、未标注“本产品符合饲料卫生标准”和产品质量标准，对已经完成续展登记的产品未及时变更进口登记证号也没有更换新的饲料标签。建议主管部门敦促进口饲料添加剂生产、代理企业在产品名称、质量标准、检测方法等发生变动时，须向农业部办理备案变更，更换登记许可证，办理续展或变更，并印制新的饲料标签。对于一些多次不整改或整改不符合要求的企业或代理机构，按照《条例》有关规定处罚。

6. 加紧完善有关饲料标准的制(修)订工作。饲料标准是执法工作的基础。针对监测过程中遇到的饲料标准和检测方法存在的问题，应抓紧完善浓缩饲料、复合预混合饲料、水产饲料中镉的判定值标准、水产饲料卫生标准、皮毛动物等标准制(修)订工作；尽快出台有机砷的检测标准；组织专家对与饲料质量和产品安全密切相关的难点问题进行攻关，统一莱克多巴胺、牛羊源性成分的检测方法；规范企业标准，建立企业标准审核人员资质准入制度，完善企业标准信息库，实行社会监督，也为饲料质量纠纷提供有力的依据。

(顾君华　李　俊)

科技与推广

2008年“猪健康养殖的营养调控技术研究与示范推广”和“畜禽氮磷代谢调控及其安全型饲料配制关键技术的研究与应用”两个项目获得了国家科技进步2等奖。2008年国家发展与改革委员会批复同意由中国农业科学院饲料研究所牵头联合有关单位共同筹建生物饲料开发国家工程研究中心。国家发展与改革委员会还批复依托浙江大学等单位筹建“生物饲料安全与污染防控国家工程实验室”，依托福大百特科技发展有限公司筹建“酶高效表达国家工程实验室”。饲料科技项目的获奖及国家工程研究中心和工程实验室的建设将对推动饲料行业的科技进步和科技成果的工程化开发发挥重要作用。

“猪健康养殖的营养调控技术研究与示范推广”项目由中国农业大学、四川南方希望实业有限公司等单位完成，项目从健康养殖营养调控的基础研究开始，包括日粮碳水化合物、氨基酸、脂肪酸、几个重要的微量元素等关键营养素调控猪免疫功能和肠道健康状况的影响，并组装集成了猪健康养殖营养调控技术；研制开发了3类6种保障猪健康养殖的环保、绿色饲料添加剂；形成了“规模化养殖(外贸型)”和“农户分散养殖(内贸型)”两种养殖模式下“猪健康养殖营养调控”的饲料配制技术方案及配套使用技术；建立了饲料和生猪安全生产的HACCP管理体系，制定了6个饲料产品及饲料安全检测的国家和行业标准，建立了饲料中的兴奋剂、镇静剂和硝基呋喃等违禁药物的同步检测技术以及转基因大豆粕的生物安全评价技术。这些研究得到的猪健康养殖的营养调控的基本技术参数和关键技术，可以提高猪的免疫力，减少抗生素的使用，保证产品安全，把绿色生产的理念和技术引入猪的饲料生产和养猪企业，对我国养猪业和饲料业的安全生产有十分重要的指导作用，推动了我国该学科领域的技术进步和饲料工业的发展。该项目2000年立题，包括两个“国家重点科技攻关计划”、两个“农业科技跨越计划”、一个“国家自然基金重点项目”、两个“北京市自然基金重点项目”和3个“农业科技转化资金项目”，在中国农业大学的主持下历经6年科技攻关，经过单项技术创新和技术集成创新，在猪健康养殖的营养调控关键技术等方面取得了重大突破，研究成果已在全国30多个饲料和养猪企业推广。

“畜禽氮磷代谢调控及其安全型饲料配制关键技术的研究与应用”项目由中国科学院亚热带农业生态研究所、广东省农业科学院畜牧研究所等单位完成。项目开展了饲料氮磷和矿物质代谢与利用及减排研究，其主要经济技术指标及创新性成果如下：(1)通过创建体外透析管和体外发酵技术、改进肝门静脉插管技术和建立消化道内源性氮磷排泄量和氮磷真消化率测定技术，开发了畜禽氮磷代谢与调控及安全型饲料配制等研究所必需的系列关键技术。(2)通过在畜禽饲料氮磷消化吸收代谢机理方面的研究发现，养分利用主要取决于门静脉回流组织(PDV)的吸收，阐明了内源性氮磷对饲料氮磷转化率的制约机理；肠黏膜代谢和淀粉来源显著影响PDV氮净吸收和氨基酸组成模式，丰富和完善了理想蛋白质体系。按照修正后的模式配制日粮，蛋白质消化吸收利用率更高，氮排泄量更少。该项目成功研制了系列氨基酸金属螯合物、功能性碳水化合物、功能性氨基酸等3大类产品，可提高畜禽饲料利用率、调控畜禽氮磷代谢、减少氮磷和其他矿物质元素过量排放。创建了畜禽环境安全型饲料配制技术体系，补充和更新了猪饲料氮磷真消化率及需要量数据库参数731个；开发了畜禽低氮磷矿物质排放日粮技术，形成了环境安全型饲料配方技术体系。项目成果形成的饲料添加剂和安全型日粮配方技术体系，已广泛推广到全国14个省、市的55家饲料公司和大型养殖场等。经过多家企业大规模的验证试验，猪饲料利用率比现行国内外同等水平提高了5%~8%，饲料蛋白质水平可降低10%~30%，磷水平可降低30%~40%，微量元素(铜、锌、铁、锰等)水平可降低50%~60%。

“生物饲料开发国家工程研究中心”的主要目标和任务方向是围绕饲料安全、动物性食品安全和生态环境安全的需要，开展免疫增强剂等天然活性物质的高效提取、分离、纯化，畜产品品质改良剂等功能性饲料的定向合成和高选择性合成，利用基因工程对天然蛋白质的基因进行改造；消化、吸收和集成创新引进的先进技术，对具有市场前景的重大科技成果进行系统集成和工程化，形成适合于规模化生产的成熟的工艺、技术和装备；加强国际合作与交流，为我国饲料行业和生物饲料产业的发展提供工程技术验证、信息和咨询服务。

“生物饲料安全与污染防控国家工程实验室”将紧密围绕生物饲料产业可持续发展需要，针对养殖业和饲料工业面临的饲料资源短缺、环境污染严重和动物源食品安全隐患突出等瓶颈问题，开展动物产品安全的营养调控、安全性评价与监测等技术研发，研制具有自主知识产权的抗菌抗病毒肽、功能性微生态制剂、生物免疫增强剂、有毒有害物质吸附添加剂等高技术生物饲料产品，为生物饲料产业发展提供技术支撑。未来3年，实验室应获得动物产品安全的营养调控、低污染生物饲料设备、生物饲料的安全性评价等关键技术，开发生物新产品，形成行业标准等。

“酶高效表达国家工程实验室”将围绕酶制剂产业发展需要，提高酶高效表达领域的自主创新能力，开发具有市场前景的新产品，开展重要技术标准研究制定，凝聚、培养产业急需的技术创新人才。

2008年度农业科技成果转化资金资助饲料及相关项目19项，项目名称和承担单位见附表。

附表：2008年农业科技成果转化资金资助的饲料中试和推广项目

序号	项目名称	承担单位
1	新型饲料添加剂抗菌肽的中试	中国农业科学院饲料研究所
2	新型无毒饲料添加药物“喹烯酮”的中试与示范	中国农业科学院兰州畜牧与兽药研究所
3	腐植酸生物饲料生产技术中试	国家粮食局科学研究院
4	安牠威、安牠王饲料预混剂中试推广	北京益农饲料中心
5	奶牛专用系列饲料配方中试与示范	唐山师范学院
6	猪鸡抗应激营养调控技术与产品的中试推广	广东省农业科学院畜牧研究所
7	奶牛新型饲料改性柠条粉生产技术的中试	内蒙古天际绿洲特色生物资源研发中心
8	罗氏沼虾等虾类生态营养型配合饲料中试	江苏富裕达粮食制品有限责任公司
9	新型微生物和花粉多糖复合饲料添加剂系列产品中试及示范	浙江大飞龙动物保健品有限公司
10	饲草新品种“皖草3号”的示范与推广	安徽科技学院
11	国家级新饲料添加剂——地顶孢霉培养物 “虫草欣康”中试与示范	合肥迈可罗生物工程有限公司
12	青贮专用玉米新品种晋饲育1号中试与示范	山西省农业科学院农作物品种资源研究所
13	异源同态非常规蛋白饲料生产技术开发及示范	四川国凤生物科技有限公司
14	新饲料添加剂乳酸锌中试与应用示范	四川省畜科饲料有限公司
15	农作物秸秆及果渣饲料化技术中试与转化	杨凌五牧科技开发有限责任公司
16	粉壳蛋鸡专用饲料配制及体型饲养法新技术	杨凌禾牧动物工程有限公司
17	新型秸杆草块饲料加工机械设备中试转化	宝鸡秦蒙生物科技有限公司
18	旱生泌盐植物四翅滨藜盐渍化治理技术成果转化与优质饲料生产示范	张掖市林业科学研究院
19	饲用水溶性微胶囊脂肪粉的研究与生产	新奥(厦门)农牧发展有限公司

（吴子林）

饲料工业职业技能鉴定

2008年紧密围绕饲料行业中心工作，根据农业部指导中心《2008年农业行业职业技能开发工作要点的通知》,强化服务,扎实开展工作,主要工作如下：

一、加强考评员队伍建设

为进一步加强考评员队伍建设,确保鉴定工作质量,于2008年9月9~10日在云南丽江举办了“全国畜牧饲料行业职业技能鉴定考评员资格认证”培训班,来自全国20个省的92人参加了培训。会上,全国畜牧总站党委书记、中国饲料工业协会副秘书长何新天和农业部职业技能鉴定指导中心副主任向朝阳分别作了重要讲话,农业部畜牧业司综合处处长孔亮通报了2008年上半年畜牧业发展形势，何兵存副处长作了精彩的讲课。培训内容丰富,学员反映良好。

二、做好全国农业高技能人才鉴定体系建设项目的实施

根据农业部职业技能鉴定指导中心部署,2008年畜牧饲料行业指导站申报了10个鉴定站作为该项目实施单位，辽宁省兽药饲料监察所职业技能鉴定站、上海市饲料行业协会职业技能鉴定站和山东饲料监察所职业技能鉴定站3家鉴定站列入其中。该项目的实施将进一步改善培训和鉴定条件,提高鉴定工作效率。

三、出版《饲料粉碎制粒工》和《饲料厂中央控制室操作工》两本培训教材

四、指导各饲料行业职业技能鉴定站做好鉴定工作

指导站为各职业技能鉴定站开展技能培训与鉴定工作提供了技术支持与服务。各省、自治区、直辖市职业技能鉴定站将实施准入制度、职业技能鉴定工作与行业管理相结合,将饲料企业特有工种人员持证上岗和饲料生产企业的验收、换证、年检以及饲料执法检查相结合,规范了企业的生产经营行为,有效强化了行业管理。全年有28个鉴定站进行了培训与鉴定,有6 920人获得了国家职业资格证书。

为了加强对鉴定站的管理,也为全面掌握鉴定站人员、设施基本情况和鉴定情况提供依据,建立了职业技能鉴定信息库,在江苏省进行试点。

(杜凤杰)

饲料工业标准化

2008 年，饲料工业标准化技术委员会在组织机构建设、标准项目管理、标准专项研究等方面下功夫，饲料标准制(修)订数量创历史新高，标准完成率大幅提高，组织机构建设得到了进一步完善，取得了较好成绩。2008 年也是奥运年，为确保奥运期间食品安全，在时间紧、任务重的情况下，饲料工业标准化技术委员会完成了奥运食品安全标准的审查工作，为奥运食品安全提供了相应技术保证。

一、标准制修订工作取得巨大进展，完成数量超过前 5 年总和

2008 年饲料工业标准化技术委员会共组织召开了 9 次饲料工业国家标准、行业标准审查会(2008 年 6~7 月组织召开了两次奥运食品安全标准的审查会，共审查奥运食品安全标准 23 项，其中 14 项建议作为农业行业标准发布，9 项作为标准技术储备)；共审查标准 148 项 (2003~2007 年 5 年内共审查标准 142 项)，其中国标 112 项，农业行业标准 36 项；审查报批标准共 122 项(2003~2007 年 5 年内报批的标准共 98 项)，其中国标 90 项，农业行业标准 32 项；申报农业行业标准项目 21 项； 国家共颁布实施饲料标准 68 项，其中国家质检总局和国标委颁布实施 54 项，农业部颁布实施 14 项，其中包括《饲料工业术语》的基础性标准的修订；国家有关部门批准立项饲料工业标准共 40 项，其中国家标准 9 项，农业行业标准 8 项，奥运食品安全应急标准项目 23 项；另外，饲料工业标准化技术委员会还向国标委提出了 2009 年国家标准财政预算项目 71 项。2008 年标准审查数量、报批数量都超过前 5 年的总量。

2008 年发布的饲料工业国家标准和行业标准

序号	标准号	标准名称	代替标准号
1	GB/T 17890-2008	饲料用玉米	GB/T 17890-1999
2	GB/T 7295-2008	饲料添加剂 VB_1(盐酸硫胺)	GB/T 7295-1987
3	GB/T 7302-2008	饲料添加剂　叶酸	GB/T 7302-1987
4	GB/T 21514-2008	饲料中脂肪酸含量的测定	
5	GB/T 21515-2008	饲料添加剂 天然甜菜碱	
6	GB/T 21516-2008	饲料添加剂 10% β-阿朴-8’-胡萝卜素酸乙酯(粉剂)	
7	GB/T 21517-2008	饲料添加剂 叶黄素	
8	GB/T 21542-2008	饲料中恩拉霉素的测定 微生物学法	
9	GB/T 21543-2008	饲料添加剂 调味剂 通用要求	
10	GB/T 7296-2008	饲料添加剂 维生素 B_1(硝酸硫胺)	GB/T 7296-1987
11	GB/T 17811-2008	动物性蛋白质饲料胃蛋白酶消化率的测定 过滤法	GB/T 17811-1999
12	GB 21693-2008	配合饲料中 T-2 毒素的允许量	
13	GB/T 21694-2008	饲料添加剂　蛋氨酸锌	
14	GB/T 21695-2008	饲料级　沸石粉	
15	GB/T 21696-2008	饲料添加剂 碱式氯化铜	
16	GB/T 10647-2008	饲料工业术语	GB/T 10647-1989
17	GB/T 21979-2008	饲料级 L-苏氨酸	
18	GB/T 21995-2008	饲料中硝基咪唑类药物的测定液相色谱-串联质谱法	
19	GB/T 21996-2008	饲料添加剂 甘氨酸铁络合物	
20	GB/T 22141-2008	饲料添加剂 复合酸化剂通用要求	
21	GB/T 22142-2008	饲料添加剂 有机酸通用要求	

序号	标准号	标准名称	代替标准号
22	GB/T 22143–2008	饲料添加剂 无机酸通用要求	
23	GB/T 22144–2008	天然矿物质饲料通则	
24	GB/T 22145–2008	饲料添加剂 丙酸	
25	GB/T 22146–2008	饲料中洛克沙胂的测定 高效液相色谱法	
26	GB/T 22147–2008	饲料中沙丁胺醇、莱克多巴胺和盐酸克仑特罗的测定 液相色谱质谱联用法	
27	GB/T 8381–2008	饲料中黄曲霉毒素 B_1 的测定 半定量薄层色谱法	GB/T 8381–1987
28	GB/T 14924.10–2008	实验动物 配合饲料 氨基酸的测定	GB/T 14924.10–2001
29	GB/T 5916–2008	产蛋后备鸡、产蛋鸡、肉用仔鸡配合饲料	GB/T 5916–2004
30	GB/T 22544–2008	蛋鸡复合预混合饲料	
31	GB/T 22545–2008	宠物干粮食品辐照杀菌技术规范	
32	GB/T 22546–2008	饲料添加剂 碱式氯化锌	
33	GB/T 22547–2008	饲料添加剂 饲用活性干酵母(酿酒酵母)	
34	GB/T 22548–2008	饲料级 磷酸二氢钙	
35	GB/T 22549–2008	饲料级 磷酸氢钙	
36	GB/T 17480–2008	饲料中黄曲霉毒素 B_1 的测定 酶联免疫吸附法	GB/T 17480–1998
37	GB/T 9454–2008	饲料添加剂 维生素 E	GB/T 9454–2000
38	GB/T 17812–2008	饲料中维生素 E 的测定 高效液相色谱法	GB/T 17812–1999
39	GB/T 23179–2008	饲料毒理学评价 亚急性毒性试验	
40	GB/T 23180–2008	饲料添加剂 2% d–生物素	
41	GB/T 23181–2008	微生物饲料添加剂通用要求	
42	GB/T 23182–2008	饲料中兽药及其他化学物检测试验规程	
43	GB/T 23184–2008	饲料企业 HACCP 安全管理体系指南	
44	GB/T 23185–2008	宠物食品 狗咬胶	
45	GB/T 23187–2008	饲料中叶黄素的测定 高效液相色谱法	
46	GB/T 22919.7–2008	水产配合饲料 第 7 部分：刺参配合饲料	
47	GB/T 22919.1–2008	水产配合饲料 第 1 部分：斑节对虾配合饲料	
48	GB/T 22919.2–2008	水产配合饲料 第 2 部分：军曹鱼配合饲料	
49	GB/T 22919.3–2008	水产配合饲料 第 3 部分：鲈鱼配合饲料	
50	GB/T 22919.4–2008	水产配合饲料 第 4 部分：美国红鱼配合饲料	
51	GB/T 22919.5–2008	水产配合饲料 第 5 部分：南美白对虾配合饲料	
52	GB/T 22919.6–2008	水产配合饲料 第 6 部分：石斑鱼配合饲料	
53	NY/T1619–2008	饲料中甜菜碱的测定离子色谱法	
54	NY/T1498–2008	饲料添加剂 蛋氨酸铁	
55	农业部 1063 号公告–1–2008	动物尿液中 9 种糖皮质激素的测定 液相色谱–串联质谱法	
56	农业部 1063 号公告–2–2008	动物尿液中 10 种同化激素的测定 液相色谱–串联质谱法	
57	农业部 1063 号公告–3–2008	动物尿液中 11 种 β–受体激动剂的测定 液相色谱–串联质谱法	
58	农业部 1063 号公告–4–2008	饲料中纳多洛尔的测定 高效液相色谱法	
59	农业部 1063 号公告–5–2008	饲料中 9 种糖皮质激素的测定 液相色谱–串联质谱法	
60	农业部 1063 号公告–6–2008	饲料中 13 种 β–受体激动剂的测定 液相色谱–串联质谱法	

序号	标准号	标准名称	代替标准号
61	农业部1063号公告-7-2008	饲料中8种β-受体激动剂的测定 气相色谱-质谱法	
62	农业部1068号公告-1-2008	猪尿中士的宁的测定 气相色谱-质谱法	
63	农业部1068号公告-2-2008	饲料中5种糖皮质激素的测定 高效液相色谱法	
64	农业部1068号公告-3-2008	饲料中10种蛋白质同化激素的测定 液相色谱-串联质谱法	
65	农业部1068号公告-4-2008	饲料中氯米芬的测定 高效液相色谱法	
66	农业部1068号公告-5-2008	饲料中阿那曲唑的测定 高效液相色谱法	
67	农业部1068号公告-6-2008	饲料中雷洛西芬的测定 高效液相色谱法	
68	农业部1068号公告-7-2008	饲料中士的宁的测定 气相色谱-质谱法	

二、饲料标准化组织机构建设得到了实质性的加强

1. 完成了水产饲料分技术委员会的筹建工作。2008年8月，召开了水产饲料分技术委员会成立大会，这标志着饲料工业标准化技术委员会第一个分支机构正式成立。水产饲料分委会共设委员36名，其中主任委员1名、副主任委员5名、秘书长1名、副秘书长3人，秘书处设在广东恒兴集团。目前，该分技术委员会开展工作顺利，已于2008年10月组织召开了一次标准审查会，共审查水产饲料标准10多项。

2. 饲料工业标准化技术委员会提出的饲料添加剂微生态制剂及酶制剂工作组、宠物饲料工作组已经国标委批准筹建。目前，这两个工作组的委员征集工作已经基本完成，有70多名专家报名要求参加工作组。

三、标准专项研究取得良好成绩

标准缺少前期研究是制约我国标准化工作的主要瓶颈，加强饲料标准的前期研究是做好标准工作的重要条件。近年来，饲料工业标准化技术委员会一直致力于标准专项研究，取得了良好成绩。

1. 饲料质量安全标准体系研究顺利通过验收。在2007年饲料质量安全标准研究的基础上，完成了“农业标准化重要标准体系专项研究项目——饲料质量安全标准体系研究”课题的研究工作，并于2008年7月顺利通过了国标委的验收。该项目实现了3个创新点：一是首次提出了我国饲料质量安全标准体系的基本框架；二是科学编制了饲料质量安全标准体系表，共收集饲料标准1 007项；三是对国内外相关标准和标准体系进行了比较分析，提出了我国饲料质量安全标准的指导思想、发展目标、制标重点及对策措施，对今后进一步完善我国饲料工业标准体系、具体指导标准制修订工作具有重要意义。

2. 经过努力，饲料工业标准化技术委员会2008年提出申报的“饲料卫生标准及配套技术标准研究”、“饲料中有毒有害物质安全限量标准研究”两个科研项目被国家标准化管理部门采纳，并列入2008国家质检总局和国标委的科研专项中。

四、标准编制质量和完成率都有了较大的提高

严格标准制(修)订程序，确保标准编制质量和进度。2008年初，对200多项饲料标准项目进行全面清理，在此基础上，2008年3月上旬组织召开了畜牧业、饲料工业国家标准编制培训与标准项目落实会议。邀请专家对标准起草人员进行了饲料工业标准化知识培训，以确保标准编制质量。会上，饲料工业标准化技术委员会明确要求起草单位在广泛征求意见的基础上，要召开预审会议，对标准项目进行预审，同时强调预审会必须有饲料工业标准技术咨询专家组成员参加，使标准审查关口前移以确保标准送审稿的质量。会议期间，饲料工业标准化技术委员会与各标准起草单位签订了项目任务书，明确规定了各项标准完成时间。此后，一方面，饲料工业标准化技术委员会工作人员以电话的形式对标准项目的进展情况进行全程跟踪管理督促和指导标准编制；另一方面，对于预审通过的标准送审稿及时召开标准审查会进行审查，对审查通过的标准限定时间进行报批。2008年3~12月，饲料工业标准化技术委员会还先后下拨了4批标准项目经费(共460多万元)，为标准完成提供经费保障。2008年，除完成了2007年立项的80多项标准任务之外，还完成了1999~2006年立项的60多项标准。

五、组织召开了2008年饲料工业标准化技术委员会年会

2008年7月，饲料工业标准化技术委员会在大连组织召开了2008年饲料工业标准化技术委员会年会，共有100多名饲料工业标准化技术委员会委员和标准起草专家参加了会议。农业部畜牧业司王宗礼副司长、全国畜牧总站站长、中国饲料工业协会秘书长谷继承作了重要讲话。饲料工业标准化技术委员会主任委员沙玉圣同志在会上作了工作报告，对一年来的工作进行了全面总结，同时提出了标委会下一阶段的主要工作任务。会议期间，还分组审定了22项饲料工业标准。

（粟胜兰）

饲料行业质量认证

2008年,对于中国是个不同寻常的年份,对于中国畜牧、饲料行业同样非比寻常。从1月的南方冰雪天气灾害,到5月的四川地震,特别是9月爆发的三聚氰胺事件对畜牧、饲料行业造成了巨大打击,畜牧、饲料行业面临着前所未有的挑战。在此形势下,北京华思联认证中心(以下简称中心)在农业部畜牧饲料行业主管部门的指导下,按照国家认监委和认可规范要求,根据中心发展规划,以服务中国畜牧、饲料行业为核心,努力打造专业化认证机构。

一、结合实际,深入学习科学发展观

2008年中心在上级行政主管部门的统一部署下,开展深入学习实践科学发展观活动。通过组织员工认真学习领导人的有关论著,特别是学习了胡锦涛总书记的《树立和落实科学发展观》,中心员工对当前形势和目标任务有了更加清醒地认识,并深刻地感受到:科学发展观的提出,是理论创新的一个突出成果,体现了中央新一届领导集体对发展内涵的深刻理解和科学把握,对发展思路、发展模式的不断探索和创新,对中心把握大局、做好各项工作具有非常重要的意义。在深入学习的基础上,中心修订了有关规章制度,加大了对认证现场审核和监督的力度,完善了审核员的考评机制,进一步提高了认证有效性。

二、合并重组,打造畜牧业专业认证机构

为满足社会及畜牧养殖行业对畜牧产品质量安全的控制要求,应对全球农产品、食品的质量安全管理形势的需要,按照农业部总体部署,为打造畜牧业的专业化权威认证机构,北京华思联认证中心与中奶协(北京)认证有限公司合并,合并后新中心名称为“北京华思联认证中心”。2008年9月24日,国家认监委以国认可函(2008)170号批复中奶协(北京)认证中心有限公司的危害分析与关键控制点(HACCP)管理体系认证及良好农业规范(畜禽类:奶牛、牛羊模块)认证业务并入北京华思联认证中心。

通过认证资质、专业人员整合,新的认证中心拥有ISO9001质量管理体系、HACCP/FSMS/ISO22000食品安全管理体系、生猪/家禽/牛羊GlobalGAP/ChinaGAP良好农业规范认证、中国饲料产品认证、欧盟FAMI-QS认证等资质,代理FDA注册、Kosher犹太洁食认证、Halal清真食品认证,同时与相关机构联合审核也可提供ISO14001环境管理体系认证、OHSAS18001职业健康安全管理体系认证服务,成为以饲料添加剂、饲料加工、畜牧养殖、畜产品加工为主业,适当兼顾其他行业的专业化权威认证机构。

三、积极配合政府部门做好调研、行业标准制定工作

三聚氰胺事件发生后,为进一步规范全国奶站和饲料行业的管理工作,确保畜产品安全,根据统一部署,农业部派出8个督导工作组赴16个省市开展了全国奶站与饲料行业的清理整顿工作,加强对全国奶站的摸底排查工作,为规范奶站和饲料行业打下基础。中心按照上级主管部门要求,派员全程参加了全国奶站与饲料企业的调查摸底工作,获得了领导好评。受国家认监委委托,中心全程参与乳制品企业GMP认证、HACCP认证标准的起草工作。通过实施认证手段,对行业进行全面规范,贯彻落实《国务院乳品质量安全管理条例》和《全国奶业发展与振兴纲要》的要求。

2008年,中心完成了《饲料企业HACCP安全管理体系指南》和《GB/T 22000-2006在饲料加工企业的应用指南》两项标准的制定和报批工作,为饲料企业实施HACCP管理提供了工具。

四、配合相关部门完成良好农业规范GAP国际互认工作

GLOBALGAP(Good Agricultural Practice,良好农业操作规范)认证最早起源于欧洲,已被全球数十个国家所接受,成为全球初级农产品生产的通用要求。

为进一步推动中国良好农业规范(以下简称ChinaGAP)发展、加快ChinaGAP认证结果国际互认进程、促进我国农产品出口,国家认监委根据与GLOBALGAP相关备忘录要求,开展了与GLOBALGAP互认工作。

在本次互认工作中,按照认监委统一部署,中心作为国内最早获得GAP认证资格的专业化认证机构,代表中国接受了欧盟专家对生猪、家禽、牛羊、奶牛模块的检查。2008年6月GLOBALGAP秘书处派出专家组对我国实施ChinaGAP认证的养殖企业进行基准比较的现场见证工作。在对养殖企业的现场检查和评价中,中心派出畜牧养殖行业专家级的检查员按照规范程序，参照GLOBALGAP标准对养殖现场进行了严格检查，在企业的配合下圆满完成了GAP基准比较现场见证工作。GLOBALGAP专家组对本次现场见证各项工作表示满意，对中心检查员规范认真地工作态度和作风表示赞赏，对养殖现场的标准化、规范化留下很深印象。见证工作的顺利进行，对ChinaGAP与GLOBALGAP的互认及我国畜产品质量安全的保证和提高起到积极的推到作用。

五、持续开展饲料行业质量认证宣传推广工作

2008年，中心配合相关部门在黑龙江省、山东省开展了质量安全培训班，对HACCP在饲料行业的应用进行了讲解，普及了HACCP知识。

六、开展国际合作

中心受加拿大农业部中国-加拿大小农户适应全球项目北京办事处的委托，继续承担“中加小农项目”培训工作，2008年度对有关地区和项目相关人员进行了培训取得良好效果，得到委托单位和受训人员的一致好评。

中心受欧盟FAMI-QS Asbl委托授权，继续承担欧盟市场准入FAMI-QS认证中心开展FAMI-QS认证，对促进我国饲料产品质量安全水平的提高，促进饲料全球贸易的发展，应对欧盟在饲料行业实施FAMI-QS认证的技术壁垒有积极和深远的意义。

七、饲料行业质量认证工作中存在的问题

1. 企业对质量认证工作缺乏足够认识。中心自成立以来在饲料行业推行HACCP食品安全管理体系及相关认证，在实施认证过程中发现，国内许多饲料企业对HACCP体系及相关认证的认知程度不够，缺乏系统、深入地了解，在经营中更多考虑经营利益，而忽略了风险控制，这在一定程度上影响了我国饲料行业推广实施食品安全管理体系及相关认证。

2. 体系文件与实际管理脱节。企业在质量管理体系、食品安全管理体系运行过程中，由于缺乏深入整合，易形成与现行管理方式方法脱节，相关工作人员应付了事的局面。

八、建议

1. 继续加强安全管理体系及相关认证的宣传、推广和培训力度。饲料产品安全关系养殖产品的安全，进而关系到广大人民的身体健康，饲料企业实施食品安全管理体系及相关认证是实施全过程控制的良好解决之道。在行业通过各种宣传及企业员工培训，使企业充分认识到HACCP及其他相关技术在控制产品质量风险、提升产品质量、提高生产效率、增加企业效益方面的优点，逐步取代对食品安全管理体系及相关认证程序复杂、增加成本的固有认识，最终能够将体系落实到工作过程中，将产品质量风险降到最低。

2. 政府加大扶持力度。通过第三方认证对企业管理水平、产品质量实施监督是国际通行的做法。在农业生产领域，特别是畜牧、水产生产领域，专业性强，风险相对不可控(如疫情的暴发、重大食品安全事故等)，第三方认证可作为政府监管的有益补充。建议有关部门加大对饲料行业和养殖行业的认证扶持力度，鼓励企业积极运用专业认证手段提高自身综合实力，各方共同努力，保障畜产品及饲料产品安全。

附录：

北京华思联认证中心2008年获证企业名单

序号	企业名称	认证类型
1	北海恒兴特种饲料有限公司	H
2	北京北农大动物科技有限责任公司	Q
3	北京德宝群兴科技有限公司	Q+H
4	北京九州大地生物技术有限公司	H
5	北京科兴大地饲料有限公司	H
6	北京绿海之舟饲料科技有限公司	H
7	北京桑普生物化学技术有限公司	F+H
8	北京挑战牧业科技股份有限公司	H
9	北京挑战生物技术有限公司	H
10	北京伟嘉人生物技术有限公司	H
11	北京英惠尔国际科技发展有限公司	Q+H+F
12	北京资源饲料有限公司	Q+H
13	北京资源亚太饲料科技有限公司	Q+H
14	博尚生化饲料(湛江)有限公司	Q+H+F
15	沧州市华丰兽药有限公司	Q+H
16	长春大成生化饲料开发有限公司	Q

序号	企业名称	认证类型
17	成都枫澜科技有限公司	F
18	成都朗迪生物技术有限公司	Q
19	大成蓝雷营养科技(天津)有限公司	Q
20	大成万达(天津)有限公司	Q
21	佛山市顺德区全兴水产饲料有限公司	Q
22	富阳科兴生物化工有限公司	Q
23	广东恒兴饲料实业股份有限公司	Q+H
24	广东泰峰膨化饲料有限公司(原佛山市顺德泰峰膨化饲料有限公司)	Q+H
25	广东天农食品有限公司	G
26	广东新南都饲料科技有限公司	Q+H
27	广东湛大蓝科股份有限公司	Q+H
28	广西帝凯维动物营养有限公司	H
29	广州普台宝生物科技有限公司	Q+H
30	广州市澳洋实业有限公司	Q+H
31	广州市百兴畜牧饲料有限公司	G
32	广州市诚一水产科技有限公司	H
33	广州天科生物科技有限公司	Q
34	贵州五倍子发展有限公司	H
35	海南罗牛山文昌鸡育种有限公司	G
36	杭州亿万饲料科技有限公司	Q+H
37	河北环球饲料添加剂有限公司	Q
38	河北天寅生物技术股份有限公司(原名:河北天寅化工股份有限公司)	H+F
39	河南大陆农牧技术有限公司	Q+H+F
40	河南广安生物科技股份有限公司	Q
41	河南雄峰科技有限公司	Q
42	黑龙江飞鹤甘南欧美养殖有限公司	G
43	黑龙江飞鹤克东欧美养殖有限公司	G
44	湖北天海饲料有限公司	Q+H
45	湖北武汉正达饲料有限公司	H
46	湖南正虹科技发展股份有限公司	Q+H+P
47	湖南正虹科技发展股份有限公司健乳宝分公司	Q+H+P
48	湖南正虹科技发展股份有限公司力得分公司	Q+H+P
49	湖南正虹科技发展股份有限公司兴农分公司	Q+H+P
50	湖南正虹科技发展股份有限公司营田分公司	Q+H+P
51	吉林省五禾牧业发展有限公司	Q
52	济南天天香有限公司	Q+H
53	江门市金远洋生物科技有限公司	H
54	江苏长寿集团友联畜牧有限公司	G
55	金朝生物科技(河北)有限公司	Q+H
56	科菲特饲料(长春)有限公司	Q+H
57	辽宁华达牧业有限公司	H

序号	企业名称	认证类型
58	临邑福润禽业食品有限公司	P
59	诺伟司饲料添加剂(上海)有限公司	Q+H+F
60	山东六和集团有限公司	Q+H
61	山东六和集团有限公司临沂分公司	Q+H
62	山东六和集团有限公司平邑冷藏厂	Q+H
63	山东鲁抗医药股份有限公司	F
64	山西汇福科技发展有限公司	H+P
65	陕西石羊(集团)农牧有限公司	Q+H
66	陕西石羊(集团)农牧有限公司杨凌分公司	Q+H
67	陕西石羊集团饲料发展有限公司蒲城分公司	Q+H
68	上海邦成生物科技有限公司	H
69	上海朝翔生物技术有限公司	Q+H
70	上海东方希望动物营养食品有限公司	H
71	上海飞帆饲料有限公司	H
72	上海富朗特动物保健有限公司	H
73	上海美农饲料有限公司	Q
74	上海农好饲料有限公司	H
75	上海诺瑞宠物用品有限公司	H
76	上海三维饲料添加剂有限公司	Q
77	上海同仁药业有限公司上海兽药厂	H
78	沈阳市富士牧业有限公司	Q
79	石家庄飞龙饲料有限公司	Q+H
80	石家庄金光饲料有限公司	Q+H
81	四川龙蟒磷制品股份有限公司	H
82	四平市万海牧业有限公司	H
83	苏州函数集团有限责任公司	F
84	太原市潞威动物保健品有限公司	H
85	太原市侨友化工有限公司	H+F
86	唐人神集团股份有限公司	Q+P
87	天津彩虹饲料有限公司青岛分公司	H
88	天津帝凯维动物营养有限公司	H
89	天津牧丰饲料有限公司	Q
90	天津全药动物保健品有限公司	Q+H
91	天津市大洋饲料有限公司	Q+H
92	天津正大饲料科技有限公司	Q
93	通威股份有限公司茂名分公司	Q+H
94	通威股份有限公司四川分公司	Q
95	通威股份有限公司无锡分公司	Q+H
96	王致和集团鄂尔多斯市天骄食品有限公司	H
97	维多利贸易有限公司	F
98	潍坊富锦食品有限公司	H

序号	企业名称	认证类型
99	潍坊和盛园食品有限公司	Q+H
100	武汉明天生物科技有限公司	Q
101	武汉七因和饲料技术系统有限公司	Q+H
102	武汉天龙饲料有限公司	Q+H
103	武汉新华扬生物股份有限公司	Q+H
104	西安市临潼区宏兴乳业有限公司	Q+H
105	西安通威饲料有限公司	Q+H
106	新郑市金利饲料厂/新郑市银丰饲料厂	Q+H
107	徐州汉威饲料有限公司	Q+H+F
108	烟台大乐饲料有限公司	Q+H
109	扬州通威饲料有限公司	Q+H
110	宜兴市天石饲料有限公司	Q–H+F
111	英联饲料(上海)有限公司驻马店厂	Q–H
112	云南省陆良和平科技有限公司	Q+H+F
113	湛江东腾饲料有限公司	Q+H
114	湛江海大饲料有限公司	Q
115	湛江恒兴珊瑚饲料有限公司	Q+H
116	湛江恒兴特种饲料有限公司	Q+H
117	湛江市海田水产饲料有限公司	Q+H
118	湛江粤华水产饲料有限公司	Q–H
119	浙江爱迪亚营养科技开发有限公司	F
120	浙江恒兴饲料有限公司	Q+H
121	浙江普洛医药科技有限公司	Q+H+F
122	中谷集团农牧科技有限公司	Q+H
123	中化(青岛)生物技术有限公司	Q+H+F
124	中山市泰山饲料有限公司	Q+H
125	云南优耐特动物食品有限公司	H+P
126	珠海恒兴饲料实业有限公司	Q+H
127	珠海经济特区大海水产饲料有限公司	Q+H

注：Q 为质量体系认证；H 为 HACCP 认证；P 为饲料产品认证；G 为良好农业规范认证；F 为欧盟 FAMI–QS 认证。

（李燕松）

国际交流与合作

我国饲料工业经过了近 30 年的改革与发展，取得了举世瞩目的成就，饲料产量连续 18 年位居世界第二。与此同时，我国饲料工业国际化进程明显加快，饲料级维生素产品在国际市场上的份额已达到 30%~50%，饲料机械加工技术和产品质量已经接近国际水平。

一、中国饲料工业协会与巴西饲料工业协会签署《合作谅解备忘录》

巴西是南美洲最大的饲料生产国，占全球总产量的 8%。中巴两国饲料界之间的联系密切，交往频繁。在接触与合作过程中，中巴两国饲料工业协会深切感受到，双方有必要进一步加强合作、深化交流，形成有效的信息交流和沟通机制，实现互利共赢。为此，双方经过友好协商，起草了《中国饲料工业协会与巴西饲料工业协会合作谅解备忘录》(以下简称《合作谅解备忘录》)，并征得了农业部畜牧业司的同意。在“2008年中国畜牧业暨饲料工业展示交易会”隆重召开之际，中国饲料工业协会与巴西饲料工业协会在西安联合签署了《合作谅解备忘录》。

签字仪式于 2008 年 5 月 18 日上午举行，中国饲料工业协会会长白美清，常务副会长张延喜、季之华，秘书长谷继承，副秘书长沙玉圣等有关领导出席了签字仪式。以巴西饲料工业协会会长马里奥·库特先生为团长的巴西饲料工业协会访华团全体成员出席了签字仪式。出席签字仪式的还有国际饲料工业联合会秘书长罗杰·吉尔伯特先生，联合国粮农组织官员丹尼拉·巴特里拉女士，以及中外饲料企业家的代表。

签字仪式由中国饲料工业协会副秘书长何新天主持。白美清会长首先致辞，他指出，中国与巴西同为发展中国家，虽然远隔重洋，但两国人民之间的友谊源远流长。中国和巴西都是世界饲料生产大国，两国的饲料产量加起来约占全球总产量的 1/3。近年来，两国饲料界之间的联系日渐加深，人员往来、经济交往日益频繁。在《合作谅解备忘录》的框架内，本着“合作共赢，互惠互利”的宗旨，进一步加强两国饲料领域经济、技术和信息的合作和交流，意义重大而深远。随后，巴西饲料工业协会会长马里奥·库特先生致辞。他对中方的热情接待表示感谢，同时表示要认真履行《合作谅解备忘录》中的各项承诺，共同促进两国饲料工业的可持续发展。白美清会长和马里奥·库特会长分别代表两国饲料工业协会在《合作谅解备忘录》上签字。

备忘录的主要内容有：

为中国、巴西两国饲料行业间的访问和学术交流提供便利，为参加对方国内举办的饲料交易展会提供便利；

分享饲料及饲料原料应用、饲料配方及加工、动物营养及科学管理方面的研究成果、技术知识和信息；

组织饲料应用、加工和畜牧业方面的考察和培训班；

定期向对方协会通报饲料行业的发展趋势和协会工作进展情况；

相互协商，鼓励第三方认证机构审核出口饲料生产企业的质量管理体系，以符合进口国相关法律、制度和其他有关要求；

共同协作，帮助双方会员解决在进出口业务中涉及到的相关事务。

二、国际饲料工业联合会第 21 届年度会议上，中国饲料工业协会谷继承秘书长当选执行理事

国际饲料工业联合会(以下称国饲联)第 21 届年度会议于 2008 年 10 月 29~31 日在意大利罗马举行。国饲联现任会长、理事会理事、有关国家(地区)饲料工业协会代表以及粮农组织官员参加了会议。中国饲料工业协会派员参加了会议，中国饲料工业协会谷继承秘书长当选国饲联执行理事。

1. 会议推举产生了国饲联主席、理事会和执行理事。会议推举美国嘉吉动物营养公司副总裁大卫·切斯雷克先生为新一届国饲联主席，任期 3 年。从本届任期开始，国饲联会长(President)一职改称“主席”(Chairman)；会选举产生了新一届(2008~2010 年)国饲联理事会。理事会由 15 名理事组成，中国饲料工业协会谷继承秘书长继续当选理事；为提高效率，新一届理事会任命了 7 名执行理事，负责国饲联重大事项的决策。中国饲料工业协会谷继承秘书长当选执行理事。执行理事名单见表 1。

表 1 2008~2010 年国际饲料工业联合会执行理事名单

姓名	职务
大卫·切斯雷克	国饲联主席
周·纽曼	美国饲料工业协会会长
马里奥·库特	巴西饲料工业协会会长
佩德罗·巴罗斯	欧盟饲料工业协会会长
谷继承	中国饲料工业协会秘书长
斯蒂夫·奥曼	国饲联技术委员会主席
皮埃尔·拉法邦维	法国埃维里斯公司

2. 审议了国饲联年度工作报告，讨论了 2009 年的工作计划。2008 年 1 月国饲联在亚特兰大召开了“第一届国际饲料管理者会议”,讨论了欧盟、美国之间饲料质量标准的差异和协调问题。2008 年 5 月在西安召开了理事会会议，讨论了饲料手册的修订问题;2008 年国饲联收入 22 万美元,全部为会费收入。支出 14 万美元,主要是秘书处房租和人员工资;2009 年 1 月计划在亚特兰大召开 “第二届国际饲料管理者会议”,将讨论各国(地区)之间饲料质量标准的差异和协调一致。

3. 确定了第三届全球饲料与食品大会举办地。初步确定 2010 年 4 月在墨西哥坎昆市召开第三届全球饲料与食品大会。中国饲料工业协会杨红杰处长为筹备委员会会议日程组成员。

4. 其他事宜。会议期间,中国饲料工业协会还与巴西饲料工业协会阿尔瓦多·赞尼先生进行了接触。他再次邀请中国饲料工业协会秘书长谷继承在 2009 年方便的时候率中国饲料工业代表团访问巴西,落实中–巴饲料工业《合作谅解备忘录》,加深两国饲料工业界的了解与合作。

三、国际饲料工业联合会理事会议在西安举行

国际饲料工业联合会理事会议于 2008 年 5 月 18 日在西安举行。国饲联秘书长罗杰·吉尔伯特先生,粮农组织官员丹尼拉·巴特里拉女士,以及来自中国、美国、欧盟和巴西的 8 名国饲联理事参加了会议。中国饲料工业协会秘书长谷继承作为国饲联执行理事出席了会议。

会议由国饲联秘书长罗杰·吉尔伯特先生主持。他对中国饲料工业协会承办此次会议表示感谢,对中国四川遭遇特大地震表示慰问。随后,国饲联技术委员会主席史蒂夫·奥曼博士介绍了《饲料手册》的编写情况。各位理事审议了国饲联财务报告,讨论了国饲联今后的工作计划。

本次会议是由国际饲料工业联合会 (国饲联)主办,中国饲料工业协会承办。参加会议的国饲联各位理事还出席了同日举行的 2008 年中国畜牧业暨饲料工业展示交易会开幕式。在开幕式上,国饲联秘书长罗杰·吉尔伯特先生,粮农组织官员丹尼拉·巴特里拉女士和巴西饲料工业协会会长马里奥·库特先生向地震灾区捐款,以表达对灾区人民的慰问和对灾后重建工作的支持。

(杨红杰)

中国饲料工业信息体系

党的“十七大”报告明确提出，要“全面认识工业化、信息化、城镇化、市场化、国际化深入发展带来的新形势新任务”，要“发展现代产业体系，大力推进信息化与工业化融合，促进工业由大变强”。从“十六大”提出“信息化带动工业化，工业化促进信息化”到“十七大”提出“信息化与工业化融合”是信息化与工业化关系的新论断。信息化与工业化融合指明了信息化与工业化的发展方向，是信息化与工业化的新任务、新要求。

“信息化与工业化融合”，也为饲料工业信息化指明了方向，即在饲料工业化过程中，通过实现产品信息化、生产过程信息化、市场需求和生产供给信息化等提高饲料产业的竞争力，提升工业质量。

2008年，中国的饲料行业信息化建设主要表现在以下几个方面。

1. 全国饲料工作办公室积极推动饲料行业信息建设

行业管理部门是饲料行业信息化发展的重要推动者之一。2008年在全国饲料工作办公室和各省级饲料管理部门的推动下，全国大部分的饲料企业都可以通过互联网在前期开发的中国饲料工业统计信息系统(http://tongji.chinafeed.org.cn)进行统计数据的上报，截至2008年底，在此统计系统上注册的饲料企业超过10 600家，占到了全部饲料企业的78%。通过统计信息系统上报数据，方便、快捷，节省了时间，提高了效率，为饲料管理部门及时决策提供了重要参考依据。同时，全国饲料工作办公室还对全国各省级饲料办的统计人员进行定期培训，使他们对信息统计工作技能和知识得以提高，更好地对全国饲料统计工作进行管理。

为了加强饲料生产管理，全国饲料工作办公室正着手开发一套“生产许可证”软件系统，全国配合饲料、浓缩饲料和添加剂预混合饲料的生产许可证将可以在此系统上进行详细查询。这个系统的开发，将极大地方便饲料企业、养殖户辨别真假饲料，为各级饲料管理部门执法提供了方便，对全行业的信息化工作也起到了重要的推动作用。

全国饲料工作办公室还在积极推动饲料工业信息预警项目。此项目实施有利于政府部门及时了解饲料行情，正确把握饲料工业发展动态和规律，为制定饲料行业政策提供依据，防止饲料原料价格的暴涨、暴跌。

2. 各省加强电子政务工程有利于行业信息化

各省、自治区、直辖市的政府部门，正在逐步推进实施电子政务工程。电子政务的实施，将打破行政机关的组织界限，重组公共管理，实现政府办公自动化、政府业务流程信息化，为公众和企业提供广泛、高效和个性化服务。电子政务实施多年来，大大提高了政府工作的效率。饲料行业的电子政务在此工程影响下也在迅速发展，如浙江省农业部门推行的内部信息交流系统，使邮件送达、信息反馈更加方便快捷，饲料各部门之间的沟通更加顺畅。

3. 饲料企业对信息化的重视程度明显提高

随着日益加快的经济全球化和国内信息化快速发展，我国饲料企业信息化步伐亦明显加快，信息技术已逐步应用和融合到饲料产品研发、生产、仓储、营销和企业综合管理的全过程之中，各种饲料企业管理信息系统软件层出不穷，并取得了明显的效果。

2008年饲料企业上网数量快速增长。抽调的数据显示，2008年能够上互联网的饲料企业数量超过90%，而在2005年的比例还不足40%。我国饲料企业上网比例虽然明显提高，但与其他行业相比还有一定的差距，主要是必要的硬件设备投入整体不足，企业上网的人数占全部从业人员总数的比例较低。

2008年饲料企业网站(有独立的域名和空间)建设数量增加。目前大型饲料企业大都建立了自己的网站，且内容较为丰富，有专门人员维护和更新。中小型饲料网站的数量也明显增多，但总体数量还不多，且内容相对简单，更新速度慢。抽调的结果显示，全行业有网站的企业数量占全部饲料企业总数的比例还不到30%。

(1)大型饲料企业信息化建设快速发展

不少大型企业已在几年前就已经开始应用管理信息系统，如ERP(企业资源计划)、CRM(客户关系管理)、SCM(供应链管理)等。大型企业信息化建设已渗入到了企业的供应链、生产、财务、物流、企业文化等方方面面，很多企业有计划通过实施ERP(企业资源计划)来进一步挖掘企业管理信息化效益，部分大型饲料企业使用在国内比较知名ERP系统，如新希望集团、通威集团、华西希望集团、铁骑力士集团、云南神农集团等公司就是在使用金蝶ERP系统，而台湾大成食品公司在实施SAP系统；还有一部分饲料企业和国内软件公司合作，为自已量身定做ERP管理系统，如广东海大集团，分别与阿佳希和沟通科技合作，引入适合自身的ERP系统和CTBS平台。ERP系统的实施，帮助了集团企业实现内部物流、生产、销售等各种系统，总部与遍布全国的销售网络之间紧密结合的数据共享有利于加强企业经营管理，防范风险，扩大客户群体，提高经济效益。

随着饲料企业发展壮大成“一条龙”式的企业，企业信息化建设及应用已逐渐扩展到原料采购、饲料加工、畜禽养殖、屠宰加工、肉食加工、物流配送等整个产业链建设，通过财务、采购、生产、营销、质量管理信息化集成系统，对采购、生产、加工、销售、财务、质保等环节进行管理与跟踪，对资金流、物流、信息流、人流、知识流进行全面整合，保证产业链生产经营管理全程可控。

(2)中小饲料企业信息化程度相对低

饲料企业的信息化可以分为两个层次，第一层次是使用工具或者独立软件，典型的如饲料配方软件系统、财务管理系统、产品采购销售管理系统等；第二层次是企业级系统，比较常见的有ERP、SCM等企业级管理系统。

目前，中小饲料企业信息化程度低，多数还滞留在第一层次，只实现了企业部分需求的信息化，第二层次涉及较少，主要原因是很多中小饲料企业对信息化认识不足，观念还停留在“电脑+网站=信息化”的层面上，导致企业对信息化建设资金投入少。一些有条件正在进行或准备进行信息化建设的企业，很少从战略的角度全面、综合地考虑企业信息化建设，缺少长期战略规划，不能实现系统集成和信息共享，不能形成面向企业决策层的综合应用系统。

饲料安全信息管理已经摆在企业信息化建设首要位置。随着国家对饲料质量安全的日益重视，企业饲料安全管理信息建设成为迫切需求，饲料企业要优先考虑是饲料原料质量安全控制、生产环节的产品质量控制。任何一个要长远发展的企业，必须将饲料安全信息化建设摆在首要位置。

中小饲料企业信息化建设不能盲目。中小饲料企业具有内部管理环节少、原料采购少、产量小、管理基础差等特点。这就决定了中小饲料企业在信息化建设上一定要符合自身特点，同时需要管理顾问公司和软件公司提供帮助。“软件+服务+顾问”的模式最适合中小饲料企业信息化建设。企业要认清自身现状和需求，上信息化建设项目不能盲目，如ERP系统软件的价格一般都在几十万到上百万元，个别大企业ERP系统甚至上千万，运营和维护成本较高，这样的问题企业必须了解清楚。在制定长期信息化建设战略规划的同时，要分阶段有针对性地进行信息化建设。

4. 行业网站服务和内容质量上升

从整个饲料行业网站发展过程来看，2000年以后，饲料行业的网站不断涌现，有一批新的饲料行业信息网站诞生，也一些网站被市场淘汰出局。经过几年高速发展期，行业里的网站经过大浪淘沙，用户经常登陆浏览网站只有五六个而已。饲料企业作为使用者，会自觉或不自觉的选择信息量大，服务质量好的网站作为长期使用对象，而用户越多的网站，它在饲料行业的影响力越大，自身的凝聚力也越强。这些网站在提供高质量的信息服务同时，更加强调差异化服务，建设有特色的网站，这是网站能够长期生存下来的根本

5. 纸质媒体与网络媒体出现融合趋势

饲料行业的期刊杂志在饲料工业发展的近30年里，对饲料行业的政策宣传、信息传播、品牌推广、技术服务等方面发挥了重要作用。但在信息化快速发展的今天，传统纸质媒体正在遭受着网络媒体的冲击。当前，传统纸质媒体除了发挥特长外，也出现了一种积极向网络靠拢的动向。饲料行业也和其他行业一样，除了杂志内容被学术期刊数据库，如清华同方CNKI数据库收录并可以网上检索外，一些期刊还制作了网络版，读者可以通过期刊网站浏览发行过的期刊，大大地方便了读者的查询使用；个别杂志还制作出了有声有像、图文并茂的电子期刊。饲料行业纸质媒体与网络媒体出现融合趋势，大大丰富了饲料行业信息化的内涵。

近年来，我国饲料行业信息化水平进步明显，但总的来看，饲料行业信息化水平总体不高，硬件和软件投入仍然不足，很多企业还缺乏信息化意识，信息化人才水平尚待提高。随着我国信息化水平的快速发展，饲料行业信息化必将在社会、政府、协会和企业的共同推动下取得新的更大成绩。

部分饲料行业信息网站

网站名称	网址
中国饲料工业信息网(中国饲料工业协会)	http://www.chinafeed.org.cn
中国畜牧兽医信息网	http://www.cav.net.cn
中国农业科学院饲料所	http://www.caasfri.com.cn
中国饲料经济专业委员会	http://www.chinafeedeco.com
中国饲料工业统计信息系统	http://tongji.chinafeed.org.cn
国家饲料数据中心网	http://www.chinafeeddata.org.cn
广东饲料工业信息网	http://www.gdfeed.org.cn
辽宁省兽药饲料信息网	http://www.lnsy.gov.cn
陕西饲料网	http://www.siliao.sn.cn
江苏饲料信息网	http://www.jsfeed.org.cn
黑龙江省兽药饲料网	http://www.hljsy.cn
东方饲料信息网	http://www.sfta.org.cn
湖南饲料工业信息网	http://www.hunanfeed.com
湖北饲料工业信息网	http://www.hbslgyxx.gov.cn
中国饲料资源网	http://www.zgslzy.com
北京饲料行业信息网	http://www.bjslxh.com
山东饲料行业信息网	http://www.sdfeeds.com
中国饲料行业信息网	http://www.feedtrade.com.cn
中国饲料在线	http://www.chinafeedonline.com
中国汇易饲料网	http://www.chinajci.com
益农网	http://www.efeedlink.com.cn
南方饲料信息网	http://www.sfe.net.cn
中国饲料原料信息网	http://www.feedonline.cn
博亚和讯网	http://www.boyar.cn
中国饲料添加剂信息网	http://www.chinafeedadditive.com
中国饲料添加剂网	http://www.cnfeedadd.com
中国饲料技术网	http://www.feedtech.com.cn
中国饲料人才网	http://www.feedjob.com.cn
中国饲料粮油信息网	http://www.cnslly.com
畜产饲料网	http://www.xcslxx.com
中国饲料网	http://www.siliaonet.cn
中国饲料机械网	http://www.sinofeed.net
天下粮仓粮油饲料资讯网	http://www.cofeed.com
畜牧人论坛	http://www.xumuren.cn

注:排序不分先后。

(孙志强)

地　方　篇

北京市饲料工业

【发展概况】截至2008年底，北京市共有饲料生产企业363家。2008年北京市生产饲料297.4万t，其中配合饲料171.7万t，浓缩饲料41.5万t，添加剂预混合饲料和饲料添加剂84.2万t。

【组织机构】北京市农业局是北京市饲料质量安全监管的行政主管部门，其中畜牧管理处负责饲料行政审核和审批许可管理，北京市饲料监察所负责产品质量安全检测，北京市动物卫生监督所负责执法监督，北京市畜牧兽医总站提供技术服务。

按照属地管理原则，北京市各区县动物卫生监督管理局(办公室)负责其行政区域内的饲料质量安全监管。具体承担饲料生产经营企业的管理和执法监督，饲料质量安全检测的采样等。

【主要特点】1.配合饲料产量增长，产品结构进一步优化。2008年配合饲料产量占饲料总产量的57.7%，浓缩饲料占13.9%，添加剂预混合饲料占28.3%，产品结构进一步优化。

2.饲料原料价格居高不下，企业利润持续下滑。受全球能源、粮食价格上涨影响，饲料原料和多种添加剂价格均出现不同程度上涨。蛋氨酸、矿物质、维生素、棉籽粕等主要原料涨幅巨大，价格甚至翻了几倍，此外，人力成本、煤炭价格和奥运期间运输成本也在增加，总体饲料生产成本上涨45%左右，而饲料销售价格只上涨30%，企业自身消化15%，利润普遍下滑。

3. 企业规模优势明显，部分小企业经营困难。2008年，在全国通货膨胀的大背景下，实力强、质量好、管理水平高的企业得到发展，饲料产量大幅增加；反之，一些小的饲料企业在竞争中退出，饲料行业随着日益激烈的市场竞争而逐步走向成熟。

4.北京市饲料行业特点鲜明。一是品牌价值高，销售面向全国。产品除供应北京市需求外，面向全国销售，外埠市场对北京品牌具有较高的认知度，同类产品较其他省市饲料企业产品销售价格高5%~10%。二是知名企业众多，产品科技含量高。依托人才、信息和科研等方面的优势，全国众多的饲料企业均在北京设立分厂及科研基地，安全、高效、无污染的新型饲料及生物饲料成为北京饲料行业亮点。三是强调售后服务，配备专业服务人员。北京市企业配有专门的动物营养和兽医人员，指导养殖场(户)正确、合理使用饲料。四是大型养殖、屠宰企业利用自己信息、专业和市场等方面的优势向产业链条逐步延伸。

【主要工作】2008年北京市继续严格执行企业审核标准，并以“三鹿”奶粉事件为契机，着力加强对饲料生产企业的监督管理，加大抽查数量，从源头确保动物产品的质量安全，着重把好“3个关口”。

1.着重把好行政审核关。依据《中华人民共和国行政许可法》、《饲料和饲料添加剂管理条例》和《饲料添加剂和添加剂预混合饲料生产许可证管理办法》的相关规定，共审核饲料添加剂和添加剂预混合饲料生产企业68家。在做好饲料添加剂、添加剂预混合饲料和动物源性饲料企业审核、审批工作的同时，针对农业部第73号令《饲料生产企业审查办法》的颁布，着力做好对浓缩饲料、配合饲料、单一饲料和精料补充饲料生产企业的审批工作。为顺利完成此项工作，重点开展了以下几项工作：一是强化基础工作，完善审核制度。制定一系列生产许可证行政许可方面的规章和规范，为饲料行政许可工作的开展提供了办事依据；二是实行专家制度，确保审核公正性。建立了一批由饲料、养殖、机械和检测等方面专家组成的饲料企业现场评审专家组。并开展多种形式的培训和交流，力求保证每位专家都能熟悉饲料法律法规、精通饲料生产技术，保证审核标准的一致性和公平性；三是认真开展审核，严把企业质量。严格按照审核规范要求，及时指出申报企业存在的问题，对不符合要求的企业坚决予以退回，确保饲料审查合格证的含金量；四是协助企业审证工作，逐步提高企业素质，着重体现在饲料生产企业的现场审核工作中。由于《饲料生产企业审查办法》执行时间不长，企业对其中的要求仍存在许多疑惑，北京市农业局总是耐心细致地作释疑解惑工作。2008年，共有84家企业通过了现场审核，顺利取得了《饲料生产企业审查合格证》。

2.着重把好年度备案关。根据《饲料和饲料添加剂管理条例》和《饲料生产企业审查合格证》要求，建立饲料企业备案制度。多次在网站等媒体发布公告，提示饲料企业进行年度备案，并要求各区县饲料管理部门做好组织协调工作，对于过期不进行备案的企业，依法对其进行处理。

3.着重把好日常监督关。一是在宣传贯彻《饲料和饲料添加剂管理条例》的基础上，加大对《饲料生产企业设立审查办法》等配套法规的宣传力度，规范饲料生产、经营和使用者的行为；二是培养了一批饲料执法人员，全市已有500余人通过了执法培训考试，为“依法治饲”、“依法兴饲”奠定了基础；三是增加了检测数量。2008年，饲料质检部门对北京市饲料生产企业、家畜禽和水产养殖场、畜禽屠宰企业、经营企业及宠物医院进行了饲料及畜产品质量安全监督抽样。抽取饲料样品3 577批次，合格率达到95%以上；四是加大了执法力度。2008年，北京市各区县相继成立了兽医卫生监督管理局，完善了畜牧兽医管理体制。在此机构中有专门的执法大队负责饲料监督与执法工作。明确的执法机构和逐渐完善的法律法规，确保了饲料监督执法工作顺利开展。北京市重点对饲料企业的基础条件、生产记录、生产环境和秩序，添加剂的使用情况，各类饲料生产标签进行了检查。对检查中发现的不规范企业提出整改要求，对检查结果进行通报；核实各类举报材料和兄弟省市转来的不合格检测报告 20 件；查处违法案件两起，共罚没人民币万余元，有力地震慑了饲料企业的不法生产经营行为，规范了饲料产品生产经营秩序。

【存在问题】 1.饲料原料供应偏紧，价格上涨过快，特别是玉米、豆粕和部分添加剂品种，且上涨趋势还没有明显被抑制的迹象，不利于饲料行业的健康发展。

2.饲料企业的利润大幅下降。由于原料价格急速上涨，运输成本、人力费用增加，而销售价格没有大幅上调，致使企业本来的微利变成保本经营，饲料企业经营较为艰难。

3.饲料产品存在安全隐患。违规添加违禁药物、化学物质和原药现象仍然存在，企业检测能力低，不能对原料、产品质量进行把关。

（北京市农业局）

天津市饲料工业

【发展概况】 2008 年天津市饲料工业总产量 193.6 万t，同比下降 1.4%，其中配合饲料 134.6 万 t，同比增长 7.9%；浓缩饲料 42.6 万 t，同比下降 25.7%；添加剂预混合饲料 16.4 万 t，同比增长 15.0%；实现饲料工业总产值 45.0 亿元，共有饲料企业 251 个。

【主要工作】 1. 切实做好奥运会期间饲料质量的监管工作

2008 年 3 月，天津市政府及农口各部门按照国家、农业部和天津市委、市政府的有关部署，正式启动了农产品质量安全“助奥行动”。天津市农口各部门围绕“保障供奥、供京农产品数量充足、质量一流、品种丰富”的工作目标，加大了饲料质量监管工作的力度，取得了明显成效。一是成立由天津市农委主要负责同志任组长、主管负责同志为副组长、农口有关区县领导为成员的奥运期间饲料安全领导小组，全面协调、指导开展奥运期间饲料质量监管工作。二是进一步明确监管责任。按照“当地政府负总责、饲料生产企业负第一责任、主管部门负监管责任”的工作原则，市农委与各区县落实了责任制。分别与 12 个区县政府签订了饲料监管责任书，并层层落实到乡镇政府、企业。三是协调有奥运会农产品供应任务的畜禽养殖场使用由天津市农委指定的饲料生产企业的产品。

2.开展饲料质量安全专项整治工作

(1)加强领导，明确责任。一是进一步加大组织推动工作，按照农业部《关于进一步加强饲料质量安全监管工作的通知》和《饲料质量安全专项整治工作实施方案》的要求成立饲料安全专项整治领导小组，制定了《天津市关于切实做好饲料质量安全监管有关工作的通知》、《天津市开展饲料质量安全监管实施方案》，细化了工作目标和要求；二是进一步规范监管制度，各区县饲料主管部门与乡镇配合，对本辖区的饲料生产企业数量、生产能力、产品类别、实际产量、销售渠道、产品执行标准等认真登记，建立完整的企业档案。对经营店(户)登记造册，不符合经营条件的坚决取缔；三是进一步强化监督检测工作，各饲料企业积极开展自查自检活动，有效封堵了不合格饲料原料进厂，各级饲料管理部门组织饲料和饲料添加剂生产企业对出现的不合格产品进行封存，跟踪检查和强化整改，检测达标后方能投入市场。

(2)精心安排，全面排查。各区县饲料主管部门针对本辖区饲料企业、经营店(户)的特点，结合各受检网点地域情况分别制定行动方案，并会同工商局、技术监督局、工经委及所在乡镇有关部门成立了联合检查组，开展拉网式检查。一是对奶牛场(小区)、畜禽和水产养殖场执法检查 1 317 人次；二是对全市饲料生产企业、饲料经营店(户)进行全面检查登记造册，出动执法人员 1 458 人次。抽检饲料生产企业的产品 724 批，有 4 家饲料企业检出问题饲料，对查出的问题饲料及时进行追溯，同时通报区县饲料管理部门和有关企业、畜禽养殖场，将问题饲料封存、招回并统一销毁。通过开展饲料质量安全整治工作，遏制了伪劣、含违禁成分的饲料产品的流通，收到了较好的效果。

(3)高度重视，狠抓源头。在饲料质量安全整治工作中，对饲料生产企业的监管要求有 7 点。一是企业首先要具备生产环境、条件和技术人员；二是进厂原料要检测，检测合格后方可使用；三是在生产过程中要有记录，记录清晰；四是生产出的产品必须检测，检测记录清晰，合格后方可出厂；五是产品销售时附检测报告；六是原料样品及产品必须留样，便于追溯；七是产品销售渠道要有详细登记。

(4)营造氛围，加强宣传。在检查过程中，结合农业部加强饲料产品质量安全监管的要求，充分利用电视、报刊、网络等媒体大力宣传国家相关政策、法规、饲料监管工作进展及效果。各乡镇开展普法宣传，通过橱窗、板报、宣传车等方式，对《饲料和饲料添加剂管理条例》、《农产品质量安全法》等有关法律法规进行宣传，使生产经营者依法诚信经营、广大人民群众提高依法维权和自我保护能力。

在开展饲料质量安全监管工作中，各相关单位密切配合、各尽其职，饲料生产企业、经营店(户)也积极配合执法人员检查，取得了实实在在的效果。

（天津市饲料工业办公室）

河北省饲料工业

【发展概况】 2008 年，河北省共有饲料及饲料添加剂生产企业 1 246 家，比 2007 年减少 256 家，减少了 17.0%，其中时产 1t 以上（含 1t）的饲料生产企业 835 家，时产 5t 以上（含 5t）的饲料生产企业 312 家，大型企业所占比重为 37.4%。2008 年，全省饲料生产能力达 2 990t/h，饲料总产量 843.2 万 t，比 2007 年增加 8.1 万 t，增长 1.0%。其中配合饲料 672.7 万 t，比 2007 年增加 8.3 万 t，增长 1.2%；浓缩饲料 158.9 万 t，添加剂预混合饲料 11.6 万 t，同比基本持平。饲料产品总产值达 219.3 亿元，比 2007 年增加 34.0 亿元，增幅 18.4%。

全省共有饲料添加剂生产及分装企业 142 家，各种饲料添加剂总产量 18.7 万 t，其中维生素类（包括氯化胆碱）12.2 万 t、矿物质元素及其络合物 4.9 万 t、酶制剂 0.1 万 t、微生物 1.1 万 t、其他 0.3 万 t。

全省共有动物源性饲料生产企业 79 家，产品总产量 11.4 万 t，其中鱼粉 7.0 万 t，骨粉、肉骨粉 2.3 万t，其他近 2.1 万 t。全省共有饲料机械制造专业和兼业厂家 5 家，共生产饲料机械 339 台（套）。

【主要工作】1.全力以赴，“迎奥运、保安全”

按照农业部、省厅局“关于加强畜产品质量安全监管工作”的有关通知精神，先后下发了《关于开展全省“瘦肉精”、莱克多巴胺、苏丹红等违禁添加物大检查的通知》、《关于进一步加强饲料及畜产品安全工作的紧急通知》、《关于作好 2008 年全省饲料及畜产品质量安全监测工作的通知》等 6 个文件，并印发了《河北省 2008 年 “瘦肉精” 等违禁药品监督检查实施方案》。按照 2008 年初工作部署和《实施方案》的要求，2008 年 3 月，各市对辖区内所有饲料生产经营企业和养殖场（户）开展了自查。据统计，2008 年上半年全省共出动饲料执法人员 8 015 人次，检查饲料生产企业 1 359 家次、经营企业 3 567 家次、猪场 9 630 个次、屠宰场 279 个次；采集猪尿样 17 848 批次，检出瘦肉精阳性疑似样品 4 份，经省饲料产品质量监督检验站确认为阴性，莱克多巴胺检出率为零。2008 年 7~8 月，在全省开展了饲料兽药生产经营企业和养殖场（户）源头治理活动，重点查处无证、无号、无产品质量标准、无产品质量检验合格证、无饲料标签的饲料和饲料添加剂。据统计，全省共检查饲料生产企业 1 160 多家次、经营企业 3 634 家次、养殖场（户）3 308 家次；抽检猪尿样品 13 757 批次，检测结果全部显示为阴性。6 月，农业部饲料检测中心（内蒙古）到河北省保定市的徐水、容城、涿州 3 个县进行“瘦肉精”拉网式检查，共抽取猪尿样品 600 批次，初步检验有 1 个样品疑似阳性，后经部级检测中心确认为阴性。

6 月 23 日~9 月 30 日，派出督导组分别对沧州市和承德市供奥、供京畜产品基地进行了督导检查，先后对沧州市 7 个县（市）24 个供奥、供京畜产品基地和承德市 7 个县的 18 个供奥、供京畜产品基地进行了巡回检查，圆满地完成了奥运会期间对沧州市、承德市供奥、供京畜产品基地驻市驻县监管任务。

2. 彻底清查在饲料中添加和使用三聚氰胺等有害化学物质的违法行为

2008 年 9 月 11 日，“三鹿” 奶粉事件发生后，按照河北省政府和相关厅局安排部署，开展了 3 次全省饲料专项整治行动。

9 月 11 日上午，河北省局召开了全省生鲜牛奶和饲料三聚氰胺专项整治视频会议，印发了《关于对饲料及牛奶进行抽检的紧急通知》和《关于严厉打击非法生产经营和使用三聚氰胺违法行为的紧急通知》，对全省 109 家奶牛饲料生产企业进行了拉网式检查。在检出 5 家企业的产品含有三聚氰胺后，立即追根溯源，对问题企业使用的 56 种饲料原料进行三聚氰胺检测，检出 7 种蛋白质原料中含有三聚氰胺并进行了查处。9 月 22 日，农业部下发《关于进一步加强饲料质量安全监管工作的通知》和《关于印发<饲料质量安全专项整治工作实施方案>的通知》后，结合河北省实际，印发了《关于进一步加强饲料质量安全监管工作的通知》和《河北省饲料质量安全专项整治工作实施方案》，9 月 24 日，连夜召开全省饲料质量安全监管工作紧急会议，对在全省开展蛋白质饲料原料、饲料生产企业和奶牛养殖场（户）自配饲料专项整治行动进行了部署。10 月 10~19 日，河北省再次开展饲料专项整治突击行动，要求各市按照省局《关于开展饲料质量安全整治突击旬行动的紧急通知》、《河北省饲料质量安全专项整治突击旬行动实施方案》的要求，集中 10 天时间对全省奶牛饲料生产、经营企业和养殖场户使用的自配料全部进行清理整顿。10 月 16 日上午，河北省局召开全省奶牛饲料和蛋白质饲料生产企业驻厂监管工作视频会议，下发了《河北省奶牛饲料和蛋白饲料生产企业驻厂监管工作规范》和《关于监督奶牛饲料和蛋白饲料生产企业落实质量安全责任的通知》，对驻厂监管工作进行安排部署。目前，全省共派驻驻厂监管员 666 人，其中，奶牛饲料和蛋白质饲料生产企业派驻 231 人。

在全省饲料质量专项整治工作中，全省共出动执法人员 99 804 人次，检查饲料生产企业、养殖场户 65 549 个次、抽检样品 5 466 批次、检出含三聚氰胺样品 31 批次、查处违法饲料产品 131.87t、立案调查违法企业和养殖场（户）34 个、取缔非法企业 22 个、移交公安机关案件数 8 个，涉案金额 56.054 万元。打掉了一批制售三聚氰胺的黑窝点，查封、销毁了一批问题饲料。饲料生产、经营和使用秩序得到进一步规范，全省饲料质量安全专项整治工作取得阶段性进展。

3.加班加点，确保其他正常工作顺利开展

（1）统一验收标准，严格进行审批。按照农业部第 73 号令和《饲料添加剂和添加剂预混合饲料生产许可证管理办法》等有关规定，对新建饲料生产企业严格进行审核，并到实地检查验收。通过清查三聚氰胺等有害化学物质的专项整治行动，发现了饲料监管工作中确实存在的一些薄弱环节，为此，对原来制定的企业验收标准和条件重新进行了修改和完善，新建奶牛饲料和蛋白质饲料生产企业必须具备检测三聚氰胺的仪器设备，并对检测人员进行培训，对符合条件的及时上报或审批。2008 年，共检查验收饲料生产企业 155 家，核发饲料生产企业产品审查合格证 674 个，向农业部申报饲料添加剂生产许可证 15 个，新报及换发添加剂预混合饲料生产许可证 12 个，发放动物源性饲料产品卫生质量安全合格证 6 个，核发饲料添加剂产品批准文号 20 个，添加剂预混合饲料产品批准文号 110 个。

(2)开展了氯化胆碱专项整治行动。近两年，农业部通报河北省有 10 多家氯化胆碱生产企业产品不合格，河北省饲料工作办公室立即派人到沧州市会同沧州市局进行查处，并召开氯化胆碱生产企业座谈会，通报不合格企业情况，共同探讨原因，解决疑难问题。还专门组织企业到上海等省市考查学习，有效地提高了氯化胆碱生产技术水平。

(3)积极开展技术培训和技能鉴定工作，提升饲料行业整体素质。2008 年举办了培训班 9 期，培训人员 900 余人次。同时，结合河北省的实际情况，突出了培训重点。例如，为促进河北省养猪水平的提高，2008 年 4 月 12~13 日与美国大豆协会合作，在石家庄市正定县成功举办了“高级养猪技术研讨会”。来自全省畜牧站、养猪场、人工授精站等单位的 95 名代表参加了研讨会，会议内容有：猪场人工授精技术、后备母猪的培育和经产母猪的管理、高产母猪的营养和饲养管理等内容。6 月 30 日再次与美国大豆协会合作，在石家庄市举办了“最新奶牛生产及饲料技术研讨会”，奶牛养殖场和饲料企业等 90 多人参加了研讨会。

2008 年共举办饲料行业职业技能鉴定 8 期，其中，检化验员鉴定 3 期、设备维修工鉴定 3 期，中心控制室操作工鉴定两期，共鉴定从业人员 590 人。

(4)积极组织企业间交流活动，促进行业发展。

由美国大豆协会、中国饲料工业协会、四川省饲料工业协会主办的“第四届中国饲料工业南北交流活动”于 2008 年 10 月 13~17 日在成都市成功举办。参会企业代表 60 人分别来自四川、河北、河南、黑龙江、辽宁、新疆、北京等地。河北省饲料工业协会作为协办单位之一，安排部分 30 强饲料企业一行 13 人参加了这次活动。10 月 14~15 日，分别参观了通威股份有限公司四川分公司、成都华西希望农业科学技术研究所、成都正大集团、成都凤凰饲料有限公司以及成都大帝汉克生物科技有限公司等 5 家企业。10 月 16 日分别由蔡辉益博士、美国 ADM 公司亚太区技术总监蔡永久博士以及美国大豆协会的施学仕、程宗佳博士等专家分别进行了 6 个专题的技术讲座。

4 月 29 日和 9 月 26 日分别在石家庄市、保定市召开了两次企业联席会。会议除认真研讨饲料工业发展形势、企业管理经验外，重点对河北省饲料临时价格干预措施、“三鹿”奶粉事件对饲料行业的影响以及如何保证饲料产品质量安全等热点问题进行了讨论，并对诸如协会理事会换届、《发展饲料工业大省 建设饲料工业强省实施方案》等事宜进行了研究。组织河北省 9 家饲料企业参展了 2008 年 5 月 18~20 日于西安召开的“2008 中国畜牧业暨饲料工业展览会”，河北省参会代表有 100 余人，展示了河北省饲料工业的形象。

【存在问题】1.机构队伍不健全。大部分市、县没有独立的饲料监督执法机构，有的虽有机构，但编制不足，人员缺乏，无法开展正常监管工作。

2.监测体系不完善。大部分县、市没有饲料检测机构，没有必要的检测设备，人员少、素质低，难以承担饲料检测任务。

3.经费严重不足。大部分市县没有饲料执法办案和饲料检测经费，严重影响饲料执法和检测工作的开展。

4.法律、法规有待进一步完善。对养殖场(户)自配料的监管没有法律法规依据，对在饲料生产、经营和养殖环节添加三聚氰胺等化合物的处罚缺少法律依据。

(河北省饲料工作办公室)

山西省饲料工业

【发展概况】2008 年以来，山西省饲料工业在养殖形势良好、动物疫情稳定、主要饲料原料价格略有下降的共同作用下保持了稳中有升的发展态势，饲料产品产量与 2007 年同期相比稳中略升，产品结构进一步调整。据统计 2008 年山西省商品饲料产量达到 230.4 万 t，同比增长 9.0%；其中配合饲料 133.4 万 t，浓缩饲料 92.1 万 t，添加剂预混合饲料 54.9 万 t，与 2007 年同期相比分别增长 8.9%、8.0%、44.3%。

【主要特点】1.养殖业快速发展，饲料总量稳中有升。2008 年山西省畜牧业整体呈现“量增价涨效益好”的养殖形势，全省在强力推进规模健康养殖计划和标准化养殖小区建设等方面取得了可喜的成绩。一是生猪生产快速恢复，拉动猪饲料大幅增长。2007 年国家连续出台生猪养殖补贴、保险等多项政策扶持生猪生产，生猪存、出栏量逐步上升，能繁母猪存栏量持续增长。二是家禽养殖稳步发展，支撑禽饲料持续增长。蛋禽、肉禽存栏、出栏同比都有所增长，饲料消耗量不断增加，拉动了禽饲料的产销量。三是受奶价持续低迷特别是三聚氰胺事件的影响，山西省牛存栏、出栏同比均有所下降，导致反刍饲料需求下降。山西省规模化养殖程度不断提高，散养户饲养量正在逐渐减少，商品饲料的结构也发生了较大变化，配合饲料持续增长，浓缩饲料增加有限，添加剂预混合饲料增长较快。大养殖场有技术和设备的优势，选择购买添加剂预混合饲料，自己加工饲料；小养殖户大部分选择直接购买简便易用的配合饲料。

2.饲料原料高价位运行，市场波动较大。2008年以来国内饲料原料价格涨势惊人，尤其是豆粕和饲料添加剂，由此带动了整个蛋白质原料市场如棉籽粕、菜籽粕等的全面上涨。面对日益复杂、变幻莫测的原料市场，一时间企业无法做出采购决策，不敢贸然进货，只维持饲料加工的需要。而且不少的饲料添加剂品种价格上涨50%，大部分单项维生素涨幅达到100%以上，个别品种甚至更多。因此部分饲料企业由原先的自配添加剂预混合饲料改为采购，拉动了添加剂预混合饲料产销量的增长。

3.大企业规模效益和抵御风险的能力凸显，小企业市场竞争力乃至生存能力日趋减弱，品牌效应更加突出。由于大型企业在资金、技术、服务、市场、销量等方面的优势决定了其生命力和抵抗市场风险能力的增强，在当前原料价格波动频繁、涨跌幅度不断加大的形势下，小企业的生存空间越来越小，而且越是在这样的环境下客户越看重产品的品牌，因此，有实力、有潜力、有发展前途的大企业和名牌产品市场占有率越来越高。

【主要工作】一年来，山西省各级饲料行政管理部门按照国家饲料法规要求，以高度的社会责任感，认真履行职责，坚持德治、法治并重的原则，一手抓宣传引导和技术扶持，一手抓质量检测和依法监管，做了大量卓有成效的工作。

1.坚持宣传贯彻饲料法律法规，推广普及饲料新技术。山西省饲料工业办公室继续坚持“月有联系，季有活动”的工作制度，2008年共举办各类讲座、研讨会和培训班5次，主要内容为《饲料和饲料添加剂管理条例》及其6个配套规章的宣传；饲料新技术、新产品专题讲座；动物疫病防治技术规程解析；饲料加工新技术、新动向及饲料形势分析与预测报告等，较好地发挥了行业指导的作用。

2.认真履行法定职能，严格落实市场准入和产品准出制度。根据《饲料和饲料添加剂管理条例》及其配套规章的规定，依照《饲料生产企业审查办法》，省、市、县3级饲料管理部门密切配合，进一步明确了各级管理部门的监管权利和责任，严格按照饲料条例及其配套规章对饲料和饲料添加剂生产企业的生产条件、人员素质等要素进行审查和年度备案审查，在审发证书的工作中，严格坚持标准，使获证企业得到了社会的认可。

3.精心组织饲料质量安全监测，圆满完成了农业部下达的“瘦肉精”等违禁药物专项检查任务。防范疯牛病的专项检查任务下达后，山西省饲料工业办公室及时组织各市饲料管理部门及质检机构学习领会文件精神，培训采样方法及饲料标签检查方法。2008年共监测饲料样品697份，抽检合格率95%。

4.积极配合开展“保质量、保安全、助奥运”农产品质量安全保障行动。2008年7月25日~8月4日，以助奥运行动为契机采取交叉检查的方式，在全省范围内开展对饲料生产、经营、使用环节的全面检查，查封、取缔了一批无生产许可证、无标准、无标签和无合格证的“三无”企业，有力地保证了奥运期间饲料产品的质量安全。

5.有序有效开展饲料安全专项整治行动。三聚氰胺事件发生以后，为有效预防、及时控制和消除三聚氰胺对饲料业和养殖业的危害，根据农业部和农业厅的统一安排，从2008年9月开始，在全省开展了饲料质量安全专项整治行动。为确保专项整治行动取得实效，按照国务院和农业部统一要求，制定了《山西省饲料质量安全专项整治工作实施方案》，成立了专项整治工作领导小组和办公室，有序地开展工作。为了规范饲料生产经营行为，净化饲料市场环境，根据农业部《饲料质量安全专项整治工作方案》，及时下发了《关于整顿规范饲料生产企业的通知》。专项整治行动期间，全省累计出动执法人员13 248人次，累计检查企业和养殖场户10 202个次(其中，蛋白质饲料生产和经营场点1 812个，饲料生产企业1 244个，自配料养殖场户7 146个)，累计取缔非法企业57个，累计检测各类饲料样品1 073批次（其中蛋白质饲料295批次，饲料生产企业样品373批次，自配饲料405批次）；累计检出三聚氰胺171批次（其中蛋白质饲料35批次，饲料厂饲料82批次，自配饲料54批次），查处无证和违规生产企业59个，查处违法违规经营企业11个，查处无证生产窝点43个，查处违法违规养殖场(户)31个。查封、销毁、无害化处理问题饲料174.5t，折合金额47.1万元。

6.充分发挥媒体的作用，积极宣传国家的方针政策，并为企业提供及时方便的信息服务。一年来积极发挥了《山西饲料》和山西畜牧信息网这一主流媒体的宣传导向作用，在政府和企业之间架起一座相互了解和沟通的桥梁，及时把政策法规、最新科技、实用技术、市场动态等信息源源不断地传送到企业和行业管理者手中。

7. 继续实施特有工种职业技能鉴定和就业准入制度。为了提高饲料行业整体素质，农业部根据《劳动法》、《职业教育法》及相关法律法规，规定饲料检验化验员、饲料厂中央控制室操作工、饲料加工设备维修工实行就业准入制度，即这 3 个工种必须经过培训、考试、考核合格后方可上岗工作。2008 年，山西省饲料工业办公室于 3 月 29 日~4 月 6 日在山西农业大学举办了 3 个工种的职业技能鉴定，参加鉴定共有 383 人，362 人取得了职业资格证书。9 月 8 日，先后选派 14 名省、市、县饲料管理部门的同志赴云南参加了农业部组织的国家考评员培训班，全部取得了国家级考评员资格证书。

【存在问题】1.安全监管体系不够健全。由于多方面的原因，山西省安全监管体系的建设步伐远远落后于形势发展的速度，全省除省饲料监察所有机构、有人员、有设备外，11 个市只有晋中与临汾两市有饲料检验机构，检验设备大都是 20 世纪 80 年代的，检验项目仍停留在常规检验的水平，卫生指标、氨基酸、维生素、微量元素及药物残留根本无法检测，现有的检测能力明显滞后于安全管理工作的需要。为数不少的生产者、经营者的思想上安全卫生的含义只是一句口号而已，对此仍需加大工作力度，进一步强化安全意识。

2.生产企业无序竞争的局面尚未根本改变，企业提高产品质量的内在动力不足。由于饲料行业已进入微利时代，为争夺市场，一小部分饲料企业利用饲料监测不严格和农村养殖户专业知识不全面的特点，低成本操作，甚至进行欺骗性生产和销售，极大地扰乱了饲料市场秩序。

3.以散养和使用自配饲料为主的生产方式，加大了技术服务和监督管理的难度。由于农户在疫病防治、饲料产品鉴别和科学使用等方面的知识相对欠缺，饲养条件也相对较差，加大了技术服务和监督管理的成本，对于其中存在的安全隐患难以及时发现。从养殖环节看，养殖户自配饲料比例比较高，而且绝大多数加工设备简陋，没有质量检验仪器，一旦出现质量安全事故，难以溯源，监管难度非常大。

（山西省饲料工业办公室）

内蒙古自治区饲料工业

【发展概况】截至 2008 年底，内蒙古自治区共有饲料企业 438 家，饲料行业从业人数 9 819 人，比 2007 年减少 14.5%。2008 年饲料产品总产值 44.8 亿元，同比下降 0.4%，饲料总产量达到 206.1 万 t，同比增加 9.4%。其中配合饲料 119.1 万 t，同比增加 8.4%；浓缩饲料 83.3 万 t，同比增加 0.2%；添加剂预混合饲料 3.7 万 t，同比下降 21.5%；动物源性饲料同比增加 3.8%。

【主要特点】2008 年内蒙古饲料工业发展呈现以下特点：一是配合饲料增长迅速，产品结构进一步优化。随着养殖业内部结构性调整速度加快，自配料越来越多地被商品化饲料替代，特别受玉米、豆粕等原料价格上涨的影响，一部分浓缩饲料用户也改用配合饲料。二是原料价格居高不下，企业利润持续下滑。受全球能源、粮食价格上涨影响，饲料原料和多种饲料添加剂价格均出现不同程度上涨。2008 年玉米、豆粕、蛋氨酸等各主要饲料原料同比平均涨幅为 39%，而同期猪、肉禽、蛋禽等配合饲料产品同比平均涨幅为 24%。饲料生产企业消化了 15 个百分点的成本上涨压力，利润普遍下滑。三是随着原料、能源价格的上涨和国家对饲料行业实行严格的监管政策，大企业在资金、规模化生产、产品质量检验方面的优势更加明显。

【主要工作】1.加强行政审批，严格饲料生产企业市场准入。一是加强行业指导，严格行政审批，在全区范围内实行“统一受理，一次告知，限时办理，统一送达，全程透明”的公开行政审批程序；二是以贯彻落实《饲料企业审查办法》为契机，严格饲料生产企业市场准入制度；三是对照现场审核标准，对现有饲料生产企业按照通过一批、整改一批、关闭一批的总体思路，严格饲料企业生产条件审查。四是以饲料企业年度备案为契机，对全区饲料生产企业进行整顿，对不具备生产条件的企业注销其生产许可证。

2.开展饲料中三聚氰胺专项整治工作。一是加强领导，认真落实国家和自治区的相关部署，加大查处力度，坚决杜绝在饲料中违规添加三聚氰胺等有害化学物质，确保实现“四个 100%”。二是强化监管，严肃查处问题饲料，确保专项行动取得实效。三是自治区成立督查组对全区 12 个盟市 55 个旗县区的 333 个生产经营企业和奶牛养殖户进行了检查。四是举办饲料管理、检测技术培训班。为建立饲料质量安全的长效机制，自治区拿出 1 300 多万元，为全区 12 个盟市配备检验设备。自治区农牧业厅对全区 12 个盟市的饲料管理和检验人员共 330 多人进行了业务培训，确保了饲政管理人员和检验员能够全部上岗。五是积极开展饲料行业职业技能鉴定工作，对新建饲料企业的检验人员进行了检验技术培训和鉴定，参加培训的饲料检化验员有 148 名。

3. 开展饲料检测工作。根据《农业部关于开展 2008 年饲料及畜产品质量安全监测工作的通知》(农牧发〔2008〕3 号文件)、《2008 年反刍动物饲料中牛羊源性成分监测计划》、《2008 年饲料及畜产品中违禁添加物专项监测计划》，以及自治区农牧业厅《关于开展 2008 年内蒙古自治区饲料质量安全监督检测的通知》(农牧草发〔2008〕33 号)的精神，积极开展饲料监督检验工作，2008 年完成各类饲料检验 3 181 批次，其中：完成农业部反刍动物饲料中牛羊源性成分例行监测 596 批次；完成农业部违禁添加物专项监测 191 批次；完成农业部饲料产品质量安全监测 188 批次；为保障奥运期间动物食品安全，开展瘦肉精、三聚氰胺、苏丹红等违禁添加物专项监测 507 批次，其中内蒙古 207 批次，河北 300 批次；完成农业部对重点省区(河北)生猪养殖环节瘦肉精等违禁药品拉网式监测600批次;完成农业部畜禽养殖5个基地质量安全专项监测27批次;完成农业部孔雀石绿违禁添加物监测30批次;完成各类饲料委托检验1 042批次,其中饲料日常委托检验709批次,饲料免税检验306批次,饲料报批检验27批次。

4.积极发挥饲料工业协会桥梁和纽带作用。内蒙古饲料工业协会于2008年初进行了换届选举，挂靠在内蒙古饲料草种监督检验站，重新修订了协会章程,积极筹划内蒙古饲料工业信息网网站建设。为促进内蒙古反刍动物养殖业迅速发展,协会与美国大豆协会联合在呼和浩特市举办“饲料加工与养殖技术讲座”,呼市地区饲料生产企业、养殖户近130多人参加了培训。还组织内蒙古10家大中型饲料生产企业参加美国大豆协会、中国饲料工业协会联合举办的全国饲料工业交流活动。在饲料中三聚氰胺整治活动初期,协会向广大会员单位发出倡议书《拒绝三聚氰胺等有毒有害物质,确保饲料产品安全》。

【存在问题】内蒙古饲料行业基本上保持平稳发展态势,但近期物价上涨,打乱了饲料生产企业的产销平衡,这期间也就出现了为降低原料成本,使用劣质原料、偷工减料等现象,导致饲料质量有所下降。

此外,饲料产品质量检测源头把关薄弱,大部分企业在申请建厂时没有能力建设标准化的质量检测机构,按照有关规定,要与专门饲料质检部门签定委托检验合同,但实际能做到按时送检的企业很少,为不合格的饲料流入市场留下了隐患。

在市场监管方面，由于多种原因影响和条件限制,对饲料产品抽检范围很小,对生产经营不合格产品的处罚力度不够,导致了市场上假冒伪劣产品的出现。“三鹿”奶粉事件也涉及到内蒙古自治区个别饲料生产企业,虽然数量不大,但对整个饲料行业也造成一定的影响,产品的安全性受到质疑,产量明显下降。但从长期来看,“三鹿”奶粉事件也带来一次新的产业整合机遇,饲料行业将迎来大企业、大品牌领跑,家庭作坊式的小企业被淘汰出局的新局面。

(内蒙古饲料工作办公室)

辽宁省饲料工业

2008年辽宁省饲料工业克服了饲料原料价格全面大幅波动，饲料生产企业效益下降等不利因素,积极应对、妥善处理三聚氰胺事件,使饲料工业仍保持持续稳定健康发展的良好势头。

【发展概况】辽宁省饲料工业生产持续稳定增长。据统计,2008年饲料生产年双班设计能力4 620万t;饲料产品产量897.2万t,与2007年同比增长11.8%;其中配合饲料544.8万t，同比增长17.3%；浓缩饲料342.4万t,同比增长4.5%;添加剂预混合饲料10.0万t,同比下降4.8%。全年实现饲料工业总产值196.1亿元,比2007年增长17.1%。

饲料原料工业产量产值全面下降。据统计,2008年饲料原料企业108家，其中动物源性饲料企业100家，其他饲料原料企业8家。饲料原料总产量为45 502t,同比下降28.3%,其中鱼粉15 647t,骨粉19 340t,肉骨粉3 670t,血粉3 960t,羽毛粉1 575t。实现产值11 043万元,同比下降54.5%。

饲料添加剂产量稳步快速增长。据统计,2008年饲料添加剂总产量为5 795t，是2007年340t的17倍。其中维生素K_3 100t,微量元素添加剂(Ⅰ)3 300t,复合酶制剂(Ⅱ)232t。实现产值7 014万元,是2007年2 704万元的2.6倍。

饲料生产机械成套设备增长幅度较大，效益下降。据统计,2008年全省饲料加工机械设备生产总量为1 078台(套),是2007年353台(套)的3.1倍。其中时产10t以上成套机组23套，同比增长53.3%;时产5~10t成套机组45套,同比增长50.0%;时产1~5t成套机组111套,同比增长164.3%;单机台数为899台,是2007年266台(套)的3.4倍。其中粉碎机225台、混合机198台、制粒机94台。实现产值6 508万元,同比下降93.7%。

【主要特点】1.专业技术人员增长幅度较大。2008年,饲料企业职工人数17 668人,同比下降11.1%。具有大专以上学历技术人员为5 497人，占职工总数31.1%,同比增长12.5%。其中博士25人,硕士220人,大学本科1 899人,大学专科3 353人。从技术工种看，化验员1 418人，占职工总数8.0%；中控工660人,占职工总数3.7%;维修工967人,占职工总数5.5%。

2.饲料生产企业经济类型结构更加合理。2008年全省共有饲料生产企业973家,按经济类型分,国有企业6家,集体企业1家,私营企业566家,股份制企业378家,港、澳、台及合资企业15家。从整体上看,国有、集体企业数量大幅度下降,私营、股份制类型企业数量大幅度上升。

3.饲料产品结构进一步优化。2008年受市场和产业政策等因素的影响,辽宁省猪、蛋禽、水产饲料产量上涨,肉禽饲料增长幅度不大,反刍动物饲料产量有所下降。猪饲料同比增长13.6%,蛋禽饲料同比增长14.0%,水产饲料同比增长15.7%,肉禽饲料同比增长8.5%,反刍动物饲料同比下降9.5%。

据统计,2008年配合饲料比重增加,占饲料产品总量的60.7%,同比提高了2.8个百分点。浓缩饲料占饲料产品总量的38.2%,添加剂预混合饲料占饲料总产量的1.1%。

4.大企业带动作用不断增强。一是根据企业质量管理、守法运营、售后服务、产品市场占有率及客户满意程度等条件，在全省饲料企业中评选出辽宁饲料企业 30 强。以辽宁大成、禾丰、众友为代表的前 30 名饲料企业占全省饲料总产量的 32%，占总产值的 34%。这些大型饲料企业在引领行业发展、规范企业管理、开展诚信经营等方面发挥了积极作用。二是开展了以诚信为主题的“五不活动”，即不生产销售假劣产品、不使用违禁药物及非法添加物质、不虚假宣传、不欺诈经营、不拖欠职工工资。组织饲料企业与当地饲料监管部门签订饲料质量安全承诺书，增强了企业的法律意识、责任意识和诚信意识。

【主要工作】1.加大监测工作力度。一是重点加强对瘦肉精、反刍动物饲料中的牛羊源性成分和饲料中蛋白精等非法添加物质的监测。二是组织市级畜产品安全检测机构，按照属地化管理的原则，全面开展对辖区内饲料中三聚氰胺等有毒有害物质的检测工作。三是整合检测资源，实行分级检测。由市级检机构负责筛选检测，省级负责确认检测；为保证检测准确度，由省兽药饲料监察所组织对全省市级检测人员进行饲料中三聚氰胺检测技术培训。四是对查出的问题饲料严格按照“五不放过”原则，从严查处；对检出有问题饲料的企业，责令企业立即停止销售和使用，立即召回，并责成当地主管部门依法进行严肃处理；构成犯罪的，及时移交司法机关追究刑事责任。对涉嫌在饲料原料中违法添加三聚氰胺的非法企业沈阳市新民明兴饲料厂进行立案调查，查封该企业的所有问题饲料，因其违法金额巨大，涉嫌犯有制售伪劣产品和非法经营罪，9 月 29 日下午，沈阳市动监局已将此案移交沈阳市公安局。由于加大监测力度，2008 年上半年在全国抽查饲料生产、经营企业中，辽宁省饲料产品合格率高于 95%，在全国同行业处领先水平。

2.加大案件查处力度。一是切实加强饲料生产企业行政许可管理工作。通过组织审核换发《饲料生产企业审查合格证》，对符合条件的 920 家取得《饲料生产企业审查合格证》的企业及时向全省公告，对 210 家不符合生产条件的企业将名单移送当地工商部门。二是积极应对三聚氰胺事件。9 月 22 日以来，辽宁省开展了 1 个月的饲料质量安全集中整治行动，共出动执法检查人员 21 224 人次，累计检查饲料生产企业、经营单位及畜禽养殖场(户)14 879 家。累计抽检饲料生产企业、经销单位和畜禽养殖场槽头料样品 4 008 批次，饲料产品合格率 97.8%。全省查处“问题”饲料产品共计 450.6t，涉案金额 138 万元。

3.加大行业服务力度。一是制定了《辽宁省饲料生产企业审查验收制度》，组建饲料企业评审人员专家库，进一步明确了评审人员的责任和义务。二是按照农业部第 977 公告中《单一饲料产品目录(2008)》确定的单一饲料产品类别和品种规定，查清本辖区内单一饲料生产企业的基本情况；对暂未列入《单一饲料产品目录》的单一饲料产品，按饲料标签(GB10648-1999)的相关要求，要求生产企业在包装物或产品标签上标明饲料名称、产品成分分析保证值、产品执行的标准编号、使用说明、净重、生产日期、保质期、生产企业和生产地址等内容。三是为企业技术人员晋升职称搭建平台。在动物卫生专业系列中单独设立了动物营养师职称系列，其评审等级分别为高级动物营养师、动物营养师和助理动物营养师，并积极组织企业技术人员申报职称。

4.充分发挥饲料工业协会作用。一是积极联合企业开展活动。与广东溢多利生物科技股份有限公司、美国大豆协会、饲料工业杂志社联合举办了“第二届饲料成本控制策略及关键技术”、“2008 辽宁饲料加工新技术讲座”，在沈阳等地举办了“饲料中三聚氰胺检测技术培训班”等。二是积极开展企业文化生活。辽宁省饲料工业协会组织评选了“巾帼模范”活动，并于 3 月 8 日召开了“庆祝 3·8 国际妇女节暨表彰辽宁省饲料企业‘巾帼模范’颁奖晚会”。三是积极开展“爱心捐赠，真情送暖”行动。5 月 12 日汶川发生大地震后，协会第一时间发出倡议，辽宁禾丰、大成等企业向灾区捐款 339 万余元。四是积极开展饲料行业职业技能鉴定工作。全年共鉴定饲料检验化验员两期，鉴定人数 180 人。

【存在问题】一是监管队伍与饲料质量安全监管任务不相适应，目前只有省市有监管机构，大多数县无专门监管机构；二是检测手段与监管工作需要不相适应，部分市级单位三聚氰胺检测设备尚未到位；三是检测经费严重不足。

（辽宁省饲料工作办公室）

吉林省饲料工业

2008 年吉林省饲料工业在全国饲料工作办公室和省委、省政府的正确领导下，在全省饲料行业同仁的共同努力下，克服了种种困难取得了可喜的成绩。

【发展概况】2008 年，全省共有注册饲料企业 475 家，其中生产添加剂预混合饲料的企业 20 家，生产饲料添加剂的企业 11 家。全省饲料工业产品产量 356.3 万 t，其中配合饲料产量 195.2 万 t、浓缩饲料产量 152.5 万 t、添加剂预混合饲料产量 8.6 万 t、添加剂产量 38.2 万 t，同比分别增长 4.3%、6.8%、5.3%、-39.1%和 14.7%；实现工业总产值 98.7 亿元，同比增长 13.1%。

【组织机构】在行政管理上，省、市(州)、县(市、区)3 级政府都在牧业管理部门中成立了独立的或兼职的饲料工业管理部门(即饲料工作办公室)，其中省、市级(除长白山管理委员会外)全部为独立部门，县级中还有部分是兼职单位。在质量检验上，有两个省级饲料质量检验机构，分别隶属于牧业管理部门和质量监督管理部门；12个市级饲料质量检验机构，其中，3个隶属于牧业管理部门，9个隶属于质量监督部门；在县级牧业部门还没有能够开展正常检验工作的饲料质量监督检验机构。

【主要工作】1.完成饲料生产企业换证工作。按照农业部第73号令的要求，依据《饲料生产企业审查办法》的规定，饲料生产企业实行《饲料生产企业审查合格证》制度。以前各省(市、区)颁发的“许可证、审查证、登记证”等在2008年5月1日后停止使用。2008年4月末对全省饲料生产企业进行了统一换证。

2.完成全年饲料产品抽样检验工作。根据《农业部关于开展2008年饲料及畜产品质量安全监测工作的通知》要求，按照《2008年全国饲料质量安全监测计划》、《2008年饲料及畜产品中违禁添加物专项监测计划》和《2008年反刍动物饲料中牛羊源性成分例行监测计划》安排，会同省兽药饲料监察所，分别到长春市的德惠市、榆树市、四平市市区、梨树县、伊通县、公主岭市和双辽市、吉林市的丰满区和昌邑区进行抽样，抽检饲料产品样品1 100余批次，占全年任务的104.8%。

3.开展《迎奥运、保安全饲料质量安全专项整治百日行动》活动。为积极配合“保质量、保安全、助奥运农产品质量安全保障行动”和《农业部关于加强饲料和畜产品质量安全监管工作的通知》(农牧发〔2008〕4号)的要求，开展饲料产品安全检查百日行动，为此，专门制定了《吉林省迎奥运、保安全饲料质量安全专项整治百日行动实施方案》(吉牧饲发〔2008〕44号)下发至各市(州)、县(市、区)。7月28日~8月1日，共检查9个市(州)18个县(市、区)的35家饲料生产企业、186家经营业户和115家畜禽养殖户。农业部专家考核督查组分别于5月8~9日和5月29~31日来吉林省，对吉林省的“供奥”企业及获得国家许可证的企业进行检查。经过检查，农业部专家考核督查组对吉林省工作予以充分肯定。

4.完成饲料统计工作。按照农业部对饲料统计工作的要求，分别在1月18日、4月18日、7月18日和10月16日将2007年第4季度、2007年年度和2008年第1季度、第2季度和第3季度的饲料生产情况统计后，上报给农业部。同时，在每月28日前完成农业部对吉林省5家饲料厂生产销售情况调查的统计工作，并及时上报给农业部。

5.积极向外商推介吉林省省情，招商引资。6月底，在长春举办了中韩饲料和奶牛发展论坛会，同韩国外商签订了奶牛饲养和饲料加工协议，目前饲料加工企业厂址已经选定，奶牛项目正在落实中。

6.加强培训，推进吉林省饲料工业技术发展和养殖技术的提高。8月中旬，在大安市召开了饲料工业发展和健康养殖高级研讨会，有饲料企业负责人和养殖场老板300多人参会，听取了国内、外饲料业和养殖业方面的专家讲课，参会企业签订了发展饲料业和健康养殖倡议书。12月3~4日，举办了饲料生产企业中心控制室操作人员培训班，有40多家企业派出人员参加，38人获得了饲料生产企业中心控制室操作工上岗证。

7.积极应对突发事件，深入开展饲料安全整治工作。在“三鹿”奶粉事件发生后，吉林省饲料工作办公室迅速反应，立即行动。在专项整治中，共出动执法人员5 941人次，累计检查467个饲料企业、1 518个饲料经营门市部和2 566个奶牛养殖场(户)，抽检样品2 820批次，召回、销毁奶牛饲料502t，对涉嫌人为添加和生产使用三聚氰胺的饲料生产企业进行了查处。为进一步加强吉林省饲料质量安全整治工作，在11月14日召开了由9市(州)、长白山管委会牧业局主管局长和48个县(市、区)牧业局长参加的“全省饲料质量安全整治工作会议”，饲料整治工作收到了良好效果。

【存在问题】1.牧业(饲料)管理体系中，饲料产品质量检验机构建设滞后，与饲料行业的发展和监管工作的需要很不适应。

2.饲料企业低水平重复建设严重，致使企业开工不足，生产设备闲置。

3.原料市场价格波动频繁，阻碍了饲料业的平稳发展。

4.饲料生产企业免征增值税政策，落实难度大。

(吉林省饲料工作办公室)

黑龙江省饲料工业

【发展概况】2008年，黑龙江省饲料工业克服了“三鹿”奶粉事件、生猪市场和饲料原料价格波动等因素的影响，呈现健康、协调、发展的良好局面。2008年末，全省饲料产量600万t，同比增长5.3%，其中配合饲料产量295万t，同比增长9.3%；浓缩饲料产量280万t，同比增长0.7%；添加剂预混合饲料产量25万t，同比增长13.8%。饲料工业实现产值147.0亿元，同比增长9.7%。

【主要特点】1.企业技术改造和重组步伐加快，产业规模进一步壮大。2008年末，全省饲料生产企业年双班生产能力达1 000万t，同比增长6%，年加工能力1万t以上的企业占全省企业数量的90%以上，产业集中度进一步增强。企业科技研发和技术转化能力进一步增强，哈尔滨青禾饲料公司、哈尔滨远大牧业公司、哈尔滨新中旭饲料有限公司、禾丰集团哈尔滨分公司等与大学密切合作，相继成立企业研发中心，加快了成果转化，走出了一条产学研结合的发展之路。

2. 饲料产品结构进一步优化，产品质量稳步提高。通过饲料产品结构调整，配合饲料、浓缩饲料、添加剂预混合饲料比例为12.2:11.7:1。猪饲料产量164万t，同比增长6.6%；反刍动物饲料130.0万t，同比下降2.5%；蛋禽饲料和肉禽饲料252万t，同比增长16.0%；水产饲料15万t，同比下降32.0%；狐貉等其他饲料39万t，同比下降10.3%。

3.资源开发利用力度增强，饲料原料及添加剂工业发展迅速。豆粕、豆饼、玉米蛋白粉、甜菜籽粕、大豆蛋白肽、大豆磷脂、DDGS、酵母饲料、非蛋白氮等蛋白质资源得到广泛开发利用，饲料原料生产能力进一步扩大，部分产品还出口到俄罗斯、韩国等国家。肇东成福集团利用玉米资源丰富的特点，新上的赖氨酸生产项目年加工能力为2万t。

4. 企业与畜牧生产基地的利益对接关系逐步密切，产业化经营水平不断提高。哈尔滨英瑞斯饲料公司、哈尔滨市凯虹饲料有限公司等企业注重延长产业链条，新增种畜禽项目，采取"公司+农户（或协会）"的产销直挂经营机制，提高了产业化经营水平。哈尔滨新中旭饲料公司在全省范围内还牵头组建了11个养殖合作社，提高了农民生产的组织化程度。

【主要工作】1.加强宣传培训，强化队伍建设。充分利用《饲料博览》、《东北饲料信息》和东北饲料信息网等媒体，及时广泛地宣传国家有关政策、法规。为了配合《饲料生产企业审查办法》、农业部第977号公告的实施和饲料整治工作，2008年重新编辑印制了《饲料政策法规汇编》，并举办全省饲料法规培训班和三聚氰胺知识培训班。受全国饲料和饲料添加剂评审委员会的委托，于12月26~27日在哈尔滨承办了"东北三省饲料生产许可审核技术培训班"，来自东北3省130多人参加了培训，其中黑龙江省各级饲料管理人员50余人。同时开展了饲料职业技能鉴定的培训工作，举办了两期化验员培训班，培训141人，经考核全部取得了农业部核发的证书。

2.强化产品监测，保证质量安全。2008年农业部下达黑龙江省饲料质量安全例行监测和"蛋白精"监测任务分别为1 030批和200批，实际分别完成1 050批和218批，抽检合格率分别为95.7%和100%。在全面整治工作中，采取监督检验和企业送检自查相结合的方式，重点强化了对蛋白质饲料原料和奶牛饲料产品监测工作。组织完成了省内200批次猪禽饲料产品监测任务，未检出瘦肉精、莱克多巴胺、氯霉素等违禁药物，从源头上有效保证了畜产品质量安全。

3.规范行政审批，严格行业准入。创造性地建立并实施了行政审批联评联审制度，实行集体审批、共同把关，防止了行政审批的"随意性"和"一支笔审批"的现象。2008年共受理浓缩（配合）饲料、饲料添加剂及预混合饲料、动物源性饲料申（换）证企业314个，经审查合格由省本级或上报农业部审批263个，需整改待批的51个；共核发饲料添加剂及预混合饲料批准文号65个。同时，组织并完成了饲料、饲料添加剂及预混合饲料、动物源性饲料生产企业年度备案审核工作，其中饲料企业590个，不合格223个，注销109个；饲料添加剂备案合格企业59个，不合格1个；预混合饲料备案合格企业174个，不合格12个，注销4个；动物源性饲料备案企业20个，不合格6个，注销2个。

4.加强监管整治，维护市场秩序。和医政医药处连续两年共同组织开展了全省兽药饲料生产经营市场专项联合整治行动，年初制定了《2008年全省兽药饲料打假专项整治行动实施方案》和"关于进一步加强瘦肉精等违禁药品执法监管工作的通知"，结合助奥运行动全面开展了饲料整治，并由饲料办、医政医药处和省兽药饲料监察所主要领导分别带队组成3个检查组，于5~7月对全省13个地市及企业进行了拉网式暗访检查，共受理群众举报案件59起，查处制假售假窝点和违法企业39个。尤其是9月份发生"三鹿"奶粉事件以来，按照农业部和局党组的统一部署和要求，对以奶牛饲料、蛋白质饲料为重点的饲料企业进行了全面治理整顿。在农业部文件下发前黑龙江省即紧急制定下发了《关于加强全省奶牛饲料专项监管及对饲料行业进行全面治理整顿工作的通知》（黑牧明传〔2008〕10号）、《全省饲料质量安全专项整治实施方案》（黑牧饲〔2008〕149号），明确了整治范围、目标任务、整治重点、方法和步骤等内容。自9月14日开展专项整治以来，全省累计出动执法人员13 000余人次，检查饲料生产企业876家、养殖场（户）17 113家，监督抽检饲料样品1 085批次，立案查处违法企业、养殖场户44家，累计取缔非法企业7家，累计查处违法饲料产品450t，涉案金额100多万元。通过全省上下齐抓共管，专项整治工作取得了一定的成效，饲料市场得到进一步净化。

5.开展服务指导，促进行业发展。一是积极帮助企业落实饲料产品免征增值税、陈化粮处理等相关产业政策，按照农业部"四大战略"要求，指导企业研究确定发展策略。二是及时分析饲料市场信息。利用《东北饲料信息》等杂志和网站信息平台，为行业和企业提供及时有效的信息；同时，分上、下年度召开饲料生产形势分析会议，总结情况、分析问题、预测走势、提出对策，为企业规避风险。三是组织开展行业自律和诚信宣言活动。为了确保奥运会食品安全，与协会组织全省20强企业、优秀原料供应企业联合发起了《助奥运——保证饲料质量安全诚信联合宣言》活动，带头讲诚信、讲质量、讲安全，推进行业自律。四是开展技术交流和参观考察活动。与协会举办了"饲料企业创品牌座谈会"；和美国大豆协会、山东六和、普瑞纳、哈普凡、哈博瑞、新中旭等企业分别举办了“高产奶牛饲养技术研讨班”、“饲用酶制剂应用技术研讨班”等技术讲座，组织企业参加了在陕西举行的“全国饲料工业展示交易会”，并考察了当地饲料企业。

（黑龙江省饲料工业办公室）

上海市饲料工业

【发展概况】上海市现有饲料、饲料添加剂生产企业231家，其中获饲料添加剂和添加剂预混合饲料生产许可证企业98家，饲料审查合格证企业103家，动物源性饲料生产企业5家。帝斯曼维生素(上海)有限公司、上海新杨饲料工业有限公司等52家饲料生产企业和饲料机械企业通过ISO9000体系认证，上海新农饲料有限公司等34家企业通过HACCP安全质量管理体系认证。

2008年，上海市饲料加工产品总产量141.5万t，同比增长22.5%，其中配合饲料107.7万t，同比增长18.1%；浓缩饲料13.8万t，同比增长71.3%；添加剂预混合饲料20.0万t，同比增长23.3%。2008年饲料工业总产值65.1亿元，其中产值过亿的企业有14家。2008年上海市饲料产品出口额3.6亿元。

【主要工作】1.依法行政，严格企业准入制度

先由饲料生产企业所在地区县饲料主管部门进行初审，通过初审的企业进行网上申报，材料齐全的由上海市饲料工作办公室组织专家开展现场审核，审核结果在网上公示，接受社会监督。

上海市严格按照农业部制订的现场综合审核表实施打分和综合评定，同时根据上海的实际情况，对兽药仓库和危险品库、药物饲料添加剂和饲料添加剂使用、仪器室和检验操作室的场地要求等实施了更严格的管理。2008年共完成了对37家饲料添加剂和添加剂预混合饲料生产许可证企业、3家动物源性饲料产品卫生合格证企业和105家饲料审查合格证企业的现场考核和跟踪复核工作。

每年初，上海市按照要求开展饲料生产许可证企业的年度备案工作，按15%的比例重点对虚报材料、生产不正常以及前一年度备案不合格的生产许可证企业进行现场检查。对企业存在的问题责令整顿，问题严重的或整改不到位的提请农业部注销许可证。

2.强化监管，确保企业规范生产

2008年初，上海市各区县饲料监管机构与所有饲料生产企业签订质量安全承诺书，要求企业作为饲料质量安全的第一责任人，自觉遵守国家的相关法规要求，并在承诺书中明确规定不得在饲料中添加三聚氰胺等有毒有害物质。

为规范行业生产、维护市场秩序，上海市每年对饲料行业开展执法检查和专项整治，并逐步形成了行政审批、质量安全监测、案件查处等3方面的联动机制。2008年饲料监管出动人员4 691人次，共检查各类企业2 309次，印发各类资料1.1万份，查处各类案件99起，查获假劣饲料14.8万kg，涉案货值78.6万元，没收金额12.3万元，罚款13.9万元。

为保障奥运期间动物产品的安全，制定了上海市饲料生产、养殖和使用环节的工作方案和奥运期间上海市饲料质量安全监测计划，共计抽检猪尿77批次、猪饲料40批次，检测结果全部合格。

“三鹿”奶粉事件后，上海市全面开展了饲料质量安全专项整治行动，累计共出动执法检查人员2 584人次，现场检查了1 237家次奶牛养殖场，233家次蛋白质饲料原料生产企业和奶牛精料补充料生产企业，163家次饲料生产企业；共抽检了693个饲料样品，未检出三聚氰胺，全面完成了农业部提出的“四个100%”整治目标和任务。对存在违法违规行为的，则严格按照饲料管理等法规予以查处。

为确保对饲料许可证企业的有效管理，上海市饲料监管部门加强了对获证后企业的监管：一是对全市获证企业的检化验人员建档，企业检化验人员不足两名的责令整改，杜绝持证检化验人员兼职多家企业的现象；二是建立获证后企业的检化验检测仪器和设备档案，防止企业借调和弄虚作假；三是加强对过期证、号的监管，防止企业生产过期的证、号产品；四是坚决杜绝企业迁址后未获新证擅自生产的行为，一旦发现即按相关条例进行查处；五是建立企业诚信监管档案。监管档案内容包括：企业的基本情况、现场审核时的厂容厂貌、设备设施清单、型号、方位图、历次检查记录、产品抽检不合格情况、投诉举报情况、案件查处情况等，通过对企业档案的分析，对企业实施诚信评级管理。

上海市充分发挥市饲料工业标准化技术委员会的作用，完善饲料行业标准、标签评审制度，建立各饲料生产企业的标准和标签档案。对申报生产许可证、审查合格证和产品批准文号的饲料企业，并委托市饲料工业标准化技术委员会对申报企业的企业标准和标签进行评审，对通过评审的企业出具评审意见表，作为饲料行政审批事项的申报材料之一。2008年共审定了131家饲料生产企业的371份企业标准。通过对标准和标签的规范，提升企业的质量管理水平。

3.加强饲料安全质量检测，提高饲料安全水平

2008年完成农业部下达的饲料质量安全监测任务1 080批，上海市下达的饲料质量安全监测任务1 520批。其中饲料中药物(包括违禁药物)抽检样品673批次，检测合格率为98.4%；饲料中有毒有害物质抽检样品294批，产品合格率为99%；饲料中牛、羊肉骨粉危害性检测样品153批，合格率100%；饲料产品质量监督抽检400批，合格率90%。

2008年上海市“瘦肉精”等违禁药物专项整治监测计划总数为30 400批，其中产地检测25 000批，监督抽检5 400批。截至2008年12月底，上海市“瘦肉精”等违禁药物专项整治任务（包括沙丁胺醇、莱克多巴胺）完成产地检测57 025批，监督抽检9 808批，结果均为阴性。

另外，制定了奥运期间动物性产品中兽药残留监控计划和饲料质量安全监测计划，共计抽检猪尿77批次、猪饲料40批次。检测结果全部合格。

4.促进发展，确保行业稳定规范

一是积极推进饲料行业体系认证。2008年已完成第2批10家上海市饲料行业HACCP体系认证推进企业的咨询和认证工作，到目前为止，已有38家企业通过HACCP认证。二是发挥行业协会自律作用。由上海市饲料行业协会制订《上海市饲料行业行规行约》，作为饲料行业自主管理、自我发展、自我约束的基本制度；由市饲料行业协会与市工商局联合，首次在上海饲料行业中推行《上海市饲料（饲料添加剂）买卖合同示范文本（2007版）》，并对上海市所有饲料生产经营企业组织了宣传培训。三是开展行业标准的制订和科技项目攻关。按照全国饲料工业标准化技术委员会下达的任务，上海市开展了饲料级-L-肉碱盐酸盐、饲料添加剂-大豆磷脂、饲料酸化剂中柠檬酸、富马酸和乳酸的测定、宠物食品卫生标准等4个国家标准的起草工作。由上海市饲料特有工种职业技能鉴定站与国家粮食储备局无锡科学研究设计院主编的《饲料厂中央控制室操作工》培训教材通过了农业部人事劳动司教材审定，现已正式发行。

上海市科技兴农重点攻关项目“饲料安全监管信息管理系统”能根据饲料生产企业的不同情况和特点，依据HACCP体系原理，为饲料生产企业提供饲料安全生产全过程的具体解决方案。目前已经初步完成了监控数据上传的软件制作，并在上海新农、上海新杨两家企业开展了试运行，取得了较好的效果。

5.加强培训，提高从业人员素质

为加强上海市饲料企业管理，提高企业负责人的法律意识和法规知识水平，举办了上海市饲料生产企业负责人法规培训班，共培训62人，60人考试合格并取得了上海市饲料法规培训证书；为推进HACCP体系认证，举办了ISO 22000食品安全管理体系内审员培训班，25家食品安全管理体系认证推进饲料生产企业均派员工参加此次内审员培训，同时，对通过体系认证的饲料生产企业体系审核员进行了知识更新培训；为切实加强饲料生产企业质量管理，举办了上海市饲料生产企业质量负责人法规培训班，共有100人参加了培训，考试合格的颁发《上海市饲料法规培训证书》。

根据农业部和上海市饲料监督执法部门在饲料标准及标签的监管中发现的问题，为规范饲料市场秩序，提高上海市饲料生产企业对企业标准和产品标签的编写水平，促进企业标准化工作深入开展，召开了“上海市饲料企业标准化培训班”，共120人参加了培训并通过了考试，考试合格者颁发了市饲料行业标准化从业人员培训合格证书。此外，还组织开展了两批饲料厂中央控制室初级操作工鉴定和3批饲料检化验员初级、中级工技能鉴定，共180人通过鉴定并取得鉴定证书。

（上海市饲料工作办公室）

江苏省饲料工业

【发展概况】2008年，江苏省饲料产品总产量继2007年突破500万t后再创新高。据统计，全省各类饲料加工企业总数为631家，2008年饲料产品总产量达621.2万t，同比增长12.3%；实现饲料产品总产值187.1亿元，同比增长33.9%。饲料工业现已成为连接种植业，服务养殖业，繁荣农村经济的重要产业。

【主要特点】1.养殖业增长，拉升饲料市场。2008年全省生猪生产快速增长，家禽产销保持平稳，水产养殖稳步发展，饲料工业产销两旺。配合饲料全面增长，其中猪饲料增长31.6%，蛋禽饲料增长6.4%，肉禽饲料增长15.4%，水产饲料增长9.1%。

2.结构调整，适应养殖需要。2008年饲料原料总体居高价位，小规模养殖户自配饲料的优势逐渐减弱，饲料产品结构进一步优化。2008年配合饲料产量同比增长14.5%，占饲料工业总产量的比例同比提高了近2个百分点；浓缩饲料同比增长6.8%；而添加剂预混合饲料同比下降15.5%。

3.优化服务，让利农民增收。2008年前3季度，饲料原料价格一路上涨，玉米、豆粕、鱼粉、磷酸氢钙、蛋氨酸等原料价格与2007年相比平均上涨10%~40%。面对原料价格的上涨，多数饲料企业强化管理，优化饲料配方，努力降低生产成本，配合饲料产品的价格上涨幅度10%~25%，低于原料上涨幅度，让利养殖者。同时，加强对养殖户的技术服务，帮助农民增收。

4.提高质量，保障畜产品安全。2008年饲料企业经受了三聚氰胺事件的严峻考验，把住饲料原料关，加强产品检测，保障了畜产品的质量安全。全省配合饲料、添加剂预混合饲料、浓缩饲料抽检平均合格率为89%，与2007年持平，其中下半年合格率达93.5%；反刍动物饲料中牛羊源性成分检测合格率99%；抽检标签合格率87.25%，与2007年相比提高4个百分点。

【主要工作】2008年围绕饲料安全，服务企业，发展产业，主要开展了以下几项工作：

1. 开展饲料产业的调研。2008年饲料行业波动大，原料大起大落，企业预见性和可控性低，对此，协会和饲料办结合畜牧生产情况调查和工作检查，积极开展调研。3月、4月、9月先后进行了蛋禽饲料产销、水产饲料产销、饲料原料市场的调研，并结合畜牧业信息、饲料季报、重点跟踪企业月报等综合分析饲料行业产销状况和未来走势，通过江苏饲料信息网和江苏饲料会刊发布，同时向主管领导和中国饲料工业协会信息中心汇报。

2.加强饲料统计工作。2008年江苏省加强了饲料网络统计工作，全省95%以上企业已实施网上填报。一是加强开展网络填报的培训。2008年初邀请中国饲料工业协会信息中心专家对各市饲料统计人员和重点跟踪企业信息员进行饲料统计软件使用辅导。各市也结合饲料管理工作会议和企业年审工作，开展对企业的培训，加快企业网络统计的进程。二是开展统计工作的考核。考核月报、季报和年报表完整性、准确性和及时性，年底评选出5名市级统计人员和6名企业信息员为江苏省2008年饲料统计信息工作先进个人，以江苏省饲料工作办公室名义予以表彰。三是加强企业用户管理，提高网络填报的完整性和准确性。对全省所有饲料企业进行了盘店清理，对已倒闭或转行的企业，删除企业用户档案，对暂时停产企业实施零报表上报，提高统计的完整性。

3.积极开展行业交流活动。6月27~28日，江苏省饲料工业协会在南京召开了“第六次会员代表大会”，共有195名会员出席了会议，会议报告了第五届理事会工作，通过了修改的协会章程、会员管理办法、会费管理办法；选举产生了新一届协会领导班子。

为宣传江苏省强势饲料生产企业，推进大企业战略的实施，根据公正、公开、公平、优中选优的原则，在全省饲料、饲料添加剂、饲料机械生产企业范围内开展饲料工业20强评选，由市级饲料行业协会或主管部门审核、推荐。经评选，南通正大有限公司等20家企业被省饲料工业协会授予全省饲料工业20强称号，颁发了证书和牌匾。

4.协助做好饲料质量监管工作。2008年根据农业部统一部署，开展了以查处三聚氰胺为重点的饲料专项整治。对全省蛋白质饲料、奶牛饲料、蛋禽饲料开展了拉网式的检查，对发现的阳性产品按照农业部有关要求全部予以封存并无害化处理，对阳性饲料来源严格按照五不放过要求追根溯源，坚决查清非法产品源头。截至12月22日，共查获17个阳性蛋白质饲料，及时向农业部报告，并积极配合非法产品生产地所在省做好调查取证工作，同时在全省范围内组织清查，坚决杜绝生产、经营和使用三聚氰胺的违法行为。

5.组织技能培训与鉴定。为切实提高饲料企业生产人员的技能水平，2008年继续开展中控工和检化验员的技术培训与鉴定，先后举办了6期中、初级中央控件控制操作工和6期中级饲料检验员培训鉴定的培训鉴定。共有269名饲料化验员通过中级技能考核，470个中控工通过中初级职业技能考核，获得农业部职业资格证书。至此，全省持证的饲料检化验人员2 057名，中控工1 098名，中控工和检化验员持证上岗率达90%以上，为饲料企业验收发证和产品的质量安全发挥了保障作用。

6.推进饲料标准化。2008年承担了江苏省技术质量监督局下达的无公害饲料安全限量、维生素预混合饲料混合均匀度测定地方标准的任务。无公害饲料安全限量吸收了近几年来国家有关饲料质量安全管理的文件和标准，进行多次研讨，逐步完善。维生素预混合饲料混合均匀度测定属国内空白，进行了反复试验比对和干扰因子的鉴别，确定了测定维生素B_2变异性作为均匀度指标，并进行了不同场所、不同人员的重复性检试，该方法干扰因素小，简单方便，准确度高。目前两个地方标准已通过审定。与此同时，协会积极帮助企业审查产品标准，对提高产品质量发挥了积极作用。为会员企业正确、方便引用饲料相关标准，协会秘书处及时将现行的饲料原料、产品、检验等相关的标准名称、代号整理，刊入《江苏饲料》。

7.加强信息交流，做好服务工作。一是组织参加了2008中国畜牧业暨饲料工业展览会，全省共有30多家企业参加展览，展位150多个，牧羊、正昌、布勒饲料机械设备和无锡正大、宜兴天石、郁氏农牧的饲料添加剂在展会上大放光彩，受到行业领导和全国同行的高度评价。二是办好协会会刊。2008年编印了两期《江苏饲料》，共印发1 600余份，为企业提供科技信息、管理政策和产业发展信息，也为会员企业提供了产品交流的园地。三是做好日常的企业咨询工作，开展技术、信息、政策的咨询服务，解答企业迫切需要的技术、政策、管理方面的问题。

【存在问题】1. 饲料原料资源紧缺是制约江苏省饲料工业发展的长期因素。自2007年下半年以来，国际粮价高位运行，饲料原料大幅上涨，直接增加了饲料和养殖企业的生产成本。

2.企业规模小、科技创新能力不强，是影响饲料产业竞争能力的主要因素。江苏省配合饲料年产1万t以下的企业有225个，占全省的67.4%，产量只占全省14.8%，大部分企业生产设备简陋、产品科技含量低，难以进行技术创新，抗风险能力弱、市场竞争力较差。就全省饲料产业而言，缺乏龙头企业和领军人物。

3. 饲料安全隐患是构成饲料产业持续发展的潜在威胁。“瘦肉精”、苏丹红、三聚氰胺等先后造成重大影响，既阻碍了发展，也损害了饲料产业的形象。

4.近年来发生的高致病性禽流感、高致病性猪蓝耳病等动物疫情对饲料产业发展也是严峻考验。

（江苏省饲料站）

浙江省饲料工业

【发展概况】至 2008 年底，浙江省共有饲料和饲料添加剂生产企业 557 家，其中配合饲料生产企业 318 家，饲料添加剂和添加剂预混合饲料生产企业 232 家。饲料产品总产量 438.3 万 t，与 2007 年的 422.9 万t相比增长 3.6%，其中配合饲料 415.4 万 t、添加剂预混合饲料 17.8 万 t、浓缩饲料 5.0 万 t，同比分别增长 3.3%、11.5%和 5.4%；各类饲料添加剂产量 14.5 万 t，同比增长 1.9%。全省饲料工业总产值 198.0 亿元，与 2007 年的 165.0 亿元相比增长 20.0%。

【主要特点】1.各品种饲料产量有升有降，其中水产饲料降幅较大。浙江省的饲料产品中 90%以上是配合饲料，其中猪配合饲料产量为 199.2 万 t，与 2007 年的 169.2 万 t 相比增长 17.7%；蛋禽配合饲料产量为 53.3 万 t，与 2007 年的 55.5 万 t 相比下降 4.0%；肉禽饲料产量为 82.0 万 t，与 2007 年的 74.8 万 t 相比增长 9.7%。由于 2008 年霉雨季节较长，再加上 8~9 月上旬受阴雨、低温、台风的影响，对虾类等水产养殖生产受到一定程度影响，虾料产量下降 50%左右，虽然甲鱼、淡水鱼等其他水产饲料产量略有增加，但水产饲料总体降幅较大，产量为 74.7 万 t，与 2007 年的 95.4 万 t 相比下降 20.6%。膨化饲料、高档硬颗粒饲料在水产饲料中的比例迅速增加。

2. 以维生素为主的饲料添加剂产品产值呈现较大幅度增长。2008 年，全省饲料添加剂产品产量同比增幅不大，但由于受石油中间体价格上涨、环保政策致部分维生素生产企业关停等因素的影响，国际维生素单体价格疯涨，以出口为主的维生素类饲料添加剂生产企业获得巨大经济效益。据统计，浙江省现有各类饲料添加剂生产企业 98 家，其中维生素类产品专业生产企业 30 余家，产量达 9.4 万 t，同比增长 12.1%。全省饲料添加剂产品产值达 77.3 亿元，与 2007 年的 46.4 亿元相比增长 66.6%。浙江省继续保持全国维生素类饲料添加剂生产和出口大省地位，2008 年饲料添加剂产品出口额达 53 亿元。

3. 饲料原料先涨后跌，成品饲料价格高于 2007 年同期。2008 年前 3 季度，除鱼粉、赖氨酸价格相对较稳定外，玉米价格在 1 900 元/t 左右高位震荡，豆粕、磷酸氢钙、蛋氨酸等主要饲料原料价格上涨加速，其他如 VA、VE、生物素等添加剂也涨幅惊人。饲料成品价格水涨船高，但涨幅低于原料。1~10 月，畜禽配合饲料平均价格同比增长 19%左右，水产饲料平均价格同比增长 12%左右。但由于饲料成品价格与原料价格上涨不同步，给企业造成较大的负担和压力。但从第 4 季度开始，特别是 10 月中旬以来，受国际和国家经济大环境的影响，饲料原料价格快速下降，其中，豆粕、磷酸氢钙、蛋氨酸、VA 价格等大幅下滑，玉米价格也有所回落。饲料生产企业及时对饲料产品进行调价，但就全年来看，饲料价格明显高于 2007 年，饲料生产企业总体效益与 2007 年基本持平。

【主要工作】1.精心部署、狠抓落实，做好饲料专项整治工作。根据国务院办公厅《关于进一步做好婴幼儿奶粉事件处置工作的通知》（国办发明电〔2008〕36 号）和农业部《关于进一步加强饲料质量安全监管工作的通知》（农明字〔2008〕99 号）精神及《饲料质量安全专项整治工作实施方案》要求，浙江省紧急部署，迅速开展了饲料质量安全专项整治行动。截至 10 月 22 日，共组织执法检查人员 5 828 人次，检查饲料生产、经营企业 965 个，奶牛养殖场户（含自配料生产）3 811 个，抽检奶牛精料补充饲料、蛋白质饲料原料、奶牛自配饲料共 403 批次，其中省级抽检 112 批次，抽检合格率为 98.2%。整治行动中对 50 家违规饲料生产、经营企业和奶牛养殖场（户）要求限期整改，立案查处违法案件 7 起，其中 1 起移交公安机关。通过开展整治行动，完善了饲料质量安全生产制度，落实了质量安全管理和质量安全监管责任人，基本消除了饲料质量安全隐患，规范了全省饲料市场秩序。

2.统筹兼顾、突出重点，做好蛋白质饲料原料监管工作。根据《饲料和饲料添加剂管理条例》和《饲料生产企业审查办法》的有关要求，切实加强对蛋白质饲料原料生产、经营行为的监管，具体做了以下 5 方面工作：一是本着监管重心下移的原则，出台规范性文件，按不同产品类别实行分级审验。将单一饲料包括蛋白质饲料等生产企业的申请受理、现场审验等许可程序通过《浙江省饲料生产企业审查登记办法》授权给市级农业部门承担；二是及时转发文件，鼓励积极申报。农业部发布《单一饲料品种目录》（第 977 号公告）后，浙江省农业厅及时将公告转发至各市、县（市、区），要求各地按照《饲料生产企业审查合格证》的发证要求，根据单一饲料品种目录所规定的品种范围，积极组织申报；三是强化责任，签订责任书、落实监管人。统一制定了《饲料和饲料添加剂生产质量安全责任书》，与辖区内的单一饲料所有生产企业和部分经营企业签订了责任书，落实监管责任人；四是进一步加大抽检和查处力度。至 12 月 20 日，全省共出动执法、检查人员 16 695 人次，抽检蛋白质饲料原料 200 余批次，饲料专项整治期间移送司法机关查处案件 1 起。未发现人为添加三聚氰胺情况；五是加强重点环节监管，确保饲料质量安全。对生产过程中使用的所有原料进行严格控制和把关，杜绝使用无证、无号及不符合产品质量要求的原料。

3.全程监控、加大抽检，做好畜产品安全监管工作。2008年全省各级农牧部门以突出加强供奥运承办城市和调入动物及动物产品安全监管为重点，以专项整治为抓手，采取例行抽检、拉网抽检、突击抽检、出县境抽检、举报抽检等方式，全面加大生猪养殖和生猪上市前"瘦肉精"等违禁药物监督抽检力度。据统计，到2008年12月底，全省省、市、县3级"瘦肉精"检测样品数量达到78.94万批次，同比增加70.3%，其中，生猪养殖环节、出县境外调生猪和屠宰环节监督抽检16.37万份，同比增加63.7%；屠宰企业自检以及委托农业等有关部门宰前检测生猪62.57万份，同比增加72.2%，养殖环节监督抽检和生猪屠宰企业宰前检测合格率分别达到99.98%和99.95%，"瘦肉精"检测阳性率已下降至0.1%以内。全省立案查处"瘦肉精"违法使用案件17起，比2007年的54起大幅度减少。曾经是生猪质量安全隐患地区违法使用"瘦肉精"等违禁药物的情况已得到根本性改变。

4.抓重点、拓服务，指导和协助饲料协会做好各项服务工作。2008年，浙江省饲料协会结合实际情况，围绕技术培训、信息交流、行业自律等主要做了以下4方面工作：一是以技术培训、技能鉴定为重点，提高协会服务水平；二是以信息交流为抓手，拓展协会服务范围；三是以食品安全、信用体系建设为突破口，规范行业自律行为；四是以日常工作为基础，规范协会服务行为。

（浙江省饲料工作办公室）

安徽省饲料工业

【发展概况】 2008年安徽省饲料工业经受住了年初冰雪灾害、四川汶川地震等自然灾害以及市场价格波动、全球金融危机等因素的影响，全年饲料产量250.6万t，同比增长16.8%，其中配合饲料225.5万t，同比增长17.1%；浓缩饲料20.7万t，同比增长17.0%；添加剂预混合饲料4.4万t，同比增长1.2%。

【组织机构】 2008年通过兽医体制改革，确定安徽省畜牧兽医局加挂安徽省饲料工作办公室的牌子。

【主要特点】 通过饲料产品的结构数据比较分析，2008年全省饲料工业产量呈现小幅上涨。分季度比较可以看出，第1季度受南方雪灾和春节等传统节日的影响，饲料生产产量有所下降；第2季度为安徽省养殖发展时期，带动饲料生产产量增加；第3季度生猪生产稳定，猪饲料变化不大，禽蛋生产下滑，禽饲料产量减少；第4季度生产保持平稳。

1.饲料原料价格波动。饲料原料中，豆粕平均价格4 400元/t，7月中旬最高价达4 610元/t，波动较为明显。玉米总体价格大约1 875元/t，在安徽省主产玉米的阜阳、利辛等地区，14%水分的玉米价格在1 600元/t，在蚌埠地区，18%水分的新玉米价格在1 440~1 460元/t。含蛋白质65%的普通进口鱼粉平均价格在7 900元/t，7月中下旬价格最高达到8 600元/t。

2.饲料生产企业受金融危机和原料价格的影响，小企业基本处于停产或半停产状态，部分企业面临破产或已经破产，企业利润进一步萎缩。各大型饲料生产企业集团通过自身综合竞争力，实现多渠道、多途径盈利，现代企业产业链的拓宽有效地改观了企业自身因经济发展遭受的困境，但企业发展仍旧面临困难。

3. 受畜牧业生产的影响，饲料生产出现相应变化。2008年上半年生猪生产恢复，价格逐步回落，出栏一头育肥猪平均盈利100~200元。但是受到金融危机以及养殖增加迅猛等因素影响，畜禽养殖效益一度下滑，饲料生产呈现相应趋势的变化，但变化幅度不大。

【主要工作】 1.严格行政审批制度。在省政务中心窗口转来材料后，先安排工作人员审核基本情况，为后期现场审核奠定基础。2008年，共收到窗口转来办件126件，上报农业部申请颁发添加剂预混合饲料生产企业21家，已获得农业部颁发生产许可证企业18家，发放添加剂预混合饲料产品批准文号106个，发放和换领审查合格证76家，发放动物源性饲料产品安全卫生合格证3家。

2.分析总结2007全年饲料工业生产形势。2007年，安徽省饲料工业生产首次突破200万t，各项生产指标均有不同幅度的提高。安徽省饲料工作办公室根据2007年的饲料生产特点和饲料行业发展的形势，撰写了《2007年安徽省饲料工业生产形势分析报告》，上报全国饲料工作办公室和中国饲料工业协会，并与其他省份进行交流，学习其他省份在饲料发展方面的优点。

3. 开展对获证饲料生产企业的备案工作。根据《饲料和饲料添加剂管理条例》、《饲料生产企业审查办法》和《动物源性饲料安全卫生管理办法》的要求，2008年初下发了通知，要求各获证企业及时备案，将本企业年度的发展情况进行梳理。从备案情况看，部分企业仍无视年度备案的重要性，为摸清企业的发展状况，结合对获证企业开展的检查，将对未进行备案的企业作为开展检查的首选企业。

4.开展饲料及畜产品安全监测工作。按照农业部的部署和《饲料质量安全专项整治工作实施方案》以及其他专项整治工作的要求，连续制定了《全省饲料质量安全专项整治工作实施方案》、《全省饲料质量安全整治深化工作方案》和《安徽省打击违法添加非饲料添加剂、使用"瘦肉精"等违禁药物和滥用兽药专项整治方案》并组织实施，饲料产品合格率继续保持在95%以上，饲料和畜产品中"瘦肉精"检出率为零，其他违禁药品检出率分别控制在 1%以下。同时按照农业部办公厅的要求，在全省范围内进行例行饲料产品的抽查监测。专项整治期间全省累计出动执法人员 2 307 人次，累计检查企业、养殖场户数 830 个，累计抽检样品数 537 批次。调查案件 6 起，扣押饲料原料蛋白粉 290 袋，约 14 500kg，自配饲料 350kg，棉籽粕 190 袋，约 12 350kg，豆粕 38 袋，约 2 660kg，涉案金额达 5.46 万元，严厉打击在饲料中非法添加有害化学物质的行为，全面整顿饲料生产经营使用行为，规范饲料市场秩序。

5.积极开展饲料统计分析工作，为畜牧生产提供有力数据。2008 年实施了新的饲料统计制度和新版统计软件，全体工作人员认真学习，积极探索，在安徽省的重点跟踪企业中建立联络员制度，定期上报数据，认真履行饲料统计工作，为安徽省畜牧生产服务。

6.继续开展职业技能鉴定工作。按照工作计划，2008 年第 3 季度开展了第 5 期职业技能鉴定，本期共 45 家企业 85 人参加鉴定，2 人鉴定不合格，其中饲料检验化验员中、初级鉴定 44 人，中央控制室和设备维修工鉴定 39 人。

7.完善企业标准。与饲料协会一起，积极做好为企业、行业发展服务工作，提高服务质量和水平。2008 年共协助 14 家添加剂、添加剂预混合饲料生产企业制作标准 20 本，并在省质量技术监督局备案。企业依据企业标准生产有效地提高了饲料产品质量，满足畜牧养殖行业的需要。

（安徽省饲料工作办公室）

福建省饲料工业

【发展概况】2008 饲料行业经受了南方冰雪灾害和四川汶川地震等自然灾害及“三鹿”事件的考验，克服了国内外大宗饲料原料价格大幅波动和生产成本上涨的困难，饲料生产企业通过提高管理水平，降低生产成本，全省的饲料生产仍然取得巨大成绩，全年饲料工业总产值 128.3 亿元，同比增长 26.5%。生产各种配合饲料、浓缩饲料和添加剂预混合饲料 355.8 万 t，同比增长 18.9%。生产配合饲料 326 万 t，同比增长 18.6%，其中猪配合饲料 113.5 万 t，同比增长 40.7%；蛋禽配合饲料 40 万 t，同比减少 4.6%；肉禽配合饲料 106.5 万 t，同比增长 29.5%；水产配合饲料 64.5 万 t，同比减少 1.4%。生产添加剂预混合饲料 21.3 万 t，同比增长 15.9%；饲料添加剂 3.4 万 t，产值 4.4 亿元；动物源性饲料产品 5.5 万 t，产值 4.6 亿元。

【组织机构】福建省农业厅和各地农业（畜牧兽医）局为饲料主管部门，福建省农业厅内设饲料兽药管理处，加挂福建省饲料工作办公室的牌子。福建省动物卫生监督所行使饲料行政执法职能。莆田、漳州、南平、三明、龙岩、宁德等 6 个市区设立了饲料管理机构。87 个县（市、区）中设立饲料管理机构的只有南平市延平区、建阳市和邵武市 3 个市（区）。

【主要工作】1.饲料行政审批管理。按照福建省效能办的要求，推行政务公开及推进效能建设，行政审批采取网上审批方式进行，审批全程受到省效能办、厅相关部门的监督。截至 2008 年底，全省共有 276 家饲料生产企业，获得饲料添加剂和预混合饲料生产许可证企业共有 111 家，其中新增 7 家添加剂预混合饲料生产企业和两家添加剂生产企业，3 家停产，1 家添加剂预混合饲料生产企业被农业部吊销生产许可证；获得《动物源性饲料产品生产企业审查合格证》的企业共有 16 家，新增 4 家。2007~2008 年开展饲料生产企业审查合格证发放工作，截至 2008 年底，共有 206 家饲料生产企业获得省农业厅核发的《饲料生产企业审查合格证》，其中 2008 年办理 197 家企业。2008 年 36 家饲料添加剂和添加剂预混合饲料生产企业获得省农业厅核发的 269 个饲料产品批准文号。

2.开展饲料质量安全专项整治。按照《农业部关于进一步加强饲料质量安全监管工作的通知》（农明字〔2008〕第 99 号）和《农业部饲料质量安全专项整治工作实施方案》（农明字〔2008〕第 105 号）的要求，从 9 月 23 日起，开展了饲料质量安全专项整治工作，制定下发了《福建省饲料质量安全专项整治工作实施方案》。在专项整治期间，全省农牧部门累计出动执法人员 5 485 人次，检查 1 593 个饲料企业和养殖场户，抽取了 523 批次样品，按农业部要求送国家饲料质量监督检验中心（北京）137 批次。福建省检测了 386 批次样品，检出三聚氰胺 13 批次，合格 373 批次，合格率为 96.6%，其中蛋白质饲料样品 246 批次，合格 230 批次，合格率为 93.5%；配合饲料、奶牛自配料及其他原料 140 批次，均未检出三聚氰胺，合格率 100%。全省取缔了 36 家无证生产企业，其中蛋白质饲料原料生产企业 18 家，饲料生产企业 18 家；立案调查违法使用含有三聚氰胺的蛋白质原料的饲料生产企业 7 个、养殖场 2 个，查处违法饲料产品 195.72t，涉案金额 81 万元。

3.饲料质量安全监测。根据《福建省农业厅办公室关于开展鸡蛋三聚氰胺抽检工作的紧急通知》（闽农综内部明传〔2008〕141 号）文件精神，共检测鸡蛋样品 246 批，合格率为 100%。

根据《农业部关于开展年饲料及畜产品质量安全监测工作的通知》，福建省开展饲料生产、经营和使用各环节全程质量监督抽查行动。2008 年农业部下达福建省任务 450 批次，其中饲料产品质量安全监测 250 批，饲料中违禁添加物监测 200 批，实际完成抽检饲料样品 513 批。产品合格率为 98.2%，超额完成 63 批。此外，紧密围绕奥运会举办城市蔬菜和畜禽产品供应基地，做好饲料监管工作。对为北京奥运会核心区提供鸡肉的光泽圣农集团的饲料厂、鸡场、屠宰车间进行了多次现场检查，保证了供奥产品的质量安全。

所有获得《饲料生产企业审查合格证》的企业均经过严格的现场审查，实现了100%监管。为实现添加剂预混合饲料生产企业100%监管，2008年初召开了饲料添加剂和添加剂预混合饲料生产企业监督检查布置会，2月下发了《关于开展饲料添加剂和添加剂预混合饲料生产企业现场检查的通知》，制定了《福建省饲料及饲料添加剂生产企业现场监督检查表》。要求各饲料添加剂和添加剂预混合饲料获证企业对照《饲料添加剂和添加剂预混合饲料生产企业综合审核表》和《福建省饲料及饲料添加剂生产企业现场监督检查表》开展自查整改工作。3~5月，按照《福建省饲料及饲料添加剂生产企业现场监督检查表》的内容，对饲料添加剂和添加剂预混合饲料获证企业进行现场检查，查阅生产记录，要求企业对检查不合格项目进行限期整改，并提交整改报告。

4. 坚决查处在预混合饲料中添加莱克多巴胺的违法行为。在2007年底发现福州金天农饲料有限公司在其生产的预混合饲料中添加莱克多巴胺的违法行为后，福建省动物卫生监督所责成福州市农业局立案查处，闽侯县畜牧渔业局将涉案人员移送闽侯县公安局。福建省农业厅及时向农业部报告案情，并提出处理建议，8月4日根据农业部的处罚决定，吊销了福州金天农饲料有限公司的《添加剂预混合饲料料生产许可证》。这是全国首家因查实在预混合饲料中添加莱克多巴胺而被农业部吊销《添加剂预混合饲料生产许可证》的企业。

5. 积极开展饲料行业特有工种职业技能鉴定工作。2008年完成了6期培训鉴定班（饲料检验化验员培训鉴定班4期，饲料厂加工设备维修工和中央控制室操作工培训鉴定班各1期），共对349人进行了培训鉴定，有332人取得了相应职业资格证书（243人取得饲料检验化验员证，38人取得饲料厂设备维修工证、51人取得中控室操作工证），通过率为95.1%，为提高饲料行业从业人员素质，促进福建省饲料工业的健康发展，起到积极的推动作用。

6.修订地方强制性标准DB35/562。2004年福建省质量技术监督局发布了地方标准DB 35/562-2004《猪用饲料安全质量要求》，2005年进行了第一次修订。该标准对福建省猪用饲料安全质量作了规定，在全国首次以地方强制性标准的形式规定了在猪饲料中使用铜、锌、硒微量元素的最高限量，禁止在猪饲料中使用有机胂制剂。该标准实施后，减少了猪饲料中铜、锌、砷的用量，节约了生产成本，减轻了养猪业的污染程度。根据相关专家的建议，2008年福建省饲料办组织专家对标准进行了第二次修订，并于2008年12月31日经省技术监督局批准发布，标准编号和名称改为DB 35/562-2008《猪鸡鸭用饲料产品安全质量要求》，增加了鸡鸭用饲料产品安全质量的要求，规定了猪鸡鸭用饲料产品中铜、锌、硒微量元素的最高限量，禁止在猪鸡鸭用饲料产品中添加有机胂制剂。

【存在问题】1.机构、人员、工作经费问题乃未解决。福建省的饲料管理职能由省、设区市、县3级农业（畜牧兽医）部门承担，在87个县（市、区）中多数未设立饲料管理机构。省、市两级有饲料管理机构和工作人员，在县级从事饲料管理的均为兼职人员。设区市、县均无饲料监管专项经费。由于人员不足、工作经费无保证，使得福建省设区市以下的饲料管理工作无法实现常态化的日常监管。

2.饲料生产企业可追溯体系尚未全面建立。多数饲料生产企业存在重产品营销、轻内部管理的现象。在对原料的接收检验、进出仓、生产过程记录、产品销售记录等方面没有建立完整、科学的体系，一旦产品出现问题，难以追溯源头。

3.饲料经营企业的监管难度大。饲料经营企业数量多、分布广，多数设在乡镇，存在从业人员素质不高，多数经营记录不全的问题。但由于县级饲料监管能力有限，饲料经营环节隐患较多。

（福建省饲料工作办公室）

江西省饲料工业

【发展概况】2008年江西省饲料工业在生产与市场需求结构调整矛盾加剧的发展过程中，依然实现了全年总产量400.0万t，同比增长11.2%，其中配合饲料产量达到277.2万t，同比增长18.5%；浓缩饲料产量84.7万t，同比下降0.2%；添加剂预混合饲料产量38.1万t，同比下降7.0%。

【主要特点】1.饲料生产经营向规模化、专业化方向发展。随着饲料监管工作的加强和饲料平均利润下降，小企业越来越难以生存，被迫关门。一些规模较大的企业通过兼并、联合、重组等形式，实行低成本扩张，形成大型企业集团。江西正邦集团收购民星兽药厂和江西省种猪育种中心，产业链得到延伸；江西双胞胎集团收购江西上高康达尔饲料有限公司、江西万年万富饲料厂，在广东、广西、四川等省兴办饲料厂，并改善饲料品种结构，市场竞争力显著增强；江西加大实业有限公司在广东南海兴办了分厂，并收购一家万头猪场，积极开拓广东市场。通过招商引资、调整产业结构，继乐平市的江西天新药业有限公司、江西省德兴市异百勤VC钠有限公司分别建设了年产2 000t以上维生素B_1和维生素B_2生产线后，江西森泰药业有限公司建设了维生素B_6生产线，填补了江西省的空白。

2.区域性差异明显，主产区已凸现。江西省饲料业经过20多年的发展，生产区域化程度越来越明显，饲料企业主要分布在南昌、赣州两地，其饲料总产量达到360万t以上，占全省总产量的90%以上。

3.饲料生产经营企业质量安全意识大大增强。

【主要工作】1.积极宣传国家有关饲料法律、法规，提高饲料生产(经营)者依法生产(经营)的自觉性。2008年，江西省饲料工作办公室充分利用媒介广泛宣传《饲料和饲料添加剂管理条例》、《饲料生产企业审查办法》。全年共核发《饲料生产企业审查合格证》214个，广大饲料生产(经营)者法律意识显著增强，绝大多数做到了依法生产和经营。

2.依法行政，严格审批。根据《关于修订农业行政许可规章和规范性文件的决定》(农业部令第38号)的规定，对2008年1月1日以前取得饲料添加剂和添加剂预混合饲料生产许可资格的106家企业进行了"年度备案"；组织有关专家组成评审组对26家企业的申证、换证材料进行了审核和实地考核，有26家企业已通过考核，获得或换发了农业部颁发的生产许可证；核发添加剂预混合饲料产品批准文号119个；核发添加剂产品批准文号7个。

3.依据《饲料和饲料添加剂管理条例》严厉查处违规企业。2008年按照农业部和江苏省农业厅的安排和部署，组织了多次饲料"打假"和违禁药品专项整治活动。在全省进行"瘦肉精"拉网检查，在4个设区市共抽检猪尿样600批次，还4次抽调有关人员组成检查组赴全省11个设区市，对各地的工作进行了督促检查，并着重检查了重点饲料市场、中小饲料生产企业、规模养殖场(户)，有效地遏制了使用违禁药品的势头。

4.积极开展饲料工业职业技能鉴定工作。为搞好此项工作，江西省饲料工作办公室做了大量深入而细致的工作，成功举办了多期初、中级饲料检验化验员职业培训及职业技能鉴定培训班。共鉴定饲料检验化验员440人，理论考试和实际操作技能均合格的有439人，其中初级121人、中级318人已经获得职业资格证书。

【存在问题】1.经费不足。江西省各级财政预算中没有饲料和畜产品监管方面经费，难以满足监管工作的需要。

2.机构不全，缺乏监测手段。部分县的饲料管理职能部门尚未明确，导致部分地区饲料监管力度不够。饲料及畜产品质量检测机构不健全，省以下大多没有饲料及畜产品检测机构，有的虽有机构和人员，但监测手段缺乏，不能有效开展工作。

3.饲料管理体制不顺。有的部门越权介入饲料行业管理，造成政出多门，大大降低了《饲料和饲料添加剂管理条例》和饲料管理部门的权威。

(江西省饲料工作办公室)

山东省饲料工业

【发展概况】2008年山东省畜牧系统认真学习实践科学发展观，积极落实国家和省的各项扶持政策，使山东省畜牧业、饲料业总体保持了比较平稳的发展。据统计，2008年山东省肉类总产量660.3万t，同比增长6.7%；蛋类总产量365万t，增长1.4%；奶类总产254.9万t，增长5.3%。2008年末生猪存栏3 767万头，同比增长20%，其中能繁母猪存栏485万头，同比增长9.8%；全年生猪出栏6 956万头，同比增长28%。全省出栏肉禽17.7亿只，同比增长10%；年底蛋鸡存栏3.3亿只，同比增长2%。2008年末奶牛存栏125万头，同比增长8%。

2008年全省饲料总产量首次突破1 500万t，达1 588.9万t，产值452.4亿元（占全省GDP的1.45%），同比分别增长15.8%和19.3%。其中，配合饲料产量1 429.9万t，同比增长26.8 %；浓缩饲料115.2万t，同比下降43.2%；添加剂预混合饲料43.8万t，同比增长6.1%。饲料添加剂产量快速增长，品种更加齐全，山东省的赖氨酸、氯化胆碱、泛酸钙、甜菜碱等产品在国际市场上占有一席之地。全省种植牧草饲料作物610万亩，青贮氨化秸秆3 180万t，其中，青贮玉米1 980万t。

【主要特点】总体来看，2008年山东省饲料业生产有4个特点：

1.饲料总产量再上新台阶。2008年前3季度饲料行业发展较快，效益较好，第4季度受三聚氰胺事件和禽流感影响，产销量减少，价格回落。

2.饲料产品结构继续调整优化。配合饲料比重继续上升，浓缩饲料比重略有下降，添加剂及添加剂预混合饲料产量保持稳定增长。按畜禽品种来分，肉禽饲料大幅攀升，肉禽配合饲料年产1 093.3万t，同比增长39.3%；猪配合饲料产量达到159.0万t，同比增长7.2 %；蛋禽配合饲料产量100.7万t，同比下降4.5%；水产配合饲料产量下滑，反刍动物配合饲料产量有所增加，其他配合饲料产量略降。

3.饲料生产企业单位产量利润空间减小。由于饲料成本逐步提高和饲料安全、质量、环保的高标准化，使饲料生产经营的压力和风险加大，饲料业真正进入了靠品牌和实力竞争的时代。

4.规模化优势日益明显。2008年，中小型饲料生产企业经营日趋艰难，大型饲料企业抓住时机不断发展壮大。如山东六和、中慧、和美、龙盛、富达、环山、中基、天普阳光等大企业继续保持扩张态势，饲料产量持续增长。六和集团现有饲料加工厂94家，年生产能力达1 100万t，2008年饲料产量达到740万t；中慧集团有饲料加工厂23家，2008年饲料产量达到200

万 t。

【主要工作】2008 年，山东省普遍加强了饲料质量安全监管，从迎奥运保饲料安全整治到下半年饲料安全专项整治等，各级饲料管理部门做了大量卓有成效的工作。

1.严把生产准入关，依法规范饲料生产行为。一是认真贯彻落实《饲料和饲料添加剂管理条例》以及农业部《饲料生产企业审查办法》、《动物源性饲料产品安全卫生管理办法》和《饲料添加剂和添加剂预混合饲料生产许可证管理办法》，加强饲料生产企业准入管理，严格审核饲料生产企业生产条件。2008 年组织出动 1 606 人次，对 801 个饲料生产企业进行现场审查，对符合条件的 494 家饲料生产企业(配合饲料、单一饲料和浓缩饲料企业)、35 家动物源性饲料企业颁发合格证；将审核合格的 142 家饲料添加剂及饲料添加剂预混合饲料生产企业上报农业部，已取得农业部颁发的生产许可证 139 个；审核 160 份企业产品备案标准，审核发放产品批准文号 653 个。到 2008 年底，全省有 701 家企业取得了《饲料生产企业审查合格证》；197 家企业取得了《动物源性饲料生产企业卫生合格证》；426 家企业取得了《饲料添加剂预混合饲料生产许可证》；238 家企业取得了《饲料添加剂生产许可证》；淘汰了 300 多家作坊式的小企业。

2.加强饲料生产企业和饲料产品质量安全监管。一是组织饲料质量安全例行监测。按照 2008 年《全省饲料质量安全监测计划》，抽检饲料产品 1 000 个，检测参数 3 200 个，其中抽查反刍动物饲料产品 500 批次，瘦肉精等违禁药品抽检 200 批，饲料产品安全检测 300 批。检验结果及时在有关媒体上进行了发布，同时严厉查处不合格企业和产品；二是开展饲料生产企业监督检查。组织 6 个检查组对全省 17 个市的 124 家饲料生产企业进行突击检查，重点检查企业基本生产条件情况，以及企业是否按照有关法规进行生产经营活动；三是及时查处饲料违法案件。通过案件督察和产品质量监测，及时纠正了一些企业不规范的生产经营做法，查处了一批违法生产经营的企业，并依法予以处罚，起到了较好的警示作用；四是开展年度备案工作，加强获证企业的事后监管；五是联合省工商局对不符合条件未取得合法证件的饲料企业进行清理。

3.开展迎奥运保饲料安全专项整治。一是制定下发了专项整治方案。在各市县自查的基础上，组织开展全省检查，抽调各市有经验的饲料管理人员，开展交叉互检；二是组织对供奥核心区 8 家畜禽饲养场及其所用饲料的生产企业进行了 3 次检查，安排监管员对上述饲料生产企业进行驻厂监管。迎接农业部对山东省供奥核心区的饲养场进行检查，并对饲养场所有饲料进行抽检；三是开展迎奥运专项检测。组织对省内所有 8 家供奥核心区畜禽饲养场所有饲料进行了 2 次抽检，对全省涉奥的 39 家屠宰场进行拉网式抽查，检测“瘦肉精”等违禁药品，共抽检 131 家产地的 394 个样品。经检测发现 3 家屠宰场共 16 个样品存在问题，并及时将情况反馈给当地畜牧局，采取有效措施进行处理，为保障奥运食品安全起到了积极作用。

4.开展饲料专项整治行动。“三鹿”奶粉事件发生后，根据农业部和山东省委、省政府的安排部署，制定了《山东省饲料质量安全专项整治工作实施方案》。从 9 月底到 12 月底在全省范围内开展了饲料质量安全专项整治行动，严厉打击添加使用三聚氰胺等有毒有害物质的违法行为。全省共出动执法人员 35 471 人次，检查饲料生产企业 7 091 个次，检查饲料经营企业 9 598 个次，检查养殖场(户)20 400 个次，检测三聚氰胺样品 1 415 个，检出阳性样品 26 批次。查处违法违规生产企业 51 个，经营企业 49 个，养殖场户 30 个，查处无证生产黑窝点 99 个，查处、销毁、无害化处理问题饲料 484t，货值 124 万元。移送公安机关查处案件 6 起。

5.加强了饲料法规和政策宣传工作。按照积极作为、科学务实的要求，深入开展饲料业统计分析和信息监测工作，实现了省、市级的网上申报。充分利用行业网站、报纸等新闻媒体，组织参加展览会等多种形式，广泛深入宣传饲料管理法规、政策，宣传饲料安全知识和饲料安全监管的重要意义，正确引导和促进畜禽产品消费。发挥新闻媒体的舆论监督作用，对违规企业和抽查不合格企业予以曝光，打假扶优。大力加强与外省市的交流与合作，先后两次组织有关人员到先进省市参观学习，取得良好效果。

【存在问题】1.饲料法律法规不适应当前实际，监督管理需要进一步规范，基层队伍建设严重滞后，行业自律不够，整体规模太小，抗风险能力不足，名牌产品少等。

2.国内外原材料价格上涨过快，饲料工业发展将长期受原料制约。山东省是农业大省，粮食和农副产品下脚料非常丰富，可用于饲料的原料产品品种多、数量大，但是由于受其他工业生产用粮影响，山东省玉米和豆粕等主要饲料原料有较大缺口，要依靠外调和进口。

3.政策性投资渠道不通。20 世纪 80 年代初期饲料工业发展由国营饲料企业占主导地位，到 20 世纪 90 年代以后，民营企业迅速发展壮大成为主力。民营饲料企业在发展过程中主要靠自身积累和民间融资发展，很少享受政策性投资，在一定程度上限制了饲料工业的发展。

4.资源开发不足，秸秆牧草利用水平不高。山东省饲草饲料资源丰富，农副产品加工业发达，各种畜产品、农产品、蔬菜、果品加工的下脚料非常多,经过加工都是非常好的饲料资源,但是由于受豆粕加玉米饲料配方模式的影响和饲料科技水平限制,利用率不高。

5.规模化程度不高。山东省有 1 500 多家饲料生产企业,和广东省相比,每家企业的平均年产量不到广东的一半,更不要说与发达国家相比。这一方面有待行业自身发展联合,另一方面从行政管理的角度,利用换发饲料审查合格证的有利时机,进一步提升企业档次。

6.动物疫情的防控形势仍很严峻,需加大行业宣传力度。

(山东省饲料工作办公室)

河南省饲料工业

【发展概况】2008 年河南省饲料总产量 939.2 万 t,同比增长 10.2%。全省共有饲料生产企业 745 家,其中获得饲料添加剂、添加剂预混合饲料生产许可证的企业 241 家,获得动物源性饲料产品安全卫生合格证的企业 50 家,获得饲料生产企业审查合格证的企业 575 家。

【组织机构】河南省畜牧局饲料处(河南省饲料工业办公室)作为全省的饲料行业行政管理部门,设立于 1995 年,现有工作人员 5 人。河南省饲料工业协会成立于 1996 年,第一届理事会历时 6 年,2001 年 12 月协会理事会换届为第二届理事会。2006 年 11 月 8 日换届为第三届理事会,现有团体会员单位 193 个,个人会员 141 人,协会设有秘书处负责日常工作,挂靠在河南省畜牧局。

【主要工作】1. 严格饲料行政审批,加强证号管理。2008 年是全面推行《饲料生产企业审查合格证》的关键一年,河南省饲料工业办公室一是要求各市地饲料管理部门积极动员企业及早申报,尽可能的成批报送。二是协调河南工业大学、河南农业大学、河南省农业科学院和郑州牧业工程高等专科学校的有关专家教授,调整空闲时间,保证现场审查工作的正常开展。2008 年共办理《饲料生产企业审查合格证》437 个,河南省获《饲料生产企业审查合格证》企业总数达到 575 家。同时认真受理饲料添加剂、添加剂预混合饲料生产许可证和饲料产品批准文号的申报工作,全年共受理审核饲料添加剂、添加剂预混合饲料生产许可证 45 个,上报农业部 53 个,已经农业部核发生产许可证 49 个,使河南省总数达到 241 个;共审核发放饲料产品批准文号 243 个,使全省批准文号发放达到 1 314 个;受理、审核、发放动物源性安全卫生合格证 4 个,使全省发放总数达到 50 个。

2.加强对获证企业的后续监管。2008 年在全省范围内开展了两次“回头看”活动,一次是 2008 年 5 月对已获得生产许可证的企业进行全面检查,另一次是 2008 年 12 月,对郑州、开封等 16 个市的 80 家饲料生产企业进行了抽查。重点检查了企业质量安全自控措施,如蛋白质原料采购合同、使用记录、生产条件、化验室工作开展情况、销售记录等制度的落实情况。通过此次活动的开展,推进了企业各种制度的落实,也处罚了一些私自改变和降低生产条件的行为。

3.积极开展饲料行业特有工种的培训。为配合饲料企业申办饲料行政许可证件,2008 年共举办 5 期饲料行业特有工种人员培训鉴定班。共培训特有工种人员 1 113 人,其中化验员 319 人、中控工 408 人、维修工 170 人,培训鉴定合格率达 95.7%,使河南省目前获证人员达到 3 101 人。

4.进一步加强饲料产品质量的监督监控,加大对饲料产品质量的抽检力度。2008 年下达了 450 批次饲料产品质量安全监测和 120 批次饲料中违禁添加物专项监测任务,配合饲料抽检合格率 94%。

5.搞好饲料行业的统计工作。组织各省辖市和有关企业人员认真学习新版的饲料工业统计报表电子版,圆满完成了 2007 年度河南省饲料工业统计的年报、2008 年度季报和重点企业的月报网上统计工作。

6.开展“瘦肉精”等违禁药品的整治工作。2008 年初下发了《2008 年瘦肉精等违禁药品专项整治方案的通知》和《2008 年河南省饲料产品质量和瘦肉精等违禁药品监测计划的通知》,对全省 2008 年的“瘦肉精”专项整治工作进行了安排布署。一是扩大监测范围。2008 年将原来屠宰场“瘦肉精”的例行监测范围由 6 个省辖市城市扩大到 10 个,全省 2008 年共抽检生猪尿液 46 814 批次,“瘦肉精”检测合格率 99.73%;二是加大舆论宣传。5 月 6 日在河南日报上发表了题为《拒绝瘦肉精 安全奥运行》致全省养猪场(户)的公开信,公布了举报电话,形成了“全社会关注,全行业严堵,举报必查,查出必处”的高压态势;三是加大案件的查处工作。销毁了 160 多吨污染饲料和近 30t 抗生素滤渣,注销了一个产品批准文号和一个饲料审查合格证,查处“瘦肉精”检出阳性案件 11 起。这些案件的查处在全省饲料行业中引起了极大的反响,起到了很好的警示教育作用。

7.开展了“保质量、保安全、助奥运——畜产品质量安全保障行动”。为确保河南省供奥畜产品的安全,全省共出动执法人员 14 652 人次,印刷宣传资料 52.5 万份,检查饲料生产、经营企业 6 802 家,整顿市场 1 357 个,捣毁制假窝点 50 个,共收缴各类假劣饲料 318.7t,货值 115 万元。

8.积极应对三聚氰胺事件,开展饲料质量安全专项整治活动。“三鹿”奶粉和“毒鸡蛋”事件披露后,河南省饲料工业办公室沉着应对,迅速行动,周密布署,全面开展了饲料质量安全专项整治。下发了 5 个专项整治明电和紧急文件，召开了 4 次紧急会议，开展了 3 次督导，重点加大对蛋白质饲料、奶牛饲料、蛋鸡饲料、奶牛养殖场自配料的检查。专项整治期间，全省累计出动执法人员 13 443 人次，检查饲料企业 727 家，经营门市部 1 316 家，检查规模奶牛养殖场(户)8 762 个，查封并销毁各类假冒伪劣、不合格饲料产品 580t，实现了农业部要求的 4 个 100 %。各地也积极行动，在本辖区内展开深入的检查工作。整治期间仅省局组织抽检饲料和饲料原料样品 3 136 批次，其中三聚氰胺检测样品 2 113 批次；11 月召开"全省深化饲料质量安全整治会议"，进一步严格饲料监管，在企业监管上做到"三严"，即严格市场准入和后续监管，严格开展全面检查，严厉依法处罚；在检查饲料企业时做到"五查"，即查企业证号、查生产记录、查企业自检报告、查原料来源、查质量安全自控措施落实情况。要求企业在采购蛋白饲料原料时做到"三必须"，即必须签订购销合同、必须签订质量安全保证书、必须对所购原料采样留存。

9.召开了全省饲料行业管理工作会议；全省饲料质量安全整治专题会议；全省深化饲料整治工作会议；针对三聚氰胺事件召开了全省奶牛饲料生产企业专题会议、部分大型饲料企业座谈会、专家教授分析研讨会；针对饲料行业发展召开了部分专家及企业负责人行业形式分析座谈会；召开了"全省饲料行业第 11 次大型企业联谊会"。

【存在问题】监管能力不适应。主要表现在监测体系不健全，检测经费不足，监管队伍力量不够、素质不高，难以适应当前繁重的饲料监管任务。

(河南省饲料工业办公室)

湖北省饲料工业

【发展概况】2008 年湖北省饲料总产量为 454.2 万 t，同比增长 6.2%。其中，配合饲料 382.8 万 t、浓缩饲料 58.4 万 t、添加剂预混合饲料 12.9 万 t，同比分别增长 7.3%、-2.0%和 15.6%。猪饲料 219.3 万 t、蛋禽饲料 46.0 万 t、肉禽饲料 49.5 万 t、水产饲料 138.7 万 t，同比分别增长 10.4%、3.4%、5.6%和 1.7%。饲料销售总额 126.1 亿元，同比增长 21.8%。

【组织机构】湖北省饲料工作办公室为湖北省农业厅内设职能处室，列公务员编制 5 人；湖北省饲料工业协会与其合署办公。全省各市州及近半数的县（市、区）成立了饲料管理机构，分别隶属于农业局或畜牧局。

【主要工作】1.严格行政许可与管理，严把生产企业准入关。湖北省政府法制办对湖北省饲料行政审批项目进行了集中清理，同时，对各项审批的权限、要件、程序、时限等进行全面核查后上网公布，将所有饲料类行政审批纳入全省电子监察和省农业厅行政审批服务中心管理。一是规范饲料添加剂和预混合饲料生产许可证、产品批准文号审批管理，组织专家现场评审企业生产条件，141 家企业取得了生产资格。二是宣传贯彻《动物源性饲料产品安全卫生管理办法》和《饲料生产企业审查办法》，制定出台《湖北省饲料生产企业设立审查和年度备案工作规范》，成立专家现场评审组和省级评审委员会，推行电子政务网公开和"一站式"审批办公，177 家企业取得了审查合格证，4 家企业取得了卫生合格证，整合和淘汰 40 多家企业。三是对全省饲料添加剂、添加剂预混合饲料生产企业开展饲料生产许可证年度备案工作，监察企业生产必备条件，督导整改年度备案未达标企业。

2.开展专项整治行动，严厉打击违法违规行为。2008 年，饲料行业先后遭受三聚氰胺、莱克多巴胺事件冲击，湖北省饲料办及时制定下发了《2008 年湖北省饲料质量专项治理工作方案》。各地积极行动，狠抓企业、市场监督整顿和专项治理，取得了较好效果。一是开展全省饲料交叉执法大检查行动。8 月 27 日~9 月 6 日，组织各市州饲料办负责人开展全省饲料交叉执法专项检查活动，共抽查全省 33 家饲料生产企业和 120 家饲料经营门市部。二是开展三聚氰胺专项整治行动。湖北省农业厅派出 15 个督导组，指导各地开展专项整治行动，全省累计出动执法人员 13 561 人次，检查饲料生产企业、蛋白质原料生产企业、奶牛养殖场(户)2 267 个次，抽检饲料样品 236 批次，立案查处案件 8 起，依法取缔企业 1 家。三是开展莱克多巴胺专项整治行动。中央主要媒体报道武汉有关企业在网上销售莱克多巴胺的消息后，湖北省农业厅派出 7 个督查组到各市州指导饲料兽药执法检查工作。农业部也派出工作组到达湖北省。武汉市委、市政府高度重视，责成市农业、公安、卫生、药监等部门，出动 13 个督查组，对全市所有规模以上化工和医药生产企业、饲料兽药经营门店、饲料生产企业、规模化畜禽养殖场进行拉网式排查，检测饲料、猪肉样品共 3 540 批次，全部合格。市工商部门对违规公司进行了处罚。根据线索，湖北省农业厅还责成宜昌、荆门市农业主管部门进一步追查莱克多巴胺生产源头，查无结果。

3.依法加强监管，确保饲料产品质量。一是加强饲料质量监测。2008 年初，湖北省农业厅下发了《关于开展 2008 年饲料及畜产品质量安全监测工作的通知》，对全省生产、经营、使用环节的饲料、饲料添加剂抽检 2 149 批次，合格率 96.65%，饲料中未检出"瘦肉精"、苏丹红、莱克多巴胺。二是做好生产许可证获证企业迎检工作。5 月下旬，农业部专家组对全国获得饲料生产许可证的企业进行监督抽查，湖北省抽检了武汉天龙、武汉神农等 8 家企业，检查组对湖北省的饲料管理工作给予了充分肯定。迎检前,湖北省于4~5月对全省获证企业进行了拉网式检查。三是加大饲料案件查处力度。指导市、县饲料管理部门查处日常监测、抽查产品质量不合格企业和生产条件不达标企业,督办查处省质监局移交的武汉新洲区生产蛋白精案件,查处武汉东西湖区渔民上访申诉劣质饲料案件并帮助追偿损失,会同厅有关单位督办查处恩施州两家饲料公司涉嫌在河南、黑龙江销售劣质饲料案件。

4.充分发挥科教优势,组织起草行业标准。湖北省饲料办会同华中农业大学、武汉工学院,完成了农业部下达的《饲料企业生产工艺条件验收规范》国家标准的制定和预审工作,待农业部终审通过后在全国实施。该标准是饲料行业第一个有关饲料生产工艺的国家标准,标准实施后能进一步规范生产全过程,对提高企业管理水平、确保产品质量具有十分重大的意义。

5.狠抓行业服务,营造发展良好环境。一是加强法规和职业技能培训。举办全省饲料执法和管理人员培训班,学习培训法规知识。联合华中农业大学、武汉工学院,举办了两期饲料行业职业技能培训鉴定班,鉴定饲料“三工”人员190人,合格率97.9%。二是组织举办学术研讨会。联合广东海大集团在华中农业大学举办“2008年海因特鱼虾营养与饲料技术研讨会”,会议吸引了中南6省及浙江、江苏等省的饲料和养殖企业负责人共600多人参加。三是协助组织产品展览会。协助中国饲料工业协会,组织新华扬集团、安琪酵母股份公司等8家企业参加2008年中国畜牧业暨饲料工业协会展览会。联合武汉市、宜昌市农业局等单位,邀请40家饲料企业参加第5届中国武汉农业博览会,搭建53个展位。四是组织饲料行业向地震灾区捐款捐物献爱心活动。全省215家饲料生产企业累计捐款891万元、捐物价值302万元,所捐款物通过民政部门、红十字协会及时送到灾区人民手中。五是加强饲料行业宣传。三聚氰胺事件后,湖北省饲料工业协会联合省内36家大中型饲料企业,通过湖北日报等主流媒体发出饲料安全生产倡议书,得到了全省同行的积极响应。

【存在问题】工业饲料总量不大、企业集团实力不强、精品名牌产品不多是影响湖北省饲料工业发展的实际问题。

1.思想根源制约发展。企业“安于现状、求稳怕乱”的保守观念和“宁做鸡头、不做凤尾”的守旧意识,阻碍了企业做大做强。

2. 原料不足成为瓶颈。全部鱼粉、90%的豆粕和70%以上的玉米以及部分饲料添加剂依靠外购,在国内饲料原料需求增长、供应偏紧、价格大幅上涨的形势下,湖北省饲料原料市场长期处于卖方市场。

3.企业发展基础薄弱。湖北省饲料企业大多是民营企业,规模小、资金紧张,难以与管理现代化、资金实力雄厚的大企业竞争,企业间的联合多以失败告终。

4.扶持政策力度不够。相比种植、养殖、农机等行业,饲料工业并没有享受到很多的扶持政策。

5.安全监管任务繁重。自配料安全隐患突出,监管队伍不健全,有一半的县(市、区)没有成立管理机构,市、县饲料检测机构尚未建立,工作经费严重不足,监管手段落后,日常监管责任难以有效落实。

(湖北省饲料工作办公室)

湖南省饲料工业

【发展概况】2008年湖南省饲料总产量788.4万t,同比增长14.7%。其中配合饲料628.9万t,同比增长18.6%;浓缩饲料111.1万t,同比减少5.1%;添加剂预混合饲料48.4万t,同比增长21.7%。

【主要特点】1.饲料原料价格先涨后跌。总的来说饲料原料价格绝大多数与2007年同比都有不同程度上涨。主要饲料原料如玉米、豆粕持续高价位运行,玉米零售价格一直呈上涨态势,2008年初冰冻期间,豆粕更是涨幅惊人。磷酸氢钙和硫酸亚铁随着饲料原料及饲料产品价格趋势顺势上涨。进入第4季度后饲料原料价格的暴跌带来了饲料产品价格的下跌。

2.饲料添加剂生产企业普遍亏损。2008年内饲料添加剂如硫酸锌、氧化锌、铜等价格出现不同程度的下跌,原高价进货库存,现要低价销售,厂家遭遇不同程度的损失。如硫酸锌由8 000元/t跌到3 900元/t;硫酸锰由7 000元/t跌到3 800元/t左右;氧化锌由2 300元/t跌到1 200元/t左右;铜由18 019元/t跌到8 143元/t。

3.饲料产品结构发生变化,配合饲料在饲料总产量中的比重有所增加。全省配合饲料产量628.9万t,与2007年同期相比,配合饲料所占比重提高了2.6个百分点。相比之下,浓缩饲料生存空间变小,规模养殖趋势导致配合饲料的需求增长。农业部《饲料生产企业审查办法》实施以来,有效地促进了各类饲料生产企业的规范生产。

【主要工作】1.全面实施《饲料生产企业审查办法》。该《办法》施行以来,湖南省饲料办利用各种会议、文件、网络等宣传贯彻,让饲料生产企业了解法规政策,及时做好申证工作,并迅速制定了实施方案,组成了专家评审组,印制了《申请书》和《审核表》,按规定程序审查核发《饲料生产企业审查合格证》。2008年,共组织30多批次专家审查组到申证企业现场审核,审查企业400多个,通过审核发放《饲料生产企业审查合格证》的368多个,在湖南饲料工业信息网站上进行了公示。

2.认真做好“三证”年度备案审查。从3月~4月15日，对全省2007年底持有生产许可证、安全卫生合格证和审查合格证的企业进行了年度备案审查。全省2007年底生产许可证持证企业有272家。其中添加剂预混合饲料企业190家，添加剂企业82家。246家通过了年度备案审查，其中添加剂预混合饲料企业174家，添加剂企业72家。未进行备案审查的13家企业由于生产经营转向、生产许可证到期未换证和连续两年未进行备案等原因，报农业部注销。全省2007年度有《动物源性饲料产品生产企业安全卫生合格证》27家，本次通过年度备案审查的有19家，未进行备案审查的企业3家，注销安全卫生合格证企业5家。全省2007年度持有《饲料生产企业审查合格证》的企业有98家，已通过备案审查的有97家，未进行备案审查的企业1家。备案结果在湖南饲料工业信息网和《湖南饲料》上进行了公告。

3.狠抓饲料产品质量安全监管。湖南省畜牧水产局向全省转发了《农业部关于加强饲料和畜产品质量安全监管工作的通知》、《农业部奥运期间饲料及畜产品质量安全事件应急预案的通知》，制定了《2008年畜禽水产品质量安全监测工作方案》以及“瘦肉精”专项整治行动、饲料和饲料添加剂专项整治行动的工作方案。湖南省饲料工业办公室制定了《2008年全省饲料行政执法工作方案》、《湖南省饲料中有毒有害物品中毒事件应急预案》，并下达了全省饲料质量安全监测计划及样品抽检数目。按照饲料安全监测计划，全省饲料抽检1 240批次，其中农业部分配任务840批次，湖南省任务400批次；抽检生猪“瘦肉精”等违禁药品2 000批次，水产品抽检600批次。2008年全省饲料质量安全监测，样品的总合格率为95.35%。饲料中盐酸克伦特罗、莱克多巴胺等禁用药品的检出率为零。2008年底举办了不合格企业负责人培训班。

4.迅速开展打击三聚氰胺专项整治行动。“三鹿”奶粉事件后，按照农业部的统一部署，湖南省畜牧水产局专门成立了省饲料质量安全专项整治行动小组，制定了《湖南省饲料质量安全专项整治工作实施方案》(湘牧渔发〔2008〕116号)，于9月25日召开全省市县饲料办主任会议进行动员和详细安排，10月21日向全省下发了《湖南省畜牧水产局关于严厉查处饲料中人为添加三聚氰胺违法行为的通知》(湘牧渔发〔2008〕149号)。

截至10月底，共出动执法人员合计8 240人次，检查企业、养殖场户、经营门店等5 744个。现场查封可疑蛋白质原料、过期药物饲料添加剂、无证浓缩饲料、无中文标签的进口鱼粉、无证单一饲料、无标签的玉米蛋白粉等340余t。累计抽检样品数1 691批次(含检测三聚氰胺和卫生指标)，其中蛋白质饲料原料847批次，饲料企业浓配合饲料551批次，奶牛养殖场户(含规模养殖猪场)自配饲料293批次。

5.稳步贯彻实施农业部第977号公告。2008年2月下旬，湖南省饲料办收到农业部第977号公告《单一饲料产品目录(2008)》后，于2月25日以湘饲〔2008〕3号文件迅速向各市州发出贯彻实施农业部第977号公告的通知。2008年底已有59家单一饲料生产企业办理了《审查合格证》。为了加强对单一饲料的管理，10月6日，湖南省饲料工业办公室又以湘饲〔2008〕10号文件发出《关于进一步加强对单一饲料监督管理的通知》，明确规定，2008年12月31日前所有单一饲料生产企业必须进行审查合格证的材料申报，否则按“三无”产品处理。11月下旬，湖南省饲料办及时转发了农业部农牧发〔2008〕15号《农业部关于进一步加强饲料质量安全监管工作的通知》。12月底，举办全省单一饲料生产企业法规培训班，已持证和申请待办证的企业参加了培训。

6.积极组织职业技能培训与鉴定。9月24~26日，在长沙举办了“全省饲料行政执法培训班”，各市(州)畜牧水产局分管饲料工作的局领导和各市(州)、县(区)饲料办负责人共160人参加，就饲料管理法规、规章主要内容，以及《行政处罚法》、《农业行政处罚程序规定》等法律内容进行了培训。11月10~14日，湖南省饲料工业办公室与饲料职业技能鉴定站首次举办了“饲料检化验员职业技能培训与鉴定”，全省共有127人参加，全部通过理论知识和实际操作技能考核，获得职业资格证书，其中初级40人，中级82人，高级5人。

7.优秀企业受到政府与社会好评。经湖南名牌产品评审委员会评审和湖南省用户委员会评价，有4家企业饲料产品获湖南名牌产品称号：长沙兴嘉生物工程有限公司饲料级碱式氯化铜，湖南德佳牧业科技有限公司添加剂预混合饲料，湖南伟业动物营养有限公司猪用添加剂预混合饲料，衡阳市东大化工有限公司饲料级一水硫酸锌。4月20日，湖南省省长周强视察正虹集团，鼓励正虹将生猪产业做成最大最强；吴明夏同志荣获“改革开放30年湖南杰出贡献人物”奖。12月20日，湖南省人大常委会副主任蔡力峰、原副主任罗海藩等视察唐人神集团；陶一山同志作为我国生猪期货第一提案人出席1月6日在长沙举行的湖南省政府与大连商品交易所生猪期货上市交易合作协议签字仪式。岳泰集团董事长徐伟获省政府颁授的第二届“湖南省优秀非公有制企业家”荣誉称号；“岳泰”牌饲料被独立的中国民间机构中国名企排行网评为“2008中国十大饲料品牌”。3月，湖南创新生物技术有限公司被评定为国家级农业产业化龙头企业，这是继正虹、唐人神、新五丰之后湖南省饲料行业第4个获此殊荣的企业。11月，湖南环球科技农业发展有限公司董事长阳存元当选为湖南省人大代表。九鼎集团饲料销量逐增,12 月列为湖南省农业产业化龙头企业;九鼎牌猪用系列饲料获“中国湖南第十届(国际)农博会”金奖。

8.积极开展行业活动。召开了协会年会及大中型饲料企业参加的协会常务理事会议,就企业经营问题进行了探讨;参加了“2008 中国畜牧业暨饲料工业展览会”;与来湖南考察的广东省、福建省同行进行了工作交流;组织岳阳部分企业负责人到广东省考察学习;编撰了《湖南饲料三十年》。“5·12”汶川地震后,湖南省饲料工业协会积极组织行业进行抗震救灾募捐。正虹、唐人神在西安中国饲料行业抗震救灾募捐仪式上各捐款 10 万元。正虹员工向灾区捐款 36 万元,吴明夏个人捐款 6 万元;唐人神员工捐赠 100 万元,并以 30 万元竞购朱训德国画《和平鸽》义捐;岳泰员工捐款 86.2 万元;九鼎集团捐款 50 万元。

【存在问题】1.获证企业之间的生产规模、管理水平、技术力量相差较大。

2. 单一饲料尚未完成发证。部分企业认识不到位,等待观望,尚未申证。

3.取缔无证的米糠、石粉等单一饲料生产企业需要公安、工商等部门联合执法行动。

(湖南省饲料工业办公室)

广东省饲料工业

【发展概况】2008 年,广东省饲料工业总产量达 1 645.6 万 t,同比增长 17.2%,其中配合饲料 1 578.5 万 t,同比增长 17.0%;浓缩饲料 27.8 万 t,同比增长 26.0%;添加剂预混合饲料 39.3 万 t,同比增长 23.1%。从类别结构看,其中猪饲料 439.3 万 t,同比增加 39.3%;蛋禽饲料 143.8 万 t,同比增长 5.0%;肉禽饲料 701.3 万 t,同比增长 7.4%;水产饲料 280.5 万 t,同比下降 2.1%。广东省现有饲料生产企业 645 家,年产 10 万 t 以上的饲料生产企业 44 家,饲料工业总产值达 471.8 亿元。

【主要特点】1.饲料生产向规模化、专业化、产业化方向进一步发展。大型企业竞争力、抗风险能力得到一定提高,在原料价格大幅上涨和波动的情况下,中小企业主动降低产量以减少损失,而大型企业在资金、规模化生产等方面的优势更加明显,市场份额的天平进一步倾向大型饲料厂。据统计,2008 年全省产量排名前 30 名的企业,总产量为 923 万 t,占全省饲料产量 56.1%。

2.肉禽饲料和猪饲料产量较大,水产饲料产量减少。2008 年,全省生猪存栏 2 380.4 万头,同比增长 4.6%;能繁母猪存栏 265.5 万头,同比增长 17.8%;肉猪出栏 3 467.8 万头,同比增长 7.9%;家禽出栏 10 .9 亿只,同比增长 6.5%;禽蛋产量 32.4 万 t,同比增长 8.6%。畜禽饲养量的增加带动广东省肉禽饲料和猪饲料产量增长,2008 年全省肉禽饲料总产量达 701.3 万 t,同比增长 7.4%;猪饲料总产量达 439.3 万 t,同比增加 39.3%。

受 2008 年初的冰雪冻灾、9 月“黑格比”台风、虾病以及冰鲜水产品出口压力等影响,2008 年全省水产饲料总产量为 280.5 万 t,同比减少 2.1%。

3.主要原料价格波动较大,饲料企业利润摊薄。受全球能源、粮食价格上涨影响,2008 年上半年多种饲料原料和饲料添加剂价格均出现大幅上涨。其中豆粕价格暴涨,维持在 3 600 元/t 以上,最高时达 4 600 元/t,同比增长 90%;玉米价格涨至 1 800~1 950 元/t,同比增长约 15%。四川是我国主要的磷酸氢钙产地,汶川特大地震致使磷酸氢钙货源紧俏,价格最高时达到 5 600 元/t。据中国饲料工业协会对全国 200 多家重点跟踪企业信息的统计,2008 年 1~5 月,玉米、豆粕、蛋氨酸等各主要饲料原料价格同比平均涨幅为 39%。8 月以后,原料价格进入震荡下调状态,多种原料价格持续回落,玉米回调到 1 600~1 700 元/t,豆粕则在一个月内暴跌约 1 000 元/t,但仍高于 2007 年同期水平。原料价格的大幅波动增加了企业经营风险和压力,饲料利润进一步摊薄。

4.饲料生产经营企业质量安全意识大大加强。

【主要工作】1.加强生猪养殖环节“瘦肉精”监管,确保生猪生产质量安全。据统计,2008 年,全省共抽取 108 万份生猪尿样、3 210 份饲料样品进行“瘦肉精”和莱克多巴胺专项监督检测,查处案件 351 宗,销毁生猪 1 430 头,圈养生猪 2 266 头,没收饲料 240kg。生猪“瘦肉精”和莱克多巴胺确认阳性率均低于 1%的控制率,商品饲料阳性率为 0,专项整治行动成效显著。

2. 严厉打击在饲料产品中人为添加三聚氰胺的违法行为。根据农业部饲料质量安全专项整治行动的要求,广东省各级农牧部门加强对辖区内蛋白质原料生产企业、饲料生产企业和奶牛养殖场自配饲料的监督检查,全省累计出动执法人员 12 992 人次,检查企业、养殖场户 7 900 个次,先后抽取饲料产品 531 批次(其中水产饲料 120 批次),检出含三聚氰胺的样品8 批次,合格率达 98.5%;对全省 733 家饲料生产企业进行了生产许可证、批准文号、产品标签的“三无”检查,查处无饲料生产企业审查合格证企业 6家。2008 年 10 月,下发了《关于加强饲料蛋白质原料自查自检工作的通知》,要求饲料生产企业严把饲料原料关,对进厂蛋白质原料进行三聚氰胺专项检测。

3.加强饲料产品质量日常监测工作。结合广东省实际情况下发了饲料产品质量和违禁添加物专项监测计划,完成饲料产品常规检测 3 615 批次,同时加大执法力度,严肃查处违法企业;制定下发了饲料市场专项整治计划,以及“保质量、保安全、助奥运”饲料专项整治方案。为督促各地更好开展整治行动,广东省饲料工作办公室组织了多次飞行检查,检查饲料生产经营单位20多家,查处企业12家,封存销毁饲料产品43t,处罚金额30多万元,并将涉嫌假冒进口添加剂预混合饲料案件移送省公安厅处理。

4.认真做好生产许可证、批准文号等行政审批工作。2008年,按照《饲料和饲料添加剂管理条例》、《行政许可法》的相关规定,广东省核发《动物源性饲料产品生产企业安全卫生合格证》15个、《饲料生产企业审查合格证》446个,核发添加剂和预混合饲料产品批准文号1 005个,审查饲料添加剂和添加剂预混合饲料企业标准350个。

5.积极开展职业技能鉴定工作,推动就业准入制度的实施。2008年,广东省共举办饲料行业特有工种检化验员、维修工、中控工培训鉴定班13期,有520人通过了审核鉴定。认真做好饲料工业统计工作,并对全省饲料业生产统计监测人员进行了培训,规范了统计工作管理。

6. 组织广东省饲料名牌产品的推荐评审工作。2008年广州智特奇、珠海金银来、珠海世海、佛山利宝、顺德天天、中山泰山、中山粤海、江门汇海、广东新粮、湛江盛田、广东旺大、深圳金新农、正大康地、东莞沙田顺发、湛江粤华、湛江恒兴等16家公司的20个产品获得“广东省名牌产品”荣誉称号。

7. 隆重召开了“第十届全国饲料添加剂大会与2008年广东省饲料行业协会年会”。2008年12月13日“第十届全国饲料添加剂大会与2008年广东省饲料行业协会年会”在广州同期召开,国内外饲料和饲料添加剂领域的2 000多人齐聚羊城,为行业“交流经验、展示成果、加强合作、共商大计”提供了平台。

【存在问题】1.企业整体创新能力不高。由于饲料行业准入门槛较低,绝大多数企业起点低、跟风生产、特色少,还有少数企业自律性较差,以次充好,制约了饲料行业的健康发展。

2.资源紧张,饲料生产受到影响。地方政府发展饲料业积极性不高,出现饲料厂找地建厂难的情况。此外,各地均实行限制用电,也影响了饲料厂的正常生产。

3. 饲料基层执法人员队伍薄弱,基层监管经费、硬件(执法车辆等)严重不足,执法工作难以深入。

4.饲料质量安全检测体系不健全。特别是县区级畜禽产品检测机构不健全,检测经费投入不足,检测项目覆盖不全,缺乏高新仪器、高精检测技术和高层次检测专业技术人员。

(广东省饲料工作办公室)

海南省饲料工业

【发展概况】2008年,海南省饲料总产量144.8万t,饲料产品总产值39.1亿元,同比分别增长17.6%和7.3%。其中配合饲料137.6万t,添加剂预混合饲料5.7万t,同比分别增长17.9%和8.7%;浓缩饲料1.6万t,同比增长26.2%。此外,饲料添加剂产量0.5万t,动物源性饲料产量0.1万t。从饲料种类看,2008年生产猪饲料47.3万t,禽饲料70.4万t,水产饲料25.9万t,同比分别增长38.7%、7.7%和18.1%。全省抽检监测饲料、蛋白质原料、饲料添加剂等样品600批次,总体合格率94.6%;针对三聚氰胺事件,全省在生产环节抽查监测饲料、蛋白质原料、奶牛场自配饲料、原料奶、专门水产饲料等样品146批次,三聚氰胺及有毒有害物质均未检出。

【组织机构】2006年海南省农业厅内设海南省畜牧兽医局,省畜牧兽医局内设畜牧处、兽医处,在畜牧处加挂“海南省饲料工作办公室”牌子。

海南省兽药饲料监察所于1989年12月经海南省人民政府批准成立,是海南省农业厅下属单位的海南省动物疫病预防控制中心的内设机构。2001年通过农业部省级兽药饲料监察所资格认证,2007年7月通过农业部省级兽药饲料监察所资格认证复评审。主要承担兽药残留检验任务和本辖区兽药和饲料产品质量安全监督、检验、委托检验和技术仲裁等工作。

全省17个市县畜牧兽医局、海口市农业局分别负责辖区内兽药饲料生产、经营和使用的监督管理与执法,市县一级均没有专门设立饲料管理机构。

【主要工作】2008年饲料工作紧紧围绕保证饲料和畜产品质量安全这个主题,着眼于促进企业发展和创新、发展现代畜牧业和农民增收。

1.严格执行许可审批程序。严格执行《饲料和饲料添加剂管理条例》、《动物源性饲料产品管理办法》及《饲料生产企业审查办法》的规定,制定审查考核程序和具体发证办法。对申请设立饲料生产企业实行厅行政许可办受理、畜牧处(饲料办)审核、专家考核组现场审查的办法,符合条件的企业按照农业部和省农业厅的行政许可审批权限分别上报审批。目前,全省获农业部核发《饲料添加剂和添加剂预混合饲料生产许可证》企业24家;获省农业厅核发《饲料生产企业审查合格证》企业23家,《动物源性饲料企业安全卫生合格证》企业5家。

2.实施饲料质量安全监测计划。组织实施饲料监测、饲料中违禁添加药物专项监测和反刍动物饲料中牛羊源性成份例行监测计划。2008年,全省完成600批次饲料质量安全抽检监测任务,超额完成监测任务的103.3%,饲料产品抽检监测总体合格率为94.6%;

完成兽药残留检测任务120批次，完成监测任务的100%，兽药残留总体合格率为100%。

3.组织饲料质量安全专项整治。按照农业部和省农业厅专项整治工作的总体部署，针对三聚氰胺事件，开展全省饲料质量安全专项整治行动。一是加强奶牛养殖场和乳品加工企业专项整治。深入海南新海乳业、艾森牧业有限公司2家奶牛养殖场和定安熊猫、文昌恒达2家乳品加工企业进行专项检查。抽取液态奶及蛋白质原料样品50多批次送质检单位检测，均未检出三聚氰胺及其他兽药残留。并针对存在问题，指导企业建立健全各项生产质量管理制度，规范各种原始记录档案，签订奶品质量安全责任状。二是加强蛋白质原料生产企业专项整治。对海南全高实业有限公司、海口美兰绿株鱼粉加工厂等5家获证备案的鱼粉加工企业进行三聚氰胺专项检查，共抽检鱼粉样品20多批次，未检出三聚氰胺。三是加强饲料原料集散市场专项整治。牵头海南省工商等部门开展对海口秀英饲料及蛋白质原料集散市场进行专项整治行动，突击检查各种饲料和蛋白质原料仓库22个，依法取缔2家非法饲料加工厂，查封一批假鱼粉，立案查处6家涉嫌违法违规饲料经营企业。2008年6月、11月，以海南省农业厅的名义通报一批有质量安全问题的饲料产品及其生产企业名单，接受社会监督。四是加强饲料生产企业专项整治。全面开展对饲料生产企业拉网式检查，其中，备案企业检查率达100%，备案企业生产持证率达100%，同时加大力度清查和严厉打击无证、无号、无标的“三无”饲料生产企业，依法取缔6家非法生产饲料加工企业。五是开展蛋白质原料资源调查。按照《农业部关于开展蛋白饲料资源调查的通知》(农牧饲便函〔2008〕第190号)要求，组织开展对植物性单一蛋白质原料的玉米、豆粕、花生粕、菜籽粕、玉米胚芽粕、玉米蛋白粉、DDGS、酒糟、酵母蛋白等品种的调查，并及时将调查情况综合上报。六是加强水产饲料质量安全专项整治。结合海南省迎接欧盟考察团来琼考察水产品质量管理体系准备工作，切实加强出口欧盟备案水产养殖企业专项整治。针对欧盟关于我国出口水产品药物残留的问题，重点对水产品出口量较大的海口、文昌、三亚、琼海、陵水等9个沿海市县开展水产品养殖饲料质量安全专项检查，对海南大海、卜蜂、中海、海田等4家专业生产水产饲料企业的饲料和蛋白质原料的专项监测。在经营环节，重点对出口西欧备案养殖场所在区域的水产饲料经营企业(店)进行专项监测。通过专项检查监测，盐酸克伦特罗、莱克多巴胺、氯霉素、孔雀石绿等违禁药物在水产饲料中均未检出。

4.加强饲料信息统计工作。饲料信息统计是饲料行业管理的一项基础性工作，也是政府部门对饲料行业发展科学决策的重要依据，饲料信息统计为规范行业发展发挥了重要作用。一是通过企业内部生产动态信息统计，加强对企业经营运作成本、核算产品价值、工业经济指标等项目进行统计和分析，有效地指导企业生产经营，节约生产成本，提高企业综合效能；二是通过行业信息统计，加强对饲料统计信息培训、重点企业生产信息定期跟踪监测、行业信息统计资料收集、整理和分析，调整充实饲料信息统计队伍，落实饲料统计月报、季报和年报工作，确保饲料信息统计工作的时效性、准确性和科学性。

【存在问题】1. 饲料成本仍是制约企业效益的关键因素。饲料大宗原料玉米、豆粕价格不稳定，虽有短时波动性回调，但随着粮食价格飚升而上涨幅度持续攀高，油脂类饲料价格上涨幅度已超过100%。在原料、人力、能源、物流等4大要素成本的压力下，企业生产利润空间大打折扣，企业生存和发展更加困难。

2. 行业发展基础薄弱。相当部分企业存在规模小、资金不足、技术水平低、管理水平不高的状况，产品缺乏竞争力，抵御风险能力较差。

3.饲料质量安全问题比较突出。蛋白质原料及动物源性饲料质量令人担忧，制假售假和非法使用违禁药物的手段更加狡猾和隐蔽性，自配料监管缺乏法律依据，存在监管漏洞，有些产品标识虚假，误导消费者。

4.兽药饲料质检机构检验检测手段落后。目前省兽药饲料质检机构现有设备还未能满足三聚氰胺、盐酸克伦特罗等违禁药物的检验检测要求，不利于加强饲料及畜产品质量安全监管。

(海南省饲料工作办公室)

广西壮族自治区饲料工业

【发展概况】2008年，广西饲料行业经受住了低温雨雪冰冻、养殖业周期波动和世界金融危机等多重压力，继续保持较快发展的态势，产量稳步增长，产品结构进一步优化，企业经营更趋集中，大型企业发展加快，规模效应进一步体现。全区全年饲料产品产量达492.9万t，产值140.3亿元，同比分别增长24.7%、31.0%，产品合格率达96.5%，商品饲料和生猪养殖场“瘦肉精”等违禁药物检出率分别为0和0.3%，顺利完成了年初确定的目标任务。

【主要特点】1. 畜禽养殖快速发展拉动饲料生产增长。2008年广西水产畜牧业总产值首次超千亿元，达1 078亿元，其中畜牧业871亿元，占畜牧水产业产值的80.8%，畜牧业产值占农业总产值的36.5%，同比提高1.9个百分点。全区各地积极落实国家生猪扶持政策，生猪生产明显恢复，出栏量和饲养量较大幅度增长，全区生猪出栏2 935万头，年末存栏2 307万头，能繁母猪存栏283万头，同比分别增长6.1%、6.3%和

12.3%;家禽养殖保持快速发展,成为广西农业经济新的支柱产业,全年家禽出栏7亿只,年末存栏2.8亿只,同比分别增长8%和6%。

畜禽养殖发展直接拉动了饲料产量的增加,全区全年饲料产品产量达492.9万t,增长24.7%,其中猪配合饲料184.4万t,同比增长43.3%,肉禽配合饲料达177.8万t,同比增长7.7%。产品产量同比增长较快的另一个原因是2008年上半年之前有部分"公司+农户"企业未申报《饲料生产企业审查合格证》,2008年前3季度的统计数据不包括此类企业的自用饲料量,统计口径的不一致造成数据对比有偏差。

2. 养殖方式转变促进配合饲料产量大幅增长。2007年暴发的生猪疫情,使畜禽养殖方式发生了变化。由于散养户在饲料价格、仔猪价格和疫病防控方面均不具优势,生产成本高于规模养殖户,抗风险能力也相对较弱,畜牧业正由分散的家庭饲养向规模饲养转变,向"公司+农户"的产业化运作方式转变。与此同时,玉米、豆粕等原料价格大幅上涨,购买浓缩饲料和添加剂预混合饲料自配饲料与购买全价配合饲料相比,越来越不合算,更多养殖户直接购买配合饲料喂养。这种趋势促进了配合饲料生产,全区配合饲料产量达454.3万t,同比增长25.9%。以猪配合饲料为主的广西双胞胎饲料有限公司全年配合饲料产量达20.1万t,同比增长64.9%;广西扬翔饲料公司全年配合饲料产量达33.2万t,同比增长44.2%;以"公司+农户"模式发展肉鸡养殖的玉林市美凰鸡业有限公司全年配合饲料产量13.5万t,比2007年同期的11.7万t增长14.8%。

3. 饲料原料价格大幅波动,生产成本在高位运行,企业利润减少。2008年上半年受国际石油和粮食价格持续走高、雪灾和地震等因素的影响,饲料原料价格大幅上扬,全区豆粕价格最高达到4 850元/t,玉米2 200元/t,麦麸1 820元/t;下半年原油价格暴跌、金融危机爆发,国际大宗商品价格相继下跌,玉米、豆粕、磷酸氢钙、赖氨酸等饲料原料价格有所回落,但对在价格波动拐点期间原料库存量大的企业而言,存在消化原库存的成本压力,年底豆粕平均价格3 500元/t,玉米平均价格1 800元/t,分别比最高价回落31%、22%,但2008年全年平均价格仍比2007年高。饲料企业生产成本在高位运行,饲料产品的涨幅跟不上原料的涨幅,企业赢利空间缩小。

4.饲料企业产业链延长,产业化运作更深入。大型饲料企业充分利用资金、技术、品牌、管理等优势,由单纯的饲料生产向饲料生产、养殖、屠宰加工一体化方向发展,延长产业链,走"公司+基地+农户"的产业化经营道路,有力推动了养殖业规模化、标准化、产业化发展,同时也促进了饲料销量的提高。目前,全区已有广西扬翔饲料有限公司、桂林漓源粮油饲料有限责任公司、广西富丰集团有限公司、广西南宁百洋饲料集团有限公司4家饲料企业被评为国家级龙头企业,广西华港农牧发展有限公司、北海恒兴特种饲料有限公司等5家饲料企业被评为自治区级龙头企业,桂林正大有限公司、南宁市利翔饲料有限责任公司等10家饲料企业被评为广西自治区行业级龙头企业。

5.优胜劣汰更加明显,大型企业发展速度加快。全区饲料工业进入洗牌重组的时期,竞争加剧,优胜劣汰更为明显,在技术、产品、市场、人才、资金占优势的大型企业发展速度加快。全区前10位饲料企业的饲料年产量达207.6万t,占全区总产量的42.1%。桂林力源粮油食品公司属下南宁、桂林、临桂、玉林、柳州、武鸣漓源6家饲料企业全年饲料产量达90万t,同比增长34.3%,占全区总产量的18.3%,比2007年所占份额提高了1.3个百分点。一些没有品牌效应的中小型饲料企业举步维艰,产量严重下滑。

6.产品质量稳定提高,品牌意识逐步加强。2008年共抽查监测饲料生产企业780家次、经营企业226家次、养殖企业577家次,共抽检猪尿样4 508份、饲料2 002批,饲料产品总合格率达96.7%,比2007年合格率提高3.2个百分点;畜产品中违禁药物检出率0.3%,其中盐酸克伦特罗检出率为0.1%,莱克多巴胺为0.2%。全面完成了饲料产品合格率保持在90%以上,饲料中各类违禁药品检出率控制在1%以下的目标。饲料中瘦肉精检出率已连续4年为零。近年来,饲料企业更加注重质量,品牌意识进一步加强,饲料产品涌现了一批广西名牌产品,2008年贵港瑞康饲料有限公司、广西辽大饲料集团有限公司、南宁大大饲料有限公司的猪配合饲料均荣获广西名牌产品称号。

【主要工作】1.扎实开展饲料质量安全监测工作。根据《农业部关于开展2008年饲料及畜产品质量安全监测工作的通知》(农牧发〔2008〕3号)精神,在农业部监测计划的基础上,结合广西实际,制定了《2008年广西饲料和畜产品质量安全管理工作方案》、《2008年广西饲料及畜产品质量安全监测计划》及《2008年全区饲料市场专项整治行动方案》,落实饲料及畜产品质量安全监测经费241.4万元(其中自治区财政200万元)。继续对"瘦肉精"、莱克多巴胺等违禁药物保持高压严打态势:一是加大对重点地区中小型养猪场监督抽检力度。采取中央和地方不定期和针对性的抽检、屠宰场/养殖场联动监测、节假日重点监控相结合的措施;二是以饲料药物和卫生指标为重点强化饲料质量监督,进一步加大养殖环节饲料和饮用水中的药物含量、反刍动物饲料中牛羊源性成分、鱼粉等动物源性饲料产品的抽检力度。并分上、下半年通报全区饲料及畜产品质量安全监测结果,严肃查处和整治监测结果不合格企业。

2. 组织开展全区饲料打假和饲料产品质量安全

专项整治行动。全年共组织开展了3次较大规模的饲料执法检查和专项整治行动：

一是开展针对肉鸭饲料造假行为的专项检查工作。4月接到全国饲料工作办公室关于广西肉鸭饲料造假行为的《查处举报案件的通知》后，在全区范围组织开展查处肉鸭饲料造假行动。全区饲料行政主管部门出动检查人员600多人次，出动执法车辆191车次，检查饲料生产企业70家，经营店户960户，养殖场107户。重点检查了饲料生产企业的原料库、药品库、成品库和原料接收记录、产品配方及投料记录等生产台帐，未发现有使用死鸡鸭及其下脚料的现象，并对检查中发现的个别企业使用违禁药品、无证鱼粉等行为，采取了相应的处罚措施。

二是开展奥运会前的全区饲料产品质量安全督查工作。7月制定了《全区饲料兽药及水产畜牧产品质量安全工作督查方案》，组织了7个督查工作小组分赴全区14个市监督检查全区饲料产品质量安全情况，随机抽查了14个市28个县(市、区)29家饲料生产企业、110家饲料经营店、45家养殖单位(场)，奥运前广西饲料产品的质量安全得以保证。

三是开展以打击三聚氰胺等有害物质为重点的饲料质量安全专项整治行动。“三鹿”奶粉事件后，根据农业部饲料质量专项整治工作部署，及时制定了广西饲料质量安全专项整治工作实施方案，重点对蛋白质饲料原料、饲料生产企业、奶牛及蛋(种)禽养殖场户自配饲料等领域开展饲料质量安全专项整治行动，全区累计出动执法人员6 243人次，检查饲料生产企业500家次（包括18家蛋白质原料饲料生产企业、293家饲料和饲料添加剂生产企业)、饲料经营企业4 914家次，4个蛋白质原料集散地、养殖场户3 691家次；累计抽检325个产品，查处违法违规生产企业36个、经营企业49个、养殖场户3个，查处无证生产黑窝点1个，查封、销毁、无害化处理问题饲料24.5万t、货值10万元，达到了“四个100%”。

3. 认真抓好饲料和饲料添加剂质量安全管理基础工作。一是加快《饲料生产企业审查合格证》申证和换证工作。贯彻实施农业部《饲料生产企业审查办法》，组织广西动物营养、检测分析、饲料机械等方面专家到全区各市检查指导《饲料生产企业审查合格证》现场评审工作，到2008年底累计已有207家企业持有《饲料生产企业审查合格证》；二是组织完成对31家饲料添加剂、添加剂预混合饲料的生产许可现场考核和申请书上报工作，当年有26家企业获得了生产许可证；三是组织全区各类饲料生产企业生产许可证书(合格证)年度备案工作，共有128家企业通过年度备案，另有7家企业因审查不合格或连续两年不备案被注销了生产许可证。

4.加强基层饲料执法人员培训。针对现行饲料管理体制的一些问题，如县级执法人员偏少，不少执法人员对饲料法规、饲料标准体系不够熟悉，对饲料添加剂和添加剂预混合饲料、药物饲料添加剂和加药饲料等产品容易混淆，在检查企业、处理案件时不够专业等，举办了全区畜牧与饲料执法人员培训班，全区各市县(区)畜牧饲料管理部门150多人参加了培训，同时，邀请有关专家解析《饲料和饲料添加剂管理条例》及相关办法、规范性文件，对执法中存在的问题及具体案例进行分析，针对性强，切实提高了基层执法人员的能力和水平。

【存在问题】1.饲料产品质量安全监管形势依然严峻。“瘦肉精”等违禁药品经过多年的严厉打击和整治，仍有少数养殖场以身试法，并发现以沙丁胺醇替代莱克多巴胺的现象，个别企业有违法使用违禁药物添加剂和色素等行为。另外，在饲料原料价格上涨、企业效益下滑、竞争激烈的情况下，主要营养指标不合格率提高，2008年下半年饲料质量检测28批不合格产品中有11批粗蛋白质不合格，占不合格总数的39.3%。为数众多的中小企业饲料检测技术水平较低而管理又不够规范，也加大了监管的难度。

2.饲料监测体系不健全，现有监测机构数量及能力与社会需要有较大差距。一是检测机构少，广西14个地级市仅有7个有饲料监测机构，县一级还没有饲料监测机构。二是现有的监测机构规模较小，检测能力较差，缺乏必要的仪器设备，现有设备陈旧老化，限制了检测能力的提高和检测范围的拓宽。三是检测人员素质较低，不能完全掌握检测技能。四是检测经费投入太少，无法达到有效监测。

3.行政执法体系不够完善。监管机构不健全，人员、经费和装备不足，监管执行力不强。

4.饲料统计报表制度执行得不好，上报数据不及时，影响了对全行业的全局性把握。

（广西壮族自治区饲料工业办公室）

重庆市饲料工业

【发展概况】2008年是重庆饲料发展历程中辉煌的一年。由于全国生猪价格大幅上涨，中央和重庆市政府相继出台了多项生猪扶持政策，极大地激发了全市养殖户生产积极性，规模养殖场建设如雨后春笋，有力地带动了全市饲料行业的快速发展。2008年，全市饲料工业产品产量达161.0万t，同比减少3.6万t。其中配合饲料125.5万t，同比增加2.9万t，浓缩饲料30.4万t，同比增加2.1万t，添加剂预混合饲料5.1万t，同比减少8.6万t，饲料产品总产值52.3亿元，同比增加54.8%。全市添加剂生产企业35家，添加剂预混合饲料生产企业127家，饲料审查合格证发证企业260家，动物源性饲料卫生合格证发证企业有16家，饲料企业职工共计 6 936 人。

【组织机构】重庆市饲料工业办公室于 1986 年正式成立,挂靠重庆市农业办公室。1996 年转到重庆市农业局后改为重庆市农业局内设机构。2000 年机构改革时挂靠重庆市农业局畜牧兽医处。2005 年重庆畜牧兽医体制改革,畜牧兽医处分为畜牧处和兽医处,重庆市饲料工业办公室则挂靠在畜牧处,2008 年成立重庆市农委后,又挂靠在重庆市农委畜牧业发展处。到 2007 年底,全市 40 个区县有 28 个成立饲料办,未成立饲料办的区县将职能归口到畜牧兽医部门,并配备相应人员负责饲料工业的日常监督管理工作,逐步健全重庆市饲料工业的管理体系。

【主要工作】1.强化日常监管。一是加强饲料添加剂获证企业的监管。对全市 35 家办理了《饲料添加剂生产许可证》的生产企业,从获证情况、包装标签、产品种类和产销记录等方面进行全面检查,包装标签基本规范,产销档案较为完备,无添加或生产"瘦肉精"、"蛋白精"等违禁产品的行为;二是加强饲料产品质量的监管。2008 年共抽检饲料 434 批次样品,合格 394 批次,合格率 90.78%,违禁药物检出率 9.22%;三是加强对饲料原料管理。重点对原料供应商是否标注中文标识、是否能出示《安全卫生合格证》或《进口产品登记证》进行检查,对存在问题的销售企业进行宣传教育并责令整改。同时,对全市范围内的反刍动物饲料生产、流通和使用环节进行检查,对数家饲喂自配饲料中检出了"牛羊源性成分"的奶牛养殖户给予教育处罚;四是严查添加激素和禁用药品。把严查添加激素和禁用药品作为饲料安全专项整治的重中之重,通过检查,未发现一例添加"瘦肉精"、莱克多巴胺和苏丹红的违法行为。对经营和使用"蛋白精"的企业,给予了较重处罚,合计罚款 11.8 万元,追回、收缴和销毁了违法产品 4.28t。

2.增强执法力度。重点查处无证、无号生产企业;生产、经营、使用停用禁用或者淘汰的饲料和饲料添加剂;在饲料和动物饮用水中添加激素类药品或者使用"瘦肉精"、"蛋白精"等行为,对生产、流通和使用环节实行全面监管。2008 年检查饲料生产企业 210 多家,检查饲料经营门市(摊点)1 960 多个,拉网式检查规模化养殖(小区)场 436 家,出动执法车辆 3 600 余台(次),出动执法人员 9 200 余人(次),立案查处 72 个违禁添加和伪劣饲料案件,累计罚款 46 万元,追回、收缴并销毁违法饲料和饲料添加剂 21 700kg。全市饲料生产经营秩序得到明显好转,制假售假和违禁添加的不法行为得到了有效遏制。

3.加大宣传培训。利用"重庆市农产品质量安全执法年活动"、"放心农资下乡进村活动"、"农业科技下乡活动"等,采用发放宣传资料,现场咨询、答疑,播放影像资料等多种形式,大力宣传《农产品质量安全法》、《饲料和饲料添加剂管理条例》等法律法规、介绍畜产品安全生产、消费知识,宣传畜产品质量安全技术,取得了较好的效果。2008 年举办各类法律法规培训 39 期,参训人员 2 000 余人。开展业务素质培训,培训饲料检验化验员、饲料厂中央控制室操作工、饲料加工设备维修工 104 人。发放《农产品质量安全法》、《饲料和饲料添加剂管理条例》、《饲料药物添加剂使用规范》、《标签标准》、《饲料识假辩假常识》和《饲料安全使用须知》等宣传资料 2.1 万份(册)。

(重庆市饲料工业办公室)

四川省饲料工业

【发展概况】2008 年,四川省工业饲料总产量 652.2 万 t,产值 250.7 亿元。全省有饲料和饲料添加剂生产企业 790 家,其中国有企业 5 家,集体企业 8 家,私营企业 519 家,联营企业 5 家,股份公司 211 家,港澳台企业 5 家,外商企业 19 家,其他 18 家。全年工业饲料产量中配合饲料为 519.5 万 t,浓缩饲料 97.1 万 t,添加剂预混合饲料 35.6 万 t,分别增长 2.9%、1.0%和 13.7%。从饲料品种来看,猪饲料 308.0 万 t,禽饲料 267.0 万 t,水产饲料 60.5 万 t,反刍动物饲料 6.8 万 t,除禽饲料有小幅下降外,其他品种均呈上涨趋势,其中水产饲料涨幅最大,达 26.4%,其次是反刍动物饲料,上涨 7.4%,猪饲料上涨 6.3%。

【主要特点】1.工业饲料产量增速放缓。2008 年上半年,饲料工业既受到雨雪冰冻灾害和汶川特大地震等自然灾害的影响,又遭遇玉米、豆粕、磷酸氢钙等主要原料价格高位运行的不利因素;下半年,由于畜产品价格下滑,养殖者信心不足,给饲料市场带来很大影响。2008 年全省饲料产量为 652.19 万 t,同比增幅为 3.2%,增速明显放缓。

2.饲料质量安全水平良好。2008 年共抽检饲料样品 2 484 批次,合格率为 91.02%,较 2007 年提高 0.92 个百分点。在违禁物质监督抽查中,共计监测饲料 1 259 批,合格率 99.0%,其中"瘦肉精"的检出率继续保持为零,饲料质量安全水平总体保持良好状态。

3.中小饲料企业发展压力增大。汶川特大地震使部分饲料企业遭受严重损失,同时受全球金融危机的冲击和国家信贷政策调整的影响,饲料行业特别是中小型饲料工业企业的发展,遇到了前所未有的困难。主要表现在:人才、资金、技术缺乏,抵御市场风险能力薄弱的问题更加凸显;环保和劳动力成本上升,产品附加值低,企业同质化程度较高,企业效益堪忧;畜牧业生产方式的转变和养殖规模化程度的提高,使得市场空间受到较大压缩。

【主要工作】1. 积极参与抗震救灾行动。汶川特大地震,使全省饲料行业遭受严重损失,300 余家饲料企业房屋、设备受损，上千人员伤亡。据统计，全省共毁损厂房 63.15 万 m^2，设备损失达 2 800 多万元，原材料及成品损失 5 200 多万元，直接经济损失总量达到 19.33 亿元。为帮助企业尽快恢复生产，四川省饲料工作办公室迅速行动，积极应对，全身心地投入到抗震救灾中。一是及时做好灾情调查。地震发生后，迅速摸清各地饲料工业受灾损失情况，并及时上报农业部，得到农业部高度重视和关注。农业部畜牧业司司长王智才专程到重灾区绵竹市查看饲料原料生产企业绵竹龙蟒集团受灾情况，并飞赴云南协调龙蟒集团生产饲料级磷酸盐所需的矿物开采以及运输问题。二是积极提出政策建议。提出了贷款贴息、税收减免和原料调运等一系列恢复重建政策建议。及时向四川省政府和抗震救灾指挥部专题报告，请求将豆粕作为救灾物资统筹纳入铁路运输保障之中；向农业部提出了国家停止饲料级磷酸盐出口的政策建议；向四川省政府报告并建议国家按照收购成本或低于市场价 20%的价格动用中央储备玉米 20 万 t 供应饲料企业，帮助企业度过难关。三是科学制定灾后重建规划。及时准确掌握各受灾饲料企业具体财产损失和人员伤亡情况，整理汇总出地震对全省饲料加工企业和磷酸盐企业生产的影响，经过认真分析和科学规划，撰写了《汶川大地震重灾区饲料业重建规划》，已纳入畜牧业恢复重建总体规划，为全省饲料工业灾后重建指明方向。

2. 认真开展以打击违禁添加物为重点的饲料安全整治行动。为进一步保障畜产品安全，四川省首次启动了饲料安全“全覆盖”整治行动。2008 年，制定下发了《2008 年饲料安全“全覆盖”整治行动方案》和《2008 年全省饲料质量安全监督抽查计划》，以加强源头治理、打击违禁药品、严厉查处反刍动物饲料中添加使用动物源性成分、规范生产、经营和使用为重点，对全省所有饲料和饲料添加剂生产企业、经营单位和规模养殖场(户)进行了监督检查，取得了较好成效。据统计，2008 年全省共出动执法人员 73 947 人次，检查生产企业 1 760 个次、经营户 35 516 户、养殖场(户)43 166 个，受理举报投诉案件 226 件，其中案情重大的案件两件，捣毁制假售假窝点 17 个，查获不合格产品 883.1t，货值 154.82 万元，挽回经济损失 83.7 万元。共抽检饲料样品 2 484 批次，合格率为 91.02%，较 2007 年提高 0.92 个百分点，其中，抽检生产企业产品 2 004 批，合格率为 93.96%，较 2007 年提高 2.76 个百分点。对 70 家生产企业和 55 家经营单位不合格产品，以及 13 个养殖场反刍动物饲料中违规添加牛羊源性成分进行了通报和查处，同时取消生产企业不合格产品的免税资格。将省级以上饲料质量安全监测中有不合格产品的企业，以及被举报经查处确有违法违规行为的企业登记在案，作为重点跟踪抽查对象，加大监管力度。

3.切实开展三聚氰胺专项整治行动。“三鹿”奶粉事件发生后，立即召开了全省专项整治工作会议，按照农业部和省委省政府的部署，迅速开展了专项整治行动。据统计，在这次专项行动中，全省共出动执法人员 51 663 人次，检查饲料生产企业 1 772 个次，其中蛋白质原料生产企业 132 家；抽检奶牛饲料生产企业产品 233 批次；抽检奶牛饲料生产企业的蛋白质原料 350 批次；检查饲料经营企业 31 280 个次；检查生产使用自配料的规模化奶牛养殖户 24 682 个次，达到了农业部提出的“四个 100%”的要求。对检测出三聚氰胺的 3 个饲料及饲料原料依法进行了查处，对召回和库存的问题产品及时进行了销毁，同时按照“五不放过”(案情没有搞清的不放过；假冒伪劣商品的源头和流向没有查明的不放过；制假售假责任者没有依法处理的不放过；该移送司法机关没有移送的不放过；包庇、纵容、参与制假售假的国家公职人员没有受到追究的不放过)的原则，展开追踪溯源调查。

4.严格饲料行业准入，提高行业整体素质。一是加强对饲料生产企业的规范化管理。加强对新办饲料企业的考核审查，强化饲料企业的年度备案工作，对管理不规范、产品质量不合格的企业，责令限期整改，对拒不整改的予以注销、吊销有关资质证书；二是认真贯彻农业部《饲料生产企业审查办法》，从严把握行业准入尺度。通过换证，2008 年四川省共淘汰 159 家不合格企业；三是提高饲料生产企业自检能力。认真落实《关于进一步强化饲料行业监管有关问题的通知》(川畜食发〔2008〕124 号)要求，凡是新建企业，必须具备快速检测三聚氰胺的能力；已建企业，应在 2009 年 6 月 30 日前，达到快速检测三聚氰胺的能力。

5.深入开展调查研究，强化行业指导。一是深入开展中小饲料企业发展专题调研。为进一步了解掌握中小饲料企业发展状况、深入分析研究中小饲料企业发展面临的一些深层次问题、共同探讨新形势下促进中小饲料企业持续健康发展的思路和对策，深入遂宁、绵阳、眉山、成都等市部分有代表性的中小饲料企业进行走访和调研，撰写了《四川省中小型饲料企业发展现状调查》。二是多次组织省内饲料管理部门、科研院所和大型饲料企业的技术负责人就《饲料和饲料添加剂管理条例》、《饲料产品企业标准营养指标指示指南》、《饲料添加剂品种目录》和《单一饲料产品目录》等法律法规的修改提出建议。

6.成功举办“第五届中国四川饲料与动物保健品展览交易会”。本次交易会共有来自全国的近 200 个单位参加。展示了各种与饲料和动物保健品行业相关的产品、机械设备、网络刊物、以及科研成果、先进技术等，举办了新技术、新产品学术报告和其他交流活动。在此次交易会上，四川铁骑力士集团代表四川省

85家骨干饲料企业作出了绝不在饲料中添加三聚氰胺等禁用物质的郑重承诺,对进一步促进饲料和动物保健品行业持续健康发展起到了积极推动的作用。

7.积极开展行业交流。7月,协会与美国大豆协会联合举办饲料加工新技术讲座。邀请美国北卡罗莱纳州立大学斯塔克博士和美国大豆协会-国际项目饲料技术主任程宗佳博士就饲料品质控制体系、饲料加工及其对动物生产性能的影响、饲料加工新技术及木薯在饲料中的应用进行了培训,有100余家饲料生产企业参加了此次培训。10月,来自东北3省和北京、天津等9个北方省、市的63家饲料企业来四川省参观考察了通威股份有限公司德阳分公司、成都华西希望农业科学技术研究所、成都正大有限公司和成都凤凰饲料有限公司,促进了饲料业同仁的相互学习和共同提高。

(四川省饲料工业办公室)

贵州省饲料工业

2008年,贵州省饲料业顶住雨雪灾害和原料价格快速上涨的压力,全面推行《饲料生产企业审查办法》,促进贵州省饲料行业持续健康发展。同时,贵州省饲料行业企业数量大幅减少,但行业整体水平提升,为贵州省饲料行业进一步发展打下了坚实的基础。

【发展概况】2008年,贵州省生产工业饲料49.3万t,生产总量同比增长2.2%。其中生产配合饲料26.2万t,同比增长4.3%;生产浓缩饲料22.9万t,同比下降0.3%;生产添加剂预混合饲料1 380t。

【主要特点】2008年,国家继续实行对养猪业的各项扶持政策,刺激了养猪业的发展,从而拉动饲料需求。但饲料原料价格上涨,带动了成品饲料价格上涨。饲料和仔猪均处于高价位状态,养猪业的市场风险进一步加大。禽饲料由于价格波动较大,养殖积极性不高,家禽饲养规模缩小,禽饲料产量继续下滑。

2008年1月中旬~2月上旬,由于受冰冻雨雪灾害的影响,各企业处于停产半停产状态,企业产品积压,市场缺货、断货现象严重;冰冻雨雪造成畜禽存栏减少,饲料消耗能力降低,形成供大于求的局面,后期开始大量补栏,供求逐渐趋于平衡;4月以来饲料需求增加,但豆粕等饲料原料价格上涨,特别是汶川地震造成川西龙蟒、川恒化工等大型磷化工企业停产,磷酸盐产品价格成倍上涨且供应紧张,部分企业由于不能按计划采购到原料,无法按计划生产,市场供应波动;进入下半年,由于生猪存栏上升,产量同比和环比均有所上升。9月三聚氰胺事件发生后,贵州省加大了对奶牛饲料和蛋白质饲料的监管,整个事件对饲料行业产量影响不大。

【组织机构】贵州省饲料工作办公室设在贵州省畜牧兽医局,与草业饲料处合署办公。贵州省饲料工业协会挂靠贵州省饲草饲料工作站,经贵州省编委批准、贵州省民政厅注册登记,有3个事业编制和3个社团编制。贵州省饲料行业职业技能鉴定站挂靠贵州省饲料工业协会,与协会合署办公。

【主要工作】1. 全面推行《饲料生产企业审查办法》。2007年5月1日起,《饲料生产企业审查办法》在全国施行,要求在2008年5月1日后,所有未经审查合格颁发《饲料生产企业审查合格证》的企业必须停止生产。截至2008年底,贵州省共有112家饲料生产企业获证,此前贵州省共有饲料生产企业170余家,所有未获证企业已全部责令停产。全省饲料生产企业从数量上看减少,但整体行业水平却得到提升,更利于主管部门的监督管理。

2.开展动物源性饲料、饲料添加剂和添加剂预混合饲料生产企业年度备案。为规范饲料企业出厂检验检测,保证产品质量,对全省饲料生产企业2007年生产情况年度备案时,要求各市(州、地)饲料办现场检查,重点检查化验室的建设和运行情况,对未完善化验室建设、化验设备、化验人员或未正常开展工作的企业明确告知年度备案不合格,要求企业立即进行整改,如果2008年年度备案仍不合格,将按规定注销其相应生产许可证件。

3.规范行政审批。为规范饲料行政许可程序,所有行政审批申请统一由贵州省农业厅政务大厅受理,严格按照法定程序和时限进行工作。按时完成86家饲料生产企业申办《饲料生产企业审查合格证》审查工作,两家添加剂生产企业申办《饲料添加剂生产许可证》到期换证初审,两家牧草种籽《生产许可证》和两家牧草种籽《经营许可证》审查,1家动物源性饲料生产企业申办《动物源性饲料生产安全卫生合格证》审查。4个批准文号核发,6个企业变更手续办理。

4.加大饲料质量安全监管力度。针对贵州省历年饲料质量安全监测情况,2008年继续加大饲料质量安全监管力度,除要求完成农业部下达的饲料抽检任务外,省局安排饲料质量监督检测任务800批,"瘦肉精"检测任务3 000批,重点查处养殖环节使用"瘦肉精"等违禁药物、饲料产品质量低下等问题,确保奥运期间畜产品安全。

5.积极开展饲料质量安全专项整治工作。"三鹿"奶粉事件发生后,贵州省高度重视,按照农业部和省政府的部署和要求,拟定《贵州省饲料质量安全专项整治工作实施方案》报省人民政府批准下发,全省各地有关部门严格按照方案要求,积极部署,认真开展专项整治工作。

全省共出动监督检查人员11 305人次,对辖区内的奶牛饲料生产企业和奶牛养殖场(小区)自配料进行了全面检查,共检查蛋白质饲料原料生产、经营企业、养殖场户 2 645 个次,检查自配饲料的奶牛养殖场户 1 751 个次,饲料生产企业 693 个次。贵州省饲料监察所共完成三聚氰胺专项检测 436 批,合格 424 批,合格率 97.2%。

6.加强饲料行业职业技能鉴定工作。贵州省饲料工作办公室协同贵州省饲料工业协会(饲料行业职业技能鉴定站)积极开展饲料检验化验员职业技能鉴定工作,除在黔西南州、贵阳、安顺分别举办 80 余人的鉴定培训考核外,又组织人员到福泉直接在企业开展鉴定,完成对贵州川恒、森威两家大型磷化工企业全部化验员职业技能鉴定。

(贵州省饲料工作办公室)

云南省饲料工业

2008 年,云南省饲料工业继续推进“大原料、大安全、大企业、大市场”的发展战略,狠抓饲料产品质量安全管理,积极引导饲料工业做大做强,饲料工业生产克服了原料价格上涨和动物疫病等不利影响,实现稳定发展的良好态势。

【发展概况】2008 年云南省饲料工业产品产量为 281.3 万 t,同比增长 12.4%。其中配合饲料 205.0 万 t,浓缩饲料 73.0 万 t,添加剂预混合饲料 3.3 万 t,分别比 2007 年增长 13.2%、11.9%和减少 13.3%。饲料工业总产值 103.3 亿元,同比增长 29.6%。从饲料产品品种来看,禽饲料产量增幅较大,猪饲料、水产饲料稳定增长。配合饲料中猪饲料为 51.8 万 t,同比增长 5.7%;肉禽饲料为 71.8 万 t,同比增长 19.6%;蛋禽饲料为 48.0 万 t,同比增长 12.4%;水产饲料为 31.0 万 t,同比增长 13.2%。饲料添加剂工业实现同步增长,作为云南省资源优势产业的饲料级磷酸氢钙产量增幅较大,2008 年产量达到 96.4 万 t,同比增长 90.9%。

【主要特点】1.饲料原料价格波动频繁,生产效益有所下降。2008 年上半年,玉米、豆粕、棉籽粕、氨基酸、维生素、微量元素等饲料原料价格全面上涨,云南省玉米最高上涨至 2 060 元/t,豆粕涨至 4 900 元/t,多数生产企业相应上调了饲料产品价格,但产品价格的涨幅远低于原料价格的涨幅,饲料企业微利经营。进入 9 月以后,饲料原料价格出现下跌,12 月玉米价格平均为 1 650 元/t,豆粕 3 600 元/t,其他饲料原料也出现下跌,饲料企业对产品价格进行了下调。企业利润有升有降,主要受原料采购价格及库存影响。总体来说,2008 年饲料企业生产效益低于 2007 年。

2.饲料生产及质量安全水平不断提高。2008 年进一步加大饲料和畜产品质量安全执法工作力度,对饲料企业生产条件进行严格审查。9 月“三鹿”奶粉事件发生后,又进行了为期一个月的专项整治。通过一系列安全整治措施,全省饲料质量安全水平进一步提高。全年完成饲料产品抽检 2 203 批,抽检合格率 89.9%;抽检畜产品(猪肝、鸡肝等)104 批、猪尿样 2 500 个进行“瘦肉精”等违禁品检测,检出率为零;检测饲料标签 2 100 个,合格率 96%以上。抽检饲料原料及产品 208 批次进行三聚氰胺专项检测,未检出三聚氰胺。

3.规模化程度提高,产业化优势明显。云南省积极采取相应扶持政策,鼓励饲料企业向养殖业和畜产品加工业延伸产业链,对相关产业的带动作用日益明显。在 2008 年饲料原料价格波动较大的情况下,大型企业体现出稳定占有市场的的良好发展势头。2008 年底全省年生产能力 5 万 t 以上的企业有 22 家,生产能力 10 万 t 以上的大型企业 15 家,饲料工业产值上亿元的企业有 15 家。全省排名前 10 位的神农、正大、黄龙山、程鹏、广联、广卫、西尔南、希望、金钱、惠嘉等企业的饲料产品产量约 100 万 t,占全省饲料产品产量的 36%左右。

【主要工作】1.切实落实《饲料生产企业审查办法》,严格规范饲料生产行为。2007 年 6 月以来,为认真贯彻落实《饲料生产企业审查办法》,由云南省饲料办牵头,组织省级和各州市相关同志组成专家评审组,严格按照与《办法》相配套的 80 项审查条件要求,对饲料生产企业进行前置条件审查。对达不到审查标准的企业,有整改条件的要求其限期整改,没有整改条件的不予通过审查,坚决取缔达不到生产条件的小企业、小作坊,从源头上保证饲料产品安全。至 2008 年底云南省已组织审查饲料生产企业 237 家,正式发证 227 家。

2.狠抓饲料产品质量安全监督抽检及执法监管,提高饲料产品质量安全水平。云南省 2008 年安排财政专项资金 200 万元,在全省范围内开展饲料和部分畜产品质量安全监督抽检。计划饲料产品抽检 1 880 批,畜产品抽检 105 批,猪尿中“瘦肉精”等违禁药物检测 2 200 批,检查饲料标签 2 000 个以上。监督监测任务全面完成,实际抽检饲料产品 2 203 批,抽检合格率 89.9%。结合饲料产品质量抽检工作,各级饲料管理部门针对“瘦肉精”、莱克多巴胺等违禁药品在全省范围内开展“瘦肉精”等违禁药品拉网式检测,加大对养殖场、饲养户和屠宰场的检查和监督。同时,按照《饲料和饲料添加剂管理条例》规定,严厉查处制售假冒伪劣饲料产品的行为,全方位整顿饲料市场。

3. 认真开展以生鲜牛奶质量安全为重点的饲料专项整治行动。9 月,“三鹿”奶粉事件发生后,云南省认真开展了以生鲜牛奶质量安全为重点的饲料安全专项整治行动,印发了《云南省饲料质量安全专项整治工作实施方案》等文件,严格按照农业部“四个100%”的要求,在全省范围内,对蛋白质饲料原料、饲料生产企业、奶牛养殖户自配饲料进行全面整治,坚决取缔无生产许可证、无批准文号、无产品标签的“三无”饲料生产企业。整治期间全省累计出动执法人员6 972人次,对1 372家蛋白质饲料原料企业、224家饲料生产企业和2 163家养殖场(户)进行监督检查,查处了部分不合格饲料产品,依法取缔了非法饲料生产企业。整治期间抽检蛋白质饲料原料和饲料产品共208批次,未检出三聚氰胺违禁添加物。

4.继续做好生产许可证、产品批准文号及饲料标签、标准审核、饲料工业统计等日常工作。继续按照《饲料添加剂和添加剂预混合饲料生产许可证管理办法》等有关规定,做好饲料添加剂和添加剂预混合饲料生产许可证审核上报、产品批准文号的审核、动物源性饲料产品安全卫生合格证审核的办理工作。凡不具备生产条件、达不到相关要求的,一律不予办理相关手续。继续委托云南省饲料工业协会做好饲料标签和企业标准的审核及办理工作。2008年组织举办两期饲料检化验员技能鉴定及培训,通过培训,保证饲料检化验员能按照要求持证上岗,提高饲料质量检测及安全水平。

【存在问题】1.饲料原料价格波动频繁,饲料生产效益受原料价格、企业原料采购、库存、畜产品价格等多方面的影响和制约,饲料工业生产面临严峻考验。

2.畜产品安全监管经费不足,监督监测体系依然薄弱,监测手段落后。

3.省饲料生产大型企业少、中小型企业较多,饲料生产总体水平不高,行业竞争力和抗风险能力不强。

(云南省饲料工作办公室)

陕西省饲料工业

【发展概况】2008年在全行业的共同努力下,陕西省饲料工业总产量达到310.9万t,实现饲料工业总产值108.6亿元。其中配合饲料120.5万t,浓缩饲料174.0万t,添加剂预混合饲料16.5万t,分别较2007年增长10.3%、8.1%和2.2%。

【主要特点】1.产品质量持续提升。2008年全省共抽检各类饲料产品样品4 278批次,合格率达到96%,较年度目标提高4个百分点。其次全省目录抽检896批次,合格率近95%。三是违禁添加物抽检138批次,合格率达到98.55%,饲料中“瘦肉精”连续9年未检出。

2.产品结构进一步优化。随着国家对养殖业扶持力度不断加大,在猪禽饲料提质上量快速发展的同时,反刍动物饲料和水产饲料呈现较强增长势头,成为推动全省饲料工业加快发展的亮点。在饲料加工产品总产量中,猪饲料比重40.82%,禽饲料39.58%,反刍动物饲料10.44%,水产饲料6.73%,其他饲料2.43%,猪饲料连续两年超过禽饲料的比重。同时配合饲料比重38.75%,浓缩饲料55.94%,添加剂预混合饲料5.31%。猪饲料产量126.9万t,同比增长14.7%;禽饲料产量123.1万t,同比增长3.9%;水产饲料产量20.9万t,同比增长9.7%;其他饲料产量达7.5万t,同比增长28.7%。反刍动物饲料产量与2007年基本持平。

3.新建和技术改造势头强劲。2008年,全省饲料生产企业经过整合后达到445家。一是全省80%以上的企业进一步加强了硬件和软件的完善工作;二是全省新增和技术改造成套设备89台(套),投入资金5.6亿元,为加快提升行业综合能力水平提供了支撑保障。

4.社会效益显著。全省推广配合饲料650万t,每吨配合饲料比传统粗放养殖直接增加收入200元,可为农民增加收入13亿元,同时可节约粮食195万t,每吨粮食平均按1 500元计算,这一环节又可为农民节约29.75亿元,两项合计为农民增加收入42.75亿元。其次增加了税源和财政收入,饲料工业预计上缴各种税金4.9亿元,直接拉动社会效益35.5亿元。三是扩大和提供了社会就业机会,为社会解决城镇和农村剩余劳动力达18万多人次。四是据不完全统计,全省举办各种培训7 000多场次,无偿培训农民及养殖技术人员达105万人次。五是加快了种植业结构的有效调整,进一步促进了由粮、经二元种植结构向粮、经、饲三元种植结构转化的步伐。促进了粮食的有效转化,全年共转化玉米390万t,粕类、麸皮和矿物质等副产品近228万t。

【组织机构】陕西省饲料工业办公室成立于1986年,隶属于陕西省农业厅,属全额财政拨款事业单位,编制17名。

【主要工作】1.进一步做好《饲料生产企业审查办法》的贯彻落实。2008年1月农业部下发了第977号公告,就单一饲料原料企业的管理做了进一步的规范。对申报《饲料生产企业审查合格证》的企业,按照第73号令和第977号公告的要求,积极做好材料的初审关,对申报符合规定的企业进行了严格现场审核,全年完成了200家饲料加工企业和单一饲料原料企业的《审查合格证》审核发证工作。

按照农业部颁布的《饲料添加剂和添加剂预混合饲料生产许可证管理办法》和《动物源性饲料产品安全卫生管理办法》的要求,对22家企业申报的26个《生产许可证》进行了材料审查和现场审核,完成了5家企业更名、迁址换发《生产许可证》的工作,对5家动物源性饲料生产企业申请设立进行了现场审核和发证;对90家获得生产许可证和22家获得卫生合格证的企业按期进行了年度备案,备案率分别达到90%

和84.62%。对不符合要求的7家生产许可证企业和两家《动物源性饲料生产企业安全卫生合格证》进行注销。完成29家饲料添加剂和添加剂预混合饲料企业207个产品批准文号、标签认可号的审核发放工作,同时对陕西省饲料企业599个饲料标签核发了标签认可号。完成了对陕西省饲料监测所、西安市饲料产品质量监督检验站和汉中市饲料产品质量检验站等3家检测机构的资质复审工作。

2.狠抓调查研究,指导行业发展。一是结合饲料生产企业现场审核,对企业的生产、管理、人员等情况进行全面调查摸底,对检查中存在的问题提出整改意见,并限期督促整改;二是组织对西安、渭南、咸阳、宝鸡4市200家企业的饲料生产、饲料原料价格、饲料产品价格、标签标准执行、企业缴纳城镇土地使用税等方面的情况进行了为期15天的深入调查,形成了专题报告。特别是针对饲料生产企业缴纳“城镇土地使用税”情况,专题向全国饲料工作办公室报送《关于建议将饲料企业城镇土地使用税纳入免征范围的请示》,通过对关中4市的调研,完成了200家饲料企业的标准和标签执行情况检查,现场纠正了企业标准和标签执行过程中存在的问题;三是进一步深入做好饲料工业统计和信息上报工作。组织50家饲料生产企业开展了饲料原料及饲料产品价格调查月报工作;四是完成《加强饲料市场监管确保畜产品质量安全》和《发挥龙头企业作用推进饲料工业加快发展》两个调研课题的撰写工作,一篇调研报告获得陕西省农业厅学习实践科学发展观优秀调研报告二等奖,一篇被《饲料广角》选用刊登;五是积极协助企业做好两税的减免工作。

3.狠抓质量监管,确保饲料安全。一是按照农业部和省农业厅专项整治的有关要求,制定下发了《关于开展饲料工业行业专项整治工作的通知》、《2008年全省饲料产品定期检验产品目录》和《关于加强奥运期间饲料及畜产品质量安全的通知》。“三鹿”奶粉事件发生后,陕西省按照农业部和厅里的统一部署,及时转发了农业部《关于进一步加强饲料质量安全监管工作的通知》和农业部畜牧业司《关于采取果断措施加强蛋白饲料生产企业监控的通知》,下发了《陕西省饲料质量安全专项整治工作实施方案》、《关于切实加强饲料安全监管工作的紧急通知》和《关于切实加强饲料质量安全监管工作的通知》等,明确了工作目标、内容和整治重点,建立了饲料质量安全专项整治工作日报制度。从9月~12月底在全省范围内开展了饲料质量安全专项整治行动,成立了省饲料质量安全专项整治工作领导小组,先后7次派出26个督导组115人次有力、有序、有效地指导全省各地市认真开展饲料质量安全专项整治工作,全面完成了“四个100%”。整治期间全省累计出动饲料专项整治和执法人员8 841人次,检查饲料企业和经营户5 279个,养殖场(户)14 305个,取缔非法生产企业5个,立案调查违法企业和养殖场8个,吊销《动物源性饲料生产企业安全卫生合格证》1个,查获、没收、销毁不合格产品60.28t。抽检饲料样品306批次,合格率为98.04%。2008年全省饲料行政执法累计出动饲料专项整治和执法人员11 409人次,检查饲料企业、养殖场(户)9 789个,查获、没收、销毁不合格产品101.93t。

4.狠抓精神文明创建工作,提升行业素质。一是继续在全行业开展“创佳评差”竞赛活动。结合行业发展特点,制定并下发了《2008年饲料行业“创佳评差”竞赛活动工作安排》,在全行业深入开展了“十佳饲料企业”、“文明饲料办”、“文明饲料监测站(所)”、“饲料执法先进个人”和“优秀营销员”等创评活动,并对2007年评出的7个“文明饲料办”、5个“文明饲料监测站(所)”、32家“十佳饲料企业”和28名“优秀营销员”进行了表彰。二是在行业开展“诚信建设年”活动。组织20家企业发起了“诚信联盟”,向全省饲料企业发出“诚信联盟”倡议书,并对2007年14家诚信企业进行了表彰。在全行业采取各种形式开展行风督查工作,开展了第三批“诚信监督员”推荐工作,聘请了徐正平等25名同志为全省饲料行业第3批诚信监督员,并召开座谈会研究提高监督能力水平的办法。三是组织50家企业开展“饲料安全倡议”活动,向全省饲料生产企业宣布了“饲料产品安全宣言”,对2007年度饲料安全工作先进单位进行了表彰。四是在“三鹿”奶粉事件发生后,组织20家大型企业向社会承诺,绝不在饲料产品中添加违规产品。五是组织全行业开展创建行业文明示范点活动,确定陕西正大有限公司等12家单位为全省饲料工业行业文明示范点单位。

5.狠抓企业交流,提升发展水平。一是组织60多家大中型饲料企业参加了“2008年第1季度和上半年生产形势分析会”,分析行业发展特点和面临形势,共商行业发展新思路,并组织到典型企业现场观摩学习;二是“2008中国畜牧业暨饲料工业展览会”在陕西省举办,为学习国内外企业先进技术和经验、展示陕西省饲料工业发展水平,陕西省组织72家饲料企业参加了展出,展位数达215个;三是认真组织和协调山东、黑龙江两省以及美国、巴西等国代表团来陕西省饲料企业参观考察。通过相互观摩学习,加强了企业之间相互交流,提升了行业的整体水平。

继续以《陕西饲料报》为载体,宣传饲料行业法规政策、及时通报行业新闻、推广科技新知识,介绍市场新动态,推出企业和人物专访,坚持为企业、为养殖户、为饲料工业发展服务的宗旨,对陕西饲料网进行了全面改版,增加了“三证”申报指南和材料下载功能，方便基层工作的使用。

6.狠抓行业培训，增强队伍素质。一是为落实农业部提出的特有工种持证上岗要求，做好行业职业技能鉴定工作，制定了2008年培训工作计划，发布了2008年职业技能鉴定公告，认真组织了对特有工种的报名和学习工作。二是为加强行业培训，提高行业人员素质，组织了“两证”企业年检培训和不合格饲料产品企业整改培训。三是继续同西北农林科技大学动物科学院联办畜牧专业和动物营养与加工专业自考班，为行业发展注入了新的活力。四是为推进企业整体水平的提升，积极宣传和引导企业实施质量管理体系认证和产品认证，5家企业获得了ISO 9000质量管理体系认证和HACCP认证。

【存在问题】1. 地区个别企业和养殖场户违法使用违禁添加品的行为时有发生。

2.原料、特别是蛋白质饲料原料掺杂使假的现象仍然存在。

3.一些无证生产的黑窝点尚未彻底清除。

4.环节监管薄弱的情况还没有得到根本改善。

5.执法工作能力仍需进一步加强。

（陕西省饲料工业办公室）

甘肃省饲料工业

【发展概况】近年来，甘肃省按照规模化经营、标准化生产、规范化管理、市场化运作的发展模式，大力发展以养殖场、养殖小区为主的规模养殖，极大地带动了饲料工业发展，全省饲料行业发展正在由数量增长型向质量效益型转变，从粗放经营向集约经营转变，从依靠粮食向综合利用各类农副产品转变。

2008年甘肃省有饲料生产企业125家，其中配合饲料、浓缩饲料生产企业80家，饲料添加剂生产企业3家，添加剂预混合饲料生产企业16家，单一饲料生产企业26家。2008年饲料总产量117.8万t，营业收入26.9亿元，饲料产品总产值29.5亿元。其中配合饲料63.7万t，浓缩饲料53.6万t，饲料添加剂和添加剂预混合饲料0.6万t。各类饲料中猪饲料44.8万t，蛋禽饲料31.7万t，肉禽饲料16.6万t，水产饲料1.9万t，反刍动物饲料17.8万t，其他饲料5万t。畜禽浓缩饲料继续增长，猪鸡配合饲料、牛羊精料补充饲料、添加剂预混合饲料和饲料添加剂生产保持平稳。

【主要特点】1.产量保持增长。2008年全省饲料总产量117.8万多t，同比增长1.4%，其中配合饲料产量63.7万t，同比下降9.6%；浓缩饲料产量53.5万t，同比增长18.7%；添加剂预混合饲料和饲料添加剂生产平稳发展。

2.价格呈缓慢上升趋势。2008年前3季度，玉米、豆粕、麸皮、菜籽粕等主要大宗原料以及添加剂产品价格一直居高不下，平均价格分别达到1.52、4.1、1.2元/kg和2.0元/kg。受原料涨价的影响，育肥猪、肉鸡、蛋鸡饲料价格分别达到2.37、2.62元/kg和2.34元/kg，比2007年同期分别上涨20%、21.3%和17.59%。

3.产品饲料开发力度加大。2008年甘肃省新办饲料企业中，饲料用草产品、菜籽粕、苹果渣、马铃薯等利用当地特色农产品原料的企业数量增加，全省现有农副产品加工企业13家，占已获证企业的10%。

4.产品结构调整步伐加快。近年来由于甘肃省畜牧业结构调整步伐加快，草食畜发展势头强劲，许多饲料企业针对市场需求调整产品结构，配合饲料生产改变了过去猪禽各占一半的局面，反刍动物饲料快速增长，2008年反刍动物饲料产量17.8万t，占饲料总量的15%。

5.企业产品质量意识增强。随着饲料监管力度不断加强和市场竞争日益激烈，生产企业的产品质量意识明显提高。全省现有100多家饲料企业制定了产品企业标准，其中2008年有22家饲料生产企业制定了浓缩饲料和添加剂预混合饲料产品质量标准，并推出饲料产品。

【主要工作】1.加强领导，严格监管。为确保畜牧业健康发展，甘肃省饲料工业办公室将饲料管理工作提到了重要的议事日程。先后制定印发了《关于加强兽药饲料管理工作的通知》、《关于开展饲料市场专项整治活动的通知》等文件，并组织召开全省兽药饲料管理电视电话会议，就加强饲料管理工作进行了专门安排部署。为做好奥运动物产品安全工作，4月召开了全省动物卫生监督执法规范年活动暨奥运动物及动物产品安全电视电话会议，要求各地从“保奥运食品安全、促社会和谐”的高度，加强饲料生产、经营、使用环节的整治力度，确保奥运动物及动物产品安全。各地按照甘肃省的安排部署，采取专项检查与综合治理相结合，交叉检查与重点检查相结合，法规宣传与执法检查相结合；各地自查与甘肃省重点抽查相结合等多种方式，对饲料生产、经营、使用单位逐一进行监督检查，取得了比较明显的成效。

2.认真贯彻落实《饲料生产企业审查办法》，严格饲料准入条件。一是为做好饲料生产企业生产条件审查合格证换发工作，重点对各市（州）饲料三管负责人、部分饲料企业负责人、检化验人员进行了饲料法规和有关饲料知识的培训，通过培训，不但提高了饲料从业人员的法律意识，而且为顺利实施《饲料生产企业审查办法》奠定了基础；二是举办了饲料生产企业检化验员培训班。组织开展了6期饲料企业检化验员培训班和1期配合饲料生产机组中央控制室操作工培训班，共培训学员160余人；三是按照“抬高门槛、严格准入”的要求，积极按照农业部《饲料生产条件审查办法》规定加大饲料生产企业生产条件审核力度，及时公布获证企业名单，对达不到生产饲料条件要求的小企业加大查处力度，并要求各地于2008年5月1日起予以关门停产。

3.狠抓关键环节，不断提高饲料产品质量。一是加大饲料生产企业监管。按照“源头管理、标本兼治、重在治本”的原则，采取定期不定期检查的形式，督促企业制定完善各项管理制度，建立健全各项生产检验记录，加强饲料生产企业年度备案工作。积极实施“大原料、大安全、大企业、大市场”4大战略，鼓励企业兼并重组，做大做强；二是加大经营和使用环节管理力度，积极推行饲料经营企业登记制度，要求经营企业严格建立进出货台账，严禁销售无证、无号和标签不符合规定的产品，坚决打击养殖环节违禁添加现象和不执行休药期的违法行为；三是加强饲料监测工作。按照农业部下达的饲料监测计划要求，积极开展饲料监测工作。并对饲料质量安全和反刍动物饲料中牛羊源性成分例行监测中发现的问题进行专项整治，对不合格产品统一进行查处。

4.加大宣传培训力度，为行业发展营造良好的社会氛围。饲料质量不仅关系到畜产品安全，而且关系到人民身体健康和社会稳定，只有提高饲料管理、生产、经营和使用者的法律意识，做到依法管理、依法生产经营和使用，才能促进饲料业稳定、健康发展。因此必须将宣传培训工作作为饲料管理的一项重要内容，充分调动各方面力量，通过电视、广播、报刊和举办培训班等多种形式，大力宣传《饲料和饲料添加剂管理条例》、《国务院关于加强食品等产品安全监督管理的特别规定》等法律法规，大力普及饲料法规知识和畜产品安全知识。据统计，2008年全省共举办培训班200多期，培训人员2 360人次，印发宣传资料3万余份(册)，电视、广播等媒体宣传100余次，并结合放心农资下乡等活动，大张旗鼓地宣传饲料法规和安全使用知识，积极推广放心饲料进村入户。

5.积极开展饲料质量安全专项整治行动，努力确保畜产品质量安全。“三鹿”奶粉事件发生后，为确保甘肃省鲜奶和奶制品质量安全，按照农业部和甘肃省政府的安排部署，甘肃省兽医局在全省组织开展了饲料质量安全专项整治行动。根据国务院和农业部等文件要求，及时制订并下发了《甘肃省饲料质量安全专项整治工作实施方案》和《关于采取果断措施加强蛋白饲料生产企业监控的通知》。各地按照省上的安排部署，对辖区内的饲料和蛋白质饲料原料生产企业、奶牛养殖厂自配饲料进行了全面监督检查，专项整治活动期间，各地累计出动执法人员8 713人(次)，检查饲料生产企业108家，奶牛养殖场(户)5 032家。针对蛋白质饲料原料中含有三聚氰胺等有毒有害化学物质的问题，甘肃省按照农业部检查蛋白质饲料及其生产企业的有关要求，加大了对蛋白质饲料生产、使用环节的监督检查，加大对蛋白质饲料原料的监督抽查力度。共检查蛋白质饲料生产企业17家，占全省蛋白质饲料生产企业的100%，蛋白质饲料原料使用企业和养殖场1 075家。共监督抽查蛋白质饲料960批，立案查处含有三聚氰胺的案件8起，有力、有序地应对了饲料中三聚氰胺事件。

【存在问题】2008年全省饲料监管方面虽然取得了一定成绩，但与饲料工业和畜牧业发展的形势相比还有一定的差距，地区间工作进展不平衡、管理经费短缺、执法手段落后等问题直接制约着饲料工作的正常开展。突出表现在：一是饲料经营环节执法难度较大。由于饲料经营未实施经营许可管理，在行政执法过程中不能有效掌握经营场所等信息，执法难度较大；二是监管经费严重不足。全省饲料管理量大面宽、任务艰巨，但由于工作经费短缺，直接影响了执法工作的正常开展；三是对未取得《饲料生产企业审查合格证》的企业查处难度较大。根据农业部《饲料生产企业审查办法》规定，2008年5月1日后未取得《生产企业审查合格证》的企业要予以关门停产，但由于全省小饲料加工点较多，加之执法力量有限，查处困难较大。

(甘肃省饲料工业办公室)

青海省饲料工业

【发展概况】2008年来，青海省饲料行业经受住了大范围低温冰冻雨雪灾害的严峻考验，克服了原料、运输、劳动力成本持续上升等不利因素，饲料工业继续保持了良好的发展势头。据不完统计，全省各类饲料总产量达12.5万t，比2007年同期增加3.2万t，增长34.5%，其中配合饲料11.3万t，比2007年增加3.5万t，增长44.5%。工业总产值达1.5亿元，比2007年增长34.5%，青海省饲料工业生产实现了新突破。

【主要特点】1.配合饲料需求量明显增长。一是猪配合饲料快速增长。由于青海省认真落实中央优惠政策，生猪发展较快，2008年生猪存栏达120万头，同比增长14.3%，有力拉动了配合饲料持续增长；二是反刍动物饲料需求强劲。年初全省大范围发生冰冻雪灾天气后，紧急向灾区调运抗灾饲料10 719t；三是青海省奶牛业发展稳中有增，截至2008年底，全省存栏奶牛13.48万头，同比增长9.7%，奶牛业呈现良好的发展势头。

2.企业经济效益稳步提高。对20家饲料生产企业的抽样调查，虽然饲料原料持续上涨给饲料业的发展带来了不利影响，但68.5%的企业产销量有不同程度的增长，经济效益稳中有升。

3.饲料产品结构进一步优化,全价配合饲料产品比例有所提高。近年来由于大力宣传推广科学养殖技术,农牧民群众的养殖观念逐步转变,青海省养殖业逐步向规模养殖小区方向发展,有力促进了优质配合饲料的入户率,饲料产品结构不断优化。

4.加快饲料设备改造,不断适应市场需求。2008年青海省企业紧紧抓住饲料产品结构调整机遇,积极筹措资金更新改造生产设备,提高饲料产品档次。据不完全统计,青海省10家企业先后投入资金近800余万元进行了生产设备改造,使饲料生产加工能力和生产水平有了较大的提高。

【组织机构】青海省饲料工作办公室隶属于省农牧厅领导的县处级建制,行政编制两人,现与青海省农牧厅草原处合署办公。

【主要工作】1.严格市场准入,规范行业管理。根据农业部颁布的《饲料生产企业审查办法》有关规定,青海省饲料主管部门组织省级考评组,深入饲料生产企业,从人员状况、生产场地、生产设备、质量检验、管理制度和卫生环境等方面进行综合考评。现已审查饲料生产企业44家,其中28家企业通过省级饲料主管部门审查,换发了农业部统一印制的《饲料生产企业审查合格证》;对提出申请的14家新办饲料企业,核发了《饲料生产企业审查合格证》;对不具备生产条件的2家企业限期整改。同时,青海省组织有关单位成立工作组,对已获证饲料企业开展"回头看"活动,抽查获证企业21家,占发证企业的66.7%,被检查企业的基础设施条件、生产设备、管理制度等方面均符合饲料生产的设立条件。

2.加强饲料企业年检,规范生产经营行为。按照《饲料添加剂和添加剂预混合饲料生产许可证管理办法》和《动物源性饲料产品生产安全卫生管理办法》等有关要求,采取企业申报资料审查与实地抽查相结合的方法,完成了9家动物源性饲料企业、5家饲料添加剂及饲料添加剂预混合饲料生产企业年度年检备案工作,并对发现的问题提出了具体的整改要求,责令按期完成整改任务。

3.全面开展饲料行业专项整治工作。

(1)加强饲料行业的专项治理工作。根据国家六部委联合下发的《2008年农资打假和监管工作要点》和农业部关于《2008年农资打假专项治理行动实施方案》的通知精神,青海省及时下发了《关于开展全省饲料产品专项整治工作的通知》,对全省饲料产品专项整治工作进行了具体的布置。各级农牧部门结合当地实际制定了专项整治实施方案,切实开展整治工作。一是在生产企业重点检查是否证照齐全,是否有非法生产经营的加工窝点,特别是对已责令停产的29家饲料生产经营企业重点进行跟踪督察。对已经取得证照的饲料企业,普遍加强饲料生产经营环节的监管工作,加大源头监管力度,确保饲料产品的质量安全;二是严厉打击经营环节制售假劣饲料和饲料添加剂的行为,检查销售的饲料产品是否具有标签,重点检查"瘦肉精"、莱克多巴胺、硝基呋喃、三聚氰胺、苏丹红、孔雀石绿等违禁药品、反刍动物养殖企业中检查违规添加动物源性饲料产品的现象以及超范围生产、使用饲料和饲料添加剂的行为。2008年共检查饲料生产经营企业和养殖场1 573家(次),其中检查饲料生产企业459家(次),饲料经销企业650家(次),规模化养殖场及牛羊养殖户家1 600(次),检查各种饲料产品345批(次),饲料药物添加剂56批(次)。在检查中封存劣制饲料产品14t,其中动物源性饲料产品5t,配合饲料9t,涉案金额达30 550元;不具备饲料生产条件的11家企业责令停止生产经营活动,其中已取得营业执照的7家企业通过工商行政部门吊销其营业执照。

(2)及时开展饲料行业三聚氰胺治理整顿工作。"三鹿"奶粉事件发生后,青海省及时成立饲料专项整治领导小组,转发了农业部《关于加强饲料治理整顿紧急通知》和《关于加强饲料治理整顿的实施方案》,在短短的一个月的时间里,全省共出动饲料安全专项整治执法人员2 012人(次),监督检查饲料生产企业200家(次),其中配合饲料生产业59家、动物源性饲料生产企业11家、饲料添加剂和添加剂预混合饲料5家、单一饲料原料企业125家。查处尚未取得饲料合格证的饲料生产企业8家,未取得《动物源性饲料产品生产企业安全卫生合格证》的饲料生产企业3家;检查经销企业231家,各种饲料产品221批次,饲料药物添加剂86批次。其中查处"三无"饲料产品280袋,共计9t,涉案金额22 000元;检查养殖场及规模养殖户635家,在商品料和自配料中尚未检出三聚氰胺,在动物饮水中未发现添加国家明令禁止的违禁药品和有毒有害物质;抽样检测饲料产品90批次,其中蛋白质饲料原料18批次、饲料生产企业的反刍动物饲料20批次,奶牛养殖场户自配饲料52批次,均未检出三聚氰胺等有毒有害化学物质。在本次专项整治工作中,各级政府充分利用广播、电视和光盘等新闻媒体和印发宣传资料、以会带训等不同形式的培训达5.7万多人次,散发宣传材料8万余份,广大干部群众进一步认识了三聚氰胺的危害。

4.加大饲料检测力度,保障产品质量安全。根据农业部饲料质量安全检测计划,下发《关于开展2008年度青海省饲料产品质量安全监督检测工作的通知》,安排全省饲料生产、经营和养殖场(户)670批次饲料产品的抽检任务。经检测合格646批次,产品合格率为96.4%,同比上升8.6%。其中饲料产品质量安全监测170批次,产品合格率为90.0%;完成饲料中违禁添加物专项监测150批次,产品合格率为100%;

完成反刍动物饲料产品和动物源性饲料产品抽样350批次，产品合格率为98.0%。与2007年同期相比，青海省饲料产品质量稳定，合格率略有提高。

5.认真执行《饲料和饲料添加剂管理条例》，依法查处违规企业。2008年抽检工作中检出不合格饲料样品后，按照饲料检测的有关规定，向被检单位和生产企业发送检测结果通知书，大部分被检企业在规定的时间内提出了复检申请，经饲料检测部门的复检确认，青海省4家饲料生产企业的反刍动物精料补充料和3家养殖企业自配料仍不合格。对此，青海省饲料主管部门及时召集企业负责人，举办两次整改培训学习班，集中学习了《饲料和饲料添加剂管理条例》等法律法规，并针对企业的不同情况提出了具体的整改措施，查封销毁了不合格的饲料产品。通过整改，企业普遍提高了遵纪守法的意识，制定完善了各项规章制度。

6.顺利实施青南牧区越冬饲料贮备项目工作。认真总结反思2008年上半年发生的大范围雪灾经验教训，提前组织实施了2008年度青南牧区越冬饲料贮备项目，制定了《2008年青南牧区牲畜越冬饲料贮备方案》，下发了《关于认真做好2008年青南牧区牲畜越冬饲料贮备工作的紧急通知》。紧急召开了玉树、果洛和黄南3州农牧部门、饲料定点生产企业和饲料质量检测等部门负责人参加饲料贮备项目协调会，认真总结了年初全省大范围发生持续性的冰冻雨雪天气的经验教训；听取了玉树、果洛和黄南3州对秋季畜牧业生产的形势分析；省兽药饲料监察所、定点饲料生产企业汇报了项目实施前期的各项准备工作；在项目实施中，各州县和有关部门共同努力和协调配合，全面完成了8 093t的饲料调运任务，其中玉树州调运6 765t、果洛州调运968t、黄南州调运360t。

【存在问题】1.饲料监督管理尚不到位。目前青海省设立了饲料工作办公室，各州(地、市)县农牧管理部门尚未加挂饲料管理机构的牌子，饲料管理职责不明确，执法人员对饲料法律法规不熟悉，执法能力和政策水平较低，致使市场上无标准、无标签、无产品合格证和无生产许可证的“四无”饲料和饲料添加剂依然销售流通，饲料监管面临的任务重、难度大。

2.畜牧业防灾抗灾的基础设施薄弱。一是饲草料严重短缺。由于饲草料基地种植面积小，牲畜越冬的饲草料贮备不足。特别是青南牧区大部分牧户户均不足1亩地，饲料贮备不足1kg，饲草贮备量总体上仅够3~5d的舍饲之用。这次雪灾，饲草料贮备严重不足是造成雪灾牲畜大量死亡的重要原因。二是畜用暖棚覆盖率低。青海省牧区已修建畜用暖棚栋2.8万栋，但大部分建设标准过低，同时由于维护和利用工作没有跟上去，大部分畜棚的保有率和利用率较低。

（青海省饲料工作办公室）

宁夏回族自治区饲料工业

2008年，是宁夏饲料工业发展极不平凡的一年，年初的低温冰冻灾害，年度中间的干旱、“三鹿”奶粉事件、个别地区疫情发生等一系列重大和突发事件，使宁夏饲料工业和畜牧业经受了严峻的考验，全行业在自治区党委、政府的领导下，在中央农村工作会议精神指导下，克服不利因素，饲料工业仍保持稳定的发展态势。

【发展概况】截至2008年底，宁夏全区共生产各类饲料产品69.4万t，其中配合饲料53.8万t，浓缩饲料7.8万t，添加剂预混合饲料3.4万t，酶制剂0.09万t，赖氨酸4.3万t，实现工业总产值15.6亿元。

【主要工作】1.开展市场调研，加大监管力度。为净化饲料市场，对全区饲料经销网点、养殖场(户)自配料加工厂点加大了监管力度。采取分片分组调研，深入各市县(区)饲料生产企业、养殖场(户)，对全区65家饲料生产企业、445家饲料经营网和708个养殖户自配料加工点进行摸底调研，建立了(区)、县两级监管档案，为有效监管宁夏饲料市场提供了信息基础。

2.健立健全饲料行政监管体系，提高饲料产品质量安全执法水平。根据农业部《进一步加强饲料质量安全监管工作的通知》(农牧发〔2008〕15号)和自治区农牧厅(宁农(饲)〔2008〕418号)《全区饲料质量监督管理的通知》精神，2008年初宁夏各市县(区)开始进行饲料监管体系的建立和饲料工作监管制度的完善，截至5月中旬，各市县(区)农业、农牧部门基本明确了饲料行政执法监督机构和监督人员。7月14日，饲料办举办了全区饲料行政执法人员培训班，培训内容有《饲料和饲料添加剂管理条例》以及饲料法律法规、饲料业务知识和技术，培训执法人员60人次，考试合格者颁发了合格证。

3.严格饲料行政审批，严把饲料市场准入关。为了贯彻农业部2006年第73号令和自治区农牧厅《关于相对集中行政审批权改革工作方案》通知，宁夏回族自治区饲料工业办公室为饲料生产企业设立审查专家委员会，严把饲料生产准入，对全区饲料生产企业严格按照《饲料生产企业审查办法》及相关文件要求，共核发生产合格证29个，发放批准文号4家，对不符合生产条件的饲料生产企业一律不予审批，对已获得企业生产许可证的企业进行年度备案，取缔了不符合生产资质企业3家。

4.开展全区饲料质量安全监测工作。根据农业部检测计划，自治区农牧厅制定了《饲料质量安全检测计划实施细则》、《饲料产品中违禁添加物专项监测计划实施细则》，对全区23个市、县(区)饲料生产、经营和使用等环节进行了全面监测，2008年共检测样品

830个批次，综合检测合格率98.08%。抽查各类饲料样品170批次，合格率98.92%，反刍动物饲料牛羊源性成分例行监测400批次，合格率100%。饲料产品违禁添加物专项监测170批次，合格率97.43%。标签合格率为89.35%。

“三鹿”奶粉事件发生后，按照农业部和自治区人民政府的要求，宁夏各市县抽调专人负责，实行24小时值班制，在这次专项行动中，全区共出动执法人员6 472次，检查饲料企业169个次，其中奶牛饲料及蛋白质原料1 020批次，检查使用自配饲料的规模养殖户3 400个，达到了农业部提出的“四个100%”的要求。这次饲料专项整治，宁夏各级领导高度重视，克服困难，按期完成了专项整治工作任务，受到了农业部的好评。

5.规范饲料经营行为，建立质量追溯制度。为了规范宁夏饲料经销市场，自治区农牧厅下发了《关于加强饲料质量管理的通知》(宁农（饲)〔2008〕418号)，根据文件精神，要求全区各市、县(区)饲料生产企业、饲料经营企业和养殖农户建立饲料经销、使用台账，索要购进和销售票据，发现问题追溯调查，对问题产品不放过，假冒伪劣商品源头和流向没查清不放过，对查清的问题产品进行严厉的处罚，对检测出三聚氰胺的蛋白质原料依法进行查处、及时销毁。共查处13家饲料生产、经销企业，销毁不合格产品45t，有效地维护了养殖户的合法利益。

6.切实搞好服务，促使企业上台阶。(1)加强标准体系建设，制定和完善饲料质量标准。按照有关规定，对13个生产企业、80个标准进行修订和评审，使企业产品质量标准化意识进一步加强，促进了饲料生产管理工作和饲料产品质量规范化、标准化。(2)开展培训工作，提高企业整体素质。2008年6月14日，举办了全区饲料生产企业法人培训班，讲解了《动物源性饲料产品安全卫生管理办法》等法律法规，以及生产许可证换证、办证培训；开展了全区职业技能鉴定工作培训，90人次通过了职业技能鉴定。2008年7月2日在《全国饲料工业统计工作会议》精神指导下，11月25日宁夏举办了全区饲料工业统计培训班，对各市、县(区)饲料管理部门、饲料企业统计人员进行了为期两天的培训，学习了全国饲料工业统计报表制度；新版统计软件报送方法。目前，已有65家饲料生产企业在中国饲料工业统计信息系统注册，占全区饲料企业87%。

（宁夏回族自治区饲料工业办公室）

青岛市饲料工业

【发展概况】2008年，青岛市饲料工业按照全国饲料工作会议提出的“四大一强”发展战略，围绕确保奥运食品质量安全，以发展现代饲料为主题。面对饲料原料涨价对青岛市饲料企业造成的困难和影响，通过加强和改善行业管理，加快科技创新步伐，有效地促进了青岛市饲料行业持续、健康发展。全市完成饲料总产量136.7万t，同比增长3.4%，完成产值37.46亿元，同比增长9%。

【主要工作】1.加强领导、明确责任、确保饲料安全监测工作到位。根据青岛市《2008奥帆赛及残奥帆赛食品保障运行方案》的规定，下发了《关于进一步加强奥帆赛期间饲料质量安全监管工作的通知》，明确了任务，强调了责任。2008年初，各区、市饲料管理部门，根据饲料安全监管工作目标责任书，将监管工作进行层层分解，具体落实到每一名监管人员。3月5日，在莱西市召开了青岛市饲料行业管理工作经验交流会议，全面推广了青岛市饲料网络化管理的经验做法。为了全面加强饲料生产经营企业的日常监督与管理，在全市120家饲料生产企业中开展饲料生产企业档案规范化建设活动，奥运期间，实行“一企一档”。

在全市饲料生产、经营企业中广泛开展了饲料企业质量安全承诺活动，全市饲料生产企业和经营企业签订质量安全承诺书达到了100%。5月8日，中国农业科学院饲料研究所检测中心副主任刘庆生、综合处科长张军；9月21日农业部畜牧业司饲料处副处长余东游，先后到莱西九联集团、万福集团等相关饲料生产企业进行现场检查，检查组对青岛市切实加强饲料和动物源性食品安全监管、确保动物源性食品质量安全所采取的行之有效的做法给予充分肯定和高度评价。

2.加强宣传培训，确保饲料质量安全专项整治工作扎实推进。

充分利用春、秋季科技培训宣传，集贸市场人多等有利时机赶科技大集，共发放安全知识宣传资料7 700余份，收到了良好效果。为保障执法活动，先后组织举办了两期饲料执法行政培训班，培训执法人员112人。重点学习了《饲料和饲料添加剂管理条例》、《动物源性食品安全管理办法》、《饲料抽样规范》及《行政执法文书规范》等内容。

按照农业部《关于进一步加强饲料质量安全监管工作的通知》、山东省畜牧兽医局《山东省饲料质量安全专项整治方案》，制定并下发了《青岛市饲料质量安全专项整治方案》，在全市范围内开展了专项整治行动。共整顿市场261个，检查企业2 310个次，受理案件18起，查获非法产品800kg，货值4万元，立案查处数1个，结案数1个，出动人员2 122人次，使用车辆350辆次。

具体措施有：(1)加强组织领导，层层落实责任。市局和各区市饲料主管部门分别建立了饲料专项整治工作领导小组，落实主要领导负总责、分管领导具体负责的领导责任制度。市局分两次派出工作组对整治行动进行督导检查，对全市蛋白质饲料原料生产企业24家、奶牛饲料生产企业7家进行现场督导。同时，责成各市、区畜牧饲料管理部门组织好辖区内专项整治工作的监督检查，对饲料生产、销售和奶牛养殖等重点区域进行挂牌督查，全面监管。为进一步落实专项整治工作各项措施，对各市、区饲料质量加大抽检批次，对胶州、即墨蛋白质饲料原料生产集中地区、饲料原料集散地实施了反复巡回式督导。各市、区畜牧饲料管理部门于每日上午10时前报送《饲料质量安全专项整治工作日统计报表》，全面汇报专项整治进展情况和取得的主要成效。

(2)明确工作任务，强化整治措施。一是强化蛋白质饲料原料安全整治。拉网式排查用“蛋白精”原料和使用“蛋白精”生产饲料蛋白质原料行为，排查贮存和使用三聚氰胺等有害或者未经许可的化学物质行为，逐一检查辖区内饲料生产企业原料进厂检验、生产记录、产品留样、产品出厂检验等制度；二是强化饲料生产企业整治。全面审查饲料生产企业合格证、安全卫生合格证、批准文号、产品标签等，强化饲料生产企业生产记录、产品留样等质量安全制度的落实，全面建立饲料生产企业质量负责人制度；三是奶牛养殖场(户)自配饲料整治。组织各市、区现场检查全部奶牛养殖场(户)饲料库房，查验成品饲料及原料的采购记录、所采购的饲料原料和商品饲料的来源、企业名称和产品证号等。加强对养殖场(户)科学、安全配置饲料的指导，完善饲料使用记录制度。四是利用各种途径广泛宣传“蛋白精”的危害，培训相关法律法规和检测技术。

3.认真贯彻《饲料生产企业审查办法》(农业部第73号令)，全面做好饲料生产企业换发“四证”等管理工作。根据农业部《饲料生产企业审查办法》，结合青岛市饲料行业发展的实际，针对部分企业生产条件较差、管理混乱、饲料产品质量水平降低的情况，举办了“青岛市贯彻农业部《饲料生产企业审查办法》培训班”，全市相关饲料生产企业主要负责人和饲料管理部门共130多人参加了培训。会上还把青岛市92家换证初步计划安排传达到企业，要求企业配合落实。首先在全市选了10个不同规模、不同性质、条件基础较好的企业进行试点，通过山东省专家组对10个试点企业进行了检查验收，达到了预期的效果。目前，全市有92家企业需要换发饲料生产企业审查登记（合格)证，已通过省级审核验收78家，自动提出申请不参与审核验收10家，待通过省级审核验收4家。

4.进一步强化企业自律，促进和引导饲料企业做强做大。加强企业管理工作只靠外力推动是远远不够的，强化企业自律意识和自觉行动，是企业健康成长发展的基础保证。2008年3~6月，对全市120多家企业从严格执行《饲料产品质量安全承诺书》、《饲料标签》和《饲料卫生标准》、《产品质量标准》、实施标准化规范管理等方面入手，进行全面检查。同时还大力实施“走出去”战略，积极支持并鼓励企业参与国际竞争，至今，青岛市已有10多家企业产品出口，在参与国际竞争中不断发展壮大。

5.继续做好职业技能鉴定工作。2008年初制定了《青岛市2008年职业技能鉴定工作意见》，下发至各市、区饲料管理部门和各饲料生产企业，为保证全行业职业技能鉴定工作的连续性、计划性和科学性，满足企业对特有工种人员的需要，按计划组织了4期培训班，对全市130名饲料厂中央控制室操作工、饲料加工设备维修工和饲料粉碎制粒工，41名饲料化验员进行了鉴定前辅导、理论考试及到企业生产现场进行实地考核鉴定。经过努力，参加鉴定人员成绩全部合格，获得了职业资格上岗证。

【存在问题】各市区饲料管理工作进展不平衡；科技进步工作进展慢，缺少突破性成效，企业一般性产品多、高新产品仍然较少；中、小企业面临国家整顿、行业如何发展和整体经济效益偏低等问题，影响了发展后劲等。

（青岛市饲料工业办公室）

沈阳市饲料工业

【发展概况】2008年沈阳市共有各类饲料生产企业245家，年生产能力350万t，2008年饲料总产量达192万t，同比增长18.5%；饲料工业总产值62亿元，同比增加6.9%。年产值逾5 000万元的饲料生产企业有25家，其中12家年产值逾亿元。有32家企业分别被评为国家、省、市级农业产业化龙头企业；有13家饲料生产企业跻身辽宁省饲料30强企业。辽宁禾丰集团是沈阳市最大的饲料生产企业，目前在国内外共有子公司52家，2008年跻身全国同行业前5强，集团总产销量140万t，总产值56亿元。

【组织机构】沈阳市动物卫生监督管理局是沈阳市饲料行业监管的执法主体。局内设畜产品安全监督管理处(市饲料办)与下设的沈阳市兽药饲料监察所，分别负责对全市辖区内的饲料生产、经销和使用的企业依法行使行政监管职责和抽样监测工作。

【主要特点】1.明确工作职责，强化监督管理。按照“属地管理，分级负责”的原则，建立健全各级饲料质量安全监管工作责任制，实行目标管理。全市共出动行政执法人员2 200余人次，发放各类宣传材料4 000多份，检查兽药生产、经营和使用单位近千家，查处各类违法案件70多起，累计罚款4万多元，其中市本级立案查处33起，罚没款3万余元。另外，2008年沈阳市兽药饲料监察所增加了25名畜产品药残监测人员编制,新增三聚氰胺等检测项目。

2.强化了对一个条例、两个强制标准、5个管理办法、4个公告等12项管理制度的宣传与培训。通过宣传和培训,进一步增强了饲料生产企业守法经营的自觉性和责任感,引导养殖户科学选择与使用饲料产品,提高识假辨假的能力,提升了执法人员依法执政能力和水平。

3. 开展饲料生产企业审查换证工作。截至2008年11月,原登记企业中有170家已换取了新版《审查合格证》,占原有登记数的65.4%;另有因停产、废业或生产条件不符合行业要求而被取缔的企业50家,占原有登记数的19.2%;完成21家新建饲料生产企业《审查合格证》申请材料审核报送工作。

4.开展各级龙头企业、ISO 9000认证、HACCP认证企业普查工作。全市共有各级龙头企业32家,其中国家级3家、省级11家、市级18家。通过ISO 9000质量体系认证的企业35家,HACCP食品安全体系认证19家,双认证企业17家。

5.开展饲料添加剂年检备案工作。全市现有饲料添加剂和预混合饲料生产企业34家,现已全部完成备案工作。

6.开展三聚氰胺饲料专项整治行动。三聚氰胺事件后,对全市所有饲料生产和销售企业进行了拉网式排查,重点对蛋白质饲料生产企业和销售企业进行抽检,累计出动人员1 600余人,累计排查饲料生产销售企业以及养殖场600余家,抽检样品200余批次。

7. 开展对饲料生产企业违规使用药物添加剂的专项检查。为从源头上控制猪肉中"瘦肉精"和磺胺类等药物残留超标的问题,对以生产猪饲料为主的饲料生产企业进行专项检查,重点检查企业的药库和生产记录,一方面对发现问题的企业进行了处罚,另一方面通过对有关法律、法规的宣传,使不滥用药物添加剂成为企业的自觉行为。

【主要工作】1.加强饲料质量管理。沈阳市饲料工作坚持"保证安全、促进发展、防止污染"的基本方针,重点强化了以下几项措施:

一是围绕贯彻落实农业部第73号令,在全市范围内启动饲料生产企业审查换证工作,根据《饲料生产企业审查办法》的要求,统一了饲料生产企业的设立条件、规范了审查程序,到2007年底,经省饲料办审核批准,沈阳市有45家企业完成了首批换证。二是强化了对一个条例、两个强制标准、5个管理办法、4个公告等12项管理制度的宣传与培训,召开了全市饲料生产企业负责人会议,组织培训了270名企业化验技术人员。

开展饲料质量安全的专项检查。共抽检151家饲料生产企业和38家饲料经营企业的饲料样品401批次,合格率97.2%,比2006年提高了1个百分点;开展对饲料生产企业违规使用药物添加剂和非法添加化学物质的专项检查,重点检查生产销售配合饲料、浓缩饲料、蛋白质饲料和宠物饲料的企业添加三聚氰胺等违禁化工产品的行为;以规模养殖企业为重点,检查检测畜禽养殖环节使用"瘦肉精"、莱克多巴胺等禁用兽药和苏丹红等化学物质的行为,现场抽查药品库房和饲料库是否有违禁药品和饲料;结合2008年下半年全国食品安全政治活动和对生产经营假劣饲料和饲料添加剂、无证生产、包装标签不符合规定等违法行为进行专项检查。通过整治,基本解决了使用违禁饲料添加剂的现象。

同时,充分发挥新闻媒体的社会监督和舆论引导作用,以多种形式、多个视角广泛宣传"瘦肉精"污染和磺胺类等药物超标的危害,对违法违规生产和使用违禁饲料添加剂的行为要予以曝光;举办各类培训班,大力宣传贯彻《农产品质量安全法》、《饲料和饲料添加剂管理条例》、《动物源性饲料产品安全卫生管理办法》和《饲料生产企业审查登记管理办法》,编印以普及饲料产品质量安全知识为主要内容的宣传资料,增强动物产品生产者、经营者、消费者的法律意识、安全意识,从根本上杜绝饲料中乱用滥加药物添加剂的现象。

2008年将饲料的监管重点由生产领域向市场流通环节逐步拓展,同时也加大了对饲料原料和饲料添加剂主要集散地的检查力度,建立了定期和不定期抽查制度,把住市场准入关。对不合格的饲料产品,坚决清除出市场,确保了奥足赛和奥运会沈阳赛区畜产品安全监管工作的万无一失。

【存在问题】1. 缺少政府提供做大做强和延伸产业链的扶持政策。

2.资源品种单一,蛋白质饲料资源匮乏、能源工业短缺问题困扰饲料工业发展。

3. 饲料加工企业受市场需求量萎缩的影响设备闲置率偏高,与此同时盲目投资重复建设现象还部分存在。

4.监管设备配置亟待增加,人员素质尚需进一步提高。

(沈阳市饲料工业办公室)

厦门市饲料工业

【发展概况】2008年,厦门市饲料总产量为72.1万t,同比下降1.0%;其中配合饲料64.4万t,同比下降1.0%;浓缩饲料1.9万t,添加剂预混合饲料4.2万t,饲料添加剂1.6万t。饲料工业累计营业收入28.4亿元,工业总产值29.1亿元;出口饲料3 744t,出口额2 688万元。截至2008年底,厦门市共有57家各类饲料企业,其中年产量10万t以上的饲料企业2家(厦门百穗行实业有限公司、厦门浦头饲料有限公司)，年产量5万t以上的饲料企业3家(厦门银祥实业有限公司、厦门通威饲料有限公司、厦门正大农牧饲料有限公司)，年产量1万~5万t的饲料企业有8家，年产量1万t以下的有44家。

【主要特点】 1.品牌意识不断提高。厦门市饲料产品的质量一直比较稳定，在国内外享有较好的声誉，这也是几年来厦门市饲料工业稳定健康发展的基础。截至2008年底，全市有2家饲料企业通过了HACCP认证、14家企业通过ISO 9002体系认证，2家企业通过福建省无公害饲料产品认证，有国家级农业产业化龙头企业2家，省、市级农业产业化龙头企业3家，有国家级高新技术企业2家，省、市级高新技术企业3家，饲料产品保持较高的质量安全水平和科技含量。

2.产品结构日趋合理。初步统计，全市饲料产品已形成10多个系列、500多个品种，其中，高附加值的添加剂预混合饲料和浓缩饲料产品所占比重逐年提高；水产饲料比重也明显增加，厦门市的水产饲料产量占到全省的40%，居全省第一。

3.大型企业保持优势。目前，全市总产值上亿元的企业有7家，这7家企业的全年工业总产值为16.9亿元，占到全市饲料工业总产值的58.6%，说明企业正朝着规模化、集约化发展。

4.特色产品迎合市场。如厦门金达威维生素股份有限公司是全球最大的维生素D_3生产企业之一，又在内蒙古设立全资子公司，主要生产羊毛脂胆固醇，该项目年设计生产能力为600t胆固醇和2 500t羊毛醇。新奥(厦门)农牧有限公司的脂肪粉获得了2007年国家星火计划项目和火炬计划项目，与获得2005年国家星火计划项目和火炬计划项目的“丁壮素”形成两大拳头产品，在国内处于领先地位。

【主要工作】 1.制定工作方案，强化监督管理。2008年1月，厦门市农业局相继印发了《2008年厦门市饲料行业管理工作方案》(厦农〔2008〕8号)和《2008年畜产品质量安全管理工作实施方案》(厦农〔2008〕12号)，提出了以三聚氰胺、“瘦肉精”、莱克多巴胺和苏丹红等违禁化学物质和动物源性饲料产品为抽查重点，在生产源头、养殖环节和屠宰环节上加强监管，实现饲料生产、经营和使用的全程监管。成立了由厦门市畜牧兽医处牵头，厦门市动物卫生监督所、市农产品检测中心和市农业行政执法支队参加的市饲料管理工作领导小组，确保责任到人，措施到位。2008年2月和8月，两次共抽检饲料生产35家，共抽检饲料产品样品111份。根据检测结果，先后向14家饲料生产企业发出饲料生产整改通知书，要求检测超标的饲料生产企业根据《饲料和饲料添加剂管理条例》的有关规定，完善各项生产管理措施，对检测超标情况进行认真查找原因，并限期提出整改措施。

2.提高服务意识，加强指导检查。一是根据《饲料和饲料添加剂管理条例》、《饲料生产企业审查办法》的有关要求，厦门市专门举办了饲料安全生产培训班，邀请有关专家对全市配合饲料、浓缩饲料、单一饲料生产企业进行统一培训，并发放各类学习宣传材料1 200多册；二是配合福建省饲料办做好配合饲料、浓缩饲料和单一饲料生产企业的《饲料生产企业审查合格证》审核工作，专门聘请了厦门大学、集美大学有关专家教授组成饲料生产企业审核验收专家组，对符合生产条件的企业及时整理材料报送省饲料办审核，对不符合生产条件的企业下达责令限期整改通知书，督促整改；三是在强化对饲料生产企业监督管理的同时，积极协调税务部门，按照国家对饲料产品的免税政策，严格把关，认真核对，及时为符合条件的饲料生产企业办理免税证明。

3.开展专项行动，整治行业秩序。“三鹿”奶粉事件发生后，厦门市高度重视，多次召开专题紧急会议研究部署，及时下发了《厦门市农业局关于开展生鲜牛奶生产和质量安全专项监督检查工作的紧急通知》(厦农〔2008〕138号)、《厦门市饲料质量安全专项整治工作实施方案》(厦农〔2008〕145号)等文件，成立了以分管领导任组长、局相关处室和所属事业单位负责人为成员的全市饲料质量专项整治工作领导小组。还组织了两个奶源跟踪检查小组，对厦门市的厦门心鲜乳业有限公司、厦门早龙食品有限公司、台农(厦门)农牧有限公司和厦门源田乳业有限公司等4个乳制品生产企业在市外的奶源基地生产情况进行跟踪检查；组织3个饲料专项整治检查组，围绕蛋白质饲料原料、饲料生产企业和奶牛养殖场自配饲料3个重点环节，开展饲料质量安全专项整治行动。在此基础上，对全市所有饲料和饲料添加剂生产企业、奶牛养殖场开展全面清查、整顿，严厉打击在饲料中非法添加三聚氰胺等有毒有害化学物质的违规行为。整治期间，厦门市各级农业部门累计出动执法人员292人次，检查全市所有饲料企业57家，奶牛养殖场3个，抽检饲料原料样品125份，抽检饲料产品样品20份，抽检奶牛场自配饲料产品4份，检查覆盖率达100%。

【存在问题】 一是由于厦门市各区畜牧兽医部门大多存在任务重、人员少的情况，难以对饲料生产企业实施有效监督；二是饲料生产企业整体素质参差不齐，技术力量不强，部分企业存在进厂原料把关不严、出厂产品自检能力有限等问题。

(厦门市农业局畜牧兽医处)

企　业　篇

重点企业经验介绍

科技兴农 产业报国

——北京大北农科技集团股份有限公司

北京大北农科技集团股份有限公司是1993年创办的农业高科技企业。大北农始终秉承“报国兴农”的企业理念，以志创世界级农业科技企业为发展目标，致力于以高科技发展中国农业事业。

如今，大北农已发展成为以饲料、动保、种业、植保为主体，以中国农民大学、农博网为两翼，拥有30名博士、70名硕士、5名享受国家级政府津贴的高级专家组成的研发队伍，6 000多名员工、50多家生产企业、分公司和500多家专营店、1 000多个县级知识服务站的农业知识企业集团。荣获农业产业化国家重点龙头企业、中国饲料工业协会副会长单位、全国首批“国家级企业技术中心”和“国家创新型试点企业”等荣誉。公司注册资金2.6亿元，其主导产品有添加剂预混合饲料、微生物饲料添加剂、兽药与兽医生物制品、玉米和水稻种子、生物农药等。2008年，大北农总资产达15.8亿元，主营业务收入为36.2亿元，净利润1.8亿元，资产负债率45.7%，是中国农业银行信用AAA级企业。

大北农集团在北京市怀柔区建有亚洲最大的添加剂预混合饲料生产基地，添加剂预混合饲料销量全国排名第一。该生产基地全套引进瑞士布勒集团设备，生产过程全部由计算机控制，杜绝了人为因素对产品质量的影响；通过“7S”现场管理活动，保证生产环境整洁有序、创造安全文明的生产空间，良好的生产现场管理保证了产品的优良品质；拥有美国Waters公司生产的高效液相仪(HPLC)、PE公司生产的原子吸收仪等国际一流的科研设备和专业的科研队伍。大北农检验中心对原料的检测项目多、检测手段先进，在饲料行业内处于领先水平。公司继率先通过ISO9001质量体系认证后，又通过GMP、HACCP和ISO14001认证。

进入21世纪以来，中国农业正面临着全球化、信息化、产业化和生物技术革命的挑战。中国农业最具潜力、最需要奉献，也最值得奉献。全体大北农人将一如既往地肩负起“科教兴农、产业报国”的时代使命，同专家、教授一道带领更多的青年知识分子投身农业、奉献农业。

精益求精 为合作伙伴创造快乐

——北京英惠尔生物技术有限公司

创建于2000年底的北京英惠尔生物技术有限公司是国内主要以饲料添加剂、添加剂预混合饲料和饲料原料为主导的大型动物营养品服务商，目前拥有5个全资子公司，即北京英惠尔生物技术有限公司、北京英惠尔农牧科技有限公司、山东潍坊国桥化工有限公司、北京英惠尔国际科技发展有限公司和北京英惠尔信诺国际贸易有限公司，各子公司根据产品线分工和业务类型进行专业化经营。

公司专注于动物营养和饲料科学、生物技术的研究，技术力量雄厚，拥有一批国内外享有盛名的动物营养与饲料科学、生物技术、精细化工等方面的专家，公司现有博士8名、硕士35名。从成立以来，先后开发出惠尔牌多维系列、惠尔C、安尔C、惠多磷和狮头牌氯化胆碱等产品，并被评为北京市饲料行业推荐产品。公司强劲的发展得到了行业广泛地认可和支持，合作伙伴遍及全国各地，产品畅销国内并远销到欧洲、非洲、大洋洲、南美洲、东南亚等5大洲30多个国家和地区。

“我们虽然很小，但我们一定要站在世界级企业的高度要求自己”是公司董事长常常挂在嘴边的一句话。为实现公司“创立一流的农业高科技企业”的目标，2008年6月，公司组团赴日本实地考察了精益生产鼻祖——日本丰田汽车集团。考察回国后，公司全面启动了生产基地“5S”管理和精益生产。目前，在专家的辅导之下，英惠尔生产基地完成了操作标准、安全标准、检查标准、可视化标准和“5S”手册的制订和编写工作。通过不懈地努力，公司的现场“5S”可视化管理已经处于国内饲料企业领跑行列，为基地正在开展的精益化生产打下了坚实基础。

“三鹿”奶粉事件，在使国内乳品生产企业蒙受巨大损失的同时，也使食品安全问题成为民众日益关心的问题，作为食品安全链条上的饲料行业，如何确保饲料安全成为头等大事。也正是基于上述情况，产品安全和质量可追踪系统成为饲料企业对其供应商的基本要求。为此,公司根据行业特点,与国内知名软件开发企业合作,联合开发了质量追踪条码软件。该条码软件覆盖原料、品控和生产3条系统,从原料入库产生原料条码,品控生成成品条码,生产生成配料条码,并通过“二次称量二次扫描一次监督”,构建起“原料—品控—生产”完整的质量追踪系统。

秉承“精益求精,为合作伙伴创造快乐”的理念,英惠尔构建了“好产品+好方法”的双引擎合作模式,为合作伙伴提供综合的解决方案,开创了行业服务营销的标杆。展望未来,公司将投入全部的时间和智慧,全身心致力于行业先进技术的研究和新产品的推广,为推动健康养殖、改善人民生活品质而不懈努力。

科技强农 打造一流品牌
——北京北农大动物科技有限责任公司

1995年4月18日,中国农业大学7位志同道合的动物营养专家共同出资,带着科教强农、打造中国添加剂预混合饲料第一品牌的梦想,注册成立了北农大动物科技有限责任公司。经过13年的发展,公司添加剂预混合饲料产销量已超过6万t,位列北京市添加剂预混合饲料行业第2名、全国添加剂预混合饲料行业前10强。公司在北京、哈尔滨、武汉、徐州、郑州、昆明等地分别设立了9家子公司、6个生产基地和37个办事处,业务渠道覆盖除港、澳、台以外的全部中国大陆省份,销售额也从创业时的几万元发展到目前的近2亿元。

一、系出名门,畜牧富民

北农大公司是中国农业大学的校办龙头企业,主要致力于高效畜禽动物饲料的开发和优良畜禽品种的研究和推广,同时还承担着中国农业大学科技下乡和科普推广的工作,是“大学中的企业”。北农大人秉承农大百年校训的济世思想,立足于畜牧行业,力求通过一点一滴的努力改善中国农业、农村、农民落后的产业状况,把帮助中国农民致富,进而推动国家的强盛当作自己的使命,并在践行使命的过程中成就自身的事业。

北农大公司也是“企业中的大学”,成立13年间,共举办百人以上规模技术讲座过千场,现场服务农户过万人次。2006年9月,北农大公司与中国农业大学经济管理学院合作创立了中国农牧企业家MBA教育基金,到目前已经为社会输送农村科技致富带头人230多人,是中国亿万农民心目中当之无愧的“黄埔军校”。

二、技术根源,实力超群

北农大公司集中国农业大学百年人才、技术、经验精华于一身,依靠中国农业大学的支持,拥有强大的研发实力和完善的硬件资源。公司2007年研发的“优农”系列添加剂预混合饲料产品是目前国内第一批通过绿色生产资料认证的饲料产品,是绿色畜禽生产的必选产品。

北农大公司是中关村的高新技术企业,拥有由农大30多位专家教授组成的,覆盖品种、营养、保健、环境、管理5个环节的技术专家团队,能够为客户提供最权威的从畜牧场建设、生产管理到疾病防控的全方位技术咨询。

三、质量稳定,服务卓越

北农大公司自成立以来,一直秉承“产品如人品”的生产理念,把产品质量作为企业的生命线。目前,公司拥有两条添加剂预混合饲料生产线和一条浓缩饲料生产线,添加剂预混合饲料年生产能力10万t,浓缩饲料(粉料)3万t,这3条生产线由国内知名的畜牧机械企业江苏牧羊集团和江苏正昌集团设计安装,采用的是电脑控制全自动化设备,结构合理、工艺先进。在满足硬件要求的同时,公司还建立了严密的质量检验检测体系,严把原料关,要求所有原料执行100%检测,从根本上保证产品营养成分达到配方要求。另外,公司还对与产品质量有关的所有环节进行严格控制与管理,建立了科学的管理规程,并且量化到人,确保公司每批产品的配方都做到可追溯。2005年2月公司通过ISO 9001:2000国际质量管理体系认证和HACCP认证。

北农大公司的售后服务体系分为基层技术销售人员、总部400专家热线、中国农大专家顾问团3个层次。首先是基层技术销售人员,公司要求所有的销售人员不仅要懂得产品知识,更要懂得畜牧兽医的专业知识,能够帮助客户解决生产管理中常见的技术问题;其次是总部400专家热线电话,基层销售人员解决不了的问题,客户可以拨打总部的400技术服务热线向专家进行咨询;最后,公司把专家热线也不能解决的问题汇总交给中国农大专家顾问团集中处理。公司从这3个层次入手建立售后服务体系,在根本上保证客户能够得到全面、权威、卓越的售后服务。

四、整合营销,产业发展

北农大公司的销售模式被称为“整合营销模式”,通过整合帮助客户做大做强。2008年4月,为帮助区域养猪企业做大做强,公司启动了“U猪联盟”项目,通过帮助区域养猪龙头企业整合种猪场、饲料厂、屠宰厂、兽药厂和其他商业企业等上下游资源,解决个体经营不能解决的问题,带动养殖户成立“养猪合作社”走联合发展的道路,形成区域性“U猪”品牌,推动区域畜牧经济发展。为帮助区域养鸡企业降低养殖成本,获得最佳的养殖效益,2006年,公司启动了“北农大健康养殖合作社”项目,通过“公司+合作社+社员”的运营模式,帮助客户形成生产资料的团购能力,降低生产的采购成本，鼓励合作社注册自己的品牌，增加畜产品的附加值，提高养殖效益。

为提升饲料销售的层次，形成独有的竞争优势，公司实施了产业化的发展战略，即以公司旗下拥有自主知识产权的农大3号节粮小型蛋鸡为龙头，建立集品种、专用饲料、品牌鸡蛋、肉制品加工为一体的产业链条。2008年底，全国节粮小型蛋鸡商品代存栏约3 700万只，占中国蛋鸡整体市场份额2.5%，其专用添加剂预混合饲料的销售也初具规模。相对应的，公司在北京地区以“小农”为品牌的农大3号鸡蛋的销量也达到了每天5t左右，销售渠道覆盖了北京市120多个超市和批发市场。

在未来的10年，北农大公司将继续以“畜牧富民”为使命，走“布局全国、高端牧业、科普先导、整合财智”的发展战略，重新整合畜牧产业资源，广泛建立营销服务网络，为客户提供更便捷、更贴身的技术支持和物流服务，逐渐成为集技术、产品和服务三位一体，即技术领先、产品完善、服务卓越的国际化畜牧产业供应商。

以人为本 科技强企

——河北鲲鹏饲料有限公司

河北鲲鹏饲料有限公司为全国饲料百强企业，中国饲料协会常务理事单位，河北省农业产业化重点龙头企业。现有职工400余人，资产8 000万元、年饲料生产能力40万t、销售额5亿元、利税1 200万元。公司自1994年成立以来，一直领跑沧州饲料行业，连续10年销量位居同行业之首，现已形成以畜牧产业化、饲料、养殖、加工为主产业链的现代化集团运行模式，下设河北鲲鹏饲料有限公司、河北碧水蓝天饲料有限公司、邯郸鲲鹏饲料有限公司、沧州鲲鹏包装制品有限公司、沧州鲲鹏养殖公司、沧州鲲鹏进出口有限公司和银信典当公司(参股)，是涉及畜牧、饲料、养殖、食品、包装、金融等多行业、多元化的大型现代化集体企业。公司主体饲料产品年总销量20万t以上，年产值5亿元以上。

鲲鹏成立多年来，始终坚持“科技是第一生产力”的宗旨，以为养殖户提供健康、高效、安全、绿色的饲料产品为使命，在河北省同行业中率先通过了ISO 9001质量体系认证，过硬的产品质量使鲲鹏产品销售量连续十几年居沧州市首位。同时以国家饲料工程技术中心、农业部饲料工业中心为坚强科技后盾，与国内外多名权威专家建立了友好技术协作关系，并与众多国内同行、大专院校等建立了战略联盟合作伙伴关系，共同促进、共同发展。公司领导多次出访美国、法国、德国、荷兰、俄罗斯、泰国等国家先进的畜牧生产企业，开拓了眼界、改变了观念、注入了新的经营理念。超前的意识、过硬的产品质量，使鲲鹏产品始终处于不败之地，并连续多年荣膺“河北名牌产品”、“河北重点名牌产品”称号。

企业始终秉承“以人为本，科技强企”的经营理念，以质量求生存、靠科技促进发展，全套生产线采用自动化微机控制，配备不锈钢预混设备，依托农业部饲料工业中心，以市场需求为导向，不断研发新产品。从建厂初期的单一产品发展到现在，拥有“鲲”、“翔鹏”、“蓝岛”、“碧水蓝天”等4大品牌，涉及鸡、鸭、猪、牛、鱼等添加剂预混合饲料、浓缩饲料、配合饲料达几百种。产品畅销沧州及天津、唐山、邯郸、保定、廊坊、石家庄、衡水等市区，辐射山东、河南、北京、天津等周边省市。

十几年来，鲲鹏作为涉农企业，积极通过多种方式引领农民朋友走上养殖致富道路。先后聘请国内外知名专家教授举办养殖培训班几百次，直接听课人次达40余万次，每年约有40多名售后服务人员，配备20余部汽车，常年活动在村里乡间，为养殖户排忧解难。带动了周边100多个县、2 000多个乡镇的几万养殖户，使其从种植业转向养殖业，实现了脱贫致富，创造出了极大的社会效益，真正实现“鲲鹏引路、养殖致富”的立业宗旨。在四川地震中，公司全体员工捐款8万余元，用于赈灾。同时还积极响应政府号召，为新农村的建设发挥带头作用，对周边农村学校进行危房改造、为其购置电脑；为村民打井修路、扶贫助残、累计捐款300多万元；吸收下岗职工200多人，对维护社会稳定缓解当地就业压力做出了积极的贡献；另外，在抗洪抢险、文化事业、城建开发、以及发生“非典”等事件时也多次奉献爱心。为推动沧州及河北的农业发展、构建和谐新农村，为沧州建设沿海经济社会发展强市做出了贡献。

2003年，由全国多家大型饲料企业、种畜禽公司、畜产品加工企业组成的绿色伟农联合体在北京成立，旨在利用集团优势实现信息共享、联合采购、战略性合作，并投资成立北京绿色伟农集团。鲲鹏作为其联合体成员单位及集团股东，体现并发挥了这种联合优势。几年来，公司与联合体成员、肉种禽公司、肉鸡屠宰加工企业建立了更深厚的战略合作关系，从单一饲料加工企业发展成为养殖户提供鸡苗、技术服务和饲料，并回收大鸡的一条龙运作系统，实现了产业化运作模式，为实现品牌建设以及公司做大做强奠定了基础。

2006年，国家级重点推广饲料换代新产品、世界专利产品、国家专利产品、国家重大成果——无抗移动发酵饲料(第3代饲料)由农业部饲料工业中心和国家饲料工程技术研究中心研制成功，于2008年移嫁鲲鹏。该产品是含有高浓度活性有益微生物的生物饲料，具有保质期长、不受环境影响等特点；在配合饲料中添加可以实现禽畜无抗生素饲养，肉品品质可以达到欧盟标准。鲲鹏公司是河北省唯一一家具有生产该产品资格的企业，目前已经投入生产阶段。该产品的研发为最终实现绿色、高效和持续发展的中国畜牧业贡献了力量。

展望未来，面对饲料行业的整合、竞争、发展，鲲鹏将利用5~10年的时间完成战略布局，为中国畜牧业添砖加瓦。

品质卓越 服务至上

——山西汇福科技发展有限公司

山西汇福科技发展有限公司是一家以饲料研发、生产、销售为主，涉及饲料配方、畜禽养殖、兽药服务、蛋品加工、原料检测、饲料原料贸易等多种产业的农业产业化龙头企业。公司现有太原新威科、山西威科预混合饲料、怀仁新威科、河津新威科、吕梁威科5个生产基地；祁县养殖示范基地(含蛋品加工基地)、小店种鸡场、兽药服务部4个养殖服务基地；饲料科技研发中心、检测中心、微生物实验室等3个配套服务中心；原料贸易部、在建的大运农牧科技园两个饲料原料服务中心将发展成为山西农牧产业的领头雁。

"组装先进技术，推广适宜产品"是汇福科技的经营理念。公司引进瑞士布勒成套生产设备、应用美国Brill配方技术，根据山西省畜牧养殖特点调配出威科饲料、新威科饲料、鼎福饲料、威科预混合饲料、三晋饲料等7大系列70多个品种的饲料产品。面市以来，以其"配方技术先进、产品质量稳定、饲喂效果良好"赢得了养殖户的好评及社会的认可，成为山西省农牧科研成果转化的重要载体。

"注重人员与设施的匹配"、"以人为本"是汇福科技的用人理念。公司现有员工近300人，大专以上学历占非生产人员60%，其中农牧及相关专业人员占80%以上。公司注重员工个人与公司的和谐发展，积极为应届毕业生提供实习岗位。保证员工的收入与公司发展的同步增长，兑现优秀员工"四化"政策，即职业化、网络化、车辆化、住房化，不断提高员工的福利待遇水平；职位晋升渠道多样，对优秀员工可跨专业越级提拔，已形成科学合理的选拔用人机制；关心员工的个人成长，采用"请进来，走出去"的方法，为员工创造学习培训机会，让员工体会"我工作、我发展、我快乐"的工作境界。

"品质卓越，服务至上，用户满意是我们最大的心愿"是汇福科技的质量方针。公司率先在山西省饲料行业通过ISO 9001质量体系、HACCP认证，使产品质量得到有力保障。公司组建了由山西省农科院老专家牵头、公司中青年专家为主的技术服务队伍，坚持"服务工作24h前安排妥当，应急服务36h到达现场"的服务理念，及时、准确、专业地为广大养殖户服务；建立汇福畜牧服务网，通过开展"威科服务就在您身边"等系列活动，送技术、送产品、送服务到养殖第一线，组建以"千里马"营销服务队伍为主体，覆盖山西省地市一级、辐射河南、河北、内蒙古、陕西部分地区的销售服务网络，真正实现了"使用汇福产品，享受网络服务"的诺言，使客户轻松享受汇福网络的贴身服务。

"专业经营，用心服务，汇百科为民造福"是汇福科技的企业使命。公司将发展方向定位于农牧科技服务，应用农业科学、动物科学研究、设计、开发、生产、制造并销售安全饲料，引导养殖户科学养殖；不遗余力地提高产品和服务的品质，不断促进公司在农牧领域的发展；提供专业服务，使客户及时获得最佳解决方案。在实现公司稳步发展的同时，汇福科技努力承担社会责任，在山西农业大学、太原畜牧兽医学院设立奖学金、助学金；在特定节日慰问农科院及周边地区的中小学生；免费为社会青年进行养殖技术培训等。积极推进"公德计划"，使客户、公司、社会和谐发展，体现了公司"务实、守信、努力、创新"的企业精神。

"一诺万金，信用比山高"是汇福科技追求的企业形象。公司坚持"不轻诺，诺必践"的做事原则。2001年3月，汇福科技与全国34家大中型饲料企业共同发布了《新世纪饲料安全宣言》，承诺不掺假使劣、不使用违禁药物和超标饲料添加剂，并严守承诺、接受监督。多次被中国饲料工业协会评为重承诺、守信用单位，连年被中国农业银行评为AA级信用单位。通过开展全员参与的学习文化知识、演唱企业歌曲、共度企业节日、共享学习心得等"让汇福文化起来"系列活动，使公司文化不断得到提升。

展望未来，汇福科技将继续发扬"踏实、敏捷、坚韧、严谨"的作风，争做中国饲料行业升级的排头兵，力争在2010年前实现饲料年产销60万t，真正成为山西省饲料第一，为国家农牧产业的大发展贡献自己的力量。

苦练内功 在艰难中求发展

——山西晋星牧业有限公司

山西晋星牧业有限公司位于山西省夏县尉郭经济开发区，成立于1998年，是专业从事猪、牛、羊、兔等浓缩饲料、配合饲料、颗粒饲料以及添加剂预混合饲料的研发、生产、销售及售后服务的综合性民营企业。公司注册资本为258万元，拥有一条年产10万t的全自动微机控制饲料生产线、一条年产2万t添加剂预混合饲料的生产线和一条膨化大豆、玉米生产线。公司现有员工60余人，其中大(中)专技术人员12名，同时聘请多名资深动物营养专家为技术顾问，从事新产品的开发，并与国内饲料科研院所和权威机构保持良好的技术合作。公司设备先进、工艺完善，严格的管理和完善的质量体系保障了产品的优质稳定，产品畅销山西、河南、陕西等地，得到了饲料界同仁、养殖户及市场的认可，也得到了各级领导和相关部门的肯定。公司于2007年6月顺利通过国家ISO 9001质量管理体系和HACCP食品安全管理体系两个认证，为晋星牧业的发展奠定了坚实的基础。

山西晋星牧业有限公司在2008年克服了生产成本提高、利润下滑等诸多不利因素，共生产饲料2.5万t，实现销售收入4 500余万元，较好地完成了公司年初制定的各项指标，也为晋星公司今后的发展奠定了坚实的基础。主要做了以下几方面工作：

一、狠抓销售不放松

销售是企业的龙头，市场是企业发展的根本。销售部克服了市场萎缩，养殖户利润下降、积极性不高等诸多不利因素，采取各种办法和措施完成了销售任务，保证了企业高速运转。

二、降低生产成本，保证产品质量

企业要发展，质量是关键。面对金融危机的冲击，公司要求全体员工增强危机意识，狠抓产品质量。首先明确岗位责任制，将生产现场管理作为第一目标，实行定量管理；其次严格执行生产记录的填写，使每道工序都有据可查，同时奖罚分明，提高工人生产积极性；在车间建立质量检查小组，每日对车间仓库轮回检查，发现问题，立即改正。

三、完善各种管理制度

随着公司不断发展扩大，原有的规章制度已不能适应企业的发展要求。在这一年中，公司相继完善和建立企业规章制度30余条，使企业每个环节真正做到了有章可循、有制度可查，从而使企业的管理水平又上了一个新台阶。

四、加强企业文化建设

2008年，公司装修了企业文化中心，在“五一”、“中秋”、“十一”等重大节日举行不同形式的晚会，使员工充分感受到晋星这个大家庭的温暖。“晋星是我家、发展靠大家”已成为晋星公司全体员工共同的心愿。对于企业品牌建设公司也没有放松，继“晋星”商标成为山西省著名商标之后，公司进行了商标法的培训，使全体员工都意识到品牌的重要性。

山西晋星牧业有限公司作为省级农业产业化龙头企业，致力于发展成为集饲料生产、畜禽养殖、屠宰加工于一体的综合性企业集团。公司本着“以质量求生存、向管理要效益”的宗旨，继续发扬“开拓进取、务实创新”的精神，为畜牧业的稳定、繁荣、发展贡献力量。相信晋星将有一个更加辉煌灿烂的明天。

新展望 立未来 源梦想

——山西新立源生物科技有限公司

山西新立源生物科技有限公司成立于1998年，位于山西省太原市国家高新技术产业开发区，前身为“太原市新力源科技开发有限公司”，生产车间占地面积达1万m²，拥有各类工程技术人员120余名。公司与省内外部分著名高校、科研机构建立了长期稳定的合作关系，是山西省高新技术企业。多年来的努力经营已使公司成为一家集科研、生产、销售为一体的科技型、股份制有限公司。公司是山西省饲料工业协会常务理事单位，产品远销欧盟、东南亚各国。

一、加强技术创新，引领新科技

自1998年创建以来，公司注重产品技术的研发与创新，在省、市政府的领导和扶持下完成多个农业科技成果转化，如“蛋鸡日粮添加甜菜碱技术开发研究”、“绒山羊专用系列复合预混合饲料的研究与应用”、“甜菜碱新型生产工艺的应用”、“二甲酸钾在肉仔鸡日粮中的应用效果研究”等并获得多项专利，其中“甜菜碱盐酸盐制备方法”已获得国家知识产权管理局的发明专利受理，“无水甜菜碱的生产技术”属国家首例。在对市场做了充分地了解和调研后，公司迅速扩大生产流水线，增加了搪瓷反应釜、不锈钢离心机、热交换器、导热油炉、气流干燥机组、原料储罐等一系列设备，在原有产品复合甜菜碱Ⅰ型、甜菜碱盐酸盐的基础上增加新的产品并根据市场需求做了技术改良。目前公司生产的产品有无水甜菜碱、甜菜碱盐酸盐、双乙酸钠、醋酸钠、双碱宝、大蒜素、丁酸钠等一系列营养性添加剂。

二、打造一流品牌，塑造新形象

多年的发展使公司认识到品牌对一个企业发展的重要性，品牌可以帮助企业存储商誉、形象；品牌是一个创造、存储、再创造、再存储的经营过程；品牌是企业的一种无形资产，它所包含的价值、个性、品质等特征都能给产品带来重要的价值；品牌是企业塑造形象、知名度和美誉度的基石，在产品同质化的今天，为企业和产品赋予个性、文化等许多特殊的意义。公司秉承“品牌带动企业、品牌振兴企业、品牌树立企业”的方针，通过对整个社会、行业发展趋势以及顾客需求发展趋势地洞察和把握，在原有产品的基础上进行了品类上的创新，从而使得公司获得品牌成长的良机，迅速实现品牌突围。积极参加“品牌培育计划”，以企业为主体、以品牌为龙头、以市场为导向、以创新为动力，巩固、发展、创新、壮大太原高新区品牌产品。公司运用广告表现、媒体运用、参展活动、公关活动4大策略来提高和推动公司品牌，同时还加强了内部员工对品牌的理解和认识。

三、以质量求生存，以创新求发展

公司秉承“专业造就生产力”的原则，建立了“以质量求生存、以创新求发展”的经营理念，提倡及发扬诚信原则，对外重合同、守信用，对内实施激励机制和人才战略，以较强的法制观念和高效的管理经营模式为公司走向高科技之路奠定了坚实的基础。

企业能否实现既定的发展战略目标，靠的是企业员工的知识和人力资本的含量，靠的是高素质的人才资源，经营者和专业人才在企业发展中担当重要的角色。因此，公司把如何使用人才、如何调动员工积极性作为公司发展战略的主要内容。同时不断创新，把握技术发展的正确方向，时刻站在世界技术前沿，才能保持持续的领先优势。

科技强企 争做中国饲料发酵的领军人
——金河生物科技股份有限公司

金河生物科技股份有限公司是以生产和销售饲用金霉素及动物保健品为主的股份制企业，是国家农业产业化重点龙头企业之一，是全国饲料行业30强企业。公司先后通过美国FDA、ISO 9002质量体系认证、兽药GMP验收认证，是内蒙古生物发酵产业重要的支柱企业。公司现有资产5.7亿元，拥有国际上先进的发酵生产设备和产品质量检测设备，主要工艺流程全部采用微机自动控制，现有发酵吨位4 700m^3，金霉素的发酵规模居世界前列。公司的主导产品“牧星”、“金河”牌饲用金霉素目前年生产能力达4.4万t，其中70%出口到美国、加拿大、东南亚等国家和地区，行销网络遍布国内各个省市。公司奉行“信誉、感情、奉献、创新”的企业精神，“以人为本”的发展思路。现有员工1 198人，其中60%具备大专以上学历，科技人员的比例占员工总数的14.3%，科技对企业的贡献率在逐年上升。

2008年下半年，由于受国际金融危机的冲击，公司出口受到制约，全年销售收入4.58亿元，创汇额度3 465万美元，缩水较大，全年利税指标只完成了6 033万元。公司面对产品出口萎缩，外销定单减少，整体销量下降的严峻形势，在走多品种发展之路的同时，积极化“危机”为“机遇”，本着“压力变动力、动力变能力、能力变成绩”的思想，不减员、不降薪，在确保工资按时发放的同时，在原工资的基础上全员增加工资5%，保证了公司员工队伍的稳定。同时在各级主管部门的大力支持下，积极调整战略思维，采取调整产品结构、拓宽营销渠道等有效措施，实现了单一品种向多品种经营的突破，进一步拓展了国内市场和其他外销市场，使整体销售工作稳步推进，为股票上市工作奠定了坚实的基础。

公司还加大了对新上项目——侧耳素、土霉素碱和四环素盐的研发投入力度。目前，侧耳素新品种的前期调研、小试及中试工作已经全面完成，正在进行放大和稳定性实验。同时，增加了专门的检验设备和产品检验程序，以生产出品质优良的产品。

2008年11月，公司举办了“中国动物保健论坛峰会”，邀请了农业部、中国饲料工业协会、全国饲料工作办公室、中国农业科学院、北京生物医药研究所、中国农业大学、华南农业大学等行业主管部门、科研院所以及高等院校的领导、专家、学者，共同面对和分析当前畜牧业发展形势，围绕饲料行业发展、动物保健品应用、发达国家动物保健安全用药新趋势、我国饲料药物添加剂使用现状与发达国家的差距以及如何应对当前国际金融海啸等热点问题展开一系列的主题演讲、讨论。百位专家学者和企业界代表发出了“关注动物健康，保障食品安全”的倡议，并在《光明日报》《内蒙古日报》《北方新报》等媒体对饲料安全进行了大力宣传。

近年来，金河生物公司以回报社会为己任，把奉献爱心当作一项重要使命，积极参与和组织各项社会公益活动。2008年1月为遭受冰冻雨雪灾害的南方灾区送去了温暖。2008年5月四川汶川地震，金河全体干部员工为灾区同胞捐款、捐物，共计捐款20万元，全体党员还二次捐赠特殊党费，累计20.27万元。

金河公司在未来的发展进程中，将按照“面向市场、优化结构、整合资源、提高效益”的发展构想，以发酵工业为载体，以调整产品结构为主线，走外延与内涵相结合扩大再生产的科技强企之路，实现资产优化和管理升级，结合兽药动保添加剂系列产品的规模化生产，全面提升企业的科技素质和核心竞争力，进一步增强企业的经济实力和发展后劲，为民族工业的繁荣和发展做出新的更大的贡献。

利国 利民 利企业
——内蒙古正大有限公司

内蒙古正大有限公司位于呼和浩特市东郊，是泰国正大集团与内蒙古收益饲料有限责任公司合作创办的现代化农牧企业，企业性质为中泰合作企业。公司注册成立于1994年，于1995年8月正式投产。公司引进世界一流的管理技术、成套设备和良种，拥有年设计生产能力18万t的大型饲料厂和年饲养20万只青年鸡的现代化鸡场两大实体。

公司总投资额为866万美元，占地面积约7hm^2，拥有员工198人，主要生产、销售各种畜禽、水产饲料，并开展畜禽疫病防治、配种技术咨询及售前、售中、售后服务等，其投资规模与累计产销量均为内蒙古同行业企业首位。产品有奶牛饲料、肉牛饲料、羊饲料、猪饲料、蛋鸡饲料、肉鸡饲料、种鸡饲料、鸭饲料、鱼饲料等9大系列，70多个品种，4种规格。

内蒙古正大成立十几年以来，始终坚持"利国、利民、利企业"的企业经营准则，追求"顾客、企业、社会"三满意。公司管理采用内外部双管齐下、节流开源两手共抓的策略，不断挖潜降耗、开拓市场。一方面内部加强控制，倡导节约，并调整绩效考核办法，率先对与销售量有关的岗位实行与销量挂钩的考核办法，重新修订部门主管绩效考核方案，积极调动各部门各岗位的主动性，提高内部运营效率；另一方面对产品品质、服务进行全面升级，组建专业化攻坚团队，坚持深入实施重点市场、锁定重点产品重点突破的重点竞争策略，改变团队的理念及工作作风，销售策略全面调整，使销量利润连续节节攀升，齐上新平台。

公司的先进管理方式及经验分享如下：

一、十四年磨一剑，产品品质独占鳌头

公司的饲料生产线全部由美国豪孚公司设计，选用了世界上最先进的WEM的F-3000自动配料系统，原料清理、粉碎以及半成品制粒的设备全部采用CPM公司生产的先进设备，先进的设备为生产高质量的产品提供了保证。公司化验室从美国、德国、日本等国家引进先进的检测设备，对进厂原料进行100%抽检，严把原料质量关，坚决杜绝不合格的原料进厂，对生产的全过程实施监控，严防不合格产品出厂。公司实施全面质量管理，顺利通过HACCP及ISO 9001管理体系认证和评审工作，提升了公司品牌影响力。

公司聘请多位知名专家组成专家组，对内蒙古畜牧业资源环境、农牧民饲养习惯、畜禽品种特点、生产性能等进行全面细致的调研后，研发出适合内蒙古畜禽生长发育的多种饲料配方。到目前为止，公司共生产8大系列、60多个品种的产品，14年来共为社会提供优质饲料100余万t，产品历年抽检合格，并多次在全国及内蒙古农业博览会获奖。

二、科技先行，努力加强产业化服务体系建设

农牧民渴望富裕，但传统落后的生产经营思想和粗放的饲养方式束缚着家畜生产能力的正常发挥，养殖业效益低下，农牧民养殖积极性不高，产业化发展速度缓慢。公司针对现状，坚持"利国、利民、利企业"的宗旨，提出了"网络先行、服务致胜"的经营理念，推出服务营销、顾问式营销方式，实施客户满意工程。公司充分利用正大的人才、技术、资金优势，投入大量的人力、物力、财力，营销人员顶酷暑、冒严寒，不辞辛苦地深入田间、地头、农牧户、养殖场，为农牧民无偿办养殖技术讲座、发放配套的产品养殖技术指南，传授科学饲养技术、进行现场疫病诊断防治。公司在有条件的乡村建立疾病防治服务点，开通客户服务咨询热线，售后服务得到强化和完善。

14年来，公司一直致力于推动呼和浩特地区及其他各盟市的农牧民工作。累计举办奶牛、猪、鸡、羊、鱼各类养殖培训班2.1万期，培训人数达56万人次，直接服务200多万农户，使广大农牧民直接受益并得到实惠。

三、化危机为商机，肩负起奶源健康的社会责任

2008年9月乳品行业遭遇了三聚氰胺危机，饲料行业也不可避免地受到影响，内蒙古正大经受住了上百次各级检测机构的检测，质量得到了验证和认可。并通过快速反应、责任到人、积极自查、杜绝漏洞，最终成功地化危机为商机，奶牛饲料销量不减反增。

2008年11月10日，成功组织召开"内蒙古安全优质奶源建设研讨会"，内蒙古饲料协会、呼和浩特农牧局、蒙牛集团及各大原奶收购站长等300多位代表参加会议，会议就如何建立优质乳源标准化生产模式进行探讨，公司长期以来坚持产品质量严格把关及为保证乳业健康发展所做的努力与贡献得到了相关单位的认可。

四、延伸产业链，积极开创标准化养殖新事业

为提升客户企业双赢效益，积极开创标准化养殖新事业，着力打造产业链竞争力，公司在2008年成立了小龙事业部，向养殖户推广标准化养殖。组织经销商、养殖户等一行82人的参观团赴河南进行为期一周的观摩、学习、交流，通过实地考察，学习标准化养殖新知识和新的管理理念。自2005年开始，每年末巡回展开内蒙古各区域畜牧产业标准化生产技术推广大会，共举办了20余场，吸引3 000余养殖户和经销商参加。引进先进建筑材料，无偿为农户投资建设标准化养殖畜舍，为带动全区标准化、规模化养殖起到重要的推动作用。

五、再创辉煌，做发展最快、最强、最持久的公司

2008年可以说是内蒙古正大的管理年、人才年、品牌年，下一步公司将致力于全方位打造品质年和全员服务年。一方面继续加强品管监控，加强配方与原料的监控与反馈，拓展监测范围，提高采购品质；另一方面通过消除生产管理盲点，推行全员品质管理，加强质量责任部门的监督，建立质量监督责任制。不断加强环节控制，推行标准化、规范化过程管理。并通过抓行情、抓质量，降低饲料成本；严把关、抓品质，提升产品档次；严管理、扩产能，提高生产效率；抓素质、重执行，拓展重点市场；抓节能、抓降耗，严格控制费用；价值营销；网络(专营)先行；服务制胜等一系列具体措施地实施，实现公司发展最快、最强、最持久的目标。

内蒙古正大将继续把做最具竞争力、最具创新力、管理水平最佳、持续增长最快最久的公司作为自己的经营目标,始终不忘利国、利民、利企业的经营准则,并继续以追求“顾客满意、企业满意、社会满意”为自己的崇高目标。

品牌化运作 推进产业进步

——农标普瑞纳(内蒙古)饲料有限公司

美国嘉吉公司的动物营养部农标普瑞纳国际公司创建于1894年,目前普瑞纳在中国廊坊、烟台、南京、抚顺、成都、重庆、包头、哈尔滨、乌鲁木齐、长沙、佛山等地已建立20家饲料厂。

农标普瑞纳(内蒙古)饲料有限公司成立于2007年7月8日,公司位于包头市稀土高新技术产业开发区,目前共有员工72人,其中拥有专科以上学历40余人,各类专业技术人员35人。公司主要生产和销售猪、牛、羊等家畜的浓缩饲料、配合饲料及精料补充饲料。目前公司饲料年产量在2.4万t左右,年销售量在2万t左右。

公司拥有高素质的人才队伍,先进的饲料生产技术,严格的质量控制体系,独特的经营管理方法和完善的服务体系。普瑞纳公司还为客户提供多种技术服务,具体包括:不同品种畜禽各阶段饲养管理程序;农场环境系统分析;农场各种草样NIR系统分析;农场TMR日粮设计及系统分析;农场饲料配方设计;农场管理服务分析;畜禽养殖技术培训;畜禽疾病的预防及防治。

内蒙古普瑞纳拥有严格的质量控制和管理体系,具体表现在以下几点:

1.严格的“原料接收标准”。在参考国家标准的基础上,公司制定了高于或严于“国家标准”的“原料接收标准”。采购、接收原料时,严格按照此标准签订合同和验收原料。

2.“三无”产品坚决拒收。凡是公司所采购的原料,品管部要求厂家必须出具“出厂检验合格报告”,要求包装袋或标签上必须标示原料名称、生产日期、厂家地址、联系电话等。凡是包装袋上无标示或无标签的“三无”产品原料,品管部坚决拒收。

3.三聚氰胺检测控制。嘉吉公司规定,凡是粗蛋白质含量≥15%的原料进厂前,都必须进行三聚氰胺和常规指标检测,合格后方能卸车;所有产品出厂前,也必须进行常规指标及三聚氰胺检测,合格后方能出厂销售,公司还出具产品出厂“检验合格报告”,对经销商和养殖户负责。

4. 引进先进的化验检测设备NIR近红外线分析仪(GB/T 18868-2002)。嘉吉公司所有饲料厂对原料和产品质量的监控都使用NIR近红外线分析仪,能在1min以内快速、准确检测出饲料或原料中的各种常规营养指标。

5.严格的原料和产品留样观察制度。普瑞纳饲料公司对所购进的原料以及销售的产品全部实行“批批采样,留样封存”制度,并登记注册,每个样品至少保留3个月之久。

6.最先进的生产工艺系统。普瑞纳公司的生产设备系美国进口,采用美国Repete控制系统,工艺技术先进,全部采用电脑自动配料,精确度高,配料准确。

7.高素质的团队。普瑞纳公司从销售人员到管理人员基本上都是畜牧专业的技术人才,公司人员整体素质实现知识化、专业化、年轻化、技能化。

8.Feed For Food。嘉吉公司在全球范围内率先提出“今天的饲料即是明天的食品(Feed For Food)”。为了保证饲料的卫生安全及员工的身体健康,公司规定,“凡进出公司的所有车辆和人员都必须进行消毒,凡是未经消毒的车辆和人员一律不准进入工厂”。

9.HACCP体系认证。嘉吉公司要求所有饲料厂都必须通过SGS的HACCP认证,目前在中国的20家饲料厂中,已有10家通过认证。内蒙古普瑞纳目前正在做GMP的一些基础工作,预计在2010年通过国际SGS的HACCP认证。

10.科学、严谨、高绩效的管理及一流卓越的技术服务。目前,嘉吉公司正在全球范围内推行“5S”、“TPS”、“TPM”、“66”等高绩效的管理模式,以进一步提高嘉吉公司的社会地位,扩大其知名度及影响力,增强其市场竞争力。

禾丰饲料 营养专家

——辽宁禾丰牧业股份有限公司

辽宁禾丰牧业股份有限公司是国家级农业产业化重点龙头企业,是中国饲料工业协会副会长单位和中国畜牧业协会副会长单位。公司创立于1995年4月,已成长为东北最大、全国名列前茅的农牧企业集团。业务范围以复合预混合饲料、浓缩饲料、配合饲料为主,并涉猎国际贸易、生物制药、饲料机械、畜牧设备、农产品深加工等相关领域。2008年饲料销量140万t,集团销售额60亿元。

一、不拘一格的现代企业体制创新为禾丰公司的发展奠定了根基

禾丰牧业是一家由多个股东共同创立的股份制公司。2000年为了奖励18位年轻的优秀管理者,禾丰7位创始人决定将股份象征性地转让给他们,2006年禾丰股份进一步稀释,24名骨干也成为禾丰股东,股东人数增至49人,其中一半以上拥有硕士学历,主要管理者都可以用英语流利地与外商谈判交流。在很多分公司,业绩突出的管理者也获得了股权激励。运用股权分享机制,禾丰拥有了一支令同行业羡慕的管理精英团队,成为中国饲料行业股权最分散的公司之一,新股东们也成长为禾丰事业的中流砥柱。

除了拥有一流的人才,禾丰还建立了适应市场经济的现代企业管理约束机制,搭建起由股东大会、董事会、监事会、管理层构成的相互支撑又相互制衡的管理结构。2006 年 10 月禾丰又不失时机地引进了全球战略合作伙伴——拥有百年历史的荷兰德赫斯公司,德赫斯公司深厚的历史底蕴和强大的技术研发实力显著增强了禾丰的整体竞争力,双方携手开拓国内外市场。

二、以人为本的禾丰企业文化深入人心

《禾丰宣言》奠定了禾丰企业文化的基础,“永远从客户的需要出发,不断开发新产品,决不因循守旧”,已成为禾丰人的习惯;“永远诚实经营”已成为禾丰的原则;“靠科学技术和创造性劳动来发展自己,不做社会的寄生虫”已成为全体禾丰人的哲学。2001 年制定的《禾丰管理者五项原则》,即“严于律己、公私分明、诚实守信、与人为善、成果共享”,是禾丰文化与时俱进的标志,是所有管理者须遵循的行为准则。同时禾丰援建多所希望小学和中学;为 10 多家农业大学不断捐助教学、实验设施,资助学生学习、社会实践,提供科研经费。2006 年,禾丰向沈阳教育基金会捐赠 50 万元。2008 年汶川地震后的第 2 天,禾丰董事会立即决定向灾区捐款 100 万元,员工自发捐款 50 万元,总计向灾区捐款 150 万元。禾丰还成立了内部公益组织“爱之翼”基金会,基金会资金主要来源于集团高管捐赠和各种慈善拍卖活动,用以资助集团内部有困难和子女上大学的基层员工,目前,“爱之翼”基金会筹集善款 50 多万元,已有 73 名基层员工获得资助。

三、实施品牌战略,为禾丰在激烈的市场竞争中赢得整体优势

“禾丰饲料,营养专家”从创业伊始就成为禾丰品牌区别于其他饲料品牌的市场定位。公司产品研发、包装设计、市场推广、广告宣传等环节始终围绕该定位,不断强化禾丰营养专家的品牌形象,通过全员营销提高客户对产品的认知度、忠诚度。

首先,质量战略是禾丰实施品牌战略的关键,严格的质量管理是禾丰开拓市场、保持市场占有率、提升品牌价值的首要条件。禾丰是中国最早通过 ISO 9001 国际质量管理体系和 HACCP 食品安全管理体系双认证的饲料企业之一。禾丰制定了“六个永远不”的质量方针,即“永远不采用不合格原料,永远不使用不正常设备,永远不允许不规范操作,永远不生产不达标产品,永远不容忍不完善服务,永远不忽视不满意顾客”。同时向客户庄严承诺“三个百分百”的质量目标,即“库存成品抽样合格率 100%,出厂产品合格率 100%,承诺服务项目的顾客满意率 100%”。优秀的产品质量树立起禾丰专家化的品牌形象。

其次,市场营销是实施品牌战略的根本。禾丰根据市场的变化灵活制定产品策略和营销策略,密切关注客户需求,本着“只有客户的业务不断发展,我们自身才能得到发展”的经营理念来传递品牌价值,使禾丰品牌深入人心,同时在拓展朝鲜、尼泊尔和越南等市场的时候,发挥了巨大的作用。

禾丰还通过各种传播手段来提升品牌的知名度。除传统的广告媒体,如在电视、电台、杂志、户外媒体等进行宣传外,禾丰还加强了网站建设,并在行业门户网站上进行链接。同时,采取开设专营店、发行内刊和技术手册、开展各种专题营销活动、传播禾丰创业团队故事等手段打造品牌。

禾丰品牌 2006 年被国家工商总局商标局评定为“中国驰名商标”,中国品牌研究院对其品牌价值进行了评估,最终以 6.36 亿元人民币名列中国品牌价值排行榜第 418 位,成为第 4 位荣登该排行榜饲料品牌。

四、坚持走专业化道路,做大做强主导产业

禾丰公司将主导产业锁定在饲料业上,积极调整战略布局,逐步完成一体化的系统整合,将产业链向下游养殖业和食品加工业及上游原料生产和贸易等领域全面延伸,从一个主营饲料业务的集团化公司,升级为一家集饲料和饲料原料贸易、兽药和生物制剂、饲料机械、养殖设备、养殖及畜禽屠宰深加工、农产品深加工直至食品领域的大型农牧综合性企业集团。

五、始终致力于服务广大农民,把不断带动农民致富视为己任

禾丰快速发展的一个重要因素就是始终把更好地带动农民致富作为企业的奋斗目标,在科技推广服务中,开展多层次、多渠道、多形式的农民技术培训,全面提高农民的科技素质。主要做法有:开展经销商系统培训;召开各种研讨会提高养殖户养殖水平;发放科普宣传资料,普及科技知识;现场指导服务;加强市场调研,时时了解农民的需求;提供市场信息;开办“800 免费电话咨询热线”。

为您的健康生命努力
——辽宁大成农牧实业有限公司

辽宁大成农牧实业有限公司是台湾大成集团于 1990 年在沈阳投资兴建的,坐落于辽宁省沈阳市于洪区沙岭街道,总占地面积 6.7 万 m^2,公司总投资额 1 548 万美元,现有员工 300 多人,其中有博士、硕士专业研究人员 10 余人。设计年饲料生产能力 50 万 t,年创社会效益超 6 000 万元。

公司成立以来,在国家各级政府有关部门的大力支持下,本着“诚信、谦和、前瞻”的企业文化,秉持“品质更高、营养更好是我们的责任;顾客更满意、社会更繁荣是我们的目标!”的企业理念,以市场需求为导向,采用国际上最先进的“3A+能量平衡”的配方技术,凭借先进的生产设备,实现了从原料进仓、加工制造直至成品包装的全程计算机自动化控制,杜绝人为因素干扰;在品质监控方面,每批次入厂原料及生产成品都经过品管部门抽检合格后方可入库或出库。同时采用国际先进的近红外分析技术,3~5min 即可化验出原料及成品的常规指标，确保产品品质稳定,从而生产出深受农民朋友喜爱的平衡、稳定、经济、高效的各种畜禽、水产饲料。10 多年来,大成先后在锦州、铁岭、营口、大连、葫芦岛等地成立饲料厂,目前已发展成为辽宁省乃至东北地区饲料产销龙头企业。

“诚信、谦和、前瞻”是大成一贯秉持的经营理念。严格管理、优质服务是大成坚持奉行的原则。公司向广大养殖业户提供完善的售后服务,由专业的畜牧及动物保健人士担任业务代表,全程为客户提供饲养技术指导,随时为客户解决各种问题,成为同业的典范。2007 年大成生产销售饲料总量 67.2 万 t;2008 年生产销售饲料总量达 76 万 t,居辽宁省首位。

集团所属的肉鸡加工厂全部采取 HACCP 质量控制体系,供屠宰的鸡只全部来自集约化养殖场及实行“五统一管理方式”的养殖场(即统一供应鸡苗、统一防疫消毒、统一供应饲料、统一使用药物和统一收购屠宰的方式)。大成公司是全国首先推出“公司+农户”联合饲养产业模式的企业，经过 10 余年的实践与发展证明,完全符合国家质检总局根据国际检验检疫要求制定的出口肉类标准,有效地拓展了出口市场。

因为措施得当,与公司紧密合作的农户数量不断增加,从最初的 400 户增加到目前的近万户,每户的饲养规模也由最初的一批 500~1 000 只,发展到现在的一批 3 000 只左右，若以每只鸡 1.5 元的直接收益计算,一年饲养 5 批,年收入就超过 2 万元。原来零星的养鸡户都紧密地与大成公司结合起来,形成了专业养鸡基地、专业养鸡村等。

20 世纪 90 年代初,大成集团率先把农业产业化经营方式带到辽宁省,多年的实践证明,这种经营方式不仅可以通过龙头企业把市场信息、适用技术、管理经验带给农户,而且能够有效解决农户分散经营与大市场对接和技术落后等问题,这种组织形式和经营机制有力地推动了我国农业发展。未来,大成公司将一方面扩大投资建立集约化饲养基地,一方面与省内其他肉鸡加工企业进行策略联盟,充分利用大成公司在饲料配方与制造、肉鸡加工等方面的技术优势以及在国际和国内市场的销售优势,带动辽宁省肉鸡企业共同发展。

大成集团以“诚信”精神经营梦想,以“谦和”态度迎接挑战,在“前瞻”的经营策略中,将继续深耕农畜与生命科学领域，持续创造优质安全的饲料和食品，为您的健康生命努力。

诚信经营 真诚服务

——沈阳正成牧业有限公司

沈阳正成牧业有限公司成立于 1996 年，是一家从事饲料、种猪生产、营销于一体的专业化集团公司。公司本着“诚信经营,真诚服务”的理念,经过 10 余年的悉心经营,已迈入了东北优秀饲料及种猪品牌的行列。

正成集团拥有 6 家独立经营的企业,分别为沈阳正成牧业有限公司、沈阳正成预混料公司、沈阳福源牧业有限公司、沈阳鑫庞大牧业有限公司、哈尔滨正成牧业有限公司和正成原种猪场。年销售各种饲料近10 万 t,种猪 1.6 万头,产值逾 5 亿元,终端用户 31 000 余家。种猪及饲料产品行销区域遍布辽宁、吉林、黑龙江、内蒙古、河北、河南、山东及朝鲜、俄罗斯,受到了同行和广大用户的信赖和好评。

公司于 2006 年被辽宁省饲料工业协会评为“2006 年辽宁省饲料行业综合实力 30 强” 企业,于 2004 年在行业内率先通过了 ISO 9001 和 HACCP 的双项管理体系认证,确保了产品安全和质量稳定。

公司于 2006 年 9 月养猪业处于低谷的时期,并购了辽宁省马三家机械化养殖场,在正成人的精心经营下,养殖场各种生产和经营指标都屡创佳绩,被辽宁省动监局确定为省级重点种畜场,承担全省的良种猪示范推广工作。2008 年公司乘胜而为,在辽宁省新民市斥资 4 000 万元兴建大型现代化原种猪场,工程按国家级原种猪场标准设计建造,在生产工艺、种猪生产性能测定、种猪选育等方面达到国内领先水平,与加拿大吉博克畜种公司合作引入世界最先进的种猪自动化测定设备,并采用最佳线性无偏预测法(简称 BLUP) 估计育种值，按育种值选种和确定配种计划,以此保证种猪性能的稳定和提高。此外与加拿大吉博克育种公司达成了定期来场指导、人才国外培训、提供优秀原种猪精液等多项合作计划。

新场一期落成后,经辽宁省检疫检验局报请农业部批准为国家临时隔离场。2008 年 12 月,公司由加拿大成功引入优质长白、大白、杜洛克原种猪 524 头,2009 年末原种基础母猪存栏可达 1 300 头,2010 年出栏可达 2.5 万头，年向社会提供祖代猪可达 1.8 万头。同时,利用引入优良种公猪的精液积极改良老场区种猪，每年可向社会提供优质父母代种猪 1 万头。在扩大种猪生产的同时，正成集团也非常注重环保,新场污水处理沼气工程按能源生态型设计，日处理污水 100t，产沼气 $280m^3$。

正成采用国内先进的生产设备和检测手段，精选优质原料，科学配方，严格按照国标和行业标准进行生产，加工工艺居国内领先水平。聘用全国知名养殖和动物营养专家，广泛开展与大专院校、科研院所、大型养殖场的技术交流与合作。

正成依靠准确的信息制定营销计划，在市场竞争中占据先机。现拥有 160 名销售人员，30 名具有丰富实践经验的售后服务人员，30 名专家教授，并长期聘请沈阳农业大学、辽宁省种畜禽监督管理站作为技术依托单位，帮助制定和组织实施种猪扩繁、选育方案。丰富的人力资源使产品销售网络畅通无阻，更快速、方便地面向广大养殖场(户)。正成实行场长负责制和全员聘用制，创建育种室、兽医室、化验室、微机监控室、饲料分析室，为饲料销售、良种繁育、推广、售后服务和新技术研发工作保驾护航。

时代在进步，企业在发展，勤劳的正成人不会满足于现状。未来正成集团将在产业链延伸、资源节约、环境可持续发展模式等方面纵横捭阖，再建新功。

与饲料行业发展同行

——吉林新方圆牧业科技有限公司

吉林新方圆牧业科技有限公司前身是 1998 年 6 月成立的吉林方圆饲料有限公司，公司以“与饲料行业发展同行”为目标，经过 10 年的发展，现已成为吉林省最大的饲料企业之一，是中国饲料工业协会理事单位和吉林省饲料工业协会副会长单位。2007 年 5 月，公司投资 3 000 多万元在长春经济技术开发区兴建的年产 18 万 t 的新方圆饲料厂正式建成投产，该厂的采用的是国内最先进的成套设备；同月，公司投资兴建的黑龙江新方圆饲料厂也在哈尔滨正式投产；此外，公司在吉林省永吉县还拥有一座 6 万套规模的商品代肉种鸡场，每年向省内外提供优质肉种鸡苗 500 多万只。

公司拥有一支高素质的员工队伍和科研队伍，现有员工 220 余人，其中大中专以上学历占 50%以上，具有中、高级技术职称的科技人员 30 余人。在公司的科研队伍中，多名科研人员在省内及国内相关领域内拥有较高影响和知名度，其中 3 位专业技术人员是吉林省 12316 新农村服务热线的专家。同时，公司还常年聘请多名国内外知名专家、教授担任公司技术顾问。公司目前主要生产销售猪浓缩饲料、猪配合饲料、鸡浓缩饲料、鸡配合饲料、牛浓缩料、牛配合饲料、鱼饲料和添加剂预混合饲料等；产品主要销往黑龙江、吉林、辽宁、内蒙古等省区。

公司创立至今，从一个仅有几十人的小型企业，逐年发展壮大，成为吉林省农业产业化重点龙头企业，离不开国家改革开放的大环境以及各级政府的关注和支持；而从内部则得益于一套日臻完善的特色企业文化。公司的宗旨是：生命——自然——和谐，传递健康养殖，保护生态环境。新方圆牧业作为养殖产业链的一环，誓言为保护生态环境，保障畜禽水产品的质量安全而尽心尽责。

多年来，公司不断提高产品质量和服务质量，顺利通过了中国质量认证中心(CQC)ISO 9001:2000 质量管理体系认证。在生产和在原料采购中严格把关，制定了一系列饲料安全保证措施，购进先进的检测仪器进行饲料品质检测，实现了从原料进厂到成品出厂的全程监控。由于公司注重饲料安全环保和产品质量，在三聚氰胺的大检查中，新方圆牧业的产品无一例检出。在各地的多次例行饲料抽查中均顺利通过。

公司在努力提高市场营销能力的过程中，始终秉承“做养殖业贴心的专业饲料服务商”的经营宗旨，在东北和内蒙古地区常年举办免费的养殖技术讲座、免费上门为养殖户解惑答疑，不断提高养殖户的养殖水平，深受广大农户的欢迎。

“与饲料行业发展同行”的目标体现了公司与时俱进，与行业共生共存，与同行业兄弟单位团结互助、互惠双赢的理念。在国际上，公司与美国、德国、韩国、日本等同行业的世界级企业和专家保持着良好的技术往来和互访。

以德执业 以能立本

——吉林正大实业有限公司

吉林正大实业有限公司是吉林粮食集团有限公司与泰国正大集团共同出资兴建的中外合资企业，投资总额 1.75 亿元人民币，注册资本 7 000 万元(双方各占 50%)。生产设备从美国、瑞士引进，其中小南饲料厂年生产能力 18 万 t；坐落在长春经济技术开发区内的预混合饲料添加剂厂年生产能力 2 万 t，是东北及内蒙古地区最大的添加剂预混合饲料厂。公司主要经营猪、肉鸡、蛋鸡、种鸡、反刍动物、鱼、狐、貉等各种动物不同生长阶段的 4 大系列、200 多种配合饲料、浓缩饲料、添加剂预混合饲料和肉品、蛋品。

25 年来，吉林正大共产销各种饲料 205 万 t(其中添加剂预混合饲料 11 万 t)，产品覆盖吉林省 45 个县(市、区)及辽宁、黑龙江和内蒙古部分地区；转化玉米 960 万 t，实现销售收入 61 亿元。公司被认定为农业产业化省级重点龙头企业，通过 ISO 9001:2000 系列国际质量管理标准体系认证。

按照《吉林正大实业有限公司 2008~2012 年五年

发展计划》，预计到2012年，公司年各种饲料产销量将达到18.2万t(其中添加剂预混合饲料1.8万t)，年销售收入可达6.9亿元，年创利税可达2 600万元。

展望未来，吉林正大全体同仁将和广大合作伙伴一同去体会“财富、创新、团队、价值共享”的核心理念，操守“以德执业，以能立本”的精神，继续秉持“创业永无止境”的理念，关注人类健康并致力于相关产品的完善，尊重资本并增值资本，开发资源更维护资源，通过科技与服务的不断创新，成为本行业值得信赖的专业公司。

吉林正大尊重有效市场，尊重忠诚客户，尊重高效团队，尊重产品质量，尊重客户需求。多年来，吉林正大与广大客户建立了良好的合作关系。进入新的发展阶段，吉林正大将继续秉持“为客户创造价值，为员工创造利益，为企业创造效益，为股东创造财富”的企业经营理念，更加注重产品质量安全、提高管理水平。随着新厂的建设、新设备的运用、新管理模式的实行和持续的产品创新及标准化养殖技术的全面推广，公司的发展将更上一层楼。良好的发展前景和牢固的市场基础将帮助有潜力、有意愿的合作伙伴成为区域农村致富带头人和企业家，带动地区养殖企业和养殖户致富，形成紧密、团结的利益共同体，推动区域畜牧经济发展。吉林正大将一如既往地与广大合作伙伴一道，携手共同面对发展道路上的艰辛困苦，共同分享事业成功的欢欣喜悦，共同迎接中国饲料业和畜牧业的美好明天！

青禾与您一起成长
谷实与您共同分享
——哈尔滨青禾科技有限公司

哈尔滨青禾科技有限公司成立于1999年，是以研发、生产、销售畜禽添加剂预混合饲料、浓缩饲料为主的专业化股份制企业，公司于2005年投资建设的全新现代化饲料工厂，坐落于哈尔滨市开发区迎宾路集中区洪湖路28号，占地3.8万m^2，建筑面积1.6万m^2，拥有国内先进的自动化饲料生产线及配套齐全的检测设备，设计年生产能力24万t，注册资金2 800万元，总资产8 386万元。2008年，公司营业收入为4.5亿元。公司生产的“谷实”牌饲料产品销往黑龙江、吉林、内蒙古、辽宁等地区，产品在东北市场占有率一直保持在三甲之列，2008年11月公司被黑龙江省评为“高新技术企业”。

公司注重现代化管理模式的运用和人才优势的发挥，具有完善的规章管理制度和工作流程，通过现代企业管理制度的运用，充分发挥人才资源的作用。公司实行营销、产品、财务与行政3条管理线平行运作，协调发展，每个岗位权、责明确，充分发挥每位员工的潜能，使员工与企业共同发展、共同进步。

公司现有员工260余人，其中大专以上学历约占30%，汇集了业内知名的畜禽营养专家、兽医专家、高级管理人员及诚实、热情、敢于挑战的营销队伍，同时，通过有计划的学习和培训，不断提高员工的工作技能，使公司在不断变化的市场中居于领先地位。青禾科技团队注重工作中的协作，倡导同荣共辱，把个人目标融入团队目标之中，在拼搏与创新中使青禾逐步成为省内著名的饲料企业。

公司自成立以来，一直致力于新产品的研究与开发，以研制、生产适合市场需求、营养平衡、安全的饲料产品为目标，积极与东北农业大学、美国大豆协会、奥特奇生物制品(中国)有限公司、诺伟司(上海)有限公司等国内外著名的科研院所及企业合作，陆续开发出猪、鸡、牛用添加剂预混合饲料30余种，浓缩饲料40余种，配合饲料10余种，充分满足了广大养殖户饲养不同生理阶段畜禽的营养需要。公司不断研发高科技环保产品，推广健康养殖模式。2004年被中国饲料工业协会评为“全国饲料工业科技进步先进集体”。

公司成立的企业技术研发中心被哈尔滨市认定为市级研发中心，中心投入大量资金建设了养殖试验基地，配套了相应的科研设施、设备，配备了一支优秀的科研队伍，与国内外相关科研机构进行广泛地交流与合作，建立了各动物品种不同阶段的动态营养模型，结合动物饲养环境、饲养技术及生物技术，深入研究蛋白质、能量饲料在动物体内消化吸收的最大潜能，不断推出适合养殖需求的饲料产品，使科技成为企业真正的生产力。

公司采用先进的生产工艺，拥有国内先进的生产设备，浓缩、配合饲料车间安装有一套产能为18万t的自动化生产设备，添加剂预混合饲料车间安装有一套按GMP标准设计的产能为6万t的全不锈钢机组，设备配置及生产条件均达到国内一流水平。公司十分重视产品质量管理，配备了先进的质量检测仪器设备，不断提高质量管理人员的技能，严格执行原料标准，实行生产过程全程监控，成品全面检测，保证产品质量。2006年9月公司通过了ISO 9001:2000国际质量体系认证及HACCP食品安全管理体系认证，严把质量关，为广大养殖户提供安全、可靠的产品。

公司秉承“青禾与您一起成长，谷实与您共同分享”的核心价值观，与供应商、经销商开展真诚的合作，针对养殖户养殖技术薄弱、经营管理经验不足的特点设置专门的技术服务部门，在向广大养殖户提供质量优异稳定的饲料产品的同时提供先进的饲养管理方案，开展卓有成效的技术推广和服务活动，及时对客户进行技术咨询与指导，同时公司还通过《谷实与养殖》专刊为用户提供饲料管理、疾病防治、市场信息等内容。

为适应市场不断拓展的需求，公司正在向正规化、集团化快速发展，先后在哈尔滨开发区、长春开发区、沈阳于洪开发区及北京通州区投资建设了标准化生产基地。哈尔滨青禾科技有限公司是一个敢于挑战、善于合作的团队，公司本着沟通、务实、学习、创新的精神，使企业文化健康向上，管理体系严谨高效，与时俱进。经过10年的发展，公司已跃居行业前列，公司的产品、技术、营销及各项经营活动不断进步，并随着市场需求的变化不断改进公司的产品和服务。现已经成为推动饲料行业发展、养殖技术进步的积极参与者。凭借优秀的人才、完备的管理体系及适合市场的营销战略，青禾科技将会不断发展壮大，为用户提供更优质的产品和更完善的服务，为我国饲料工业的发展做出新的贡献。

追求卓越品质　铸造管理基石

——哈尔滨远大牧业有限公司

哈尔滨远大牧业有限公司是以饲料研发与推广、种猪繁育、养殖新技术推广为主的专业化高新技术企业。公司始创于1996年9月，现拥有资产6 000余万元，年产值逾3.6亿元，是中国饲料工业协会常务理事单位和黑龙江省饲料行业协会常务副会长单位。

远大牧业始终将“卓越品质、管理基石”作为方向指引，一直不懈地在饲料品质、公司管理上寻求突破，让企业在行业内始终拥有领先的优势。

一、科技为本，高新技术打造卓越品质

科学技术是第一生产力，一流的产品需要先进的科技作为基础。公司一直重视科研投入力度，依托远大技术研发中心承担省市多项科研课题，并与东北农业大学、黑龙江省农业科学院等科研院所建立了长期稳定的生产与科研、生产与教学相结合的合作关系，切实把发展的立足点放到依靠科技进步的轨道上来。在做了大量卓有成效的工作后，企业取得了明显的经济和社会效益。持续创新的技术及产品满足了市场的需要，也使公司荣获了哈尔滨高新技术产业开发区颁发的《高新技术企业证书》、黑龙江省科学技术厅授予的《高新技术产品证书》等荣誉称号。

二、严格的经营管理是产品质量的保证

远大公司之所以能有今天的成绩，除了得益于雄厚的高新技术实力和以高科技新产品引领市场的经营理念作为坚实的基础外，还得益于严格的质量管理。公司创立之初就坚持“科技为本，行业典范”的发展战略思想，在实际工作中严把质量关，对原料的进厂、入库到成品的产出全过程进行质量监控，在公司员工中树立“人人关心质量，人人重视质量”的意识，用工作质量保证产品质量，形成“质量第一、人人有责”的良好氛围。正是在如此严密的质量监控体系下，公司的产品以稳定、高效的特点而成为知名品牌，荣获中国技术监督情报研究所认证中心颁发的《中国市场知名品牌》等称号。2006年8月公司产品通过ISO 9001:2000标准质量管理体系及HACCP食品安全管理体系认证。在全国范围的三聚氰胺事件中，公司的所有产品经过国家、省、市及地区的各级检测机构的反复检测，均不含三聚氰胺，产品质量经受住了考验。

三、完善服务质量

高质量的产品还必须有完善的服务配套，才能为客户创造出好的效益，也才能使企业永存活力。在现代管理中，完善的服务更是产品品质的重要组成部分。“没有好的服务，就谈不上有好的产品品质”，远大人正是基于这种态度，始终坚持“让您养殖赚钱更轻松”的理念，对市场、客户精雕细琢、精心呵护，为他们提供最优质的服务。

为了提高企业的服务水准，公司长期聘请行业内专家定期为技术、业务人员进行培训，并以公司技术研发中心为依托，指导养殖户科学饲养管理。

四、实施强强联合，铸造管理基石

为了寻求更大的发展，公司实行强强联合，2004年3月公司与深圳市金新农饲料有限公司共同组建了成农(集团)饲料股份有限公司。成农股份的组建，使远大公司在资本实力上得到了进一步提升、在管理上得到了飞跃，综合竞争力明显提高。公司于2005年在哈尔滨经济技术开发区建设新厂，采用先进的生产工艺流程和机械设备，实行电脑监控，确保优质、高效的产品源源不断推向市场。截至2008年底，公司已开发饲料产品逾百种，年饲料产销量逾10万t，总产值逾3.6亿元。

哈尔滨远大牧业有限公司将继续秉承“伙伴天下，共同成长”的核心价值观、“全情投入，持续卓越”的企业精神、“科技为本，行业典范”的企业使命，与各界朋友精诚合作，为农民致富、推动农牧企业产业化进程做出自己的贡献。

“勤奋、敏思、重行、高效”的团队引领企业创新

——双城市荣耀饲料生物技术开发有限公司

双城市荣耀饲料生物技术开发有限公司是一家以反刍动物饲养管理和饲料生产销售为主业，集饲料

生产、功能乳制品加工、青贮饲料种植生产为一体的多元化、产业化企业。公司位于黑龙江省双城市新城区，厂区占地面积3万多平方米，自有铁路专用线。公司生产和销售的“荣耀”牌奶牛、肉牛、肉羊和生猪等营养型浓缩饲料、添加剂预混合饲料，全混合日粮TMR和农牧机械达40多个品种。先后被评为“全国饲料行业百强企业”、“全国饲料工业科技进步先进集体”、“黑龙江省著名商标”，并通过了ISO 9001:2000质量管理体系认证等，在用户中久享盛誉，产品销往黑龙江、吉林、辽宁、河北、内蒙古、天津等地区。荣耀公司始终坚持以发展经济、造福百姓为己任，与时代同呼吸、与社会共进步。

荣耀公司下属幸福青贮中心，专门从事青贮饲料和全混合日粮TMR的贮存、加工和配送，幸福青贮中心占地15 000多平方米，各类农用机械种类齐全、技术力量可靠，现有各类大型TMR设备30多台，工作人员60余人，为青贮种植、青贮收割、青贮饲料加工、TMR生产和配送提供了有力的保证。

一、以科技创新为品牌战略的切入点

在企业发展的过程中，荣耀人提出了品牌战略的“三创新”原则：荣耀品牌必须以科技创新为依托，以体制创新为保障，以管理创新为手段。公司与中国农业科学院、中国农业大学、东北农业大学、中国科学院东北地理与农业生态研究所等多家科研机构合作，针对不同地区的不同地理环境，结合当地饲料资源和奶牛不同时期的营养需求，适当调整产品成份配比，研制出多元化的适合奶牛不同阶段的饲料产品，改变了以往养殖户饲料品种单一、利用率低的现状，做到产品功能与市场需求相适应。

2002年荣耀公司结合双城市奶牛的饲养状况，经过广泛考察和市场论证，积极与双城市农业开发办合作，走“公司+农户+养殖户”的运作模式，建立幸福青贮中心，引进、自主研发了先进的玉米青贮生产设备，实施青贮粗饲料的商品化、产业化。

二、优质产品、优质服务是实施市场战略的根本保证

公司质量管理上全面实施ISO 9001质量管理体系和HACCP安全管理体系，从完善的管理制度入手，在工艺、标准、技术配方和生产各个环节开始，健全各级质量和安全责任制，把责任落实到人，确保产品质量。

公司有专职的营销服务队伍，分线分片、负责质量跟踪和信息反馈，指导农民进行科学的饲养管理和疾病防治，组织技术人员到农村进行科技讲座、科技推广，免费赠送资料，帮助农民提高养殖水平，解决疑难问题，解决了奶牛发病率高、奶量不稳、奶脂低等问题。公司内部设立了24小时服务热线电话，对用户反映的问题及时给予答复，一时解决不了的逐一登记下来，想方设法予以解决。多年来通过服务营销、科普下乡等活动，与广大奶牛养殖户建立了良好的客情关系和情感基础，建立了比较完备的奶牛档案。

三、“以人为本”是实施人才战略的根本思想

公司在稳步发展中，逐渐形成了“以人为本”的现代企业人力资源管理文化，提出“勤奋、敏思、重行、高效”的8字方针引领全体员工为企业创新多做贡献。根据员工文化水平、年龄和岗位职责的不同，采用不同的培训方式，在企业内部形成奋发向上、协力合作的团队精神，激发员工的积极性和创造性。在企业的管理模式上，由单一的垂直领导改为以流程或系统为纲的垂直横向的扁平式管理，促进部门之间团结协作。企业文化是企业精神的象征，不断发展的企业文化能够不断调整员工心态，规范员工言行，净化工作和学习环境。

荣耀公司就好比一条驶向市场经济大潮的大船，全体员工发扬荣耀“正气、正义、时效、创新”的企业精神，倡导做事先做人，坚持“以顾客为关注焦点，提高顾客满意度”的原则，坚持“科教兴牧、产业报国”的企业理念，以创新谋发展。

让农民富裕 让市民满意 让政府放心
——上海东方希望动物营养食品有限公司

上海东方希望动物营养食品有限公司是东方希望迁入上海后，在上海投资的中外合资项目，注册资金1 280万美元。公司于2004年4月成立后，为东方希望集团在全球的饲料企业生产、配送高浓度、高质量添加剂预混合饲料，是东方希望饲料板块核心技术和竞争力的基地，同时，也针对大型养殖户提供4%、5%畜禽等复合预混合饲料。公司严格按照国家食品、饲料行业管理法规及集团总部管理要求开展经营工作。

公司研发、管理地址位于上海陆家嘴金融贸易区的东方希望大厦，生产地址位于上海市浦东张江高科产业园东区，占地2hm²。公司配备国际先进的复合预混合饲料生产线两条，设计能力为年生产复合预混合饲料10万t，2008年实现产值4.1亿元，上缴税收2 300多万元。

一、配备精密检测仪器，严把原料质量关，铸就高品质产品

公司配置Waters高效液相色谱仪、北京普析通用原子吸收分光光度计、日立L-8800氨基酸分析仪等国际先进检测设备，对采购的每一批次原料进行检测分析，确保原料的主要成分达到国家标准，对原料自带的重金属(如铅、砷、镉、汞)元素严格控制在国家标准以内，检测合格后再使用。同时对生产的产品质量进行全程监测分析，是国内饲料企业中能检测饲料及原料成分种类最多、检测设备最先进的公司之一。

为了号召同行做好食品安全，东方希望与21家大中型饲料企业一道，在《人民日报》上发起了《饲料安全新世纪宣言》，庄严承诺承担起大型企业的社会责任。

2007年9月，上海东方希望公司就向80多家饲料子公司转发了农业部有关文件，认真贯彻执行国家禁止在任何饲料中使用三聚氰胺等“蛋白精”的规定。公司严把原料关，在所有采购合同条款中明确要求供应商不得添加三聚氰胺。阻止了含有三聚氰胺的饲料原料影响公司声誉和品牌。2008年9月，“三鹿”奶粉事件发生后，各子公司都配置了三聚氰胺检测的相关仪器，建立了三级检测机构，并对化验人员进行专门培训。各子公司首先对蛋白质原料进行三聚氰胺试剂盒定性筛选；对定性筛选不合格原料，送片区主公司进行酶标仪三聚氰胺定量检测；三聚氰胺含量在2mg/kg以上的样品，再送总公司质检中心用高效液相色谱仪进行核实。没有三聚氰胺的原料方可投入使用；不合格产品不得出厂；曝光违法添加三聚氰胺的原料商。

公司成功开发了质量管理软件，做到每批次原料、成品都能够追溯。到厂原料按批次进行编号、检测和生产耗用；根据产品的生产批号可以追溯到各种原料的信息及销售情况，为有效跟踪客户的使用情况、解决产品质量纠纷提供客观公正的依据。

上海东方希望公司生产的“金豆”饲料于2007年5月被评为“上海市名牌产品”，“金豆”饲料帮助东方希望在越南迅速开拓市场，壮大为6家子公司，成为越南市场上的中国名牌，为中国饲料走向海外，提供了宝贵的经验。

二、推行精益求精管理，为农户提供优质、实惠的产品

公司在管理上精益求精，以“事事追求点点滴滴的合理化”，“彻底消除一切浪费”，“竭尽全力创造企业相对优势”来提升竞争力。

为了提高效率，公司对一些工作细节进行研究，比如工作台要搭多高，取消弯腰动作、减少转身来省力，利用工具进行改善等。为提高劳动效率降低员工劳动强度，公司对生产设备进行持续的改进，研发出具有世界先进工艺的现代化添加剂预混合饲料生产线，把生产效率由15t/h提高到38t/h。

2008年，公司通过推行精益求精管理，实行订单式生产方式，提高存货周转率，制造成本得到控制，并与国内知名的管理软件供应商用友合作，推出饲料行业的ERP软件，使公司的信息化管理服务水平也进一步提升。客户到公司后，不再长时间排队等候装车，随到随装，节约了客户的时间。

三、诚信经营，回馈社会

公司不断地提升产品质量，在为养殖户服务上进行精耕细作，让广大养殖户朋友真正使用上优质、实惠、性价比高的饲料，帮助实现养殖致富梦想。在全球经济危机的大环境下，2008年上海东方希望年销量较去年同期上升近20%，取得较好的经济效益与社会效益，被张江高科技产业园区东区评为“2008年度明星企业”。

上海东方希望公司长期秉承“让农民富裕，让市民满意，让政府放心”的经营理念，汶川地震后，在公司捐款1 500万元的基础上，还发动员工为灾区捐款100万元，汇往四川红十字会。上海东方希望用实实在在的行动，为新农村建设奉献自己的力量、贡献自己的爱心，承担起企业的社会责任。

追求卓越 完善服务

——帝斯曼维生素(上海)有限公司

帝斯曼维生素(上海)有限公司位于上海浦东星火开发区，总投资逾8 000万美元，是按照国际标准兴建的生产维生素单体、复合维生素和添加剂预混合饲料的工厂。公司拥有现代化的生产设备、世界领先的生产工艺和操作系统，实行科学高效的管理，确保一流的产品质量，在中国饲料行业率先通过国际认证机构SGS的HACCP认证。帝斯曼是世界最大的畜禽添加剂和添加剂预混合饲料供应商之一，在全球五大洲拥有38家添加剂预混合饲料厂，行销网络遍及世界各地。帝斯曼在中国生产和销售各种规格的、以罗维素为品牌的饲料添加剂维生素E50和维生素A500，以及畜禽、水产和宠物添加剂预混合饲料。

罗维素添加剂预混合饲料生产的原则是：“卓越的产品=高效安全的配方+优质稳定的原料+先进的设备+科学合理的工艺流程+严格的质量管理+完善的服务”。

1.高效安全的配方。帝斯曼在设计配方时，参考NRC标准、中国国家标准及帝斯曼公司的OVN优选维生素营养标准，同时汇集全球最新的动物营养及保健科研成果，结合中国不同地区的饲料及养殖状况，设计和生产出符合中国养殖情况的系列产品。

2.优质稳定的原料。帝斯曼营养产品部生产添加剂预混合饲料所用的各种维生素由帝斯曼公司生产或由帝斯曼审核通过的合格供应商供应，从根本上保证了产品质量的稳定性和优良的混合均匀度。当原料到仓库时，需经包装、物理外观的检查合格后，放置于待验区,并将收货信息输入 SAP 系统。质量保证部取样、检验合格后,打印出条形码,使物料处于待发状态。

3.先进的设备。先进的设备是生产优质产品的硬件保证，帝斯曼公司使用的是成套进口的一流设备。混合机采用全球专业生产商豪孚公司提供的双桨卧式搅拌机,维生素等营养物质通过载体在混合机内柔和均匀地混合分散。

4.科学合理的工艺流程。生产订单由总部的 SAP 系统自动传送到生产厂的 PCS 工艺控制系统。PCS 系统会根据配方的不同安排生产顺序,以防止批与批之间的交叉污染。

PCS 系统将订单自动分成两部分,大宗料和小宗料。大宗料直接由计算机控制自动称量,经条形码检验后统一投入料仓;小宗料、维生素和其他添加量少的原料则由手工通过 PCS 和条形码配料，以确保精确度。手工称量所用的电子称在称量后会把结果打印出来,并附有条形码,每批配好的料放在同一块铲板上。投料时,操作人员根据屏幕上提示选择对应批次,同时扫描正确后,投料锁才会打开允许投料。产品的混合时间都是经过科学的验证而定的,并在生产时严格控制,确保混合均匀度。

包装前，每批产品都会由系统打印出不同的标签,操作员扫描标签条形码,系统确认无误后才会打开料仓进行包装操作。添加剂预混合饲料使用自动定量称量。电子称用于定量复核,如果重量有差异,可以通过触摸式屏幕随时进行修正。产品装入纸塑料袋通过缝纫封口,贴上标签。包装时,工作人员会按 SOP(标准操作流程)取样,样品送到品控部,一部分用来检验,一部分作为留样,以备回溯。成品运入成品仓库的待验区,检验合格后置于木质托盘上,用缠绕膜包裹后置于货架上。由帝斯曼公司的指定物流运输商装箱,及时发送到客户手中。

5.严格的质量管理。帝斯曼营养产品部的生产技术及管理模式符合 ISO 9001、ISO 14000 以及 HACCP 的要求,在安全、健康、环保方面严格遵守中国相关标准和帝斯曼集团的要求。公司在企业管理上采用 SAP 系统,实现了从配方、订单输入、原料采购、计划、生产、包装、发货和产品放行的全过程控制,使公司的运作流程和管理科学合理。在生产过程中整合 PCS 系统,实现所有配方和订单的自动转换,全方位监控生产的每一个步骤,确保配料、投料、混合、包装的正确性和准确性,杜绝人为操作误差。其独有的防交叉污染功能，有效防止批与批之间的交叉污染,保证产品的安全。条形码系统强化了 PCS 系统的功能,使每一个人工操作点得到更为严格地控制,同时使产品及其生产过程具有可追溯性,符合现代农业发展需要和食品安全的要求。

帝斯曼营养产品部的质量检验部门配备全球领先的检验仪器（安捷伦、Waters 自动进样高效液相色谱仪,安捷伦的气相色谱仪,原子吸收光谱仪,紫外分光光度仪和红外分光光度仪等)。

6.完善的服务。帝斯曼营养产品部的市场推广人员将其专业知识、全球领先的饲养概念传授给客户,建立一种合作的伙伴关系。他们经常深入现场,为客户提供跟踪服务，同时集中各种问题或建议进行讨论、分析,为客户提供及时、有效的解决方案。

帝斯曼将秉承“客户至上、优质产品和完善技术服务”的宗旨,不断地为中国畜牧业和饲料工业的发展做出贡献。

创国际一流品牌 铸牧羊百年基业

——江苏牧羊集团有限公司

江苏牧羊集团创建于 1967 年,经过 40 多年的发展壮大,现已成长为集饲料机械及工程、粮食机械及工程、仓储工程、食品机械及工程、输送设备及工程、自动化控制技术等产品研发、工程设计、制造、安装与服务为一体的高新技术企业。集团占地面积约 $27hm^2$，员工总数 1 500 多人，现有总资产 10 亿元。2008 年集团实现销售收入超 18 亿元，出口创汇 4 000 多万美元。饲料机械出口额占全国饲料机械行业出口总额的 52.45%,位居中国第一、世界第三。

公司长期从事饲料机械领域的技术研究开发工作,汇集了各类专业技术人才 800 多人,并在粉碎技术、混合技术、膨化技术、输送技术、制粒技术等多个领域获得 20 多次省级以上奖励,其中粉碎技术、混合技术、膨化技术、制粒技术代表了国内饲料机械领域的最高水平。通过多年努力,牧羊现已开发研制了各种性能优越的饲料、粮油机械产品 100 多个系列,800 多个品种,承接各类饲料成套交钥匙工程,充分满足了用户的需求。据中国市场调查研究中心 2006 年的调查显示,“牧羊” 牌饲料机械产品的市场占有率达 50.1%,其中粉碎机占 65.6%、混合机占 48.1%、颗粒机占 29.7%、膨化机占 41%。公司下一步准备在欧洲建立牧羊的研发分(子)机构,与国际接轨。

人才是企业可持续发展的根本,牧羊实施员工常年学习培训制度,每年都派遣员工去国外学习,成功举办多次国际学术交流培训班；每年参与国际交流 20 次以上。

公司不断完善创新体系。公司领导层高度重视科技创新工作,把 2007 年确定为创新年,专门成立“创新办公室”，加大对创新工作的奖励并号召广大员工积极参与创新工作,2007 年共发放创新奖励 415 万元,为公司带来直接经济效益 2 105 万元。

牧羊承担国家火炬计划项目7项、省级火炬计划项目5项,获省部级以上科技进步奖20项,拥有专利技术400多项,其中发明专利30项、国际专利20多项。2007年12月,牧羊获国家科技进步二等奖。牧羊独立开发、拥有自主知识产权的多种机械通过省级科技鉴定,多项技术达到国际领先水平,其中"混合王"双层高效混合机获"十五"期间中国饲料重大科技进步与应用奖。

集团先后被评为江苏省高新技术企业、国家重点高新技术企业、全国专利工作先进集体、全国饲料行业科技进步先进集体、江苏省知识产权重点保护单位、第三批全国企业知识产权工作试点单位、国家饲料工程技术研究中心饲料机械研究基地。2007年10月,牧羊成功承办了中国饲料工业协会第四届大型企业联谊会,受到业界的赞誉。2008年6月全国饲料技术标准化委员会在牧羊成立。

为客户创造价值是牧羊永恒的追求。牧羊创造性地将精益管理理念应用于市场开发和客户服务之中,突出大客户战略,根据客户需求不同分级制定客服方案,为客户提供精准、高效且带有预见性的专家型服务。为每个客户建立起全面系统的档案,详细记录客户的运行状况、生产信息、使用记录。在接到服务申请后,专业服务人员6h内到达省内现场,12~24h之内到达省外现场,保证客户生产的正常运行。

牧羊拥有全球代理60多家,并在南非、中东、澳洲市场集中区建立3家办事处。牧羊国际客户遍布全球70多个国家,其中有两家为世界500强企业。同时,牧羊产品全部通过CE认证,为进一步做大高端业务市场开辟了道路。牧羊集团将通过3~5年的努力实现股票上市流通。进入新的发展时期,全体牧羊人精诚奋进,向着"创国际一流品牌,铸牧羊百年基业"的远大目标,开启新的远航。

做正大标杆企业 当农牧产业龙头
——南通正大有限公司

南通正大有限公司是泰国正大集团与江苏南通东正农工商有限公司合资经营的大型农、工、贸一体化企业。公司成立于1990年,主要生产经营系列配合饲料、复合预混合饲料、商品代鸡苗、肉蛋鸡饲养、良种生猪及食品加工贸易等项目,经营业务遍及华东各地。

南通正大现拥有3个饲料厂、3个父母代种鸡场、1个孵化厂、4个祖代种猪场、20个父母代种猪场、两个参股联营企业及农民畜禽一条龙(公司+农户)合作项目,投资总额3 675万美元。公司月产畜禽饲料能力3万t,月产水产饲料能力2万t,年饲养父母代肉种鸡16万套,年饲养父母代蛋种鸡8万套,年孵化肉鸡苗1 600万羽,年孵化蛋鸡苗400万羽,年饲养商品代肉鸡200万羽,年饲养祖代种猪3 600头,年产父母代种猪36 000头,是江苏省饲料生产和畜禽养殖基地。南通正大引进泰国正大集团先进的生产技术和管理经验,凭借优质的产品和良好的服务,赢得了广大农民朋友的信赖。2008年公司共生产各类饲料30万t,其中肉禽饲料13万t,产销售额达10亿多元,位列江苏省饲料工业20强之首。

公司成立19年来,坚持民本经济宗旨,着力推进"公司+农户"的富民工程,实施养鸡养猪一条龙作业服务。公司坚持循环经营理念,组织农经服务队送科技下乡,促进养殖发展,靠养殖业发展带动公司优质饲料和优良种猪、鸡的销售;收购农户畜禽产品及其副产品发展食品贸易,以效益激发农户养殖热情,以农户的养殖热情再形成新一轮的经营循环,使公司和农户都在循环中不断发展壮大。

南通正大的产品多次获得国家、省、市级的殊荣,先后被评为江苏省农林厅首推产品、江苏省重点保护产品,"通大"牌饲料还荣获第二届中国农业博览会金奖、中国首届饲料工业博览会认定产品。2002年5月,企业通过ISO 9001:2000质量管理体系认证,2006年9月,集团申报的"正大牌"猪、禽饲料同时荣获"中国名牌产品"的称号。2007年9月,集团申报的"正大牌"水产饲料再次荣获"中国名牌产品"的称号。

为推动地方农村产业结构的调整和食品加工业的发展,目前,南通正大正致力于发展"一条龙"作业模式及食品加工贸易,为广大城乡居民提供各类新鲜、健康的肉食品、水产品,继续为发展地方饲料工业、农村养殖业以及食品加工业做出更大的贡献。

立足品质 行稳致远
——中粮东海粮油工业(张家港)有限公司

中粮东海粮油工业(张家港)有限公司是中粮集团有限公司联合新加坡KENSPOT公司共同投资兴建的外商合资企业,是全球最大的综合粮油食品加工基地之一。公司成立于1993年5月,1997年8月全面投产,注册资本1.13亿美元,总投资2.28亿美元,占地面积约84hm^2。主要从事大豆、小麦、大米加工以及油脂深加工项目,拥有榨油、精炼、饲料、小包装、面粉、大米、专用油脂、大豆磷脂等多个专业生产厂,生产"福临门"牌系列食用油、面粉及大米,"四海"牌豆粕,"四海"、"五湖"牌饲料等产品。产品畅销全国,并出口韩国、日本、越南、马来西亚等国家。

为确保物流快速准确的收发，公司自建岸线825m、拥有10万t级、7万t级的对外开放码头各1座，1万t级的对外开放码头2座。码头年吞吐能力超1 000万t，可同时停靠2条7万t级的大型散货船和2艘1万t级的油轮。2008年码头吞吐量达633万t。

自2001年以来，公司顺利通过了ISO 9001、ISO 14001、ISO 22000、HACCP、美国AIB、OHSMS18001等管理体系认证，主要产品荣获过“中国名牌产品”、“江苏名牌产品”等称号。

2008年，公司销售收入171.1亿人民币，上缴税收17.2亿元。自1995年投产至2008年12月，中粮东海已累计向国家上缴税收达102.7亿人民币。

公司饲料事业部集饲料研发、生产、销售及原料贸易于一体。1996年建厂、1997年投产，总投资近亿元。工厂采用美国MEC公司设计的先进工艺，引进瑞士BUHLER公司的混合机、制粒机及美国TRAMCO、METTLER TOLED公司的饲料生产设备，整个生产过程采用电脑自动化控制。2008年生产各类饲料19.45万t，产值达56 904.05万元，单厂产量位居江苏第一。

一、品质管理

建立健全质量管理体系。积极响应国家政策，坚守质量安全这个本源，参加行业诚信体系的安全承诺，杜绝任何违规违纪行为的发生。公司与国内优质生产商建立长期的合作伙伴关系，并定期对生产商进行资信评估，以保障原料品质的长期稳定；通过中央控制设备严格监控整个生产过程以保证生产安全；使用近红外分析仪、原子吸收分光光度仪、酶标仪、气相色谱仪、高效液相色谱仪等先进检测仪器以保障原料与饲料成品品质的100%合格；不合格原料严禁入厂使用，不合格成品严禁出厂销售。

公司联合与国内外数家知名大学、科研单位进行科技攻关，保持产品的先进性与持续竞争力。

二、协同管理

公司的最大股东中粮集团拥有多种原料优势，加强与各相关原料业务单元的即时沟通协作，任何时期均可以保证原料的充足供应。

三、经营管理

以适应性、增效性为基准，实行现款现货销售政策避免财务风险。运用共赢机制、服务增值型营销创建了一条公司、供应商、经(分)销商及终端客户等环节的价值共分享的供应链、价值链。遵循安全高效的行业本质，聚焦资源与渠道以驱动市场的深层发展。

四、员工管理

稳定的团队是促进稳步发展的前提。在不断提升员工物质生活的同时丰富员工的精神生活，培养员工养成良好习惯，随时学习接受发展新观念，改进旧有思维，跟上企业、时代的发展步伐，提高工作效率。

五、客户管理

以真诚合作、双赢为基准，通过培训辅导提升客户成长，提高客户的竞争力，促进客户做强做大；及时收集、合理解决客户各种问题，增强客户满意度、培养客户忠诚度。

六、品牌建设

“安全、高效”的品牌核心，十年如一日，多次荣获“江苏省名牌产品”的称号。

以推动农牧业产业升级为己任
——安徽丰原集团有限公司

安徽丰原集团有限公司是国内从事发酵制造技术及纤维素转化利用技术方面的大型科技产业公司，是国家首批“创新型试点企业”之一，国家级高新技术企业。目前控股丰原药业、泰格生物两家上市公司，拥有丰原生物、丰原维生素、丰原明胶、丰原食品、丰原化工装备、丰原医药科技、丰原贸易、丰原物流等8个产业板块。此外，集团还在南美洲成立事业部，主要从事巴西和阿根廷方面的农业开发，并利用蔗糖发展生物化工项目。在巴黎和布鲁塞尔注册有两家科技、贸易型商业公司，负责欧洲市场的营销工作。

安徽泰格生物技术有限公司属丰原维生素板块，是饲料添加剂维生素C及维生素C衍生物的生产企业，产品主要用于水产养殖饲料和动物膨化饲料中的维生素C补充，是经安徽省科学技术厅认定的高新技术企业。公司多年来一直专业致力于我国稳定维生素C产品的研究、开发、生产和销售，已发展成为位居世界前列的稳定维生素C产品制造商。

公司恪守质量第一的方针，严格质量管理，在行业中率先通过ISO 9001、ISO 14001、GB/T28001认证，是亚洲唯一通过欧盟PDV组织GMP+质量管理体系认证的公司。公司的饲料添加剂类产品，“维生素C”执行国家饲料添加剂标准，标准号为GB/T7303-2006，“维生素C磷酸酯”、“包膜维生素C”“液态维生素C”在国内同行业率先制订了企业标准Q/ATS01-2006、Q/ATS02-2006、Q/ATS03-2008，产品主要出口欧美及东南亚等地，拥有世界维生素C业巨头、世界水产饲料行业中前10名饲料生产公司等外贸客户，并建立了良好的联系，泰格品牌已得到国际、国内客户的广泛认可。下一步公司将重点开发维生素A、维生素B、维生素C、维生素D、β-胡萝卜素、番茄红素、天然维生素E油等新产品。

安徽丰原发酵技术工程研究有限公司属丰原生物板块，拥有我国唯一的国家级发酵工程研究中心和3个中试分厂，公司以“非粮”生物质(主要指秸秆等农林废弃物)为原料，利用菌种技术、发酵技术和分离提取技术进行加工、转化、提取，制成生物能源、生物化工、生物材料和新型饲料添加剂等系列产品，实现可再生资源的利用与转化，以工业的方式推动农业发展，实现可持续发展，做循环经济的典范。

公司已建成“一库、二中心、三平台”的发酵技术科研平台，即“一库”——菌种贮藏库，汇集了大部分发酵产品生产菌种；“二中心”——研发中心和人才培训中心，建成了建筑面积6 000m²的科研大楼，3 000m²的办公和检验中心以及1 000m²的人才培训中心；“三平台”——厌氧发酵平台、好氧发酵平台和产品的分离提纯平台。拥有各种形式的全自动发酵罐，从5L到30m³，废水处理试验的厌氧系统等；提取分离设备，配备了目前国际先进的各种膜分离系统、色谱分离设备、萃取设备、精馏系统等，能满足各种发酵产品和合成产品的分离提纯；分析检验中心的进口仪器设备齐全，完全能满足发酵原料、发酵过程和产品的分析检验的深度和精度的要求。公司现有各类仪器设备超过500台(套)。

公司还积极承担了多项国家、省市科技计划与高技术产业化项目，并取得了多项技术成果；培养了一批工程经验丰富、积极创新的优秀科研人员，主要从事生物化工产业的发酵、提取工程技术研究。

公司在大力发展生物质产业的基础上，着力于开发新型饲料添加剂产品，包括维生素系列产品、氨基酸系列产品、复合酶系列产品等，以推动我国农牧业的产业升级为己任，已生产出L-色氨酸、纤维素酶、玉米酵母饲料等产品。

树立区域品牌 打造高效团队
——合肥华仁农牧集团

合肥华仁农牧集团是由安徽新华畜牧科技有限公司(原安徽新华饲料有限公司)、安徽百信饲料有限公司、安徽华诚饲料科技有限公司、宿州华仁饲料科技有限公司、合肥华盟生物技术有限公司、六安华仁现代牧场有限公司、安徽新华鸭业养殖有限公司、六安天业新华食品有限公司等企业组成，是专门从事动物营养与保健、畜禽水产饲料生产与销售的综合型农牧企业。拥有雄厚的技术实力和先进的生产设备与工艺，完善的质量控制体系和客户服务体系，其产品畅销省内外。5家饲料公司的产能达到42万t，集团配合饲料产量已突破20万t，添加剂预混合饲料产量达到2 400t，实现销售收入近7亿元，创利税愈千万元。并荣获合肥市及安徽省“农业产业化龙头企业”称号，被安徽省农业银行评为“AA+”信用等级称号，现系中国饲料工业协会、中国畜牧业协会理事单位，安徽省饲料工业协会、安徽省渔业协会副会长单位。

一、集团在发展历程中紧紧抓住饲料主业，不断加大技术创新、严格质量控制，逐渐树立区域品牌

为了加强对企业科技创新工作的组织领导，提高科技创新工作效率，集团内部成立技术研发中心，每个子公司都成立了技术部，部门经理均由长期从事饲料技术工作的专业人员担任。从2007年起直接用于研发及创新工作的费用在40万元以上，此后每年以20%的比例递增，重大科研项目的资金需求不受计划的限制。有的技术人员在企业还拥有一定的股份，可以参与企业经营管理和重大决策。另外，企业鼓励创新，对他们的科研成果予以保护，积极转化为生产力，并给予物质奖励或晋升。

为了保证产品质量及在使用过程中经得起检验，每个子公司的技术部都配备专业饲料配方师及完善的质量检验机构。不断完善产品质量分析检测手段，每年在改进化验分析方法、完善分析设备上有较大的投入，每个化验室都具备检验饲料常规项目的能力。配方师根据原材料质量状况及产品在使用过程中反馈的信息，科学合理地设计配方，并保障产品有序生产，规范地投入市场，技术服务人员随时跟踪市场，提供强有力的技术服务和技术指导。

集团各公司在2005年6月份通过ISO 9001国际质量体系认证，安徽新华饲料有限公司及合肥华盟生物技术有限公司还通过中国CQC产品质量认证工作。配合饲料、浓缩饲料及添加剂预混合饲料获得2005年度“国家免检产品”荣誉称号。近5年来集团的产品销量每年以20%的速度增长，尤其是家禽饲料，据安徽省饲料工业协会统计，在安徽省市场销量排名位居第一，占市场总份额的20.8%。

二、努力营造一个诚信、和谐的工作氛围，打造一个高效、创新工作的团队

持之以恒地开展企业创新文化建设工作，集团致力于“健康、绿色、安全、高效”动物营养保健品的研制与开发，始终遵循“客户至上、追求完美、尊重个人、卓越工作”的企业文化精神，日常管理突出“以人为本、创造价值、服务营销”的企业经营理念；在全公司培育创新意识，倡导创新精神，大力提倡敢为人先、敢冒风险的精神，努力营造集团创新氛围。

加强企业的信息化建设并切实发挥作用，建立了安全可靠的企业内部和外部信息平台；建成行业内具有先进水平的管理决策信息系统，建成网上服务平台，并对外(用户)开放；集团不断加强和完善内部管理，努力打造成一个诚信、创效的企业。

集团每年都针对不同人员，不同学习形式进行外出培训或参加技术交流、学术会议，如仅饲料化验员就培训14人次，取得初级或中级饲料检验操作证书；安排各企业生产部经理参加“全国饲料企业优秀生产主管培训班”；集团还结合销售工作会议，给销售人员进行定期的技术培训，提高他们在实践中解决问题的能力。集团及核心企业在经营上实行独立核算,激励与分配兼顾企业绩效,实行效率优先、公平合理原则,以充分调动员工积极性及团队合作能力,增强企业凝聚力。

三、充分发挥省级农业龙头产业化企业的带头作用,完善企业经营结构

由于安徽省畜牧业还处于发展及产业调整升级阶段,现有的饲养方式还比较落后,其生产经营还需要产业链中的各个环节的相互支持,农业龙头产业化企业应积极发挥其带头和产业发展的引领作用。集团不断地给养殖户(场)在资金、技术、防疫、人才等各方面的支持与帮助,在帮助他们的同时也发展了自己,赢得了市场。

新建家禽示范养殖场做为家禽饲料技术研发基地,作为成果转化和养殖示范基地,积极利用有关院校的先进科研手段,在政府积极明朗的科研政策引导下,建立一个富有灵活科研机制的工程中心并做为研发平台,对安徽省家禽饲料科技发展做出更大的贡献。共投资280余万元兴建了一座肉鸡示范养殖场,占地面积约3hm²,建成标准化肉鸡舍15栋,每栋可养肉鸡1万余只,年可出栏成鸡80余万只;投资2 200余万元兴建了一座肉种鸭养殖场,占地面积约13hm²,其与肉鸡示范场隔312国道南北呼应相望,种鸭舍建筑面积已逾56 000m²,存栏种鸭12万套,年可出栏肉鸭苗1 200余万只。

企业的生存与发展离不开市场,但能否在市场中生存与发展,取决于自身的综合素质,只有踏踏实实地做好企业工作的每一个细节,才能成为对社会有贡献、负责任的企业。

创新产业链运作模式 打造和谐共赢的畜禽产业链

——山东六和集团

山东六和集团成立于1995年,主营业务涉及饲料生产、食品加工、种畜禽繁育、兽药制造等产业。集团先后荣获中国驰名商标、中国名牌、农业产业化国家级重点龙头企业、中国企业500强等荣誉。2008年集团销售收入达322亿元,饲料销量748万t,肉食销量105万t,种禽销量1.35亿只。

在各级政府和社会各界的支持和帮助下,六和集团努力提高自身的综合竞争能力,协同产业链带动农户发展现代化养殖,发挥产业链协同优势创新产业链运作模式,为产业链各环节创造更大效益的同时,推动了产业链向现代化方向发展。具体做法如下:

一、苦练内功,打造企业综合竞争能力

1.实行人才第一战略,打造学习型企业。六和强调在实践中磨练人才,建立了从企业决策层到员工乃至用户的系统的培训体系:决策层和技术专家定期前往国外考察;与美国威斯康辛大学合作开办了高层经理人EMBA班;经理人定期召开会训式的经营检讨会;选拔骨干员工前往新加坡国立大学参加培训;为基层员工举办文化培训、技术培训;邀请优秀用户、价值用户参加养殖技术研讨会;业务代表开展串户服务,把养殖技术带到养殖户家中。

经过多年的选拔和培养,六和聚集了一支务实勤奋的员工队伍,其中博士、硕士生400余人,员工4.3万人。自2005年以来,六和实行了经营权和所有权的分离,进一步激活了企业的组织活力。

2.聚合产业力量,打造和谐产业链。在畜牧行业国际化趋势日渐加强、大批国外优秀企业进入中国的大形势下,六和集团先后与新希望集团、陕西石羊集团、山西大象、美国联合饲料公司、加拿大海波尔种猪公司、英国樱桃谷种鸭场等10余家知名企业实现了战略联合。目前,集团下属饲料、屠宰加工、种禽等各类分(子)公司已超过200家,形成年产饲料1 100万t、日宰杀家禽236万只、年产种畜禽上亿只的产业链。

3.推行精益化管理,降低生产成本。集团成立了基础创新小组、对标管理小组和精益创新小组,各片区、事业部结合自身情况制定了创新奖励机制,一方面开展创新项目的试点、推广、培训和督促检查;另一方面搭建培训交流平台,共享和交流创新技术,打造持续创新的系统能力。2008年集团下属公司提出创新改善点200多个,集团内推广创新110多个。其中,已经在全集团普及的投料系统输送设备控制方式改造,年可为集团节电近62万kW·h;粉碎机空转和堵机报警装置,每台成本仅为245元,年可为集团节约电耗125万kW·h。生产创新不但为企业创造了巨大效益,而且有效提高了产品的质量和生产效率。

二、发展现代化养殖,促进行业转型

在整个产业链上,散布于千家万户的养殖户是整个链条上的薄弱环节,对此,公司积极推广标准化养殖场,促进养殖向标准化、规模化、现代化方向发展,努力实现养殖场向"安全禽肉产品生产车间"的转变,逐步构建安全、健康的食品安全体系。随着集团养殖板块的发展,六和逐步建立起一批采用自动化养殖设备和现代化管理模式的标准化养殖示范场,据统计标准化鸡场每只鸡用药平均比社会散养户低0.5~1元,有利于提高鸡肉品质,控制兽药残留。

在标准化养殖场的引导下,广大养殖户逐步认识到标准化养殖的优势,但是大多数养殖户没有足够的资本投入到标准化养殖中来。对此,公司积极与政府部门合作,推出"平度标准化养殖"模式,并迅速推广。主要做法是:六和提供全套技术服务,帮助养殖户建设标准化鸡舍；每个鸡舍农户在基建等方面投资约30万元，六和投入10万元设备资金，养殖户分5年还清。目前，该模式在胶东、鲁南、鲁中、济南等地区得到快速推广，加快了养殖业的现代化进程。

2008年，集团累计发展标准化商品鸡舍、鸭舍8 459栋，存栏量4 090万只，建立标准化猪舍247栋，批饲养量44 000头。

三、深化模式创新，优化企业与养殖户的利益联结机制

为进一步推动现代化养殖，六和对产业链运作模式进行了不断的探索和尝试，提出了担保公司模式，建立了养殖服务公司，发展了一批专业化养殖合作社，通过发挥企业的产业化服务能力，为养殖户提供资金、基建、种苗、饲料、兽药、管理技术、疫病防治、养殖合同、畜禽保险等一条龙保姆式服务，为现代化养殖模式的良好发展创造了一个良好的产业化服务体系。

为了给养殖户提供更为充足的发展资金，六和提出了建立畜禽养殖合作社的构想。在当地政府的大力支持下，六和陆续与无棣、平度、临沂、潍坊、梁山等地政府合作成立了"和兴牧"、"平和"等担保公司，为养殖户解决标准化养殖资金问题。担保公司的出现，取代了经销商，使饲料、种禽、兽药等实现了直供，优化了产业流通渠道，重新分配了产业链利润，增加了养殖户的效益，平均养殖户每只鸡可多收入近2元。

目前，集团共成立了7家担保公司，注册资金1亿元。2008年共投放担保贷款2亿元，扶持鸡鸭养殖户1 100多户，养殖规模1 150万只，其中肉鸡800万只，肉鸭350万只，扶持商品猪8 000头。

六和集团以建设世界级农牧企业为目标，不断提高自身的综合竞争能力，推动行业向现代化方向发展，为人民提供更加安全、健康的畜禽产品。

创新进取 推动中国养殖业发展

——欧维力生(山东)动物营养品有限公司

欧维力生(山东)动物营养品有限公司(原青岛格跃玛动物营养品有限公司)成立于1995年，主营业务为添加剂预混合饲料的生产与相关服务。欧维力生集团总部位于法国，是全球最大的动物营养品和保健品制造商之一，欧维力生在全球12个国家建立了57个生产基地，产品与服务遍及50多个国家，员工超过3 000人，年营业额80亿元。2008年欧维力生(山东)实现添加剂预混合饲料销售近6 000t，销售额突破3 000万元。

欧维力生(山东)努力提高自身的品牌竞争能力，本着服务客户的宗旨，在为养殖户谋求最大利益化的同时，不断推动养殖业的发展。具体做法如下：

一、"软硬"兼施，提高品牌竞争力

为提高品牌的竞争力，公司从软件管理到硬件投资两方面同时着手，体现在如下几个方面：

1.推行精益化管理，注重人才培养。面对金融危机以及养殖业不景气的双重考验，公司及时调整销售及服务的战略。通过对市场的调研，将山东市场的布局重新调整，2008年欧维力生在山东市场依然实现了平均每月5%的递增趋势。同时为销售人员建立了新的奖励机制，调动了员工的积极性。公司内部建立了创新改造小组，2008年共完成了35项大小改进计划。有效地提高了产品的质量和生产效率。

公司为保证人才的竞争力，每年为员工量身制定培训计划。并输送4名中层管理人员到法国进行专业的培训。位于法国的欧维力生学院每年有800名受训者参加80个培训模块，其中80%的受训者是员工，20%为客户或合作伙伴(经销商等)。

2.加大投资，致力硬件的升级。公司于2008年1月在山东省青岛市高新区新材料工业园区投资5 000万元建成了一个全程由电脑控制的、现代化的全新添加剂预混合饲料工厂——欧维力生(山东)动物营养品有限公司(原青岛格跃玛动物营养品有限公司)，采用瑞士著名设备生产商布勒的生产设备，按照最新的质量标准设计机器设备和厂房，可达到2万t的年产量(每班次)。

3.提高检验设施能力，保证产品质量。2008年欧维力生投资400多万元在中国建立了一个占地300m²的现代化实验室，实验室操作人员全部为本科学历以上，其中硕士研究生比例占总人数的30%。采用高效液相色谱仪、近红外光谱仪、氨基酸分析仪、原子吸收分光光度计等先进设备，可以化验维生素、微量元素、氨基酸、重金属、三聚氰胺，药物等复杂理化指标。可以全程对原料、半成品和成品进行检测监控。

4.不断完善质量体系，确保产品的安全性。2008年，公司专门招聘了有食品质量管理经验的人员对质量体系进行改造。严格按照ISO 9001标准建立完整的质量体系，并雇佣专业的消杀公司负责公司的消杀工作。针对饲料行业的特点，公司组建了危害分析及关键控制点的小组。所有原料供应商都经过质量部严格筛选和审核，每批原料到达工厂后都要经过严格的检验，合格后才能用于生产。HACCP小组运用HACCP方法，在生产过程的每个环节都对原料和产成品的质量进行控制，生产过程的每个关键控制点都保留着完整的质量记录。生产过程中使用的原料、半成品都进行条码识别管理，成品的发货也全部进行条码扫描进行识别，并存入系统中，可以保证在很短的时间内从原料追溯到成品甚至经销商。

二、优化经营模式，大力支持养殖户

为适应市场与经济环境的变化，公司及时地调整了经营模式。由原来单一的生产销售模式迅速转变为生产、销售、服务一条龙模式，将服务放在和生产销售同等重要的地位。2008 年公司招聘了专业的兽医，每月花一半的时间去走访养殖户，为广大的养殖户现场解决饲养出现的问题，并将这些问题及时反馈给公司的配方师。配方师通过对现有配方的改进及时地帮助养殖户解决实际问题。同时定期地将养殖户请到工厂实地参观，做培训。这一模式拉近了公司与养殖户的距离，养殖户对公司产品的满意度得到了很大的提高。

三、不断改革创新，最大化提高养殖户利益

为确保产品的适口性，公司引进了先进的配方管理系统，配方师在系统的帮助下可以准确快速地进行配方设计。公司开发了订单管理模式，缩短了产品的交付期。同时公司建立了订单式生产模式，完全按照客户的要求进行生产，为客户提供免费的检测服务，每年为客户免费检测近 500 个样品，帮助客户监控喂养的营养性以及合理性，为客户节省检测费用约 15 万元。

欧维力生集团的核心价值观就是：技术创新、质量安全、社会责任和尊重环境。公司未来几年内将不断开拓中国和海外市场，依托当地政府的强大支持，为中国的农业产业提供更好的服务。

服务农村 致富农民

——河南牧鹤实业集团

河南牧鹤实业集团成立于 2000 年，总部设在上海浦东新区民生路 1518 号，下设有河南牧鹤饲料添加剂有限公司、上海牧鹤实业有限公司、郑州东海九鼎饲料有限公司、驻马店市牧鹤饲料有限公司、郑州牧鹤动物药业有限公司、牧鹤集团商贸有限公司及在建中的商丘牧鹤饲料有限公司、南阳牧鹤饲料有限公司、濮阳牧鹤饲料有限公司等河南省内 12 家、省周边 8 家生产企业，总资产 8 亿元，是集产、供、销、研发、贸易于一体的现代农牧企业集团。集团母公司为河南牧鹤饲料添加剂有限公司，注册地址在郑州经济技术开发区第二大街 158 号，占地面积约 $6hm^2$，拥有员工 1 200 人。2008 年牧鹤集团年产值近 8 亿元，利税总额 3 000 万元。

牧鹤集团自成立伊始就坚持贯彻“为用户创造价值，为客商打造市场，为员工谋求成长，为社会奉献和谐”的企业宗旨。多年来，牧鹤集团以市场需求为导向，以区域加盟基地为主导，积极推行“公司+基地+农户(场)”农业产业化经营模式，与农户形成利益共同体。企业在农副产品及原材料采购上，近 3 年来与郑州市周边近 2 800 家农户签立了供应合同 3 500 份，年采购农副产品及饲料原料 150 多万 t，为近 10 000 余户农民解决了原料的销售问题。2007 年，为响应国家加大农业产业经济发展的精神要求，集团积极调整营销战略，本着“保本经营、回馈社会”经营方针，把市场目标转向开发和扶持农村大型养殖场上，截至 2008 年底，公司共扶持开发养猪、养鸡散养户 3 230 家，开发大规模养殖场 257 家，让利金额达 4 556 万元，使河南省近万户农民脱贫致富。

近年来，牧鹤集团采用高起点、低成本运作的企业经营管理战略模式，认真贯彻“服务农村、致富农民”的发展理念，进军国际贸易领域，与多个国家在饲料工业原材料贸易方面达成了国内总经销协议。为加大集团的创新、高效发展，2007 年起，集团引进了动物营养专家和生理、药物、遗传、中药、环保等学科专家，形成了“技术服务指导+农户(养殖场)加盟”的服务模式。仅 2008 年，公司以此模式发展上规模养殖场 162 户，带动农户 600 余户。

2005 年，集团被中国饲料工业协会评为“全国前三十强饲料企业”，被国家质量监督检验检疫局总局授予“国家免检产品企业”称号；2008 年集团荣获“河南省著名商标”、“河南省名牌”、“河南省诚信民营企业”等荣誉称号。

牧鹤集团总体发展目标是：以农民增收、农户发展为己任，充分发挥“公司+基地+农户(场)”的公司与农户利益联结机制，利用规模发展及产业链发展为畜牧业做出更大、更多的贡献。公司在未来 10 年的发展目标是：利用 5 年时间在河南郑州、商丘、周口、濮阳、洛阳、三门峡、南阳、平顶山、信阳等地区建成 10 个年产 15 万 t 的生产基地；在湖北、山西、河北、山东等省筹建 8~10 个生产基地。从 2008 年起，每年最少有 3 个新建基地投产。在第 2 个 5 年规划中，将加大产业链建设，并在原料贸易、屠宰和食品加工、产品出口上实现新的突破，为促进河南省农业增效、农民增收做出更大的贡献。

积极探索农牧“一条龙”产业发展道路

——开封正大饲料有限公司

开封正大饲料有限公司是从事饲料加工、大豆制油和繁育良种肉鸡苗的大型中外合资企业。公司成立于 1985 年 4 月，由开封市粮食局与泰国正大集团合资经营，下设两个饲料厂、3 个种鸡场、1 个孵化厂和

1个油脂加工厂。总投资3 500万美元,注册资本1 410万美元,中外双方各占50%股份。

在保证产品质量的前提下,公司配有专业技术服务队伍,提供全方位服务,始终把"提供健康食品,引导安全消费,促进社会进步"作为企业的历史使命,竭诚为广大养殖户提供优质服务。

公司自1988年投产以来,在河南省各级领导的关怀下,累计销售饲料1 142万t,肉鸡苗181 800万只,豆油29万t、豆粕101万t,累计实现产值近78亿元、上缴税金近7 700万元。近20年来,公司始终致力于正大饲料产品的开发,不断开阔养殖户的致富前景,为河南省及开封市的经济和畜牧业的发展及新农村的建设做出了积极的贡献。

成功的企业文化可以成就一个企业,它在市场大潮中发挥着无可替代的作用,是企业管理的重要部分,更是企业的核心竞争力。企业文化是企业的灵魂,是推动企业发展的不竭动力。"圆圆满满做事,规规矩矩做人"就是开封正大的企业精神,所谓的"圆满"就是要各方面满意,客户满意、用户满意,包括员工、政府都要满意。

公司今后的发展要抓住河南省发展壮大县域经济建设新农村的契机,发挥正大集团饲料加工和水产畜牧养殖技术的优势,积极探索农牧"一条龙"产业的发展道路,使企业逐步做大做强。

一、继续在开拓市场、扩大产品销量上下功夫

结合新农村建设实际,继续大力推进"养殖技术服务站"工作。养殖户遍布千家万户,规模小、养殖技术落后,投入多,收益少,积极性不高,相应的也限制了公司的发展。本着更有效地服务客户,公司在开封市各乡镇及周边地区建立"养殖技术服务站",要求业务代表和技术人员驻镇、驻村、驻场(猪场或鸡场),利用"推广会"的方式把养殖技术传播给千家万户,提高养殖户的饲养能力。

二、更新养殖品种

经过市场调查和反复论证,发现"科宝"鸡苗具有成活率高、生长快等优点,卖价比其他品种高,公司今后将专一孵化该鸡苗上市,并严格执行"苗配料"措施,提高鸡苗利用率和饲料销量,增加企业效益。

三、积极探索"一条龙"模式,服务终端,掌控市场

公司目前正在积极发展养猪基地,走"公司+农户"的饲养模式,逐步实现饲料加工、养殖、集中屠宰、销售"一条龙"服务。要制定出适合河南农村发展的经营模式、规模、以及建设和设备的标准,同时加强对合作农户的挑选,鼓励饲料专销商建立现代化的养殖示范场成为养殖带头人。

"永远追求完美"是正大公司坚持不懈的努力目标和行动指南。

自主创新 走向世界

——湖北广济药业股份有限公司

湖北广济药业股份有限公司始建于1969年,是以生产、销售医药原料药及制剂、食品添加剂、饲料添加剂为主的国家重点高新技术企业,1999年在深圳股票交易所上市。公司主导产品维生素B_2产销量居世界前列,树立起民族B族维生素工业的强势品牌。

公司立足高新技术,坚持走自主创新之路。公司研发的核黄素高产菌株工业化大生产技术被国家商务部列入禁止出口技术目录;自主开发的"核黄素清汤发酵技术"经湖北省科技厅鉴定为"达到国际先进水平";新产品β-胡萝卜素的技术达到国际先进水平。

公司立足环保治理,实现节能减排。先后投资2 600万元建成日处理2 500t污水的污水处理厂;投资4 000多万元建成多效蒸发装置,废水经处理后实现达标排放;投入5 000万元用35t循环流化床锅炉代替4台小锅炉,年节煤1.38万t;采用布袋除尘使烟尘排放量控制50mg/m^{3}以下;采用新型发酵电机,年节电达2 000多万kW·h,被国家发改委列为资源节约和环境保护国债项目。

公司注重产品质量体系建设,6条生产线全部通过国家GMP认证,核黄素生产遵循国际标准,通过了国际ISO 9001、HACCP、ISO 14001等认证,并通过了FAMI-QS(欧盟有关饲料添加剂和预混饲料添加剂质量管理规范)、ISO 22000(食品安全管理体系)认证。

公司注重品牌建设。"广济药业"和"JIVITA"商标均在国内获得注册,而且"JIVITA"商标在中国香港特别行政区、美国和欧盟获得注册。公司现有总资产12亿元,员工1 145人(其中执业药师15人,工程技术人员256人)。为培育新的利润增长点,进一步增强综合竞争实力,公司将征地100~120hm^2,建设"广济药业生物产业园",重点投资建设维生素、抗生素、甾体药物等项目,投资将分步、分期进行。

面向未来,公司将在科学发展观的指引下,不断提高企业核心竞争力,力争把公司建成主导产品在技术上达到世界领先水平、具有较强国际竞争力的生物制药企业。

打造湖北省最大肉鸡产业基地

——湖北同星农业有限公司

湖北同星农业有限公司是湖北省大型综合性农牧企业,成立于1998年,下设4个分公司,即饲料分公司、畜禽分公司、食品分公司和房地产开发公司。主营业务有饲料加工、种鸡饲养、鸡苗孵化、肉鸡屠宰和农产品加工等。

公司占地约 93hm^2，其中饲料分公司占地约 8hm^2，位于湖北省随州市开发区十里铺，建有年产 24 万 t 畜禽水产饲料生产线；食品分公司占地约 17hm^2，位于随州市开发区望城岗，建有年加工 1 500 万只肉鸡屠宰生产线及年加工农产品 4 万 t 的速冻生产线和 5 000t 高低温冷库；畜禽分公司占地约 67hm^2，下辖 3 个种鸡场，1 个鸡苗孵化场，6 个商品肉鸡场，1 个种猪场，年饲养种鸡 20 万套，肉鸡 1 000 万只，商品猪 4 万头。另建有地方品牌洪山鸡培育基地，年培育洪山鸡 3 万只。

公司总资产 3.3 亿元，其中固定资产 1.1 亿元；资产负债率 51%；年经营收入近 6 亿元，年经营利润 2 000 余万元；职工 600 人，其中工程技术人员占职工总数的 32%，大专以上文化程度的人员占职工总数的 63%。

公司推行"公司+农户"的产业化经营模式，向农户提供鸡苗、饲料、兽药、疫苗及饲养技术等，实行五统一管理，按合同保护价回收毛鸡，与湖北省内 10 000 余农户建立了紧密型利益联结关系，每年向社会提供优质鸡苗 2 000 万羽。公司是湖北省内形成完整产业链条的肉鸡一条龙企业，也是农业产业化国家重点龙头企业。

一、规范内部管理，夯实发展基础

公司内部管理规范，建立了符合市场经济体制和现代企业制度要求的经营管理机制，实行董事会领导下的总经理负责制，建立健全了系统的管理制度和绩效考核制度。公司开展全面质量管理活动，扎实推行 ISO 9000 国际质量管理体系、HACCP 产品安全管理体系、ISO 14001 环境管理体系认证工作，同时还申报开展绿色食品和出口商检注册认证工作，促进公司管理水平的全面提升。公司高薪聘请了一批德才兼备的优秀管理人才和专业技术人才，充实到营销、财务、品管、采购、生产、技术等关键岗位。

二、加强基地建设，壮大产业规模

为了进一步壮大公司产业化规模，公司以肉鸡屠宰加工为龙头，发展无公害和绿色食品，提高饲料生产规模和科技含量，加强养殖基地建设。2008 年，公司累计投入 6 000 余万元用于养殖基地建设：一是投资 2 000 余万元新建了一个 4 万头规模的标准化生猪养殖小区；二是投资近 4 000 万元新建了 1 个种鸡场、6 个商品鸡场，养殖规模达到种鸡 20 万套，商品鸡 1 000 万只以上。

三、抓技术创新，提升企业核心竞争力

面对日趋激烈的行业竞争公司近年来在技术创新方面做了大量工作。成立技术创新中心，不断探索和研究各种新技术和新工艺；采取"请进来"和"走出去"的办法，加强各类专业技术培训，提高各类技术人员的专业素质和技能；加大经费投入，保障研发项目的顺利开展；在饲料配方及加工工艺上组织力量攻关。公司引进并推广了超微粉碎、饲料膨化和液体酶后喷涂等先进加工工艺技术，引进使用微生态试剂提高了畜禽的生产性能。

另外公司依托湖北省农业科学院的技术支持，累计投入近 500 万元开展洪山鸡提纯复壮和杂交配套育种工作，并同时申报相关专利。主要创新点在于洪山鸡的杂交配套，引进其他优良品种，培育杂交配套系，提高洪山鸡产蛋、产肉率，缩短饲养周期，降低料肉比，提高营养成分。

在基地建设饲养模式方面寻求创新，实行全自动化控制，引进以色列的自动报警系统，对畜禽养殖室内的氨气、温度、湿度实行监测报警，改善饲养环境，减轻劳动强度，提高饲养效率。对养殖小区的废弃物处理严格按照环保的要求，投入大量资金建沼气池，实行沼气智能发电。

四、发展目标和规划

公司未来的发展方向仍以农牧业作为主导产业，大力发展和壮大农业产业化规模，发挥集团优势，具体规划是：在壮大产业化规模的基础上突出发展肉鸡一条龙业务，形成区位竞争优势；对洪山鸡这一独特资源进行商业推广和综合开发，打造强势品牌，进军国内和国外两大市场；筹建农业生态园，与随州市炎帝神农——编钟博物馆——大洪山风景区黄金旅游线相配套，发展极具个性特色和发展前景广阔的生态农业旅游业；拓展空间增加企业的发展后劲，强化企业的核心竞争力和可持续发展能力；在未来 3~5 年内争取成为上市企业。

为实现上述目标，公司制定了 3 年发展规划，即从 2009~2011 年公司计划新增投资 6.5 亿元，拟通过 2~3 年使公司的资产规模达到 10 亿元，年产值 35 亿元，实现利税 1.7 亿元，使公司成为湖北省规模最大的农牧企业。其中：新建 7 个种鸡场，使公司达到 10 个种鸡场，存栏优质肉种鸡 100 万套；新建 1 个 100 套巷道式孵化机的孵化中心，年产雏鸡 1 亿羽以上，产值 3 亿元；新建 50 个肉鸡生产基地，年出栏肉鸡 8 000 万只，产值 20 亿元；改造扩建现有的 24 万 t 饲料厂，使之年生产能力达到 50 万 t；改造扩建现有的肉鸡屠宰厂，使之年加工能力达到 5 000 万只，日加工能力达到 18 万只；兴建熟食加工车间以延长产品链，直接进入消费终端市场，达到年产值 10 亿元。

公司将充分发挥国家级农业产业化重点龙头企业的带头作用，为推动随州乃至湖北省的农业产业化建设做出应有的贡献！

打造添加剂精品 创建世界品牌

——武汉新华扬生物股份有限公司

武汉新华扬生物股份有限公司位于湖北省武汉市东湖高新技术开发区，是应用现代生物工程技术，研制、生产绿色高效畜牧、水产饲料添加剂产品的农业高新技术企业，是中国饲料用酶制剂行业的龙头企业。

一、注重建设，修炼内功

新华扬在10多年的成长历程中，一直注重企业建设和生产硬件的配置，目前已发展成拥有3大基地的产业集团。其中包括以拥有40余台各种型号的自控生产发酵罐，生产具国际领先水平的植酸酶、木聚糖酶、甘露聚糖酶等10余种类、40余种型号的酶制剂产品为主体的酶制剂生产发酵基地；以非营养型饲料添加剂为主体的功能型添加剂基地；以生物蛋白为主体，生产多种植物蛋白及其生物发酵蛋白产品的广华饲料蛋白质原料基地。

加强内部管理，强化质量监督。新华扬在自身发展的同时，不断修炼内功，在企业及生产管理、组织建设、人才培训等方面均高度重视。公司在全国30多个省、市、自治区设立22个办事处，已建立起了健全的销售网络和营销团队，产品在40余个国家完成注册，远销东南亚、墨西哥、南美、韩国和中国台湾等国家和地区，出口量每年以200%的速度递增。全球直接用户达5 000多家，并与国内10强饲料企业形成战略合作伙伴关系，产品的市场占有率位居国内第一。

二、渠道管理，服务至上

新华扬在发展的前期阶段，主要通过技术和情感营销来树立和巩固新华扬的品牌，经过多年的积累和发展壮大，新华扬成功完成了产品及品牌的华丽转身，如今更着眼于同用户建立长期巩固的战略合作伙伴关系，并向其提供增值的服务和产品。

2008年，新华扬完成了公司销售模式的整改，提倡回归基本层面，建立共同价值观、制定渠道管理制度、规范渠道行为的思想；优化了各个区域的营销管理团队，并培养了一批优秀的业务经理，提升销售团队的素质和层次的同时更好的为用户服务。

三、坚定使命，肩负重任

新华扬本着以用户为中心、为行业尽责的核心思想，立志通过自己的努力为行业的健康发展贡献力量。2008年是公司的管理规范年，公司顺利通过HACCP质量体系认证及食品安全质量体系认证。严格执行ISO9000和HACCP质量体系及"6S"现场管理标准，狠抓质量与安全，提高一线工人的素质是新华扬生产管理的战略方针。

四、探索创新，加强研发

品质决定品牌，不断追求完美品质是每个企业对产品应尽的责任更是对用户的责任。新华扬独立设置市场技术服务、生产工艺优化及技术研发等机构，实行了生产技术和应用技术并重的研发行为，既实际地解决用户在产品使用中存在的技术问题，又能通过这些反映的问题对生产工艺进行不断完善和改良，达到产品的及时升级。而在菌种筛选、培育及技术研发方面更是确立了自主研发和合作研发并举的研发过程，保证了产品的延续性及创新性。

五、科学管理，永续发展

新华扬具有强大的技术支撑体系、拥有现代化的车间和设备，树立了优秀的品牌形象和积极进取的企业文化，还有稳定的高管团队和市场精英。为了实现公司健康稳健的永续发展，新华扬严格执行ISO9001和HACCP质量体系及"6S"现场管理标准，狠抓质量与安全，提高员工的福利待遇。围绕市场客户需求，加大科研投入的力度，创新性地储备行业的前沿技术，并对其他酶领域技术进行储备。建立健全科学合理的人才激励机制和淘汰机制，树立良好的人才价值观，加大培训力度。

展望未来，新华扬将保持自身优势，专注于现代生物农业领域，聚焦更具竞争力的产品研发，立志打造添加剂精品，为创建世界品牌而奋斗。

创新思路 扭亏为盈

——湖南正虹科技发展股份有限公司

2008年，对湖南正虹科技发展股份有限公司来说是调整与挑战并存的一年。一方面，公司经营班子在2008年初进行了调整，经营思路进行了转换；另一方面，在全球金融危机的环境下和自然灾害的影响下，公司的经营面对严重地挑战，遭受人力资源成本提升、养殖业从散户经营向规模化经营转变的考验等等。为此，公司紧紧围绕年初制定的战略与经营思路"明晰经营方向，落实责任目标，建立管理模式，重塑职业精神"，建立"一管三减四统一"的管理模式，提高企业竞争力，2008年公司实现了扭亏为盈。

面对激烈的市场竞争和巨变的经营环境，公司通过明确产品定位，全面实施终端网络策略，加强业务员、经销商两支队伍的建设，推行实证营销、串户营销、服务营销的新模式来加强市场建设；通过控制产品价格，提高产品竞争力，建立以季度为限、速度决胜的快速反应体系来提高管理；通过改革、改组、健全公司机构与机制，提高组织竞争力，在营销模式、盈利模式与组织建设等方面进一步明晰了经营方向与思路。

在经营管理上，通过分线分专业的垂直管理，"办公会"、"价格分析领导小组"等高效组织的建立，公司管理层对全公司生产经营有了更快速、有效、全面的反应与管理。通过减机构、减人员、减成本等措施,进一步降低了管理成本。同时,采购、产品定价、营销模式等的四统管理,也有效地控制了费用支出。"一管三减四统一"管理模式的建立与执行,快速、有效的在成本、价格、管理等方面进行了控制,提升了公司管理水平。

公司管理水平、盈利能力不断增强,全年饲料营业收入增加 15.74%,营业利润增加 25.89%。养殖行业充分把握了行情与机会,通过强化内部管理,提高生产水平等措施,业绩大幅增长。贸易板块更是充分利用行情波动的有利时机,把握行情,确保利润。屠宰行业的海原食品公司则不断调整,通过减产、停产等措施,降低了亏损额。2008 年,公司营业收入同比增长 14.55%,营业利润 3 107.8 万元,实现净利润 1 135.2 万元,一举扭转 2007 年大幅亏损的局面。

2008 年正虹集团在思路创新上实现了突破。特别是以岳阳正飞公司为代表的营销创新,在实行产品净价销售、"实证营销"策略和推广新科技养殖上为集团其他子公司做出了榜样。廖益平博士等在科研创新上攻克了饲料失水技术难关,并在开拓新饲料配方、新养殖模式上获得突破,为集团技术领先奠定了坚实基础。集团采购部及其下属营田采购片区,开创了"移库"等采购新思路,为缓解公司资金压力、规避价格风险做出了积极贡献。

质量稳定、有良好口碑的优质产品更容易得到消费者的认同。公司产品是"中国名牌"、"中国驰名商标",公司也是国家级农业产业化重点龙头企业,在用户心中有良好的口碑。未来公司将在提高效率、优化结构、创新思路、持续成长的战略主题下,实现"221"的目标,即销量增加 20%,利润增长 20%,费用降低 10%的经营目标。公司战略仍是围绕"一个产业,五大板块"来实施与落实,重点发展饲料、贸易、养殖 3 大板块,同时,逐步提升肉食品加工、兽药服务等方面的能力,增强公司的综合竞争力。

以饲料产业基础促进集团全面发展
——唐人神集团股份有限公司

唐人神集团股份有限公司是以"骆驼"牌饲料和"唐人神"肉品为主导产业,以饲料生产、种苗繁育、健康养殖、肉品加工、连锁品牌专卖 5 大产业一条龙经营的首批农业产业化国家重点龙头企业。集团前身是 1988 年投产的株洲饲料厂。现有员工 5 000 余人,其中具有大学本科、硕士、博士学位的专业技术人员占员工总数的 35%以上。年饲料生产能力达 350 万 t,"骆驼牌"饲料被评为国家免检产品和中国名牌产品,中国驰名商标。年肉制品加工能力达到了 4 万 t,年生猪屠宰能力 100 万头。唐人神肉品先后被评为"中国名牌产品"、"中国驰名商标"、"国家首批公示卫生安全食品"、"全国用户满意产品"、"中国放心食品信誉品牌"。集团目前已成为全国饲料行业前 30 强企业、中国制造业 500 强企业。

一、以饲料产业为基础,构筑一条龙产业链

1995 年,在中国工商银行的牵线下,集团兼并了株洲肉联厂,投资 5 000 万元成立了唐人神肉制品有限公司;1996 年,兼并了株洲外贸出口猪场,投资 3 000 万元兴办了种苗中心,聘请华中农业大学育种专家熊远著院士担任公司技术顾问,引进和培育瘦肉率高、肉品质好的优良品种;2000 年,集团成功地在上海投资控股了上海新杨兽药厂,兴办了上海湘大新杨兽药有限公司,开展新型兽药的研究和生产;2002 年,集团又涉及连锁商业,投资 3 000 万元兴建了 40 家唐人神连锁店。这样,从饲料到种苗、兽药、加工、销售,5 大产业相互呼应,构筑了一条龙产业链,增强了企业的竞争能力。

二、加快肉制品的发展步伐,舞活一条龙产业链

第一步,打基础。利用原肉联厂的闲置设备,开展唐人神肉制品加工,从生产传统的腌腊制品入手,锻炼人才,培育市场。

第二步,创名牌。在传统的腌腊制品上,把传统的生产工艺与现代高科技相结合,引进美国无烟熏工艺,使生产的腌腊制品既保持了传统的烟熏风味和诱人的色泽芳香,又消除了影响人们身体健康的有害物质,产品投放市场后,深受广大消费者的欢迎。

第三步,上规模。公司在腌腊制品开发成功后,又从德国、丹麦、波兰等国引进了先进的低温肉制品生产线,形成了年产 4 万 t 肉制品的生产能力。

第四步,连锁品牌专卖。在株洲开办了 20 多家唐人神食品连锁品牌专卖店,在长沙也开办了 20 多家,受到了市民的普遍欢迎。

三、坚持科技领先,增强创新能力

公司十分注重科技进步和科技投入。每年从高校引进 100~150 名各类专业的大学生、硕士和博士研究生,并为他们提供了良好的工作和生活环境。公司还建立了大型科研基地,拥有先进的科研设备、试验场地和检测设备,拥有国内一流的饲料和肉品研究条件,拥有一个省级技术中心。1998 年被湖南省科技厅认定为高新技术企业,并于 2002 年、2006 年、2008 年连续被认定为"湖南重点高新技术企业"。公司除了拥有自己的科研开发队伍外,还积极加强与国内外科研机构和高等院校的合作与交流,走产、学、研相结合的道路。为了提高企业的技术竞争能力,培育竞争优势,公司还引入了中国农业大学、中国肉类食品综合研究中心作为集团的战略投资者,成为公司的股东之一。

四、以项目促发展，全面启动1 000万头生猪工程

唐人神集团坚持以项目促发展，以项目扩规模，努力提高企业的项目运作能力，走“起点高、投资省、速度快、效益好”的项目经营之路，全面启动1 000万头生猪产业链一体化工程，总投资26亿元，进军生猪养殖业，扩大生猪屠宰和肉制品加工业。

1.与美国威特先公司合作联合育种，投资1.1亿元兴办原种猪场。公司与美国威特先公司经过多轮谈判和考察，在株洲县姚家坝乡沈家桥村建立1个国家级原种猪场，从美国引进1 200头核心群级和曾祖代级原种猪，总投资1.1亿元，美国威特先公司首批以500头GGP级原种猪和全程联合育种技术服务参股，共同成立了湖南美神育种有限公司。该原种猪场第一批原种猪已于2008年9月5日运抵南京，经过1个半月的国家级隔离检疫后，于11月下旬安全抵达原种猪场，并于11月19日正式投产。

2. 投资1.2亿元建造五星级生猪标准化屠宰线，让猪住宾馆、洗桑拿、听音乐、安乐死。集团投资1.2亿元由国内贸易设计院按国家商务部五星级标准设计的100万头冷鲜肉加工线于2008年11月19日竣工投产，是湖南省最大的冷鲜肉加工生产线。项目达产后，可实现收入15亿元，带动4 000户养殖户，创造500个就业岗位。

3. 投资1.6亿元新建年产10万t西式肉制品加工生产线。作为1 000万生猪的子项目，集团投资1.6亿元在高新区栗雨工业园新建年产10万t西式肉制品加工生产线。该项目于2008年6月动工，预计2009年5月将建成投产。投产后其经济指标和技术指标将达到国内同类工厂领先水平。达产后可为企业增加销售收入10亿元，增加税收3 000多万元。

除了上述项目，集团还在西安、南宁、沈阳分别新建了3个18万t的饲料加工厂。

唐人神集团这些年来，在各级领导和有关部门的大力支持下，获得了较快发展。面对新的机遇和挑战，唐人神集团将抓住机遇，克服困难，全面实施好1 000万生猪产业链一体化工程，努力把企业做实、做强、做大，为我国饲料工业的发展做出更大的贡献。

加强营销创新　夯实创业根基

——湖南九鼎科技(集团)有限公司

湖南九鼎科技(集团)有限公司创办于1994年6月，原名岳阳市鼎立重阳科技有限公司，2001年3月经岳阳市工商局批准更名为岳阳市九鼎科技有限公司，2007年10月经湖南省工商局批准更名为湖南九鼎科技(集团)有限公司。注册资本为10 154万元，是集猪用系列添加剂预混合饲料、浓缩饲料、兽药预混剂的研制、生产、销售和畜禽养殖于一体的大型农牧集团，是湖南省高新技术企业和农业产业化龙头企业。

目前，集团有员工1 620人，下辖11个分(子)公司。拥有年加工50万t添加剂预混合饲料、120万t浓缩饲料和500t兽药预混剂的生产装置。资产总额为27 217万元。近3年来，工业生产总值连续以60%以上的速度递增，2008年公司完成工业生产总值18.8亿元。

一、自主创新，突破企业发展瓶颈

面对全球金融危机的冲击，企业的自主创新能力显得尤其重要，公司设有专门的产品研发机构，配备有动物营养、动物生理生化、微生物学、畜牧水产、畜牧兽医等专业的产品研发人员和市场服务人员266人，每年投入的科研经费一直保持在销售收入的4%以上。2003年，拥有完全自有知识产权的“九鼎牌”SB4%系列猪用预混合饲料和大猪预混合饲料JD406，经省级科技成果鉴定为“国内先进水平”和“国内领先水平”；2007年，公司自主研发的熟化乳猪配合饲料H000(人工乳)被省科技厅认定为湖南省高新技术产品；自主研发的“新型无公害肉质改良添加剂开发和利用技术研究”被列为湖南省科技计划项目。

集团设有7个中心总部，11个分(子)公司。集团内严格执行ISO9000质量管理体系，推进“6S”工作和“6σ”管理。

公司结合当地的原料采购资源、人力资源以及市场，积极参与产业链完善，建立了立足湖南、面向全国的大型产销网络，产品畅销全国20多个省(区)。

公司提出了“三合一价值服务营销策略”、“饲养互动，合作终端，发展养殖业，成长饲料业”的企业发展战略。三合一就是将动物保健、饲料、养殖融为一体，进行全面地持续地升级。基于这一战略思想的指导，公司在2008年投资了湖南省株洲九鼎、江西省宜春九鼎、广西省陆川九鼎等项目。

二、夯实创业根基，树立良好形象

坚持以人为本，积极推进员工培训和专业化人才引进机制。公司同岳阳职院组建“九鼎培训学院”，使之成为集团培养人才和帮扶客户专业知识提升的摇篮。

公司推广“欢乐猪场”示范养殖，让猪仔在科学的生长环境和营养配置下成长，生产出具有更高营养价值和更好口感的猪肉。同时做到“零排放”，为科学环保养殖起到了良好的示范带头作用。

公司开展“贫困帮扶活动”，对偏远山区和困难养殖户在价格、资金和技术上提供帮助。公司还积极投身社会公益事业，汶川大地震后集团及各分(子)公司踊跃捐款捐物，贡献自己的爱心。公司捐建希望小学；

设立专业奖学金，帮助贫困大学生；帮扶和慰问特困户和孤寡老人，积极贡献企业的爱心，承担企业的社会责任。

带动农户走产业化发展的道路
——广东新粮实业有限公司

广东新粮实业有限公司是一家专业从事饲料生产、畜禽及水产养殖的集团性公司。公司现有员工320多人，固定资产1.16亿元，畜禽配合饲料生产线7条，膨化饲料生产线6条，虾配合饲料生产线3条，每年可生产配合饲料、单一饲料50万t。目前生产销售的产品主要有鸡、鸭、鹅、猪、鱼、虾及珍禽等系列配合饲料，共200多个品种，产品主要销往广东、海南、广西、湖南、湖北等地。公司一贯坚持“依法经营、按章纳税、服务社会”，坚持“以人为本、诚信待客、质量取胜”的原则，多年来深受用户好评以及上级有关部门的肯定，先后荣获多项荣誉称号。

近年来，公司先后投入1 500多万元对生产车间进行技术改造，使现有饲料生产线增加到16条，产品结构得到进一步调整。由于产品适应市场需求，质量稳定，企业综合竞争力不断增强。目前公司共有客户约500个，其中养殖专业户100个，经销商380个。2008年公司共销售饲料23万t，实现利税845万元。

在饲料生产质量管理上，公司结合运营实际，坚决做到“堵两头，抓中间，层层设防”，把质量管理意识贯彻到产品生产的全过程。企业产品质量监检人员严格遵守“三不”原则，即“不合格原料不进厂，不合格原料不投入使用，不合格产品不出厂”。2008年底，公司投入50万元购买先进检测仪器，加强对原料采购、生产过程以及成品出仓的监测力度，确保产品质量。

多年来，公司坚持以科学发展观为指导，以服务和支持“三农”为已任，不断增强企业的品牌效应，提高产品的市场竞争力，以科技创新带动生产力，带动农户走产业化发展的道路。主要做了以下几方面的工作：

1.明确指导思想。以“科学发展观”为指导思想，围绕企业要走产业化经营的路子，坚持诚信、互利、服务、扶持的原则，继续巩固“公司+农户”的饲料经营模式，促进饲料生产发展、农民增收和企业增效。

2.加强执行力。由公司总经理亲自抓产业化经营工作，业务部协调全公司的饲料生产、销售及技术服务等业务，确保任务完成。

3.增强服务意识。2006~2008年，公司先后在江门市的双水、崖西、棠下、睦洲、台山、恩平及广东省内的高要、三水、茂名等地举办了数十次技术讲座和农户座谈会，邀请专家和专业技术人员，向农户讲授有关禽畜、鱼虾的养殖技术及防疫治病知识，推广养殖新技术，传递市场新信息，为客户释疑解难。

4.倾情支持“三农”。2008年1月，我国遭遇50年不遇的冰冻雨雪，导致全国14省区受灾，也给南方农业生产造成了严重影响，大量养殖鱼类因长时间低温被冻死，农户损失惨重。为帮助受灾农户度过难关，公司领导深入农户进行调查研究，制定措施协助水产养殖户清理死鱼，因地制宜制定鱼塘消毒方案，随后又帮助农户联系鱼苗，让农户尽早恢复生产。在此基础上，与农户签订相关合同，赊销饲料和免息提供经营资金。截至2008年3月底，公司共为农户提供赊销饲料账款达3 200万元，不仅解决农户经营资金不足的问题，还为农户减少利息负担160多万元。公司进一步加强了与农户的联系，深化了与农户的感情，增强了农户对企业的信心，进而促进了销量的逐年增长。2008年销售饲料23万t，发展养殖户4 000户，带动农户增收2 000万元。

5.大力倡导科学养殖。2007年底，公司投入资金60万元，在江门市新会区七堡镇建立了养殖试验基地。2008年，公司在试验基地进行了多项水产及家禽的养殖试验，为推行科学养殖提供了有力保障。

严抓基础管理 实现企业稳步发展
——佛山市顺德天天饲料有限公司

佛山市顺德天天饲料有限公司拥有“天天”、“星星”两个品牌，产品以猪饲料、膨化水产饲料为主。多年来，公司一直秉承着诚信、求实、质量至上的经营理念，严抓基础管理，实现公司健康、稳步发展。

一、完善制度，加强管理

公司在发展过程中推进规章制度建设，强化内部事务管理，细化工作准则，不断夯实管理基础，灌输先进理念，提高企业执行力、战斗力、凝聚力。

1.重视环境卫生，确保工作场所卫生、舒适，有助提高工作效率。

2.落实绩效考评，提高员工积极性。采用具体的指标考核员工工作质量，员工工作得好与差直接与薪酬挂钩，有效提高了员工的积极性。绩效考核按照部门工作性质、工作内容制定，每月由上级考核下级。

3.提高会议质量，强化内部沟通。对重大问题由公司召开专题会分解落实，针对部门间问题由相关部门召开专题会沟通解决。内审会议、专题会、质量会、周五例会、部门会议的召开有效地解决了各个层次的问题。

二、严格把关，高度重视质量安全

公司按照ISO 9000质量管理体系的要求监控生产各个过程，使原料进厂到成品出厂都符合企业质量技术标准。同时将原料、产品的质量情况通报技术部和采购部，为配方调整和采购原料提供质量数据。正是由于对质量的高度重视，公司自投产以来，产品在省市各级监督部门的抽查检验中，合格率均达100%。

三、优化产品结构，积极开拓创新

公司定期对产品结构进行评估，淘汰销量小、利润低的品种，由原来的以鸭料为主，逐步转为以猪饲料、膨化水产饲料为主导。

技术部一方面密切跟踪市场情况，根据市场需要和客户反馈，开发新产品；另一方面每年投入一定的资金开展产品的研发工作。收集各种数据对新原料、新添加剂、新配方思路、新工艺进行试用和验证。

四、实事求是，客观评估

各部门的工作总结和计划、员工的绩效考核、会议资料都以依据和数据说话，用书面材料等验证工作的落实程度。部门按照计划、执行、检查、修正的方式做事，在执行计划的过程中遇到问题时，召开相关会议讨论解决，在会上落实责任部门和完成时间，以依据和数据确认问题的完成情况和效果。

今后公司会继续遵循"基础+质量+人才+资金"的管理模式，寻求更好的发展。

追求卓越 质量第一

——广州唐隆饲料有限公司

广州唐隆饲料有限公司成立于2002年11月，以生产"润之龙"、"农大"牌优质畜禽水产配合饲料和部分浓缩饲料为主，是一家集科研与加工生产于一体的现代化饲料企业。公司拥有一条时产20t的畜禽饲料生产线及一条时产5t的水产饲料生产线，月产量可达15 000t以上。

广州唐隆饲料有限公司目前也是全球最大的动物蛋白油脂提炼公司DARLING INTERNATIONAL INC(美国达尔令国际公司)中国区唯一代理商，已取得动物源性饲料产品生产企业安全卫生合格证。公司规模宏大、综合实力雄厚，全套引进以色列、意大利精炼油脂生产线。

在技术研发方面，公司主要从养殖、饲料生产工艺、营养等方面入手，加大科研投入，生产符合市场需要、科技含量高、附加值高的产品。公司采用英国UAB公司研制的最新先进生产设备，生产流程从原料粉碎、配料、混合、压粒、过筛、冷却到产品包装整条生产线全部自动化控制。2004年5月，广州唐隆科技生物研发中心正式成立，主要由研发室、理化化验室、微生物化验室组成。研发中心及检测设备投资巨大，但从企业长远利益来考虑，这种投资最终会加倍返还到企业效益中，并对稳定产品质量、提升品牌形象起到很大的作用。

在人才储备方面，公司拥有优秀配方工程师、经验丰富的畜牧兽医师及各类专业技术人才，并聘请国内资深的动物营养、兽医专家作技术顾问，长期与华南农业大学及畜牧、水产科研单位进行广泛而密切的技术合作，着力提高产品的科技含量，积极打造用户信赖的"润之龙"品牌。此外，公司汇集国内外多间油脂公司和科研单位，专门从事油脂在畜禽、水产饲料中的应用研究，相继开发出技术含量较高的产品，包括饲料混合油、饲用牛油、饲用猪油和饲用鱼油。

在质量管理方面，公司从配方设计、原料筛选到加工工艺、品质控制、饲养试验等都遵循科学严谨的原则，保证了出厂产品的合格率为100%。"追求卓越、质量第一"是公司始终追求的目标，公司真诚与客户朋友携手共进，共创美好明天。

实施全程优质服务 促进农民养猪增收

——广西扬翔饲料有限公司

2008年，公司饲料总销量38.7万t，比2007年增长45%；加入生猪产业化运作、与公司紧密合作的养殖户达18.3万户，比2007年增长5%，发展优质商品猪生产达560万头，实现总产值108亿元，农民增收总值达11.6亿元；生猪产业化为各地政府缴纳税费等1亿多元，扬翔饲料公司面临良好的发展机遇，扩张壮大的步伐不断加快。

公司在组织实施生猪产业化的进程中，继续充分利用企业的资金优势、技术资源和市场体系，在生猪品种改良、饲料扶持、技术服务、生猪流通等方面加大了服务的力度，使生猪产业化工作取得了进一步的发展，农民养猪逐步朝着规范化、规模化方向发展。公司2008年荣获了"农业产业化国家重点龙头企业"的称号。

一、狠抓产品质量，提高市场竞争力

2008年公司投入100多万元引进一批先进仪器加强对原料及成品的检测，提高了检测速度及准确性。同时，在质检和生产部门长期开展技能大比武活动来提高员工业务技能，减少不合格率，质管部继续保持100%原料抽检的做法。正是由于有了这些强而有力的措施，公司生产的"扬翔牌"、"万德牌"饲料连年被评为广西名牌产品。

二、深入开展品种改良服务，提高广西生猪市场竞争力

长期以来，广西农村生猪品种差、商品猪市场竞争力不强、饲养效益低。公司首先从猪种改良抓起，扩建、完善自有大型良种猪场，引进国外优良原种公猪、母猪，同时与全国各大超市对接，实行“农超结合”，打通产业链，实现农民养猪增收。目前，公司种猪场已增加到6个，包括原种场1个、扩繁场5个、公猪站8个。配套建设一个培训中心、一个疾病检测中心。2005年底引进美国SPF原种猪450头。到2008年已有存栏种母猪10 000多头，种公猪1 300多头。每年为各地用户免费供应优质猪精达260万头份，加盟公司“猪料结合”产业化运作的养殖户，年出栏三元杂商品猪达到650万头以上。品种改良后，农民养猪增收幅度提高了30%左右。生猪养殖的快速发展直接推动了饲料产量的增长。

三、大力开展技术培训，提高农民养猪水平

2008年，公司以“养猪人的梦想，扬翔助您实现”及“母猪发情找扬翔，农民增收我帮忙”为理念对农民开展技术培训。据统计，参加培训百人以上规模达63次，50人以下规模达2 165次，2008年共培训农民达9.7万人次，通过公司的培训，大大提高了农民养猪的技术水平。

四、深化专家技术服务，促进养猪持续增收

为深化专家技术服务，公司聘请30多位畜牧兽医技术服务专家、教授巡回广西各地进行技术咨询、指导服务。为做好技术普及服务，公司在原有畜牧兽医技术服务人员基础上，将技术服务网点增加到2 500多个，技术服务人员达到了2 800多人。通过现场讲座、培训会等方式，从饲料、动物营养、品改、防疫、管理等方面全面提高农民的养猪技术水平。陆川县养猪户李达海饲养母猪130头，全部使用扬翔美系猪精进行品种改良，平均每窝产仔10.8头，成活率98.5%，肉猪饲养总时间155d，平均每头增加收益达110元以上，2008年增收总额达27万元。

五、充分发挥网络体系优势，实施猪精配送工程

公司为各地养殖户实施猪精免费配送工作。主要做法是：公司通过在广西各地的饲料销售网点，建立了627个猪精配送供应站，由公司指定的50多辆猪精运送车辆每天把新鲜的猪精运送到各地配送站，每个配送站对猪精经过活力检测后进行恒温保存，当地用户可随时到配送站领取扬翔公司的良种猪精，广大养猪户踊跃实行人工授精改良猪种。

六、积极筹建屠宰厂进行深加工，带动全区生猪产业健康发展

公司以自有大型种猪基地、商品猪基地的技术为依托，按照“六统一”的要求，即统一供种、统一供料、统一供精、统一防疫规范、统一技术流程、统一收猪屠宰，带动广西农民科学养猪。

同时，在广西全区建立了1 850多个生猪销售流通服务网点，及时为广西养猪户做好商品猪的销售调运工作，解决养猪户卖猪问题。

到2008年底，公司已在广西各地引导建设标准化养殖场3 253个，加盟养猪产业化紧密合作层的农户达22 137户，辐射带动全区18.3万农户，年出栏优质商品猪560万头，实现总产值108亿元，农民增收总值达11.6亿元。生猪产业化为各地政府缴纳税费达1亿多元。公司计划2009年在南宁市、贵港市分别投资8 000万元建设四星级以上的200万头生猪屠宰深加工项目，解决贵港、南宁生猪产业化带动的养猪户的肉猪销售问题，项目完成后每年可新增产值超过10亿元，年新增利税1.2亿元，并填补广西没有星级屠宰加工厂的空白。

向深层产业化迈进

——桂林市漓源粮油饲料有限公司

桂林市漓源粮油饲料有限公司隶属于力源集团(桂林市力源粮油食品有限公司)，总公司位于广西壮族自治区桂林市中山北路122号，是一家集粮食收购储藏、粮油饲料生产经营、畜禽养殖服务及农、畜产品经销于一体的大型农、工、贸集团企业，现有粮油食品、粮油饲料、家禽养殖、种禽育种、生物科技5大事业部，共26家生产经营企业。

力源集团所属饲料事业部共有饲料企业6家：桂林漓源、临桂漓源、南宁漓源、玉林漓源、柳州漓源、武鸣漓源。桂林市漓源粮油饲料有限公司坚持“合作、创造、共赢”的核心价值观，发扬“更快、更好、更新”的企业精神，使近几年的产销量连年上升，2008年桂林市漓源粮油饲料有限公司饲料总产销量达23.3万t，总公司饲料产量达90万t，位居广西饲料生产企业产销量第一名。

公司有健全的企业文化和经营机制，并拥有雄厚的人力资源、先进的生产设备，饲料生产线均为美国CPM公司的成套设备以及荷兰飞利浦公司的配料电脑系统。公司采用现代化企业管理，建立完善的质量保证体系。设有研发部、试验场、化验室等职能部门，不断提升老产品、开发新产品，现有“漓源”、“金漓源”、“金凯福”、“山水”牌猪、鸡、鸭、鱼系列等共173个品种。产品品质优良，具有生长快、肉质好、抗病能力强、性价比高等特点，产品畅销区内外，供不应求，深受广大客户的欢迎和好评。

公司坚持“以质量求生存，以科技为先导”的宗旨，狠抓质量管理，通过ISO 9000认证，建立健全全面质量管理规章制度和质量保证体系，使企业的质量管理纳入科学而规范的管理轨道。饲料产销量多年名列广西前茅，是广西饲料行业最具影响力的企业之一。公司的壮大，为农村规模养殖业的发展、农民的脱贫致富、农业产业结构的优化，起到了很大的影响，漓源事业成为带动广西农业发展的主力军。

在综合考虑以市场化进行生产管理的基础上,公司以“公司+基地+农户”的形式向农户提供饲料及技术服务指导,与各地饲料服务人员一起努力,将农户养殖的家禽产品向周边省市辐射销售,向深层产业化工作迈出重要而关键的第一步,并探索出一条符合国情和市场要求的家禽生产合作模式。

公司的发展直接推动了桂林市家禽养殖事业的发展,促进了养殖行业的标准化和产业化水平的提高,直接增加了桂林市鲜活农产品生产的抗风险能力,有利于农村产业结构的调整。

质量与品牌是企业发展之根本

——重庆市蜀达饲料有限公司

重庆市蜀达饲料有限公司创建于1995年,是一家专业从事饲料生产、经营、研发的民营企业,公司坚持走“靠品牌发展,抓质量兴企”之路,产品在市场上赢得了较高的知名度和美誉度。企业的效益逐年攀升主要源于企业的经营战略和管理工作的制度化、有序化、有效化。

当今市场不仅是质量之战,更应体现在品牌之战,公司自成立之初,即确定了“先做质量,再创品牌”的发展战略,将名牌战略作为企业的一个方针战略,并深入人心,转化为每位员工的思想动力。

一、以人为本,提高人员素质

人员是企业发展的决定性因素,为此公司确定了“以人为本”的理念。一方面强化人员技能培训,做到各岗位人员明其责、强其志,将质量意识牢固树立在心中,并不断强化“以质取胜,创名牌战略”这一概念。每年除公司内部培训外,还根据实际需要送外及参加各项工作培训,特别针对营销服务人员,每月定期进行一周时间的强化训练。使员工对顾客需求能很好地予以识别和满足,提高了顾客满意度。据调查统计,顾客满意度由2005年的92%达2008年的96%。

二、实施质量管理体系建设,提升产品质量

企业的发展必须以质量管理为基础,几年来,公司先后采取了一系列有效措施,保证了企业的良性发展。首先是在企业内部推行“5S”管理,于2003年通过ISO 9001:2000国际质量管理体系认证,确立了“全员参与,确保饲料产品满足要求;持续改进,提高顾客满意度;及时服务,构建良好合作关系”这一质量方针,并在此基础上明确了质量目标,保障了质量管理体系的有效运行和实施。

伴随食品安全的日益高标准、严要求,公司已着手准备实行HACCP体系,从源头上抓住关键危害要素,予以控制。

三、依托科技创新求发展

公司于2004年与四川农业大学动物营养博士生导师、教授联合,将科研成果及时转化成了产品,从而促进了产品品质的提升和主导产品销量的猛增,主导产品销量增幅达20%以上。

四、强化各项基础设施建设,保障生产优质产品

随着市场竞争的加剧及产品结构调整,旧的设备和厂区已不能完全满足要求,为此公司继续投资基础设施建设,以节能降耗和环境保护为主要目标,坚持以技术改造和设备更新为重点,以市场为导向,以改善品种结构、提高产品质量为中心确定征地和引进先进生产线等项目。同时参照国内同行业先进水平和质量指标,稳定提高产品质量,增加产品附加值,改善工艺技术装备和工序结构,维护产品质量信誉,提高产品知名度和美誉度。

五、实施用户满意工程,提高顾客满意度

公司以客服部为主体,全面负责顾客服务质量问题,建立健全了质量服务保障体系,做到了及时收集客户意见,及时处理客户投诉,解决喂养中存在的技术问题等等。这样不仅会赢得顾客的满意,同时也利于品牌的形成。公司将供方、组织、顾客用“一家人”的观念予以关注、对待,体现了公司对客户的态度,同时公司每年都会通过走访、调查、反馈等多种形式获取其满意度,并形成持续改进机制,在企业内部树立了“下道工序是上道工序的用户”,“基层是上级及职能部门的用户”,部门之间互为客户,同事之间互为客户,形成了“互为客户”的网络体系,而且对顾客投诉规定了在24h内予以解决,并以总经理电话为投诉电话,质监部负责调查处理,确保了投诉处理的及时性和有效性,使“用户满意”成为全体职工的工作理念和工作目标。

六、落实了质量奖惩制,减少质量事故发生

公司专门设立了不同形式的质量奖,如生产过程中发现不合格原料采取的按量和单价奖励,全月无质量投诉和质量事故的月质量奖等。在奖惩过程中,严格质量考核,实施“质量否定权”为主的分配方式,倡导“质量是生产出来的,不是检验出来的”的理念,在过程控制上收到了较好的效益,质量投诉大大降低。

七、实施生产过程全程监控,做到了生产有据可查,及时发现和纠正违规行为

在公司的新厂区和生产的关键点均安装了录像监控,做到适时监督,避免生产中的随意性,保障了生产过程的一致性和产品质量的稳定性。

八、强化进出厂管理,有效扼制不合格原料的流入和不合格产品的流出

公司检验室不仅能对常规指标检测,而且对微量元素和重金属也能有效控制,从源头上把好进口关。生产的每批产品均要经过“三检”(自检、互检、专检),

合格后才能出厂，确保了出厂产品的质量。

总之，公司的各项经营管理和发展及品牌建设已具雏形，公司将以此为契机和动力，将品牌的培育和良性发展始终放在战略高度，进一步扩大规模和提高产品质量，形成一批具有优势竞争力的自主品牌，在饲料行业创造更加美好的明天。

科技支撑发展 创新引领未来

——重庆美德实业集团有限公司

重庆美德实业集团有限公司坐落在重庆市国家级高新技术产业开发区，是一家以饲料加工、兽药生产、良种扩繁为主导产业，集研发、生产、销售及技术服务为一体的高新技术型集团企业。公司致力于最新生物科技研究成果在新型国标兽药、饲料以及生猪品种改良领域的产品转化和市场推广。集团公司麾下有重庆美德核心生物科技有限责任公司、重庆侨营饲料有限公司、重庆华泰饲料有限公司、昆明欧联饲料有限公司、重庆康仕达生物制药有限公司、重庆美德沃尔多原种猪繁育有限公司、重庆欧联原种猪繁育有限公司和(中美合作)美德沃尔多科学养猪联合研究所等生产及科研实体。

目前，公司资产过亿元，有正式员工 568 人，相继通过了 ISO 9001:2000 国际质量管理体系认证及国家兽药 GMP 认证。

一、科技领先，开创未来

科学技术是第一生产力，美德集团成立伊始，就秉承“不断提高技术创新能力、长期保持技术领先地位”的经营理念。以市场为导向，依托专家资源，成立了(中美合作)美德沃尔多科学养猪联合研究所，聚集了遗传育种、养殖技术、动物营养、动物保健、经营管理等方面教授及专家，拥有较强的产品研发和技术创新能力。技术创新是美德集团保持高速发展和竞争优势的强大动力，2006 年与美国 WALDO 公司的合作，实现了产品和配方的升级换代，加速推出新一代高技术、质量好、效果佳的添加剂预混合饲料、乳猪饲料、浓缩饲料新产品，优化了饲料产品结构。

二、创新营销，规范管理

创新营销是企业发展之源，也是目前中国企业遇到销售瓶颈问题时寻求突破的有效方法。美德集团大力改进营销手段，首先，公司按“精简和效能”原则，对代理商实行员工化管理，组建扁平化的营销组织架构；其次，美德集团对营销模式和渠道进行调整，通过营销组织变革，实现责任下沉、权利下沉、管理下沉，通过营销公司化管理明确了长、短期的经营中心和利润中心，通过代理商员工化管理，强化了公司与代理商良好的关系。

美德集团在凝聚中外众多养猪专家的研究成果的基础上，打造了特有美德特色的商业模式——美德养猪模式。该模式运用国外先进的养猪核心理念，结合我国养猪业实情，研究出的一套专门针对集约化猪场的科学高效养猪管理模式，其内容包括猪场设计、品种选择、繁殖技术、疾病防控、饲养管理、经营管理、市场动态行情信息等。

三、强强联合，争创卓越

2007 年 6 月 1 日，美德集团与美国沃尔多联合股份有限公司共同投资成立重庆美德沃尔多原种猪繁育有限公司。美德集团与美国沃尔多公司之间的合作不只限于单纯的引种，还有深层次、全方位的饲养技术与服务的合作，有效地促进了公司饲料核心产品的健康快速发展。

四、诚信为美，德行天下

没有文化的企业就不可能具有核心竞争力，美德集团的超速发展与壮大，始终得益于以创新为特征的企业文化。美德集团以“诚信美德、执着美德、缘聚美德、百年美德”为目标，积极倡导“敬业、协作、创新、拼搏”的企业精神，把“做强企业、幸福大家、回报社会”作为企业使命；秉承“诚信为美、德行天下”的核心价值观，坚持“保证质量是崇高的美德”的质量观。

伴随中国市场经济健康快速发展的步伐，公司将一如既往的以“三农”政策为指引，以振兴民族养殖业和饲料工业为己任，继续高举诚信的大旗，与国内外同行和各界朋友携手合作，共同续写创业、创造和创新的动人华章。

比别人更努力一些

——青川县青云上锰业有限公司

四川省青川县青云上锰业有限公司是四川蜀鹰矿业有限公司全资控股的一家子公司，占地约 4hm^2，现有员工 140 余人，其中专业技术人员 20 余人。是专业从事硫酸锰、硫酸锌生产的矿山型化工企业，现有年产硫酸锰 1.5 万 t 和硫酸锌 0.5 万 t 生产线各一条。公司硫酸锰产品具有独天得厚的资源优势，拥有中型锰资源矿山两座，面积达 20 余公顷，锰矿储量逾百万吨。

我国工业生产中，以软锰矿为原料制取硫酸锰的传统工艺主要有以下两种：(1)软锰矿预还原浸出法，软锰矿首先经还原焙烧，将 MnO_2 还原成 MnO 后直接酸浸，浸出液经净化除杂后蒸发结晶干燥后制得硫酸锰；(2) 两矿加酸法，该法的基本原理是利用黄铁矿(FeS_2) 的还原性将锰矿中的 Mn^{4+}还原成 Mn^{2+}进入浸出液，制得硫酸锰溶液。

预还原硫酸浸出法，所需原料品位高，锰矿转化率低，且高温还原焙烧能耗大，生产过程复杂，生产环境差,焙烧烟气污染严重,锰的损失量也大,导致生产成本高。同时,由于在焙烧过程中煤炭需不完全燃烧,还可能产生二噁英。

公司在传统两矿加酸法工艺基础上,对工艺进行调整,增加了黄铁矿预处理工序,有效避免了传统工业生产中硫铁矿引入大量杂质而使净化工序变得复杂。两矿加酸法生产硫酸锰工艺先进、锰回收率高、产品质量稳定,可利用低品位锰矿进行生产。目前公司可利用15%左右的锰矿进行生产,在国内尚属首家。

公司产品质量控制从原材料开始,并在传统生产工艺中增加多道质量控制工序,产品中重金属指标低于国家标准近一倍。同时,还将国家没有规定的指标也纳入监控范围,如镉、汞、镍、氟、氯化物、pH值等。

产品的干燥工序,国内大多数厂家采用回转干燥筒和烘房进行干燥,因干燥温度高、不稳定导致部分产品失去结晶水而成为无水硫酸锰,加之部分结块物料需粉碎,导致产品晶型破坏,流动性及外观颜色变差。公司采用气流干燥,干燥温度保持在170℃左右,产品流动性好且保持了一水硫酸锰的特性。

公司在生产过程中所有生产用水全部循环使用。工业废渣主要为浸锰后废渣,废渣为一般工业固废,部分废渣和锅炉煤渣送水泥厂和制砖厂做原料,另一部分进入公司固废处置场集中防渗填埋。工业废气主要为锅炉燃煤排放的烟气,公司采用的是沸腾锅炉,其排放标准优于传统的链条锅炉,同时又增加了烟气两级多管和两级水膜除尘脱硫,使废气达标排放。

公司一直秉持“比别人更努力一些”的精神,以“给客户提供最安全的优质产品”为理念,成为国内众多饲料企业的优质合作伙伴,得到了行业的认可和赞誉。

价值共创 价值共享

——四川特驱投资(集团)有限公司

四川特驱投资(集团)有限公司是希望事业创始人、华西希望集团董事长陈育新为推动企业更快更好发展而建立的一个“管理特区”,是企业改革的“试验田”,它代表了中国民营企业体制改革的一个方向。

集团以“创新、活力、速度”为企业经营理念,以“下大决心、立大志向,看大人生、成大事业”为事业观,以“普通员工市场化,优秀员工重点化,普通干部绩效化,核心干部老板化”为人才战略方向。集团拥有一流的专家队伍,并与国内外权威科研机构展开深层次技术合作,运用全球领先的动物营养技术,通过设施完善的试验基地和严格的质量控制体系,确保产品品质的安全可靠。经过对饲料行业多年的运作和研究,集团突破了传统的饲料企业运营模式,探索出了一条贯穿整个产业链的全新共赢模式,为企业发展注入了无限生机。

集团投资数千万元建立了自己的研发基地和试验基地。为了保证产品品质,总部引进了行业最先进的检(化)验设备,为品质控制提供保障。另外,为了适应现代化养殖的需要、保障公司客户畜禽养殖安全,集团在行业中率先建立了病理研究所,可以为养殖户提供12项最专业的服务。

目前,集团投资建成投产的饲料企业近20家,生产能力超过200万t;养殖企业近10家,建成多个PIC优质祖代种猪场和扩繁场及商品育肥场,已投资数千万元在肉鸡养殖业务上进行探索,配套的种鸡场已经投产,“公司+农户”的饲养模式及自建养殖小区的模式同时并行。特驱集团将在养殖业务上探索出具有自身特色的发展模式。

特驱集团倡导“价值共创,价值共享”的价值观念,即与员工、客户共同创造价值,共同分享价值,打造共赢平台。

扎根贵州农业 服务三农经济

——贵阳特驱希望农业科技有限公司

贵阳特驱希望农业科技有限公司是华西希望集团属下四川特驱投资(集团)有限公司对贵州经营环境资源进行充分调研后,在贵阳市乌当区投资建设的高科技饲料生产经营企业。公司2007年6月建成投产,项目总投资4 000万元,其中固定资产2 000万元,占地约3hm²,现拥有从原料投入到成品出厂的全自动化控制的现代化膨化饲料生产线4条,年生产高档浓缩及配合饲料能力达15万t。2008年实现产值2.3亿元,利税301万元。

公司现有稳定的营销渠道网络,遍布贵州省市场的482位诚信可靠的经销商,生产经营200个品种的饲料产品深受养殖户的喜爱。产品在贵州市场占有率在10%以上,填补了贵州高档浓缩饲料及配合饲料市场对产品的需求,直接或间接引领53 000多个农民朋友致富。

公司通过科学的管理、优质的服务,坚持依法、诚信经营,赢得业界的认同。2008年3月被贵州省科技厅评定为“贵州省高新技术企业”,规模在贵州省饲料行业位居第三,产品95%以上现款销售,是业界经营的典范。

2008年公司在贵州各级职能部门的大力支持下,克服了年初的低温冰冻雨雪灾害、饲料原料价格暴涨的危机、汶川地震的影响和世界金融危机的冲击,在困难面前真正体现“与客户共享成功,与员工共同发展、与社会共同进步”的经营理念,服务于贵州新农业经济。公司经营团队团结协作，共渡难关，抓住商机，变危机为机遇，节能降耗，外拓市场，树名牌形象。

公司在冰冻雨雪灾害过后帮助养殖户实现灾后恢复生产工作，给养殖户作经营管理顾问，在贵州省各市、县、区、镇建立营销渠道，在较偏远的地方新成立 18 个办事处。为了保住客户利益，公司 2008 年 1~9 月份亏本经营，新网点建设 268 个，直接间接创造 8 320 多个就业岗位；在饲料原料高涨的时候，公司产品仅按原料涨价幅度 50%的比例来调整价格，支持贵州农村养殖业的发展。

公司 2008 月 7 月成立开发部，每月投入 20 多万元，让 35 个技术服务人员到农村作养殖管理技术培训，引导农民用优质的饲料、科学的饲养管理方法快速发家致富。2008 年 6~8 月，公司投入 600 万元，新增专用浓缩饲料生产线并进行产能配套工程技改。

公司为了打造规范化、标准化、现代化管理企业，投资 210 万元，成功开发饲料行业 ERP 信息化管理系统，通过近 10 个月的试运行，目前运行良好。实现了对原料采购信息的及时采集，对营销折扣的规范运作，对生产执行对比分析，对经营分析预算自动实现，对经营结果及时核算，对公司办事处进行资源远程控制，公司信息资源全员共享。

发展企业 富民兴黔

——贵阳新希望农业科技有限公司

贵阳新希望农业科技有限公司是四川新希望农业股份有限公司投资 3 000 万元在贵州省兴建的饲料生产及农业开发的综合型现代化企业。公司位于贵阳市乌当区金华镇三甫村，占地约 $3hm^2$。

公司运用先进的饲料后熟化及后喷工艺，具有年产 30 万 t 优质畜、禽、鱼饲料的生产能力，主要有“希望”、“恒博”、“好人”、“新珠”牌系列饲料产品。

公司以“打造世界级农牧企业”的目标，奉行“为耕者谋利、为食者造福”的经营理念，始终坚持质量第一、服务第一，对经销商、合作者和用户以诚相待、讲求信誉。多年来，逐步建立起在贵州省饲料行业的龙头地位，目前占据了 20%以上的市场份额，月销量 1 万 t 以上，2008 年销售收入 3.5 亿元，利税 1 000 万余元，多年来公司转移农村农民工就业 600 多人次，帮助解决残疾人就业 3~5 人次/年。在未来的 5~10 年时间里，公司拟通过如下方式使企业销售收入达到 10~15 亿元。

一、狠抓主营业务，做大规模

继续精耕细作，做大做强主业经营，将饲料销售的市场份额提高到 50%以上，销售规模 5 年内做到 7~10 亿元。

二、适度多元化，成立养殖担保公司，引导养殖模式

3~5 年内，再投资注册成立一家养殖担保公司，计划联合银行和政府采用 3 方投资，运用 1:5 的杠杆效应推动养殖行业的规模发展，带动养殖产业链的发展水平。

三、加大产业链的拓展，做大企业规模

未来 3~10 年，拟向猪、禽产业链延伸，通过兼并、独资或合资的方式成立配套企业，增强企业的抗风险能力。

四、延伸上游产业链的拓展

计划在 3 年内，在修文、开阳、息烽等地，以配套烘干等技术服务支持，成立玉米种植、收购基地，做好深加工服务，切实帮助当地农民提高种植效益。

新希望饲料公司以创“百年老店、百年名店”为经营思想，始终致力于管理的规范化、科学化、精细化、制度化，扎扎实实地抓基础工作，不断增强市场观念，保持着高昂的创业激情。在未来的企业经营征途上，公司将一如既往地依靠政策，服务人民，回馈社会，为“富民兴黔”做出更大的贡献。

实施品牌战略 打造民营科技型企业

——贵州川恒化工有限责任公司

贵州川恒化工有限责任公司地处贵州省福泉市龙昌镇经济开发区，始建于 2002 年 9 月，现有职工 600 余人，致力于磷资源精深加工、拓展稀有金属等资源并实现与磷产业的结合。经过几年的发展，公司饲料级磷酸钙盐规模居国内行业第二，其中磷酸二氢钙产品的技术水平、产销量连续 5 年独占鳌头。产品销往全国各地，并远销东南亚、非洲等国家和地区。近 3 年公司连续实现年销售收入超 3 亿元，上缴国家税收逾 1 000 万元。几年来，公司总投资达到 2.53 亿元，累计实现工业产值近 11 亿元，实现税收 3 800 余万元。

公司自成立伊始，始终以“质量就是生命”为发展理念，建有完善的质量管理体系，先后通过了 ISO 9001:2000 质量管理体系认证、ISO 10012:2003 测量管理体系等认证。

一、大力推进品牌建设

为打造国内、国际一流品牌制定一系列战略发展计划，强力推进“小太子”品牌建设。

1.以优质产品创品牌

公司从产品的设计开发、原材料的采购、供应商的评价、生产过程的控制到产品的监视和测量、持续改进等都严格按照ISO 9001:2000质量管理体系标准组织生产。在各级产品质量监督抽查中全部合格。公司通过4代技术革新,对磷酸二氢钙产品质量进行持续改进，特别是产品的水溶率及饲效比居本行业首位,顾客满意度逐年提升。

2.以科技进步创品牌

公司成立了贵州川恒技术研发中心,2007年投入研发的费用占销售收入的1.5%以上，各种技术人才和新的技术装备不断配备到技术研发中心,已承担国家科技支撑计划1项(2007BAB08B04)、贵州省科技计划1项(〔2007〕6001),申请多项国家发明专利,已有两项获得实用性发明专利证书。贵州川恒公司以“自主创新为主,产学研开发相结合”的策略来开展技术创新工作。先后在湿法磷酸的净化、中低品位磷矿石的浮选利用、全湿法磷酸制取三聚磷酸钠的课题中取得了实质性技术突破并成功运用于工业化实践。《湿热结合浓缩净化磷酸生产磷酸二氢钙》专利技术被黔南州评为科技进步一等奖和贵州省优秀专利奖,得到了国家科技部农业科技转换资金支持。2006年与贵州省建筑材料科学研究设计院合作,共同开发磷化工的环保课题——磷石膏制备高性能石膏粉及耐水石膏砌块技术研究,为公司的磷石膏废渣综合利用打开了新局面。公司于2008年获得贵州省级“高新技术企业”认定。

二、加快科技人才队伍建设

公司在省级技术中心的基础上进一步争取创办国家级技术中心,在人才建设上多层次推进。现在技术中心从事科技活动人数35人，其中硕士研究生学历8人,具有大学本科学历或中级职称以上25人,分别与四川大学课题组及行业资深专家开展广泛的技术合作，聘请四川大学陈嘉甫教授为公司高级顾问,举办在职人员管理、工程硕士研修班。

三、回报社会,构建企地和谐关系

公司成立了“川恒助学基金”,每年注入资金30万元,并捐助10万元成立了“寒窗助学基金”,用于支持当地教育事业;同时,每年捐助50万元,用于支持当地新农村建设。截至2008年,公司捐款已超过300万元,得到当地政府及社会各界好评。

四、创建节能环保型企业,实现可持续发展

公司坚持科学发展观,构建循环经济模式,创建节能环保型企业。在国内同行业率先实现废水零排放,获得了贵州省环保局的专项资金支持,成为黔南州“环境保护先进企业”。

在饲料级磷酸钙盐的干燥技术上进行创新和探索,成功采用了全新的燃煤燃烧技术,该技术用有烟煤取代无烟煤,并进行燃气净化脱硫,提高了能源的利用率,煤炭的使用效率由原来的70%提升到现在的92%,既显著降低成本又减小了对环境的影响。

贵州川恒化工有限责任公司着眼于长远发展战略规划,于2005年9月23日,由贵州省经贸委主持,经专家评审,通过了《贵州川恒化工有限责任公司精细磷酸盐产业循环经济发展规划》,重点发展精细磷化工及循环经济,计划在“十一五”期间新增投入3亿元,实现年销售收入15亿元以上,利税总额3亿元。

公司始终坚持诚信、务实、团结、创新的企业精神,加快构建循环经济模式的步伐,以技术创新引领公司向着更高、更强的“民营科技型企业”进军。继续坚持“精工精品创一流,科技领先促发展”的方针,以产品质量为核心,以品牌建设为重点,保证公司持续稳步发展,为我国的饲料工业发展做出积极的贡献。

利益共享 争创领先 追求卓越

——西南集团

西南集团是以生产饲料为主业,并涉足文化产业的现代化企业。集团下属5个公司:云南西尔南饲料有限公司、云南西南红饲料有限公司、云南利德饲料有限公司、越南金星饲料有限责任公司、云南聚能文化产业(集团)有限公司。西南集团现有员工500多名,拥有一批多年从事饲料科研、生产和经营管理的专业技术人才和营销人才。集团现饲料年生产能力达40万t以上,产销量名列云南省前茅,集团所属的国内公司现主要生产7个饲料品牌,即西南牌、西南红牌、利德牌、家家俏牌、吉人牌、西尔南牌、滇龙牌,共80多个品种；国外公司主要生产GOLDEN STAR、LEADER两个品牌,共10多个品种。集团生产猪浓缩饲料、乳猪饲料、鱼饲饲料、肉鸡饲料的技术在全国居于领先水平,申请了4项国家专利,产品被云南省饲料工业协会评为推荐产品。集团于2005年通过ISO 9001:2000国际质量管理体系认证，被云南省评定为省级重点龙头企业。

一、以市场为导向

西南集团以市场为指导方向,以满足客户需求为己任,对市场进行全面的调查研究,根据市场的需求,对产品进行更新换代,对企业的整体服务水平进行提升,达到服务体系化,真正做到为客户服务。

二、立足于科技

公司坚持科技创新、坚持以质量求生存,以西南民族大学为技术依托，针对云南农村养殖的实际需求,不断研发和推广新产品,满足市场和客户的需求。今后,公司将更加重视科学技术的发展,加强与云南农大、云南省畜牧兽医研究所等教育科研单位的交流合作,走“科技创造品质”之路,加强产品的科技含量以更好地满足市场和客户的需求。

三、以人才为动力

西南集团将聘请人力资源管理专家为顾问，建全人力资源体系，完善公司学习型组织的建设，发挥团队竞争优势。在不断引进优秀人才的同时，加强对员工的培训，最大限度地发挥员工的潜能，为企业的发展提供源源不断的动力。

四、加强内部管理

西南集团坚信练好内功，固本强基，向管理要效益、在管理中求发展是企业壮大的基础。集团在发展战略变化及竞争策略改进中，需要不断提高工作效率、降低生产成本、增加市场份额，当原有的管理制度及其所含的规范、规则、程序成为限制提高工作效率、降低生产成本等的主要要素时，就有必要重塑企业机制，改进原有企业管理制度中落后的规范、规则、程序。

五、搭建行业内协作的桥梁

西南集团作为云南发展最迅速的饲料企业之一，已加入了全国广盟牧业发展合作组织，并成为云南省畜牧业协会副会长单位。集团将发挥中间桥梁作用，促进行业内部交流合作，积极参与和组织饲料企业的座谈交流。

六、走国际化道路

走出国门、积极参与国际竞争，不仅可以缓解国内白热化的竞争压力，还可以在饲料行业中输出自己的品牌。云南省鼓励企业“走出去”向东南亚国家投资，并给予优惠政策。集团将继续加强越南金星饲料有限责任公司的管理，探索出成功模式后扩大生产规模和销售规模，为云南饲料行业走出国门提供经验。

诚信为本 搞好服务
促进企业发展壮大

——云南邦格动物保健品有限公司

云南邦格动物保健品有限公司在创业历程中，坚持诚信对待客户、员工，构建和谐客群关系及内部的诚信环境。在具体工作中，公司一直以“引领农牧科技，推动食品安全，关爱人类健康”为企业使命，坚持“诚信经营，提供优质产品和真诚服务；务实创新，致力安全高效与绿色环保”的质量方针，赢得了广大客户的信赖和饲料界同仁的赞誉。

一、坚持诚信经营，积极引进新型饲料添加剂

诚信经营是邦格企业精神的重要内容，多年来，公司始终不忘自身的企业使命和服务宗旨，以为用户提供优质、安全、更优性价比的添加剂产品，满足各大饲料厂及养殖企业原料需求为己任。目前公司代理国内外企业添加剂品种近300种，类别涉及氨基酸、维生素、酶制剂等，与美国礼来、德国德固赛、日本味之素、上海美农、中牧安达、广州巨元等国际、国内企业建立了长期友好合作关系。

二、引进国际质量管理体系，提高公司质量管理能力

2000年公司投入近百万元购进生产设备及检测设备，建成了复合预混合饲料生产线及质量检测中心，成立了专业的产品设计开发、质量管理队伍，严格控制产品质量。2003年公司在云南省饲料添加剂、添加剂预混合饲料生产、经营企业中首家通过ISO 9001:2000国际质量管理体系认证，建立了全面的质量管理体系和周到的售后服务体系，确保每一批产品合格率达100%。多年来从未发生质量安全事故。

三、打造科研精品，提升云南省畜禽产品市场竞争力

2005年公司独立承担省、市、区3级科技计划项目《优质环保复合预混合饲料研制开发及产业化》，公司研发人员利用有机微量元素、植酸酶、复合酶、喷雾干燥鸡蛋粉等新型饲料添加剂，经科学配方研发出系列畜、禽优质环保复合预混合饲料，经动物试验证实显著提高了动物营养物质的吸收利用率，减少了畜产品中药物残留量和动物排泄物中氮、磷对环境的污染。该项目技术水平达到国内先进水平。为更好地服务于畜牧养殖业，公司研发人员在优质环保复合预混合饲料的技术成果基础上，正在开发绿色蛋鸡复合预混合饲料，以填补云南省绿色饲料市场的空白，满足健康养殖的需求。

四、全心服务云南饲料市场，树立企业品牌形象

公司热心于协会工作，积极配合云南省饲料办、云南省饲料工业协会创办《云南饲料》，无偿提供给云南省广大农牧企业、畜牧工作者及相关部门学习、参考，及时为业界同仁提供政策法规、行业动态、管理经验及新技术、新产品等信息。公司还尽全力协助部分饲料企业完成企业标准的制定、修订工作，协助办理饲料标签认可证及饲料生产条件合格证等相关证书并指导其生产，使这些企业生产规范化，这样既减轻了协会的部分工作又为企业排忧解难，得到了广大企业的好评。

在新型饲料添加剂的推广方面，积极组织技术研讨会，邀请专家讲学；在预混合饲料推广方面，公司成立专门的技术服务队伍，巡回在云南省的各个地州县，根据养殖户需求举办养殖技术交流会，帮助具备条件的养殖户实现自主配料。

今后，邦格将一如既往的坚持“诚信经营”的企业理念，贯彻“致力于云南农牧产业化经营，全心全意为三农服务”的企业宗旨，积极延伸产业链，逐步将公司发展成为集“种畜禽养殖、饲料生产、畜产品加工”为一体的现代农牧产业化企业，为云南省畜牧业、饲料业的发展做出新的贡献。

擂响红土高原饲料发展的鼓点
——云南广联畜禽有限公司

云南广联畜禽有限公司是正邦集团旗下企业，也是正邦集团跨省发展的第一家饲料企业，成立于1999年3月。

一、搞好产品结构调整，打造企业方向力

作为一个企业，好的产品结构是良好效益产生的重要因素之一。公司成立之初，产品战略上一直坚持“大而全”，随着饲料行业竞争的加剧，这一状况导致企业经营微利化和亏损化，为了扭转这一局面，公司将重点放在具有高附加值的浓乳饲料、添加剂预混合饲料和水产饲料上。产品结构的调整使公司一下子突破了瓶颈，获得了丰厚利润，猪饲料销量居云南饲料行业前列，成功从“数量规模型”跨入“质量效益型”。

二、严抓质量确保品质，打造企业品质力

质量是品质的前提，是产品的生命。公司在原料收购过程中严把原料质量关，杜绝“人情料”，保证入库原料100%的合格率，同时对供应商设置档案，进行信用评级，淘汰不合格的供应商。采用电脑控制全自动化生产，不断加强生产工艺的升级改造，不放过一个关键质控点；在生产及品质管理中严格实施“5S”(整理、整顿、清洁、标识、素养)管理，使质量、品质保证从点滴开始；在加工过程中严格按《饲料和饲料添加剂管理条例》执行，决不添加、使用任何违禁药品；成品检测中运用国内外较为精密、先进的化验设备，“步步监控、层层把关”，有效杜绝了不合格产品流入市场。为了推进公司的全面质量管理体系建设，公司还实施“质量责任制”，质量第一责任人为总经理。目前，公司生产的“金广联”浓缩饲料、“广联宝”乳猪饲料等众多品种因为质量可靠、品质一流，广受经销商与养殖户的青睐。

三、发现需求研发新品，打造企业创新力

为了生产出适销对路的产品，公司技术部、市场部与行销部形成3级信息互通网络，技术部人员每月至少70%的时间在市场，全面地了解市场需求，为公司推出新产品、完善技术创新体系奠定基础。2008年实施的程序化推广中推出的“1211”标准化营养套餐饲喂，就是针对云南传统的养殖习惯与特点及猪在发育过程中不同生长时段的营养需求开发的（1211即一窝猪：1小包教槽饲料，2包乳猪促长饲料，1包仔猪浓缩饲料，1包育肥浓缩饲料），2008年6月投放市场以来，普遍反应较好。

四、引进人才考核激励，打造企业生命力

公司成立以来，一直重视人才的引进与开发。每一年都要到西南各省市的农业大专院校招聘各类专业人才，对到岗大学生进行跟踪管理、重点培养。同时，公司广阔的发展平台与开放的人才观，也吸引了社会上众多的人才加盟。目前，公司在职员工中，中专以上学历占员工总数的90%以上。

五、网络下沉服务终端，打造企业战斗力

公司将营销网络沉到乡镇村，将技术服务深入到养殖户，列出空白市场及薄弱市场，专门制定政策进行突破。公司坚持在各地州的县乡镇村等地搞养殖示范、做实证，如在玉溪峨山、江川等乡村进行的广联宝等乳猪饲料的饲养试验，有力地证明了公司乳猪饲料的产品品质。同时公司派出由销售人员与技术服务人员组成的服务小分队，分赴各乡、镇、村进行疾病防治等科普宣传，帮助经销商开发与运作市场，帮助养殖户解决实际困难。为了整体提升服务水平，公司在基地内部大力开展窗口服务建设与精神文明建设，使进入公司的客户都能感受到宾至如归、物超所值，感受到公司的良好氛围和规范化管理，提升满意度。

六、学习培训文化建设，打造企业竞争力

公司始终坚持“勤于学习、善于学习、终身学习”的学习观，做到每月大培训，每周小培训，不定时开展各类培训，内容涉及企业文化、专业技术、潜能开发及心态等。同时，不间断地对经销商与养殖户进行培训，一方面提升他们养殖技术和经营能力；另一方面使他们成为公司企业文化的传播者和公司产品的代言人。

公司将正视挑战，抓住机会，发扬正邦“至诚、至信、至高、至卓”的企业精神，进一步服务三农、反哺三农，为推动云南省乃至整个中国农牧业的发展贡献自己的力量。

创新发展迎挑战 做强经营谱新篇
——陕西华秦农牧科技有限公司

2008年，在全球经济危机、国内突发各种自然灾害的大环境下，陕西华秦农牧科技有限公司（原陕西省饲料厂）以“创新力建设”为年度工作主题，以发展为主线，以经营为重点，以执行力文化建设为突破口，以“找准着力点，强化执行力，提升创新力”为指导方针，按照“抓两头，强中间”的工作思路，以“四大战役”（市场攻坚战、生产攻坚战、规模化养殖场推进战、供应渠道整合战）为载体，向着“做好产品、做强经营、做细管理、做公分配、做实企业”的经营管理目标而努力，不仅成功应对了饲料成本的骤增、三聚氰胺事件的困扰以及金融危机的影响，而且实现了业绩大提升、企业大发展。同时，企业克服重重困难，一举解决了困扰了自身发展10多年的改制问题，被陕西省委、省政府授予“国企改革攻坚先进集体”光荣称号。

一、内强管理，外拓市场，不断提升企业核心竞争

力

1.以精益化管理为主线，持续推动企业管理水平提升。一是强化培训，持续抓好员工队伍建设。全年共举办员工培训36场次，培训员工395人次。二是突出管理，进一步强化企业内部执行力。坚持做好产品，持续稳定地提升产品质量；坚持推行“精益化管理”举措，抓管理出成效、向管理要业绩；坚持“质量效益型营销”战略，坚决消灭亏损产品和亏损市场；坚持抓好创新，通过省级企业技术中心、畜禽疫病防控中心等技术研发机构建设，为企业发展注入了新的生机和活力。三是拓展市场，促进销售业绩大幅提升。公司领导班子结合市场和企业实际，果断做出了“345市场攻坚战”的阶段性营销举措，2008年共组织、举办技术服务讲座120多场次、培训农户近11 000多人次；安排有关专家、技术服务人员深入市场开展服务2 440人次，为广大养殖户提供了有效的技术服务和疫病诊治，帮助他们把养殖风险和损失降到最低。公司2008年饲料销量突破8.6万t，同比增长29%。其中猪饲料总量突破3万t，实现了西北第一的目标，保证了“华秦饲料”的强势市场地位。

2.以降本增效为突破口，积极应对饲料高成本挑战。在饲料原材料价格大幅上涨的情况下，公司一方面拓宽渠道，合理安排采购，规避高价；另一方面积极开展“节能降耗、节支增收、降本增效”实践活动，从细节入手，严控费用支出。

3. 以宣传为突破口，提升企业形象和社会影响力。公司充分利用“西洽会”、“杨凌农高会”等展会为平台扩大宣传。并联合省内外5家饲料、兽药、畜禽种苗企业，在“杨凌农高会”举办了“中国西北地区规模化高峰论坛”，来自西北地区500多名专家、教授、养殖企业和规模化养殖户代表齐聚论坛，共同探讨规模化养殖科学发展之道，齐议产业战略协作新模式，加强了西北地区畜牧产业链中的饲料、养殖、畜禽良种、动物保健企业之间的合作，初步形成了畜牧养殖产业链的“非竞争性战略联盟”，产生了深远而广泛的影响。

同时，公司加强与新闻媒体的联系，通过陕西电视台、陕西农林卫视、《陕西日报》、《农业科技报》、《陕西饲料报》、西部网、华商网、陕西中小企业网、杨凌政府网等媒体，先后播发企业各类新闻、简讯80多篇，尤其是公司完成改制、成功应对金融危机等消息，被国内20多家媒体转载报道，很好地提升了企业的社会知名度和影响力。

二、业绩显著，亮点突出，实实在在铸百年公司

公司领导班子立足行业发展趋势，结合公司实际，清晰而明确地确立了“解放思想，与时俱进，抢抓机遇，持续创新，科学发展”的20字指导思想；确定了“找准着力点”的思想体系。2008年，公司生产饲料8.77万t，同比增长1.7万t，增长率24%；产值2.876亿元，同比增长1.2亿元，增长率72%；销售饲料8.51万t，增长1.85万t，增长率28%（其中，猪饲料增长1.19万t，增长率58%）；销售收入2.85亿元，同比增长1.2亿元，增长率73%；全员人均劳动生产率95万元，提高了70%；员工工资总额增长230万元，增长率35%；五金一费增长32万元，增长率37%，实现利润363万元，创造了企业经营新高。

市场营销着力创新，通过“市场攻坚战”、“规模化养殖场推进战”、20余次价格策略与促销战术的高效实施以及60余场养殖技术研讨会和“养殖高峰论坛”激活了市场。

精益化管理是公司安身立命之本，公司2008年修订了21项管理制度，进一步完善公司运行机制和流程。制定“五项基本原则”，持续着力物流现场管理；生产过程严把10关，做到降耗节流；财务管理加强核算、控制、监督，做到有序经营；技术创新着力“两大中心”建设，实施科技强企；品质上着力过程控制，做到质量稳定，确保名牌战略实施；通过“789生产经营攻坚战”向精细化管理纵深推进。

公司领导班子经过缜密地思考和调研、民主商议，在不到两个月的时间里，将“陕西省饲料厂”这个曾经拥有无数荣誉、屹立饲料行业近20年的国有工厂变成了符合市场经济要求的“产权明晰，权责明确，政企分开，管理科学”的现代企业——陕西华秦农牧科技有限公司。

改制的“软着陆”，为企业进一步走向市场化、科学化，同时也为推动杨凌乃至全省国企改革树立典范。企业呈现出经营业绩好，人心齐、干劲足的新局面。

舞起产业龙头 创建一流企业

——陕西石羊（集团）农牧有限公司

陕西石羊（集团）农牧有限公司始建于1993年，1996年开始在山西投资建设第一家分公司，2003年与美国PIC公司合作开始进入养殖行业，2006年与山东六和集团合作开始进入食品行业，加快了产业建设步伐。现已拥有饲料加工企业15家，年加工能力80万t，规模化、标准化养殖场5家，同时在建的4家。年种猪存栏10 000头，为社会提供商品猪60万头。2008年3月，一条年加工能力1 500万只肉鸡的食品公司在泾阳县工业园区投产运营。

自2003年石羊集团蒲城畜牧发展有限公司成立以来，石羊集团先后建立了东陈万头育肥猪场、PIC祖代扩繁场、宝鸡岐山种猪有限公司、澄县韦庄种猪有限公司，投资控股陕西省原种猪场。公司制定了详实的养殖业发展规划，计划到2010年使公司发展成为拥有原种核心场1个，基础母猪存栏3 000头，年提供种猪2万头；PIC祖代扩繁场2个，基础母猪存栏2 000头，年提供各类种猪1.5万头；二元及父母代种猪场10个，基础母猪存栏1万头，年提供优良仔猪20万头；推广标准化养殖合同户3 000户，年出栏优质育肥猪100万头；建设10万套父母代肉种鸡场1个，年生产肉雏1 000万羽；建设商品肉鸡示范场两个，年出栏优质商品肉鸡100万只；建设10万套父母代蛋种鸡场1个，年生产优质蛋雏1 000万羽。

公司首家引进美国PIC祖代种猪，建设专业化PIC种猪扩繁场。石羊系PIC猪推广几年来的实践证明，PIC猪在陕西已具有很好的适应性，大群饲养条件下出生后135d达到100kg，料肉比达到2.5:1，屠宰率达到73%，瘦肉率高、肌间脂肪适度、肉质风味优秀，在推广中深受养殖户欢迎。

陕西省原种猪场拥有良好的DLY(杜长大)系列原种种群，新美系基因良种基础，经过二期项目的建设与发展，基础母猪群达到2 000头。计划再增加一个分场，使原种场基础母猪存栏达到3 000头，并增加种猪测定系统和疾病监测中心，安装电子监控系统。公司在强化优质良种猪生产的同时，加速优良仔猪生产场基地建设，用3年时间形成10 000头基础二元、父母代种猪场规模，年提供20万头优秀安全仔猪。

公司高度重视专业化队伍建设，以现有骨干企业为培训实习基地，采用引进与培养相结合的方法。招录畜牧兽医专业毕业生60余名，引进养殖专业技术人员20余名，建立了完善的生产记录分析系统与测算系统，形成了石羊畜牧基本管理模式。

公司依据多年的摸索，积极借鉴行业优秀企业的经验，基本形成了石羊养猪产业化模式，其核心内容为：

1.建设高标准的优秀种猪繁育基地，大力开展优良种猪推广，积极推广500~2 000头商品猪自繁自养模式，解决仔猪的质量与计划保障问题。专业化仔猪生产场的建设推广，包括圈舍设计、生产管理体系，利用公司现有猪场开展驻场培训。未来可年提供合格种猪3万余头，年出栏200万头商品猪。

2.规范化标准生产模式。实现单舍整进整出，统一设计，充分满足猪生长过程中的温度、通风要求，建立生产管理防疫标准化流程，兼顾投资成本理性化要求。

3.合同化供销服务模式。建立长期的合同计划供应体系，跟踪生产指导，保障收购价格，整合仔猪生产场、屠宰场。2008年公司可直接供应仔猪6万头，合同专业仔猪场10万头。2010年石羊将直接供应合格仔猪20万头，合同专业化仔猪场80万头，实现合同育肥户年出栏优质商品猪100万头。

4.养殖专业担保公司的参与。目前公司计划投入一定资金，联合政府对产业发展的扶持，对积极投入养殖产业而资金不足的养殖标化户给予担保，解决社会资源投入养殖的瓶颈，促进产业升级与转型。

5.专业化服务队伍的优质服务。以用户价值最大化为目标，指导用户切实开展规范化管理、标准化作业流程，提高畜禽存活率和饲料转换效率，降低成本，创造最佳效益。

石羊农牧公司以饲料为起点，大力发展畜牧养殖，积极探索食品加工模式，从农田到餐桌，全力打造绿色健康的生活品质，在广阔的田野上舞起产业一条龙，为新农村建设和农民增收贡献着自己的力量。

开拓进取 锐意创新 铸就辉煌

——陕西正大有限公司

2008年陕西正大有限公司饲料销售量突破13万t，销售额突破4亿元，刷新了历史记录。在传统事业饲料市场取得快速发展的同时，养殖事业全面启动，呈现了新事业与传统事业互相促进，竞相发展的良好格局。

在传统事业方面，实施“网络下沉，服务制胜”的策略，奉行“只有养殖户富了，才有公司的发展”的理念。在全省举办各类大小型技术推广会达2 140多场，培训农户达20多万人次。走乡串户，一对一服务达15万人次以上。

在新事业方面，全省范围内大力推广畜禽标准化。目前有120头标准化猪舍800多栋；300头以上母猪场70多个；并与安塞县蔬菜局合作投产1 200头父母代种猪场，年提供良种仔猪25 000头；与种猪项目相配套在安塞建设育肥猪园区5个(存栏规模在2 000头左右)。公司目前有蛋鸡标准化养殖户60多户，存栏55万羽。2008年实施“公司+农户”模式建成1个存栏10万羽蛋鸡小区和1个20万羽青年鸡全自动代养场。为响应政府号召，加速社会主义新农村建设，公司大力推广每栋10 000羽标准化肉鸡项目，合作采用代养模式。目前签定合作合同53份，建成投产20栋，已饲养33批，出栏33万羽。公司注入流动资金1 000多万元，使农户产生效益70多万元。

公司与陕西省各市、县、乡畜牧系统合作，举办各类技术交流推广会43场，并外请国内外知名专家，如西北农林科技大学赵余放教授、美国礼来公司和美国诺伟司的专家等授课，讲授国际先进的养殖理念。

做好人才储备，打造一流团队，2008年公司招聘博士1名，硕士10名，开展专家顾问式服务，有利地带动了行销人员的服务技能。公司为用户建立档案，实行个性化服务。

多年来陕西正大以“发展安全食品，保障健康消费，促进社会进步”为企业使命，始终把产品质量安全作为企业生存的唯一宗旨，从原料采购、生产、品管上进行控制。2008 年 9 月“三鹿”奶粉事件发生后，全国性生鲜牛奶质量和奶牛饲料产品质量安全专项检测普遍展开，陕西正大奶牛饲料系列产品在国家农业部、省、市多次抽检中经受住了考验，未检出三聚氰胺及金霉素、土霉素、四环素等抗生素，合格的产品体现了正大集团平时严格规范的管理水平，起到了陕西省龙头饲料企业的作用，并及时要求 130 多家原料供应商提供质量承诺书和国家权威部门检测无三聚氰胺的检测报告。陕西正大先后成为宝鸡蒙牛、西安伊利合作奶源基地饲料招标的中标企业。公司紧抓机遇，大力宣传，正大无公害肉品、蛋品销量实现翻番。面对奶业严峻形式，公司审时度势，派出专家团队，帮助奶农解决牛奶各项指标面临的困难，成功演绎一个化危机为转机的典型范例。

为了更好、更细致地检测原料，公司投资近 300 万元引进美国酶标仪和试剂盒、瑞典的近红外监测仪、美国的高效液相色谱仪等先进仪器。

陕西正大将继续围绕传统事业与新事业两大主线，不断引进先进的理念与技术，发挥饲料行业龙头企业作用。坚持服务于农户，服务于新农村建设。

推进产业进步　提高农民收入

——兰州正大有限公司

兰州正大有限公司是泰国正大集团与甘肃省农牧厅合作兴办的大型现代化农牧企业。公司成立于 1991 年 7 月 15 日，1993 年 8 月 28 日正式投产开业。现拥有 1 个年产 18 万 t 优质畜禽水产饲料的饲料厂，2 个年存栏母猪 2 400 头、生产优良商品仔猪 5 万头的猪场，1 个年生产 100 万羽优质青年鸡的鸡场。公司最近已通过第 4 批国家农业产业化重点龙头企业的审定。

截至 2008 年底，公司资产总额达 15 248 万元，其中固定资产 5 054 万元，企业资产负债率 59%；产销畜禽水产饲料 14 万 t，销售种猪 2 447 头，仔猪 5 万头，青年鸡 34 万只。实现销售收入 3.8 亿元，主营产品产销率达到 98%，向国家上缴税金 360 万元。

兰州正大大力发展畜禽标准化生产和安全食品品牌经营，创造了适合西北地区畜牧业发展的运做模式。形成了集饲料加工销售、畜禽良种繁育、畜禽养殖、食品深加工与销售、品牌经营于一体的多元化发展的格局，实现了从农场到餐桌的全过程控制。

兰州正大充分发挥省级农业产业化重点龙头企业的示范带动作用，广泛利用社会资源，在甘肃、宁夏、青海等地区培育和建立了合作型生产基地 36 家，共饲养母猪 7 200 头，年生产生猪 15 万余头；发展辐射户 42 家，母猪 1 万头，年生产生猪 20 多万头；设立专销网络 1 805 家，使用正大饲料、建立了档案并落实全程服务的专业户有 1 6000 多户。

兰州正大饲料厂全套引进世界一流的自动化生产设备，采用正大集团科学的营养配方，按照畜禽不同生长时期的营养需求，生产猪、鸡、鱼、牛、羊等系列饲料 100 多种。公司严格执行国家和集团的质量标准，所有原料实行 100%严格检验，生产过程实行全程质量控制和管理，确保饲料品质优良。公司通过了 ISO 9000 国际质量管理体系认证，在国家历次抽检中全部合格，曾连续 3 次荣获甘肃省“名牌产品”称号，并获得了“国家产品质量免检证书”。

兰州正大积极响应国家号召，主动参与社会主义新农村建设，以建立新型安全肉蛋食品产业化示范项目，推动社会主义新农村建设为出发点，采用标准化养殖生产方式，为农民提供绿色、高效的新型养殖模式，增加农民收入；建立养殖业、种植业相结合的生态农业和循环经济模式。截至目前，兰州正大已经在甘肃省张掖、武威、刘家峡、靖远、天水、庄浪、永登等地区建立标准化养殖园区 20 多家，肉品已供应兰州市场。兰州正大还与省内各地区、县各级政府以及宁夏青铜峡市、青海西宁市、湟中、互助等外省区达成初步合作意向，到 2012 年，通过标准化养殖园区的推广，在甘肃、宁夏、青海地区建立 100 万头猪、300 万只蛋鸡的生产基地。通过品牌化运作，将对推进产业进步，提升农民的收入，提高当地农产品市场竞争力发挥重要的带动作用。

顽强拼搏　再创辉煌

——青海黄河畜兴农牧开发有限公司

青海黄河畜兴农牧开发有限公司是经青海省工商局批准注册的一家具有独立法人资格的科技企业，专业从事各类牛、羊、猪、鸡、鸭、鱼等全价饲料、浓缩饲料、添加剂预混合饲料的加工和销售，兼营畜牧业养殖及品种改良。

公司于 1984 年建厂，原隶属于贵德县粮食局，1998 年由国有企业改制为股份合作制企业，2006 年再次改为有限责任公司，现有职工 32 人，占地面积 58 900m²。

公司现已开发和生产 20 多种配合饲料和 6 种添加剂预混合饲料，年工业总产值 1 000 万元，年销售收入 1 500 万元，总资产 1 200 万元。目前，公司是青海省“青南牧区越冬饲料贮备项目”的定点生产企业，产品市场以海南州为中心，销往玉树、果洛、黄南、海西、海北各州县及海东地区，其中部分产品已成为海南州乃至全省的名牌产品。为适应市场的不断变化，近年来公司致力于生产经营管理的改革，以“科技兴农、共同发展”为宗旨，以“质量是生命、市场是灵魂、管理是效益、创新是发展”为经营理念。

近年来公司按“公司+农户+基地”的经营模式，积极实行定单农业，近3年来每年在海南州各县收购青稞5 460t、小麦2 730t、玉米1 700t、麸皮4 000t、麻渣2 500t。为符合广大养殖户的养殖观念和要求，公司每年派专业技术人员逐村进行“科学养殖”和“畜牧疾病防治”等技术讲座，聘请专家对养殖户进行免费技术指导和培训，以送科技下乡的方式免费培训，参加培训的人数达到11 000人次，免费发放养殖手册4 000多本，VCD光盘1 900多张，提供养殖规划2 000套、饲料配方设计50例，同时向农户提供市场定位分析、市场动态系列配套服务等，有利地调动了青海省各地区养殖户科学养殖的积极性，推动畜牧业经济的发展。

公司是青海省农牧厅挂牌的“抗灾保畜”饲料定点生产企业。1998~2008年间，为青海省玉树州、果洛州、黄南州、海南州等地区生产“抗灾保畜”饲料逾5万t，生产其他全价饲料32 800t，累计雇用农民工1 202人次，带动青海省果洛州、玉树州、海南州五县、青南地区、西宁地区、海东地区等10多个县的农牧户22 890户，为青海省畜牧业的发展做出了一定的贡献。

公司为扩大再生产，于2008年7月自筹资金70万元，聘请郑州粮机厂的技术专家对现有的生产机组进行再次改造，引进了国内领先的电脑自动配料控制系统，使产品质量和产量大幅度提高，目前的全价饲料年产能力达3万t，添加剂预混合饲料年产量700t，在全省饲料行业中产量、销量均排名前两位。

三大产业服务农业发展 四大品牌助推农民增收

——宁夏大北农科技实业有限公司

宁夏大北农科技实业有限公司，位于银川市德胜工业园，是宁夏地区集生产、销售、研发、服务于一体的现代化农业高科技企业，是中国饲料工业协会和中国动保协会理事级会员单位，是大北农集团在西北地区的大型骨干企业。公司实力雄厚、管理规范、设备先进、技术一流、环境优雅，产业链涵盖饲料、油脂、动保3大领域。2008年5月公司荣获农业产业化国家重点龙头企业以及宁夏著名商标等荣誉。

公司的饲料产业自1997年以来产销量连续10年位居宁夏首位，“大北农”、“泽光”两大品牌誉满全区。公司生产的水产饲料在宁夏地区的市场占有率达50%以上，猪饲料在宁夏地区市场占有率达75%以上，反刍动物饲料在宁夏地区市场占有率达30%以上。

油脂产业是宁夏大北农发展循环经济的重要战略步骤。宁夏大北农油脂生产线是全国第3条、宁夏第1条专业生产玉米胚芽油的生产企业，主导产品为系列亚麻籽油、系列玉米胚芽油和系列葫麻油，产品远销宁夏、陕西、甘肃、内蒙古、青海、新疆等地。

动保产业是宁夏大北农延伸服务链条、提高公司科技竞争实力的重要举措，可以充分利用现有销售网络开展营销服务，为养殖户提供优质高效的动保产品。宁夏大北农动保产品自投放市场以来深得客户好评。

在激烈的市场竞争中，品牌是企业诚信的一个重要方面。宁夏大北农视质量为企业的生命，用不断的科技创新和扎实的质量管理推动公司的品牌建设之路，用质量和科技构筑起了宁夏大北农的品牌大堤。宁夏大北农坚持自主创新，以高技术、高附加值产品开发为重点，不断加大科技研发投入，培养和造就一支技术精湛、创新能力强、结构合理的技术创新人才队伍；建成了技术创新和高新技术产业化的优秀科技人才高地，形成有利于科技人才成长、聚集和发挥优势作用的良性机制。以“市场是创新的目标，观念是创新的先导，机制是创新的动力，员工是创新的主体”为创新理念，探索出以市场为导向、技工贸一体化、产供销一条龙的技术创新模式。

为全面提升公司的质量理水平，公司2007年12月顺利通过ISO 9001国际质量管理体系认证、ISO 14001环境管理体系认证、ISO 22000食品安全管理体系认证。严格按ISO 9001国际质量体系的要求进行各项生产经营活动，坚持质量管理作为企业的重点来抓，实行质量“一票否决制”，坚持质量专职管理和全员参与相结合的质量管理模式，走质量效益型道路。从优质原料、科学配方、严格质量上增强产品的高科技附加值，坚持不懈地用严格的质量管理确保饲料产品的高科技产品形象。

建一流企业，树百年品牌

——宁夏正旺生物技术有限公司

宁夏正旺生物技术有限公司成立于1998年，是专业生产和研创动物饲用复合酶和饲料产品的科技型企业。公司主导产品为畜、禽、水产饲用复合酶、生物活性蛋白质饲料、添加剂预混合饲料、浓缩饲料、高档颗粒饲料等5大系列100多种产品。公司自成立以来，始终秉承“科技兴农、科学富农”的经营理念，发扬正旺人“团结合作、勇于创新”的企业精神，紧紧围绕科技创新寻求企业发展。经过近10年的发展，公司现已初步形成集团化经营格局，下设生产基地和子公司3

家,产品销往宁夏、陕西、甘肃、内蒙古、青海5省区。

公司长期保持与国内著名科研院所和高校的友好合作与交流关系,近年来先后承担实施了"动物保健添加剂预混合饲料、浓缩饲料、颗粒饲料"国家星火计划项目、"高活性饲用复合酶生产技术"国家创新基金项目、"高活性饲用复合酶产业化生产"国家火炬计划项目,以及宁夏回族自治区、中卫市的各类科技项目6项,申请国家专利5项,公司的技术实力不断增强。通过建立实施ISO 9001国际质量管理体系和ISO 22000(HACCP)国际食品安全管理体系,狠抓产品质量和内部管理,产品质量不断提高。2008年公司起草实施的"Q/WZW002猪、鸡浓缩饲料"企业标准被宁夏质量技术监督局评为"标准创新贡献奖"。

公司坚持实施服务营销,以"服务三农,造福社会"为己任,通过技术培训、现场指导等措施,大力推进标准化养殖,倾力打造企业与经销商、养殖户三位一体的利益共赢平台,提升企业形象和品牌价值。近年来,"隆丰"牌猪系列产品先后被中国饲料工业协会评为"中国饲料行业信得过产品",被宁夏名牌战略推进委员会评为"宁夏名牌产品",2008年"隆丰"牌复合预混合饲料再次被宁夏名牌战略推进委员会评为"宁夏名牌产品"。

面对饲料行业新的挑战与机遇,公司将在服务农民、富裕农民和构建社会主义和谐农村的伟大进程中,将致力于"建一流企业,树百年品牌",争取把公司打造成一流的农牧综合性企业。

立足特区 服务海西

——厦门正大农牧有限公司

厦门正大农牧有限公司是由泰国正大集团(占60%股份)、厦门夏商集团(占36%股份)和福建省饲料工业公司(占4%股份)于1989年合资创办,归属厦门市农业局主管的大型畜牧联合企业,总投资2.7亿元。现已建成现代化大型饲料厂、添加剂预混合饲料厂,可年产猪、鸡、鸭、水产等各种配合饲料15万t,畜禽复合预混合饲料1.2万t,公司产品覆盖了福建、广东及浙江等地,公司在以上地区均建立良好的市场营销网络,提供售前、售中、售后技术服务,产品广受用户好评和信赖。

公司坐落于厦门市湖里区火炬东路,于1989年11月建成投产。公司占地面积2.8万m^2,建筑面积12万m^2,现有员工203人,其中有生产技术人员30名。公司全套采用美国、瑞士的先进设备,由正大集团技术总部直接提供配方,并对原料采购、饲料品质和生产过程进行全面的控制和管理。为品管部门配备了齐全的检验设备,如瑞士进口的蛋白质测定仪、蛋白质消化炉以及尾气吸收装置,德国进口的马福炉、美国进口的干燥箱等。另外,每年还送技术员参加正大技术总部的培训。目前,公司品管部化验室除了可以检测常规的蛋白质、钙、磷、盐、水分、灰分等,还可测定如添加剂预混合饲料中的铜、铁、锌等矿物质含量,原料中的糖苷毒素、游离棉酚等。还配备进口酶标仪,购买了进口酶联免疫试剂盒检测黄曲霉毒素、玉米赤烯酮毒素、呕吐毒素、三聚氰胺等,并配备了微生物检验室。

公司制定了严格的进料的检验制度,从30%的初检到100%的包包必检,保证了进厂原料的品质。每周都进行库存原料检查,每天的料温检测制度保证生产投料前的原料品质。规定了生产关键监控点,从原料投料到成品入库的每一个关键环节,都有品质监控。规定了品管员在每个关键岗位的检验频率及生产人员的检验频率,以及成品出厂的各项指标(化学指标、物理指标),以保证产品的质量。规定了成品在保存期间,品管员检查库存品的频率,仓管员检查仓库状况的频率。规定了原料、半成品、成品的不合格品应如何处理、识别,以防误用。保证不合格原料绝不流入生产工序,不合格产品不进入市场。

优良的产品品质、良好的售后服务是公司产品销量的保证。公司每个月均开展一次业务员培训,传授产品知识,以及如何为用户服务。公司还聘请专家为技术服务人员、业务员进行动物养殖管理、疾病预防控制培训。每个月月初召集各相关部门主管召开产品质量监督委员会,讨论上一月产品在市场上的反映,并及时制定改善计划。

公司建立了动保中心,为客户进行动物疾病诊断及筛查,进一步加强技术服务力量。公司还购买了能量测定仪测定饲料总能及动物的粪能,以提供更准确的数据给配方师设计更为合理科学的配方,服务广大用户。

公司有责任、有义务对员工进行持续的培训,并有意识地吸收新鲜力量充实公司的技术队伍。

首先对所有新入职的员工进行企业文化、规章制度、岗位职责、操作流程等方面的培训,使其从进入公司的第一天起,就对公司的产品、服务理念有清晰、完整的认识。对所有调整岗位的员工进行上岗前培训,保证所有在岗人员都有协调一致的工作程序和流程,保证产品质量的稳定和客户服务的一致性。对涉及产品制造和品质控制的人员定期进行训练,强化质量意识,强化操作流程,保证产品的稳定。所有直接面对客户的一线人员都经过业务服务和技术服务的专业培训,具备了统一、标准的客户服务技能。每年底公司人事部须对全体员工进行盘点,根据下一年的业务发展需求制定人员补充、招募计划,进而安排其实习、培训,实习结束后进行考评,合格的可以顺利上岗。

企 业 简 介

北京市

北京大发正大有限公司

北京大发正大有限公司是北京市大发畜产总公司和泰国正大集团于1986年合资经营,集育种、食品研发、物流配送、饲料生产、肉鸡饲养、屠宰加工、熟食生产与国际国内贸易于一身,牧工商一体化、产供销一条龙的大型现代化农牧食品企业,投产当年即被北京市政府确认为先进技术型企业,是中国最大的肉鸡生产和食品加工企业之一。公司总投资6.5亿元,注册资金3 000多万美元,2008年公司销售额达20多亿元,出口创汇6 500万美元。

公司所属饲料分公司(事业部)拥有3个饲料厂,负责饲料生产、销售及售后服务全过程管理,每年可生产"双大"、"大发正大"等品牌饲料42万t;生产和品管的检测仪器设备由英国引进,严格执行原料入厂100%检验,采用泰国正大集团根据当地肉鸡生产时期对营养的要求所设计的不同工艺配方。引入动物营养和现代饲料生产等科学理念,不使用动物源性原料、不添加任何激素成分,实行计算机控制管理,确保产品科学、优良、安全、健康。

北京市华都峪口禽业有限责任公司

北京市华都峪口禽业有限责任公司是集蛋种鸡生产、饲料加工、中式食品加工为一体的跨行业、跨地区经营的农业产业化国家重点龙头企业;公司占地约200hm²,拥有固定资产3.5亿元、员工2 800人,是目前国内最具实力的现代化蛋种鸡繁育基地和农业标准化示范基地。培育出了具有自主知识产权、生产性能国际领先、适合中国饲养环境的优秀蛋鸡品种"京红1号"和"京粉1号",打造了"峪口蛋鸡"中国第一品牌和"峪口蛋鸡专用饲料"、"皇宫"食品等知名品牌。

公司饲料产业通过了ISO 9001和HACCP质量管理及食品安全体系认证,拥有年生产能力18万t、工艺流程国内领先的全自动化生产车间。饲料产业是围绕种鸡产业应运而生的,为4A级雏鸡保驾护航,可生产3大系列42个品种。2008年公司添加剂预混合饲料产量达到8.6万t,产值达到2.2亿元。

公司产品具有"专一、专业、专用"的特性:专一,专注于研究蛋鸡饲料;专业,30多年蛋鸡饲养、营养研究经验,大规模峪口蛋鸡验证,由家禽营养学专家领衔率领的专业配方师团队设计;专用,峪口蛋鸡专用,根据峪口蛋鸡特点配制,发挥峪口蛋鸡最佳生长性能。

北京挑战集团

北京挑战集团创立于1997年,是由中国农业科学院创办的大型高新技术股份制农业企业集团,集科研开发、生产经营、技术服务、国内国际贸易于一体,以高科技含量的饲料添加剂、添加剂预混合饲料和动物保健品为主要发展方向。挑战集团以中国农业科学院饲料研究所、国家饲料质检中心等科研院所为坚实后盾,拥有业界著名科研技术专家多名,其中博士生导师2名、博士9名,技术力量雄厚,并按ISO 9001、HACCP、GMP标准建立起了质量安全控制体系。密集的人才优势、严格的生产管理,有效地保证了集团产品质量的优越和稳定。

集团注重科技创新,现已研制开发出20多个系列的300余种产品,集团产品主要有饲料添加剂、添加剂预混合饲料和动物保健品,拥有"挑战"、"神州绿源"、"特节"等多个品牌,种类齐全。集团的产品具有较高的科技附加值和广泛的市场适用性,在用户中享有良好的声誉,深受用户好评。2008年集团饲料和饲料添加剂总产量达到5.7万t,产值达到4亿元。10余年来,集团在全国各地建立了完善的销售网络和办事处,覆盖全国30个省、自治区,并远销欧美及东南亚地区。集团的产品线齐全、产量高、销售范围广,在同行业中处于领先地位,业已发展成为行业内高科技企业的领头羊,为我国饲料行业的科技进步和发展做出了突出贡献。

把挑战集团发展成为现代化、国际化的大型高科技农业企业集团是挑战集团始终不渝的奋斗目标。挑战集团愿与社会各界的朋友们一道"迎接挑战,共享成功"!

北京昕大洋科技发展有限公司

北京昕大洋科技发展有限公司是中国农业科学院饲料界、生物界的专家联手创建，注册于中关村国家级高科技园区的高新技术企业。公司集科学研究、产品研发、生产经营于一体；拥有一支以研究员、博士、硕士等具有丰富实践经验的国内外著名专家、学者为核心的科技研发和技术服务队伍；与中国农业科学院生物技术研究所、德国哥廷根大学知名教授、德国 EXTRA-VIT 公司都建立了紧密的技术、产品上的合作与交流；并已通过 ISO 9001、ISO 22000、HACCP 等认证。

公司现有生物发酵、化工合成和饲料 3 大研发、生产基地；产品包含饲料添加剂、饲料两大系列 80 多个品种；投资控股成立了北京昕地美饲料科技有限公司和北京昕地美饲料科技有限公司迁安分公司；下属的 11 个销售分公司使销售网络遍布全国。

昕大洋致力于植酸酶等饲料添加剂产品的专业化生产，在坚持把植酸酶等相关饲料添加剂产品做精、做专、做强、做大的同时，伺机将产业链适当延伸，扩展公司规模。坚持高科技、高素质、高标准、高志向，以“浓缩科技精华，与您共分享”为企业经营理念，立足于产品的“稳定恒远达天下”，注重与国内外饲料企业和全球跨国公司的战略联盟与共同发展，为成为世界的昕大洋而努力奋斗。

河北省

沧州市环球药业有限公司

沧州市环球药业有限公司是国家农业部批准，生产畜禽用氯化胆碱的专业厂家。是河北省饲料工业协会会员单位，是民政局、国家税务局、地方税务局认可的福利企业，享受特殊的社会福利企业待遇已有近 10 年的历史。

公司现在已具备大规模生产的能力，年生产液体 70%氯化胆碱 1 万 t，粉剂 50%氯化胆碱 1.4 万 t。产品除销往全国各省市外，还远销至日本、韩国、蒙古国、俄罗斯、美国等国家。公司技术力量雄厚，工艺设备先进，采用优质原材料，产品严格检验，各项技术指标均超过国家标准。

公司坚持以先进的科学技术为基础，以 ISO 9001 的质量体系做保证，给用户提供优质的产品和完善的服务。为适应畜牧业的发展、满足用户需要、扩大市场占有率，在新的一年里，公司将以优质的产品，优惠的价格答谢广大新老用户。

内蒙古自治区

内蒙古草原天邦饲料有限公司

内蒙古草原天邦饲料有限公司系由宁波天邦股份有限公司投资组建而成，公司位于内蒙古呼和浩特市和林格尔盛乐经济开发区，占地约 9hm²，总投资 6 000 万元，年单班生产规模 17 万 t，是一家专门从事反刍动物饲料研发、生产、销售与服务的高新技术企业。

公司独特的双轴差速调质设备、干湿两用膨化系统、全自动糖蜜添加设备和全电脑自动控制生产工艺以及严格的原料进厂、产品出厂、生产过程控制体系保证了公司饲料产品品质优良。伴随着公司经营业绩的不断提升，2008 年草原天邦在饲料行业遭受三聚氰胺事件的重创下依然实现销售收入过亿元，现已跨入内蒙古饲料生产销售企业的前列，“天邦”、“艾尼”牌饲料产品已成为中国乳都饲料行业的重要品牌。

天邦人以“天道酬勤，敬业兴邦”为己任，秉承“精制动物食品，呵护人类健康”的经营理念，以诚信为本，以市场和科技为先导，以质量和技术服务为中心，愿与各界朋友携手合作，谋求共赢！

内蒙古富川饲料科技股份有限公司

内蒙古富川饲料科技股份有限公司是一家集畜禽饲料研发生产、销售、养殖技术推广应用为一体的产学研型高科技民营企业，创建于 1999 年。公司现有资产 4 200 万元，占地面积 7 万 m²，建筑面积 2 万 m²；产品畅销内蒙古、宁夏、陕西、甘肃等地区，并出口蒙古。公司现有 500 个畜牧养殖技术服务站点，服务农牧户超过 20 万户，2008 年营业额达 1.3 亿元，每年可转化使用当地玉米、油渣、麸皮 10 万 t 以上。

内蒙古蒙捷锐牧业科技有限公司

内蒙古蒙捷锐牧业科技有限公司是一家专业研究和生产动物配合饲料、浓缩饲料和添加剂预混合饲料的高科技民营企业，年生产加工配合(浓缩)饲料 6 万 t，添加剂预混合饲料 5000t。公司拥有先进的生产设备，采用三级混合工艺确保饲料产品的高度均一性。公司配备有标准的饲料化验室，可分析饲料原料及产品中水分、粗蛋白质、粗脂肪、粗纤维、粗灰分、钙、磷、盐、赖氨酸、黄曲霉素等常规成分，为产品的高质量和稳定性奠定了基础。

公司成立以来，坚持以质量求生存的发展理念，赢得了良好的企业形象和品牌效应。全体蒙捷锐人以快乐向上、锐意进取的生活态度和工作精神，本着企兴、民富、国强的经营宗旨，团结、拼搏、服务、创新的企业精神去发展企业、回报社会、报效国家。

辽宁省

沈阳波音饲料有限公司

沈阳波音饲料有限公司是东北地区最早的添加剂预混合饲料专业研究者和供应商。生产制造各种比例的维生素、微量元素、复合预混合饲料。公司是国家农业科技成果转化资金项目企业，辽宁省农业产业化重点龙头企业、辽宁省添加剂预混合饲料技术中心。

公司于1990年由沈阳市饲料科学研究所和美国波音饲料有限公司合资组建，1999年完成民营股份制改造。公司占地面积5万 m^2。公司现有员工88人，其中博士占4%，研究生占10%，大学学历占46%，大专学历占12%。公司拥有能够控温、控湿的专业添加剂预混合饲料生产车间和布勒公司制造的目前世界最先进的专业添加剂预混合饲料生产设备；拥有维生素、微量元素和氨基酸分析实验室；拥有科学完备的质量管理体系；通过了ISO 9001国际质量体系认证和HACCP食品安全管理体系认证。通过10余年连续不断的添加剂预混合饲料专业研究，公司的专业能力得到同行的广泛认可，许多知名饲料企业和养殖企业与公司建立了稳定的合作关系。公司已发展成为东北地区市场占有率最高的添加剂预混合饲料供应商。

爱特杰牧业有限公司

爱特杰牧业有限公司是2003年在沈阳创立的民营股份制企业，目前下属沈阳爱特杰牧业有限公司、沈阳畜丰饲料有限公司、哈尔滨爱特杰牧业有限公司、沈阳博农动物保健有限公司等4家分(子)公司。营销网络覆盖北方五省区，业务范围以饲料为主，并涉猎动物保健领域。

截至目前，爱特杰拥有员工300余名，其中具有大学及以上学历者占多数，具有动物营养与饲料学、兽医微生物学、预防兽医学等专业的博士及硕士10余名。公司建立了动物营养研究室和动物疾病诊疗实验室，从事产品研发或为养殖场服务。作为双认证企业，爱特杰恪守质量体系和食品安全体系的管理原则和思想，产品性价比突出，产量及产值以每年30%的速度增长，已成为东北地区增长最快的企业之一。

爱特杰将始终秉承稳健经营、优质产品和卓越服务的方针，立志成为最有价值、最具影响力和客户推崇的企业，为中国畜牧业的发展做出自己的贡献。

鞍山市腾鳌东鹏饲料有限公司

鞍山市腾鳌东鹏饲料有限公司是一家以加工生产经营畜禽、水产等各种添加剂预混合饲料、浓缩饲料、配合饲料为主，集研究、设计、推广饲料新产品和养殖技术于一体的农牧业科技创新型企业。东鹏饲料公司地处辽宁省鞍山市腾鳌经济开发区，地理位置优越，交通发达，公司创立于1998年，历经10余年的奋斗、积累，现已发展成为月销售量过万吨，销售额过亿元，占地5万 m^2，建筑面积1.5万 m^2，拥有企业员工200多人的大型饲料企业。

公司科研实力雄厚，有50多人的专业技术队伍，其中有博士、硕士、高级畜牧兽医师等，是一支强大的科技创新研发队伍。公司引进了最先进的BRILL配方软件，根据可吸收营养价值及可消化氨基酸平衡原理并结合东北地区饲养管理特点优化饲料配方，使产品更能合理地满足动物的营养需求，保证了公司产品的科学性。

公司通过了ISO 9001:2000质量管理体系认证和HACCP食品安全管理体系认证，被辽宁省评为“省级农业产业化重点龙头企业”、“饲料行业综合实力30强企业”。

在变化纷繁的市场中，东鹏饲料有限公司将以市场需求为前提，质量效益为核心，和广大养殖户共同获利为目的，奉行“品质至上、追求卓越、诚信永远、创新无限”的企业理念，充分发挥人才、市场、管理、品牌、观念等方面优势，在新的世纪，实现新的飞跃。

辽宁众博饲料科技有限公司

辽宁众博饲料科技有限公司成立于1999年，位于辽宁凌海市双羊镇，占地1.1万 m^2，是一家专业生产添加剂预混合饲料、饲料添加剂的科技型股份制公司。

“爱心、敬业、诚信、创新”是公司的企业文化和众博人日常工作生活的准则。在日常工作中，视员工为亲人，待客户为上帝，视供应商为朋友，尊重竞争对手，积极参加社会公益活动。公司拥有一支高素质的员工队伍，目前80%以上员工具有大专学历，其中本科以上学历占60%。产品品种齐全，拥有农业部颁发的添加剂预混合饲料和饲料添加剂两项生产许可证，目前生产各种复合预混合饲料、1%亚硒酸钠等近40种产品。公司重视产品质量，认为优质产品的属性应包括舒适、高效、稳定、安全和服务等诸要素，因此公司上下始终对产品质量给予了高度重视，并建立了严格的质量保证体系和措施。重视售后服务，开展了提供饲料配方技术，免费检验饲料原料和成品，代为培训化验员等各项服务，视客户为衣食父母和上帝，坚持让客户先受益。

过去的10年，众博取得了长足的进步，但面对日益发展的今天，丝毫不敢掉以轻心。众博有信心把事业做大做强，为社会、为股东、为员工、为合作伙伴多做贡献。

辽宁众友饲料有限公司

辽宁众友饲料有限公司创立于2003年3月，地处新民市胡台经济开发区，占地面积3.5万m^2，建筑面积2万m^2，注册资金1 100万元。公司历经6年发展，现已成为东北地区饲料行业大型企业之一。2008年公司的资产总额达到1亿元，饲料产销量25万t，销售收入6亿元，利税总额2 600万元。

公司拥有3座浓缩、配合饲料生产车间和1座添加剂预混合饲料生产车间，每年可加工生产各种配合饲料、浓缩饲料和添加剂预混合饲料50万t以上，4条生产线均采用目前国际最先进的生产工艺设备，符合国家环保政策；整个生产流程均使用计算机自动控制系统，有效地保证了生产的高效率和产品的高质量。

黑龙江省

哈尔滨富康牧业有限公司

哈尔滨富康牧业有限公司成立于1999年6月，坐落于中国北方名城哈尔滨市，是致力于动物饲料的研发、生产、销售为主的现代化高科技民营股份制企业。几年来，富康人以铸百年富康品牌，强民族饲料工业为己任，以成为世界顶级的饲料制造商为目标，以艰苦创业为原则，以团结奋斗为基础，以造福社会为理想，以诚信经营求发展，在竞争激烈的畜牧饲料行业中开始崭露头角。

富康公司现拥有黑龙江省最先进的添加剂预混和饲料、浓缩饲料、各种高档颗粒饲料生产设备，有两条自动化生产线，并设立品控部门，从原料入厂到成品出厂严把质量关，严格按照ISO 9001:2000质量管理体系和HACCP食品安全管理体系要求执行。目前年单产能力达20万t，产品包括猪、鸡、鸭、鹅、狐、貉、牛、羊、鱼等动物的各个生长阶段及各种剂型的饲料，近300个品种，销售面现已覆盖黑龙江、吉林、内蒙古、辽宁等省。企业以稳健的步伐迈向集生产、加工、销售、服务于一身的集团化上市企业这一宏伟目标。

哈尔滨市联丰饲料有限公司

哈尔滨市联丰饲料有限公司建于1996年，是专业化、规模化生产经营猪、禽、牛添加剂预混合饲料、浓缩饲料、配合饲料和精料补充饲料的黑龙江知名企业，也是黑龙江省10强饲料企业。

公司拥有两条国内最先进的自动生产线，年产能达12万t。公司实施ISO 9001:2000管理，确保各种产品以其卓越的品质深受广大用户的青睐，并多次荣获“中国畜牧业首批放心品牌”等殊荣，现公司产品已覆盖东北3省，并远销内蒙古、河北、山东等地，品牌形象深入人心。

长期以来，公司坚持以“诚信为本”的企业理念来提升产品内涵和提高服务水平，生产优质饲料并强化全面的动物饲养解决方案，为客户创造价值。坚持“办好企业、成就自我、回报家人、服务社会、报效祖国”的企业宗旨，在生产经营过程中不断引进优秀的管理人才，完善各项管理职能，通过管理水平的提升和经营模式的持续创新，不断在成长中超越。

今后，公司将集中力量继续在饲料加工领域不断探索和创新，为本行业更好地服务于养殖业而努力，为中国的民族饲料工业及畜牧业的发展做出更大的贡献！

黑龙江新中旭牧业(集团)股份有限公司

黑龙江新中旭牧业(集团)股份有限公司是一家从事饲料生产、销售和服务，以及进出口贸易的饲料企业(集团)，总资产超过5 000万元，职工500余人。公司下属4个饲料生产基地和4个专业合作社，具有迅速便捷的供货能力和完善的服务队伍。

公司倡导“科技兴牧、惠农报国”的经营理念，与东北农业大学、黑龙江省畜牧研究所等院校科研单位紧密合作，为养殖户提供高质量的饲料产品。公司现拥有博士1名，研究员1名，副教授1名，硕士5名，大中专学历的专业人才150余人，公司通过并执行ISO 9001国际质量管理体系标准和HACCP国际通用的食品安全管理体系，生产猪、肉鸡、蛋鸡、反刍动物、水产和特种经济动物系列饲料产品，产品覆盖黑龙江、内蒙古、吉林、山东等7个省份。

目前，黑龙江新中旭牧业(集团)股份有限公司已经具备年生产配合、浓缩饲料20万t、颗粒饲料10万t、复合预混合饲料2万t的规模，成为年销售额超亿元的企业。

辽宁禾丰牧业股份有限公司
哈尔滨分公司

辽宁禾丰牧业股份有限公司哈尔滨分公司是禾丰牧业集团在黑龙江设立的一家独资子公司。公司于2003年在哈尔滨市国家级高新技术产业开发区登记注册，投资总额2 500万元，公司位于哈尔滨开发区迎宾路集中区昆仑路1号，占地15 300m^2，年饲料产量20万t，现有职工120余人。

公司主要产品是猪、禽浓缩饲料和全价饲料，有40余个品种、100多种规格。所生产的饲料是使用美国Brill配方软件，结合国内外先进技术和当地畜牧业特点精心设计而成。产品覆盖黑龙江、吉林、内蒙古地区。公司于2004年通过ISO 9001国际质量体系认证和HACCP食品安全管理体系认证。2005年8月被中国市场学会信用工作委员会授予“中国畜牧行业诚信经营企业”称号。2006年被评为黑龙江省饲料行业20强企业。

肇东市日成酶制剂有限公司

肇东市日成酶制剂有限公司始建于1972年，2006年12月由香港日成生物科技发展有限公司组建成中外合资企业。

公司是全国酶制剂行业重点生产企业、全国酶制剂协会副理事长单位、黑龙江省唯一酶制剂工程技术中心。公司是集生产、研发、销售、服务于一体的高新技术企业。2003年通过ISO 9001质量体系认证。“松雪”牌糖化酶、酸性蛋白酶、纤维素酶产品被评为“黑龙江省名牌产品”。

公司在全国拥有完善的销售网络及售后服务体系。现生产销售多种酶制剂，主要有“松雪”牌高转化率糖化酶、耐高温α-淀粉酶、中温淀粉酶、纤维素酶、酸性蛋白酶、木聚糖酶、果胶酶及α-乙酰乳酸脱羧酶等。产品广泛应用于饲料、啤酒、白酒、酒精、淀粉糖等不同领域。产品不仅在国内拥有良好的市场，饲料级产品还出口到美国、俄罗斯、乌克兰、韩国等国家和地区。

上海市

上海光明荷斯坦牧业有限公司

上海光明荷斯坦牧业有限公司是一家具有50多年奶牛养殖历史的综合性牧业服务公司，注册资金1亿元人民币。自开发使用以来，公司生产的“荷斯坦”牌饲料一直保持着良好的销售势头，产品系列不断加深，技术含量不断提升。其主要产品包括添加剂预混合饲料、精料补充饲料等。2008年公司饲料销售量达7万t，销售收入1.4亿元，其中添加剂预混合饲料销售收入2 000万元。

公司拥有一支高效率、高素质的产品研发队伍。多年来，公司一直与中国农业科学院、中国农业大学等机构保持紧密联系，并参与诸多国际奶业项目。目前，由公司自主研发的专利产品有6项。先后承担科技部、农业部和上海市科技攻关项目达30余项。每年，公司组织各类专家团进行全国技术服务，技术推广会达60多场，受益奶农近万人次。

公司的中央工厂（上海饲料厂）通过了ISO 9001质量管理体系和ISO 22000食品安全管理体系的认证。保证公司的饲料产品达到“优质、安全、高效”目标。

“百尺竿头更进一步”，公司将继续探索奶牛饲料领域的新技术、新工艺。秉承“真诚服务客户”的理念，公司愿与全国各地奶牛场、奶农携手并进！

上海美农饲料有限公司

上海美农饲料有限公司是一家应用食品化学与生物学技术，将动物生理与畜牧生产相结合，致力于提高动物采食量和消化能力，研发、生产具有国际先进水平的饲料添加剂的专业化、规模化企业。

公司位于上海嘉定工业区，占地面积约3hm²，拥有1万余平方米的标准厂房，4 000m²的办公楼及研究所，并设有专业试验基地。公司技术力量雄厚，与上海香料研究所、南京农业大学、四川农业大学、美国普渡大学农学院等机构紧密合作，能够做到产品领先、品质稳定、人员专业。产品畅销全国，远销东南亚，产销量位居国内同行业前列。

美农拥有专业的技术队伍，专业技术人员占公司员工比例达20%以上，拥有大批博士、硕士，并与川农合作成立博士工作站，拥有400头基础母猪的专业实验场。用严谨的态度，科学的方法，探索动物真实的需求。公司建立了ISO 9001、ISO 22000食品安全管理体系，规范的体系、专业的人员、先进的仪器保证产品质量的领先；生产设备均引进国际上最先进的混合设备，采用液体雾化装置，使原料的混合均匀度能够达到98%以上，产品的品质能够得到充分的保证。

“感恩、尽责、学习、创新”是全体美农人共同的价值观和行为准则。公司的经营理念是相信、尊重员工，与员工共同承担企业的责任、分享企业成功的喜悦；诚信永续经营，依靠科学技术和创造性劳动为客户提供物有所值的产品和更高品质的服务。与客户一起成功，成为世界著名的饲料添加剂企业是美农的目标。

特明科氯化胆碱（上海）有限公司

特明科氯化胆碱（上海）有限公司是比利时特胺化工在华投资的专业从事饲料级氯化胆碱生产销售的独资企业。公司位于上海市奉贤区庄行镇欧洲工业园区，占地面积1.3万m²，拥有员工38名。公司在1997年就从国外引进了全自动DCS计算机集散控制的氯化胆碱水剂和粉剂气流烘干的连续生产系统，使产品质量完全达到欧洲的质量标准，是国内目前唯一拥有该技术的氯化胆碱生产企业。公司早在1998年就获得了SGS颁发的ISO 9000质量管理体系认证证书，也是2000年国家开始实施饲料和饲料添加剂生产许可证时第一批获得生产许可证的企业。公司还是中国饲料工业协会的会员单位和上海市饲料工业协会的理事单位。

公司长期坚持以向市场推广高质量、安全的氯化胆碱产品为己任，在国内外举办了一系列的技术讲座并积极推动产品质量行业标准的改革，是目前执行的氯化胆碱产品质量行业标准起草单位之一。公司因长期坚持优质安全的产品质量和良好的售后服务体系赢得了客户的高度信任，使年销售额从最初的1 000万元人民币增长到2008年的6 200万元人民币。销售网络覆盖整个亚洲市场，出口量约占销售总量的50%，主要销往日本、泰国、马来西亚、印度尼西亚、菲律宾等国家。

上海众望饲料有限公司

上海众望饲料有限公司自1995年成立以来，秉承“诚实经营，服务养殖，造福社会”的宗旨，坚持“感恩、负责、求实、创新”的企业文化，稳健发展，取得了良好的经济效益和社会效益。

公司经营管理人员都具有大专以上学历，事业心强，品行良好，互相合作，积极进取。带领全体员工认真学习和贯彻《劳动法》、《安全法》和与饲料有关的各种法律法规，自觉遵守法规，做到人人遵纪守法，个个诚实守信 因此获得了广大客户和社会普遍好评。

公司重视科技创新，注重质量管理，1997年公司立项开发了“无抗菌素（绿色）饲料及添加剂”，1999年被认定为上海市高新技术成果转化项目，2000年被国家科技部等五部委列为国家重点新产品。2006年开发的“安全型肉质改进剂”被认定为上海市高新技术成果转化A级项目。

为进一步提高产品品质，确保产品质量稳定，保障食品安全，增强企业竞争力，公司于2002年根据《饲料和饲料添加剂管理条例》，以及饲料行业标准、卫生规范等有关法律法规，制定了饲料HACCP管理规范，建立和健全HACCP管理组织，培养了HACCP管理的技术人员和管理人员，确保了HACCP管理在企业的顺利实施，并于2003年底通过中国质量认证中心的HACCP国际质量安全体系认证审核，2004年1月在全国饲料行业率先取得HACCP证书。

企业既要管理有序，练好内功，又要承担责任，服务社会。公司自组建之日起，建立了良好的企业治理结构，逐步健全了各种管理制度，使企业一直保持稳健的发展。正确处理好股东、员工、客户和社区的关系，协调好各方利益为企业营造一个良好的生存和发展环境。公司始终把公众安全放在首位，从未在产品中添加任何违禁物。同时，力所能及地为光彩事业做贡献，积极捐助抗洪救灾、抗震救灾，还在两所学校设立了“扶贫助困”奖学金。

公司将一如既往，遵纪守法，诚实经营，不断学习，不断创新，切实抓好饲料的安全和质量，做优质做品牌的饲料。

上海百世腾饲料有限公司

上海百世腾饲料有限公司是美国纳斯达克主板上市企业艾格菲（国际）集团公司旗下的一家子公司，是艾格菲（国际）集团公司的骨干公司之一。上海百世腾饲料有限公司公司成立于1999年8月。

在近10年的发展过程中，上海百世腾始终坚持正确的战略方向，即通过公司内部卓越的经营管理，不断完善产品链及品质，向客户提供品质优异、稳定的产品和服务，强化与客户的伙伴关系，为客户提供差异化的价值，进而实现为股东创造更多利润，为客户创造更多价值，为员工谋求更好发展的战略目标。由于有正确的战略指引，上海百世腾饲料有限公司10年来不断发展壮大，先后3次扩大规模。2008年5月，公司顺利搬迁至上海奉贤区，并扩大注册资本至1 000万美元，成为上海市饲料行业的重点企业。

公司自成立以来是一直致力于专业研究、生产猪用添加剂预混合饲料、浓缩饲料、教槽饲料等畜禽饲料产品。始终坚持把产品质量及服务放在第一位，全力实践“为客户创造更多”的经营理念。公司始终坚持正确的企业经营理念，严格执行上市公司管理标准，特别重视公司内部的经营管理，严把产品质量关。公司已通过ISO 9001:2000质量认证体系的认证，并正在进行ISO 22000及HACCP认证。公司立足上海，服务华东区域，年销售量逾万吨，销售额逾亿元，逾万家用户遍布华东地区。目前拥有的“飞壮系列”、“百乐宝系列”、“爱母利系列”、“奔腾系列”等产品以卓越的性能表现和良好的售后服务深得广大用户的喜爱和好评，获得客户和市场的普遍赞誉，在行业内拥有良好的口碑。

上海百世腾始终牢记企业的使命：服务农牧、共享健康。牢记企业的战略定位“争做中国猪用添加剂预混合饲料大王”，在未来的征途上将更加努力拼搏，为中国饲料工业健康发展，为中华民族的伟大复兴，做出自己最大的贡献！

江苏省

江苏中丹集团泰兴瑞泰化工有限公司

江苏中丹集团泰兴瑞泰化工有限公司创建于1993年，是年营业收入过50亿元的江苏中丹集团股份有限公司的下属子公司，现有员工150多名，各类科技人员50余名，公司占地面积达3万m^2，固定资产4 000万元。

借助中丹集团国家级博士后科研工作站、省级专用化学品工程中心等创新平台，瑞泰公司乙氧基喹实现了技术创新的几次飞跃。公司拥有自主知识产权的领先工艺路线。拥有年产万吨的乙氧基喹啉原油、粉剂连续化、自动化生产装置，系全球同行业最大的乙氧基喹系列饲料抗氧化剂生产基地。主要生产“中丹”牌乙氧基喹啉95%原油、60%和30%粉剂等，均被认定为高新技术产品。产品畅销国内外20多个国家和地区，国内外市场占有率分别达50%和70%以上。2008年乙氧基喹啉产销量逾1.6万t，产值2亿多元，被评为2008年江苏省饲料工业20强。

公司自组建以来，始终秉承质量第一、诚信为本的原则，于1998年在同行业中率先通过了ISO 9000质量体系认证。2007年10月又率先通过了欧盟质量体系认证。几年来产品荣获“全国饲料信得过产品”、“江苏省名牌产品”等称号。为保持企业的科技领先优势，中丹集团还常年组织集团工程中心研发平台会同企业科技人员跟踪全球同行业最新科技动态，应用现代科技成果，不断推进技术创新，实现提质增效，进一步增强市场竞争力，持续保持领先优势。

公司注重企业先进文化建设，在实行制度管人的同时，按照科学发展观要求，坚持关心人、理解人，充分发挥全员聪明才智，为员工搭建施展才华的舞台，用足用活人力资源，从而使员工有归宿感、成就感，团队精神得到进一步的发扬光大。

公司愿与国内外广大新老客户保持互惠互赢的合作伙伴关系，并通过卓有成效的合作将双方的发展水平提高到一个新阶段。

南京禾嘉牧业有限公司

南京禾嘉牧业有限公司致力于畜禽添加剂预混合饲料、浓缩饲料、配合饲料、饲料添加剂、蛋白质饲料等产品的研发、生产和销售，是一家集科研、贸易、生产、技术服务、种猪生产和销售为一体的高新技术企业。旗下拥有多家独资或合资企业。

公司拥有高素质的研发与服务团队，借助南京农业大学、扬州大学、苏州大学、江苏省农业科学院等院校和研究机构，开发、创新和提升产品，并能根据客户的不同需求为客户定制高效适用的产品，实现客户利益最大化。禾嘉团队始终坚持以“用先进的技术为客户创造美好的未来”为使命，在品种引进、饲养管理、疾病防治、饲料及畜产品销售等环节为广大客户提供全方位的服务，给客户带来最大的效益。

公司拥有先进的生产设备及合理科学的生产工艺，标准化实验室内配备了先进的检化验仪器，生产技术先进，检测水平高超，产品质量安全可靠，处于同行业领先水平。公司具有完善的质量管理体系，并制定了原料采购、接收、生产、检化验、全程品质控制等管理制度。2006年顺利通过ISO 22000食品安全管理体系认证，这是公司为不断满足客户对产品安全性和质量要求的一项有力举措。2008年公司生产各种添加剂预混合饲料逾5 000t，销售额3 000多万元。

公司以技术领先、产品优质、客户满意、员工乐业为企业经营理念，以诚信、务实、创新、共赢为企业核心精神。努力将禾嘉牧业打造成中国一流的一体化农牧企业。

南京郁氏农牧开发有限公司

南京郁氏农牧开发有限公司创立于1996年，位于美丽的古都南京汤山工业集中区内，是集研发、生产、销售为一体的以代乳粉为主要产品的饲料企业。公司占地3万多平方米，建有现代化的综合办公楼和标准化厂房，以及可以与先进科研单位媲美的现代化实验室（配备了红外分析仪、紫外可见光光度计、液相色谱仪、气相色谱仪和电泳仪等仪器）。公司现有员工120人，其中高层管理人员和高级技术人员占25%，大学专科以上学历60人，硕士9人，博士3人。公司与中国农业大学、南京农业大学、华南农业大学等单位密切合作，拥有较强的专家顾问组指导产品的研发、生产、管理和销售，公司还拥有完善的售后服务体系。现公司年单班生产能力2万t，是国内目前最大的代乳粉生产厂家。2008年生产乳猪代乳饲料1.5万t，销售额9 100万元。

公司自创办以来，始终牢固树立质量意识和品牌意识，从原料采购、运输、生产加工、产品贮存等各个环节始终贯彻执行“精心选择天然原料、追求最新营养理念、关注幼小动物健康、持续改进产品质量”的质量方针，不断加大科技投入的力度，狠抓内部管理和质量管理。2004年顺利通过ISO 9001国际质量体系认证，为了进一步与国际市场接轨，不断提高经营管理水平、质量保证能力和产品的安全卫生水准，2007年公司顺利通过国际食品法典委员会《食品卫生通则》及其附则《危害分析和关键控制点(HACCP)》食品安全管理体系认证和饲料企业GMP认证，建立了质量和安全管理体系，同时公司“FORALL”品牌被认定为江苏省著名商标。

郁氏代乳粉是运用国内外动物营养与饲料科技的最新成果，采取先进的生物工程技术，把多种蛋白质原料再进一步发酵进行预消化处理，把多种脂肪原料进行优化重组后再乳化、均质、包被、喷雾干燥，最后将处理过的原料和一些功能性原料进行科学配合而成的。目前主要产品有郁氏高蛋白酸化代乳粉、郁氏高脂酸化代乳粉、郁氏速溶脂肪粉等。

公司自主研发生产的郁氏代乳粉，在饲料行业中已具有一定的知名度和良好的声誉。近几年，随着公司不断的开拓市场，产品销售网络已覆盖全国29个省、市、自治区。同时海外市场也在不断的扩大，公司产品已经出口到美国、德国、荷兰、意大利、菲律宾、马来西亚、越南等国家。

徐州长江生物科技有限公司

徐州长江生物科技有限公司是由中国煤炭地质总局江苏煤炭地质局控股的一家集科研、生产、销售、贸易于一体的大型股份制企业。公司下设配合饲料分公司、添加剂预混合饲料分公司、长江动物药业分公司、商贸分公司和物流分公司，在淮海经济区享有很高的知名度和信誉度。

公司生产设备先进、技术力量一流，拥有现代化的原料储备中心和成品仓储中心，建成了符合国家级实验室标准的检测室。公司与国内多个科研院所通力合作，依托科技创新和人才优势，产品研发水平和自主创新能力在全国同行业中属于领先水平。2008年公司生产各类饲料6.2万t，销售额2.2亿元。

长江动物药业分公司与国内外诸多知名生产企业有着密切的业务关系，是一家专营各种药物饲料添加剂的专业化公司，拥有多个知名品牌独家代理权。主要经营德国德固赛蛋氨酸、长春大成赖氨酸、四川龙蟒、川恒矿物质、进口单项和复合维生素、微量元素、酶制剂以及各种药物饲料添加剂等。

公司将秉承“服务大农业，共建新农村”的战略构想，坚持“规模第一、质量第一、技术第一、服务第一”的经营宗旨，更好地为中国农牧业服务，为广大养殖户服务。

宜兴市天石饲料有限公司

宜兴市天石饲料有限公司是集科研、开发和生产于一体的加工饲料添加剂高新技术企业，始建于1998年。公司从无到有、从小到大，不断扩展壮大，注册资本从60万元增至1 680万元，销售额从几百万元增至上亿元，产品市场已遍布美国、欧盟和东盟等国家和地区。2008年公司生产各类饲料添加剂2 500t，产值达7 500万元。

公司着重高新技术的开发，在原有产品的基础上，不断创新，改进老产品研发新产品，2008年分别在南京农业大学、江南大学、江苏微生物研究所成立了饲料添加剂研究室、生物工程研究室、微生物研究室，为新产品的研发提供支撑平台。2007年以来公司承担了国家火炬计划、农业部江苏省国际科技合作、财政部技术成果转化等项目，完成了创新基金、农业成果转化、江苏省重点技术创新、科技攻关等项目，获得发明专利两项，外观专利1项，被列为江苏省高新技术企业、江苏省农业科技型企业和江苏省饲料工业20强企业。

为不断提升产品质量，公司加大投入进行产品的升级换代，并购置一批高精仪器，加强对产品的检测检验。为打造天石品牌，提升质量奠定了坚实基础。在科技创新的理念下，公司已通过了ISO 9001认证、FAMI-QS认证、HACCP认证及复审工作，将继续开展ISO 1400、OHSAS18000、Kosher和halal以及清洁生产认证，在质量上把环节，抓细节，使公司在品管、质管上和国际接轨。

安徽省

安徽华亿农牧科技发展有限公司

安徽华亿农牧科技发展有限公司是集养殖业、饲料加工业、生态农业为一体的科技型与推广型的现代化企业，是安徽省农业产业化省级农头企业。公司下辖安徽华亿饲料科技有限公司、合肥华飞生物工程有限公司、安徽华富生态农业科技示范园、安徽华亿江淮家禽育种有限责任公司。

公司与国家饲料工程技术研究中心、农业部饲料工业中心、中国农业大学等多个科研院所建立了长期的合作关系，多年来承担了国家、省、市多项重点科研及产业化项目。

公司建有一个30万只青脚种鸡育种场，同时也是国家发改委生物育种高技术产业化示范基地；并建有占地约3hm²，年产量可达15万t的绿色全价饲料生产线和现代化添加剂预混合饲料生产线和饲用酶制剂微生物发酵基地，其中与农业部饲料工业中心合作研发的“饲用NSP酶高产菌种的选育及其固态发酵技术”居国内同类技术领先水平。公司现有各类技术人员8人，其中高级职称两人，主要管理人员均为中级以上职称。高素质的人才，科学的管理机制，先进的生产设备及质控手段，为公司的发展奠定了坚实的基础。

公司秉承“以人为本、科技至上、质量第一”的原则，始终以提升农业产业化水平为已任，提倡绿色、环保、安全、高效的产品思路。

安徽金农饲料有限公司

安徽金农饲料有限公司成立于2004年2月，隶属于安徽金禾集团，是一家股份制有限公司。公司占地约2hm²，年产能15万t以上，主营猪、鸡、鸭、水产等全价配合饲料、浓缩饲料、添加剂预混合饲料以及玉米、豆粕等原料。公司拥有国内一流的饲料机械设备；拥有一批技术、生产、品管、销售精英人才；与中国农业科学院、安徽农业大学等国内院校、研究所建立了长期稳定的合作伙伴关系。公司各类饲料产品以质优价廉等优势迅速取得了稳定的市场占有率。公司已顺利通过 ISO 9000 国际质量体系认证。

“诚信、创新、惠民、仁爱”是安徽金农的宗旨,“以人为本,服务至上”是安徽金农的经营理念。安徽金农热忱欢迎全国各地的客商和养殖界朋友携手金农,共享成功!

安徽九牛饲料有限责任公司

安徽九牛饲料有限责任公司是安徽九牛集团的核心企业,于 1998 年建厂,2003 年改制为民营股份制企业。公司 2005 年初投资 1 500 万元兴建了年生产能力 12 万 t 的饲料加工厂。公司现有员工 100 人,拥有各类专业技术人员 50 人,占员工的 50%,是一个年轻化、专业化、现代化的高科技饲料生产企业。公司销售网络覆盖安徽全省各地乃至福建、江西、浙江等省份,产品因其质优价廉,深受客户欢迎,并被评为安徽省饲料质量信得过单位。

公司一贯注重科技方面的投入,常年与各大专院校和科研单位合作,每年引进大批专业技术人才,并长期聘请国内知名畜禽养殖专家为企业顾问,注重新产品开发,新技术的应用,增加产品的技术含量,提高产品的质量。公司自主研发加工的奶牛系列饲料填补了安徽省奶牛饲料生产的空白。九牛牌禽饲料系列产品,奶牛添加剂预混合饲料产品成了公司的拳头产品,极具竞争力,颇得养殖户信赖。

公司在做好饲料精品的同时,着力发展种禽、畜牧养殖、禽类深加工,更好地服务“三农”,把公司打造成有影响力的省级产业化龙头企业,带动农民致富及相关产业发展,为我国新农村建设贡献力量。

安徽全椒未来饲料有限责任公司

安徽全椒未来饲料有限责任公司是一家以饲料加工为主,兼营饲料添加剂、畜禽产品的民营企业,公司成立于 1999 年,现位于全椒工业园区,占地面积约 $3hm^2$,投资总额达 3 000 万元,现拥有专业饲料生产设备 3 套,年设计生产能力 30 万 t。

公司本着“依托科技,降低养殖成本,提高养殖效益”的办厂宗旨,始终坚持“微利经营,价值营销”的经营原则,仅 2008 年就销售饲料逾 7 万 t,产值近 2 亿元。产品质量得到了客户的一致好评。公司也被评为安徽省农业产业化龙头企业。

在饲料行业发展的新形势下,自 2007 年起,公司投资 1.8 亿元,用于良种繁育,畜、禽、鱼养殖和观光农业、园林绿化等项目的开发建设。全部工程完工后可年出栏生猪 5 万头,鱼 15 万 kg,家禽 400 万只。将为推动当地的粮食转化、新型农业的发展以及农业的产业化发挥更大的作用。

展望未来,未来饲料将以诚信铸就辉煌,科技兴农,产业报国,力争做大做强,回报社会。为中国饲料工业的发展做出更大的贡献!

蚌埠安加生物科技工业有限公司

蚌埠安加生物科技工业有限公司依托北美贝尔生物科技公司及多所国内外科研院所为强大的技术后盾,萃取当今世界微生物学、动物营养学最新研究成果,投资 2 亿元引进国外世界一流生产试验设备,采用微生物菌群联合发酵、分离、提纯等先进工艺,按照“GMP+”规范的质量管理体系控制质量,生产世界上首创完全替代豆粕、鱼粉且性价比大大高于豆粕的“超鱼”牌育肥猪专用蛋白肽,代替鱼粉的浓缩蛋白肽、酵母蛋白质饲料和抗生素厂使用的生物氮素。用户使用每吨蛋白肽可以增创 6 500 元的惊人效益!公司具有年产 10 万 t 产品的生产能力。

公司研制生产了以小肽为标志的高科技高安全绿色的全新蛋白质饲料。“超鱼”系列产品是国家中部地区农产品深加工重点扶持项目,是公司与国内外多所大学、科研院所等单位合作生产的小肽类饲用产品,利用现代生物发酵技术,极大地提高蛋白质质量,对促进动物消化吸收和营养平衡,增强动物机体抵抗力和免疫力都有显著作用。

公司愿以高起点的技术,奉献高品质的产品,为用户创造最大化的价值。

合肥创一饲料有限责任公司

合肥创一饲料有限责任公司是股份制企业,资产总额 1 000 万元,拥有动物营养、饲料加工等专业人才 58 人。公司配置有先进的质量监控中心,具备年生产畜禽配合料 10 万 t,畜禽浓缩饲料 6 万 t,添加剂预混合饲料 3 000t 的能力。产品共有畜、禽、奶牛、水产动物 4 大系列,160 多个品种。公司设有示范养殖基地,常年开展配方筛选实验,及时跟踪国内外动物营养领域的最新进展,博采世界最新科技成果,并与中国养殖业的实际相结合,为客户生产一流的产品。

创一饲料始终坚持“创一流品质、创一流信誉、创一流服务”的企业经营理念,以“优质、稳定、高效”的产品逐步赢得了经销商和广大养殖户的认可,使公司产品远销皖、鲁、苏、豫 4 省的 60 多个县市。

3 年来,公司大力推行“公司+合作社+农户”的新型农业产业化发展模式,目前合作农户超过 200 户,分布在安徽省长丰县 8 个乡镇,年饲养商品肉鸡能力超过500万只。

福建省

福建天马饲料有限公司

福建天马饲料有限公司成立于2001年，是一家应用现代生物工程技术，以研发、生产特种水产饲料为主的国家高新技术企业，年设计生产各种水产饲料20多万t，其中鳗鲡配合饲料产销量居世界首位，是海峡西岸规模最大的水产饲料生产企业和国内一流水产饲料供应商。

公司拥有员工300多人，其中大专以上员工占40%。天马强化科技兴厂意识，引进、消化、吸收国际先进水平的饲料配方、生产工艺和生产线。公司产品均为本公司独立自主研发的高科技产品，并已经申请发明专利21项。

天马公司始终坚持“科技为先，管理为本，品质至上，奉献社会”的企业宗旨，秉承“学习、务实、创新、坚韧”的企业精神，遵循“质量第一、客户至上、持续改进、永续经营”的质量方针，以市场为导向，把握形势，灵活调整，稳健发展。“十一五”时期是我国全面建设现代渔业的关键时期，天马公司将在各级政府的关心与支持下，引领时势需求，缔造令业界刮目相看的业绩，逐步发展成为中国乃至世界一流的水产饲料企业，为海峡西岸的经济发展做出更大的贡献。

福建省华龙集团饲料有限公司

福建省华龙集团饲料有限公司创建于1988年，是由福建省农业科学院主管与控股的科技型企业。公司拥有8家子公司和8大支柱品牌，其中“华龙”是福建省著名商标。

华龙集团自成立以来始终以研究开发、生产经营高科技、高品质、高效益的畜禽、水产配合饲料、浓缩饲料及添加剂预混合饲料作为企业发展的重点和主攻方向，搭建起了短、平、快的饲料科技成果转化平台，架起了一座科研、推广、生产、服务一体化经营的桥梁。在积极稳健的发展战略指导下，华龙集团不断夯实和发展壮大了饲料主业，在不断努力将饲料做专、做精、做强、做大的同时，已形成了一套成功的华龙商业发展模式，导入的ISO 9001质量管理体系和HACCP食品安全管理体系正有效地运行着。2008年公司实现开发、生产无公害配合饲料和添加剂预混合饲料20万t，创科技开发总产值近7亿元。

在今后的征程上，华龙人将一如既往，发扬“团结、拼搏、求实、创新”的华龙精神，秉承“拥有梦想、追求卓越、乐于奉献、常怀感恩”的企业文化理念，深入实践科学发展观，为海峡西岸经济建设做出新的贡献。

江西省

赣州朱师傅预混饲料事业有限公司

赣州朱师傅预混饲料事业有限公司创立于1998年，是猪用添加剂预混合饲料专业供应商，也是江西省农业产业化省级龙头企业。

公司现有员工400多人，其中技术服务人员近百人。公司在江西省赣州经济技术开发区新建的朱师傅有机动力园于2006年竣工投产，该园区占地面积约3hm^2，第一期投资1 000万元，添加剂预混合饲料年生产能力3万t，并于2007年通过ISO9001和HACCP认证。公司营销网络覆盖大江南北10多个省份，“朱师傅”业已成为国内养猪行业的名牌。

公司是技术引导型企业，是奥地利百奥明、丹麦丹尼斯克动物营养等跨国公司的全球战略合作伙伴，并与美国谷物协会、江西农业大学、广东省农业科学院等国内外科研机构建立了长期的合作关系。近10年来，公司产品质量稳定，享有极高的市场美誉度，深受客户好评。

公司独家起草了引领动物营养方向的《朱师傅有机动力营养标准》，不断推出具备市场竞争力的拥有自主知识产权的高科技产品，在国内具有广泛的适应性和引领性。2008年，公司总销量达到3万多t，实现销售收入2亿多元。

朱师傅的目标：致力于成为添加剂预混合饲料全球领先供应商。

朱师傅的愿景：有猪的地方，就有朱师傅！

朱师傅的理念：精彩世界，和谐共生。

朱师傅的核心价值观：使命、创造、成长、共享。

赣州八维生物科技有限公司

赣州八维生物科技有限公司成立于2006年5月，位于赣州市经济技术开发区工业园，是一家专业动物营养和服务的供应商。

公司以质量求生存，以品质求发展，确立了“养殖户第一，质量第一，信誉第一，服务第一”的经营理念。公司以优质的产品、良好的信誉及完善的售后服务，赢得了广大客户的信任，赢得社会同行的一致好评。八维公司以“品德、创新、团队、速度、尊重、责任、成长、感恩”8大核心价值观经营企业。

自公司成立以来，在主管部门的支持下和国家各项农业优惠政策的恩惠下，通过几年的努力拼搏，公司总资产由成立时的50万元迅速发展壮大到目前的7 600多万元。公司现有30大系列、150多种添加剂预混合饲料产品，开发了200多种精良饲料配方，技术水平在同行业处于领先地位。

八维公司自成立之日起，坚持走守法经营、依法纳税之路，公司领导充分认识到依法纳税是企业应尽的义务和责任，是企业诚信的重要体现，是吸引客户的无形资产。为此，无论资金多么困难，八维公司始终把纳税放在首位，保证税款及时入库。

为赣州经济的腾飞，八维公司将一如既往贯彻执行“对接长、珠、闽，建设新赣州”的方针政策；为建设和谐社会贡献微薄之力！

河南省

河南广安(集团)生物科技股份有限公司

河南广安(集团)生物科技股份有限公司前身为郑州广安饲料科技有限公司，成立于1996年6月，2001年10月改制成为河南省畜牧行业第一家股份制民营企业，2005年12月，注册成立河南广安集团。

河南广安集团是以高科技安全饲料和绿色养殖为主营业务，以饲料原料、动物保健品、网络信息服务为辅助业务的农业产业化国家级重点龙头企业。公司设有博士后科研工作站、省级企业技术中心和添加剂预混合饲料工程研究中心，先后承担了国家火炬、省级科技攻关和重点高新技术产品产业化等多项科技项目。公司拥有9项国家专利，13项科研成果、8项高新技术产品、7项科技进步奖。

新时期新机遇，河南广安集团将紧紧围绕新农村建设这一主线，坚持自主创新，以饲料为基础业务，以养猪业为增值业务，以畜产品加工为突破性业务，加快产业化步伐，全面实施现代企业管理制度，实现集团公司的持续健康发展！

河南银发饲料有限公司

河南银发饲料有限公司始建于1997年，是一家主要从事饲料生产与销售及现代化畜禽养殖的综合性企业。总部位于郑州市，主生产基地位于新郑市北城区，占地1.7万m^2，具有目前国内饲料行业一流的自动化饲料生产设备及完善的配套服务体系。在河南新郑、河南信阳、湖北荆州有3个生产基地，年可生产浓缩饲料、全价配合饲料、添加剂预混合饲料30万t。现有职工300余人，其中有企业经营管理、动物营养、畜牧兽医等中高级人才20余人。

公司一贯奉行“为用户创造价值”的企业宗旨，坚持“诚信、创新、价值、共赢”的企业理念，生产的“银发牌”、“黑汉牌”、“银凤牌”等猪禽饲料深受广大养殖户的欢迎。企业先后通过了ISO 9001:2000国际质量管理体系认证和HACCP食品安全管理体系认证。公司产品不仅遍布省内各地，而且远销陕、晋、冀、鲁、皖、鄂等周边省份。多年来，银发企业带动地方种植业、养殖业、肉食品加工业及运输业等相关行业的发展，解决了500余人的就业问题，并直接带动2 000个养殖户和饲料经销商致富，促进了地方经济的发展。

公司于2008年成立河南银发牧业有限公司，投资1 000万元兴建现代化猪场，采用国际先进的联体猪舍、半漏缝地板、水泡粪模式及自动喂料和地暖保温系统，设计规模为基础母猪1 000头，年可出栏优质种猪及生猪2万头，同时建立种猪供精站，为养殖场提供更好的服务，以保证良种的纯度，促进养殖业的发展。

湖北省

武汉天龙饲料有限公司

武汉天龙饲料有限公司是一家集配合饲料、浓缩饲料、添加剂预混合饲料生产及养殖于一体的综合型高科技饲料生产企业。其中配合饲料及浓缩饲料生产能力达12万t/年，添加剂预混合饲料生产能力达4 000t/年。公司主要从事淡水鱼配合饲料、优质乳猪料、浓缩料、添加剂预混合饲料以及禽用配合饲料的生产经营。2008年公司饲料总销量为8.6万t，其中猪用配合饲料1.5万t，禽用配合饲料1.6万t。

公司坚持“质量、品牌、信誉、服务”的经营理念和“以人为本、科技领先、管理科学、不断创新”的治企方略。以发展民族饲料工业为己任，以“立志饲料、服务三农”为目标。公司已通过ISO 9001质量管理和HACCP食品安全管理双体系认证，是中国饲料行业信得过产品企业。

武汉艾立动物营养有限公司

武汉艾立动物营养有限公司是由台湾艾立生物股份公司于2003年投资建成的高新技术企业，位于武汉市江岸区谌家矶工业园区，下设添加剂预混合饲料厂、饲料厂和种猪场。已率先通过ISO 9001国际质量管理体系认证，被武汉市科技局认定为高新技术企业。

公司拥有标准化的添加剂预混合饲料生产线，技术配方由台湾艾立生物的营养博士根据国内畜牧业的特点而精心设计，主要原料均由国外进口，产品采用包被隔离技术，质量优良，性能稳定，产品远销东南亚市场。

立足中国，服务农业是公司的宗旨，将现代高科技应用于畜牧业的健康发展是公司的责任。

仙桃市仙发饲料有限公司

仙桃市仙发饲料有限公司位于仙桃市陈场镇，是仙桃市规模最大的饲料加工企业，现拥有陈场分厂、潘场分厂、新里仁口分厂、湖南益阳分厂和广西办事处。公司于2000年8月在原仙桃市粮食局陈场粮油公司仙发饲料厂基础上改制而成，公司原注册资本为50万元人民币，2005年7月变更注册资本为500万元人民币。公司始终坚持"诚信为本，科技为先，质量为纲"的经营方针，广纳人才，狠抓管理，开拓市场，使企业日渐发展壮大。

公司于2005年取得了国家质量管理体系ISO 9001国际标准认证书。公司现有员工150人，其中大、中专专业人员65人，2008年末拥有固定资产6 232万元，年产值1.5亿元，公司生产的仙发牌猪、鸭、鱼饲料畅销荆楚大地，还远销到广西、湖南、安徽等省区。

宜城市襄大农牧有限公司

宜城市襄大农牧有限公司成立于2001年2月，是鄂西北地区最大的民营农牧企业。公司于2004年通过ISO 9001质量体系认证，2008年被国家认定为第四批农业产业化国家重点龙头企业。

公司位于宜城市襄大路88号，企业占地面积逾15万m^2，注册资金6 500万元，总投资2亿元。公司主要从事猪、鸡、鸭、鱼等畜禽不同时期的优质颗粒饲料、浓缩饲料、添加剂预混合饲料的生产加工，同时生产艾维因鸡、三黄鸡等良种鸡苗。

2008年公司实现产品销售收入6.11亿元；利润总额1 879万元，企业在发展农业产业化经营工作中取得了满意的成绩。

湖南省

岳阳岳泰集团有限公司

岳阳岳泰集团有限公司，创建于我国实行市场经济初期的1993年。公司从创建之日起，即十分重视科技创新工作。公司避开"大路"粗放型产品、开辟"小路"高科技产品，与竞争对手展开差异化竞争。在饲料科研方面，企业引进了一批教授、专家、博士、硕士等高学历、高素质、高层次人才，形成了以教授、博士、硕士为领导群体的科研队伍，并与江南大学、湖南理工学院、内蒙古民族大学等高等院校及科研院所强强联合，成立了江南大学岳泰生命科学研究所，江南大学岳泰博士后科研工作站，内蒙古民族大学、湖南理工学院企校科研基地。

公司从一家年销售收入不足1 000万元的小作坊式企业，经过多年发展，已拥有300余家子分公司、年营运收入总额达数十亿元，成为一家跨行业、跨区域、多元化、外向型的大型集团企业！

长沙兴嘉生物工程股份有限公司

长沙兴嘉生物工程股份有限公司专注于高品质微量元素添加剂的研发、生产与推广，生产基地和研发中心坐落在国家生物产业基地。公司是中国饲料工业协会理事单位、全国饲料添加剂科技创新优秀企业。

公司依托湖南发达的冶金工业资源、技术及人才优势，融合自身在饲料添加剂多年耕耘的市场洞察力与研发能力，在动物微量元素营养需要、生产工艺、质量控制及消除安全隐患等多方面取得了辉煌成果，已拿到两个国家新产品证书，制定3项国家标准，获得20项国家发明专利，所有产品均拥有自主知识产权。

针对当前无机盐生产企业规模较小，产品质量不稳定，大量氧化剂残留及重金属超标等问题，兴嘉生物全资设立长沙兴加生物技术有限公司，专业从事安全、稳定的高品质微量元素的生产与推广，推出了力多金、复合多矿、硫酸亚铁、硫酸锌、硫酸锰等系列产品，凭借自身技术与规模优势，彻底消除微量元素应用方面的质量与安全隐患。

因为专注，所以专业。兴嘉生物的主业高度聚焦，只在饲料级微量元素领域开垦和耕耘，并高度关注饲料与食品安全，所有产品均具有创新性或由此延伸而来，比常规产品更安全、更稳定、更环保。

目前，公司跨入快速发展轨道，销售网络遍布全国各地，设立了新加坡、泰国等海外分公司，产品销往全球大部分地区，兴嘉生物正在成为安全、稳定、值得信赖的微量元素添加剂全球供应者！

湖南恒惠投资实业集团

湖南恒惠投资实业集团是湖南省农业产业化龙头企业，始成立于1998年12月，总部设在湖南省永州市，是由原湖南恒惠饲料有限公司发展起来的民营企业集团。建成了从科研-种植-饲料-种猪-养殖-生猪屠宰分割-肉制品深加工-冷储冷藏-农产品冷链物流的产业链，通过了ISO 9001质量管理体系认证。在永州市凤凰园经济开发区建成了设备先进、技术领先的饲料工业园，年产能达21万t，生产销售"恒惠"牌猪、鸭、鸡、鱼等系列饲料。

下属子公司湖南恒惠食品有限公司正与永州市生猪产业资源整合，加快建设国家农业综合开发重点项目《生猪屠宰分割及肉制品深加工项目》，发展产业集群，做大做强永州市生猪产业。该项目总投资2.5亿元，建设规模为年屠宰分割生猪100万头、年生产肉制品 7 万 t。所建冷库年储备总量可达 4.8 万 t,其中低温冷储猪肉年储备量可达 1.8 万 t。

下属子公司湖南恒惠农牧有限公司作为集团产业链中的一环,主要从事农产品种植、生猪养殖、原种猪扩繁和农牧技术服务,被认定为湖南省无公害农产品产地。公司拥有原种猪一级扩繁场 1 个、大型标准化规模养殖场两个,种猪生产通过了 ISO 9001 质量管理体系认证,按照健康养殖理念进行标准化规模养殖,年出栏种猪 1 万余头,生猪 10 万余头。

湖南伟业动物营养有限公司

湖南伟业动物营养有限公司创建于 1999 年,总部坐落在湖南长沙国家高新技术开发区,主要从事畜牧产业开发与技术推广。在国家政策和各级政府、社会各界的关心、支持和帮助下,公司业务发展突飞猛进,营销网络遍布华中、华南、华东、西南 15 省(市),在各地拥有办事处、分公司近 20 家。员工总人数 120 人,年销售额过亿元。公司新投资打造的饲料加工生产基地已竣工投产,目前公司每年可生产配合饲料、浓缩饲料 12 万 t、添加剂预混合饲料 6 万 t。公司拥有一支以归国动物营养专家为首的高素质研发队伍,始终立足动物营养与生物科技前沿,得到了政府和社会各界的广泛认可与信赖。

公司以"务实高效、追求卓越"为核心价值观,以"同心同德、共创伟业"为使命,以"事业常青、生活美好"为远景目标,秉承"诚信、敬业、团队、创新"的企业精神,以高度的社会责任心为我国畜牧养殖事业的可持续、健康发展做出更大的贡献!

广东省

广州南宝饲料有限公司

广州南宝饲料有限公司是一家专业生产饲料的大型饲料企业,隶属于广东南宝集团,生产猪、鸡、鸭、鹅、水产等 5 大系列 100 多个品种的配合饲料、浓缩饲料及添加剂预混合饲料,注册商标有"爱宝"、"亿宝",品种齐全,质量优良,价格合理,产品畅销广东、广西、海南等地,深受用户欢迎。

公司技术力量雄厚,与国内多所著名农业院校、科研院所保持紧密联系,技术持续进步,精益求精;现拥有 5 条先进的自动化配合饲料生产线及一条水产膨化饲料生产线,时产配合饲料 70t,配备美国进口 CPM 制粒机,全自动化的电脑配料系统,配料精确,混合均匀,工艺先进;拥有两条先进的添加剂预混合饲料生产线,选用双轴浆叶式不锈钢混合机,采用二级混合技术,确保混合均匀度变异系数小于 5%,可时产添加剂预混合饲料 10t。公司于 2006 年通过 ISO 9001 质量管理体系和 HACCP 食品安全管理体系认证。

公司自 1999 年投产后,产品质量一直稳定,产销量连年上升,深受用户好评,公司也因此获得了良好的经济和社会效益。2003~2007 年,公司年产销量均在 20 万 t 以上,年产值均超 4 亿元,已经在广东市场形成较高的知名度。

广东旺大集团

广东旺大集团是一家"集团规模、专业生产、优良品质、忠诚服务"的科技企业,总部坐落在广州科学城,是以国内外生物工程高新技术为依托,专业化、规模化研发、生产和销售生猪添加剂预混合饲料、浓缩饲料为核心业务的高科技企业集团。现有核心直属企业"9 厂 3 所两基地一贸易",成立了华农旺大猪病研究所、旺大人力培训所、旺大快大保健所,在广州、南昌建立了养猪实验基地,设立了 40 多个办事处,产品遍布 16 个省,还远销东南亚,树立了良好的品牌知名度。

旺大拥有"旺大"、"旺得福"、"保健乳"、"乐宝"4 大知名品牌,技术力量雄厚,有博士后 2 名、博士 5 名、硕士及高级营养师 38 名和诸多兽医师,产品具有"生物快大、植物保健、纳米营养、质量安全"的特点。旺大长期以来坚持"旺大助您更安全"的服务理念,形成了"专家教授-高级兽医师-基层服务员"3 级服务体系,进行 24 小时至善服务,并推出"技术推广会、疾病诊治、养殖全员培训、生猪买卖、原料检测、兽医药房、VCD 及资料、旺大养猪协会、种猪测定、经营管理、猪场设计"等 11 项服务。

旺大是广州首家通过 ISO 9001 国际质量管理体系认证的添加剂预混合饲料生产单位、华南首批通过 HACCP 食品安全体系认证单位、获得国家出入境检验检疫局颁发的《产品出口证》,成为华南地区添加剂预混合饲料首选品牌。

旺大始终坚持"从心沟通,伙伴成长"的核心价值观,践行"用户赚钱、经销得利、员工成长、企业发展、社会和谐"五赢模式,争取把旺大打造成为中国一流的专业猪饲料科技企业集团!

金钱饲料(中国)有限公司

金钱饲料(中国)有限公司是瑞士金钱集团在中国投资的首家饲料生产企业。公司 1983 年 1 月创建于深圳经济特区蛇口工业区,工厂全套引进瑞士布勒公司生产设备,专业生产经营"金钱"牌畜禽、水产配合饲料、浓缩饲料和添加剂预混合饲料,产品外销港、澳,内销广东、广西、海南、湖南、江西、福建、云南等省区。

公司成立20多年以来，始终坚持质量第一、客户至上的信念，竭诚服务于中国的畜牧水产养殖业，公司及其产品深受客户的信赖与广泛的赞誉，先后荣获全国饲料行业百强企业、中国饲料十佳名优品牌等光荣称号。公司重点开发的“金钱宝”代乳猪饲料、311SP特别乳猪饲料和302、303、314等系列优质猪料尤其适合工厂化猪场使用。

公司本着“金钱伴您成长”的宗旨，将一如既往地为广大客户提供优质全价配合饲料、浓缩饲料和添加剂预混合饲料，并提供完善的配套服务，期盼与客户共同成长。

广州巨元生化有限公司

广州巨元生化有限公司成立于2003年2月，注册资本800万元，地处广州增城市，2005年4月正式建成投产。现有员工116人，其中大专以上专业人员46人。公司于2007年12月被认定为广州市高新技术企业。

公司自成立以来，一直将我国研发水平较低的类胡萝卜素产品作为重点产品开发。在注重培育公司自主创新能力的同时，坚持走与国内高等院校和科研院所合作研发新产品的道路，取得了预期效果。

目前，公司上市的主要产品为10%斑蝥黄（商品名：天丽红）、5%天丽橙（玉米黄质）、10%β-胡萝卜素等。其中，天丽红（10%斑蝥黄微囊）以其稳定的品质及优良的着色效果，于2007年被评为广东省优秀产品，替代进口同类红色素。除在国内已具有较高的市场占有率外，还批量销往欧盟、美国、南美、东南亚等多个国家和地区，而含有70%以上的玉米黄质且已制成微囊制剂的5%天丽橙产品，其着色效果及稳定性远高于普通的万寿菊类黄色素，广泛用于水产和家禽饲料的营养型着色剂。

公司一直注重产品质量管理，于2006年3月通过ISO 9001质量体系认证，2006年5月通过欧盟FAMI-QS认证。展望未来，公司将持续坚持“以为顾客创造价值为核心”的宗旨，不断推出行业所需的饲料添加剂新产品，努力将公司建成华南地区有影响力的饲料添加剂生产基地，并力争成为全球类胡萝卜素产品的主要供应商。

广西壮族自治区

广西彼得汉预混饲料有限公司

广西彼得汉预混饲料有限公司是荷兰普乐维美集团旗下生产添加剂预混合饲料的国内大型骨干企业，拥有的“比得好”是中国最著名的添加剂预混合饲料品牌之一。20年来公司产品畅销全国各地并出口东南亚各国，为推动中国畜牧业的发展做出了巨大的贡献，创造了巨大的社会效益和经济效益。

广西彼得汉预混饲料有限公司1993年与重庆市畜牧公司合作成立重庆彼得汉预混饲料有限公司，1996年与越南农业部合资建立了河内彼得汉畜牧发展有限公司，胡志明市分公司也于1999年建成。公司于2002年通过ISO 9001:2000国际质量体系标准认证。秉承“创一流产品，一流服务，全力扶持养殖致富”的经营理念，全身心致力于动物营养和饲料产品的研制和开发，满足不同市场和客户的需求，以确保产品达到最好的技术表现和经济效益，并在激烈的市场竞争中处于领先地位。2008年公司在激烈的市场竞争环境下依然取得了良好的经营业绩，销售量达到了1万t，销售额8 000万元，比2007年增长了10%。

广西汇杰科技饲料有限公司

广西汇杰科技饲料有限公司成立于2000年，位于中国绿城广西南宁市，是一家从事添加剂预混合饲料及高档乳猪饲料的研究与生产、畜禽养殖与销售的综合型农牧企业，在广西拥有一家现代化的饲料生产基地和多家大型养猪场，公司年生产添加剂预混合饲料、乳猪教槽饲料近8万t，年出栏生猪近20万头。广西汇杰科技饲料有限公司是艾格菲国际集团在华的全资子公司，与艾格菲国际集团旗下的南昌公司、上海公司、广东公司、山东公司、厦门公司、福建公司、海南公司等多家饲料企业一起构成了中国最大的添加剂预混合饲料生产企业集团之一。

公司拥有一支具有硕士以上学位的高级管理和研发团队，公司同时与广西大学动物科学技术学院、广西农业职业技术学院、柳州畜牧兽医学校等高校机构搭建人力资源共享平台，汇聚动物营养学、饲料加工及动物医学、畜牧兽医等研发和养殖界的精英，拥有近300人的销售和服务队伍。

公司拥有现代化饲料生产线及国内最先进的生产工艺，年产8万t添加剂预混合饲料和高档乳猪教槽全价饲料，产品质量稳定，连续多年被评为出口食用动物饲用饲料生产一类企业。

2008年公司开始涉足生猪养殖业，公司采用“饲料+养猪基地”的模式扩展自身的产业链；为顺应集团总部在养猪业的发展，公司将饲料生产和生猪养殖分开管理，公司成立专门养猪事业管理部，从而实现饲料和养猪的专业化管理，进一步向养猪规模化、专业化发展；公司现已在广西、海南建立了生猪养殖基地，生猪养殖基地的建立为企业的发展插上了腾飞的翅膀。

广西商大科技有限公司

广西商大科技有限公司是一家专门从事畜禽水产添加剂预混合饲料研发、生产、销售的专业企业。在广西南宁市东盟经济开发区拥有占地2万多平方米的研发生产基地，该基地年生产能力达5万t。目前，产品主要覆盖广西、广东、海南、云南、贵州、湖南、江西等地。

广西商大科技有限公司技术力量雄厚，拥有一支由动物营养、畜牧兽医等专业的博士、硕士组成的技术团队。公司以四川农业大学动物营养研究所、广西商大科技有限公司博士后工作站的专业研究为基础，同四川农业大学、中国农业大学、中国农业科学院饲料研究所、华南农业大学、广西大学等多所著名高校及科研单位的专家开展广泛的交流与合作，不断提升产品研发技术水平和服务水准，以其优秀的产品和服务，赢得了广大客户及行业同仁的褒扬！

广西商大科技有限公司始终坚持“服务为本，品质第一；和衷共济，利益均沾”的经营宗旨，在向客户推荐优秀产品的同时，系统地为客户提供营养方案、饲养方案、健康控制方案及企业管理方案，还与国内外多所高校及专业机构合作，向国内的饲料加工企业、养殖企业、专业用户传递动物营养、动物健康、饲料加工、饲养管理及企业管理的先进理念，共同提升行业养殖技术与管理水平。

面对未来的发展机遇与挑战，商大公司坚持科技领先、品质第一，坚持以客户为中心，不断创新，为畜牧业的发展提供更有力的支持与帮助，让养殖更轻松！让生活更精彩！

广西南宁骏威饲料有限公司

广西南宁骏威饲料有限公司是一家专业生产各种优质的饲料级单项微量元素添加剂及畜、禽、水产类复合矿物元素添加剂和复合预混合饲料的企业，拥有自主进出口权。公司生产工艺先进、技术力量雄厚、检验仪器齐全、管理体系完善，并取得了ISO 9001:2000质量管理体系和IQnet认证证书。

公司正在实施科、工、贸一体化的发展战略，旗下拥有“广西南宁益维饲料科技有限公司”和“广西南宁市杰威贸易有限公司”两个全资子公司。目前主要生产有饲料级硫酸铜、硫酸亚铁、硫酸锌、硫酸锰、硫酸镁、氧化锌等单项微量元素产品，同时也生产碘酸钙、亚硒酸钠、硫酸钴等稀释剂产品及畜、禽、水产类复合多矿、复合预混合饲料等产品，每年总产量逾3万t。另外，公司还可以按用户提供的质量指标生产符合其质量要求的产品。

公司生产的微量元素系列产品除了占广西地区70%以上的市场份额外，还远销广东、福建、浙江、江苏、辽宁、河南、河北、海南等20多个省(市)，与国内多家大型饲料企业都建立了长期稳定的合作关系。同时，公司生产的产品还出口到美国、越南、泰国、韩国、巴基斯坦、印尼、科伦坡、土耳其、智利、新加坡、新西兰和中国台湾等国家和地区，产品质量得到了国内外用户的广泛认可。

“以质量求生存，以信誉求发展”是公司的企业宗旨。凭着过硬的产品质量和良好的信誉，产品销售量年年攀升，企业影响力不断扩大。2008年，“骏威”商标被评为广西著名商标。展望未来，公司将再接再厉，以稳定的产品质量和更优质的服务力争为中国的畜牧业发展做出更大的贡献。

桂林市万康生物化工有限公司

桂林市万康生物化工有限公司(原桂林万康添加剂厂)创建于1992年，是中国最早自行研发及生产饲料和食品保鲜产品的专业企业之一。

公司位于广西桂林市八里街定江三号工业区内，占地约3hm²，建有5 000余平方米布局合理、设备精良的生产综合楼、生活楼及辅助建筑设施。

万康公司始终坚持“以人为本”的企业发展理念，注重科研创新与技术服务，拥有一支专业化、高素质、德才兼备的员工队伍，其中大、中专学历者比例占员工总数的70%。公司主要产品有“霉必克”饲料防霉剂、“氧必克”饲料抗氧化剂、“乐酸宝”饲料酸化剂等系列产品，经国家权威机构及广大用户对比试用，公司产品在抑菌力、抑菌谱、抗氧化能力、适口性、营养性等主要指标上均处于国内外同类产品的领先水平。万康公司也因突出的科技创新及成果于2005年被广西壮族自治区科技厅认定为“高新技术企业”。

在致力企业发展壮大的同时，万康以奉献社会为己任，除诚实纳税外，还热心投入社会公益事业当中，年年慷慨捐资，为当地乡镇建设、大中小学教育、贫困救助、抗洪救灾等做出了自己的贡献，获得了社会各界一致好评。

凭着一流的技术、品质及服务，万康产品赢得了广大用户的信任。除当地饲料企业外，万康产品还成为通威集团、新希望集团、正邦集团、华港集团、华西希望集团、双胞胎集团、加大集团、海大集团、恒兴集团等知名企业指定供货产品。万康公司将秉承“诚实、贡献”的企业价值观、不断创新，继续为用户提供精益求精的产品及服务，为饲料行业的健康发展做出更大贡献。

重庆市

重庆彼得汉预混饲料有限公司

重庆彼得汉预混饲料有限公司是成立于1993年

的专业化合资性质的复合预混合饲料有限公司。公司主要致力于高品质复合预混合饲料和浓缩饲料的生产和销售。是目前重庆市规模最大的复合预混合饲料公司之一。

1997 年普乐维美进入中国市场，在北京成立代表处。为推动彼得汉集团长远发展,迎接中国入世后的全球挑战,提高产品的科技含量和新产品的研发能力,2001 年彼得汉集团加入普乐维美集团,标志着重庆彼得汉预混饲料有限公司走上新的发展历程。目前普乐维美大中国区已经拥有 1 家国际贸易公司及 6 家以添加剂预混合饲料为主的生产经营公司。

重庆彼得汉预混饲料有限公司经过 17 年的发展,已完全具备了向规模化养殖企业和饲料厂提供优质产品和技术服务的能力。

重庆通威饲料有限公司

重庆通威饲料有限公司,是由通威股份有限公司于 1995 年在重庆永川区投资 3 000 万元建设的,年产 30 万 t 饲料的全资子公司。

公司遵崇“追求卓越、奉献社会”的宗旨;奉行“诚、信、正、一”的经营理念。坚持以人为本的原则,追求精益求精,事事一流的作风。以责任谋求共进、创造卓越、通力合作。每个通威人的行为必须对自已负责,对他人负责,对公司负责,而公司经营行为必须对员工负责,对用户负责,对社会负责。

公司具有科学、灵活、务实、创新的民营企业机制;具有专业强、年纪轻的人才优势;生产过程自动化程度高、产品科技含量高。具备生产猪、鸡、鸭、鱼饲料共 100 多个品种,200 多个规格的能力。公司以质量为企业生命,走质量兴企之路。于 1998 年 10 月顺利通过了中国方圆认证委员会巴蜀认证中心的 ISO 9002 国际质量体系的认证，并于 2006 年又率先在饲料行业通过 ISO 22000:2005 食品安全管理体系认证。

重庆正佳饲料有限公司

重庆正佳饲料有限公司成立于 2005 年 2 月,是一家集饲料研发、生产和销售为一体的企业,年饲料生产能力达 6 万 t。

随着我国农业产业结构调整和规模化养猪的发展，全国各地都在不断地推广优质的瘦肉型猪种,如 PIC 配套系猪、长白猪、大约克猪、杜洛克猪以及洋三元、洋二元杂交商品猪等。这些猪的显著特点是长势快、瘦肉率高,但在饲养过程中往往也遇到很多问题,特别是饲料营养问题。从国外引进的良种猪,其营养水平比地方猪和土杂猪高得多,如果采用我国地方猪和土杂猪的方式饲养,往往是事倍功半。为了解决这一矛盾，公司专家对不同猪种的营养需要进行了长期、深入的对比研究,并取得了丰硕的成果,研制出了特别适合于优良品种的种猪、乳仔猪及生长肥育猪的系列添加剂预混合饲料、浓缩饲料、配合饲料,取得了极好的效果。

公司目前提供的产品主要有乳猪、仔猪、中猪、大猪、后备猪、妊娠母猪、泌乳母猪、种公猪的系列添加剂预混合饲料、浓缩饲料、全价配合饲料(颗粒料、粉料)。公司还承接来料加工业务,按客户的要求生产饲料。

公司本着“质量与服务”的经营理念以及“高效与规范”的管理理念,以一流的产品打造一流的品牌,更好地为中国的养猪事业服务,为中国饲料工业的健康发展而不断努力。

四川省

绵阳禾本生物工程有限公司

绵阳禾本生物工程有限公司成立于 2002 年,生产工厂位于四川省绵阳市南郊工业园。禾本公司的主营业务为植酸酶、木聚糖酶、甘露聚糖酶、非淀粉多糖复合酶等酶制剂和其他发酵制品,为包括中国在内的 30 多个国家和地区提供高品质和完善的服务。

公司以雄厚的自主研发能力、强大的生产供应能力和高品质的产品在中国饲用酶制剂领域占据重要地位。公司自成立以来一直专注于国际前沿生物技术的研究和应用,把培育自主研究开发能力作为构筑企业核心竞争力的根本途径。公司拥有亚洲领先的生物发酵制品生产供应能力。禾本总投资 6 000 万元、发酵能力超过 1.5 万 t 的生物发酵产业园目前已经顺利完成并投入使用。

禾本公司专注于在生物蛋白领域的长期稳健成长,通过技术创新持续提升品质和增加新产品,满足不断增加的全球客户的多元化需求,实现“与客户分享科技价值”的企业宗旨和“具备全球竞争力的一流生物公司”的企业战略目标。

彭山县丰美饲料有限公司

彭山县丰美饲料有限公司创建于 2003 年，公司坐落于中国著名的长寿之乡——四川省彭山县。公司占地约 $5hm^2$,投资规模 5 000 多万元,年生产能力达 20 万 t 以上,生产设备精良,检测仪器先进,产品质量保证体系完善,技术力量雄厚,拥有国内外资深的畜禽水产专家组成的技术顾问团，确保产品优质高效，是一家集科研开发、生产销售、技术服务为一体的大型现代化饲料生产龙头企业。满足客户需要,为顾客创造更多的价值是公司的目标。顾客与企业共同发展，共同进步是公司的愿景。

在饲料工业飞速发展和竞争白热化的时代，丰美人用自己的聪明才智和顽强拼搏精神加规范化的管理铸就了辉煌。今天的丰美人正一步一个脚印在“德、诚、忠、勇”的企业精神激励下，不断的提高、不断的进步，企业迈向了快速、健康的发展轨道，不断完善、发展、壮大。

丰美公司在创建初始就制定了高起点、高标准、规范化管理的发展思路，坚持抓好人才的选用和培训，让员工学习、领悟企业文化，组建优秀的团队。几年来培育了一大批爱岗敬业、业务精通、忠于企业的优秀员工，甘为企业的发展宏图添色加彩。在抓好团队建设的同时，一方面结合市场需求，不断研发新产品，让优质产品去拓展市场。另一方面精心合理的布局营销网络，派出业务骨干对口指导技术售后服务。在抓好网络建设的同时，针对性的成立了彭山县生猪养殖协会和丰美养殖示范基地，进行高水平的技术指导服务，同时与银行、肉联厂联手推出丰美客户贷款、饲料供应、生猪回收一条龙让利营销模式，有效地带动了养殖业的发展，使公司产品销量稳步上升。

丰美人深知任重而道远，需要不断的总结和探索创新，坚持走丰美人的道路，发愤图强，才能使丰美前进，抒写新的篇章。

绵阳市新一美化工有限公司

绵阳市新一美化工有限公司是四川银河建化集团投资成立的一家高科技精细化工企业。公司依托集团公司强大深厚的铬化工背景，专业从事有机铬制剂的研制、生产与销售，成功开发出铬来美TM、铬康美TM两大系列共10余种规格的有机铬制剂产品，广泛应用于医药、保健、饲料和畜牧养殖业。公司拥有国内一流的铬制剂研制技术、设备和亚洲较大的有机铬制剂生产能力，并严格按照ISO 9001和HACCP的质量体系要求来组织生产，以优良的产品品质和合理的市场定价赢得了行业的认可，现已成为国内重要的饲料级吡啶羧酸铬和烟酸铬生产企业。

新一美公司从成立之初就明确了自己专业化的发展模式。提出了“业精于专、业兴于专”的口号，专注于做一个实实在在的、有用和有效果的产品。确立了“成分明晰、含量准确、品控便捷、成本低廉”的产品生产目标，专心于铬产品的研发、专注于产品本身的质量。

公司研发生产出的产品品质与国外优秀企业产品完全一致，而成本却大大降低的有机铬产品，一经推向市场就得到了国内众多饲料企业的关注和认可。目前，新一美公司有机铬产品的产销量已经位居全国首位，充分发挥了铬化工综合优势，专心打造高质量产品的企业目标，为饲料企业生产成本的下降和饲料添加剂行业的规范做出了突出贡献。

公司于2008年攻克了吡啶羧酸铬水溶性的技术难关，在国内率先独家推出了高浓度水溶性吡啶羧酸铬溶液和固体粉末，填补了国内在这一领域的空白。

在今后的发展过程中，新一美公司依然会专注于单一营养性添加剂产品的研制与推广，并深信业精于专、业兴于专，将以“专业”、“专注”和“专心”立足于饲料畜牧养殖业。

贵州省

都匀国雄饲料有限公司

都匀国雄饲料有限公司是中国最大的农牧集团新希望集团在贵州的独资企业，于1998年投资兴建，是贵州省黔南州最大的饲料企业，公司年产饲料6万t以上，生产“国雄、温暖”两个品牌的猪、鸡、鸭、鱼饲料，产品覆盖贵州大部分乡镇村寨。公司产品以其质量优、服务好而深受用户的好评和信赖，长期以来一直是黔南地区放心农资下乡推荐产品。

都匀国雄饲料有限公司坚持“诚信为根，以人为本”的经营宗旨，坚持“质量第一、服务用户”的经营理念。公司生产设备精良，具有饲料行业最先进的膨化机及制粒机，拥有健全的化验设备及先进的管理模式，在新希望集团总部科研力量的支持下，开发的产品适宜贵州气候条件及养殖特点。公司坚持扎根农村，推动科学养殖，带动养殖致富，是养殖户朋友忠实的合作伙伴。都匀国雄公司精益求精、技术一流、追求卓越、服务真诚，是贵州饲料行业首批通过ISO 9001:2000国际质量认证体系认证的企业。

贵州森威实业有限责任公司

贵州森威实业有限责任公司位于亚洲磷都贵州省福泉市，公司成立于2005年，主要是一家从事磷矿开采、磷矿选矿、饲料级磷酸盐产品的生产、研发、销售的磷化工企业。公司遵循经济、资源与环境和谐统一的发展思路，依托科研院所，大专院校实现产、学、研相结合，不断增强企业自主创新能力，促进循环经济的发展。

公司占地约7hm^2，注册资金1 200万元，企业资产总规模为6 000万元；公司一期在贵州省福泉市双龙工业园区建设的年产10万t的饲料级磷酸氢钙生产线已于2007年建成投产，年产3万t的饲料级磷酸氢钙造粒生产线于2008年底建成投产。公司2008年实现销售收入1.5亿元，利税2 000万元。

长期以来，公司始终发扬“自信、自强、求实、进取”的企业精神，秉承“诚信为本、科学管理、开拓创新、优质服务”的经营理念，不断坚持技术进步与科技创新，满足新老客户对公司产品的需求。

贵阳金满船饲料有限公司

贵阳金满船饲料有限公司是由贵阳市农业局、贵阳市粮食局斥资 2 000 多万元进行资产重组建成的股份制合作企业，是集科研、生产、养殖、技术培训及咨询服务为一体的大型饲料加工企业，是贵州省和贵阳市农业产业化重点龙头企业。公司座落在贵阳市白云区粑粑坳食品工业园内，已建成贵州省唯一的一条超微粉碎、三级调质、后熟化超级浮性膨化饲料生产线，采用全自动电脑配料，设计年产量 10 万 t。

公司主要生产水产饲料、奶牛饲料、禽饲料及猪饲料。实践证明了公司生产的“船牌”、“金满船”、“满园”等系列产品具有科技含量高，营养全面、平衡，饲料转化率高，抗病力强，适口性好，增重快，成活高，耐长途运输，经济效益显著等特点，特别是公司研制的浮性膨化饲料，更是得到水产养殖农民朋友的高度赞誉。该产品的推出，不但填补了贵州无膨化饲料的空白，而且为养殖户降低成本，提高效益开辟了一条致富通路，基至为净化环境，减少水质污染，提供了有力保障。

公司在经营管理和产品质量管理上与市场接轨，以质量作为企业生存和发展的生命，以带动养殖户走上致富之路、推进贵州畜牧水产养殖发展为企业的使命。为此，公司在 2006 年就通过了 ISO 9001 质量管理体系认证、HACCP 食品安全管理体系认证及测量管理体系认证。公司的生产、质量管理按认证体系运行，实行规范化、标准化的生产和管理。

公司凭借市场优势，以农业产业一体化的发展思路，让农民朋友与企业实现“双赢”。本着“健康养殖、社会效益与经济效益兼顾”的经营理念，用优质服务，优质产品，雄厚技术，高水平工艺提供各种饲料产品。公司将立足于贵州，成为贵州省饲料行业的领先者，为贵州发展畜牧事业做出应有的贡献。

遵义嘉好饲料有限公司

遵义嘉好饲料有限公司是新希望集团在贵州省遵义市于 1999 年投资兴建的大型现代化饲料企业，拥有国内一流的设备及技术，年单班饲料生产能力达 10 万 t，饲料产销量名列贵州省饲料行业前茅。2006年初，公司在遵义饲料行业中首家通过 ISO 9001 国际质量体系认证。公司有健全的售后服务体系与严格的质量管理体系，其产品质量用户满意率 100%，经贵州省技术监督局与饲料检测站多次抽检，产品合格率为 100%。

公司始终坚持“质量就是企业生命”的原则，秉承“诚信经营，服务至上”的理念，严格执行“不合格原料不进厂，不合格半成品不转序，不合格产品不出厂”的质量管理方针，加强现场管理，严格过程控制，确保了产品质量的合格及稳定，在市场上赢得了很好的口碑。目前公司的产品已遍及贵州全省 60 多个县市、1 000 多个乡镇，同时还辐射到四川、重庆、广西、云南等省市。

为了指导养殖户能够科学的进行饲养管理，公司成立了技术过硬、服务周到的售前、售中、售后服务队伍，全方位帮助养殖户解决实际问题，并组织了大量的养殖技术培训会，提高了养殖户的饲养管理水平，同时与养殖公司和养殖专业合作社联合进行产业化开发，为农民增收和转化农民工就业积极搭建平台。公司在各级政府的支持帮助下，努力做强做大，加快发展，为促进贵州及西部地区畜牧业的发展做出了自己的贡献。

云南省

昆明正阳饲料有限公司

昆明正阳饲料有限公司是集现代饲料研究、开发、销售为一体的综合性科技企业，公司由一批多年从事饲料企业经营管理的专业技术人才，动物营养专家和高素质的市场营销人员组成。

公司生产基地坐落在昆明市官渡区阿拉乡阿拉村，交通便利、环境优美，公司拥有现代化的生产厂房，国内先进的饲料成套加工设备(工艺设计完全能满足乳猪饲料、水产饲料的熟化度和粉碎细度)，完善的检测手段，丰富的管理经验。每年可向社会提供猪、鸡、鸭、鱼 4 大系列，30 余个品种的优质饲料 12 万 t。公司产品定位坚持“引导市场发展、高起点、高质高价”的思路，牢固树立全员质量意识，不忽视影响产品质量的任何细小环节，保证质量体系有效运行，树立与众不同的产品形象。

公司用现代市场营销理念指导企业经营活动，不断提升现代企业管理水平，提升企业形象，品牌形象，强化售后服务，全方位进行正阳文化体系建设。

正阳人秉承“品质为先、诚信永远”的企业理念，不断进行产品创新，用高品质的产品满足客户的需求。真诚善待员工和客户，遵循“信用是金”的行为准则，让公司、员工、客户紧密联系。

“玉不琢、不成器”。面对物竞天择，适者生存的市场环境，正阳人将表现出无往不胜的坚毅与执着，将勇于挑战和超越自我，满怀信心铸就正阳事业明日的辉煌！

云南东道饲料有限公司

云南东道饲料有限公司成立于 2006 年底，是由广东财团投资 4 000 万元兴办的以生产经营饲料为主，饲料原料贸易为辅的私营现代化高科技农牧企业。公司坐落于昆明市东三环寺瓦路 325 号，占地面积 9 333m^2，年产各种配合饲料、浓缩饲料 10 万 t 以上。公司现有在职员工 100 多名，其中博士 1 名、研究生 2 名、本科生 20 名、大专生 30 名，总资产达 8 000 万元，年产值上亿元。

公司引进先进的饲料生产设备及生产加工工艺，加上公司严格的管理制度和完善的质量控制体系，先进的检测设备和较强的检测手段严把原料进厂关和成品出厂关，保证向广大用户提供优质高效的饲料产品。公司聘请知名博士，采用国际先进的 Brill 配方软件，参照猪、鸡、鸭、鱼、牛、羊的饲养标准及各阶段的营养需求，结合云南养殖实际情况进行产品标准的制定及产品的研制，公司现生产猪、鸡、鸭、鱼等 60 多个品种的饲料产品。产品投放市场将近两年，市场反映及养殖效果很不错，越来越多的人开始关注东道饲料。

公司将向集约化、规模化、程序化迈进。本着“以农为本，服务于农”的企业宗旨。以引导行业良性发展，引领养殖户向科学化、规范化、标准化发展作为企业的奋斗目标。公司将以强大的技术实力加一流的服务真诚对待每一位合作伙伴。在“东成西就、道合志同”的经营理念引导下，公司将吹响前进的号角，唱响云贵高原大地！随着公司的发展，公司热烈欢迎有识之士关注东道、了解东道、选择东道。相信东道饲料将成为云贵高原上一颗璀璨的明珠！

云南惠嘉饲料有限公司

云南惠嘉饲料有限公司是惠嘉集团旗下企业之一。公司注册资金 800 万元，总投资 2 000 万元，年饲料生产能力达 36 万 t。公司占地约 4hm^2，位于昆明市昆玉高速公路、广福路和昆洛公路交汇处，交通十分便利。

云南惠嘉饲料有限公司于 2003 年 3 月 26 日成立，并于 2003 年 12 月顺利投产。公司拥有 4 条国内先进的饲料生产线，为广大养殖户提供猪、鸡、鸭、鱼等浓缩饲料、全价配合饲料和添加剂预混合饲料产品。目前公司已经在云南省各地州建成稳固的市场网络，并打入贵州和四川等邻省市场。公司现有职工 74 人，拥有大专以上学历的职工有 67 人，绝大部分职工都具有多年的饲料行业从业经验。职工高水准的文化素质修养成就了公司的人力资源优势，形成了科学的、成熟的管理体系。

公司的技术力量雄厚，紧跟当今技术发展步伐。目前公司有技术服务人员 10 名，其中博士 1 名、硕士 2 名，且与国内外的专家有技术上的交流和合作。公司本着“致力农家富裕，打造绿色食品”的理念，为畜牧养殖业提供优质、高效的服务和优质、安全的标准化畜禽食品。

陕西省

西安禾丰饲料科技有限公司

西安禾丰饲料科技有限公司是辽宁禾丰牧业集团股份有限公司在陕西投资的企业，现已创建下属企业韩城禾丰和武威禾丰。公司是以饲料科技开发、生产、销售、技术服务为主营业务的高新技术企业。自 1997 年 8 月成立以来，依靠先进的技术，高品质的产品，完善的技术服务和勤俭、高效的工作风格屡创佳绩并获得了多项荣誉。经过 10 余年的奋斗，目前公司产品涵盖鸡、猪两大系列的添加剂预混合饲料、浓缩饲料和颗粒饲料 100 余个品种，销售网络遍布陕、甘、宁、新、晋、豫等地。

公司目前全年饲料生产能力达 10 万 t，现有专业技术人员 50 余人，其中 90%为大专以上学历，拥有高、中级以上职称技术人员 10 余人。为确保使用合格原料和生产合格产品，公司在重要岗位人员和检测设备方面予以充分的重视，化验人员、中控人员、制粒操作工、维修工、锅炉工均取得了国家机关颁发的上岗证书。化验设备除凯氏定氮仪、索氏浸提器等基础设备外，也购进了一批具有国际先进水平的设备。

目前，公司已经通过了 ISO 9001:2000 质量管理体系和 HACCP 食品安全管理体系的认证。公司将持续完善质量规章制度，从而为顾客提供先进优质的产品和高效全面的服务。

深圳康达尔高陵饲料有限公司

深圳康达尔高陵饲料有限公司是由上市公司深圳市康达尔(集团)股份有限公司与西安罗曼公司合资联办的大型现代化饲料加工企业。公司创建于 1992 年 8 月，投产于 1993 年 7 月，占地约 3hm^2，资产总额 3 000 多万元，是陕西省第一家外来饲料加工企业，也是中国饲料百强企业、农业产业化省级重点龙头企业、ISO 9001 质量体系认证企业。公司目前共有员工 150 人，其中大中专以上学历的员工占 28%。

公司致力于畜、禽、水产饲料的生产销售，同时进行动物营养的科学研究和技术推广，并保持与西北农林科技大学、陕西省畜牧兽医研究所、陕西省水产研究所等多家相关科研单位的密切合作。公司建厂之初引进世界一流的美国 CPM 制粒设备，近年来又不断追加投资，依次引进了双层优质调质器、膨化大豆及膨化玉米工艺、油脂后喷涂工艺及 1mm 粒径鱼种饲料制粒工艺,始终保持工艺领先优势。公司每年向市场提供优质饲料近 10 万 t, 产品畅销陕西、山西、甘肃、宁夏、内蒙古、河南、四川等省区,备受用户青睐。

西安铁骑力士饲料有限公司

西安铁骑力士饲料有限公司隶属于四川铁骑力士集团。公司位于陕西省西安市临潼区新丰工业园区,毗邻 108 国道和连(连云港)霍(霍尔果斯口岸)高速,距离亚洲最大的铁路编组站新丰站仅 2km,地理位置优越,交通十分便利。

公司一期工程 2008 年 5 月建成投产, 一期工程总投资 3 000 余万元,占地约 3hm²。现有员工 120 余人, 拥有年产 18 万 t 饲料的瑞士布勒全套饲料生产设备。公司实行专业化生产、专业化销售、专业化服务,按品类设立专业的配方师,专攻猪饲料、奶牛饲料两个项目。投产一年之内,猪饲料销量已逾 5 000t 大关。产品销售渠道覆盖关中地区,汉中、安康、延安、榆林各市县,并远销甘肃、河南、山西、内蒙古、湖北等地区。

公司将继承和发扬铁骑力士优秀的企业文化,牢记"用科技造福大众,把真情还给人民"的经营理念,以集团冯光德实验室为技术依托,竭诚为广大养殖户朋友提供最佳的养殖方案。

甘肃省

武威市智慧农业科技有限责任公司

武威市智慧农业科技有限责任公司成立于 2002 年 10 月, 是陕西汉中智慧农业科技有限责任公司的合资公司,是武威生产规模较大的民营饲料生产企业之一。公司拥有年生产能力万吨以上的颗粒、浓缩饲料生产线两条,年生产能力为 4 万 t,全部实现电脑配料,微机控制的生产流水线,确保质量安全生产。2008 年饲料产量 1.1 万 t,产值 3 080 万元,主要生产"慧旺"、"智能"两个品牌的猪、鸡、牛、羊等系列饲料。

公司借西部大开发的机遇, 本着发展畜牧业,带动一方经济的原则,以武威为中心,已经成功开拓了甘肃、宁夏、青海等市场。并长期与上海帝斯曼集团、西北农林科技大学、陕西汉中智慧农业科技有限责任公司建立了长期的合作关系,在有关专家的指导下不断优化产品配方,提高产品质量,完善生产加工工艺,以保证产品质量的稳定和提高。在对市场的不断探索中运用现代化企业管理制度,建立完善的质量监控体系,实行严格质量把关,为进一步加快本市畜牧产业的发展做贡献。

本公司以一流的设备,科学的配方,超前的技术,严格的管理以及优质的原料, 生产销售一流的产品,以"用科技发展农业"为企业宗旨,秉持科技领先、质量为本、诚实守信、互利互惠、共同发展的经营理念,用感恩、敬业、执行、学习、创新的企业精神,立足甘肃,放眼西北,争创名牌产品,为当地畜牧业的发展做出应有的贡献!

武威铁骑力士饲料有限公司

武威铁骑力士饲料有限公司,是四川铁骑力士集团于 2007 年 6 月在甘肃省武威市设立的第 36 家分公司,公司占地约 5hm²,总投资 5 400 万元,建成高标准钢结构库房 4 800m²,加工车间 2 200m²,办公楼 1 411m²,总容量 3 000t 立筒仓两座,年生产饲料 18 万 t。产品严格按照 ISO 9001 国际质量认证标准生产,同时依托集团冯光德实验室的科研力量,针对西北地域的养殖环境,自主研发适合西北地域市场的产品,2008 年饲料总产量 4.3 万 t,产值 1.3 亿元。产品主要有猪、鸡、牛 3 大系列 36 个品种的饲料,目前产品已覆盖甘肃、新疆、宁夏、青海等省(区)。

武威铁骑力士饲料有限公司将秉承集团"用科技造福大众、把真情还给人民"的经营理念,坚持以"产品就是人品"的质量方针,用优质的产品和完善的技术服务帮助广大用户提高养殖水平和经济收入,把"让客户满意"作为工作的标准和最神圣的使命。

武威新正大饲料有限公司

武威新正大饲料有限公司成立于 2006 年 9 月,公司位于武威市永昌镇工业园区,占地面积约 3hm²,年生产能力达 10 万 t, 现拥有固定资产 480 万元,是一家新时期崛起的新型高科技农牧企业,主要从事畜禽全价配合饲料、浓缩饲料及水产饲料的研制、开发、生产和销售。

公司拥有国内最先进的全自动化生产设备、完善的检验化验室和先进的检测手段,依托山东六和集团的核心技术,并拥有一批具有高、中级职称的专业技术人才,建立了完善的管理体系、营销网络和企业文化。公司坚持"以人为本,科学管理,诚信经营"为企业理念,以"艰苦创业,执着奋进,不断创新"为主导,结合西北地区畜牧业现状与发展趋势,秉承"客户至上,质量第一"的经营理念和"内抓管理,外拓市场,内聚人心,外塑形象"的工作方针,以稳定高效的质量,来保障产品的市场竞争优势。

公司于 2007 年 1 月 14 日试生产, 到 2008 年年底,饲料总销量达到 1.3 万 t,产值 4 100 万元,实现了质的飞越,同时得到了各方面的认可。公司以武威、张掖地区为核心,逐步拓展,相继进入酒泉、白银、兰州、临洮等地区,立志全力打造“新正大昊迪”品牌,以客户需求为中心,不断扩大市场的占有率。“新正大昊迪”饲料深入人心,产品的质量稳定可靠,各地区的销售网络不断壮大,并且有良好的售前、售后服务体系,得到了广大养殖户的认可,成为本地饲料行业的知名品牌。

公司快速的运营机制、优越的生产条件、健全的质量管理体制将吸纳更多的科研人员,为行业的科技创新提供良好平台,培养大批服务社会及行业的优秀人才,并以此推动西北饲料行业的进步。

青海省

西宁青牧复合预混料厂

西宁青牧复合预混料厂是由青海大学农牧学院饲料科学专业教师为主,为转化饲料科研成果而创办的一家科技型民营企业。现有专职、兼职、高级职称技术人员8人。建厂以来,先后转化了3项科研成果,同时从建厂初期的3种产品发展到目前的牛羊系列、奶牛系列、猪系列、禽系列4大系列20余种产品。所生产的各类复合预混合饲料产品,增加了青海省饲料工业产品的种类。其产品特点是针对性强,根据青海省饲养家畜的实际和青海省春小麦、裸大麦(青稞)、菜籽饼粕资源丰富的状况,在所生产的各类复合预混合饲料中强化了维生素、(非淀粉多糖酶NSP酶)、以及部分矿物质微量元素的添加量和种类,因而对充分发挥各类家畜的生产性能起到了良好的促进作用。同时本厂的售后技术服务到位,在产品的销售过程中为客户(小型饲料厂和众多养殖场、养殖户)免费设计各类饲料配方,从而提高了客户的产品质量和饲喂效果。

宁夏回族自治区

宁夏伊品生物工程股份有限公司

宁夏伊品生物工程股份有限公司(简称伊品生物)位于宁夏回族自治区永宁县,是一家集生产玉米淀粉、谷氨酸、赖氨酸、味精、复混肥、苏氨酸、饲料加工于一体的现代化企业。公司现有总资产14亿元,拥有员工2 800多人,其中大中专学历以上人员占员工总数的55%;2008年实现工业产值13.5亿元,实现销售收入13.9亿元,实现利润1.31亿元,上缴税金9 337万元。

近10年来,伊品生物由一个年产不足3 000t谷氨酸、总资产不到3 500万元的单一产品小型工厂,发展成为总资产14亿元的大型企业,已成为宁夏回族自治区著名的农产品深加工龙头企业。伊品生物以玉米深加工为主线,以建设技术创新、资源节约型企业为方向,强化企业内部基础管理,牢固树立“成本领先、质量领先”的思想,使企业工艺水平、技术指标处于全国同行业领先地位。产品覆盖全国30个省、市、自治区,味精、赖氨酸、谷氨酸等产品已出口15个国家和地区,深受客户青睐。

中卫市正通饲料有限公司

中卫市正通饲料有限公司创建于1998年,地处中卫市风景优美的沙坡头旅游区内,公司占地面积6 000m^2,建筑面积3 000 m^2,是一家集饲料加工、水产养殖、鱼类运销、养殖技术服务为一体的民营科技企业,也是中卫市饲料行业的龙头企业。

公司生产的鱼、猪、鸡、牛、羊系列饲料销往宁夏回族自治区各地及甘肃、内蒙古、陕北等地区,具有较高的知名度和广泛的客户群体。目前,公司已有两条生产线,年生产饲料达到4万t。能生产添加剂预混合饲料、浓缩饲料、颗粒饲料,可满足鱼类及畜禽动物的营养需要。现已推出了两个品牌5大系列80多个品种的饲料产品。为逐步做精做强饲料企业,树立品牌观念,使企业能够持续发展,公司已于2007年通过了ISO 9001:2000国际质量管理体系认证,并开展了HACCP食品企业质量关键控制点认证。

公司紧紧围绕“诚实守信、依法经营”的原则,以“一流的产品质量、一流的服务措施、一流的人员素质、一流的管理模式”创建一流的企业。强化员工素质,严格过程管理,实施品牌战略,满足客户要求,努力实现主要经济指标达到行业的领先水平!

统 计 资 料

中国饲料工业统计资料

2008 年全国饲料产量

单位:t

地区	总产量	配合饲料							浓缩饲料	添加剂预混合饲料
		小计	猪饲料	蛋禽饲料	肉禽饲料	水产饲料	反刍动物饲料	其他饲料		
全国	**136666067**	**105902003**	**289288**	**19931373**	**38141497**	**12989813**	**3590994**	**2319828**	**25305271**	**5458792**
北京市	2974056	1716858	190203	239181	909611	101588	232468	43807	414779	842419
天津市	1936157	1345622	138623	182582	487083	263547	80248	193539	426440	164095
河北省	8431764	6726704	1234521	4048880	625480	326720	426504	64599	1588903	116156
山西省	2303763	1334110	318130	642080	298397	18140	54250	3113	921000	48653
内蒙古	2061196	1190664	99754	217834	303088	15460	503623	50904	833176	37357
辽宁省	8972037	5447838	611480	3035235	1235074	274036	118651	173363	3423835	100364
吉林省	3563181	1952237	264263	844142	612387	40239	76785	114423	1525246	85598
黑龙江	6000000	2950000	760000	560000	640000	150000	600000	240000	2800000	250000
上海市	1414801	1077033	345522	267536	335673	96394	27600	4309	138255	199513
江苏省	6211684	5635887	614923	909062	1975797	1983414	65731	86959	306039	269759
浙江省	4382954	4154264	1991695	532850	819714	746833	22523	40650	50434	178255
安徽省	2506164	2254887	464711	231487	1472661	70255	1800	13973	207489	43788
福建省	3558417	3260132	1134751	400557	1064745	645051	611	14417	84983	213302
江西省	4000266	2772166	1558897	258788	289559	282208	354053	28661	847000	381100
山东省	15889147	14299225	1590242	1006667	10932711	351588	246296	171722	1151870	438052
河南省	9392406	5566728	2178859	938167	2008152	361005	47515	33030	3561407	264271
湖北省	4541871	3828415	1586822	407446	455297	1375160	–	3690	584416	129040
湖南省	7884169	6288571	3761534	413514	940746	1155258	16344	1176	1111268	484329
广东省	16456364	15785000	3876237	1420030	6934706	2770699	1565	781763	278170	393194
海南省	1448638	1375713	454910	130834	556818	220176	–	12975	16425	56500
广西	4928975	4543219	1844028	575731	1778083	330028	–	15348	304406	81350
重庆市	1610008	1254808	399478	257536	436160	94122	50384	17128	304161	51039
四川省	6521885	5194726	1895495	1106110	1469790	566858	64610	91863	971045	356114
贵州省	492679	262468	56265	39904	91615	54951	15844	3888	228831	1380
云南省	2812993	2050091	517722	480003	718015	310033	7091	17227	729932	32970
陕西省	3109430	1204816	476992	310899	123313	193573	60662	39377	1739537	165077
甘肃省	1178059	636923	236394	126293	85254	14740	127811	46431	535522	5614
青海省	125264	112786	58857	227	196	–	46025	7481	–	12479
宁夏	650047	537982	124425	90380	112195	70236	140746	–	78392	33673
新疆	1307693	1142132	142766	257418	429180	107500	201255	4013	142311	23250

2008年全国饲料加工企业基本情况

地　区	产品总产量(t)	工业总产值(万元)	营业收入(万元)
全　国	**136666067**	**38129052**	**37099621**
北京市	2974056	2009136	2051623
天津市	1936157	450200	412100
河北省	8431764	2193323	2094066
山西省	2303763	483780	453550
内蒙古	2061196	447584	448820
辽宁省	8972037	1961349	1885897
吉林省	3563181	987000	987000
黑龙江	6000000	1470225	1400000
上海市	1414801	506519	515040
江苏省	6211684	1871159	1831250
浙江省	4382954	1132247	1073833
安徽省	2506164	398328	396774
福建省	3558417	1192419	1075812
江西省	4000266	1250000	1150000
山东省	15889147	4524396	4462382
河南省	9392406	2094605	2098258
湖北省	4541871	1354500	1260700
湖南省	7884169	2287474	2270746
广东省	16456364	4459155	4416262
海南省	1448638	391132	375487
广　西	4928975	1402513	1366253
重庆市	1610008	522922	452803
四川省	6521885	2122806	2069456
贵州省	492679	163052	152960
云南省	2812993	708874	693235
陕西省	3109430	995017	991015
甘肃省	1178059	295000	269000
青海省	125264	15171	11381
宁　夏	650047	156011	155536
新　疆	1307693	283155	278381

2008年全国饲料加工企业基本情况

地区	企业总数	企业经济类型							
		国有	集体	私营	联营	股份	港澳台	外商	其他
全　国	**13612**	**242**	**194**	**6957**	**391**	**5092**	**153**	**282**	**301**
北京市	363	12	5	39	–	296	2	2	7
天津市	251	2	–	177	16	43	3	6	4
河北省	1246	7	19	860	3	331	1	13	12
山西省	414	21	23	167	46	150	–	7	–
内蒙古	438	5	5	244	4	172	3	2	3
辽宁省	973	6	1	566	3	378	8	7	4
吉林省	475	–	–	388	5	70	1	6	5
黑龙江	769	5	8	240	25	484	1	6	–
上海市	163	8	3	87	–	41	5	14	5
江苏省	631	10	11	300	6	247	14	29	14
浙江省	557	3	7	315	6	190	7	4	25
安徽省	334	–	–	42	–	286	2	4	–
福建省	276	6	5	114	2	89	28	19	13
江西省	405	22	41	180	71	75	5	11	–
山东省	1310	14	13	743	14	444	10	39	33
河南省	745	10	5	369	12	294	5	13	37
湖北省	322	10	–	249	3	34	7	–	19
湖南省	518	7	5	188	29	268	4	14	3
广东省	645	18	14	284	5	202	38	30	54
海南省	45	–	2	13	5	16	–	4	5
广　西	313	9	–	86	3	195	–	12	8
重庆市	252	11	–	110	3	124	–	3	1
四川省	790	5	8	519	5	211	5	19	18
贵州省	112	2	1	84	–	16	1	3	5
云南省	273	8	2	142	10	93	2	8	8
陕西省	445	12	5	68	115	244	–	1	–
甘肃省	125	1	–	123	–	1	–	–	–
青海省	49	3	1	34	–	10	–	–	1
宁　夏	178	10	–	132	–	23	1	3	9
新　疆	195	15	10	94	–	65	–	3	8

2008 年全国饲料加工企业职工情况

地 区	职工总人数	其中职工学历构成(人数)				其中技术工种人员构成(人数)			
		博士	硕士	大学本科	大学专科	小计	检化验员	中控工	维修工
全 国	**524899**	**1401**	**4734**	**56908**	**104513**	**55991**	**25300**	**12947**	**17744**
北京市	12456	118	306	4056	4589	935	601	130	204
天津市	7007	12	66	1177	1750	978	549	167	262
河北省	29058	80	169	1770	3765	3105	1821	396	888
山西省	21860	21	45	2411	4683	2977	1520	580	877
内蒙古	9819	38	110	1180	1985	1751	764	426	561
辽宁省	17668	25	220	1899	3353	3042	1415	660	967
吉林省	25380	8	40	4720	4080	2327	890	587	850
黑龙江	11558	18	40	300	400	840	690	24	126
上海市	8646	43	175	1162	1483	1040	433	271	336
江苏省	33174	97	340	3774	5791	3717	1497	1187	1033
浙江省	21873	59	190	1779	3489	3116	1150	1067	899
安徽省	17252	23	204	2738	14287	307	268	20	19
福建省	13668	52	130	1497	2456	1546	607	459	480
江西省	17555	6	30	909	2111	439	439	–	–
山东省	47362	132	474	4877	9692	5585	2620	1226	1739
河南省	25541	89	232	2163	6008	3169	1263	1042	864
湖北省	11591	65	288	1579	2604	911	542	204	165
湖南省	23670	62	189	2718	4968	2507	1224	656	627
广东省	33052	190	666	4023	5255	4378	1630	1155	1593
海南省	3541	5	26	450	570	215	85	55	75
广 西	12084	21	70	1105	2001	1350	504	369	477
重庆市	6936	25	83	844	1366	1054	455	283	316
四川省	51076	128	408	4152	7395	6188	2397	989	2802
贵州省	2204	5	7	207	440	394	249	61	84
云南省	17760	20	61	821	1535	1490	482	430	578
陕西省	29360	39	93	2780	5860	914	492	143	279
甘肃省	4375	8	16	815	350	417	242	30	145
青海省	2195	–	4	122	205	235	72	60	103
宁 夏	2825	5	15	320	462	543	201	102	240
新 疆	4353	7	37	560	1580	521	198	168	155

中国畜牧业统计资料

2008年全国主要畜禽年末存栏头数增减情况

指　标	单　位	2008年	2007年	2008年比2007年增减	
				绝对量	%
一、大牲畜头数	万头	12250.7	12309.4	-58.7	-0.48
其中:役畜	万头		5052.3		
1.牛	万头	10576	10594.8	-18.8	-0.18
其中:黄牛	万头		7880.1		
乳牛	万头	1233.5	1225.9	7.6	0.62
水牛	万头		1488.8		
2.马	万匹	682.1	702.8	-20.7	-2.94
3.驴	万头	673.1	689.1	-16.0	-2.32
4.骡	万匹	295.5	298.5	-3.0	-1.01
5.骆驼	万峰	24.0	24.2	-0.2	-0.83
二、猪	万头	46291.3	43989.5	2301.9	5.23
三、羊	万只	28084.9	28564.7	-479.8	-1.68
1.山羊	万只	15229.2	14336.5	892.8	6.23
2.绵羊	万只	12855.7	14228.2	-1372.5	-9.65
四、家禽	万只	528197.4	501924.9	26272.5	5.23
五、兔	万只	21835.1	22182.1	-347.0	-1.56

以上数据出自《中国农业统计资料》

2008 年全国畜牧业主要产品生产情况

指　标	单　位	2008 年	2007 年	2008 年比 2007 年增减	
				绝对量	%
一、大牲畜出栏量					
1.大牲畜出栏	万头	4865.07	4792.17	72.9	1.52
(1)牛	万头	4446.09	4359.49	86.60	1.99
(2)马	万匹	141.59	151.25	-9.66	-6.39
(3)驴	万头	214.95	216.07	-1.12	-0.52
(4)骡	万匹	54.34	57.95	-3.61	-6.23
(5)骆驼	万峰	8.10	7.40	0.7	9.46
2.猪	万头	61016.61	56508.27	4508.34	7.98
3.羊	万只	26172.33	25570.71	601.62	2.35
4.家禽	万只	1022155.69	957867	64288.69	6.71
5.兔	万只	41529.91	44087.25	-2557.34	-5.80
二、肉类总产量	万吨	7278.74	6865.72	413.02	6.02
其中:猪牛羊肉	万吨	5614.02	5283.85	330.17	6.25
1.猪肉	万吨	4620.50	4287.82	332.68	7.76
平均每头产肉量	千克	75.73	75.88	-0.15	-0.20
2.牛肉	万吨	613.17	613.41	-0.24	0.04
平均每头产肉量	千克	137.91	140.71	-2.8	-1.99
3.羊肉	万吨	380.35	382.62	-2.27	-0.59
平均每只产肉量	千克	14.53	14.96	-0.43	-2.9
4.禽肉	万吨	1533.60	1447.57	86.03	5.9
5.兔肉	万吨	58.7	60.18	-1.48	-2.46
三、其他畜产品产量					
1.奶类	万吨	3781.45	3633.38	148.07	4.08
其中:牛奶	万吨	3555.82	3525.24	30.58	0.87
2.山羊毛	吨	44406.00	38381.74	6024.26	15.70
3.绵羊毛	吨	367687.00	363469.86	4217.14	1.16
其中:细羊毛	吨	123838.00	123920.39	-82.39	-0.17
半细羊毛	吨	104838.00	106760.07	-1922.07	-1.80
4.羊绒	吨	17184.00	18483.39	-1299.39	-7.03
5.蜂蜜	吨	400072.00	353501.00	46571.00	13.17
6.禽蛋	万吨	2702.10	2528.98	173.12	6.85
7.蚕茧	吨	909286.00	946791.43	-37505.40	-3.96
其中:桑蚕茧	吨	831173.2	879454.07	-48280.87	-5.49

以上数据出自《中国农业统计资料》

2008年各地区畜牧业主要产品产量(一)

地　区	肉类总产量(万t)	猪牛羊肉(万t)	其中			禽肉(万t)	奶类(t)	牛奶(t)
			猪肉	牛肉	羊肉			
全国总计	**7278.74**	**5614.02**	**4620.50**	**613.17**	**380.35**	**1533.6**	**37814530**	**35558225**
北　京	45.11	25.89	22.31	2.13	1.45	19.1	665380	663835
天　津	37.13	28.60	23.48	3.68	1.44	8.2	701243	697536
河　北	421.10	329.09	245.78	56.83	26.48	78.1	5153254	5045119
山　西	63.30	54.71	45.43	4.23	5.05	7.1	700157	681775
内蒙古	217.99	192.62	64.68	43.09	84.84	18.8	9212314	9122349
辽　宁	373.29	255.04	210.00	37.70	7.34	110.8	1072598	1012000
吉　林	216.79	148.06	104.59	39.97	3.51	63.7	397403	397403
黑龙江	169.53	139.68	96.61	32.60	10.47	27.4	5128415	5083598
上　海	26.46	17.89	17.34	49.00	0.54	7.2	232850	232860
江　苏	323.63	204.90	194.93	2.97	7.00	112.8	610500	610500
浙　江	170.08	129.68	126.85	0.98	1.84	39.2	225099	225099
安　徽	343.92	247.92	217.39	17.11	13.42	94.1	180978	180937
福　建	169.42	140.39	136.60	2.14	1.65	26.2	148676	144881
江　西	260.27	209.81	198.08	10.58	1.15	49.3	111893	111893
山　东	660.31	425.23	321.34	70.67	33.21	223.2	2549240	2305128
河　南	584.83	477.70	367.10	84.10	26.50	93.5	2986170	2791000
湖　北	340.01	283.77	260.38	16.09	7.30	55.6	331838	155113
湖　南	446.35	395.41	370.23	14.61	10.57	49.1	152087	76726
广　东	411.97	260.54	253.96	5.76	0.82	146.2	132764	129580
广　西	350.77	233.73	218.36	12.45	2.92	113.7	75042	75042
海　南	61.15	40.12	36.89	2.19	1.04	19.2	4726	2363
重　庆	177.43	147.62	140.65	5.19	1.78	26.1	77842	77842
四　川	591.52	488.92	436.24	28.68	24.00	80.8	666120	660764
贵　州	161.46	147.86	134.60	10.22	3.04	12.6	42749	42668
云　南	288.29	257.18	219.58	26.12	11.47	28.4	973196	446705
西　藏	23.78	23.68	1.21	14.19	8.28	0.1	524398	229815
陕　西	99.38	88.42	73.47	7.59	7.37	9.0	1823012	1490222
甘　肃	79.10	73.04	42.92	14.77	15.35	4.0	346925	346925
青　海	25.51	24.69	8.74	7.28	8.67	0.5	272283	252757
宁　夏	23.57	21.15	7.45	6.83	5.88	2.1	892203	892203
新　疆	115.32	100.68	22.29	32.42	45.97	7.5	1423166	1373588

以上数据出自《中国农业统计资料》

2008 年各地区畜牧业主要产品产量(二)

地　区	禽蛋(t)	蜂蜜(t)	山羊毛(t)	绵羊毛(t)	其中		羊绒(t)	蚕茧(t)
					细羊毛	半细羊毛		
全国总计	**27021975**	**400072**	**44406**	**367687**	**123838**	**104838**	**17184**	**909286**
北　京	152409	3120	87	634	19	80	38	
天　津	196898	41	1	593	43	550		
河　北	4109984	9778	3503	34147	7009	13887	701	1648
山　西	615992	3130	1742	5668	453	569	777	5968
内蒙古	455466	4558	9790	96385	51838	12843	7642	9531
辽　宁	2542000	2007	2401	11468	2701	7028	1372	53710
吉　林	871000	11850	1069	20737	16589	4147	126	3610
黑龙江	936800	12242	1344	23443	6111	17332	687	3564
上　海	62043	392	126	35		35		
江　苏	1720958	9025	7	752	353	399		98542
浙　江	414324	85292	411	1881		1881		82195
安　徽	1120919	14997	158	189	125	64		38359
福　建	330239	7956						36
江　西	400242	10137						7833
山　东	3649835	9299	4463	10931	2049	5026	848	61942
河　南	3717000	102470	6221	10825	1086	6781	897	28352
湖　北	1240955	7117	10	1		1	157	12490
湖　南	874694	9826	8	8				309
广　东	323512	13180	3					84347
广　西	179357	8071						222639
海　南	31095	678						
重　庆	412941	10289		4	4			24388
四　川	1430147	41923	555	6627	784	3513	18	105548
贵　州	108150	3093	13	426	100	326	3	938
云　南	194116	6338	86	1489	191	962	3	29386
西　藏	2848		1375	8659	449	1831	933	
陕　西	482000	4948	1692	3700	1006	831	883	33465
甘　肃	118800	1051	1711	24733	7767	5054	342	437
青　海	13903	1030	809	14560	585	3789	347	
宁　夏	64448	771	521	5768	346	1086	254	13
新　疆	248900	5462	6300	84026	24229	16823	1157	35

以上数据出自《中国农业统计资料》

2008年各地区主要畜牧年末存栏(一)

地　区	大牲畜(万头)	牛(万头)	其中	马(万匹)
			乳牛	
全国总计	**12250.7**	**10576.0**	**1233.5**	**682.1**
北　京	24.5	23.0	16.9	0.2
天　津	27.2	26.0	15.0	0.1
河　北	569.7	449.0	143.2	22.7
山　西	139.4	93.8	31.4	2.3
内蒙古	895.1	688.0	245.6	70.0
辽　宁	492.8	325.1	29.3	27.7
吉　林	539.2	460.9	15.2	47.8
黑龙江	558.9	518.9	140.1	28.2
上　海	6.1	6.1	6.0	
江　苏	41.7	34.3	16.8	0.7
浙　江	20.7	20.7	6.5	
安　徽	145.2	144.5	6.2	0.2
福　建	70.8	70.8	4.7	
江　西	239.4	239.4	4.3	
山　东	547.2	522.5	81.2	5.8
河　南	1097.5	1051.0	57.8	15.6
湖　北	319.1	317.5	5.2	1.0
湖　南	420.8	415.9	2.5	4.4
广　东	231.1	230.9	5.5	0.2
广　西	463.5	421.8	5.1	36.6
海　南	86.7	86.7	0.2	
重　庆	107.4	103.6	1.9	2.1
四　川	1102.5	987.0	18.8	94.9
贵　州	611.5	523.4	10.7	84.6
云　南	883.6	706.4	19.9	75.3
西　藏	696.1	644.5	36.1	41.0
陕　西	194.6	166.0	40.7	1.0
甘　肃	583.8	423.6	12.7	13.7
青　海	484.2	445.4	21.8	21.8
宁　夏	107.0	93.4	27.1	0.3
新　疆	543.4	336.0	204.9	83.9

以上数据出自《中国农业统计资料》

2008年各地区主要畜牧年末存栏(二)

地 区	驴(万头)	骡(万匹)	猪(万头)	能繁育母猪(万头)	羊(万只)	其中	
						山羊	绵羊
全国总计	**673.1**	**295.5**	**46291.3**	**4878.8**	**28084.9**	**15229.2**	**12855.7**
北 京	1.0	0.3	179.8	22.8	73.2	20.9	52.3
天 津	0.8	0.3	180.3	20.6	37.3	4.4	32.9
河 北	70.7	27.4	2015.2	205.3	1617.0	750.9	866.1
山 西	22.9	20.5	452.2	55.1	744.0	416.3	327.7
内蒙古	90.4	37.9	644.4	99.3	5125.3	1896.3	3228.9
辽 宁	116.2	23.7	1584.0	221.8	678.7	388.3	290.4
吉 林	18.0	12.5	976.5	111.9	406.6	130.1	276.5
黑龙江	8.1	3.7	1286.0	121.7	849.2	351.6	497.6
上 海			162.5	16.5	23.9	22.6	1.3
江 苏	5.4	1.4	1716.2	145.1	410.7	402.5	8.2
浙 江			1161.9	108.7	111.1	61.2	50.1
安 徽	0.3	0.1	1432.4	130.5	560.3	557.5	2.8
福 建			1324.1	131.5	96.6	96.6	
江 西			1508.7	142.0	61.1	61.1	
山 东	15.1	3.8	2725.8	291.7	2142.9	1861.8	281.1
河 南	23.4	7.5	4462.0	470.2	2038.0	1866.0	172.0
湖 北	0.5	0.2	2462.4	241.1	376.2	375.8	0.4
湖 南	0.4	0.2	3915.3	399.5	503.1	503.1	0.1
广 东			2380.4	265.5	36.3	36.3	
广 西	0.1	5.0	2307.0	283.0	176.4	176.4	
海 南			416.3	61.0	70.8	70.8	
重 庆	0.2	1.5	1566.5	153.5	129.5	129.5	
四 川	10.2	10.4	5325.8	525.1	1720.8	1514.3	206.5
贵 州	0.1	3.4	1587.5	166.0	231.2	220.5	10.7
云 南	34.2	67.6	2669.0	281.1	843.3	755.6	87.7
西 藏	8.8	1.8	30.6	10.5	1677.9	645.5	1032.4
陕 西	20.0	7.6	880.7	77.5	681.6	576.8	104.8
甘 肃	101.0	44.0	564.8	65.9	1675.0	340.4	1334.6
青 海	6.4	9.8	107.2	10.0	1499.4	267.5	1231.9
宁 夏	9.8	3.5	89.0	12.9	461.7	119.8	341.9
新 疆	109.3	1.5	177.0	31.4	3025.7	608.8	2416.9

以上数据出自《中国农业统计资料》

中国水产养殖业统计资料

2008 年各地区水产品产量

单位：万 t

地区	总产量	1.海水产品	其中		2.内陆产品	其中	
			捕捞	养殖		捕捞	养殖
全国总计	**4895.60**	**2598.28**	**1149.63**	**1340.32**	**2297.32**	**224.82**	**2072.50**
北京	6.08	0.72			5.36	0.41	4.96
天津	32.25	3.86	1.88	1.41	28.39	0.87	27.52
河北	96.64	54.93	25.33	29.60	41.72	8.11	33.60
山西	3.07				3.07	0.09	2.98
内蒙古	9.82				9.82	2.79	7.03
辽宁	377.65	316.13	102.82	202.10	61.52	3.74	57.78
吉林	15.50				15.50	2.01	13.49
黑龙江	35.58				35.58	4.18	31.40
上海	32.34	17.72	2.01		14.62	0.38	14.24
江苏	425.00	125.25	56.63	67.44	299.75	32.19	267.56
浙江	418.79	337.60	234.32	83.08	81.19	8.10	73.09
安徽	172.28				172.28	31.01	141.27
福建	542.00	476.05	183.37	277.78	65.95	7.63	58.31
江西	190.39				190.39	24.14	166.25
山东	730.30	609.47	238.32	361.35	120.83	12.96	107.86
河南	50.58				50.58	2.96	47.62
湖北	313.39				313.39	30.26	283.13
湖南	178.59				178.59	15.95	162.64
广东	680.41	376.81	145.46	222.98	303.60	12.49	291.11
广西	249.98	144.06	65.60	77.59	105.92	10.57	95.36
海南	139.40	110.88	93.88	17.01	28.52	1.99	26.53
重庆	19.06				19.06	0.99	18.07
四川	95.20				95.20	5.81	89.39
贵州	7.80				7.80	1.14	6.66
云南	25.46				25.46	2.37	23.09
西藏	0.05				0.05	0.04	0.01
陕西	5.22				5.22	0.41	4.81
甘肃	1.18				1.18	0.08	1.10
青海	0.15				0.15		0.14
宁夏	7.51				7.51	0.02	7.50
新疆	9.12				9.12	1.14	7.98

以上数据出自《中国农业统计资料》

2008年各地区内陆养殖面积(一)

单位:公顷

地 区	内陆养殖面积合计	按水域分			
		1.池 塘	2.湖 泊	3.水 库	4.河 沟
全国总计	**4971023**	**2144715**	**961335**	**1549612**	**202183**
北 京	4785	4443	100	165	
天 津	36442	29773	2018	4134	517
河 北	72364	28539	4986	36907	1092
山 西	14266	1650	2168	10181	94
内蒙古	100188	14663	43921	38908	2696
辽 宁	154416	40978		88187	1375
吉 林	226230	25833	55270	122090	
黑龙江	264134	63845	97869	79271	15598
上 海	29175	22956	283		4844
江 苏	543381	346482	123920	33580	27630
浙 江	212016	69116	6491	92486	39265
安 徽	475212	151122	208471	72950	34640
福 建	86274	31829	988	45856	5101
江 西	365874	129116	81898	137046	14113
山 东	236084	107013	13583	107804	5060
河 南	146640	68590	2349	70882	4806
湖 北	583351	284043	191628	93460	5701
湖 南	361692	169954	85720	104219	692
广 东	354543	264227	2457	75696	2160
广 西	162014	74627		80555	5219
海 南	29103	15838	223	129878	1
重 庆	49386	26949	5200	16218	527
四 川	169403	93590	4100	59466	12199
贵 州	24856	2712	112	21072	679
云 南	37072	14487	309	22083	182
西 藏	51	51			
陕 西	113293	40241	2832	66105	3170
甘 肃	12424	834		5282	6251
青 海	4266	67	3386	813	
宁 夏	28180	11100	15940	1030	110
新 疆	73917	10047	5113	50288	8461

以上数据出自《中国农业统计资料》

2008年各地区内陆养殖面积(二)

单位：hm²

地区	按水域分		集约化养殖方式	
	5.稻田	6.其他	网箱(m^2)	工厂化(m^3水体)
全国总计	**1477501**	**113178**	**18989719**	**9744375**
北京		77		
天津				227080
河北	3046	840		826573
山西	5	173		
内蒙古	1541			
辽宁	76671	23876	730809	1480207
吉林	367	23037		
黑龙江	21915	7551		
上海	1315	1092		
江苏	158339	11769	9500	235500
浙江	80920	4658	1852596	14865
安徽	46343	8029		
福建	20921	2500	10552340	1402049
江西	77318	3701		
山东	300	2624	608235	4816159
河南	1217	13		
湖北	147865	8519		
湖南	214462	1107		
广东	5413	9994	4085702	410542
广西	44826	1613	106300	
海南		163	1044237	331400
重庆	55863	492		
四川	316534	48		
贵州	94771	281		
云南	107234	11		
西藏				
陕西	315	945		
甘肃		57		
青海				
宁夏				
新疆		8		

以上数据出自《中国农业统计资料》

主要饲料原料进出口情况

表1 2008年主要饲料原料进出口情况

(金额单位:万美元)

2008年年度统计	出口数量(t)	同比(%)	进口数量(t)	同比(%)	出口金额	同比(%)	进口金额	同比(%)
玉米	252316.8	-94.9	49065.8	39.7	7306.1	-91.6	1035.7	96.4
大豆	484383.2	2.1	37435601.9	21.5	36615.3	77.1	2181408.9	90.1
豆粕	534884.8	-37.1	220296.2	110.0	27250.0	9.2	8996.2	171.5
饲料用鱼粉	2110.8	-78.5	1348675.5	39.6	204.1	-69.7	139751.0	38.1
蛋氨酸	750.0	-26.9	90705.4	0.9	1028.9	5.9	37273.6	62.8
赖氨酸	92080.7	-36.6	23433.2	31.0	14124.6	-3.2	3592.4	49.9

表2 2008年玉米进出口情况

(金额单位:万美元)

玉米	出口数量(t)	同比(%)	进口数量(t)	同比(%)	出口金额	同比(%)	进口金额	同比(%)
2008年1月	15823.0	-98.3	166.9	-72.6	331.0	-97.8	9.4	-47.8
2008年2月	29261.1	-96.2	134.0	-93.9	724.1	-94.3	6.4	-83.5
2008年3月	18148.1	-98.4	540.8	-84.6	478.2	-97.5	23.9	-52.2
2008年4月	26235.0	-95.5	950.9		687.4	-92.9	35.5	
2008年5月	0.0	-100.0	4831.7	2030.4	0.0	-100.0	115.1	1012.8
2008年6月	37110.8	-76.9	1826.5	1391.4	1150.4	-64.0	50.4	725.9
2008年7月	14227.1	-94.3	3364.9	1104.5	441.0	-91.4	66.7	686.2
2008年8月	24991.5	-89.0	2963.3	71.4	824.7	-82.3	53.7	136.7
2008年9月	0.0	-100.0	1274.3	-4.1	0.0	-100.0	35.3	70.4
2008年10月	24997.0	-88.3	5693.4	85.2	774.9	-82.3	122.3	87.1
2008年11月	23495.8	-81.3	18649.1	85.5	743.7	-72.6	352.5	166.0
2008年12月	38027.4	-13.4	8669.9	-27.6	1150.8	24.1	164.5	6.3

表3 2008年大豆进出口情况

(金额单位:万美元)

大豆	出口数量(t)	同比(%)	进口数量(t)	同比(%)	出口金额	同比(%)	进口金额	同比(%)
2008年1月	64938.1	150.4	3441382.2	41.5	4284.7	286.7	184226.9	147.7
2008年2月	56993.3	137.0	2023150.7	72.0	3614.4	250.1	113768.3	206.6
2008年3月	68083.3	22.8	2317234.3	9.8	4679.1	102.6	137293.7	98.1
2008年4月	33072.3	-23.3	2389453.9	-9.9	2737.7	44.8	146358.6	64.0

大豆	出口数量(t)	同比(%)	进口数量(t)	同比(%)	出口金额	同比(%)	进口金额	同比(%)
2008 年 5 月	42902.7	–3.4	3478326.2	17.3	3418.3	93.3	209714.8	111.8
2008 年 6 月	42874.9	–14.0	3578733.1	42.1	3675.1	87.4	214167.6	154.2
2008 年 7 月	48709.6	48.3	3503161.7	15.7	4475.1	249.0	220152.4	105.2
2008 年 8 月	10353.5	–79.3	3825962.5	30.7	903.9	–56.6	253929.8	141.2
2008 年 9 月	8486.4	–67.5	4134683.1	119.2	733.6	–33.7	266994.3	282.2
2008 年 10 月	10769.7	–13.5	2126408.5	–25.3	820.1	62.7	126385.0	9.5
2008 年 11 月	46264.6	75.8	3315972.4	–1.1	3484.4	172.8	168891.5	12.3
2008 年 12 月	51214.9	–11.4	3297673.6	12.7	3769.2	11.7	139802.1	–3.5

表 4　2008 年豆粕进出口情况

（金额单位：万美元）

豆粕	出口数量(t)	同比(%)	进口数量(t)	同比(%)	出口金额	同比(%)	进口金额	同比(%)
2008 年 1 月	62472.5	–30.8	23190.8	78.4	2642.8	10.4	907.0	205.8
2008 年 2 月	29116.0	–30.4	22086.2	1699.6	1445.4	49.0	916.7	2982.1
2008 年 3 月	46479.7	–25.0	6624.4	74.2	2224.4	31.4	292.0	219.0
2008 年 4 月	56270.5	–28.1	15084.0	529.5	2921.7	32.1	710.6	1104.7
2008 年 5 月	70802.7	20.1	9372.1	6647.4	3615.5	105.7	432.7	7641.5
2008 年 6 月	58523.0	–33.2	1054.4	539.0	3032.2	17.7	56.2	354.4
2008 年 7 月	54849.7	–47.1	14003.5	10468.7	2994.5	2.8	685.1	6777.0
2008 年 8 月	34923.0	–60.4	20089.4	50123.6	2048.8	–19.4	1012.9	47680.1
2008 年 9 月	27221.9	–68.3	8346.7	1177.2	1556.6	–39.5	429.7	1458.4
2008 年 10 月	24179.3	–38.1	709.6	–98.0	1224.5	–1.5	55.2	–95.2
2008 年 11 月	37686.3	–51.4	1147.5	–96.0	1969.5	–22.6	48.9	–94.9
2008 年 12 月	32429.2	–11.5	98586.4	386.0	1583.4	4.4	3449.0	403.1

表 5　2008 年饲料用鱼粉进出口情况

（金额单位：万美元）

饲料用鱼粉	出口数量(t)	同比(%)	进口数量(t)	同比(%)	出口金额	同比(%)	进口金额	同比(%)
2008 年 1 月	90.6	–95.1	71005.2	46.1	5.0	–96.4	6242.6	22.1
2008 年 2 月	125.0	–78.8	100921.6	99.1	7.0	–82.3	8739.0	61.4
2008 年 3 月	0.0	–100.0	135021.6	12.2	0.0	–100.0	12178.8	–6.9
2008 年 4 月	142.0	–85.8	113094.8	–15.0	16.4	–76.5	11271.8	–24.5
2008 年 5 月	167.0	–85.6	123346.9	51.0	14.8	–81.3	13039.9	41.6
2008 年 6 月	50.0	–89.1	91138.1	4.7	2.6	–90.4	9201.9	–5.7
2008 年 7 月	404.6	–54.2	177757.2	151.9	32.2	–40.2	18624.8	133.5
2008 年 8 月	187.0	–83.5	180807.5	108.3	15.8	–80.4	20048.5	121.5
2008 年 9 月	150.0	–33.3	171133.8	86.2	14.4	–13.0	19468.3	126.3
2008 年 10 月	694.6	71.9	102303.9	35.7	87.9	153.6	11854.4	70.8
2008 年 11 月	50.0	–83.4	30873.8	–54.0	4.5	–78.4	3702.5	–40.2
2008 年 12 月	50.0	–80.0	51271.1	–3.5	3.5	–80.4	5359.3	11.4

表 6 2008 年蛋氨酸进出口情况

(金额单位:万美元)

蛋氨酸	出口数量(t)	同比(%)	进口数量(t)	同比(%)	出口金额	同比(%)	进口金额	同比(%)
2008 年 1 月	90.8	31.7	7888.4	49.9	70.1	-16.8	2254.0	80.3
2008 年 2 月	23.7	-67.0	6745.0	41.8	21.1	-66.3	2015.5	80.6
2008 年 3 月	0.0	-100.0	6938.0	3.4	0.0	-100.0	2137.9	30.7
2008 年 4 月	0.0	-100.0	7761.2	-13.9	0.0	-100.0	2504.4	14.1
2008 年 5 月	0.0	-100.0	8847.0	60.3	0.0	-100.0	3061.3	127.3
2008 年 6 月	49.2	-44.7	6148.8	-9.6	82.9	-20.9	2387.9	43.2
2008 年 7 月	70.7	-49.1	7926.5	-17.4	113.9	-54.4	3211.4	33.3
2008 年 8 月	60.9	17.9	7703.0	-16.2	90.1	48.1	3408.1	43.4
2008 年 9 月	53.4	2.8	9173.0	7.9	77.0	38.5	4410.6	100.1
2008 年 10 月	37.9	-84.3	7673.3	0.9	63.1	-17.3	4077.0	102.4
2008 年 11 月	95.2	92.7	6165.1	-32.0	142.8	183.2	3414.4	39.3
2008 年 12 月	77.9	144.5	7736.2	-2.7	113.2	257.5	4389.1	95.3

表 7 2008 年赖氨酸进出口情况

(金额单位:万美元)

赖氨酸	出口数量(t)	同比(%)	进口数量(t)	同比(%)	出口金额	同比(%)	进口金额	同比(%)
2008 年 1 月	9875.9	-48.1	2777.4	129.8	1336.7	-22.9	423.8	152.0
2008 年 2 月	5642.2	-58.3	1447.1	-34.0	805.6	-35.9	225.8	-20.8
2008 年 3 月	0.0	-100.0	3352.1	37.2	0.0	-100.0	495.3	54.5
2008 年 4 月	0.0	-100.0	1477.9	-53.1	0.0	-100.0	231.4	-43.2
2008 年 5 月	0.0	-100.0	2306.6	94.8	0.0	-100.0	333.9	138.1
2008 年 6 月	12200.2	-21.3	1974.9	-6.8	1822.1	27.3	308.9	40.1
2008 年 7 月	8877.1	-35.7	1114.2	23.8	1328.6	1.8	171.9	26.0
2008 年 8 月	6687.0	-46.1	2302.6	355.5	1046.8	-14.8	331.7	295.6
2008 年 9 月	4861.7	-36.9	2856.9	247.3	794.3	-11.2	456.9	349.8
2008 年 10 月	7000.9	-7.7	2288.2	563.4	1148.9	23.5	364.5	459.1
2008 年 11 月	4949.7	-31.4	683.3	-62.5	825.0	-11.1	111.5	-59.9
2008 年 12 月	5940.0	-17.8	852.2	-29.1	796.2	-18.6	136.7	-27.9

大 事 记

农业部畜牧业司
（全国饲料工作办公室）

2008年1月16日 农业部公告第974号，新饲证号(2008)01号，江苏春之谷生物制品有限公司植物甾醇获新产品证书。

2008年1月24日 农业部2007年饲料质量安全监测工作会议在珠海召开。农业部畜牧业司(全国饲料工作办公室)2008年初及时召集全国30个省、自治区、直辖市饲料质量检测机构和部分重点省饲料行政主管部门负责人，在明确饲料质量安全监测工作重点的基础上，共同研讨工作思路和方式方法，推进畜牧业健康发展。

2008年2月28~29日 农业部在河南省郑州市召开“2008年全国饲料及畜产品质量安全工作会议”。会议以加强饲料及畜产品质量安全监管，提高饲料及畜产品质量安全水平为中心，全面部署了2008年饲料及畜产品质量安全监管工作。农业部畜牧业司、国家饲料质量监督检验中心、中国农业科学院饲料研究所等单位以及全国30个省(市、区)畜牧饲料管理部门的领导参加了会议。

2008年3月27日 “2008年第1季度饲料形势分析会议”在湖南省长沙市召开。农业部畜牧业司饲料处处长王晓红，湖南省畜牧水产局局长曹英华、副局长金球林，全国畜牧总站、中国饲料工业协会信息中心主任单钟和河北、河南、湖北、湖南、江西、福建、广东、广西等8省区饲料工作办公室负责人，以及正虹科技发展股份有限公司、唐人神集团有限公司等饲料企业代表出席了此次会议。

2008年5月18日 由中国畜牧业协会、中国饲料工业协会、中华慈善总会联合举办的“中国畜牧饲料行业抗震救灾募捐仪式”在西安举行。募捐仪式由中央电视台著名主持人毕铭鑫主持，中国畜牧业协会会长张宝文致词，中华慈善总会副会长彭玉做重要讲话。参加中国畜牧饲料行业抗震救灾募捐仪式的各界代表近万人，募集救灾资金近700万元。

2008年5月18~20日 由中国畜牧业协会、中国饲料工业协会和全国畜牧总站联合举办的“2008中国畜牧业暨饲料工业展览会”在西安曲江国际会展中心隆重召开。张宝文副部长致开幕词，白美清会长宣布“2008中国畜牧业暨饲料工业展览会”开幕，参加开幕式的各界代表近万人。

2008年7月3日 全国饲料工业统计培训班在宁夏银川举行。农业部畜牧业司副司长王宗礼，全国畜牧总站副站长、中国饲料工业协会副秘书长叶长江，宁夏回族自治区农牧厅首席兽医执行官晁向阳，农业部畜牧业司饲料处副处长马莹、调研员景梅芳，全国畜牧总站、中国饲料工业协会信息中心主任单钟等有关单位负责人，以及各省市区饲料工作统计员60余人参加了此次会议。

2008年7月14日 全国饲料标准化技术委员会年会在大连召开。农业部畜牧业司副司长王宗礼，全国畜牧总站站长、中国饲料工业协会秘书长谷继承，全国畜牧总站副站长、中国饲料工业协会副秘书长、全国饲料工业标准化技术委员会主任委员沙玉圣，大连市动物卫生监督管理局副局长顾桦，国家标准化管理委员会陈伟亮，农业部畜牧业司饲料处处长、全国饲料工业标准化技术委员会副主任委员王晓红，农业部畜牧业司调研员景梅芳，国家饲料质量监督检验中心(北京)主任苏晓鸥等有关单位的负责，以及全国饲料工业标准化技术委员会会员、部分标准起草专家100余人参加了会议。

会上，委员们对《饲料级磷酸二氢钙》等22项饲料工业标准进行了认真的审查，最后有18项通过，1项原则通过，3项未通过。

本次会议总结了一年多来饲料工业标准化工作取得的成绩和经验，明确下一阶段工作的目标、思路和重点，进一步做好饲料工业标准化工作，提高饲料产品质量，保障畜产品安全具有重要意义。

2008年9月10日 国家质检总局食品生产监管司紧急约见农业部畜牧业司，通报了河北省石家庄市“三鹿”奶粉中含有三聚氰胺问题的初步调查情况。农业部畜牧业司饲料处派员参加了会议。

2008年9月14日 农业部畜牧业司起草了《关于开展原料奶和奶牛饲料中三聚氰胺污染专项调查监测工作的紧急通知》，并组织农业部奶及奶制品质量监督检验中心、农业部饲料效价及质量安全检验测试中心和国家饲料质量监督检验中心（北京），对北京、河北、山西、内蒙古、黑龙江、山东、河南、陕西、新疆等9个省、市、区开展专项检测。

2008年9月17~18日 农业部在黑龙江省哈尔滨市召开“秸秆养畜项目现场会”，深入贯彻落实《国务院办公厅关于加快推进农作物秸秆综合利用的意见》(国办发〔2008〕105号)精神，总结交流各地秸秆养畜工作经验，明确下一步工作思路和重点。农业部、各省秸秆养畜项目主管单位的代表参加了会议。

2008年9月21日 农业部发出了《农业部关于进一步加强饲料质量安全监管工作的通知》的明码电报，要求农业和畜牧兽医部门加强饲料质量安全监管，坚决杜绝在饲料中违规添加三聚氰胺等有害化学物质，决定从2008年9月21日起至10月下旬在全国范围内组织开展饲料质量安全专项整治行动。

2008年9月22日 农业部印发《饲料质量安全专项整治工作实施方案》，落实农业部关于《进一步加强饲料质量安全监管工作的通知》(农明字〔2008〕第

99号)要求,部署从9月22日起至10月下旬在全国范围内组织开展饲料质量安全专项整治行动。

2008年9月25日 农业部畜牧业司发出《关于采取果断措施加强蛋白饲料生产企业监控的通知》,要求各地农业和畜牧兽医部门要以最坚决的态度、最扎实的作风、最严格的纪律、最有力的措施做好蛋白质饲料生产企业检查工作,务必全力以赴将各项工作抓紧、抓实、抓早、抓狠。

2008年9月27日 农业部组织专家召开《饲料中三聚氰胺危害分析和风险评估专家会》,国家首席兽医师于康震同志出席会议并讲话,来自22个单位的专家、学者和科研人员参加了会议。会议梳理三聚氰胺的来源问题,研究制定了饲料中三聚氰胺的限量,并提出下一步工作建议。

2008年10月27日 农业部召开扶持奶农、奶站整顿和饲料整治工作督导汇报会,高鸿宾副部长主持会议,张玉香、陈萌山、于康震出席会议。各督导组围绕扶持奶农、奶站整顿、饲料整治所开展的主要工作、好的做法和存在的主要问题及相关建议向部领导作了汇报。办公厅、政法司、市场司、计划司、财务司、畜牧业司、兽医局、农垦局、农产品质量安全监管局有关负责同志,各督导组组长参加了会议。

2008年11月1日 农业部组织各省、自治区、直辖市和新疆生产建设兵团分管饲料工作的厅局长召开全国饲料整治工作会议,畜牧业司王智才司长主持会议,高鸿宾副部长到会并做重要讲话。会议总结了前一阶段饲料专项整治工作,交流饲料安全监管工作的作法、经验和典型经验,分析了当前监管工作存在的困难和问题,部署了下一步工作。农业部办公厅、政法司、计划司、财务司、畜牧业司、兽医局、农垦局、渔业局、农产品质量安全监管局有关领导参加了会议。

2008年11月5日 农业部召开全国奶站整顿和饲料整治总结视频会,总结前一阶段奶站整顿和饲料整治工作,部署下一阶段重点工作,巩固深化专项整治成果,加快构建生鲜乳和饲料质量安全保障长效机制,全面提高生鲜乳和饲料质量安全水平。高鸿宾副部长主持会议并做重要讲话。

2008年11月27~28日 农业部在广西壮族自治区桂林市召开了“2008年全国饲料行业形势分析会”,重点判研饲料行业发展形势,研究饲料质量安全问题,明确2009年发展思路和工作重点。农业部、各省主管部门、相关企业的代表参加了会议。

2008年12月30日 农业部公告第1136号,上海艾魁英生物科技有限公司“溶菌酶”获新产品证书,新饲证字(2008)02号;北京伟嘉人生物技术有限公司“藤茶黄酮”获新产品证书,新饲证字(2008)03号。

中国饲料工业协会

2008年3月4日 标准编制培训与国家标准项目落实会议在京召开。全国畜牧总站副站长、中国饲料工业协会副秘书长沙玉圣,国家标准化管理委员会农业食品部农业处副处长徐长兴,农业部畜牧业司行业发展处副处长黄庆生,农业部市场与经济信息司质量标准处副处长董洪岩等有关领导、各标准修订单位项目负责人160余人参加了会议。

会议要求标准制修订承担单位在今后的工作中要努力加快标准制修订速度,严格保证标准制修订质量,迅速提高国际标准的采标率,以适应当前形势的要求,实现畜产品标准化、规范化生产,推动畜牧业健康、快速发展。

2008年3月15日 中国饲料工业协会在京举行招待会,欢迎饲料行业出席两会的全国政协常委刘汉元,全国人大代表陈丹、温鹏程、谭钜添等同志。中国饲料工业协会会长白美清、常务副会长张延喜,副会长季之华、王随元,农业部畜牧业司司长王智才、副司长王宗礼,全国畜牧总站站长、中国饲料工业协会秘书长谷继承,全国畜牧总站、中国饲料工业协会党委书记、副站长、副秘书长何新天,全国畜牧总站副站长、中国饲料工业协会副秘书长郑友民、沙玉圣出席的招待会并与两会委员、代表亲切座谈。

2008年3月28日 为贯彻落实国务院召开的全国农业和粮食生产工作电视电话会议精神,确保广大农民用上放心农资,促进农业和粮食生产迅速健康发展,农业部放心农资下乡进村现场培训咨询活动在河北省定兴县举行。

农业部副部长高鸿宾,河北省副省长张和,农业部总经济师、市场司司长张玉香,全国畜牧总站副站长、中国饲料工业协会副秘书长沙玉圣,农业部有关司局及直属单位、部分农资企业代表和5 000多名农民群众以及中央电视台等多家媒体共同参加了此次活动。

2008年5月14日 5月12日四川汶川发生8级强烈地震。全国畜牧总站、中国饲料工业协会全体干部职工在总站党委和领导班子的带领下,迅速投入到捐款献爱心的活动中,当日即捐款10余万元。

2008年5月18日 中国饲料工业协会与巴西饲料工业协会签署了《中国饲料工业协会与巴西饲料协会合作谅解备忘录》。农业部和中国饲料工业协会有关领导和以巴西饲料工业协会会长马里奥库特先生为团长的巴西饲料工业协会访华团全体成员出席了签字仪式。

2008年5月18~20日 由中国畜牧业协会、中国饲料工业协会和全国畜牧总站联合举办的2008中国畜牧业暨饲料工业展览会在古城西安举行。

农业部副部长张宝文，陕西省副省长姚引良，中国饲料工业协会会长白美清，农业部原副部长、中国奶业协会理事长刘成果，农业部原副部长、中国农学会名誉会长洪绂曾，农业部原副部长、中国饲料工业协会常务副会长张延喜，卫生部原副部长、中华慈善总会副会长彭玉，农业部畜牧业司司长王智才、副司长王宗礼，全国畜牧总站站长、中国饲料工业协会秘书长谷继承，全国畜牧总站党委书记何新天，农业部草原监理中心主任张喜武，中国动物疫病预防控制中心副主任李明，全国畜牧总站副站长、中国饲料工业协会副秘书长郑友民、沙玉圣，中国饲料工业协会副会长季之华、王随元，国际饲料工业联合会秘书长罗杰·吉尔伯特，联合国粮农组织官员丹尼拉·巴特里拉，巴西饲料工业协会会长马里奥库特等国际友人，陕西省、西安市有关领导和畜牧饲料行业大型企业负责人以及参展参会代表数千人出席了开幕式。

开幕式上，由中国畜牧业协会、中国饲料工业协会、中华慈善总会联合举办了“中国畜牧业暨饲料行业抗震救灾募捐仪式”。募捐仪式在庄严、肃穆的气氛中进行，全体代表向地震遇难同胞默哀。张宝文、白美清等领导同志率先捐款，主席台上下各界人士和企业代表纷纷解囊，现场共募捐救灾资金近700万元。

2008年5月19日 中国饲料工业协会组织召开了饲料协会工作座谈会。白美清、季之华、王随元、谷继承、何新天、沙玉圣等同志和部分省、区、市饲料工业协会负责人参加了座谈会。

2008年6月20日 全国无公害畜产品认证座谈会在青海省西宁市举行。全国畜牧总站站长、中国饲料工业协会秘书长谷继承，副站长、副秘书长、农业部农产品质量安全中心畜牧业产品认证分中心主任沙玉圣，青海市农牧厅副厅长祁生援以及来自全国各省级无公害畜产品认证工作机构负责人共计100余人参加了会议。

2008年7月15日 由全国畜牧总站、中国饲料工业协会主办的“2008中小企业发展论坛”在大连召开，这是首届针对中小饲料企业发展举行的论坛。

中国饲料工业协会会长白美清，常务副会长张延喜，国家统计局总经济师姚景源，农业部畜牧业司司长王智才、副司长王宗礼，全国畜牧总站站长、中国饲料工业协会秘书长谷继承，副站长、副秘书长沙玉圣等有关单位领导、部分省市区饲料工业协会负责人、饲料企业代表近500人出席了会议。

2008年8月26日 农业部副部长高鸿宾考察全国畜牧总站、中国饲料工业协会。陪同高部长考察的还有农业部畜牧业司司长王智才、副司长陈伟生，全国畜牧总站站长、中国饲料工业协会秘书长谷继承，全国畜牧总站党委书记、副站长、副秘书长何新天，副站长、副秘书长郑友民、沙玉圣和全体工作人员热烈欢迎高鸿宾副部长一行。

高鸿宾同志在听取总站领导班子的汇报后，充分肯定了总站、协会当前工作取得的成绩，并指出全国畜牧总站要发挥职能部门参谋助手的作用，再接再厉，充分发挥技术支撑体系的作用，为中国畜牧业和饲料业发展做出更大的贡献。

2008年9月24日 中国饲料工业协会下属北京华思联认证中心与中奶协(北京)认证有限公司两家机构合并，合并后名称为“北京华思联认证中心”。合并申请于2008年9月获得国家认证认可监督管理委员会批准(国家认监委以国认可函(2008)170号批复)。合并后新北京华思联认证中心业务范围覆盖ISO 9000、ISO 22000、HACCP、中国饲料产品认证、欧盟FAMIQS(饲料添加剂和添加剂预混合饲料质量体系认证)、ChinaGAP(生猪、家禽、牛羊、奶牛)。

2008年10月8日 全国畜牧总站、中国饲料工业协会召开深入学习实践科学发展观活动动员大会。全国畜牧总站站长、中国饲料工业协会秘书长谷继承，全国畜牧总站党委书记、副站长、副秘书长何新天，全国畜牧总站副站长、中国饲料工业协会副秘书长郑友民、沙玉圣和总站、协会全体工作人员参加了会议。农业部第七指导检查组组长、机关党委原巡视员刘平和指导检查组联络员出席大会并做重要指示。

2008年10月31日 全国饲料添加剂骨干企业座谈会在北京召开。中国饲料工业协会会长白美清，副会长季之华、副秘书长沙玉圣和广东溢多利生物科技股份有限公司董事长陈少美，广东爱保农科技有限公司总经理吴革华，广东立达尔生物科技有限公司总经理陶正国，广州智特奇生物科技有限公司董事长吴世林，武汉新华扬生物股份有限公司副总经理金良元，宜兴市天石饲料有限公司邹三元，中牧实业股份有限公司总经理助理王水华、市场部经理赵凤龙，安琪酵母股份有限公司副部长李兆文，长春大成实业集团有限公司技术总监王德辉，长春大成生化工程开发有限公司总经理郑贵臣，长春大合生物技术开发有限公司总经理唐志富，恩贝集团有限公司副总经理韩中涛，创荷美营养科技(北京)有限公司技术总监张若寒，北京昕大洋科技发展有限公司总经理刘瑞洪，北京挑战生物科技有限公司总经理吴培君等企业代表及中国粮食行业协会副秘书长李红，广东省饲料行业协会副秘书长周洪共20多人参加了座谈会。

2008年11月19日 全国畜牧总站、中国饲料工业协会召开学习实践科学发展观活动第一阶段总结暨第二阶段动员大会。

农业部党组成员、副部长高鸿宾，农业部第七指导检查组成员、农业部人事劳动司副司长潘学峰，农业部畜牧业司副司长陈伟生，全国畜牧总站站长、中国饲料工业协会秘书长谷继承，全国畜牧总站党委书记、副站长、副秘书长何新天，全国畜牧总站副站长、中国饲料工业协会副秘书长郑友民，总站、协会全体员工参加了会议。

2008 年 11 月 13 日 中国饲料工业协会在京召开了大型饲料企业座谈会。农业部畜牧业司副司长王宗礼，中国饲料工业协会副秘书长沙玉圣和中国饲料工业协会常务副会长、通威集团有限公司董事长刘汉元，中国饲料工业协会副会长、山东六和集团有限公司副董事长黄炳亮，农业部畜牧业司(全国饲料工作办公室)饲料处处长王晓红、调研员景梅芳及四川新希望集团有限公司、湖南正虹科技发展股份有限公司、唐人神集团股份有限公司、广东温氏集团、广东恒兴集团有限公司、北京大北农科技集团股份有限公司、辽宁禾丰牧业股份有限公司、广东海大集团有限公司、正邦集团有限公司、正大(中国)投资有限公司、中牧实业股份有限公司、中粮粮油有限公司、东方希望集团有限公司、辽宁大成农牧实业有限公司、江西双胞胎集团有限公司、岳泰集团有限公司、陕西石羊(集团)农牧有限公司等 21 家企业的负责人出席了座谈会。

与会代表围绕“三鹿”奶粉事件对饲料行业的影响、下一步应对措施以及如何强化饲料行业监管工作进行了热烈的讨论。在中国饲料工业协会的组织下，全国 168 家大中型饲料企业联合发起《饲料安全共同宣言》。

2008 年 12 月 13 日 为进一步理清思路，明确发展目标，破解发展难题，全国推进饲料添加剂工业的持续健康发展，中国饲料工业协会、全国畜牧总站、广东省饲料行业协会在广州召开了“第十届全国饲料添加剂大会”。

河北省

2008 年 1 月 19 日 河北省饲料工作会议在石家庄市召开。会议总结了 2007 年全省饲料主要工作，安排部署了 2008 年全省饲料重点工作。

2008 年 4 月 5 日 温家宝总理来到河北兴达饲料集团有限公司参观考察饲料生产和养殖业情况。做出了“走公司加农户道路，拓宽农民增收渠道，增加农业发展后劲，进一步改善农村面貌”的指示。

2008 年 4 月 29 日 河北省查处“瘦肉精”等违禁药品工作经验交流会在石家庄正定召开，各市主管局长及饲料办主任参加了会议。会议分析了当前“瘦肉精” 等违禁药品查处工作的重要性和所面临的形势，提出了下一步全力做好打击非法制售和使用“瘦肉精”等违禁药品工作的要求。

2008 年 4 月 29 日 河北省饲料工业协会主办、河北赛达饲料有限公司承办的“2008 年第 15 届河北省大型饲料企业联席会”在石家庄正定召开。河北省饲料工业协会秘书长白亮亮主持了本次联席会，河北省饲料协会有关领导及联席会 16 个成员单位的主要负责人共计 30 余名代表参加了会议。

2008 年 6 月 29 日 位于保定清苑县的保定方田牧业有限公司年产 10 万 t 饲料生产线竣工投产。

2008 年 9 月 24 日 为杜绝在饲料中违规添加三聚氰胺等有害化学物质，河北省畜牧兽医局在保定徐水召开“全省饲料质量安全监管工作紧急会议”，安排部署全省饲料质量安全专项整治工作。河北省畜牧兽医局饲料处处长李建国主持会议，副局长张强出席会议并就进一步加强饲料质量安全监管工作提出了明确要求。

2008 年 9 月 25 日 河北省畜牧兽医局在保定徐水召开了全省秸秆养畜现场会暨饲料工作座谈会议，会议总结了 2008 年上半年全省饲料、秸秆工作，安排部署了下一步饲料、秸秆工作。

2008 年 9 月 26 日 河北省饲料工业协会主办、沙河市示范饲料厂承办的“2008 年第 16 届河北省大型饲料企业联席会”在保定徐水召开。

2008 年 11 月 5 日 河北省畜牧兽医局在石家庄召开了全省饲料质量安全专项整治行动会议。各市主管局长、饲料办主任、检测站站长等约 50 人参加了会议，河北省农业厅副厅长张钰出席会议并讲话。

黑龙江省

2008 年 3 月 30 日 全国畜牧总站、中国饲料工业协会、北京华思联认证中心、黑龙江省饲料工业办公室、黑龙江省饲料工业协会在哈尔滨市联合举办了“黑龙江省饲料企业创名牌座谈会”。黑龙江省畜牧兽医局副局长洪英华，黑龙江省饲料办主任朱良坤，北京华思联认证中心主任李燕松、外联部经理王中，黑龙江省饲料协会秘书长刁新平，常务副秘书长周顺来，以及来自全省 20 多家大中型饲料企业的负责人参加了座谈。座谈会由朱良坤主任主持。首先由北京华思联认证中心主任李燕松向大家详细介绍了国内饲料企业创名牌的情况与经验；王中博士做了“品牌战略对饲料企业发展的推动——2008 黑龙江中型饲料企业营销竞争新机遇与策略”的专题讲座。与会人员分别就黑龙江饲料如何创名牌及饲料企业是否需要认证等问题进行了热烈的讨论，对进一步促进黑龙江省饲料产业升级和加快黑龙江饲料品牌的创建提供了更多的思路。

2008 年 5 月 25~29 日 为了切实加强饲料添加剂和添加剂预混合饲料生产许可证管理工作，不断提高饲料安全监管水平，农业部饲料生产许可证监督检查组一行 3 人对黑龙江省饲料生产许可证获证企业进行了检查。检查组用 3 天时间深入到哈尔滨、绥化、大庆等市，检查了肇东市日成酶制剂有限公司、黑龙江汇丰动物保健品有限公司、大庆格瑞特饲料有限公司、广东湛大集团双城有限公司、哈尔滨兽研利思达生物制药厂、哈尔滨市德邦饲料有限公司等6家获证企业。通过对获证企业的监督检查，将有利地推进企业规范管理，增强质量和安全意识，提高企业的管理水平，为保证畜产品的质量安全起到了积极的促进作用。

上海市

2008年3月 上海市饲料工作办公室与上海市“知荣辱、讲文明、迎世博、建诚信”活动组委会共同在饲料企业中发起关于签署“上海企业诚信宣言”的活动并签署“上海企业诚信宣言”，约100家饲料企业参与了签署活动。

2008年3月14日 上海市饲料行业形势分析座谈会召开，会议分析了上海市饲料行业在发展过程中存在的问题，并探讨解决问题的方法和措施。

2008年5月18~20日 上海市饲料工作办公室组织上海市40家企业参加了在西安曲江国际会展中心举行的“2008中国畜牧业暨饲料工业展览会”，展位数达110个。

2008年5月23日 由美国谷物协会北京办事处和上海市饲料行业协会、上海市奶业行业协会共同举办的《美国DDGS供求、市场及使用技术研讨会》在上海锦江汤臣洲际大酒店举行，来自饲料生产及贸易企业约40人参加。

湖北省

2008年2月5日 湖北省饲料工作办公室向湖北省农业厅、湖北省政府汇报饲料行业受灾情况，提出“保安全、保生产、保供应、保稳定”的救灾方案，组织企业生产自救。

2008年3月7日 湖北省饲料企业设立审查评审委员会成立，田国敏同志任评审委员会主任，齐德生、易俊东同志任副主任；公布了首批荣获饲料企业设立审查现场评审资格的专家名单，来自华中农业大学、武汉工业学院、国家饲料质量监督检验测试中心(武汉)、湖北省饲料监测所和饲料管理部门的38名同志被聘为现场评审专家。

2008年3月29日 湖北省饲料工业协会联合广东海大集团在华中农业大学举办“海因特鱼虾营养与饲料技术研讨会”，来自中南6省及浙江、江苏等地的饲料和养殖企业负责人共600多人参会。

2008年5月18~20日 湖北省饲料工作办公室协助中国饲料工业协会组织新华扬集团、安琪酵母股份有限公司等8家企业参加2008中国畜牧业暨饲料工业展览会，参展展位42个，组织全省饲料行业300多人参观展会，新华扬集团在展会上向四川灾区捐款20万元。

2008年5月26日 湖北省饲料工业协会向全省饲料行业发出向四川地震灾区捐款的倡议书，全省215家饲料生产企业累计捐款891万元、捐物价值302万元，所捐款物通过民政部门、红十字协会及时送到灾区人民手中。

2008年9月29日 湖北省饲料工业协会联合省内36家大中型饲料企业，利用《湖北日报》、湖北农业信息网、湖北饲料工业信息网等平台向全省饲料行业发出饲料安全生产倡议书，得到了全省同行的积极响应。

2008年10月24日 湖北省饲料工作办公室编发的《饲料简报》创刊。

2008年10~12月 湖北省饲料工作办公室会同华中农业大学、武汉工学院完成了农业部下达的《饲料企业生产工艺条件验收规范》国家标准的起草工作，并经农业部、国家标准委预审、终审通过。该标准是饲料行业第一个有关饲料生产工艺的国家标准，标准实施后能进一步规范生产全过程，对提高企业管理水平、确保产品质量具有十分重大的意义。

四川省

2008年4月 四川省饲料工作办公室深入遂宁、绵阳、眉山、成都等市部分有代表性的中小饲料企业进行走访和调研，并撰写了《四川省中小型饲料企业发展现状调查》。

2008年5~8月 四川省饲料工作办公室积极参与抗震救灾行动。及时做好灾情调查，整理汇总上报农业部，得到农业部高度重视和关注；密切关注地震对全省饲料企业的后续影响，提出了贷款贴息、税收减免和原料调运等一系列恢复重建政策建议；抽派周朝华、李宗明同志参加了四川省政府抗震救灾物资的调运工作；撰写了《汶川大地震重灾区饲料业重建规划》，已纳入畜牧业恢复重建总体规划，为全省饲料工业灾后重建指明方向。

2008年7月21日 国家发改委、国家粮食局、财政部和中国农业发展银行联合下发文件，安排中储粮总公司向四川省部分饲料企业定向销售国家临时储备玉米19.73万t。

2008年7月24日 四川省饲料工业协会与美国大豆协会联合举办“饲料加工新技术讲座”。美国北卡罗莱纳州立大学斯塔克博士和美国大豆协会—国际项目饲料技术主任程宗佳博士就饲料品质控制体系、饲料加工及其对动物生产性能的影响、饲料加工新技术及木薯在饲料中的应用进行了培训。100余家饲料生产企业参加了此次培训。

2008年10月13~17日 来自东北三省和北京、天津等9个北方省、市的63家饲料企业来四川省参观考察了通威股份有限公司德阳分公司、成都华西希望农业科学技术研究所、成都正大有限公司和成都凤凰饲料有限公司，同时美国大豆协会专家就动物营养、饲料技术及畜禽养殖等方面的问题开展了技术讲座，促进了国内外饲料业同仁的相互学习和共同提高。

2008 年 11 月 25~28 日 第五届中国四川饲料与动物保健品展览交易会成功召开。本次交易会共有来自全国的近 200 个厂家和单位参加。会上，四川铁骑力士集团代表四川 85 家骨干饲料企业做出了绝不在饲料中添加三聚氰胺等禁用物质的郑重承诺。

2008 年 12 月 10 日 国家级秸秆养畜项目工作座谈会召开，会议邀请了在建项目负责人和相关专家，交流了项目建设情况和经验，研究了加强项目建设和管理的具体措施。

2008 年 12 月 22 日 饲料工业协会召开"第四届常务理事会第二次会议"，增补张履平同志为四川省饲料工业协会第四届理事、常务理事。

云南省

2008 年 7 月 26 日 云南省饲料工业协会与美国大豆协会在昆明官渡大酒店召开了"云南省饲料厂品质控制体系及饲料加工新技术研讨会"。美国北卡罗莱纳州立大学斯塔克博士、美国大豆协会—国际项目饲料技术主任程宗佳博士等对饲料加工及其对动物生产性能的影响、饲料厂饲料品质控制体系、饲料加工新技术及木薯在饲料中的应用等相关技术进行了培训和讨论。来自全省部分饲料生产企业的技术人员共 100 多人参加了培训班，取得了较好的效果。

2008 年 9 月 26 日 "云南省饲料企业新技术应用高层论坛技术讲座"在昆明官渡大酒店举行。讲座由云南省饲料工业协会与山东和美华集团共同举办。内容包括"国内饲料行业形势与应对策略"、"蛋鸡饲料配方设计新概念"、"高档乳猪饲料配制新技术"等。讲座为云南省饲料生产企业搭建了技术交流、沟通和学习的平台，对加快饲料企业技术进步，降低生产成本起到了很好的作用。

2008 年 11 月 6 日 "云南省饲料产品质量安全整治工作会"在昆明华兴酒店召开。全省各州市农业(畜牧)局分管饲料工作的领导、饲料企业负责人等共 250 多人参加了会议。会议由云南省农业厅草山饲料处处长徐祖林主持，云南省农业厅副厅长(省畜牧局局长）张泽军传达了农业部 11 月 1 日召开的全国饲料整治工作会议精神，总结了饲料专项整治工作所取得的成效，分析了当前监管工作中存在的困难和问题，同时部署了下一步工作。此次会议进一步推进了云南省饲料产品质量安全专项整治行动，为切实净化饲料市场，保障饲料工业和畜牧业稳定健康发展提供了有力保障。

陕西省

2008 年 5 月 18~20 日 由中国畜牧业协会、中国饲料工业协会和全国畜牧总站联合举办的"2008 中国畜牧业暨饲料工业展览会"在西安曲江国际会展中心隆重召开。

2008 年 5 月 19 日 中国饲料工业协会会长白美清、副会长王随元一行在石羊集团董事长魏存成的陪同下，来到位于杨凌的石羊集团杨凌分公司考察。

宁夏回族自治区

2008 年 3 月 15 日 宁夏大北农年产量 60 万 t 的清真牛羊饲料科研生产基地奠基仪式在贺兰德胜工业园区举行。该基地是全国首家清真牛羊专用饲料生产基地，总投资 9 000 万元。

2008 年 7 月 2~4 日 全国饲料工业统计培训会议在宁夏银川市召开，农业部畜牧业司副司长王宗礼，全国畜牧总站副站长叶长江，宁夏农牧厅总兽医师晁向阳，农业部畜牧业司(全国饲料工作办公室)饲料处副处长马莹，全国畜牧总站、中国饲料工业协会信息中心主任单钟以及各省市饲料办负责统计工作的人员共计 60 余人参加了会议。王宗礼副司长作了重要讲话。晁向阳总兽医师代表宁夏农牧厅致辞，介绍了宁夏畜牧业、饲料工业发展情况，宁夏饲料工业办公室王华主任汇报了近年来宁夏饲料工作管理成效。

2008 年 11 月 25 日 举办宁夏全区饲料工业统计培训班，各市县(区)饲料行业统计人员、饲料工作管理人员 60 余人参加。培训班学员学习了全国饲料工业统计制度，进行了新版饲料工业统计软件的培训，并总结了 2007 年全区饲料统计工作，布置了2008 年统计工作，将企业单位上报饲料工业统计报表是否及时作为年度检查、考核工作成绩的重要指标。

图书在版编目(CIP)数据

中国饲料工业年鉴. 2009 / 全国饲料工作办公室,中国饲料工业协会编. —北京:中国商业出版社,2010.3

ISBN 978-7-5044-6737-9

Ⅰ.中... Ⅱ.①全... ②中... Ⅲ.饲料工业-中国-2009-年鉴 Ⅳ. F326. 3-54

中国版本图书馆 CIP 数据核字(2010)第 026906 号

责任编辑:张超美

中国商业出版社

010-63180647　　www.c-cbook.com

(100053　北京广安门内报国寺 1 号)

新华书店总店北京发行所经销

北京通天印刷有限责任公司印刷

*

787×1092 毫米　16 开　21.5 印张　彩插 3.5 印张　740 千字

2010 年 3 月第 1 版　2010 年 3 月第 1 次印刷

定价:150.00 元

*　*　*　*

(如有印装质量问题可更换)

山东鲁西兽药股份有限公司
鲁西
兽药GMP企业
地克珠利
兽药字(2006) 150511139
尼卡巴嗪预混剂
兽药添字(2006) 150512024
环丙氨嗪
兽药字(2006) 150512077
芬苯达唑粉
兽药字(2006) 150511189
癸氧喹酯预混剂
兽药字(2008) 150513120
牛至油预混剂
兽药添字(2006) 150512766
国兽药广审 (文) 2009020047
保护动物
就是关心我们自己
公司地址：山东齐河县城西 邮编：251100
电 话：（0534）2151518 2151558
传 真：（0534）2151586
E-mail:Lxapc@public.dzptt.sd.cn

改善人类生活
成就世界
Improving
Creating

质
产品牌
uality Of Life And
Vorld-Class Of Aquatic Products
CHINA TOP BRAND
AQSIQ
通威饲料
TONGWEI FEED
CHINA WELL-KNOWN TRADEMARK

2007年，天科国际产业机构成立，经过资源和资本的重新整合，一个集产品研发、生产、销售于一体，囊括广州天科科技有限公司、广州天科生物科技有限公司、广州天科动物保健品有限公司、香港天科国际有限公司、美国天科上市公司等多个子公司的农牧添加剂企业集团在广东广州诞生，实现了向专业化、领先化、国际化发展的战略性跨越。面对新一轮的机遇和挑战，天科以饲料添加剂产业发展为己任，积极探索，大胆尝试，在汲取、引进国际先进技术和管理手段的基础上全力开创出一种独具特色的农牧添加剂产业规模化发展模式。

Benefit the Earth by Biotechology
阳光 绿色 康地恩
Qingdao CONTINENT Biotech Group
ADD: 6F, 29 MiaoLing Road,Qingdao,P.R.China 266061
TEL: +86-532-88966607
FAX: +86-532-88966609
Http://www.continent.com.cn
KDN® 康地恩生物集团
CONTINENT Biotech Group
生物科技还原生态世界

溢多利®
VTR
攀的更高……
十八年来，我们一直在努力攀登，
现已成为全球专业的饲料酶制剂生产商，
著名品牌、著名产品、饲料工业三十强、十大公益企业，
参与新国标的制定，技术的创新，
酶制剂领域的研发与生产在国内一直领先…
二次的腾飞，
我们期待攀的更高、走的更远、变的更强…

Jinhe
金河生物

金河——流载科技与健康的河

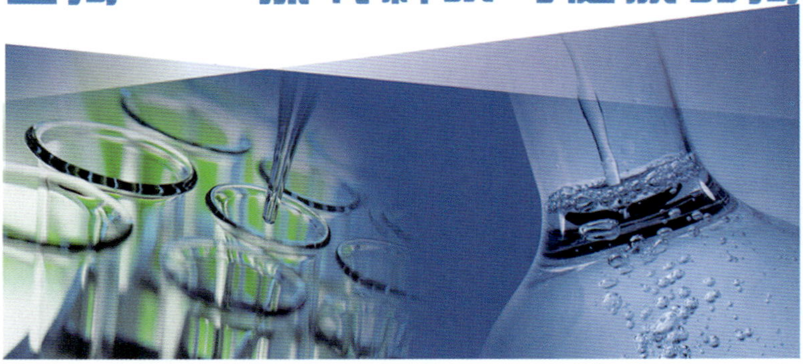

金河——全球大型的金霉素生产基地

信誉、感情、奉献、创新

金河生物科技股份有限公司是以抗生素发酵产品及动物保健品为主的专业生产企业，1998年被国家科技部认定为 “国家重点高新技术企业”， 2001~2002年，企业先后顺利通过了ISO9001质量管理体系认证和国家兽药企业GMP验收。从1994年起，企业连续四次顺利通过美国食品与药品管理局（FDA)的质量验收 ， 2009年7月获得EDQM COS认证。公司立足于微生物（抗生素）发酵工程及生物制剂动物保健品制造领 域， 致力发展成为具有高科技、高起点、高品质的现代化企业。公司经过20年的发展，现有发酵罐总容积4700立方米，其主导产品“金河” 、 “牧星”牌饲用金霉素年生产能力达到 4.4万吨，目前，公司主营产品金霉素产量规模和市场占有率稳居世界第一，已经形成规模化生产的原料药产品还有盐酸金霉素、土霉素、四环素、盐霉素、莫能菌素等，并正在研究开发具有国际先进、国内领先技术的生物制剂产品。在企业未来的发展进程中，公司将通过基因工程手段为我国发酵工程菌种改良及生物发酵技术的进步提供技术支持和示范基地 ，充分利用资本市场功能，加快产品开发进度，扩大生产规模，力求发展成为全球最大、最强、技术最先进、国际知名品牌的金霉素产品及动保系列产品供应商。

湛江市恒兴实业有限公司

创荷美营养科技（北京）有限公司

TROUW NUTRITION TECHNOLOGY (BEIJING) CO.,LTD.

Haid
海大集团
HAID GROUP
海纳百川 有容乃大
蛰伏，在静默中修炼；
腾飞，是使命在召唤。
浴火重生，
在行业寒冬中化危机为机遇，实现逆势增长，
期待，又一个丰硕十年……
Haid
广东海大集团股份有限公司 GUANGDONG HAID GROUP CO.,LTD.
地址：广东省广州市番禺区迎宾路730号天安创新科技大厦213 联系电话：020-39388666 传真：020-39388600 邮编：511400

国内统一刊号：CN11-4412/S 邮发代号：82-517 定价：5.50元

畜牧兽医信息网
中国饲料工业信息网
CHINAFEED.ORG.CN
政务版 ENGLISH
大家都爱吃
12
CHINA FEE
中国饲料
全国优秀科技期刊
2008,正昌E型冠军王粉碎机
中国牧业通
CHINA ANIMAL HUSBAND
To build
our future
合筑未来
凝聚民族力量
Tanke
生物功能性
饲料添加剂
DDC
www.chinafeed.org.cn